이상사회와 한국교육의 미래

유토피아 교육학

유토피아
교육학

초판 1쇄 인쇄 2025년 6월 3일
초판 1쇄 발행 2025년 6월 15일

지은이 심성보
펴낸이 김승희
펴낸곳 도서출판 살림터

기획 정광일
편집 조현주, 송승호, 이희연
북디자인 꼬리별

인쇄·제본 (주)신화프린팅
종이 (주)명동지류

주소 서울시 양천구 목동동로 293, 2215-1호
전화 02-3141-6553
팩스 02-3141-6555
출판등록 2008년 3월 18일 제313-1990-12호
이메일 gwang80@hanmail.net
블로그 http://blog.naver.com/dkffk1020
한국교육연구네트워크 www.kednetwork.or.kr

ISBN 979-11-5930-324-1 93370

*가격은 뒤표지에 있습니다.
*잘못된 책은 바꾸어 드립니다.
*이 책은 저작권법에 따라 보호를 받는 저작물이므로 무단 전재와 복제를 금합니다.

한국교육연구네트워크 총서 16

이상사회와 한국교육의 미래

유토피아 교육학

심성보 지음

Utopian Pedagogy

살림터

머리말
유토피아 사상의 귀환과
이상적 교육의 재구성을 위하여

오늘날 세상의 모습은 불투명하고 불안정하다. 냉전이 사라지면서 지구환경의 파괴, 폭력과 불평등의 증대와 함께 상대에 대한 공감과 돌봄이 없는 비인간화된 세상으로 변질되었고, 점점 기계가 사람을 지배하는 세상으로 전락하고 있다. 경제적으로는 가진 자와 못 가진 자로 나뉘어 양극화된 세상으로 변하고, 정치적으로는 타락하여 서로를 혐오하고 속이는 세상이 되어 가고 있다. 가족, 이웃, 국가에 이르기까지 모든 지역사회의 연관성이 쇠락하는 '공동체성'이 상실되고 있다는 두려움과 함께 개인과 집단 차원에서 현재 삶을 지배하는 힘들에 대한 통제력을 발휘하지 못하는 '자치' 상실에 대한 두려움은 오늘날 민주주의 위기로 나타나고 있다. 이런 암울한 현실은 세상을 더 비관적이고 절망적으로 보도록 한다.

우리 사회는 점점 시대정신의 부재, 가치 공백의 수렁으로 빠져들고 있다. 한마디로 아노미 현상이 벌어지고 있다. 이렇게 위기란 낡은 것은 사라져 가는데 아직 새로운 것이 나타나지 않기에 발생한다. 위기의 장기적 지속을 '궐위interregnum' 현상이라고 부르기도 하고, 이 같은 불안한 병리사회를 '위험사회'라고 명명하기도 한다. 이런 세상의 어두운 흐름은 역설적으로 더욱 안전하고 평화로운 세상에 대한 염원으로 나타난다. 우리는 역경과 절망을 뚫고 희망을 향해 나아가야 한다. 아무리 암울한 현실이라고 하더라도 허무주의에 빠져서는 안 된다. 이상사회에 대한 꿈, 즉 유토피아를 향한 꿈을 가져야 하는 것이다. 희망의 빛은 어두운 곳으로부터 나온다. 희망이 있어야 미래가 보일 것이며 희망의 유토피아가 나타날 것이다. 유토피아는 희망을 의미하는 동시에 현실적인 절망을 반영하기도 한다. 유토피아는 그 자체로서 현실사회를 비추는 거울 역할을 하고, 동시에 도래할 미래의 등대 역할을 한다. 한강 작가가 강조하듯 어두운 그림자 속에서 아름다운 빛이 싹트는 것이다.

"과거가 현재를 살리는 것이다." "죽은 자가 산 자를 구하는 것이다." "인간의 참혹과 존엄 사이에서, 두 벼랑 사이를 잇는 불가능한 허공의 길을 건너려면 죽은 자들의 도움이 필요한 것이다." "어두운 밤에도 우리를 잇는 것은 언어"라는 메시지를 담고 있듯, 유토피아 언어는 어두운 현실 속에서도 사람들을 연결하고 희망을 제시해 준다. 사람들은 상처받고, 취약하고, 나약하지만 한 발 더 내디디고, 한 가지 질문을 더 하고, 형언할 수 없는 잔혹성과 돌이킬 수 없는 상실감에 대해 말하고 있으며, 궁극적으로는 진실을 추구한다. 유토피아 언어의 실로 세상을 잇고 있는 것이다.

'완전한 사회'의 이상이라 할 수 있는 유토피아utopia 개념은 기존 사회에 대한 비판과 함께 발전에 초점을 맞추고 있다. 유토피아가 '낙원'이라면 디스토피아는 유토피아를 모두 상실한 '실낙원'을 뜻한다. '디스토피아'는 정치적·사회적 구조와 시스템이 인류의 미래에 미치는 위험을 경고하기 위해 사용되는 말이다. 유토피아는 사회가 디스토피아로 가지 못하도록 막아내고자 하는 방어적 의미를 담고 있다. 현실과는 질적으로 다른, 그러나 아직 도래하지 않은 미래에 대한 상상은 '주어진 현실'이 전부가 아니라는 인식을 개방함으로써 현실을 '재사유'하고 '재배치'할 수 있게 한다. 이것이 '유토피아 상상'이다. 대안적 사회 및 교육에 대한 유토피아적 전망은 곧 '이상적 교육국가' 구상으로 나타날 수 있다. 이 시대가 요구하는 이상적 교육국가는 인의국가仁義國家 benevolent-just State를 단지 멀리 존재하는 유토피아가 아니라 '현실'로 만드는 새로운 국가론을 요청하고 있다. 폐허의 시대에 절망에 대한 대응책으로 제안된 '유토피아 교육' 또는 '유토피아 교육학'은 곧 '희망의 교육학'이라고 할 수 있다.

지금 광장에서 시민들은 탄핵을 넘어 새로운 사회 및 교육의 유토피아를 절실하게 요청한다. 내란 정국을 맞이하여 우리는 '유토피아 교육국가'를 구현해야 하는 절체절명의 시점에 서 있다. 유토피아는 좀 더 나은 다른 교육 세상을 향한 출발이다. 인류의 진보는 무언가 더 나은 것을 꿈꾸는 데서 생긴다. 인류를 더 나은 미래로 끌어 줄 이상적 방향, 즉 '아직 실현되지 않은, 아직 밟지 못한 고향', 더 나은 미래를 향해 전진하는 꿈의 방향을 가리킨다. 유토피아의 지향은 현재의 실천과의 관계뿐만 아니라 '가능한 미래'와도 관련이 있다. 현실에 안주하면 미래가 없다. 유토피아는 현재보다 더 나은 미래를 상정하고 있기에 끊임없이 재창조되어야 한다. 그래서 '진보'는 유토피아를 깨닫는 과정이라고 할 수 있다.

내란 이후의 세상에는 더욱 정의롭고 민주적인 교육체제, 더욱 평화롭고 생태적인 교육체제가 도래해야 한다. 지배받는 자들과 지배하는 자들이 분리되지 않는 정의로운 교육체제를 수립해야 한다. 사회 불평등의 증가, 기후위기, 자원 남용, 공동재의 훼손, 민주주의 후퇴, 혼란스러운 기술 자동화, 저출생 심화, 고령화 증대 등 다중적 위기를 맞이하여 새로운 교육 질서를 창출해야 한다. 이런 문제의식에서 출발한 유네스코의 〈함께 그려 보는 우리의 미래 프로젝트〉2021는 새로운 사회계약을 맺어야 함을 촉구한다. 우리 사회 또한 내란 이후의 새로운 교육체제를 준비하기 위해서 새로운 사회적 합의를 도출해야 한다는 말이다.

지금 광장의 노동자, 농민, 청소년, 학생 모두 차별 없는 세상, 평등한 세상, 안전한 세상, 자연과 공존하는 세상을 위해 한국 사회의 대전환과 함께 차별 없는 협력교육을 요구하고 있다. 거대한 역사의 파도 앞에서 무엇보다 교육 패러다임의 대전환이 필요하다. 지금 한국 사회에는 지속 가능한 미래, 정의롭고 민주적인 삶, 평화로운 대안적 삶을 위해 사회의 대전환과 맞물린 교육의 대전환이 요구된다. 교육 대전환과 사회 대전환은 같은 것의 다른 모습일 뿐이다. 따라서 더 깊은 민주주의, 더 넓은 민주주의, 더 많이 보살피는 민주주의가 필요하다.

교육을 바꿔야 세상이 바뀐다. 유토피아를 꿈꿔야 교육 현실을 바꿀 수 있다. 교육 대전환은 바로 그러한 '이상적 교육국가'에 대한 비전을 지녀야 한다. 내란 이후를 위한 인식론적 대전환을 위해 '현실적/진짜real' 교육 유토피아 프로젝트를 구상하고 실천해야 한다. 이를 실현하는 이상적 학교는 '축소된 사회'로서 도래할 사회를 준비하는 실험학교라고 할 수 있다.

이제 이상적 교육국가 수립과 함께 새로운 세상을 열어 갈 수 있는 새로운 인간과 시민의 탄생을 준비해야 한다. 새로운 주체의 탄생에 온 힘을 쏟아야 한다. 새로운 주체의 탄생 없이는 새로운 사회가 도래할 수 없다. 이를 위해 인간적 성숙과 시민적 성숙을 융합시키고, 인간혁명과 사회혁명이 동시에 가능한 학교혁명을 달성해야 한다. 구질서로부터 신질서로의 이동은 그만큼 힘든 노력과 실천, 때로는 투쟁을 요청하는 일이다. 그 시작은 낡은 교육체제와 단절하는 일로부터 시작될 것이다.

이러한 문제의식의 발로인 『유토피아 교육학: 이상사회와 한국교육의 미래』는 비상계엄, 대통령 탄핵 등으로 이어진 일련의 내란 사태를 겪으면서 새로이 도래할 교육 세상에 대한 전망과 염원을 담아 작성되었다. 그러기에 '이상적 교육국가', '교육이상국가', '교육 유토피아'를 위한 전망과 가능성 그리고 실천성을 드러내 보이고자 하였다. 암울한 교육 현실을 극복하고자 하는 미래적 전망과 가능성을 보여 주는 이 책은 이상적 사회 및 교육의 대안과 청사진을 탐색한다. 내란 이후의 새로운 교육 세상의 구상을 위한 다차원의 설계도라고 할 수 있다.

한강 작가가 강조하듯, "가장 어두운 밤에도 언어는 우리가 무엇으로 만들어졌는지 묻고, 언어는 이 행성에 사는 사람의 관점에서 상상하기를 고집하며, 언어는 우리를 서로 연결한다". 유토피아 교육학의 언어는 그러한 기능을 할 것이다.

『유토피아 교육학: 이상사회와 한국교육의 미래』가 구상한 교육개혁 제안은 교사, 대학원생, 학부모들에게 교육정책의 해결책임과 동시에 현재의 공교육 시스템에 대한 의미 있는 대안이 될 것이다. 유토피아적 사고와 교육의 관계에 관심이 있는 행정가, 정책 입안자 및 활동가들에게도 신선한 지적 자극이 될 것이다. 지배적인 교육 담론에 질문을 많이 준비하는 사람일수록, 그리고 진정한 유토피아를 건설하는 어려운 일에 헌신하려는 사람이 많을수록, 유토피아 사상의 필요성은 더욱 절실한 목소리로 다가올 것이다. 이 책이 암울한 교육 환경을 벗어나 새로운 돌파구를 찾고자 하는 사람들에게 한 가닥 희망의 빛으로 다가오기를 염원한다.

2025년 6월
심성보

차례

머리말 | 유토피아 사상의 귀환과 이상적 교육의 재구성을 위하여 5

1부 유토피아와 디스토피아의 중첩 국면

1장 절망의 늪에서 탄생하는 희망 17
절망은 희망의 반어법 18 / 미래가 없는 자들을 위한 전망 20 / 헤테로피아의 힘 23 / 유토피아주의의 함정 31 / 68혁명의 유토피아 원칙이 현실로 34 / 진보는 유토피아를 깨닫는 과정 36

2장 유토피아 교육사상 연구와 대안적 실천 38
더 나은 사회를 위한 유토피아 사상 39 / 유토피아주의의 다양한 접근 41 / 약한 유토피아 교육 전략 46 / 현실적 교육 유토피아 프로젝트 49

3장 플라톤, 이상국가론과 영혼을 변화시키는 교육 53
철학자가 통치하는 이상국가 53 / 영혼을 변화시키는 교육 57 / 정의로운 사회를 위한 시민성 교육 60 / 계급에 고착된 교육의 한계 61 / 민주주의 비판의 함의 63

4장 모어, 상상의 왕국과 인문주의 교육 67
만민평등의 왕국, 『유토피아』 69 / 인문주의 교육의 다양한 길 72 / 몫 없는 자들을 위한 공유사회의 꿈 74

5장 오웬, 디스토피아적 사회주의와 새로운 인간성 형성 78
인간 본성의 12가지 기본 법칙 79 / 새로운 인간성 형성을 위한 교육 82 / 행복을 위한 교육 84 / 협력적 공동체의 삶 88

6장 모리스, 노동·예술·휴식이 어우러진 삶과 교육으로서의 유토피아 91
자유와 자치, 생활 유토피아 92 / 삶을 예술처럼, 세상을 예술처럼 95 / 유토피아적 상상력을 불러일으키는 교육 97

7장　**헉슬리, 행복에 대한 반란과 도덕적 유토피아** 100
　　디스토피아에 대한 경고, 『멋진 신세계』 102 / 해체된 가족의 역설 104 /
　　거꾸로 본 행복의 법칙 105 / 도덕적 유토피아의 교육적 의미 107

8장　**오웰, 유토피아적 상상력과 디스토피아적 사회주의자** 110
　　애국심과 민족주의의 구분 111 / 인간 존엄성에 호소하다 113 / '비극적
　　영웅주의'와 불완전한 사랑을 하다 114 / 유토피아적 완전성을 향한 투쟁
　　118 / 보이지 않는 빅 브라더의 힘 120 / 유토피아의 상상력이 필요하다!
　　122

9장　**스키너, 조작이 가능한 이상사회와 영웅 없는 세계** 124
　　조작이 가능한 이상사회 125 / 『월든 투』의 작동 원리 125 / 인간의 자
　　유의지에 대한 회의 127 / 스키너의 교육원리 129 / 영웅들이 없는 세상
　　132 / 『자유와 존엄성을 넘어』에 대한 논란 133

10장　**마르쿠제, 유토피아로서 '억압 없는 문명'과 미학적 상상력** 137
　　비판이론의 적극적 대안 모색 138 / 프로이트 이론의 수용과 변형 141 /
　　유토피아로서 '억압 없는 문명'과 미학적 상상력 142 / 혁명적 생태교육학
　　의 선구자 148

11장　**리쾨르의 이데올로기 비판과 유토피아 사상** 150
　　이데올로기 비판 153 / 이데올로기의 기능 154 / 이데올로기와 유토피아
　　의 균형 156 / 유토피아의 긍정적 기능 159 / 이데올로기와 유토피아 사
　　이의 교육적 과제 162

12장　**동학이 지향한 이상사회: 空·公·共** 167
　　백성들의 유토피아, 동학 168 / 동학의 개벽사상, 空·公·共 174 / 空·公·
　　共의 교육사상적 의의 179

13장　**민주공화국의 탄생과 부활** 182
　　공화주의가 지향하는 공화국 정신 183 / 민주공화정의 탄생 184 / 민주
　　공화국의 부활과 내란 이후의 과제 191

2부 학교의 유토피아와 교육이상국가의 건설

14장 디스토피아 환경으로 변해 가는 학교 199
세계교육개혁의 동향 200 / 능력주의 비판과 과잉경쟁 교육 201 / 학교는 어떤 종류의 사회를 필요로 하는가? 203

15장 유토피아와 디스토피아, 그리고 에듀토피아 209
유토피아 사상과 교육의 미래 210 / 실천적 유토피아 교육 실험 212 / 아동의 상상력이 어른의 유토피아 상상력으로 215

16장 숙의·결사체 민주주의와 협치 그리고 교육 거버넌스 219
협치의 조건으로서 숙의민주주의와 결사체민주주의 220 / 통치에서 협치로, 그리고 교육 거버넌스 224

17장 국가, 시장, 시민사회의 관계와 학교의 시민사회화 228
국가, 시장, 그리고 시민사회의 관계 230 / 시민사회의 유토피아와 학교의 시민사회화 233 / 시민사회의 공고화와 시민적 예의교육 236

18장 소통과 담론이 형성되는 공동체 학교 247
코무니타스와 레스푸블리카의 결합 249 / 공동체교육의 다양한 모델 253 / 유토피아를 지향하는 소통하는 학교 255 / 학교는 교양 있는 공중을 탄생시키는 장소 259 / 학교는 해석과 담론이 교환되는 공론의 장 261 / 탐구 공동체의 부상 264 / 학교 공동체성 회복의 걸림돌과 실마리 269

19장 유토피아적 희망으로서의 아나키스트 교육 274
아나키와 질서 그리고 국가 275 / 사회적 아나키스트들의 급진적 교육 실험 277 / 교육의 변화와 사회의 변화는 분리되지 않아야 282

20장 민주적 실험주의와 실험학교 모델 284
민주적 실험주의 285 / 실험정신과 실험학교 286 / 레지오 에밀리아 운동 291 / 실험학교의 확장과 지역사회의 연계 297

21장 민주주의를 위한 교육과 자치학교 301

민주주의를 위한 교육 302 / 민주주의에서 자치란 무엇인가? 307 / 시민적 공화주의가 주창하는 자치 310 / 교육자치의 최종적 목표는 '학교자치' 313 / 스스로 다스리는 자치학교 모델 316 / 교육자치의 유토피아, 서머힐학교 320

22장 정의로운 학교와 품위 있는 학교의 공존 326

정의로운 교육체제의 수립 326 / 정의로운 공화국의 공교육 333 / 인의국가의 공교육 338 / 정의와 품위를 아우르는 학교 339

23장 유토피아 전망과 미래교육의 향방 343

기술적 진보와 도덕적 진보의 괴리 345 / 기술의 미래는 유토피아인가, 디스토피아인가? 347 / AI 디지털 교과서의 효과성 논란 350 / 미래적 사고의 중요성 352 / 미래 연구와 미래의 교육 그리고 미래 학교 355 / 미래의 가능성과 교육의 유토피아 358 / 과거와 미래의 접점으로서 '현재의 교육학' 361 / 미래교육의 향방 364

24장 변혁적 리더십으로서의 유토피안 리더십 367

거래적 리더십에 대한 비판 368 / 사회를 변화시키는 변혁적 리더십 368 / 이상사회를 준비하는 유토피안 리더십 372 / 유토피안 리더십은 지속가능한 리더십 374 / 작은 학교의 '팀' 리더십 378

25장 낡은 교육체제의 청산과 교육이상국가의 건설 383

사회적 격변과 체제 위기 384 / 틈새적 변혁과 교육혁명 387 / 민주적 교육국가의 건설 394 / 민주주의 교육과 공화주의 교육의 융합 402 / 기로에 선 민주주의와 교실의 위기 407 / 민주시민교육에서 민주주의 교육으로 411 / 어른부터 먼저 민주주의자가 되어야 418 / 아이들을 왜 시민으로 대우해야 하는가? 421 / 교육 대전환을 위한 사회적 합의 424 / 유네스코의 교육을 위한 새로운 사회계약 426 / 내란, 광장, 민주주의 그리고 학교 432

참고문헌 440

1부

유토피아와 디스토피아의 중첩 국면

1장
절망의 늪에서 탄생하는 희망

오늘의 세계는 갈수록 독재와 전체주의 구조를 향해 돌진하고 있는 듯하다. 공적 영역의 범위는 점점 좁아지고, 그 안에서의 대중 참여 기회는 감소하고 있다. 환경 악화, 탐욕적 경제, 전 세계 인구의 대규모 이동은 심각하고 중대한 우려 사항이다. 게다가 세계 모든 국가의 민주주의는 위협을 받고 있다. 오늘날의 민주주의는 여성혐오, 생태-약탈, 경제 폭정, 인종차별, 교육 폭정, 정치 폭정, 인식론 폭정, 다수 지배, 군사·전쟁·감옥의 폭정, 미디어 폭정, 종교 폭정 등 이루 말할 수 없는 사회적 폭정과 맞서 싸우고 있다.

이런 폭정과 절망, 그리고 민주주의 위협 사태는 희망의 대안으로서 유토피아 사상이 출현하게 되는 배경을 이룬다. 유토피아에는 더 나은 사회를 꿈꾸는 사람들이 가질 수 있는 가장 높은 희망의 열정이 담겨 있다. 유토피아의 심리적 가치를 보더라도, 그것이 대중을 고통에서 벗어나도록 고무할 수 있다는 점은 의심할 여지가 없다. 유토피아는 정치철학과 사회철학의 중심적 개념으로 긍정적이거나 부정적으로 사용된다. 이에 따라 유토피아주의utopianism는 상승과 쇠퇴를 거듭하였다.

절망은 희망의 반어법

아일랜드의 작가 오스카 와일드1854~1900는 유토피아가 없는 세계지도는 잠깐이라도 들여다볼 가치가 없다고 하였다. 인류가 늘 지향하는 '국가'를 제외했기 때문이다. 그곳에 발을 디딘 인류는 다시 밖을 보고, 더 나은 국가를 찾아 항해를 떠난다. 인간은 풍요의 땅에 도달하자마자, 다시 한번 머나먼 수평선에 시선을 고정하고 닻을 끌어 올려 항해를 떠나야 한다. 유토피아는 멀리서, 우리의 꿈이 빛을 발하는 밤에 울려오는 유혹의 소리 같다. 유토피아는 우리를 놀라운 곳으로 데려간다.

유토피아는 지평선 위에 있다. 내가 두 발자국 다가서면 유토피아는 두 발자국 물러난다. 내가 열 발자국 다가서면 유토피아는 열 발자국을 멀리 달아난다. 아무리 다가선다 하더라도 절대 유토피아에 다다르지 못할 것이다. 그렇다면 유토피아는 왜 존재하는가? 바로 우리를 전진하게 만들기 때문이다.에두아르도 갈레아노[1]

절망의 절규란 실제 희망의 반어법이라고 할 수 있다. 주변에는 온통 희망에 대한 이야기가 가득하다. 그만큼 희망적이지 않다는 반증이기도 하다. 희망을 향한 논변은 인류 역사와 함께 진행되어 왔고, 살아 숨 쉬는 이상 계속될 식지 않을 논의다. 희망에 대한 탐색은 오래전부터 있어 왔다. 인류의 역사나 지성사를 통해 보면, 내일의 희망은 체계적으로 절망의 지속 상태 속에서 잉태되었다. 어려움에 빠진 사람들에게 일종의 구원을 위한 현세의 종교로, 그리고 새로운 세상에 대한 열망으로 '유토피아'가 구상되었다. 따라서 역경에 처한 사람들이 순수성을 상실하지 않는다

---

1. 에두아르도 갈레아노(1940~2015)는 우루과이의 좌파 지식인, 언론인, 소설가이다. 31세에 쓴 대표작 『수탈된 대지』로 그는 스타가 되었다. 500년에 걸친 남미에 대한 수탈을 적나라하게 묘사한 이 책으로 인해 마르크스주의자로 몰려 국외 추방당한다. 그 후 아르헨티나와 스페인을 돌며 역작 『불의 기억』을 저술하였다.

면, 이들의 시각은 더욱 '근원적/급진적radical'이라고 할 수 있다. 사람은 희망 없이 살 수 없다. 달리 말해 모든 사람은 희망을 지니고 살아간다. 더 나은 삶을 위한 '희망'은 인간 경험의 중심적 측면이다.Murphy, 2024: 47

우리는 역경과 절망을 뚫고 '희망Spes[2]/Hoffnung/hope'을 직시해야 한다. '희망'은 윤리적이고 도덕적이며, 평화적이고 비폭력적이다. 희망은 삶의 고통에 대한 진실을 말해 준다. 희망은 세계를 바꾸기 위한 투쟁에 의미를 준다. 희망은 사랑, 돌봄, 공동체, 믿음 그리고 잘삶의 신성한 가치를 지지하는 투쟁과 개입에 기반을 두고 있다. 희망은 이론적인 관심과 실천적인 관심 사이의 단절된 고리를 이어 준다. 희망이란 본질적으로 자신이 뿌리를 내린 현실에 비판적이기 때문이다. 즉 희망은 현실주의를 넘어서는 미래를 가능하게 하는 선택사항 전부를 아우르는 것으로 확장시킨다.바우만, 2016: 20 미래는 당연한 것으로 간주될 수 없기에 반전된 유토피아나 유토피아의 전도로 이해되어야 한다. 미래에 대한 공포는 새로운 혐오의 정치를 낳는 데 일조할 뿐이다. 따라서 비판적 태도의 필수 요소인 유토피아주의는 사람들이 직면하는 문제에 대해 희망과 답을 제시하는 형태로 인간이 실천하도록 인도한다.베스트, 2024: 53, 126 오랜 망명 생활을 하고 브라질 상파울루시 교육감을 지낸 파울루 프레이리는 『희망의 교육학』1994에서 "꿈이 없으면 희망이 없고, 희망이 없으면 꿈을 꿀 수 없다"라고 역설하였다.심성보, 2022: 117 냉소는 절망의 심리에 근거한 반면에 희망은 존재론적 요청이다. '혁명적 유토피아revolutionary utopia'의 꿈을 실현하고자 하는 프레이리의 희망은 정적이지 않고 동적이다.

---

2. 라틴어 Spes는 고대 로마 종교에서 여신으로 숭배되었다. Spes에게 바쳐진 수많은 사원이 있는데, 비문에 따르면 그녀는 국가적 숭배뿐만 아니라 개인적 헌신도 받았다고 한다. 'Spes'는 고대 그리스 신화에서 제우스와 프로메테우스 사이 갈등의 귀결로 등장한 아름다운 여인 '판도라'와 관련이 있다. 판도라의 '상자' 속에는 근본적으로 인간을 재앙에 빠뜨릴 온갖 것들이 가득 차 있었다. 판도라가 상자를 열었을 때 온갖 재앙들이 쏟아져 나왔고, 이에 놀란 여인이 급하게 뚜껑을 닫아서 유일하게 나오지 못한 것이 바로 'Spes(희망)'이다. 그래서 '희망'은 인간 실존의 생존과 인류의 미래 기획에 매우 중요한 주제가 되었다. 하지만 판도라의 희망은 신의 저주가 담긴 부정적인 색채를 띠고 있다.

희망의 원천은 아름다움의 근원인 자연세계, 존엄성을 가진 다른 종의 생명, 평등과 정의를 위해 싸우는 집단적 투쟁, 지구를 다른 방식으로 보존하고자 하는 비전, 정치적이고 영적인 신념과 신앙, 연계와 소속에 대한 가치와 정체성을 지닌 자아 감각, 외경심을 가진 인간의 창의성, 작업장과 가정에서 말과 행동을 보여 주는 멘토와 동료의식, 동반자·친구·가정과 깊은 관계성, 역경 속에서도 사물과 재미를 향유하는 유머와 익살 등에서 샘솟는다. 바람직한 미래 또는 희망의 원천, 그리고 유토피아적 전통들은 개인주의, 인간중심주의, 가부장주의, 기계주의, 경제주의, 소비주의, 국가주의, 호전주의 등 근대성 또는 근대 세계의 다양한 문제들로부터 벗어나는 것이다.Hicks, 2002: 75, 84-88

미래가 없는 자들을 위한 전망

오늘날 새롭게 부과되는 자본주의의 경제 질서에서 밀려난 자들은 꿈꾸는 능력의 손상을 체험하고 있으며, 장래에 대한 포부와 희망을 상실한 '미래가 없는 자들'로 전락하였다.김홍중, 2024: 163 부르디외는 자본주의적 행위자의 형성에 미래성이 핵심적인 의미를 지닌다는 사실을 발견했다. 그것은 자본주의적 삶의 핵심에는 행위자들이 마음에 품고 있는 '장래에 대한 전망'이 있다는 사실이다. 반면 장래에 대한 전망이 없을 때 현실을 탕진하거나 실현 불가능한 요행주의에 빠지거나 환상적 혁명 사상으로 기울어 간다.김홍중, 2024: 163

유토피아는 좀 더 나은 다른 곳을 향한 출발이며, 사회 자신의 불행을 떨쳐 버린 '대항 사회contre-société'라고 할 수 있다.파코, 2002: 7-9 그것은 어떤 이들에게는 현재의 위급한 문제에 대한 해답으로, 어떤 이들에게는 예상으로-오늘의 유토피아는 내일의 유토피아가 될 것이다-, 또 어떤 이들에게는 사회라는 발전기에 필요한 연료-유토피아가 없다면 사회는 사라진다-로 나타날 것이다. 유토피아는 어디서 오는지 알 수 없지만, 정기적으로 나타나고 있다. 유토피아는 사회 통념들을 부인하고, 확신들을 뒤흔들고, 삶에 대한 다른 개념을 제시하기 위해 나타난다.

홉스봄에 따르면, 천년왕국[3] 신앙의 본질은 완전하고 급진적인 세계의 변혁에 대한 희망이며, 따라서 이 운동의 주요 특징은 현재의 약한 세계에 대한 총체적인 거부라고 할 수 있다.Hobsbawm, 1965 갈등과 증오로부터 해방된 세계, 새로운 도덕적 질서에 대한 비전은 천년왕국 신봉자들뿐만 아니라 세속적인 혁명주의자들에게도 본질적인 것이다. 역사의 배반은 고통의 원천이지만 역사의 본질은 변화이므로 이는 바로 희망의 원천이라고 할 수 있다. 바로 이러한 까닭에 절망한 사람들에게도 희망이 다가올 수 있다.

유토피아적 의식은 '희망'의 원리에 터하고 있다. 독일의 철학자 에른스트 블로흐Ernst Bloch, 1885~1977는 『희망의 원리』1938-1947[4]에서 우리가 지금까지 결코 이루지 못했고, 의식하지 못했던 더 나은 사회적 삶에 관한 꿈, 즉 원하는 영원한 미래의 '유토피아'를 그려 보이면서 그 개념을 거시적으로 확장시켰다. 그에게 유토피아는 그렇게 멀리 있지 않다. 즉 세상과 멀리 떨어져 있는 사물을 찾는 것이 아니라, 가장 가까이 있으면서도 아직 아무도 밝혀내지 못했던 그 무엇을 의식함으로써 더 나은 삶을 탐구할 수 있다.

---

3. 천 년을 뜻하는 라틴어 밀레니엄(millenium)에서 비롯된 '천년왕국(千年王國, millennialism)'은 예수 그리스도가 최후의 심판 이전에 지상에 재림하여 직접 통치하는 1,000년의 기간을 말한다. 이 기간에 죽음에서 부활한 그리스도인들과 끝까지 믿음을 지킨 그리스도인들이 예수 그리스도와 함께 무려 천 년 동안 죽지 않고 지상에서 살며 왕처럼 활동하며, 지상에서 낙원이 이룩된다는 내용이다. 이 천년왕국이 끝나면 최후심판이 있고, 이날에 천년왕국에 살고 있던 모든 그리스도인이 천국으로 들어간다는 내용이다.
4. 블로흐는 유토피아 사상에 대한 가장 본질적인 현대철학적 분석이 담긴 『희망의 종말』(1956/1986)에서 '유토피아적 사고'가 어떻게 작동하는지를 설명한다. 그는 '희망'이라는 시선에서 철학, 종교, 정치, 역사, 문학, 예술을 비롯한 모든 영역을 관통하며 기술한다. 『희망의 종말』은 신학자 위르겐 몰트만의 『희망의 신학』을 탄생시켰다. 『희망의 신학』은 죽음이라는 절망의 십자가를 넘어 부활을 통해서 참된 미래를 소망할 수 있다고 보았다. 이는 교육학자 파울루 프레이리에게는 『희망의 교육학』으로 나타났다.

블로흐는 유토피아주의의 핵심이 새로운 생각의 창조라며 두 가지 개념을 제안한다. 첫째 생각은 '아직 이루어지지 않은', 즉 사회적·정치적 현실이 아직 형성되지 않은 아이디어다. 둘째 생각은 아직 완전히 형성되지 않은 아이디어일 수 있다. 유토피아적 사고 과정은 '아직은 아닌' 생각을 창출하는 데 도움이 되며, 우리가 노력할 수 있는 가능한 대안적 사회적-정치적 체제로 진화하거나 발전할 수 있는 '아직 존재하지 않는' 것으로 발전할 수 있다.Forde, 2006: 147 블로흐는 마르크스주의[5]를 구체적 유토피아로 정의할 수 있기에 인류가 오래전부터 갈구하던 이상적 사회상의 궁극적 실현 가능성을 받아들인다. 영국의 철학자 버트런드 러셀은 "인간이 스스로 행복하려면 이런저런 즐거움뿐만 아니라 희망과 진취적인 기상과 변화가 필요하다. 우리가 원해야 하는 것은 완성된 유토피아가 아니라 상상과 희망이 살아 있고 꿈틀거리는 세상이다"Russell, 1917, 1947라고 주창한다.

그렇다면 인간이 존재할 수 있으며, 존재해야 '마땅한' 모습으로는 이제까지 존재하지 않았고, 미래에는 그렇게 존재해야만 한다는 것은 무엇을 의미하는가? 이 질문은 '극단적' 유토피아주의가 아니라 '희망'의 유토피아로서 아직 미완성 상태인 '아직 있지 않은Noch Nicht' 존재임을 강조하는 '완전주의'라고 할 수 있다.요나스, 1994: 356 우리에게 '유토피아적 사고 utopian thinking'는 욕망과 상상력을 표현하고, 대안의 긍정을 변론하려는 시도이다. 레비타스는 유토피아적 사고에 대한 이러한 접근 방식을 인간

---

5. 마르크스는 사회의 물질적 조건에 대한 과학적 분석을 통해 이상사회가 필연적으로 도달한다는 것을 증명함으로써 자신의 이상사회론이 유토피아적이 아님을 증명하고자 하였다. 즉 유토피아와 관련된 모순을 과학과 역사와 결합함으로써 해결하고자 하였다. 이상사회가 오려면 '길고도 고통스러운 발전 역사'가 필요하다고 강조하였다. 마르크스는 이상주의의 실제성(과학성)과 실천성(혁명성)을 개인과 공동체의 통합 속에서 찾았다. 인간의 물질적 토대로부터 벗어난 모든 초월적 이념과 이상을 이데올로기적·유토피아적이라고 단호히 배격했다. 이와 같은 '이상이 필요 없는 이상사회'는 마르크스 사상에 내재된 '이론적 긴장(이상과 실천의 긴장)'의 산물이라고 할 수 있다. 마르크스는 유토피아와 관련된 역설을 또 다른 역설로 해결하고자 한 것이다. 이런 역설을 과학과 역사의 결합을 통해 해결하고자 하였다고 할 수 있다.

답게 사는 것이 무엇을 의미하는지의 본질적인 부분으로 설명한다.Levitas, 2013; Levitas, 2011 여기에서 훨씬 더 넓은 유토피아적 관점이 출현하는데, 여기서 그것은 청사진이나 처방이 아니라, 더 나은 삶의 방식에 대한 욕망의 표현이 된다. 이러한 생각을 바탕으로 해방지향적인 유토피아적 사고는 발전한다. 유토피아적 사고는 확실하고 고정된 목적지로 가는 로드맵이 아니다. 그것은 얼마나 멀리 갈 수 있는지에 대한 제한이 있는 방향으로 출발하는 탐험의 항해라고 할 수 있고, 목적지는 항상 존재하며, 항해가 시작되면서 거리 속으로 물러나거나 새로운 형태를 띠고 있다.Fielding & Moss, 2011: 139

헤테로피아의 힘

'완전한 사회perfect society'의 이상이라고 할 수 있는 유토피아utopia 개념은 기존 사회에 대한 비판과 함께 진보에 초점을 맞추고 있다.Vaid, 2022 유토피아는 시대에 따라 그 이상성의 성격이 다르게 나타날 수 있으나, 기본적으로 구성원 모두에게 '이상적 사회ideal society'를 함의한다. 인류를 더 나은 미래로 끌어 줄 변함없는 방향, 즉 '아직 실현되지 않은, 아직 밟지 못한 고향', 더 나은 미래를 향해 전진하는 꿈에 대한 인류 불변의 방향성이 있다.Bloch, 1959 꿈은 찬란한 유토피아지만, 그것은 부서질 때 비로소 유토피아가 숨기고 있던 디스토피아적 양상들이 나타난다. 디스토피아적 참혹성을 직시함으로써 과거의 꿈과 결별할 수 있는 가능성을 부여한다.김홍중, 2024: 101

사람들이 원하는 '이상사회'를 지칭하는 단어로 '유토피아'가 일반명사화된 것은 토머스 모어의 저서 『유토피아』1551 덕분이다.

'없는 곳'이 한때 내 이름이었다. 나는 아주 멀리 있었다. 그러나 지금 나는 플라톤의 국가와 어깨를 견줄 수 있고, 어쩌면 그 국가를 능가할지도 모른다. … '좋은 곳'이라고 마땅히 사람들은 나를 불러야 한다.『유토피아』[6]

위의 인용은 모어의 『유토피아』 초기 판본에 실린 짧은 시로서 '없는 곳'인 유토피아utopia가 '좋은 곳'인 에우토피아eutopia를 지향하고 있음을 간명하게 보여 준다. 모어가 Ou(no)와 Topos(place)를 결합시켜 책의 제목으로 사용한 이후, 그 뜻은 보편적으로 쓰이는 일반명사가 되었다. 유토피아는 '이상향'이라는 뜻과 함께 '아무 곳에도 없는'이라는 뜻을 지니고 있다. 절망이 아닌 희망의 언어로서 '유토피아utopia'[7]는 그리스어의 두 단어를 합성해서 만들어졌는데, 'eutopia=good place/perfect place'와 'outopia=no place/nowhere'라는 긍정적 의미와 부정적 의미를 모두 갖고 있으며 양자의 이분법적 분리를 넘어서고자 한다. 유토피아는 '이 세상에 없는 곳outopia'이기도 하고, '더없이 좋은 곳eutopia'이기도 하다. 유토피아는 '존재하지 않는 곳'이 아니라, 현실의 부당함을 비판하면서 새로운 가능성을 나아가는 '갈망해야 할 것들'이다. 유토피아는 어떤 점에서는 '좋은 장소', '행복의 장소'를 뜻하는 동시에 '존재하지 않는 곳', '어디에도 없는 곳'을 의미하면서 실제 지리학적으로는 존재하지 않는 장소라는 뜻을 담고 있다.

이상적 사회인 유토피아는 이성의 힘과 역사의 진보에 대한 근대적 믿음과 결합하면서, 아직은 없지만 언젠가는 인간의 힘으로 구현할 수 있는 미래의 청사진이 된다. 과거보다 현재가, 현재보다 미래가 더 나은 것으로 그려지고, 이런 진보의 관점에서 보면 현재는 과거에 꿈꾸었던 유토피아

---

6. 위의 짧은 시는 모어의 『유토피아』 초기 판본에 실린 '유토피아 섬에 관한 여섯 행'에 표현된 시의 전문이다. 이 짧은 시는 '없는 곳(outopia)'을 벗어나 '좋은 곳(eutopia)'을 향하여 나아가고 있음을 간명하게 보여 준다.
7. '유토피아'는 원래 토머스 모어가 1516년에 지은 소설의 제목이었다. 그리스어 eu, ou는 다 같이 '유'로 발음되는데, eu는 '좋다'라는 뜻이며, ou는 '아니다'라는 뜻이라 e와 o를 빼고 그냥 'u-topia'라고 하면, '좋기는 좋은데 이 세상에 없는 곳'이 된다.

가 적어도 부분적으로는 실현된 것으로 자리매김이 된다. 하지만 근대 역사의 많은 부분은 더 나은 사회로의 이행이라고 믿었던 것이 사실은 진보가 아니며, 실현된 유토피아라고 믿었던 현실이 실제 실패라는 것을 끊임없이 보여 준다.

지그문트 바우만의 표현을 빌리면, 근대는 '유토피아를 이루기 위해 사는 세상'의 모습을 취하며, '유토피아'란 '있는 그대로의 세계'를 정상적이고 자연스러운 것으로 제시함으로써 현 상태를 지키고자 하는 모든 보수적 이데올로기와 대비된다고 주장한다.베스트, 2024: 53 유토피아 사상이 상상력을 불러일으켜서 세계를 '문제 있는' 것으로 만들 수 있기 때문에 역사의 경과는 결정되어 있지 않고, 유토피아는 역사 변동에 없어서는 안 되는 조건이라고 보았다. 따라서 유토피아는 '현존의 활력화activating presence'를 담지하고 있다.베스트, 2024: 53 이렇게 유토피아는 하나의 적극적인 역사적 역할을 지닌 것이다.

유토피아의 기능은 현재의 이데올로기적 폐쇄성을 드러내고 그 경색을 교란시킴으로써 미래를 열어 놓는 데 있다.Jameson, 2007: 228 프레드릭 제임슨은 현재의 존재론이 '과거의 예보'가 아니라 '미래의 고고학archaeology of the future'을 요구한다고 주장한다. 유토피아는 현실의 경계 바깥에서 현실을 비판하고 교란시키는 (불)가능성의 공간이라고 할 수 있다. 오늘날 유토피아 상상을 복권시키려면 유토피아주의utopianism에 내재된 전체주의적 위험성을 제거하는 급진적 변혁의 과정을 거쳐야 한다. 이 변혁의 과정은 이상사회의 청사진에서 구상한 유토피아의 개념을 통해 '더 나은 존재양식way of being과 삶의 방식way of living을 향한 욕망desire의 표현'으로 재규정하는 작업에서부터 시작할 수 있다.Levitas, 2011: 8 유토피아는 '목표goal'가 아니라 '방법method'이다.Levitas, 2013 완벽한 사회를 향한 구체적 프로그램이 아니라 더 나은 존재와 삶의 양식을 추구하기 위한 '방법적 가설'이자 '발견적 안내'로 유토피아를 재규정함으로써, 그간 유토피아 담론이 종종 빠져들었던 전체주의화의 한계에서는 벗어나되, 더 좋은 미

래를 향한 욕망과 역동적 지향성은 견지하고자 한다.이명호, 2017가: 8-9

　유토피아적으로 사고를 한다는 것은 습관을 깨는 능력, 틀에 박힌 일을 부수는 능력, 정상적인 것을 재-정의할 수 있는 능력을 발휘하는 일이다. 다시 말해 유토피아적 사고는 세계에 대해 현 상태와 다르게 상상하는 생각이다. 그러기에 유토피아 사고는 현재에 대해 비판적으로 바라보는 태도의 출발점으로 이용될 수 있다. 유토피아는 결국 살기에는 너무나 좋은 곳이지만 닿을 수 없는 곳이라는 뜻이다. 유토피아는 일차적으로 희망을 의미하는 동시에 현실적인 절망을 내포한다. 유토피아는 그 자체로서 우리가 지향해야 할 이상사회일 뿐만 아니라 현실사회를 비추어 줄 거울의 기능도 한다.

　유토피아적 상상력을 자극하는 데 요구되는 대안적 관점은 복수이므로 서로 충돌하는 유토피아 개념들은 결국 '민주주의를 지탱하는 생명선'이라고 할 수 있다.브레흐만, 2017: 32 완벽한 세계, 혹은 우리가 살아가는 이 사회에 반하는 가치를 갖는 세계, 그러나 실제로는 어디에도 존재하지 않는 세계를 우리는 '유토피아'라고 부른다. 그것은 인간의 상상 속에서만 존재한다.

　현 유토피아를 동양의 언어로 바꾸면 '별세계別世界', 즉 현실과 '다른 세계'이다.서신혜, 2017 서양에서처럼 동양에서도 많은 사람이 현실과 다른 어떤 세상을 꿈꾸었다. 대동사회大同社會[8], 무릉도원武陵桃源 등 여러 이름으로 불렀지만 실상은 비슷하다. 지상에서 구현 가능한 동양의 유토피아는 '대동사회'라고 불리는 유교적 유토피아와 '무릉도원'이라 불리는 도교적 유토피아다. 이것이 이 세상과 다른 세상인 유토피아의 모습이었다. 유토피아는 곧잘 인간이 생각할 수 있는 최선의 상태를 갖춘 완전한 사회,

---

8. '대동세상' '대동사회'는 한국 사회에서 미래의 이상향을 말할 때 사용하는 용어의 하나다. 19세기 조선 농민들은 집단적 저항운동으로 이행하는 시기의 첨예한 사회의식을 '대동'으로 표현했다. '대동(大同)'은 '대체로 같다'는 뜻과 '다른 세력끼리 하나 된다'를 의미한다. 또 세상이 번영하여 화평(和平)하게 된 이상향이라는 뜻도 있다. 결국 약간의 차이를 넘어 서로 협동하며 번영함으로써 평정한 상태를 '대동사회' '대동세상'이라고 할 수 있다.

즉 '이상사회'의 대명사라고 할 수 있다.

지옥향이나 암흑향으로 번역하는 '디스토피아'는 이상사회 또는 궁극적 희망으로 번역될 수 있는 '유토피아'에 반대되는 말이다. 유토피아가 '낙원'이라면 디스토피아[9]는 그 특정 유토피아적 사상의 핵심 가치들을 모두 상실한 '실낙원'을 뜻한다. 유토피아eutopia[10], 반-유토피아anti-utopia/역-유토피아dystopia(bad place)[11], 헤테로피아heterotopia(other place)[12] 등 다양하게 변용되어 개념화할 수 있다. 디스토피아는 '역逆-유토피아'라고도 부른다. 디스토피아는 유토피아와 반대되는 공동체를 가리키는 말이다. 디스토피아 사상은 가공의 이상사회, 즉 현실에는 '어디에도 존재하지 않는 나라'를 묘사하는 유토피아와 반대되는 가장 부정적인 암흑세계를 그려 냄으로써 현실을 날카롭게 나타내고 비판하는 사상을 가리킨다. 디스토피아는 유토피아처럼 보이는 세계이지만 개개인이 사회에 억눌려 인간적인 삶을 누리지 못하는 세상을 말한다. 디스토피아의 세계는 과거 어느 순간 유토피아적인 이상을 이룩하려고 했으나 그 시도가 실패한 끝에 도달하는 세계라고 할 수 있다.

유토피아와 다르게 디스토피아는 정치적·사회적 구조와 시스템이 인류의 미래에 미치는, 또는 미칠 수 있는 위험성을 경고하기 위해 사용되

---

9. 1932년 알더스 헉슬리가 쓴 『멋진 신세계』라는 소설이나, 조지 오웰의 소설 『1984』에 나타난 비극적 종말을 맞이하는 철저히 통제된 사회도 바로 디스토피아다. 바우만은 헉슬리나 오웰의 미래 사회에 대한 디스토피아적 비전과 유사한 방식으로 고체적 근대 세계에서 세상을 관리 가능하게 만드는 체계로 제시하면서 유토피아를 구상하였다.
10. 토머스 모어의 소설 『유토피아』는 1516년 라틴어로 쓰인 소설의 제목이자 소설 내에 등장하는 가상의 섬에 지어진 이상적 나라이다. 원래 유토피아는 그리스어에서 '아니다' '없다'를 뜻하는 'ou와 '장소'를 뜻하는 '토포스(topos/τόπος)'가 합쳐진 단어로 '존재하지 않는 장소(no topos)'를 의미한다. 역설적으로 '좋은(eu/good topos)'이라는 의미도 갖고 있다.
11. '디스토피아'는 존 스튜어트 밀의 의회 연설에서 처음 쓰인 단어이다. 처음 디스토피아라는 말이 사용된 것은 영국 정부의 아일랜드 억압 정책을 비판하면서부터이며, 어원상 억압적인 사회, 강제적인 정책 등 사회비판적인 요소를 포함하고 있다. 밀은 그의 그리스어 지식을 바탕으로, 이것이 '나쁜 장소'를 가리키는 말이라고 언급했는데, 이것은 'dys/δυσ(나쁜)'와 'topos(장소)'가 결합된 단어이다.
12. 푸코는 사회에 의해 고안되고 그 안에 제도화되어 있는 공간, 즉 '헤테로토피아' 구상을 현실에 끌어들였다. 푸코는 '장소를 갖지 않은' 유토피아에 대비해서 '절대적으로 다른 공간'으로서 헤테로토피아라는 조어를 만들어 냈다.

는데, 사회가 디스토피아로 가지 못하도록 힘을 합쳐 막아내야 한다는 의미도 내포하고 있다. 디스토피아는 사회가 주로 전체주의적인 정부에 의해 억압받고 통제받는 모습으로 그려진다. 그래서 국가와 정부가 디스토피아적 요소를 줄이는 방안들을 적극적으로 마련해야 국민이 진정한 유토피아에 살게 된다는 말이다. 유토피아적 의식은 먼 곳을 바라보기를 원하지만, 궁극적으로는 방금 살아온 순간의 어둠을 뚫고 들어가기 위해서만이, 모든 것이 스스로를 이끌고 숨겨져 있는 어둠을 뚫고 들어가기 위해서만이 가능하다. 유토피아라는 이상사회는 현실의 디스토피아(유토피아와 반대되는 어두운 세계)를 비추는 거울과 같다. 한강 작가가 강조하듯 어두운 그림자 속에서 아름다운 빛이 싹트는 것이다.

그렇다면 유토피아적인 기능을 수행하면서도 실제 지도 위에서 위치를 찾을 수 있는 장소들이 있다면, 그것들은 어떤 모습을 할 수 있을까? 그것들을 어떻게 불러야 할까? 프랑스의 철학자 미셸 푸코는 이것을 헤테로-토피아hétéro-topies(다른-장소들)[13]라고 호칭한다. 그것은 현실에 존재하는 장소이면서도 그 밖의 다른 온갖 장소들에 대해 이의제기를 하고 그것들을 전도시키는 장소, 말하자면 실제로 위치를 갖지만 모든 장소의 바깥에 있는, 일종의 '현실화된 유토피아'라고 이야기한다. 국가가 거대한 도시와 같다는 전제로부터 일련의 영토 통치 프로젝트 또는 유토피아로 발전한 것이다. 거기서 수도는 중앙광장으로, 도로는 거리로 나타난다. 도시에 적용되는 것만큼 엄격하고 효과적인 내치 체계가 전 영토에 확장될

---

13. 유토피아와 대비되는 공간으로 독자적인 개념화를 시도한 푸코는 부조리한 '텍스트 공간' 또는 '사회적 공간'을 '헤테로토피아(Hétérotopies)'라고 이름 붙였다. 푸코는 헤테로토피아에 대해 "사물들이 몹시 상이한 자리에 '머물러' 있고 '놓여' 있고 '배치되어' 있어서, 사물들을 위한 수용 공간을 찾아내거나 이런저런 자리들 아래에서 공통의 장소를 규명하는 것이 불가능"하며, 언어를 은밀히 전복하고, 말과 사물을 함께 붙어 있게 하는 통사법을 무너뜨린다고 이야기한다. 그것은 우리의 사유가 자리한 불가능성, 사유의 한계, 우리의 담론 아래에서 사유할 수 없음을 증언한다. "온갖 장소들 가운데 절대적으로 다른" 공간, "자기 이외의 모든 장소들에 맞서" 그것들을 중화시키고 혹은 정화시키기 위해 마련된 "일종의 반/대항 공간(contre-espace)"인 헤테로토피아(현실에 존재하는 유토피아)라고 할 수 있다.

	시간		공간	현실세계와 이상세계 사이의 연결 관계
	위치	방향	이 세상에서 '순간적으로' 실현 가능	상징적·제의적인 수단
낙원	태고 영원한 현재	순환적·반복적		
천년왕국 (기독교)	미래	순환적·직선적	이 세상에서 실현 가능	메시아
유토피아	미래	직선적	이 세상에서 실현 가능	기술과학 등 합리적 수단, 또 다른 하나의 '메시아' 로서의 프롤레타리아트 혁명 행위

임철규, 『왜 유토피아인가』, 2009

때, 국가는 잘 조직되었다는 평가를 받을 수 있다.

내치, 치안, 경찰 등으로 옮길 수 있는 '폴리스polis', 즉 도시의 모델은 국가 전체에 적용되는 규제의 원형이 되었다. 그곳에 아마도 모든 문화와 문명에는 사회제도 그 자체 안에 디자인되어 있는, 현실적인 장소, 실질적인 장소이면서 일종의 반反배치이자 실제로 현실화된 유토피아인 장소들이 있다. 그 안에서 실제의 배치, 우리 문화 내부에 있는 온갖 다른 실제 배치들은 재현되는 동시에 제지당하고 또 전도된다. 그것은 실제로 위치를 한정할 수 있지만 모든 장소의 바깥에 있는 장소들이다. 이 장소는 그것이 말하고 또 반영하는 온갖 배치들과는 절대적으로 다르기에, 푸코는 그것을 현실에 존재하는 유토피아, 즉 '헤테로토피아'라고 부른다.푸코, 2024: 12

헤테로토피아는 상호작용, 의사소통, 연결, 참여와 권력관계의 새로운 모델이 되는 실험 공간으로, 그리고 사회질서의 새로운 의미와 대안적 방식에 대한 실험실로 발전한다.클라우스, 2024: 69 그런 의미에서 헤테로토피아는 유토피아적 대안들의 전개를 수반한다. 헤테로토피아는 '환상의 공간'이며, 다양한 '타자의 공간'이라고 할 수 있다.

오늘날 위기의 헤테로토피아들이 사라지면서 그 자리를 일탈의 헤테로토피아라고 부를 법한 것들이 대체하고 있다. 그곳에는 사회적인 규범의 요구나 평균에서 벗어나는 행동을 하는 개인들이 들어간다. 요양소,

정신병원, 그리고 물론 감옥이 그러한 장소에 속한다. 아마 여기에 양로원을 추가할 수 있다. 말하자면, 양로원은 위기의 헤테로토피아와 일탈의 헤테로토피아의 경계에 있다. 필경 그것은 위기이지만, 여가활동이 규칙이 되고 무위가 일탈이 된 우리 사회에서 노화는 일종의 일탈이라고도 할 수 있기 때문이다. 이런 의미에서 헤테로토피아는 유토피아적 대안들의 발전을 동반한다.

　현실에서의 유토피아는 '대항-공간적인 그 무엇'으로서 유토피아라는 이름 그 자체가 진정 어떤 장소도 갖지 않는 곳에서 남겨져야 한다면, 현실의 공간 및 장소에서 일탈, 비약, 전복 등을 꿈꾸는 모든 전환적 시도는 '이소성'[14]을 지닌 헤테로토피아와 같은 것일 수 있다. 이러한 대항-현실의 공간, 즉 유토피아와 그것에 대한 상상은 새로운 세계의 현실화를 위한 실질적 밑바탕이 될 수도 있다. 이것들은 모두 현실에는 없는 공간적 의미를 지니며, 현실을 넘어서고, 비판하거나 뒤집는 데 관심을 둔다. 헤테로토피아는 하나의 실체 안에 여러 공간을 병치할 수 있고 그 안에 여러 장소가 양립할 수 있는 공간이다. 헤테로토피아는 다른 모든 장소와 관계를 맺는 기이한 특성의 존재를 지니고 있지만, 이러한 방식으로 지정하거나 반사하거나 반성하는 관계들의 집합을 의심하고, 중립화하거나 새로운 발명을 하는 방식의 공간이다. 비록 현실에서 그것들의 위치를 나타내는 것이 가능할지라도, 그것들은 대립적 담론이나 반대되는 내러티브의 장소이며 모든 공간의 밖에 존재한다. 이 개념은 파편화되고, 구분하고, 변형하고, 분리하고, 지배하는 일상적인 장소와 휴식, 피난처, 놀이의 열린 공간을 바라보는 방식을 제공하며, 이는 헤테로토피아가 엄청난 초월적 가능성을 갖고 있음을 시사한다.

　헤테로토피아는 인간의 욕망과 충동을 상상 속에서 채워 주던 유토피아가 현실의 중력에 의해 끌어당겨졌을 때 드러나는 그 균열과 틈새를 직

---

14. 본래 의학 용어로 '이소성'을 의미하는 이 말은 '신체 부위나 기관이 비정상적 자리에 있는 위치 이상'을 가리킨다.

시하게 해 준다. 이를 통해 '바깥' 공간을 다시 바라보게 되며, 여기서 새로운 상상, 현실의 지평이 열린다. 예를 들어 월가 점령 운동the Occupy Movements[15]은 유토피아적 충동을 자극하면서도 동시에 불충분하지만 성공하는 염원의 지평을 넓히는 가능성의 공간을 열린 채로 유지할 수 있는 '유토피아적 방법'의 하나로 이해될 수 있다.^{페이서, 2024: 99-106} '점령 운동'은 유토피아의 성공 요소를 갖고 있지만, 다른 한편으로 유토피아로 향하는 방법으로서 필연적으로 실패할 수밖에 없음을 동시에 보여 준다.

유토피아주의의 함정

유토피아 사상 또는 '유토피아주의utopianism'의 주요한 특징은 첫째, 기존의 정치사회 체제·구조·기능을 비판한다. 둘째, 새로운 체제와 구조에 의해 현재의 체제를 대체하도록 기획된 대안적 틀과 프로그램을 제시한다. 셋째, 불평등, 부정의, 억압, 착취, 결핍, 갈등, 폭력 등의 소거를 목적으로 한다. 넷째, 기존 체제는 모든 불완전한 형태의 구현이기 때문에 그 체제를 강하게 반대한다. 다섯째, 현재의 사회·정치 구조가 인간의 성격과 개인이 지닌 훌륭한 자질을 종합적으로 발달시킬 수 있는 충분한 여지를 만들어 내지 못한다고 생각한다. 여섯째, 현재의 사회·정치 체제가 공사를 지나치게 구분함으로써 바람직하지 않은 갈등의 분위기를 야기하여 사회의 진보를 어렵게 하였다고 비판한다. 일곱째, 전통적인 정치사상을 넘어 더 넓은 심리-사회적, 심지어 심리-성적 문제를 다룬다.^{Vaid, 2022}

디스토피아에 대한 대안으로 제시된 '유토피아'는 이상사회의 기본적

---

15. 각종 수수료 수입 등 불공정한 방법으로 이익을 독점한 금융기관의 횡포, 자만과 독선으로 시장을 장악한 대기업의 탐욕, 부와 권력을 세습하는 교육제도, 편 가르기와 편들기에 바쁜 정치권의 행태는 전 세계 젊은이들이 '월가를 점령하라(Occupy the Wallstreet)'와 같은 시위를 일으키게 했고, 전통을 자랑하는 유럽인들에게 '국가부도'라는 굴욕을 안겨 주었다.

특징을 지니고 있는 인간 세계의 장소라고 할 수 있다. 하지만 유토피아주의는 어느 정도 과잉 반응했으며, 논리와 이성보다는 감정에 더 많이 기초한다. 유토피아 사상가들은 완전한 미래의 인간 사회를 계획했다는 비판을 받았다.Vaid, 2022 이렇게 유토피아와 디스토피아의 중첩적 국면이 전개될 수 있기에 현실세계와 이상세계의 균형을 잡는 일이 중요해졌다.

유토피아 사상가 일부는 낙원에서 독재로 가는 길을 인식하며, 폭력은 피할 수 없는 요소임을 강조하기도 하고, 또 다른 유토피아 사상가는 유토피아가 자유와 불가분의 관계에 있으며, 전체주의와의 싸움에서 필수적이라고 보기도 한다. 유토피아 사상가들이 구상한 공동체가 많아질수록, 그들은 해결할 수 없는 갈등의 여러 악순환에 더욱 휘말릴 수 있다. 현대의 유토피아 이론들이 제시한 상세한 청사진을 구상하거나 옹호하는 전통을 따르는 경향을 보이지만, 사실 유토피아 사상의 근저에 항상 위험한 요소가 도사려 있는 것도 부인할 수 없다. 권력을 행사하는 이데올로기 역사의 여러 극단적인 사례가 보여 주듯, 유토피아주의는 보편적 광기를 드러내며 타락하는 모습을 보이기도 한다. 때로는 일종의 마법적 광기나 미친 짓으로 여겨질 수도 있다. '유토피아주의'가 종종 환상 또는 불가능한 꿈, 사회적·정치적 혼란으로 마감되어 시대에 뒤떨어진 정치사상적 이념으로 경멸적인 용어로 일축되어 처리되기도 한다. 1989년 동구권 사회주의의 몰락에 이어 1991년 소비에트 체제가 붕괴하고 신자유주의적 자본주의의 세계화가 진행되면서 유토피아 담론은 거의 소멸될 운명에 처한 것처럼 보였다. 때로는 유토피아의 이상이 정체되어 패권문화의 유지에 이용되기도 한다. 역사적으로 더 나은 사회라는 유토피아 이상에 터한 한때의 혁명이 전체주의 국가로 전락한 경우도 나타났다.

오늘날 인류는 자원 고갈, 기후변화, 경제적 불평등, 공동체 파괴, 지구적 거버넌스 부재 등등의 문제가 인간의 생존 가능성은 물론 지구 문명의 지속가능성을 심각하게 위협하는 국면을 겪고 있다. '사이비 유토피아'의 출현을 우려하는 시각도 있다. 파라다이스를 보여 주는 유토피아 사상이 비현실적이고 전체주의 및 종말론 태도와 같이 디스토피아적 성격을 띤다는 이유로, 또 그것에 반대되는 '반유토피아주의자들anti-utopians', 즉 실증주의자 칼 포퍼의 『열린 사회의 적』과 『역사주의의 빈곤』의 경우, 또 반공동체주의자 프리드리히 하이에크의 『노예로의 길』 등에 의해 여러 문제가 제기되었다. 이들의 반-유토피아 담론은 유토피아 담론이 불완전한 인간을 하나의 완벽한 목표에 맞추는 억압과 폭력의 기제라고 비판해 왔다. 이들에게는 유토피아 사상가들이 강조하는 총체적 공동체론이 곧잘 전체주의적 파시즘이나 방어적 민족국가론으로 이해되었다.

또한 유토피아주의는 그것이 전제되어 있는 인간의 본질에 관한 관점(인간학)의 오류를 범할 수 있다. 유토피아주의의 함정은 신비한 순간의 주관적으로 정지된 지금의 시간을 공적 상태의 불변적이고 객관적이고 확고한 것으로 대체하여 생각하는 경향이라고 할 수 있다. 이 경우 소망 자체가 이미 인간의 진실과 모순 관계에 있게 된다. 나비가 되는 애벌레의 현재와 달리, 인간의 현재란 불확실한 지금 그대로 항상 충분한 가치가 있다고 봐야 한다. 다른 존재에는 없는 이 '불확실성'은 항상 내재해 있는 초월성이라고 할 수 있으며, 결코 양면성에서 빠져나올 수 없는 그것의 열린 양자 택일성이자 대답이 불가능한 한계 현상이기에 이 현상은 인간의 지식으로는 자신을 더 넘어설 수 없다는 말이다. 이런 불확실성은 인간 존재가 견뎌내야만 하는 숙명이다. 앞으로 나아갈 수도 없고 뒤로 후퇴할 수도 없는 것이다. 모든 희망과 공포, 개인과 인류를 위한 모든 기대는 그 불확실성 내에서 움직여야만 하는 것이다.

그런데 20세기의 변형된 상황에서 발견되는 인위적 디스토피아의 문제를 유토피아에 대한 비판으로 무리하게 귀결시킬 필요는 없다. 유토피아 프로젝트들은 자동적으로 고려된 공동체라기보다는 끊임없이 '상상된' 공동체의 맥락 속에서 자유, 평등 그리고 안보의 가치를 재이론화함으로써 전체주의에 대항하는 방어기제를 마련함으로써 '개인적 자유'와 '공동체의 필요' 사이의 균형을 통해 이루어진 새로운 세상의 도래를 위한 설

계도라고 할 수 있다.Olssen, 2006: 115

많은 학자가 동유럽과 구소련에서 공산주의가 붕괴된 후 '유토피아주의'가 끝났다고 단언했지만, 모든 국가가 그런 경향을 보인 것은 아니다. 유토피아주의는 여전히 가동 중이며, 더 나은 존재이기를 바라며 계획된 '의도적 공동체intentional communities'를 향해 나아가고 있다.Vaid, 2022 현실과는 질적으로 다른, 그러나 아직 도래하지 않은 미래에 대한 상상은 '주어진 현실'이 전부가 아니라는 인식을 받아들임으로써 현실을 '재사유'하고 '재배치'할 수 있게 한다. 이것이 '유토피아 상상'이다. 유토피아 상상에서 현실은 미래와의 관계 속에서 비판적으로 독해된다. 이상사회에 대한 생각은 그림의 떡으로 비하되기도 하지만, 비전이 있는 생각으로 칭송받기도 한다. 유토피아 프로젝트의 긍정적인 의미와 부정적인 의미를 모두 포괄하여 '이상사회를 향한 땜질tinkering toward utopia'이라는 현실주의적/실용주의적 용어로 표현하기도 한다.타이악 & 큐반, 2011: 23

68혁명의 유토피아 원칙이 현실로

학생들의 저항이 대학개혁과 변화에 얼마나 기여했을까. 기실, 독일사회주의학생연맹SDS이 대학개혁의 청사진을 담은 제안서 『민주주의 속의 대학』을 냈을 때 '유토피아적'이라는 생각이 주종이었다. 물론 그런 측면이 없다고는 할 수 없다. 미국과 유럽 대학의 급속한 규모 확장이 전후 급성장하던 경제적 필요와 무관하지 않은 상황에서, '자본과 경제적 이해'에 정면으로 맞서는 대학 재구성은 순진무구한 측면이 없지 않고 '3자 동등권(학생, 강사·조교, 교수)' 요구는 교수가 이끄는 '전문 지식과 학문 세계'의 특수성을 반영하지 못한 측면이 있기 때문이다. 하지만 SDS의 제안서는 대학개혁에 대한 필수 아이디어와 요구 사항을 포함하였으며, 결국 1968/69년 연방 주들의 고등교육법에 반영된 것도 사실이다. SDS가

1961년에 제안서를 내며, "대학 민주화를 위한 일련의 원칙이 '유토피아적'이라는 인상이 든다면 상황을 제대로 이해하지 못한 것"이라고 한 주장이 일면 옳았다는 말이다.

물론 이러한 '유토피아적 원칙'이 10년도 안 되어 법적으로 구현될 것이라고 진지하게 생각한 사람은 없었다. 하지만 그 '유토피아'는 대학 비판과 학생 저항의 강력한 압력 속에서 일부 '현실'로 전환되었다. '상상력에 권력을!'이라는 68혁명의 구호에 걸맞은 결과였다.정대성, 2025: 208-209 68혁명 이후 결실로 나타난 '공동결정'은 대학자치의 근본적 요소로 여겨졌다. 68운동의 성과로 구성원 중심의 대학이 관철되어 제도화되었다. 학생, 강사와 조교, 교수가 모든 위원회에서 구성원 집단을 대표한다. 또한 구성원들이 각 집단의 이익을 대변하는지, 아니면 대학정치의 차별화된 입장을 대변하는지를 둘러싼 논쟁에도 불구하고, 대학 저항의 압력 구조가 구성원 중심의 공동결정 쪽으로 바뀌었다는 사실에는 어떠한 변함도 없다.

1969년 베를린 대학법에서 '3자 동등권'이 용인되어, 학문의 자유라는 기본권에 위배되지 않으며, 교수만이 아니라 학생과 조교 및 강사도 대학의 동등한 주체로 인정된 역사가 선명히 남아 있다. 지금 생각하면 너무도 아득한 이상향처럼 느껴지는 발상과 제안이 68혁명의 한복판에서 결국 솟구치고 반향을 얻었다. 이는 대학 민주화라는 68혁명의 정신이 결국 '대학혁명'의 깃발이었음을 잘 보여 준다. 그것은 단순한 패배가 아니라, 실패했지만 세상과 대학, 학문의 정의와 본질을 둘러싼 근본적이고 빛나는 투쟁의 값진 성과였다.

학생들이 꿈꾸던 대학은 비록 온전히 성취되지 못했지만, 저항과 그 여파는 '새로운 대학'의 탄생으로 이어졌다. 그 새로운 대학에서는 구성원들이 대학의 운영 및 결정구조에 참여하는 혁신적 구조의 작동을 토대로, 68혁명의 반권위주의적 저항 운동 정신이 배어 있는 '새로운 교육'의 싹을 틔우게 되었다. 68혁명의 학생 저항은 '새로운 대학과 교육'의 출발점이었다. 68혁명의 학생 저항과 유의미한 개혁의 역사는 지금 우리에게 새로운 대학의 가능성을 상상하고 성찰할 기회를 제공하였다.

'불가능한 것을 요구하라'는 68혁명의 슬로건은 그 근저에 유토피아 지향을 담고 있었다. 1968년 이후에는 페미니즘, 생태주의, 탈식민주의, 무정부주의 등 현존 질서를 넘어 대안적 가치를 지향하는 다양한 사회운동들과 연계하여 부활하였다.

진보는 유토피아를 깨닫는 과정

유토피아의 꿈은 언젠가 실현될 것이기에 포기해서는 안 되는 우리의 희망이다. 유토피아의 꿈은 끊임없이 이어지고 있다. 인류의 진보는 무언가 더 나은 것을 꿈꾸는 데서 생긴다. 진보progress/Fortschritt는 유토피아를 깨닫는 과정이다.브레흐만, 2017: 23 진보는 유토피아의 구현이라고도 할 수 있다. '진보'는 공간적으로 여기와 저기, 시간적으로 지금과 나중 및 이전을 서로 연관시키는 관계를 규정하는 개념이다.코젤렉, 2010: 13 '진보'는 민중의 삶을 되찾는 길이며, 민중의 자기해방이다. 진보는 아래로부터의 해방이다. 자본주의적 착취, 관료적 통제, 사회적 차별, 정치적 배제를 넘어 민중이 자기 삶의 주인이 되는 것이 진보의 가장 본질적인 지향이다. 무엇보다 민족과 민중의 편에 서는 것이다. 하지만 그것만으로는 부족하다. 오늘날의 위기는 단지 민족의 예속과 분단, 사회적 불평등만이 아니라 생명의 파괴와 기후붕괴라는 총체적 위기를 동반하기 때문이다. 따라서 오늘의 진보가 직면한 과제는 세 갈래의 해방을 동시에 통합하는 데 있다. 첫째, 분단과 예속의 굴레에서 벗어나 자주와 통일을 실현하는 것, 둘째, 자본의 지배로부터 노동이 해방되는 것, 셋째, 인간과 자연의 공존을 회복하고 생태적 질서를 복원하는 것이다. 이 셋은 따로 떨어진 것이 아니다. 진정한 해방은 이 셋이 통합된 실천을 통해서만 가능하다. 진보는 단지 정책 문제가 아니라 세계를 바라보는 관점, 인간과 자연, 민족과 세계, 자본과 삶에 대한 총체적 해석과 실천의 문제이다. 진보란 민족의 자주, 계급적 해방, 생명의 상생을 하나로 꿰는 새로운 사상이고 실천이다.정성희, 2025, '진보와 대선 칼럼' 진보는 개혁에 방향과 통일성을 주는 생동감 있는 이상이라고 할 수 있다. 따라서 진보는 학교교육의 원칙이고, 더 나은 학교교육은 더 나은 사회를 가져올 수 있다.타이악 & 큐반, 2011: 39-40 서로 관점이 다름에도 불구하고, '진보'는 상반된 진영에서 계속해서 사용되었다. '진보' 개념의 양가적 의미뿐만 아니라, 삶의 질과 관련된 성찰이 가져온 기술적 진보의 한계에 대한 인식이 정치의식에 영향을 끼치게 된 이후 '기술적 진보'에 조응하는 '도덕적 진보'의 필요성이 동시에 요청되었다. 유토피아는 결코 쉽게 달성될 수 없는 것이지만, 그것에 가까이 가고자 하는 시민들의 노력을 통해 그나마 인간의 존엄성을 바탕으로 불안한 사회를 헤쳐 나갈 수 있는 '윤리적 힘'이 될 수 있다.달, 1989

언제나 그렇듯 우리의 유토피아는 작은 규모로 시작될 것이다. 만약 유토피아의 꿈이 없다면, 우리는 길을 잃고 어디로 가야 할지 갈피를 잡지 못할 것이다. 우리가 더 나은 미래를 구축하겠다는 희망을 품지 않는다면, 현재는 삭막하다. 유토피아가 사라질 때 인간의 상태는 볼품없이 황량하다. 유토피아는 저 멀리 존재하는 것이 아니라 항상 여기에 존재해야 한다. 유토피아적 과정은 아직 실현되지 않은 '무엇'이 포함된 세계에 내재되어 있다.Field & Moss, 2011: 138-139 유토피아적 사고는 어떤 고정된 목적지로 가는 로드맵이 아니다. 다만 사람들에게 현 상태에서 탈출하는 여행을 떠나라고 권유하려면, 유토피아적 이상에 대한 생명력 있는 신념이 요구된다. 그러기에 구체적 목표가 전혀 없는 여행일 수도 있고, 더 나쁘게는 어떤 예상치 못한 구렁텅이에 빠지는 여행이 될 수도 있다. 이상적 목적지를 향해 출발하지만, 때로는 멀리 이탈하기도 하고, 한계를 지닌 채 새로운 형태를 갖추어 여행을 떠나는 발견의 여정이라고 할 수도 있다. 우리가 원하는 이상사회는 완성된 유토피아가 아니라 상상과 희망이 살아 있는 진취적인 기상을 필요로 할 것이다.

2장
유토피아 교육사상 연구와 대안적 실천

    그동안 세계의 교육은 교육을 시장의 '상품'으로 전락시킨 신자유주의 정책의 범람으로 '공교육public education' 사상의 쇠퇴를 가져왔다. 그리고 '위험사회risk society'의 근대성modernity 위기에 직면한 현대 학교의 공교육은 일터에서 사용할 수 있는 기술, 역량 및 지식의 이전에만 초점을 맞춘다는 비판을 받았다. 경제적 합리주의와 신자유주의의 지배로 인해 교육은 상품화되어 잠재적 고객에게 마케팅의 대상이 되었다. 결과적으로 학생들은 비판적 시민이 아닌 '소비하는 사람'으로, 비인간화de-humanization되어 갔다. 사회적 불평등과 빈곤과 함께 불어닥친 도덕적 상대주의로 인해 근본이 무너지고, 극단주의 성행 등 테러와의 전쟁과 문화전쟁을 벌여야 했으며, 공동체의 기초인 가족의 친밀성이 약화되고 아이들의 삶은 더욱 과잉 규제되는 '유모국가nanny state'가 되어 갔다.Hartas, 2008: 10-11

    이러한 상황에서 구체적인 비전으로서의 유토피아가 아닌 새로운 생각을 현실화하는 방법으로서의 유토피아가 인류의 관념을 축소하지 않고 확장하리라는 보장이 있을까? 왜 이 운동이 미래를 위한 희망의 원천이 될 수 있을까? 이에 대한 응답으로 유토피아적 사고를 하는 것은 '학습된 희망educated hope'이라고 할 수 있다. 유토피아적 희망이 될 수 있는 '학습된 희망'은 정치와 윤리를 개인의 자유와 사회적 주체성을 가능하게 하는 지식·기술·경험을 제공하는 활성화된 시민교육civic education으로 발전할 수도 있는 것이다.Giroux, 2006: 44-45

더 나은 사회를 위한 유토피아 사상

우리는 유토피아 아이디어의 지적인 뿌리를 되찾아야 한다. 문자 그대로 '아무런 장소가 없다no place'는 라틴어 'utopia'는 이상적 사회를 건설하고자 한 토머스 모어가 사용한 문학적 용어다. '좋은 사회'에 대해 경합을 벌이듯이 '유토피아'라는 용어도 하나로 규정될 수 없는 상당히 논란을 불러일으키는 말이기도 하다. '유토피아'는 결함이 있고 불충분하고 나쁜 것으로 간주되는 사회의 기존 상태에 대한 대안적 사회 모델로 생각될 수 있다.Levitas, 1990 이러한 합리적 상상력은 환경과 사회제도를 변혁시킬 목적으로 설계된 인간의 보편적 특성이다.

그래서 우리는 '더 나은 사회'라는 유토피아적 이상이 사회 변혁에 초점을 맞춘 대항적 이데올로기를 형성하는 데 사용되는 방식과 그 이상이 이후에 현상 유지를 위해 사용되는 방식을 분리할 필요가 있다. 그러기 위해서 특별한 정치철학으로서 유토피아 사상의 내용을 자세히 설명하기보다 사회 변혁의 아이디어가 어떻게 작동하는지에 초점을 맞출 필요가 있다.Forde, 2006: 146 우리는 특정 정치철학으로서보다 유토피아 사상을 더욱 폭넓게 사회 발전에 대한 논의로 발전시켜야 하는 것이다.

유토피아란 통상적으로 생각하듯이 비현실적이고 허구적인 사고가 아니라, 기존 현실을 비판하고 풍자하면서 미래에 대한 인간의 비전을 현실적으로 실현하려는 의도와 노력의 뜻이 내포되어 있다. 유토피아는 단지 한두 가지의 사회제도를 변화시키기 위한 제안이 아니라, 좋은 삶을 위해 필요하거나 바람직하다고 생각하는 모든 주요 사회제도들을 기술하는 하나의 제안이 되어야 한다.

  유토피아는 개념적으로 초월적 신의 세계가 아닌, 인간의 의지와 노력으로 실현 가능한 설계를 대상으로 한다. 인간의 개인적 욕망이나 희열보다는 사회적·공동체적 구상 내지 설계에 강한 비중을 두고 있다. 유토피아 구상이란 실현 가능한 인간의 공동체에 대한 미래의 이상이라고 할 수 있다. 사회와 국가의 전통과 상황에 따라 현실적인 공동체 설계는 조금씩 다른 모습을 보일 수 있다.

  많은 교육사상가들은 유토피아적 전통에서 교육의 유토피아educational utopias, 즉 '에듀토피아Edutopia'[16]의 역할을 탐색하고, 교육의 목적과 목표를 이해하고, 사회적 가치를 실현하려 하고, 현재의 경제적·기술적·조직적 유형을 비판하는 수단으로 출처와 장소를 탐구한다. 이들이 탐구하는 교육에서의 유토피아라고 할 있는 '에듀토피아' 교육사상은 이론적·실제적 질문에 영향을 미치는 방식으로 새로운 사고를 자극하고, 교육의 윤리적·정치적 차원과 '좋고', '정의로운' 사회의 건설에 기여하며 교육의 위상을 부각시키려 한다.

  우리가 추구하는 '완전한 사회perfect society', '이상적 사회ideal society' 또는 '열린 사회open society'의 사상적 토대라 할 수 있는 미래 지향적 '유토피아' 개념은 사회정치철학 및 교육철학의 필수적 요소이다. 교육의 체제는 기존 사회에 대한 비판 및 개선에 초점을 맞추면서 종종 이상적 사회를 정의하거나 그것을 창출하는 주요한 수단을 제공하는 역할을 해 왔다. 유토피아 사상에서 교육은 '좋은 사회'를 가져오는 수단 중 하나로 설정되었다. 교육은 언제나 유토피아를 찾는 과정의 일부였으며, 그래서 문화·정치·문학에서 유토피아 전통의 중요한 부분을 차지해 온 것이다.

---

16. 글로벌(global) 사회의 비전은 본질적으로 유토피아 사회의 비전이고, 적어도 'good place/eutopia'다. 그래서 글로벌 유토피아를 'Globotopia'라 하고, 교육 유토피아를 'Edutopia/Educational utopia'라고 부른다.

유토피아주의의 다양한 접근

탈출과 동시에 재건을 하려는 유토피아주의는 의식을 고양하는 수단이거나 영감을 주는 호소가 될 수 있는 '이상ideal'으로서의 유토피아, 더 나은 사회를 위한 목적국가의 '목표goal'로서의 유토피아, 현재의 결함을 폭로할 때 경고를 하는 '비판critique'으로서의 유토피아 기능을 하는 데 유용하다.Hargreaves, 2019: 126-127 이 세 가지 기능은 단독이나 조합되어 바람직한 사회에 대한 대안적 개념을 창조하고 탐구할 수 있는 상상력을 자극하여 동기를 부여하는 비전을 제공하는 데 도움이 될 수 있다. 레비타스는 정치 프로그램과 사회 및 경제 정책에 내재된 좋은 사회의 이미지를 조각조각 모아 놓은 '고고학적' 유토피아 유형, 특정 사회가 어떤 종류(능력과 가치 등)의 사람들을 육성하고 장려하는 질문을 다루는 '존재론적' 유토피아 유형, 미래를 위한 대안적 시나리오의 상상력을 갖게 하고, 그 안에 거주할 사람들에 대한 가정과 결과를 인식하는 '건축' 유형과 같은 유토피아 방법이 있다고 본다.Levitas, 2013: 153-220

유토피아주의는 절망에 처한 사람들에게 새로운 구원과 희망의 메시아로 다가온다. 많은 유토피아주의자들은 '희망'의 주요한 적을 냉소주의, 운명주의, 상대주의, 기초주의라고 본다.Halpin, 2003 유토피아주의는 미래 세대를 위해 철학적으로, 과학적으로, 정치적으로, 그리고 교육적으로 조명되고 이론화되고 있고, 정치적 영역, 사회적 영역, 심리적 영역, 실존적 영역 등 개인심리학 차원뿐 아니라 사회적 위치를 추구하는 차원에서 논의되고 있다. 유토피아주의는 일반 철학과 문화연구는 물론이고 교육철학 등에서 유토피아 교육에 대한 상상력을 불어넣고 있다. 정치적 좌표와 관계없이 현재의 사회구조에 절망하거나 딜레마에 빠진 사람들, 그러면서 정당하고 인간적인 삶의 가능성에 관심 있는 사람들을 위한 유토피아 교육에 대한 사상적 논의가 활발하다.

유토피아 연구Utopian Studies의 발전과 함께하는 유토피아주의

utopianism[17]의 교육적 부흥은 크게 네 가지 추세를 보인다.Papastephanou, 2009: xxii-xxii 첫째, '아나키즘'의 유토피아적 추진력과 교육에 대한 신념의 부흥 흐름(Suissa)이다. 둘째 더 나은 세상을 위한 '대안적 미래 연구'로서 교육적으로 풍부한 비판적 대응을 하는 흐름(Peters & Humes)이다. 셋째, 유토피아적 요소를 보존한 교육에 대한 급진적 변혁 접근(Freire, Giroux, McLaren)과 그것을 '희망'의 교육학으로 발전시켜 지지하는 흐름(Stewart-Harawira)이 있다. 넷째, 교육 실천에 대한 혁신주의적 접근(Dewey)과 점진적인 실용주의적·유토피아적 변화를 선호하는 흐름(Halpin, Demetrion)으로 나타나고 있다. 다섯째, 유토피아 사상에서 발견되는 여성 중심적·소녀 중심적 관점을 보여 주는 사회적·정치적 대안 질서에 대한 비전에서 성 및 젠더 논쟁에서 영감을 얻어 교육의 과정 문제가 탐구되고, 여성과 소녀의 억압, 어머니와 아이들 사이의 관계와 딸들의 교육, 모성적 태도(어머니의 모성, 다름과 돌봄의 고유성), 그리고 소녀(딸들)의 목소리를 대변하는 페미니스트 유토피아주의 사조의 흐름이다.Forde, Sargisson

교육의 유토피아주의 또는 '유토피아 교육학'은 공간적 차원, 통시적 차원, 공시적 차원 등 다중적 차원에서 논의될 수 있다.Papastephanou, 2009: xviii 첫째, 공간적spatial 차원의 유토피아주의는 교육을 할 때 서구적 문헌에 한정하지 않고 세계적 문헌들을 폭넓게 중요시한다. 둘째, 통시적diachronic 차원의 유토피아주의는 교육에서 과거의 많은 유토피아 문헌

---

17. '유토피아주의'는 '유토피아'의 내용과 함의보다는 사람들이 교육적 공간에서 유토피아적 실천과 실험을 작동시키는 것을 말한다. 유토피아주의는 현대의 정치 생활 및 사상과 아무런 관련이 없는 환상이라는 널리 퍼진 확신을 강력히 반박하며, 유토피아주의가 현재 상황의 한계를 극복하며, 대안적 사고를 고취하고, 그리고 정치적 행동에 대한 새로운 방향을 여는 능력에 특별한 미덕이 있는 개념과 사상이라고 할 수 있다. 유토피아주의에 연구들은 사회적 원인을 정치 이론 및 실천과 연관시키는 접근 방식을 개발하려고 한다. 유토피아주의는 독특한 특성과 현재를 초월할 수 있는 능력을 지닌 정치이론의 한 형태이다. 또한 유토피아주의는 근본적인 사회적 충동의 표현이자 현대 정치 운동의 한 영역으로 간주되고 있다. 이론과 실천 모두를 내포한 유토피아주의는 현대 사회에서 종종 정치적 리얼리즘으로 통하는 '실용주의'는 좁은 경험주의를 상쇄하기 위해 '유토피아주의'가 이용되고 있다.

이 선구적이었고 지금도 여전히 선구적일 수 있다고 본다. 셋째, 공시적 synchronic 차원의 유토피아주의는 현대의 유토피아 문헌이 교육자들에게 공동선에 대한 윤리적·정치적 이미지를 제공하고 이를 염두에 두면서 피해야 할 것이라며 사회 병리를 드러낸다.

특히 아나키스트들anarchist[19]은 인간의 관계에서 강압과 폭력을 제거하고자 하고, 자치와 자율의 아나키즘 운동을 시민의식과 민주주의의 훈련장으로 보고, 개인이 미래의 가능성을 스스로 창출하기 위해 '능동적 행위 주체자active agents'가 되어야 한다고 주장한다. 교육을 넓게 보아, 가능한 한 창의적 실험, 비판적 사고, 그리고 적극적 문제 해결을 위해 자유를 허용한다는 면에서 '리버테리언libertarian'[19]이라고 분류할 수 있다. '리버테리언'은 교사의 권위와 위계적 학교구조를 거부하고, 개별 아동을 위해 최대의 자유를 옹호한다. 물론 이러한 견해는 사회혁명을 달성하기 위한 수단이 그 목적과 일치해야 한다는 아나키스트의 주장이기도 하다. '아나키스트 교육anarchist education'과 '리버테리언 교육libertarian education'이 서로 융합하였고, 어떤 측면에서 아나키스트 교육이 리버테리언 교육과 중첩되어 있기는 하나, 주류의 리버테리언 교육과는 좀 다르다고 할 수 있다.Suissa, 2006: 75-76

대부분의 아나키스트 사상가들, 특히 '급진적 교육 실험radical

---

18. 'anarchism'의 어원은 그리스어 'an(없음)+archos(지배자, 지도자, 장, 책임자, 지휘관)'로 '지배자가 없음, 권력이 없음, 권위가 없음, 주인이 없음'을 뜻한다. 아나키즘은 억압적인 집권형의 제도나 공동체가 아닌 자발적 결합의 분권형 사회를 지향한다. 아나키즘은 자유로운 개인들이 자발적으로 자치 사회를 만들고 자연과 조화를 이루는 세상을 지향하는 것으로 이해한다.
19. 자유지상주의(laissez-faire) 태도를 보이는 '사유해방주의사'로 번역할 수 있는 'libertarian'이라는 용어는 'anarchist'와 혼용하여 사용하기도 한다. '리버테리언'은 아나키스트들이 즐겨 쓰는 표현으로, 개인의 자유와 자발성을 억압하는 국가, 자본, 가부장제 등 일체의 위계를 거부한다는 의미다. 국가의 간섭을 최소화하고 개인과 기업의 자유로운 영리 활동을 보장해야 한다는 의미의 '자유주의(liberalism)'와는 다른 의미를 지닌다. '리버테리언'은 해방하는 자이자 해방된 자인 '해방자'로서의 자유인이라고 일컫는다. '리버테리언'의 전통은 반국가, 연방제, 자주관리의 사상을 적극 수용한다. 북친은 코뮌주의의 기획을 통해서 과거 아나키즘의 막연한 '국가 없는 사회', '상호부조'의 구상을 넘어서는 더 구체적인 직접민주주의와 지역자치주의(코뮌)의 구상을 전개한다.

educational experimentalism'에 오랫동안 관여했던 19세기와 20세기 초의 사회적 아나키스트들social anarchists[20]은 아이들의 교육을 강조하는 자유해방주의자들libertarian과 좀 달랐다.Suissa, 2009: 241 아나키스트 운동가들이 교육 프로젝트에 쏟은 헌신은 학교와 교육 전체가 '국가 관료주의'의 또 다른 측면이기에 가능한 한 빨리 폐지되어야 하며, 사회의 변화를 위한 프로젝트의 가치 있는 요소라는 사실을 나타내는 증거라고 할 수 있다.

교육에 대한 아나키스트 관점의 표명은 교육과정의 관리와 내용, 교실 관리 및 운영과 같은 학교교육의 형식적 측면뿐만 아니라, 모든 교육적 만남의 중심에 자리한 관계적 요소에 의해 창출되는 '교육적 공간'을 중시했다.Suissa, 2009: 242 학교에서 교사와 학생의 관계는 이러한 유형의 만남에서 흔히 볼 수 있는데, 아나키스트들의 관점은 이런 논의의 범위 안에 다른 유형의 교육적 관계를 포함하도록 한다. 즉 19세기 말과 20세기 초 주류적 학교와는 다른 유형의 유럽과 미국의 아나키스트 학교들은 비억압적 교육과 비위계적 조직, 그리고 협력교육co-education을 매우 중시하였다.Suissa, 2009: 242

많은 논평자가 아나키스트 이론에서 교육이 차지하는 중심적 역할에 적절한 주의를 기울이지 않은 점은 아나키스트들이 제도의 통제 없이 정의롭고 분권화된 사회를 유지할 가능성에 대해 순진한 견해를 지니고 있다는 일반적인 주장 때문이다. 이러한 주장은 종종 아나키즘을 '유토피아적'이라 치부하는 것과 관련이 있으며, 사회적 아나키스트들이 그러한 사회를 지원하기 위해 필요하다고 여겼던 도덕적 기반을 육성·유지할 때 교육의 핵심적이고 지속적인 역할들을 간과하는 경향이 있다.Suissa, 2009 사회적 아나키스트들이 명확한 도덕적 원칙에 따라 설계된 본질적이라고

---

20. '사회적 아나키스트(social anarchist)'는 혁명적 사회운동의 기조를 유지하여 위계적이고 계급 차별적인 비합리적 사회를 완전히 변혁하는 것을 최우선의 목표로 삼는다. 사회의 변화를 중시하는 사회적 아나키즘은 전체주의나 권위주의 또는 국가주의에 반대한다. 사회적 아나키스트는 '개인의 자율성'을 한껏 발휘하되, 불의의 권력에 맞서서 '사회적 정의'를 실현해야 한다.

할 수 있는 교육적 과정의 필요성을 인정한 것은 인간의 본성에 대한 상황적 설명과 일맥상통한다. 그래서 '순진한 낙관주의'로 여겨질 수 있는 것에서부터 복잡하고 영감을 주는 사회적 희망으로의 전환을 시도하는 것까지 다양한 스펙트럼을 보여 준다. 그리고 유토피아 사상가들은 유토피아 연구가 가치가 있음을 주장하면서 유토피아 사고와 실천의 '변혁적 transformative' 요소를 강조한다.

그리고 교육의 영역에서 젠더와 교육의 관계를 검토하는 대안적 페미니즘 연구로는 크게 여성을 위한 교육의 기회 접근을 강조하는 자유주의적 페미니스트들의 요구, 교육에서 젠더 왜곡을 드러내는 연구, 여성의 고유함을 중시하는 급진적 관점, 여성들 사이의 다양성 이슈 등에 대한 논의가 이루어지고 있다.Forde, 2007: 125 그리고 새롭게 대두된 페미니스트 유토피아주의는 '좋은 사회good society'를 구상하면서 '교육' 패러다임의 전환을 요청하며 '여성적 교육 공동체female educative community'를 제창한다.Forde, 2007: 33-40

또한 더 평화롭고 더 나은 사회의 발전을 위한 대안적 가능성을 상상하며 다양한 유토피아 세상을 구상한다. 좋은 사회의 비전은 정치적으로나 사회적으로 배타적인 남성 중심주의가 아니라 여성 중심적이다. 페미니스트 유토피아주의는 공식적 교육기관에 대한 비판을 공유하면서 여성과 소녀의 자기결정과 성취를 개별적으로나 집단적으로 또 더욱 총체적으로 접근하고, 젠더 관계에서 사회적·정치적 질서를 재조정하려고 한다.Forde, 2007 물론 페미니즘이 추구하는 '좋은 사회'란 대체로 여성해방의 관점에서 정의되지만, 그러한 사회가 어떻게 구성되고 달성될지의 측면에서는 상당한 차이가 있다. 하여튼 좋은 사회의 성취를 위해 그리고 미래의 교육정책 및 실천을 위해 여성 또는 '딸들'의 행위 주체성을 통해 사회를 변화시키는 '의지 변혁willed transformation'[21]을 촉구한다.Forde, 2007: 2 교육적

---

21. 유토피아 사상에서 '의지적 변혁'은 더 나은 사회가 기존 사회의 구성원들의 '행위 주체성'에 의해 창출된다는 것이고, 정치적 행동을 통해 사회 변화를 이루고자 한다.

미래에 기여할 수 있는 페미니스트적 유토피안 사고의 잠재력은 교육의 대안적 비전에 대한 상상력을 촉구하고, 여성의 경험과 본성, 돌봄caring 으로서의 교육을 강조하는 '여성 중심적 교육woman-centred education' 또는 '여성주의 교육학feminist pedagogy'을 주장한다. '어머니성 및 역할 mothering/motherhood'과 대조되는 '아버지성 및 역할fathering/fatherhood' 의 위치 조정을 요구한다.

약한 유토피아 교육 전략

혁명적 유토피아주의revolutionary utopianism의 낙관적 열정 속에는 파국적 위험-이전 질서의 문제적 요소를 만들어 낸 질서의 폭력-이 내재될 위험이 잠재되어 있음을 경계해야 한다. 그래야 유토피아 교육은 파시스트적 디스토피아에 직면하여 잠재적으로 민주 사회를 실현할 수 있는 수단을 제공할 수 있다.Murphy, 2024: 32 냉소주의와 비관주의와 함께 드리운 절망에 대한 희망적인 해독제로서 '유토피아주의utopianism'에 대한 관심이 커졌다. '유토피아utopia' 개념은 긍정적으로나 부정적으로 사회철학과 정치철학에서 크게 관심을 끌었다. 본질적으로 유토피아는 지적 놀이이며, 따라서 인간의 지적 능력과 상상력의 산물이라고 할 수 있다.

유토피아 운동에서 일부의 교육적 실천은 실제 비강압적이고 다양한 가능성을 수용할 수 있을지에 대한 의문을 갖게도 하지만, 이상적으로는 교육적 탐구와 함께 기존 시스템에 도전하는 다양한 형태의 사회적 참여를 시도하는 공동체 실험을 시도한다. 그러기에 우리는 유토피아의 과도한 이상주의를 경계한다.

라이트E. O. Wright는 '현실적'이라는 용어와 '유토피아적'이라는 용어가 대립적으로 보임에도 불구하고, 이 양자의 갈등과 긴장을 수용해야 한다는 차원에서 '현실적 유토피아 프로젝트' 연장선으로 '현실적 교육 유토피아 프로젝트real educational utopia project'를 구상할 수 있다. '현실적 교육 유토피아 프로젝트'는 인간의 심리와 사회적 실행 가능성을 현실적으로 고려하지 않은 일종의 공상으로 보이지만, 평화와 조화로운 인간 세계를 상상하는 도덕적 설계라고 할 수 있다. 따라서 현실주의자들에게는 '공상'을 피하면서 현실에 존재하지 않는 세계인 '유토피아'를 추구하는 것이다. 그래서 현실적 유토피아 프로젝트는 인류의 현실적 잠재성에 근거한 유토피아적 관념들, 접근 가능한 중간 단계들을 갖고 있는 유토피아적 목적들, 불완전한 조건을 가진 세계에서 사회 변화를 위한 실제적인 과업에 정보를 제공할 수 있는 유토피아적 제도의 계획을 추구한다.

다더는 프레이리 교육사상에 기초한 『사랑의 교육학』2021에서 제3의 길을 제창한 앤서니 기든스가 『좌우를 넘어서』에서 강조한 '유토피아적 현실주의utopian realism' 또는 '현실적 유토피아주의real utopianism'를 제창한다.[22] 유토피아에 대한 상상은 더욱 이상적이고 근원적이며 동시에 실천적인 교육의 대안을 마련해 나갈 때 새로운 소재들을 지속적으로 제공해 줄 수 있다는 것이다. 인류의 실제적 잠재성에 기초해 있는 유토피아적 이상이 필요하며, 중간역으로서 유토피아적 목적지가 필요하고, 우리의 실천적 과제-사회 변화의 조건을 다 갖추지 못한 세계를 향해해 나가야 하는 과제-를 뒷받침할 수 있는 유토피아적 제도의 설계를 요구한다.라이트, 2012

이와 유사한 관점은 듀이의 1930년대 저작에서 '실용주의적 유토피아주의pragmatic utopianism'로 나타난다. '비판적 예견' 또는 '비판적 지성'을

---

22. 에릭 올린 라이트의 '리얼 유토피아'는 진보적인 견지에서 이론적으로 정리하고 가능한 대안을 제시하고 있다는 점에서 '새로운 역사의 시작'을 열고자 하는 작업이다. 1991년부터 시작된 '리얼 유토피아 프로젝트'는 두 가지 점에서 시사점을 제시한다. 하나는 많은 부정적인 결과를 낳고 있는 사회 시스템을 넘어서려는 노력은 대안에 대한 상상력과 실천이 필요하다는 점이다. 다른 하나는 이미 시장 논리에 기초하지 않은 비시장적 혹은 반시장적 사회제도가 실험적 수준에서 다양하게 존재한다는 점이다. 이미 현실로 존재한다는 것이다. 라이트의 논의에서 핵심은 민주주의와 평등이다. '리얼 유토피아'에서 '리얼'의 실질적 의미는 현실 정치의 내용에 따라 달라질 수 있다.

통해 교육과 민주주의 사이의 관계를 모색한 '좋은 사회' 이론에서 잘 드러난다. 역동적인 경향을 보이는 '예견된 목적ends-in-view'[23]을 강조하는 듀이의 관점은 정적인 경향을 보이는 '목적 국가' 이론과 다르다. '예견된 목적'은 매일 일어나는 일상의 교육 현실을 마주하기 때문이다.Forde, 2007: 21 그리고 할핀Halpin, 2003은 유토피아 사회를 교육정책에 적용하여 유토피안 현실주의의 형태인 교육의 대안적 구성체로서 제시한다. 이런 생각이 연장된 듀이의 창의적 사고는 실험적 사고의 형태로서 유토피안 사고의 이념으로 확장된다. 이런 생각은 좋은 사회, 즉 진정으로 참여민주주의 사회를 창출하기 위한 교육 방식에 기반을 두고 있다.

유토피아적 종말을 연기하는 '약한 유토피아 프로젝트'는 지나친 이상주의적 위험을 피하면서 비잠재성im-potentiality[24]의 자유를 변호한다. 교육적 잠재성은 일종의 비잠재성으로서 약한 유토피아주의의 중요한 토대이다.Murphy, 2024: 31-36 여기에서 아감벤은 혁명적 변화의 구조적 위험에 비추어 교사와 학생의 교육적 잠재력을 전면에 내세우고 존중하는 접근 방식으로, 교실의 관점에서 '약한 철학'이라고 할 수 있는 '약한 유토피아주의weak utopianism'를 제시한다.Murphy, 2024: 36

---

23. 목적 그 자체의 절대주의를 거부하면서 제시된 '예견된 목적' 또는 '예견되는 결과'는 언제나 활동을 구속하지 않고 자유롭게 하는 것이다(듀이, 2024: 162-167). '예견된 목적'에는 옳고 그름의 이유를 마음속에서 저울질하는 일이 포함되어 있다.
24. 잠재성의 궁극적 실천은 '잠재적 잠재성(potential potentiality)', 즉 '비잠재성'이다. '비잠재성'은 교육적 잠재성이라고 할 수 있다. 아감벤의 '비잠재성'이라는 표현의 잠재적인 파괴력은 교육에 의해 지배된 존재의 지평과는 다르게 생각하도록 유효한 자원을 제공한다. 잠재적인 것의 또 다른 측면인 '비잠재성'은 현대의 존재론에 상당히 수반되는 불가항력적인 필연적 힘에 저항한다. 교육은 잠재된 것에 대한 실현을 습관적으로 강조한다. 동시에 교육은 비교적 열려 있는 잠재성에 관한 생각과 지식이 갖는 비교적 닫힌 체계 사이에서 확연히 드러나는 모순에도 불구하고, 우연성을 제거하고 필요한 일에 관해 결정하기 위한 프로그램들을 조직한다. 하지만 사물들에 대한 자신만의 우발적 처리 방식의 필요에 따를 것이다.

현실적 교육 유토피아 프로젝트

아감벤의 빈곤한 잠재력 이론은 구성체 명제를 따르는 혁명 운동에서는 결코 있을 수 없는 방식으로, 모든 실험experimentation에 개방적이다. 정치적 측면에서, 이는 과거 혁명운동의 익숙한 정치 전술을 채택하지 않고 빈곤한 잠재성을 감안하여 전혀 다른 전략을 구상하면서 새로이 도래할 정치의 과제이다.Murphy, 2024: 58-59 약한 유토피아주의 프로젝트는 지나치게 뒤집는 혁명적 유토피아주의의 허황된 확실성을 거부하면서 '작은 수준의 기획'을 채택한다.Murphy, 2024: 77 작은/낮은 수준의 프로젝트는 약한 유토피아주의의 낙관적 수단이라고 할 수 있다. 하나의 구현 형태를 완전히 다른 형태로 대체하려는 혁명적 운동이라기보다 맥락을 인식하고 그 안에서 수단을 모색하는 실용적 실험이다.

이렇게 유토피아 교육운동은 특정한 선의 비전을 추구하면서 교육적 실천을 통해 혁명적 변화를 시도한다. 해방의 정치가 기능적 열망이나 다른 사회운동에 근거하든, 유토피아 교육운동은 더 나은 대안을 약속하는 데에서 호소력이 있다. '약한 유토피아주의 프로젝트'는 교육철학, 정치이론, 교육 및 학습 연구에서 유토피아적 사고를 하나로 모아 변혁을 위한 겸손한 접근 방식을 선호한다. 이런 약한 유토피아주의의 이론적 토대는 교육자의 개인적 신념과 교육철학에 자신의 교육적 실천을 조절할 수 있는 공간을 열어 준다. 약한 유토피아주의는 교육에 필요한 모든 유토피아적 정신을 제공하지만 혁명적 프로젝트의 극단을 피하려고 한다. 교육의 과업을 고려하여 가장 절망적인 운동 상황에서도 끝내 더 나은 세상을 향한 신념을 포기하지 않는다.

약한 유토피아주의 프로젝트는 낮은 단계를 약속하는 것을 통해 이러한 비전을 제공하고자 한다. 새로운 아이디어, 시스템, 전략을 적용할 때, 그것을 완전히 혁명적 산물로 여겨서는 안 된다. 오히려 우리는 새로운 아이디어를 제시하면서 강한 유토피아주의를 좀 벗어나 작은 규모의 실행으로 옮겨 가야 한다. 우리는 설계하고, 검증하고, 실험해야 한다. 교육에서의 약한 유토피아주의는 장대한 비전을 구현하고자 하는 강한 유토피아주의보다는 현재 당면한 교육을 실행하는 수단을 수선하는 차원이기 때문에 낙관적인 교육세상을 제시한다. 이런 작은 발걸음이어야 우리 중 누구나 쉽게 다가갈 수 있다.

그리고 낮은 차원의 유토피아주의는 인간과 사회의 '근본적 변화'를 위한 '재교육re-education'을 필요로 하기에 그 자체가 교육적 담론의 요소를 지니고 있다. 인간의 건강과 행복을 위해 위선과 억압이 지배적이거나 인간과 인간 간의 고립이 상존하는 사회 상태는 사라져야 하고 새로운 유토피아 원리가 채택되어야 한다. 이러한 거대하고 근본적인 변화를 위한 현실적 교육 유토피아 프로젝트는 인간들이 정신적 암흑을 걷어내고 인간 본성과 사회에 대한 새로운 지식을 인식하고 적용하는 것을 통해 가능하다. 그리고 교육자들에게 유토피아적 상상력의 측면을 적용하여 희망을 교육 상황에 적용할 수 있는 의지를 구현하려는 '전투적 낙관주의'를 채택하도록 한다. 유토피아적 상상력이 지닌 가치 및 필요성에 대한 탐구를 통해 학교개혁에 대한 새로운 사고를 촉진하고, 교육적 변화의 전망에 대해 취해야 할 실천적 태도를 갖추게 하고, 나아가 교육에 다시 새로운 희망을 불어넣는 실천 방식을 촉구한다. 이런 유토피아적 상상은 자신의 일과 교육의 미래에 대해 매우 비관적이고 절망적인 감정을 느끼는 교사들에게 새로운 희망을 불어넣는 메시아 역할을 한다.

'현실적/진짜real 교육 유토피아 프로젝트'는 아직 도래하지 않은 미래를 기대하면서 더 나은 삶의 방식을 위해 개인적으로나 집단적으로 '대안은 가능하다'는 희망을 품고 상상하며 실천하는 교육 대전환 운동을 요구한다. 교육을 통한 사유의 혁명과 이를 통한 진리의 추구는 유토피아의 현존을 통해 인간의 모든 상태를 아름답게 장식하기 위한 것이다. 민주평등주의적 교육 대전환의 가능성과 한계를 끊임없이 시험하면서 새로운 제도를 창출하는 시도와 도전을 할 필요가 있다. 이러한 시도와 도전은 '현실적/진짜 교육 유토피아 프로젝트'를 구상하는 데 기여할 뿐 아니라 유토피아를 현실로 만드는 데도 기여할 수 있다.라이트, 2019: 506

우리는 민주적이고 평등적이며, 평화롭고 생태적인 세계의 가능성을 끊임없이 시험하고 실험하며, 새로운 제도를 창조하기 위해 최선의 노력을 다해야 한다. 기존 제도에 대한 급진적 대안의 가능성으로서 사회정책인 '현실적 교육 유토피아 프로젝트'는 현대의 정치적 삶에서 중요한 역할을 할 수 있다. 이 프로젝트의 목적은 기존의 사회적 실천에 대한 급진적 대안을 제시한다. 우리에게 필요한 것은 진정한 유토피아, 즉 인간의 진정한 잠재력에 기반을 둔 유토피아적 이상이며, 접근 가능한 경로가 있는 유토피아적 목적지이며, 사회 변화를 위해 불완전한 조건의 세상에서 헤쳐 나가는 우리의 실제적 과제를 알려 줄 수 있는 제도에 대한 유토피아적 설계이다.

'현실적 교육 유토피아 프로젝트'는 이상과 현실의 간극을 뛰어넘기 위한 '틈새적 변혁interstitial transformation'을 요구한다.라이트, 2019 사회를 재생산하려는 제도의 규칙과 이데올로기, 그리고 물질적 이익의 기제들 사이에는 모순, 한계, 틈이 발생되기 마련이다. 따라서 새로운 교육 질서를 만들어 내는 틈새적 변혁은 기존 제도의 한계를 약화시키면서 새로운 사회적 힘을 강화시키는 대안적 제도를 창조해 내는 데 결정적 역할을 할 수 있다. 교육체제 형성의 과정에서 기존 담론은 더 이상 원래의 것이 아닌 것으로 전환될 수 있는 틈새가 생길 수 있다. 교육체제는 그 내부로부터 변혁되어야 하는 균열의 틈새가 생길 수밖에 없다. 이런 틈새적 전략을 통해 강화된 사회적 힘을 구현하는 제도들이 바닥으로부터 창조되고 강화될 수 있다. 틈새적 전략은 포용적 사회를 위해 기존 사회의 구조 및 제도에 의한 체계적 배제의 장벽을 허물면서 적대적 이익을 추구하는 방해 세력들을 점차 밀어낼 것이다.

결국 약한 유토피아주의로서 제안된 '현실적 교육 유토피아 프로젝트'는 교육의 꿈과 실천 사이의 실제적 긴장을 받아들인다. '있는 그대로의 교육 현실'과 '원하는 교육 현실' 사이의 간극은 제도적 희망의 원천이자 현재를 변화시키는 수단이 되는 필수적인 창조적 변화를 일으킬 수 있다.Heybach & Sheffield, 2013: 76 이런 전략적 개념의 토대를 구축하고 실천을 가능하게 하는 유토피아 사상은 우리의 상상력과 무관하게 고정되어 있는 것이 아니라 그 자체로서 우리의 전망에 의해 형성된다는 낙관적 희망을 갖게 한다. 유토피아가 없다는 것은 꿈을 지워 버릴 수도 있지만 현실을 유토피아로 받아들이는 가능성도 있다. 지금 이 순간의 암울함이 곧 '유토피아'를 상상하는 순간으로 전환될 수 있다. 그람시가 역설하듯 현실은 비관적이지만 내일을 향한 의지의 낙관은 필요한 것이다. 이렇게 되려면 우리가 발 딛고 있는 교육현장에서 무엇이 무너지고 있으며, 세상이 어떤 방식으로 원점으로 회귀하는지를 세밀히 파악해야 한다. 그리고 고인 물이 썩지 않도록 변혁을 위한 지속적 시도를 해야 한다. 신선한 물을 계속 공급하는 것은 유토피아에 도달하는 일만큼 즐겁고 행복한 일이다. 우리에게 지금 절실히 필요한 것은 현재의 제도를 현실적으로 개선할 수 있는 아주 실천적인 제안이다. 약한 유토피아 교육 프로젝트는 유토피아적 이상을 꿈꾸면서 동시에 스스로가 실제의 교육 현실에 맞추어져야 한다.

우리는 내란 정국을 맞이하여 더욱 '현실적/진짜 교육 유토피아 프로젝트'를 구현해야 하는 절체절명의 시점에 당면해 있다. 청사진이 해상도가 높은 사진이라면, 현실적/진짜 교육 유토피아 프로젝트는 흐릿한 윤곽으로 보일 수 있는데, 해결책은 아니라도 '길잡이'는 될 수 있을 것이다.브레흐만, 2017: 25-26 그래야 사회악에 대한 급진적인 해결책은 아니라도 점진적 개혁은 될 것이다. 이런 혁신적 시도는 사람들에게 정해진 틀에 맞추라고 강요하지 않더라도 바뀌어야 한다는 조그만 자극은 될 것이다. 지금 우리가 사는 시대는 타협의 시대, 절충의 시대, 차악의 시대라고 할 수 있기에 그만큼 '현실적/진짜 교육 유토피아 프로젝트'가 요구될 수밖에 없는 것이다.

3장
플라톤, 이상국가론과 영혼을 변화시키는 교육

플라톤Platon이 주장하고 솔선수범한 금욕적이고 경건한 '관조적 삶'의 태도는 그리스도교와 함께 이후 서구인들의 인생관에 막대한 영향을 끼쳤다. 젊은 시절 정치에 뛰어들려는 야망이 있었던 플라톤은 친척들이 정치권에 의해 살해당하자 정치판에 환멸을 느꼈다. 아테네에 '민주정'이 들어서며 다시 한번 정치에 야심을 품었지만, 스승 소크라테스가 어이없는 이유로 고발당해 재판에서 배심원들의 투표를 통해 사형을 당하자 정치에서 완전히 물러선다. 이후 플라톤은 모든 정치체제에 대해, 특히 민주주의에 매우 적대적인 태도를 보였다. 정치권을 멀리한 플라톤은 이후 후진 양성으로 방향을 돌렸다. 스스로 학당 '아카데미아'를 세우고 많은 제자를 양성했다. 아카데미아는 서기 529년 유스티니아누스 황제에 의해 폐쇄될 때까지 천 년 동안 지속되었다.

철학자가 통치하는 이상국가

플라톤의 이상국가론은 국가의 안정과 통합을 위해 '철학자'가 통치하는 정치를 주장한다. 플라톤은 민주주의를 비판하고, 이성적 철학자가 통치하는 '철인정치'를 이상적인 정치로 여겼다. 플라톤은 '국가'가 생기게 된 이유를 다음과 같이 설명한다.

"나라가 생기는 것은 우리 각자가 자족하지 못하고, 여러 가지의 것이 필요하게 되기 때문일세. 한 사람이 한 가지 필요 때문에 다른 사람을 맞아들이고, 또 다른 사람이 동반자 및 협력자로서 한 거주지에 모이게 되었고, 이 공동의 생활체에다 우리가 '나라polis'라는 이름을 붙여 주었네. 나를 수립하는 것은 우리의 필요가 하는 일 같으니 여러 가지 필요 중에서 첫째이며, 가장 중요한 것은 생존을 위한 음식물 마련일세. 그리고 둘째의 것은 주거의 마련, 세 번째의 것은 의복과 같은 유의 것들이라네."『국가』[25]

플라톤의 이상국가론은 국가의 안정적 질서와 통합을 보장하기 위해 현실적 통치 권력과 지혜의 추구가 결합되지 않으면 안 된다는 거시적 차원의 규범적 요구를 한다. 이러한 요구에 따라 소피스트적 '권력 정치'와 철학적 '이성 정치'의 대결은 이성의 권력에 대한 사변적 숙고를 통해 지양된다.소병철, 2016 소피스트들(궤변론자)은 지식의 상인 혹은 선생들이 '어떻게 하면 출세를 할 수 있을까' 하는 방법을 가르쳤고, 그들로부터 변론술을 배운 이들에게 절대로 재판에 지지 않는다며 과장된 홍보를 하였다. 어떤 소피스트는 정의란 강한 사람들이 스스로의 이익을 취하는 사회제도, 즉 정의는 강자의 이익이라고 강변하며 정의 개념을 왜곡하였다.

플라톤에게 '정치'는 문자 그대로 폴리티코스politikos, 즉 폴리스polis라는 틀 속에서 인간적 삶의 모든 국면을 포괄하는 발본적인 의미를 지녔다. 그리고 인간적 삶의 문제를 포괄적으로 일체 제약 없이 다룬다는 것은 곧 '자아 형성'이라고 하는 실존적 의미에 몰입한다는 말과 같다. 플라

---

25. '국가'의 원어는 그리스어 'Politea', 영어 'Republic'이다.

톤에게 정치란 곧 정의[26]의 문제이자 선의 문제였으며, 동시에 '영혼의 통일성'이라는 주제를 핵심적인 내용으로 품고 있다.박동천, 2004: 25 플라톤에게는 '영혼psyche'[27]의 문제야말로 정치 그 자체와 다름없다. "의술이 육체를 치유하듯, 정치는 영혼을 치유한다. 훌륭한 의사는 곧 훌륭한 정치가다."『국가』 즉 의사의 역할과 정치가의 역할이 분리되지 않는다. 인간의 정치적 삶이 영혼의 문제를 멀리하고, 단지 생존만을 위한 경쟁으로 축소돼 버리면, 인간의 삶이란 곧 밀림의 약육강식으로 돌아가는 것과 마찬가지다.

유토피아 담론의 효과는 현실에 있지 않은 것을 통해 새로운 것을 상상하고, 더욱 완전한 것을 꿈꾸며, 대안적 공간과 주체를 탐색하는 것과 관련이 있다. 따라서 이는 기본적으로 '이상주의적'이며, 한편으로는 비현실적이고 그러므로 심지어 '공상적'이기도 한 것이다. 플라톤, 모어 등 유토피아 담론의 원형들에서 제시되는 사회체제가 '공산주의적 공동체'를 지향하는 점도 주목된다.

> 바라는 사람의 눈에는 그 나라가 천국의 한 형태로 존재한다. 그 나라가 실제 존재하는지, 혹은 앞으로 존재할 수 있는지는 전혀 중요하지 않다.『국가』

---

26. 플라톤은 '정의'를 어느 한 계급에 편중된 행복이 아니라 '전체의 최대 행복'이라고 보았다. 정의(dikaiosyne/justice, 올바름)는 몫을 고르게 나누는 것이며, 공공의 이익을 위한 것이며, 법(질서)을 따르는 것이다. 정의는 광기나 미망에 빠지지 않고 조화의 상태로 돌아오는 것이다. 정의란 정의로운 자에게는 이롭고, 정의롭지 못한 자에게는 불리한 체제를 말한다. 정의란 인간의 영혼이 세 가지 요소(이성, 용기, 욕망)가 조화(균형, 비례)를 이룰 때, 그리고 국가가 지혜, 용기, 절제라는 덕을 바탕으로 통치될 때 실현된다.

27. 우리는 '영혼(psyche)'을 잃어버린 시대를 살아가고 있다. 오늘날 현대인에게는 '영혼'이라는 개념 자체가 낯설 수 있다. 'psyche'는 어원적으로 '숨 쉬다'를 의미한다. 일차적으로 '생명' 또는 '목숨'을 의미하였다. 헬레니즘 시대와 중세에 접어들면서 그리스의 psyche 개념은 '영(spiritus)'과 '혼(anima)'으로 나뉘게 된다. 마음(心)에서 '靈'=심령/spirit, 魂=영혼/soul이다. 사람은 크게 영(靈, spirit), 혼(魂, soul), 육(肉, flesh)으로 이루어져 있다.

플라톤은 당대에 정치적 성공을 거두지 못했으나, 사람들에게 고통이 사라진 유토피아에 도달할 수 있다는 희망을 주었다. 지상에서도 '이상국가ideal state'를 만들 수 있으며, 그것을 만드는 설계도가 '이데아idea'[28]에 있다고 간증하였다. 공화국 초창기부터 국가와 사회의 방향은 응용과학과 교육에 기반한 빛의 은유를 바탕으로 하여 공동체에 밝은 미래를 가져다준다고 알려졌다.Öztürk, 2006: 265

인간의 심성은 이성, 기개, 욕구와 같은 세 가지 요소로 구성되어 있다. 이 세 가지는 세 가지 덕목과 각각 연결되어 있다. '이성理性, reason'은 이상국가에서 통치자의 역할에 해당하는 지혜를 추구하는 권능이다. '기개spirit'는 분노와 노여움 같은 형태로 심리적 행위 동기를 제공하는 용기를 가능하게 만드는 인격의 권능이다. 그리고 인간은 음식, 술, 섹스와 같은 것들에 대한 순수한 '욕구欲求, desire'의 권능이 있기에 상황과 경우에 맞추어 적절히 조절할 수 있는 '절제節制, temperament'가 하나의 덕목이 된다. 세 권능 중 어떤 요소가 가장 우세한지에 따라 인간은 세 가지 부류로 나뉘지 않겠느냐면서, 소크라테스는 그 구분을 다시 '사회적 분업'으로 연결한다. 특히 이성이 가장 우세한 부류는 그 무엇보다 올바른 판단력이 그 특징이므로, 전사들의 무력을 바른 방향으로 이끄는 기능은 정치가의 역할이다. 플라톤은 영혼의 세 부분이 서로 조화를 이룬 상태를 영혼의 '정의' 또는 '올바른 상태'라 말한다. 그것은 기본적으로 이성, 기개, 욕구가 각자 자신의 일을 하고 서로 다른 부분의 일에 간섭하지 않으면서 전체적으로 조화를 시키는 것을 말한다.장영란, 2020: 180

플라톤의 이상국가론은 19세기 유럽의 '유토피안 사회 프로젝트'로 나타났으며, 그것은 대체로 자연nature으로의 회귀와 함께 내향적 공동체 introverted communities를 건설하는 것에 관심을 둔다. 사람들이 문제를 해결하지 못할 경우 '작은 공동체'를 만들기도 하였다. 유토피아의 동기를

---

28. 흔히 '형상/형식(form)'으로 번역되는 플라톤의 '이데아'는 개념 정의를 좀 더 고급화하고 체계화하려는 시도라고 할 수 있다.

무의식의 일부로 간주될 수 있지만, 유토피아적 사고가 인간 본성의 일부를 구성하는 욕망과 열정에서 비롯된다. 이러한 모든 설명에도 불구하고, 인간의 근본적인 특성은 인간이 미래적 활동을 통해 창조해 온 문화 및 예술의 역사를 통해 드러난다.

영혼을 변화시키는 교육

플라톤에게서 교육은 한 개인과 가족의 문제에 국한하지 않고 국가의 운명을 결정짓는 중요한 요인으로 작용한다. 그러므로 플라톤의 교육론은 단순히 철학의 한 분야로서 교육에 대해 총체적으로 설명하는 데 국한하지 않고 인간의 삶을 반성하는 철학 전체와 긴밀한 관계를 가지고 있다. 그는 철학의 가장 궁극적인 목표를 '훌륭한 삶'이라 생각했다. 그는 우리 자신에 대한 인식의 가장 중요한 계기를 교육에 두었다. 교육의 핵심적인 활동은 배우고 가르치는 것이다. 사실 이것은 인간의 일상적인 삶 속에서 항상 이루어지고 있다. 플라톤의 스승 소크라테스는 대화를 통해 배우고 가르치는 일을 일상화했다. 대화란 인간과 인간을 소통시켜 주는 중요한 영혼의 창이기 때문이다.

플라톤의 교육에 대한 논의는 『국가』에 나오는 동굴의 비유를 통해 가장 잘 드러난다. 플라톤의 이상국가론은 지식과 존재의 관계 및 선의 이데아에 관한 논의를 통해 '동굴의 비유'에서 정점에 이른다. '동굴의 우화' 비유는 플라톤의 스승인 소크라테스 자신의 운명에 대한 일종의 예언이자, 스승을 사형시킨 '무지한 대중'에 대한 플라톤의 꾸짖음으로 읽힌다. 철인이 마땅히 다스려야 옳다고 하는 '이상'과 철인이 도리어 바보 취급을 당하는 '현실' 사이의 극단적인 대립 관계로 설정된 것이다.

특히 영혼의 '전향'에서는 동굴의 사슬에 결박된 인간이 고개를 돌려 그림자로부터 진정한 존재를 보는 장면이 나온다. 동굴 안의 어둠 속에서 생활하던 수인은 사슬에서 풀려서 갑자기 일어나 고개를 돌리게 된다. 이전에 보았던 그림자와 달리 불빛을 바라보게 되면 처음에는 눈부셔서 아무것도 제대로 볼 수 없다. 더욱이 누군가 고대를 돌려 불빛을 바라보게 된 수인에게 이전에 보았던 것은 모두 환영에 불과하고, 이제 실재에 좀 더 가까이 있고 훨씬 더 실재적인 것으로 향하고 있어 훨씬 올바로 보게 되었다. 눈이 밝음으로 나가려면 몸 전체를 함께 돌리지 않고는 안 되듯이, 영혼도 생성하는 세계로부터 존재하는 세계로 완전히 전환하지 않으면 안 된다. 영혼이 동굴 밖을 향해 전환하는 데에서 교육은 시작되며, 그것을 향해 나아가는 과정에서 구체적인 교육의 과정이 이루어진다.장영란, 2019: 8 영혼의 '전향轉向, periagoge/turning around/conversion'[29]은 처음으로 자기 자신의 무지를 깨닫는 중요한 계기가 된다. 어두운 동굴 속에서 짐승과 같이 지내다가 처음으로 고개를 돌려 태양을 바라보는 전향적 '사유thinking'를 하게 된 인류 최초의 '고개 돌림'이라고 할 수 있다. 플라톤은 교육을 '영혼의 전향'이라고 명확하고도 간결하게 표현하였다. 현재의 세상에서 시선을 돌리는 '페리아고게'는 풀려난 죄수가 현실에 대한 완전히 새로운 관점으로 완전히 '전환'하는 것을 뜻한다. 인간 존재에서 이 '전향'은 종종 위기와 몰락의 경험을 통해 발생하며, 이를 통해 인간의 특이점은 고유한 형태를 취한다. 그러나 이것은 고립된 상태에서 발생하는 것이 아니라 다른 사람들과 함께, 특히 보살핌의 관계에서 감정적 공유의 실행을 통해 발생한다. 이때 철학자는 영혼의 전향을 위한 시도를 한다. 나아가 '동굴 안으로의 귀환'을 한다. 동굴 밖의 좋음의 이데아를 인식한 후에 다시 동굴 안으로 귀환하는 것이다. 그것은 단지 최고의 진리를 인식하는 데만 머물지 않고 행동으로 실천해야 한다는 점을 말해 준다. 플라톤의 철학은 그 자체로 가르침과 배움의 실천적 연관을 보여 주

---

29. 플라톤의 동굴의 우화에 나오는 'pri-a-go-ge'는 말이다. 교육은 '페리아고게'의 예술이다. 지식을 유용한 상품으로 취급하고, 출세주의적이고, 정치적 올바름을 중시하는 대학문화에서 진정한 '페리아고게'를 경험하기는 어렵지만, 시끄러운 목소리 속에서도 영혼의 길을 나선다.

는 교육의 본질을 드러낸다고 할 수 있다. 동굴 밖으로의 '전향'과 동굴 안으로의 '귀환'이라는 끊임없는 변증법이 이루어진다. 이런 해석은 이후 '자유교양교육liberal education' 또는 자기비판과 세계비판 정신을 동시에 촉진시키는 '비판적 도야' 이념으로 발전한다.

교육은 정의로운 사회를 창조·유지하는 일에서 본질적 역할을 한다. 개인의 영혼의 잘됨과 질서 있는 정치체제의 잘됨이 서로 긴밀하게 병행된다.윌리암스, 2013: 116 진리를 탐구하기 위해 '신체의 훈련'과 '영혼의 훈련'이 모두 필요하다. 어느 한쪽만 소홀히 해도 올바른 탐구 자세가 아니다. 그는 절름발이의 비유를 통해 진리를 사랑하는 사람은 절반만 좋아하고 절반은 싫어하는 사람이어서는 안 된다고 한다. 가령 체육과 사냥 같은 신체 훈련은 좋아하면서, 배우고 듣고 탐구하는 것은 좋아하지 않고 노력하지 않는 경우를 말한다. 반대로 영혼의 훈련은 좋아하면서 신체의 훈련을 싫어하는 경우도 마찬가지라고 한다. 플라톤은 영혼이 훌륭한 상태가 되기 위해서는 신체도 훌륭한 상태에 있는 것이 중요하다고 생각하였다. 영혼은 신체에 건강을 낳고, 영혼에 절제를 낳는다고 할 수 있다.

『파이드로스』에서 영혼은 쌍두마차에 비유된다. 인간의 영혼은 마부인 이성, 기개인 착한 말과 나쁜 말로 이루어져 있다. 기개라는 말은 분별심과 수치심이 있고 명예를 사랑하여 참된 견해를 동반자로 삼아 명령과 이치에 따라 인도된다. 하지만 욕구라는 말은 무분별하고 거짓을 동반자로 삼고 말귀를 못 알아들어 채찍과 막대기를 들어야 겨우 말을 듣는다. 만약 영혼의 세 부분 중 어느 한 부분이 날아오지 못하거나 날려고 하지 않는다면, 마차는 추락하기 마련이다. 그래서 영혼의 어느 한쪽이 말을 듣지 않는다고 없애버리거나 강제적으로 묶어 놓는다면 영혼의 마차는 제대로 날아오를 수가 없다. 따라서 이성인 마부가 기개와 욕구는 두 마리 말을 적절하게 통제할 때 올바로 길을 갈 수 있다. 플라톤은 결국 이성이 기개와 욕구를 지배하는 반복적 훈련을 통해 통제력을 얻게 된다고 한다. 국가 안에 통치자 계층과 수호자 계층 및 생산자 계층이 각자 자기 일을 할 때 조화를 이루고 정의롭게 되는 것처럼, 우리의 영혼 안에서 이성과 기개 및 욕구가 각자 자기 일을 할 때 조화를 이루고 정의롭게 된다.

정의로운 사회를 위한 시민성 교육

교육의 사회적 역할을 플라톤 이상으로 잘 표현한 사람은 없다. 그는 개인이 타고난 적성에 따라 사람이 유용한 일을 함으로써, 즉 개인이 속해 있는 전체에 공헌함으로써 사회를 안정적으로 조직하는 것, 또 적성의 발견을 통해 그것이 사회에 유용하도록 점차적으로 훈련하는 것을 교육의 중요한 임무로 여겼다. 이러한 임무는 대체로 플라톤이 일찍이 의식적으로 세상을 가르쳤던 내용에서 빌려온 것이다. 교육의 궁극적 목적은 '좋은 시민성good citizenship'을 지니는 것이다.

국가가 정의롭게 되려면 시민들이 정의로운 사람이 되어야 하며, 따라서 교육의 근본 목적은 정의로운 시민을 길러 내는 데 있다.월리암스, 2013: 122 사람들이 올바른 교육에 참여하게 된다면, 전체 시민의 상태는 크게 달라질 것이다. 정의로운 사회를 건설하려면 시민 개개인이 사람됨 속에서 덕을 함양시키는 것을 궁극적 목적으로 삼고 있는 교육체제에 의존하도록 해야 한다. 국가가 교육을 통해서 그리고 정의로운 사회통제를 통해서 '자기절제' 능력을 지니도록 해야 한다. 생산에 종사하는 사람들은 그들의 본성 및 교육과 훈련을 통해서 적절한 과업·전통·실천에 순응하면서 절제 있는 삶을 살도록 해야 한다. 지도자들은 합리적 성찰 능력과 장기간의 엄격한 교육에 따라 지혜와 권위를 갖고 다스리는 자질을 지녀야 한다.

계급에 고착된 교육의 한계

플라톤이 처한 조건은 지적으로 통제할 수 있는 상황이 아니어서 자기 생각을 교육에 적용하기에 많은 제약을 받았다. 그는 개인이나 사회집단을 특징짓는 다양한 활동이 무수히 많다는 점을 거의 보지 못했다. 플라톤의 견해는 제한된 계급들의 능력이나 사회적 배치에 한정될 수밖에 없었다. 플라톤에게 '정의로운 사회' 구성이란 궁극적으로 존재의 목적을 앎으로써 정해진다는 생각에서 출발하게 된다.

이러한 조건에서 최종적이고 영원한 좋음에 대한 지식은 어떻게 획득할 수 있겠는가? 이 질문을 다루면서, 우리는 표면상 극복할 수 없는 난관에 부딪히게 된다. 즉, 그러한 지식은 올바르고 조화로운 사회질서가 갖추어진 곳에서만 가능한 것이다. 그렇지 못한 다른 사회에서는 언제나 정신이라는 것은 잘못된 판단이나 관점을 취함으로써 혼란되고 잘못된 방향으로 나갈 수밖에 없다. 무질서하고 파벌적인 사회에서 여러 가지 상이한 모델과 표준을 제시하지만, 그러한 조건에서는 개인이 마음의 일관성을 지니기가 불가능하다.

궁극적으로 교육이라는 것은 제도, 관습, 법 등이 부여하는 틀에 맞추어 이루어진다. 오직 그 틀은 '정의로운 국가'에서만 올바른 교육을 제공할 수 있다. 그리고 오직 올바르게 훈련된 마음을 가진 사람들만이 앞서 플라톤이 중시한 존재의 목적, 즉 사물을 질서 짓는 원리를 파악할 수 있다. 이래서 우리는 아무래도 벗어날 수 없는, 어쩔 수 없는 순환론의 고리에 갇힌 것처럼 보인다.듀이, 2024: 139-141

여하튼 철학사상의 체계에서 한편으로는 사회제도가 교육적 중요성을 지니고 있고, 다른 한편으로는 그 사회제도가 젊은이를 교육하는 데 사용되는 수단에 의존하고 있음을 플라톤의 철학만큼 올바르게 인식한 경우를 찾아보기는 쉽지 않다. 또 개인의 능력을 발견하고, 이들을 발전시키고, 그 능력을 훈련시켜 이들이 다른 사람들의 활동과 관계를 맺도록 하는 교육의 기능을 이 정도로 깊이 있게 통찰한 사람도 찾아보기 쉽지 않다.듀이, 2024: 141 교육이란 사회적 과정이며, 사회의 종류가 다양하기 때문에 교육을 비판하거나 구성하는 기준은 '특정한' 사회적 이상을 내포한다. 한 사회적 삶의 형태가 어느 정도의 가치를 지니고 있는가를 측정하는 기준은 첫째, 한 집단의 관심사가 다른 집단들과 어느 정도로 공유되고 있느냐 하는 점, 둘째, 그 집단이 다른 집단들과 어느 정도로 충분하고 자유롭게 상호작용을 하느냐 하는 점이다. 다시 말해 한 사회가 대내적으로나 대외적으로 자유로운 교류와 경험의 소통에 장벽을 설치한다면, 그것은 바람직하지 않은 사회이다. 한 사회가 모든 성원에게 동등한 조건으로 자신들의 이익을 위해 참여하도록 하고, 사회 안에서 여러 형태의 연합적 삶 상호작용을 통해 제도를 유연하게 재조정해 가면 그것은 그만큼 민주적인 사회라고 할 수 있다.

그런데 플라톤 이론이 기초를 둔 사회는 너무 '비민주적인 사회'였기에 자기 이론에 내포된 문제점을 분명히 의식했으면서도 해결책을 찾지 못했다. 플라톤은 사회에서 개인의 위치가 집안이나 재산 그리고 그 밖의 관례적 지위에 의해 결정되는 것이 아니라, 교육을 받는 동안 드러나는 본성 자체에 따라 결정되어야 한다는 것을 강하게 강조했음에도, 개인들이 각각 고유성을 가지고 있다는 점을 전혀 파악하지 못했다.듀이, 2024: 141 플라톤은 사람을 본성에 따라 계급으로, 또 그것도 아주 적은 일부의 계급으로 분류하였다. 따라서 교육이 개인들을 시험을 통해 걸러내는 일을 한다는 것은 플라톤이 분류한 세 가지 계급[30] 중에서 개인이 어디에 속하는지를 보여 주는 것일 뿐이다. 사실 각 개인이 개별적으로 자신의 계급을 구성한다는 인식이 없는 상황에서, 각 개인은 가질 수 있는 능동적 경향성을 다양하게 조합될 수 있다는 것을 거의 인식하지 못했다. 개인의 기질 속에는 오직 세 가지 종류의 재능이나 능력이 있을 뿐이라고 생각했

---

30. 세 계급은 각각 영혼을 구성하고 있는 세 요소, 즉 욕망, 용기, 이성 중 어느 것이 지배적으로 작용하느냐에 따라 구분되는데, 생산자, 수호자, 통치자 계급으로 구분된다.

기 때문이다. 결국 다양성만이 변화와 진보를 만들 수 있다는 점에서, 플라톤처럼 생각하는 교육이라는 것은 각 계급에서 곧바로 고정된 한계에 부딪힐 수밖에 없을 것이다.듀이, 2024: 141-142

결국 플라톤의 교육철학은 혁명적이기는 했지만, 강고한 이상의 포로가 되고 말았다. 플라톤의 생각은 변화나 변경이란 무질서한 혼란을 보여주는 증거이며, 진정한 실재는 불변하는 것이었다. 그래서 플라톤은 현존하는 사회의 상태를 급진적으로 변화시키고자 했으면서도, 일단 변화되고 난 뒤에는 변화가 있을 수 없는 국가를 건설하는 데 목적을 두었다. 그에게서 삶의 최종적 목적은 고정되어 유연하지 않았다. 이렇게 '예견되는 결과'에 의해 조직된 국가라면, 아무리 사소한 세부 사항이라도 변경되어서는 안 된다. 그런 세부 사항의 변경은 그 자체로서 그리 중요하지 않을지 모르나, 그런 변경을 허용하면 사람들의 마음에 변화의 생각을 심어 주고, 따라서 결국에는 사회가 해체되고 '무정부' 상태가 된다는 점이다.듀이, 2024: 142-143

플라톤에게 올바른 교육이라는 것은 이상국가가 출현하기 전에는 존재하지 않았고, 그것이 실현된 이후의 교육은 그냥 '이상국가'를 보존하는 것으로 한정되었다. 그러기에 플라톤은 이러한 국가의 존재를 위해 철학적 지혜를 통해 국가의 통치권을 행사하는 것과 우연히 공존하는 일종의 '우연한 행운'에 기댈 수밖에 없는 곤혹스러운 상황에 빠졌다고 할 수 있다.

민주주의 비판의 함의

플라톤은 민주주의를 격렬하게 비난하였다. 플라톤이 일반 대중의 정치 참여에 부정적인 입장을 갖게 된 데는 그가 귀족 가문 출신이라는 점도 영향을 미쳤겠지만, 아테네 민주정 아래에서 그의 스승인 소크라테스가 죽음을 당한 것도 또 하나의 이유이다. 그가 체험했듯이 민주정은 불안정하고 지나치게 경쟁적이었으며, 자기 이익에 사로잡힌 다수는 사회의 정의라든가 개인의 미덕을 그저 인습에 지나지 않는 것이라고 소홀히 취급하고 살았다. 플라톤은 민주주의의 주체를 향락과 욕망의 주체로 규정함으로써 민주주의를 이기적이고 사적인 통치체제로 평가 절하한다. 플라톤의 '철인왕philosopher-King' 개념은 그의 과격한 민주주의 비판과 맞물리는 가운데 이성 능력과 그것의 사용을 하나의 계급적 특권과 다름없는 것으로 만들어 버릴 가능성이 있다. 그에게 민주주의란 이성 능력을 결여한 어중이떠중이가 제각기 '멋대로 할 수 있는 자유'를 방만하게 누리며 설쳐대는 '중우정치衆愚政治, mobcracy'[31]와 다름없는 것이 되어 버렸다. 한 사람의 이성적 철학자가 여타의 비이성적 다수에 대하여 절대적 지배권을 행사하는 정체에서만 '국가의 정의'가 완성되는 전체주의적 성격을 띠게 되었다. 민주주의를 자유가 아닌 방종으로 보았기 때문에 다수에 의해 통치되는 '민주정'을 열등한 정치체제로 여겼다. 오늘의 민주주의 시대와는 어울리지 않는 왕조 체제 또는 귀족정치에서나 있을 법한 견해다.

하지만 우리는 플라톤의 엘리트주의적 민주주의 비판에 내포된 긍정적 측면에도 충분한 주의를 기울일 필요가 있다. 우리가 주목할 문제는 플라톤의 분노와 혐오를 유발했던 당대 아테네 민주정의 전개 양상과 현대 민주주의의 전개 양상 사이에 다소 불편한 유사성이 존재한다는 사실이다. 오늘날의 민주주의는 만인이 각자의 '멋대로 할 수 있는 자유'를 극대화하고자 만인을 상대로 이전투구의 생존경쟁을 벌이는 일종의 홉스적 자연 상태에 빠져든 듯하다. 플라톤이 철인왕에게 부여한 권위주의적 통치 권력은 권력을 위한 권력으로서의 절대 권력이 아니라, 그처럼 방임된 자유의 역리를 교정할 공적 조화의 윤리적 구심으로서 구상되었다.

큰 틀에서 보면 민주주의란 권력 구성의 주체 혹은 주권의 관점만이

---

31. '중우정치'란 현명하지 못한 대중이 내린 결정으로 이루어지는 정치를 말한다.

아니라 정치체제나 제도 혹은 통치의 측면까지 모두 포괄한다. 플라톤의 이상국가론과 민주주의 비판은 현대를 살아가는 우리에게 부정적 시사점과 긍정적 시사점을 동시에 준다. 철인왕 개념을 요체로 한 그의 이상국가론은 보편주의적 인권사상으로 여과된 현대인의 정의감에 부합되기 어려운 엘리트주의적 편향성을 갖지만, 당대의 민주주의에 대한 그의 신랄한 비판은 민주주의가 경쟁적 욕망들의 대의 체제로 형해화된 현대 문명의 성찰적 자기비판으로 들릴 만큼 여전한 시의성을 갖는다.소병철, 2016

이러한 시의성은 현대의 대의민주주의적 권력 정치를 플라톤의 문제의식으로 걸러내어 단순한 다수결보다 우월한 의사소통적 참여민주주의의 가능성을 타진해 보는 작업으로 작동될 수 있다. 사회가 세 가지의 특수한 계급으로 구분된다고 보는 플라톤의 사회관은 받아들일 수 없을 정도로 권위주의적이고 불평등한 것이다. 이렇게 분리된 사회집단들은 '위에서 아래로' 내려가는 정치적 권위주의 체제 종속되어 있어서 개인 내에서건 공동체 안에서건 더 나은 도덕적·정치적 발달을 촉진시킬 가능성을 아예 배제해 버릴 수 있다. 사회적·문화적 진보에 대한 플라톤의 입장은 그것의 가능성에 대해서 회의적인 현대판 보수주의자들에게는 매력적일 수 있으나, 그런 입장을 옹호하는 플라톤의 가정과 논변은 민주주의 국가에서는 잘 맞지 않는다.윌리암스, 2013: 132-133

플라톤의 시스템이 가동될 수 있는 국가란 바로 '전체주의'였다. 히틀러와 같은 독일의 독재자는 플라톤의 철학을 바탕으로 자신을 '이데아'로 보고 무오류의 철인으로 받아들이도록 했다. 따라서 그의 명령에 저항, 반대하는 것은 진리를 거부하는 것이므로 강력한 처벌은 당연한 일이 되었다. 공산당이 주장했던 노동자 독재도 같은 맥락이다. 그들이 독재를 합리화했던 근거가 바로 플라톤이 말한 이데아를 이상으로 보았다는 것이다. 플라톤은 정의의 이상에 따라 폭압 정치를 피할 수 있고 사회질서 또한 바로 잡을 수 있다고 믿었지만, 그의 신념은 지나치게 낙관적이었고 현실적이지 않다. 그렇다 하더라도-플라톤은 민주주의와 자유주의적 가치에 정말 적대적이었지만-, 그의 자극적·극단적 논변들은 우중화되고 있는 대중에게 향한 도발적인 문제 제기는 여전히 깊은 울림을 준다.

정치를 외면한 대가는 가장 저질스러운 인간들에게 지배당한다는 것이다. 『국가』

엘리트 통치를 강조하기 위한 플라톤의 말이지만, 그의 본래 의도와 달리 이 말은 역설적이게도 민주주의 체제하에서 시민들이 정치에 참여하지 않을 때 나타날 뼈아픈 대가를 경고하는 중요한 격언으로 들린다. 플라톤은 통치자들을 '법률에 대한 봉사자'라고 부르며 이렇게 말한다. "법이 휘둘리고 권위를 잃은 나라에는 파멸이 닥쳐와 있는 게 보인다. 법률이 일부의 사람들을 위한 것일 경우, 이 사람들을 시민이라고 부를 수 없고 도당이라고 불러야 한다." 법의 이름으로 소수의 이익을 추구할 때 시민이 아니라 도당이 번성한다는 경고다. 플라톤이 우려하는 것은 현실의 통치자가 법을 무시하는 상황이다. 법치국가에서 법은 모든 사람이 복종하고 준수해야 할 최고 권위의 비인격적 통치권자인데도 말이다.

하지만 플라톤의 '철인정치'가 독재의 근거가 될 수 있기에 오늘날의 민주주의 사회에서는 그람시가 역설하듯, 대중들의 '적극적 동의'가 필요하다. '적극적 동의'는 사람들이 현존하는 권력과 불평등의 구조를 재생산하는 데 기꺼이 참여하고 협력한다는 것을 말한다. 사람들이 그렇게 하는 것은 주로 공포 때문이 아니라 그렇게 하는 것이 그들에게 이익이 되고 또 그것이 올바른 일이라고 믿기 때문이다. 적극적 동의는 그저 한 사람의 생계가 자본가의 이윤에 의존한다는 것을 인정하는 것이 아니라 그 이상을 필요로 하는 것이다.

4장
모어, 상상의 왕국과 인문주의 교육

　영국의 인문주의자 토머스 모어Thomas More, 1478~1535는 소위 '지리상의 발견'으로 일컬어지는 대항해 시대의 절정기를 살았다. 1492년 콜럼버스의 대서양 횡단 항해 이래로 유럽 사람들의 세계에 대한 공간적 인식은 획기적으로 변모했다. 대안적 사회를 그린 자신의 책에 '유토피아'라는 제목을 붙임으로써 근대 담론 공간에서 이 말을 최초로 도입했을 뿐만 아니라, '유토피아 서사'라는 새로운 장르를 창조했다. 그리하여 '기원 텍스트'로서의 위상을 갖게 되었다. 유토피아는 문자 그대로 '아무 곳에도 없는nowhere' 유토피아가 아니라 현실세계 어딘가에 존재한다. 즉 '신세계'에 유럽과는 전혀 다른 사회가 실제로 존재한다는 사실의 인지는 기존 사회와는 전혀 다른 사회를 구상할 수 있는 상상력을 강하게 자극하는 배경이 되었다. 내가 사는 세계의 '외부'에 지금 이곳과는 다른 세계가 실재한다는 사실은 이 세계의 바깥에 이상향이 있을 수 있다는 생각을 '그럴듯한 공상'이 아니라 충분히 '그럴 수도 있다는 비전'으로 보이게 만드는 힘이 되었다.

　모어는 16세기 유럽 최고의 인문주의자들humanists 가운데 한 사람이다. 모어는 적어도 이상사회로 '유토피아'를 거론하는 것 자체가 목숨을 위태롭게 하는 시대를 살았으며, 그를 통해 『유토피아』를 통해 부르짖었던 가치의 치열함을 크게 느끼게 한다. 당시는 정치, 사회, 문화가 급변하면서, 특히 희랍어와 고전 등에 대한 새로운 지적 탐구가 시도되었다. 모어는 마키아벨리1469~1527[32]의 '현실정치realpolitik'와 마찬가지로 르네상스 인문주의자 에라스무스와 교류하면서 '현실을 있는 그대로' 바라보고자 했다. 그가 상상과 현실, 절망과 희망을 몽타주하여 만든 최선의 사회인 『유토피아』는 플라톤의 경우보다도 훨씬 넓은 사회적 관계와 생활, 다시 말해 정부 자체가 아닌 사회적 공동체에 기울이는 비중을 더 크게 잡고 있다.

모어는 덕에 바탕한 현실정치와 더불어 특수 상황을 고려하는 법의 적용을 주창했던 인문주의자이다. 그의 유토피아에 대한 묘사는 당시 르네상스 인문주의의 반영이자 그것에 대한 도전과 비판이기도 하다. 그는 중세적 틀에 갇혀 있지 않고, 르네상스의 인문주의를 수용하면서 이를 비판할 줄 아는 유토피아 사상가이다.

모어는 당시 성직자, 특권층(부유층)을 비판하고 동료 인문주의자들의 각성을 촉구하기 위해 문학적 접근을 통해 관습적 사고를 이질화하고 신화적 완전성을 희구하는 풍자적 양식을 사용했다. 하지만 그는 국왕이 교회의 수장이 되는 종교개혁을 단행한 헨리 8세의 이혼에 반대하다가 반역죄로 처형되었다.

지금 우리가 모어의 『유토피아』를 다시 읽는 것은 역사의 지층에 묻혀 있는 유토피아의 꿈을 다시 불러내 비판적 대화를 재개하는 일이다. 2011년 월가 점령 운동the Occupy Movements' 활동가들 사이에서 일어난 『유토피아』 다시 읽기 현상은 이 꿈의 소환과 해석 작업이 소멸하지 않았음을 말해 준다. 소강상태에 접어든 점령 운동의 부활을 준비하려면 과거 유토피아 전통을 비판적으로 독해하고 우리 시대의 맥락에서 재발명하는 시도를 멈추지 않아야 한다.

---

32. 마키아벨리의 현실주의와 모어의 유토피아주의는 외견상 대립적인 것으로 보일 수 있지만, 기실 모어의 『유토피아』는 지극히 현실적인 소설이다.

만민평등의 왕국, 『유토피아』

모어의 『유토피아』는 형식적으로는 철학적 대화와 여행기의 조합으로, 내용상으로는 당대 현실에 대한 풍자적 비판과 대안 사회에 대한 급진적 상상으로 구성되어 있다.이명호, 2017나: 22 그가 꿈꾸는 유토피아는 '민주공화국'이다. 유토피아의 주권은 인민에게 있고, 모든 권력은 인민으로부터 나온다. 모어가 꿈꾸는 세계란 자신의 상상 속에서는 실재하는 세계였지만 현실에서는 그 어디도 존재하지 않는 세계이기에 그곳을 '유토피아utopia'라고 명명했다. 모어는 그리스도교의 본질이 의식적 준수가 아는 '덕스러운 생활'에 있다고 주장하는 당시 가톨릭 인문주의 입장을 준수하면서도, 그리스도의 삶과 가르침에 근거하지 않는 덕은 진정한 덕이 아님을 강조하면서 그리스도교에 대한 성찰의 기회를 제공하고자 하였다. 그 고뇌의 산물이 『유토피아』이다. 모어는 인간의 탐욕과 오만이 침투할 여지가 없는 세계를 『유토피아』1516라는 소설로 표현하였다. 이 책은 가톨릭 인문주의의 산물로 평가되기도 하고, 공산주의 사상의 선구자적 저서로 평가되기도 한다. 자선과 선의만으로는 치유하기 어려운 상태를 인류가 주기적으로, 어떤 의미에서는 지속적으로 경험하는 원인으로 오랫동안 문제가 된 사유재산제도를 문제로 삼았다.

유토피아는 똑같이 생긴 54개의 도시로 구성되어 있다. 각 도시는 구, 거리, 구역으로 나뉘어 있다. 모어가 생각한 유토피아의 세계를 지금의 개념으로 표현하자면 '평등한 소생산자의 사회'에 가깝다. 모어는 기본적으로 봉건 귀족이나 국왕 또는 상업자본이 농민층과 소생산자 계층을 유린하는 일이 없는 그런 세상을 꿈꾸었다. 유토피아는 모든 면에서 피를 흘리지 않는 세상이다. 그럼에도 유토피아 사람들은 싸우고 있으며 갈등을 피하기 위한 모든 수단이 실패했기 때문에 그들은 용감하게 싸울 수 있고, 가족과 후손의 미래에 대해 걱정할 필요가 없다. 실제로 여성과 어린이는 유토피아 군인들과 함께 전투에 나간다. 모어는 씨를 뿌리는 사람이 남자인지 여자인지에 따라 수확이 크게 달라진다고는 생각하지 않았으며, 여성도 남성과 동등한 이성적 능력이 있다고 생각했다. 실제로 자신의 큰딸 마거릿에게 당대의 석학들도 경탄할 만한 지적 능력이 있음을 발견했다. 그리하여 모어는 여성이 정진하는 학문 분야에서 별다른 장애를 겪지 않았다. 딸들에게 고도의 지적 능력이 요구되는 천체학을 연구하도록 권했다.

모어는 적어도 이상향으로서 '유토피아'를 거론하는 것 자체가 목숨을 위태롭게 하는 시대를 살았으며, 그를 통해 『유토피아』를 통해 부르짖었던 가치의 치열함을 크게 느꼈다. 가상의 섬 '유토피아'는 정치적으로는 '민주주의'를, 경제적으로는 '사회주의'를 기초로 한다. 모든 시민은 신분상 차이가 없이 사회적·정치적으로 평등한 지위를 가졌다. 돈과 사적 재산이 폐지되고, 노동이 보편화된 유토피아에서 좋은 삶의 조건을 제공한다. 공직자는 시민에 의해서 선출되고 임기는 1년이다. 최고 통치자는 공직자에 의해 간접 선출되는데, 종신직이지만 의례적일 뿐이다. 실질적으로는 각 도시에서 선출된 3명씩의 원로로 구성된 원로원에서 정치를 수행한다. 물론 유토피아는 민주적이지만 다분히 봉건적(가부장적) 색채를 지녔다. 그러나 당대 유럽이 엄격한 신분상의 차별이 있고 군주와 귀족들이 지배하던 시절이었다는 점을 감안하면, 이것만으로도 그의 구상은 획기적이다.

르네상스 시대 저술가들의 국가관은 첫째, 법은 정의로운 것으로 이를 통해 공동체 구성원의 공공선을 증진할 수 있으며, 둘째 그런 법이 제정된 결과로 인해 그 구성원들은 자신의 행복을 추구할 수 있다고 생각했다.이화용, 2004: 108 모어는 인간의 비참함의 원인을 '현실적으로' 분석하여 그 위에 자신의 '유토피아'를 구상했다. 즉, 현실사회의 악의 원인을 신이나 운명의 장난이라든가 원죄原罪의 업보 속에서 찾지 않고 인간이 세운 사회구조 속에서 찾아냈다. 특히 모어는 마키아벨리와 달리 일반 민중의 고통에 대한 깊은 관심과 함께 '국가'는 그 구성원을 위해서 존재하는 것이지 그 역은 아니라는 당시로서는 독특한 관점을 지녔다. 모어는 '더 나은 사회'의 대안을 제시하면서 현대 사회를 비판하고 사회질서의 변화 및 개선의 가능성을 제안한다.

모어는 『유토피아』에서 인간이 희망하는 가장 바람직한 가능태를 지칭하는 동시에 현실적으로는 그것이 존재하지 않는 역설을 정확히 의도했다. 그는 특정한 이상사회를 곧바로 제시했다기보다 이상사회가 어떠해야 하는지 생각하는 방법을 제시한 것이다. 그가 주장한 유토피아는 무자비하게 적용되는 청사진이 아니라 극도로 빈곤하게 생활하는 보통 사람들에게 사치품을 더 많이 바치라고 요구하는 탐욕스러운 귀족을 기소하는 곳이다. 그가 살아냈던 삶 역시 치열한 순수의 모습을 간직했고, 그가 작품 속에 남겨놓은 사회를 관찰하는 예리한 시각과 작품 속의 문장은 아직도 우리에게 생동감을 선사해 준다. 탐욕을 부리지 않는 인간 됨, 사납지 않은 짐승과 사람, 사회적 불평등의 제거에 대한 그의 구상은 오늘날에도 설득력이 있다. 탐욕은 최악의 질병이자 모든 악의 근원인 오만으로 이어지기 때문이다. 따라서 돈의 지배와 사회적 불평등을 없애지 않는 한, 탐욕과 오만에서 벗어날 수는 없다는 것이다.

모어가 상상한 '만민평등주의egalitarianism' 사상은 모든 사람이 평등하고, 권리와 기회를 누리는 데 똑같은 자격이 있다는 원칙이다. 모어는 현존 사회의 신분제도를 부정하면서 노동계급이 지식자산을 향유하는 평등적 공동체를 제시했다. 평등한 사회는 대부분의 유토피아 사상에 나타나는 이상이었다. 이러한 모어의 사상은 플라톤의 공산사회, 신약성서의 노동을 중시하는 사상에 평등주의를 추가한 것이다. 이런 문제의식은 훗날 사회주의 사상가들에게 그대로 전승되었다. 모어가 상상한 유토피아 사회는 '영웅이 없는 세상'이다. 그가 구상한 유토피아는 불평등이 없고 '영웅적 요소'가 체계적으로 제거된 상상의 사회이다.Farrell, 2023: 36 허황된 몽상이 아니라 현실의 모순에 대한 진지한 대응을 담고 있는 사회적 상상으로부터 나온 현존 사회의 모순에서 벗어난 예외적 공간이라고 할 수 있다.

인문주의 교육의 다양한 길

유토피아와 교육의 긴밀한 연계로 인해 여러 유토피아 담론들에는 교육에 대한 논의가 구체적으로 포함되어 있다. 모어가 구상한 유토피아는 모든 사람이 인문교양을 지닌 사회이다. 르네상스 인문주의에 대한 단일화된 정의가 있는 것은 아니지만, 다양한 종류의 르네상스 인문주의는 신의 섭리에 대한 전적인 의존에서 벗어나 인간의 창조적 힘에 대한 확신을 공통분모로 갖는다. 인문주의는 신을 믿는 중세적 종교관을 거부하는 사조가 아니라, 삶의 무게중심을 사람의 의지와 실천으로 옮겨놓았을 뿐이다. 모어의 마음을 따르는 유토피아 사람들은 공허한 쾌락 대신에 그리스 문학에 대한 친화력에 탐닉하고, 고대의 미덕을 기록한 『플루타르크 영웅전』과 고대의 악덕에 구멍을 낸 철학자 루시안Lucian 같은 인문주의자들의 작품을 읽는다. 유토피아 사회의 목표는 남녀를 불문하고 모든 사람이 최대한의 기회를 갖고 문학을 공부할 수 있다. 그것은 인문주의적 낙원이다.[33] 모어의 유토피아는 르네상스 인문주의의 힘에 마냥 눌리지 않고 경계의 확장을 통해 희망의 유토피아를 만들어 가는 이상사회이다.

당시 인문주의자들은 자연스럽게 교육의 중요성에 주목했다. "배우려는 의지가 더욱더 나은 통치, 더 행복한 삶을 위한 가장 중요한 원인"임을 확증해 보이고자 했다. 또한 남성보다는 덜하지만 여성에게도 인문교육을 했다. 특히 모어는 친딸들에게 열성적으로 '인문 교육humanistic

---

33. 물론 『유토피아』에서 왕과 귀족 같은 신분질서나 지배체제가 완전히 부정되지는 않는다. 여성의 경우 인류 보편의 원죄 외에도 아담을 타락시킨 죄로 인해 남성보다 더욱 악의 유혹에 약하고, 이성적 능력도 낮은 존재로 여겨졌다. 모어가 교육을 통해 이루고 싶은 이상적인 여성상이란 아쉽게도 과거의 그것과 동일한 현모양처의 여성상이었다. 그렇다고 모어가 남성이 원하는 여성상을 그대로 갈구한 것은 아니었다. 성서는 남성에게 복종하고 순종적인 여성을 강조하고 있지만, 성서는 당시의 절대적인 진리의 기준이었기 때문에, 모어는 여성이 덕과 지혜를 습득하면 강요하지 않아도 자연스럽게 성서에 나타나는 여성상에 이를 것이라고 생각한 것에 머물렀다. 심지어 노예의 존재와 역할도 부인하지 않는다. 이런 점은 당대 모어의 인식론적 존재론의 한계이기도 하다. 당대의 많은 인문주의자들은 이런 중세 시대의 관점에서 크게 벗어나지 못했다.

education'을 했다. 인간에 대한 교육은 인간의 이성적 본성을 신뢰함을 전제로 한 것이다. 기독교적 세계관에 의하면 인간은 원죄로 인하여 악과 유혹에 빠지기 쉬운 존재이지만, 이성적 능력에 의하여 덕과 인격을 고양하여 극복할 수 있다는 것이다. 유토피아 사회는 적게 일하고, 많은 여가를 누린다. 유토피아에서 국교는 인정되지 아니하며, 종교와 정치는 분리된다. 유토피아의 모든 인민은 종교의 자유를 갖는다. 모어는 교육을 통한 공화국 시민을 육성하고자 했다. 유토피아에서는 시민교육과 도덕교육의 중요성이 똑같이 강조된다. 이런 교육관은 실제 생활이나 자녀교육에서 그대로 실현되었다. 그는 한 사회의 청소년들이 시민교육과 도덕교육의 균형적 실현을 통해 미래의 유토피아를 건설하는 데 한 발짝 더 가까이 나아갈 수 있게 해 주는 주역으로 양성할 수 있다고 믿었으며, 또한 자신의 신념대로 실천을 했다.홍기원, 2017

유토피아 사회에서는 모든 사람이 일하며(하루 6시간), 모두가 여가를 향유한다. 모든 사람에 대한 교육이 이루어지는데, 지식인 계급은 노동으로부터 제외되어 학문에 전념할 수 있도록 한다. 유토피아 사회의 교육은 정신적 자유와 교양에 터한 행복한 삶을 목적으로 한다. 남녀 모두가 교육을 받으며 아동기의 올바른 습관에 기초한 시민의 도덕교양이 중요하다. 인문주의 교양(그리스어, 라틴문학, 논리, 철학, 수학, 천문학 등)을 중시하며, 평생에 걸친 교양교육과 유용한 기술 습득 및 직업교육도 실시한다. 모어 교육철학의 핵심은 '도덕적 성실'을 고취하는 역할에 있다. 그는 자신의 자녀들을 가르친 가정교사 중 한 명에게 보낸 편지에서 '도덕적 성실이 없다면 학습은 소문난 주목할 만한 악명만을 가져올 뿐'이라고 썼다.

게다가 그에게 게으름은 가정생활과 함께 정신적, 지적, 정치적 삶의 재앙이었다. 모어의 르네상스적 유토피아 개념은 사회정의, 도덕적 삶, 개인과 폴리스와의 관계, 착취의 본질을 파악하면서 유토피아의 네 가지 동기, 즉 사회 정의, 종교적으로 도덕적인 삶, 개인주의의 소거, 단순함으로 이해되었다.

그런데 서구 정치문화에서 유토피아적 사고가 나쁜 이미지를 갖게 된 것은 안정성, 합의, 전체적 구조를 강조하는 르네상스적인 유토피아적 특징 때문일 것이다.Olssen, 2006: 99 유토피아의 역설은 일단 달성되면 더 이상 유토피아가 아니라는 점이며, 그 대신 유토피아는 노력해서 이룰 수 있다는 사실이다. 이런 예상된 희망적 요소는 '유토피아주의'의 중요한 측면이며, 이는 기존 사회 구성원들의 행위 주체에 의해 더 나은 사회가 창출될 가능성이 있기 때문이다.

몫 없는 자들을 위한 공유사회의 꿈

모어의 『유토피아』는 현재의 조망하는 해석의 잠재성을 지니고 있는가? 500년 전에 출판된 이 오래된 책이 우리 시대에도 유의미한 참조점이 될 수 있는가? 이 물음에 긍정적 대답을 내놓을 수 있는 사례로 2011년 세계를 뒤흔든 '월가 점령 운동'에서 시도된 '북 블록book bloc'을 들 수 있다. 주지하다시피 점령 운동은 월스트리트로 대변되는 자본의 사유화 경향에 맞서 '몫 없는 자들'이 '공유지'를 지키려는 싸움이었다. 점령 운동 옹호자들은 모어의 유토피아에서 신자유주의 비판의 근거를 끌어냈다. 이제 그 불꽃은 사그라졌지만 선진 자본주의 국가 한복판에서 터져 나온 이 격렬한 싸움은 대안 세계를 창조하려는 풀뿌리 운동 단체들과 시민들이 자본에 맞서 일으킨 저항운동이었다.이명호, 2017나: 19-20 점령 운동은 유토피아적 충동이 충분하지는 않았지만 성공적으로 염원의 지평을 넓히는 가능성의 공간을 열었던 '유토피아적 방법utopian method'으로 이해될 수 있다.페이서, 2024: 99-106

모어는 1516년에 출판된 『유토피아』 원고를 늦게 넘기면서 편집자에게 이런 변명을 했다고 한다. "집에 돌아오면 아내와 '공유화commoning'를 하고 자식들과 담소하며 하인들과 대화를 하기 때문에 원고가 늦어졌다고요." 아내와 공유화를 하다니! 당시 공유화는 일상생활에서 쓰이는 지극히 평범한 말이었던 거다. 모어의 말에서 공유화는 아내와 신체와 정신의 활동을 섞고 나누는 과정을 표현한다. 대화, 사랑, 우정, 친밀감 같은 것들은 여전히 우리가 일상적으로 경험하는 '공유자산commons'으로서 중요한 힌트를 준다. 공유자산은 우리가 다른 사람들과 무언가를 함께 하는 활동 속에서 만들어지고 나뉘는 것, 혹은 그러한 관계이다. 공유자산을 통해 생산된 공통적인 것은 우리가 다시 무언가를 함께 할 수 있는 '공유관계'를 만든다. 공유자산은 대화할 때, 누군가와 친구가 될 때 언제나 일어나는 활동이며, 우리가 함께 사는 사회를 짓는 공통의 원리이다.

17~18세기 영국에서는 이와 반대되는 '탈공유화dis-commoning'가 '사유화privatization'라는 뜻으로 사용되었다. 세상의 궁극적이고 숨겨진 진실로서 세상이란 '공유화'를 통해 우리가 만드는 것이며, 얼마든지 다르게 만들 수 있다는 것이다. 공유화는 우리 스스로를 세계에 특정한 방식으로 얽어 넣음으로써 타자와 함께 세계를 짓는 행위이다. 마르크스의 표현을 빌리자면, 소유의 형식으로밖에 세상을 보지 못하게 된 사회에서 공유자산을 재구성한다는 것은 "보고 듣고 냄새 맡고 맛보고 느끼고 생각하고 사유하고 감각하고 의지하고 행동하고 사랑하는 일", 즉 인간이 세계와 관계 맺는 법의 새로운 구성을 의미한다. 게다가 그 새로운 구성은 공통화를 통해서만 가능하다. 처음에는 천천히, 그러나 더 많은 사람이 연루될수록 점점 더 활발하게, 지금 여기서 무수한 방향으로 활짝 열린 새로운 세계를 만들어 낸다.

공유하는 공동체에서는 공통부분을 매개로 소속된 공유자commoner가 맺는 정서적·사회적 관계가 중요하다. 공유화 운동을 만드는 것은 공유자산을 먼저 알아차린 사람들이고, 즉 공통의 자원을 둘러싼 책임 있는 구성원이 공유자가 자율성과 공통성 사이의 긴장감 위에서 공유자산 공간과 운동을 구성한다. 공통의 자원을 지속가능한 형태로 분배하고 확대 재생산하는 성원들 자신의 '공동체' 또는 '공통체'를 갖추게 된다. 공동체는 사람들이 함께 일한다는 것을 함축한다. '공동체'는 공통적인 것을 호혜적인 방식으로 재생산하기 위해 상호적 '공통감각sensus communis/common sense을 기르는 일이 중요하다. 교육은 '사회적 공유지', 즉 그것을 논의하는 공통어를 포함하여 세계를 바라보는 방식을 만들어 낸다.스티클리츠, 2025: 212

모어가 묘사하는 유토피아 사회의 구체적 모습은 결혼과 이혼, 자녀 양육 등 가족제도를 제외하면 중세 수도원을 연상시킨다. 공동 생산과 공동 분배가 이루어지고, 개인의 자유로운 선택보다는 사람들 사이의 평등한 관계와 공정성이 우선시되며, 검약과 도덕적 삶이 장려되는 공동체는 수도원을 닮았다. 모어의 유토피아 형상은 16세기 유럽 지식인들을 사로잡았던 네 이념 요소ideologemes의 조합으로 만들어졌다.Jameson, 2007: 22-33 그리스 휴머니즘(폴리스), 프로테스탄티즘(개인의 믿음에 기초한 신자 공동체), 중세 기독교 공동체(수도원), 잉카 제국(토지 공유제도Ejido)은 모어의 유토피아 형상을 구성하는 원재료다. 상부구조(공적 영역, 지식인, 혁명적 열정)와 하부구조(사회경제 체제, 집단적 삶)를 구성하는 네 이념 요소의 결합과 융합에 따라 정치 형태가 군주정이 되기도 하고 민주정이 되기도 한다.Jameson, 2007: 30

모어가 상상한 유토피아 형상에서 가장 급진적인 것은 당시 역사의 전면에서 부상하고 있던 자본주의 체제를 넘어선 공유경제 체제다. 하지만 이 체제를 구성하는 세부 사항들은 작품이 뿌리내리고 있는 당대 역사의 한계에 묶여 있다. 이를테면 모어가 그린 유토피아 사회는 가부장적이고 서구적이며 기독교 중심적이다. 만인의 평등과 공정한 분배, 공공복리에 기초한 공화국commonwealth을 지향하면서도 노예의 존재를 인정한다. 유토피아는 평등한 시민들의 도덕 공동체가 되기 위해 도축이나 전쟁 같은 일에는 노예와 용병을 사용함으로써 더럽고 위험한 일은 나라 안팎의 타자들에게 전가한다. 유토피아의 대외 정책에서 제국주의적 정복과 식민

주의적 침략의 징조를 읽어 내기란 어렵지 않다.이명호, 2017나: 29

이처럼 모어가 상상한 유토피아는 세부 사항에서는 당대의 이념 지평에 갇혀 있지만, 사유재산과 돈의 철폐라는 급진적 해결책을 제시함으로써 자본주의 질서를 넘어선다. 그것은 사회의 부분적 개선을 넘어 총체적 혁명을 지향한다. 모어의 상상 속에서 돈의 지배는 가치의 종말이다. 화폐와 사유재산을 없앤 공산사회의 꿈은 평등과 사회정의의 실현일 뿐 아니라 도덕적 이상이다. 돈의 지배와 사회적 불평등을 없애지 않는 한, 탐욕과 오만에서 벗어날 수는 없다. 유토피아에서 경제체제, 사회질서, 그리고 도덕은 서로 연결되어 있으면서 각각의 영역에서 '없음'을 실현한다. 이 '없음'이 현실에 '존재하지 않는 곳'을 만들어 낸다.

5장
오웬, 디스토피아적 사회주의와 새로운 인간성 형성

로버트 오웬Robert Owen, 1771~1857은 이상주의자로서 이론으로뿐만 아니라 실천적으로 현실 안에서 이상적 공동체를 만들고자 했던 실천적 개혁가이다. 그는 19세기 전반기 노동운동에 큰 영향을 주었고, 후속적 개혁에 지속적인 영감을 제공했다. 평등성과 지성을 공유하는 모어의 사상은 '유토피안 사회주의자'로 호칭되는 오웬에게 큰 영향을 미쳤다.

오웬은 『도덕적 신세계』1839에서 플라톤을 비롯하여 당시까지 이루어진 논의에 나타난 유토피아적 이상들에 대해 언급한다. 오웬 자신이 삶에서의 실천적 난관들을 거친 이후 1840년대에 저술한 『도덕적 신세계』는 구세계를 종식시키고 새로운 도덕적 세계를 열어야 한다는 주장이 담긴 이상론이다. 새로운 도덕적 세계의 설계와 내용도 모두 이상주의적이어서 유토피아 사상이라고 불리기에 충분하다.

오웬은 플라톤으로부터 시작하여 유토피안 사회주의자 푸리에Fourier[34]까지 많은 유토피아적 이상들이 관점상의 결함으로 인해 이상ideal에 머

---

34. 푸리에는 근대 산업사회를 대신할 이상적 공동체로서 새로운 인간상으로 구성된 사회주의적 지향의 즐거운 노동 공동체인 '팔랑주(phalange)', 즉 사회주의적 생활 공동체를 주창했다. 푸리에는 근대적 교육체제가 아동들을 노동의 영역에서 소외시킴으로써 정신적으로나 육체적으로 무기력하게 만드는 잘못된 것이라며 어린이에 대한 사회적 양육과 작업 활동의 참여를 제안했다.

물고 말았다고 짚으면서, 현실을 변화시키지 못한 유토피아였을 뿐이라고 지적했다. 이들 유토피아의 제안자들이 실패했던 이유는 그들이 모든 인간을 연대시키고 모두를 탁월하고 행복하게 하는 원리에 대해 알지 못한 채, 대립적이고 갈등적인 원리만을 과도하게 문제 삼았기 때문이라고 한다.

인간 본성의 12가지 기본 법칙

오웬은 2천 명 남짓한 뉴래너크 노동자들에게 집을 싼값으로 빌려줬고, 질병과 사고로 고생하는 이들에게는 의료 혜택이 가도록 배려했다. 저축은행을 설립해 노동자들의 저금을 관리했으며, 생활용품을 공동으로 구입하여 노동자들에게 값싼 가격에 파는 판매점을 열었다. 뉴래너크에서 학교가 중심을 이루는 것도 이러한 성찰에 따른 것이다. 공동체를 이루고, 협동의 정신을 실현하는 일은 새로운 정치를 필요로 한다. 그것을 가능하게 하는 방법은 교육을 통해 새로운 인간을 키워 내는 것이다. 이때의 교육은 학교를 포함하나 그것을 넘어서서 공동의 공간을 만들어 내고, 자원을 배분하며, 자치를 통해 협동적 관계를 익혀 나가는 것까지를 포함한다.

하지만 오웬은 1827년 이미 모든 시도를 해 본 영국 뉴래너크 공장에 흥미를 잃었다. 오웬의 협동적 공동체 이론과 실천은 인간의 얼굴을 할 수 있다는 자본주의 선전을 통해 영국의 자본가 계급들에게 찬사를 받았지만, 그가 자신의 이론을 영국 전역으로 넓히려 하자 그의 이론은 더 이상 존중받지 못했다. 오웬은 자본가들의 싸늘한 모습을 보면서 노동자의 인간다운 삶보다는 이윤이 먼저인 자본가 계급에게 동정을 바랄 수 없음을 깨달았다. 오웬은 주식을 모두 판 다음 아들 넷과 딸 하나를 데리고 미국으로 건너가 자신의 거의 전 재산을 들여 인디애나주 뉴하모니에 부동산을 구입했다. 그리고 '뉴하모니 실험', 즉 자신이 꿈꾼 '커뮤니티 Community'라고 부른 새로운 공동체를 만들기 시작했다. 1829년 4월 13일 오하이오주 신시내티에서 캠벨과 토론할 때 낭송한 대로, 오웬은 완전히 새로운 존재 상태를 형성할 사회의 변화를 예측하는 '인간 본성의 12가지 기본 법칙'을 제시한다.

1. 인간은 태어날 때부터 자신의 조직과 관련된 것에 대해 아무것도 모르며, 신체적이든 정신적인 것이든 자신의 타고난 성향, 능력, 자질 중 그 어떤 것도 창조할 수 있는 권한이 주어지지 않는다.
2. 두 명의 아이가 태어날 때 정확하게 조직이 동일하다는 사실이 아직 알려진 바 없으며, 모든 아이들 사이의 신체적·정신적·도덕적 차이는 그들의 지식이나 의지와 상관없이 형성되는 것이다.
3. 각 개인은 태어날 때 자신의 지식이나 동의와는 아무 상관이 없는 환경에 놓이게 되며, 이러한 환경은 그의 독특한 조직에 작용하여 유아, 어린이 및 인간에게 그 환경의 일반적 특성들을 각인시킨다. 하지만 그런 환경의 영향은 각 개인 특유의 타고난 조직에 의해 어느 정도 수정이 된다.
4. 어떤 아이라도 자신이 어느 시기에, 세상의 어느 지역에서 태어날지 결정할 능력이 없다. 자신이 누구의 자식으로 태어날지, 어떤 종교를 믿도록 교육을 받을지, 태어나서 죽을 때까지 어떤 환경에 처해 있을지 결정할 힘이 없다.
5. 인간이 젊었을 때는 매우 창조적이어서 진실한 아이디어나 잘못된 관념, 유익하거나 해로운 습관을 만들어 내는 각인을 받고 그것을 강한 인내력으로 보존하도록 창조된다.
6. 개인의 신념은 어떤 경우라도 자신의 의지에 달려 있지 않으며, 자신의 감정과 다른 능력에 가장 강한 각인에 따라 믿을 수밖에 없도록 창조된다.

7. 개인은 자신을 즐겁게 하거나 자신의 조직에 부합하는 감각을 불러일으키는 것을 좋아하도록 창조되었으며, 그리고 불쾌한 감각을 불러일으키는 것을 싫어하도록 창조되었다. 하지만 그것을 경험하기 전까지는 그 감각이 어떤지를 알 수 없다.

8. 개인은 자신의 조직에 가해지는 감각이 처음에는 즐겁고 유쾌하지만, 어느 정도 지속되면 대체로 불쾌하고 고통스러워지게 창조되었다. 반대로 그 조직에 대한 감각의 변화가 너무 빠르게 일어나면, 그 변화는 자신의 신체적·지적·도덕적 능력과 즐거움을 소멸시키고 약화시키며, 그렇지 않게 되면 해를 끼친다.

9. 개인이 지닌 최상의 건강, 가장 큰 점진적 개선, 그리고 영구적인 행복은 주로 유아기부터 성인기에 이르기까지 그의 모든 신체적·지적·도덕적 능력과 역량을 적절히 계발하고, 이러한 모든 본성의 부분들은 적절한 시기에 행동으로 옮겨지고 개인의 강점과 능력에 따라 절도 있게 발휘되는 데 달려 있다.

10. 개인은 태어날 때 우리의 공통된 본성의 조직이 가장 열등한 성향, 능력, 자질 등 복합적으로 구성되어 최악의 성격을 소유하고 획득한다. 그렇게 조직되었을 때, 그는 태어나서 죽을 때까지 가장 사악하고 최악의 환경에 처한다.

11. 개인은 자신의 본래 조직이 우월해졌을 때, 그리고 태어나서 죽을 때까지 그를 둘러싼 환경이 지속적으로 사악하거나 불리한 인상을 줄 때, 또는 그의 조직이 열등한 재료로 형성되었다. 그가 요람에서 무덤에까지 처해 온 환경이 오직 우월한 각인만을 만들어 내는 성격을 지녔을 때, 혹은 원래의 조직에 선과 악이 어느 정도 섞여 있다. 그리고 그것이 또한 삶을 통해 선과 악의 다양한 환경 속에 놓여 있을 경우, 중도적 성격을 소유하고 획득하도록 창조되었다. 이 마지막 혼합물은 지금까지 인류의 공통된 운명이었다.

12. 개인이 자신의 종에서 가장 우월한 존재가 되는 것은 그의 원래 조

직이 인간 본성을 형성하는 최고의 비율과 요소로 구성되었을 때, 그리고 태어나서 죽을 때까지 그를 둘러싼 환경이 우월한 각인만을 낳을 성격을 가질 때이다. 달리 말하면, 개인이 처한 환경이나 법률, 제도, 관습이 모두 그의 본성과 조화를 이룰 때이다.

영국 산업혁명의 부작용을 염려한 오웬은 산업혁명 이후 노동자들이 게으름과 술주정에 빠진 상황을 한탄하며, 새로운 인간의 탄생을 염원했다. 그러나 미국에서 오웬의 공동체 실험은 3년 만에 참담한 실패로 끝났다. 1829년 오웬은 빈손으로 영국에 돌아왔는데, 그의 생각을 따르는 이들이 있었다. 비록 그의 실천은 뜻대로 되지 않았지만, 오웬의 공동체 이론은 자본주의의 대안 공동체를 고민하던 영국의 노동조합 활동가들의 지지를 받았다. 그는 금, 은, 지폐 대신 인간의 노동이 모든 가치의 기준이 되어야 한다고 믿었다.

새로운 인간성 형성을 위한 교육

오웬은 변하지 않는 '인간성character'이란 없다고 보았다. 인간은 그가 처한 조건과 환경이 어떠한가에 따라 적응하며 성장하는 존재다. 그러하기에 노동 환경과 삶의 조건 개선, 공동체를 이뤄 살아가기 위한 공동체 형성에 힘을 기울였다. 사회의 제도와 인간의 본성은 이처럼 긴밀하게 연관되어 있다. 오웬의 인간 본성 이론은 환경주의자의 모습을 보여 준다. 그에게 교육이란 새로운 '인간성'[35] 형성에 대한 것으로, 유아기부터 성인

---

35. '인간성'은 타인과의 관계와 자기 자신의 욕구 등을 존중하는 윤리적 가치를 의미한다. 개인의 인간성은 그와 세계의 관계에 따라 결정되는 것이다. 특히 인간성은 사람의 정서적 경험 중 주로 장기적 측면과 관련된 것이다. 즉 인간성은 상대방을 신실하고 헌신적으로 대하고 장기적 목표를 추구하며, 장래의 목적을 달성하기 위해 현재의 만족을 포기하는 것 등에 의해 표현된다(Sennett, 2002: 11).

기까지를 모두 포괄하는 것이 교육의 새로운 과제였다.

오웬은 계몽주의와 합리주의를 신봉하고, 과학과 그것으로부터 파생되는 진보를 이상으로 삼았다. 완전한 합리성에 터한 새로운 사회체제가 구축되고 새로운 인간 성격이 형성되어야 한다고 역설했다. 새로운 인간이 탄생해야 새로운 세상의 도래가 가능한 것이다. 이 말은 세상에 대한 '인식의 변화', 즉 세계관의 변화를 통해 가능하다는 것을 뜻한다. 이제까지의 '잘못된 인식'을 '참된 인식'으로 전환시켜야 한다고 본 것이다. 그는 자신이 비판하는 잘못된 현실이 세계에 대한 잘못된 이해를 입증한다고 보았다. 즉 인간, 사회, 자연에 대한 잘못된 이해로 인한 잘못된 원리와 실행상의 오류로 인해 인간 본성에 대립하는 '기형적 사회'가 되고 말았다고 역설한다.Owen, 1842 경제적 착취, 사회적 억압, 지배와 피지배 등 인간 간의 차별과 갈등 등이 여전히 해결되지 않는 사회에서 이것들의 해결을 위해 오웬이 '전제 없는' 이상주의를 대안으로 제시하는 것은 때로는 지나치게 원론적이고 낙관주의적이라는 평가를 받을 수밖에 없지만, 장기적 안목에서 나온 이러한 이상론이 '사회 변화의 원동력'이 되리라고 보았다.

오웬은 영국 노동자의 해방을 지지하고, 고용인에게 정당한 임금을 지불하고 체벌을 금지시키면서 방적공장을 성공적으로 운영했다. 공동체 내의 역할 분담과 협력co-operation에 기초한 평등한 자치와 평등한 외교가 실현되면, 모든 인류의 행복이 증진될 것이라고 보았다. 새로운 이상적 공동체를 급진적으로 상상하려면 정치체제에 대한 공학적 접근으로는 한계가 있기에 구성원들을 새롭게 변화시켜 내야 한다. '협력'은 동일한 목적을 위해 함께 일하는 행농이나 과정, 또는 공동체 의식의 표출 양식이다. 또한 집단적 목표에 적극적으로 참여하는 것으로, 사회 구성원이 조건부적 성향이 적고, 평등에 근거하여 사회적·경제적 공정성에 따라 행동하려는 경향이 클 때, 그리고 협력을 증진할 수 있는 공식적·비공식적 규범이 강할 때 활성화된다.

사회 구성원의 인간성 형성을 사적 방식에 맡기거나 방치하는 것은 사회의 가장 큰 실수이다. 모든 구성원이 개인적 이익이나 사유재산에 대한 욕망에 사로잡히지 않는, 탁월하고 합리적이며 도덕적 존재로 형성되기 위해서는 동일한 일반원리에 의해, 계급이나 지역별 오류 없이 교육이 이루어지도록 해야 한다. 그래서 그의 실험에서는 교육이 중요한 역할을 한다. 오웬은 현대 사회에 대한 비판의 일부분으로 두 가지 사회적 질병을 지목한다. 첫째, 인구의 대부분이 교육을 받을 수 없다는 점이다. 둘째, 공동체의 나머지 대부분은 인간 본성의 가장 잘못된 원칙에 따라 교육받았으며, 실제로 그러한 원칙은 사회 전체에 걸쳐 이성적 존재의 특성에 전혀 걸맞지 않은 일반적인 행동을 만들어 낼 수 없기 때문이다. "아이들은 집단적으로 형성되어 어떠한 인간적 특성도 지닐 수 있다." 아이들은 가소성[36]의 특성이 있으며, 신중한 관리하에 끈기 있게 노력하면 궁극적으로 이성적 희망과 욕망의 이미지로 형성될 수 있다. 오웬은 교육을 지식과 기술의 습득으로 보지 않고, 인간성 형성의 과정으로 보았다.

행복을 위한 교육

오웬은 옥스퍼드대학교와 케임브리지대학교로 상징되는 기존의 교육에 대해 '무지한 억압자들'만을 키우는 교육이라고 비판한다. 그저 무지하고 야만적인 성격을 형성할 뿐, 사회에 대해서는 알지도 못하고 그릇된 개념

---

36. 오웬의 영향을 받은 듀이는 다윈의 자연주의적 용어에 바탕을 둔 '가소성(plasticity)'을 생물의 성정에서 나타나는 특수한 적응 능력으로서 새로운 통제 방식을 획득하는 힘이라고 정의했다. 이것은 외족 압력에 따라 형태를 바꾸는 창틀 접착제나 왁스의 가소성과는 다르다. 듀이가 강조하는 가소성은 자신의 성향을 보존하면서도 주위 환경의 색조를 받아들이는 융통성 있게 변화하는 탄력성에 가깝다(듀이, 2024: 79-91). 이런 경험의 결과에 근거하여 행동을 바꿀 수 있는 힘, 즉 '성향을 발달시키는 능력'이라고 할 수 있다. 이것이 없으며 습관의 획득은 불가능하다. 따라서 경험에서 배우는 힘, 즉 가소성은 습관의 형성을 뜻한다고 할 수 있다.

과 기괴한 미스터리로 정신을 채우고 있다고 꼬집는다. 이 지식인들은 사회가 그들에게 어떠한 해악을 가해 왔고, 자신들을 통해 다시 사회에 가해질 해악이 무엇인지 알지 못하는 '불쌍한 존재들'이라고 표현하면서, 당시의 교육받은 엘리트와 그들의 교육에 대해 냉소한다.

오웬은 모두가 평등하게 잘 교육된 상태에서 향유하게 될 '합리성'의 구현을 위해 특히 남녀 모두가 교육, 권리, 특권, 개인적 자유에 평등한 사회적 상태를 이룰 것을 강조한다. 그는 현재의 혼돈 체제가 해체되면 구매와 판매, 가치척도로서의 교환이 사라지는 대신, 사회가 부를 생산하며 즐기고 건강과 아름다움을 증진하며 구성원의 '합리적 성격'을 강화하는 체제로 바뀌게 될 것이라고 보았다. 이를 위해서는 이기심에 기반한 불필요한 사적 재산에 대한 욕망이 사라지고, 인간에 대한 인간의 처벌과 보상체계 등이 폐지되어야 한다고 보았다. 이러한 사회체제는 일정한 정치체제를 갖춤으로써 실현될 수 있다. 나이와 경험에 기초하여 정부와 의회를 구성하고, 통치자의 무결점이 가정되는 합리적 체제를 갖추어야 한다.

오웬은 기존의 교육을 '잘못된 교육mal-education'이라고 판정한다. 그에 의하면 교육은 사회의 업무이지 개인의 것이 아니다. 개인은 자연의 일부로서 사회에 의해 완성되고 형성되는 존재이다. 인간은 자연적으로 악할 수는 없는데, 자신의 환경에 의해서 형성된 나쁜 성격에 대해 개인이 책임지도록 해서는 안 된다. 그는 인간의 존재 목표가 '행복'이라고 주장한다. 인간의 지혜로 인식할 수 있는 최상의 것은 영구적인 만족을 얻을 수 있는 '행복'을 어느 정도로, 어떤 방법으로 확보할 것인가를 아는 것이다. 생명이 있는 것들은 행복에 대한 보편적 욕망을 가지기 때문에 모든 인간에게 자신의 건강과 행복, 그리고 타인의 건강과 행복은 관심의 대상이 된다. 그는 인간 행복의 13개 조건을 나열하면서 그중 첫째가 양질의 신체적·정신적·도덕적 조합을 이루는 것이라고 보았다.

오웬은 이성에 호소하며 '자연의 법'을 따르며 교육의 힘을 믿는 '환경론자'이기도 하다.[37] 행복을 중시하는 오웬의 인간관은 사회관과도 연결된다. 자연의 법은 인간을 사회적 존재로 만들었으며, 인간들이 서로 연합하고 반사회적 감정이 없도록 했다. 이러한 자연에 대한 이해에 근거하여 오웬은 개인주의individualism를 '자연'에 어긋나는 것으로 이해했다. 그에 의하면 개인주의는 인간 본성에 대한 과학이나 사회에 대한 과학에 대한 무지가 초래한 필연적 결과이다. 따라서 개별 가족을 포함한 개인주의는 자연의 법칙과는 공존할 수 없다. 그는 개별적 가족이 아닌 확대된 '대규모 가족'이 그 자리를 대신해야 한다고 보았다.

오웬의 학교에서는 강압은 사실상 사라졌고, 자발적인 동기 부여와 협동이 모든 사업을 주도하게 되었다. 반복연습과 교조주의는 탐구와 대화로 대체되었고, 학생들은 수업 중에 질문을 하거나 의견을 말할 수 있도록 장려되었다. 그 결과, '뉴래너크'[38]의 어린이들은 우호적으로 경쟁하는 법을 배웠지만, 동료를 뒤에 남겨두는 것보다 앞으로 함께 나아가는 것을 더 소중히 여기는 법도 배웠다. 오웬의 후계자와 제자들은 때때로 그가 변화무쌍한 사상을 교육적 자유해방주의libertarian 언어로 바꾸는 데 도움을 주었는데, 이를 현대 진보주의자들progressivists이 즉시 알아볼 수 있도록 했다. 그들은 주로 사회적 활동을 통해 이를 달성했는데, 다양한 학교교육 운동과 대안적 교육 공동체들을 만들고 개발하는 것에 기여했다. 결과적으로 유아기부터 성인기까지 전체 스펙트럼을 포괄하는 학습 및 교육 분야의 주도성을 포함했다. 오웬의 '교육 유토피아' 사고와 실험을 현대 교육사상의 '자유주의적-급진주의' 흐름과 연결되어 있다. 이런

---

37. 오웬은 학자는 아니었지만, 영국의 맨체스터 문학·철학회에 가입하여 벤담, 밀, 고드윈 등 계몽주의적 합리주의 사상을 접했다. 프랑스 계몽주의자인 엘베시우스(Claude Adrien Helvétius, 1715~1771)의 '환경만능론'과 유사점을 보인다.
38. 오웬은 교육의 중요성을 깨닫고 뉴래너크에 학교를 세웠다. 1816년 개교한 '인격형성학교'는 유아학교(18개월~5세), 주간학교(6~10세), 야간학교(10~20세) 등 세 학교로 되어 있다. 세 부속학교는 첫째, 벌이나 상을 주는 것이 없다. 둘째, 정신과 육체적 행동의 교류를 중시한다. 셋째, 추상적 교육과정보다는 아동의 실제 환경과 호기심에 기초를 둔 교육을 강조한다. 넷째, 책보다는 실제 사물·그림·지도 같은 교재를 통해 배운다.

오웬의 교육사상은 이후 닐의 '탈학교화de-schooling' 운동과 같은 서머힐 실험에 영향을 주었다.Davies, 2006: 133-138

교육의 근본 변화를 위해서는 가장 먼저 교사들이 변해야 한다. 따라서 오웬은 사회에서 가장 우선적으로 필요한 것이 '교사교육 학교normal school'Labaree, 2020라고 보았다. 교사들에게 새로운 사명을 요청한 것이다. 이러한 학교를 통해 인간을 본성에 따라 가르치는 것이 무엇이고, 현명하고 합리적인 인간을 형성하는 것이 무엇인지를 가르쳐야 한다고 본다. 교육이 이루어지는 장소는 '갇힌 벽' 안이 아니라 운동장, 야외, 정원, 상점, 공장, 박물관 등의 다양한 공간에서 이루어져야 하며, 교육을 통해서는 인간 생활의 전반에 대한 것과 생산에 대한 학습이 이루어져야 한다.Owen, 1842

이렇게 오웬의 유토피아 사상 및 실천은 교육이 핵심적 지위를 차지한다. 그의 교육사상은 그것이 궁극적으로 실현되기 쉽지 않다는 점 때문에 유토피아적이라고 볼 수 있지만, 현실에 부재하는 이상향이 아닌 강한 '현재지향성'을 지니고 있다. 오웬 스스로도 자서전에서 남들이 자신을 '공상가visionary'라고 부르는 것에 대해 의식하면서 "내가 공상가라고 불리는 유일한 이유는 내가 주장한 원리가 사람들이 이제까지 관심 갖고 있던 지역적 범위를 넘어서는 너무 포괄적인 것이기 때문이라고 변론하기도 했다.[39] 마르크스와 엥겔스는 생시몽, 푸리에, 그리고 오웬을 '유토피안'이라고 불렀지만, 오웬은 스스로를 '유토피안'이라고 생각지 않았다.

---

39. 오웬이 남긴 '공상적' 사회주의 사상은 오늘날 과학적 사회주의에 기반한 현실사회주의 체제의 붕괴 이후 재논의되고 있다. 현실사회주의는 약화되었지만, 여전히 자본주의체제의 모순에 의한 계급적 적대와 착취, 빈곤, 소외의 제 문제들은 해결되지 않았다. 유토피아와 정치의 관계, 그리고 유토피아적 사고의 실용적-정치적 가치와 사회주의와 유토피아의 동일시에 대한 질문들은 유토피아가 정치적 슬로건이자 정치적 활력을 불어넣는 관점으로서 그 생명력을 해결한 것으로 보이는 오늘날에도 여전히 해결되지 않은 주제들로 남아있다.

협력적 공동체의 삶

오웬은 지금까지 '어두운 유리', 즉 오류의 시선을 통해 세상을 보았다면 그것을 걷어내야 하며, 그 자리를 '근본적 진리, 인간 본성의 존중, 개인 성격의 완성, 합리적 사회체제의 요소들'로 대체해야 한다고 주장한다. 이를 위해 교육이 중요한 역할을 할 수밖에 없다. 이러한 맥락에서 지도하는 사람들(교육자)의 정신이 다시 태어나야 할 뿐만 아니라 교육체제가 전면적으로 바뀌어야 한다.Owen, 1842 그렇다면 교육은 한편으로 '공동체적 삶communitarian life'이 표현한 방식이기도 하고, 다른 한편으로는 교육을 통해 '공동체community'가 만들어지는 방식이기도 하다는 점에서 목적과 수단의 양면적 의미가 있다.Harrison, 1969 교육은 공동체와 불가분의 관계 속에 있기 때문에 '공동체' 개념은 교육적 일부를 이루기도 하고, 교육은 공동체를 구축하기 위한 불가결한 수단이 되기도 한다. 공동체의 작은 시민은 작은 단위에 고립되지 않고 '세계시민'으로서의 잠재성을 갖고 있다.이윤미, 2019: 377, 396

오웬은 한편으로는 자본주의 사회의 모순을 사회주의적 대안으로 극복하고자 한 급진적 개혁가임과 동시에 그 방법에서 이상주의적, 즉 '유토피아적' 요소가 강했고, 교육을 통한 계몽에 대한 믿음이 강했다. 오웬은 '협력적 공동체'[40]를 통해 인류 역사의 악과 오류를 제거하고 모든 개인의 행복이 실현되는 합리적 사회체제의 구축을 기대한 계몽가로서, 그 핵심에 '교육'을 두었다.이윤미, 2019: 368

오웬은 가혹한 노동조건과 장시간 노동이 특히 아동에게 악영향을 주

---

40. 오웬의 '협력적 공동체' 구상은 협동조합운동의 사회적 아버지로 불리며 광범위한 영향을 주었다. '공동체'에는 연령과 경험 이외의 어떠한 차별도 없으며, 개인적 경쟁과 상벌로 인간을 타락하게 하는 제도들(재판소, 형무소, 형등 등)은 불필요하다. 면방직 공장 외에 일상품 가게, 교육시설(학교, 탁아소), 공동의 취사장과 식당, 학습실과 교회를 갖춘 건물, 주민주택 등을 갖추고 자본주의와는 다른 '협동조합'에 의한 지역공동체의 건설을 목적으로 했다. 일상품 가게 등을 협동조합 방식으로 시스템을 개선하고 좋은 물건을 주로 원가에 판매하고 이익을 지역에 환원하여 교육 등 필요한 자금으로 활용했다.

는 실태를 개선하기 위해 빈민 아동들이 사악한 습관에 물들지 않도록 막고, 그들에게 유용한 훈련과 교육을 베풀어 그들 자신과 사회에 최대의 이익을 이끌어 내고자 하였다. 오웬은 인간성의 실현을 위해 자본주의 체제의 개혁을 주장했으나, 전면적 변혁보다는 소규모 지역적 '협동조합'에 의해 그것이 가능하다고 보았다. 그는 노동자의 근무태도 등을 개선하기 위해서는 본래의 인간성 발현을 저해하는 환경이 저해되는 환경이 개선되고, 사적 이익과 공공적 이익이 일관되게 함께 증대해야만 한다고 보았다.

오웬의 협동조합적 공동체는 작은 사회 안에서 인간들이 염원하는 탈이윤적이고 가치지향적 삶이 실현될 가능성을 보여 준다는 점에서, 한편으로는 제한된 공동체라는 '반-현실의 공간'이지만, 다른 한편으로는 현실을 새롭게 만드는 측면도 있다. 오웬의 유토피아 사상은 작은 공동체들의 가치를 현재에 다시 호출하게 하며, 그것이 더욱 확장된 인류 사회에 일종의 빛이 될 수 있다. 인간들은 개인주의에 의해 분리되어 경쟁해서는 안 되고 연합해야 한다. 더 많은 행복은 연합/결사association/union에 의해 이루어질 수 있고, 이는 모든 대립과 갈등에 의한 분열-인간 사이, 국가 사이, 개인과 국가 사이-의 종식을 통해 가능하다.Owen, 1842 하지만 오웬이 구상하는 이상적 공동체는 이제까지 실현된 적이 없다. 오웬은 지금까지 인간의 개인성(이기심)이 '무지' 때문에 인간 사이에 분리의 요인으로 작동해 왔지만, 앞으로의 신세계에서는 오히려 긴밀한 결합의 원인이 되고 만족과 즐거움의 원천이 될 것이라고 보았다. 각자의 다름과 차이는 이제까지는 분노와 적대의 기초가 되었지만, 앞으로는 확장된 이해를 낳는 관심의 근원이 되리라고 전망했다.

오웬은 무지로부터 기인한 기존 세계의 여러 편견, 즉 계급, 종파, 정당, 국가, 성별, 인종 등의 구분이 자연스럽게 소멸해야 한다고 생각했다. 그는 인간들이 가치 있는 부를 생산하기 위해서는, 그리고 동료와 연대하기 위해서는 다툼이나 경쟁은 사라져야 하며, 이러한 것들의 '자연적 소멸 시기'가 가까웠다고 보았다. 새로운 도덕적 세계에서는 진리만이 지배해야 하며, 이는 미신과 편견을 배제한 상태라고 할 수 있다. 이에 터해 인간의 본성에 대한 지식을 높이고 행복을 증대하는 것이 그가 목표로 삼는 바였다. 인간의 비참함은 잘못되고 결함투성이인 교육에서 비롯되고, 반면 행복은 탁월한 교육을 통해서 가능하다. 오웬은 18세기 유럽에서 전개된 계몽주의와 과학의 발달을 신뢰한 이상주의자로서 모든 인간이 자연적 본성에 따라 조화로운 발달을 하고, 사회적으로 평등하게 인간적 행복을 누릴 수 있는 사회를 실현하고자 했다.

따라서 전체를 위해 부분이 기여하는 방식으로 '근본적 변화'가 이루어져야 한다.이윤미, 2019 그것을 개인이나 가족에게 맡겨져서는 안 되며, 계급, 종파, 정당, 국가, 도시, 마을, 가족 간의 잘못된 이해관계가 질시와 경쟁의 정신을 초래하지 않도록 변화시켜야 한다. 이로써 강자가 약자를 지배함으로써 만들어진 악을 대체해야 한다. 새로운 변화를 이끌어 내기 위해서는 불변의 자연적 법칙에 대해 국가의 지배층을 설득해야 한다고 말하고 있는 점이나, 근본적 변화에 대해 가장 먼저 영향을 받은 집단으로 중간계급과 하층계급을 주목하고, 이들이 '계급적 연대'를 해야 한다고 주장하는 점 등은 변화의 '구체적' 전략을 찾고자 하는 오웬의 현실주의적realistic 관점을 그대로 보여 준다.

오웬이 19세기에 시도했던 개혁은 비록 당대에는 좌절했지만, 대안 공동체를 통한 거대 사회의 균열과 비틀기는 작은 공동체들이 지닌, 숨겨진 거대함으로 지속되고 있다. '만약 우리가 공상가 같다는 말을 듣는다면, 구제하기 힘든 이상주의라는 말을 듣는다면, 가능하지도 않은 일을 생각하고 있다는 말을 듣는다면, 수천 번이라도 대답할 것이다. "바로 그렇다"고. 체 게바라의 말이다. 시대의 흐름에 '엇박자를 놓고 있는' 우리 사회의 실천가들에게 오웬의 삶과 사상은 큰 힘을 보태 주고 있다.

6장
모리스, 노동·예술·휴식이 어우러진 삶과 교육으로서의 유토피아

윌리엄 모리스William Morris, 1834~1896[41]는 빅토리아조의 사회상과 사상사를 이해하는 데 빼놓을 수 없는 작가이고, 영국의 사회운동가이다. 모리스가 산 시대는 19세기 영국의 산업자본주의 체제와 대영제국주의 체제였다. 당시의 영국 사회는 기계공업이 발달하면서 크게 변화하는 인류의 모습을 보여 주었다. 상업과 교통의 발달로 지구상 대부분의 지역이 세상에 모습을 드러냈으며, 제국주의가 최전성기를 구가했다. 경제의 성장은 유럽에 막대한 부를 안겨 주었으나 빈부 격차가 심해졌으며, 농촌의 해체, 실업, 환경오염 같은 자본주의의 문제점이 사회 문제가 되기 시작했다. 빅토리아조의 작가들의 가장 큰 관심사는 산업혁명 이후 새롭게 대두되는 제반 현안들에 대한 창조적 대응이었다.

마르크스 이후 사회주의[42]가 태동하자 기계에 의한 노동착취와 자본에 의한 계층화에 대한 우려가 시작되었다. 당시의 사회주의자들은 자본주

---

41. 모리스는 19세기 영국의 시인이자 디자이너이며 사상가다. '디자인의 아버지'로 불릴 정도로 공예, 건축, 생활미술 등의 분야에서 높이 평가받고 있다.
42. 모리스가 말하는 '사회주의'란 "부자도 빈자도, 고용주도 고용인도, 게으른 사람도 혹사당하는 사람도, 머리가 아픈 정신노동자도 마음이 아픈 육체노동자도 없어야 하는 사회 상태, 한마디로 말해 모든 사람이 평등한 조건에서 살면서 그리고 한 사람에게 가해지는 위해는 모두에게 가해지는 위해를 뜻한다는 것을 충분히 의식한 상태에서 일을 처리하게 될 사회 상태를 뜻한다. 이런 사회주의를 모리스는 '실용적 사회주의'라 칭한다.

의가 결국 붕괴하게 될 것을 믿어 의심치 않았을 것이다. 노동착취에 의한 빈익빈 부익부는 결국 공황을 몰고 오게 될 것이고 프롤레타리아 계급에 의한 혁명이 수십 년 내에 이루어지리라고 생각했을 것이다. 그 이후엔 노동이 대우받고 군림하는 계급이 존재하지 않는 프롤레타리아의 유토피아가 펼쳐지는 것이다. 모리스가 쓴 유토피아 사회를 그린 소설 『유토피아에서 온 소식』1890[43]에는 교육, 사랑, 정치, 경제, 예술, 환경, 사회제도에 대한 성찰과 관점이 녹아 있다.

자유와 자치, 생활 유토피아

모든 사람이 나이보다 훨씬 젊어 보이는 유토피아에서는 사랑과 결혼이 자유롭다. 사유재산이란 개념이 존재하지 않으므로 이혼소송이 없다. 심지어 정부, 법, 사형제도가 없다. 학교는 아예 존재하지 않는다. 아이들은 각자의 능력과 성향에 맞춰 교육과 훈련을 받는다. 몇 권의 이야기책을 제외하곤 15세가 될 때까지는 독서를 권하지 않는다. 투쟁과 혼란의 시기에 주로 관심이 확대되는 역사에 대해서는 대다수가 무관심한 편이다. 그곳의 모든 땅과 건축물은 그것을 필요로 하는 사람들이 자유롭게 사용하거나 사회적 용도로 쓰인다.

---

43. 『유토피아에서 온 소식』은 주인공 윌리엄이 집으로 돌아온 후 꾼 꿈 이야기다. 꿈속에서 주인공은 무려 250년이 지난 2050년대의 어느 찬란한 유월 아침 런던에서 잠을 깬다. 어느 날 밤 한 모임에서 "혁명 직후에 무슨 일이 일어날까?"에 관한 토론을 한 후 집으로 돌아오는 길에 계속 토론 주제에 대해 생각하면서 "그날을 볼 수만 있다면! 그날을 볼 수 있다면!" 하고 간절히 바란다. 저자는 극단적인 중앙집중화를 이룬 국가사회주의의 형태를 띠는 벨라미의 유토피아 사회를 강하게 비판한다. 이 비판은 사유재산뿐만 아니라 국가도 없으며, 전 민중이 토론과 협력에 기초한 다수결 원칙에 따라 공동체를 운영하는 유토피아 사회의 구상으로 이어진다. 이런 비판에 대한 응답으로 벨라미는 『뒤돌아보며』의 속편인 『평등』(1897)을 썼다. 여기서 그는 정치권력, 노동분업, 사유재산 등 기존에 다루었던 정치경제적 측면뿐만 아니라 여성의 권리, 교육 등 사회적 측면을 보강한 유토피아 사회상을 선보였다. 모든 산업과 사유재산의 국유화를 주장하면서 벨라미의 유토피아 모델을 현실에 적용하려는 실험적인 유토피아 공동체 건설 운동들도 생겨났다.

인공, 규제 혹은 통제의 개념은 '자유'와 '자치'로 대체된다. 특히 인간이 단순히 임금노예 상태는 물론 기계노예 상태에서도 벗어나고, 그 어떤 제도나 정당도 배제된 사회주의적 유토피아를 그렸다. 이런 모리스의 유토피아적 비전은 주류 마르크스주의자들의 국가사회주의를 초월한 것이다. 그리고 이런 권위의 부정은 수많은 유토피아 사상 연구자들이 윌리엄 모리스와 『유토피아에서 온 소식』을 최고의 유토피아 사상가와 유토피아 소설로 평가하게 하는 근거가 되었다. 『유토피아에서 온 소식』은 저자 특유의 유토피아적 비전을 통해 물질과 편의와 속도가 우선시되는 삶의 대안을 찾는다.

모리스의 유토피아는 강제적인 노동이나 교육이 없고, 의회도 법원도 국가도 정치도 없는 사회이다. 그가 그린 유토피아의 모습은 더욱 강렬한 현실에 대한 비판이면서 인간 고유의 욕구를 보여 준다. "내가 본 대로 다른 사람들도 볼 수 있다면, 그것은 하나의 꿈이라기보다 오히려 하나의 비전일 것이다." 모리스가 강조하는 'No-Where(유토피아)'[44]는 인간과 자연 사이, 정신과 육체 사이, 개인적 자유와 집단적 복지 사이에 통합된 전체를 구현하고자 한다. '노웨어'에서 사람들의 생활상이 자기 시대의 불행을 생각나게 만들기 때문에 괴로워하던 화자였지만, 그 꿈을 자신이 현실과 싸워 가는 데 필요한 전망으로 삼을 수 있는 능력, 꿈에서 본 비전이 낯선 세계를 몽상하도록 만드는 게 아니라, 현실을 더더욱 견딜 수 없는 것으로, 그리고 투쟁의 대상으로 여기도록 만드는 것이 모리스가 『유토피아에서 온 소식』에서 발휘하는 유토피아적 상상력의 골자이다.

모리스의 유토피아 사회에서는 노동이 소외되지 않아야 하며, 좋은 노동이란 휴식과 생산품에 대한 희망 이외에도 일 자체에서 느끼는 즐거움의 희망이 있어야 한다. 노웨어의 일은 그것이 제공하는 즐거움 때문에

---

44. 모리스의 News form Nowhere는 『존재하지 않은 곳에서 온 소식』 또는 『유토피아에서 온 소식』으로 번역할 수 있다. '존재하지 않는 곳(No-where)', 즉 '유토피아'는 산업화로 인해 오염을 말끔히 제거한 목가적 세계를 일컫는다. 이런 특성을 강조하기 위해 과감하게 '에코토피아 소식'이라고 옮기기도 한다.

예술과 하나가 된 경지로 제시된다. 노웨어에서의 생산이나 일은 최소량의 노동을 투여해서 가능한 많은 제품을 생산한 후 그것을 세계시장에 내다 파는 무한생산이 아니다. 실수요자를 위한 생산이고 육체와 정신을 동시에 활용하는 생산방식이다. 그에게서 성취감 있는 일은 세 가지 희망(일에서 벗어나 휴식을 취하고 즐거움을 얻고 일을 통해 활동할 수 있다는 희망)을 구체화한 것이다.

모리스는 인간이 스스로를 표현할 수 있고, 자발적으로 자신이 원하는 결사체association를 조직할 자유를 가져야 번영할 수 있는 사회가 된다고 보았다. 그가 구상한 유토피아의 놀랄 만한 특징은 사회적으로 구상되고 개인적으로 육성된 인간 생활과 경험(노동, 예술, 여가, 민주주의 등)의 서로 다른 특징을 통한 방식에 있다. 교육으로서 유토피아 개념의 핵심은 설립된 제도 및 자연의 환경의 공간이다. 그 공간은 행동에 특정한 특성을 부여하는 데 중요한 역할을 하며, 이러한 특성은 특정의 성향이나 습관을 길러 준다.Freeman-Moir, 2006: 178 그래서 공간의 이미지화와 디자인은 유토피아적 방법론에서 항상 기본이 되어 왔다. 우리는 유토피아적 방식으로 살면서 유토피아적 사회 및 성향을 창출하며, 유토피아의 조건을 실현하기 위해 세상에 행동함으로써 유토피아적 방식으로 살아간다.

이 점에서 모리스로부터 환경과 사람의 동시적 변화를 기반으로 한 고전적 마르크스주의 교육이론을 상기시키게 된다. 어떤 경우든 모리스가 교육, 기질, 그리고 경험을 가진 사람이 우리가 사는 공간과 경험의 미학에 모두 중점을 두었다는 것은 놀라운 일이다. 모리스가 생각한 사회주의 이상은 '생활 사회주의'였고, 그의 유토피아는 '생활 유토피아'였다. 그는 일상의 사회주의자가 살고자 했다. 반-기술주의적 입장을 취한 '실용적 사회주의practical socialism'로서 사회의 이상을 구현하고자 했다.Jameson, 2007: 153 그는 『나는 왜 사회주의가 되었는가』에서 아름다운 것들을 생산하고자 하는 욕망을 제외하면 내 삶의 주된 열정은 현대 문명에 대한 혐오였다고 공언하면서, 근대 자본주의 문명이 사회주의로 대체되기를 희망한다고 밝힌다. 모리스가 말하는 '사회주의'란 "부자도 빈자도, 고용주도 고용인도, 게으른 사람도 혹사당하는 사람도, 머리가 아픈 정신노동자도 마음이 아픈 육체노동자도 없어야 하는 사회적 상태이다. 한마디로 말해 모든 사람이 평등한 조건에서 살면서 그리고 한 사람에게 가해지는 위해는 모두에게 가해지는 위해를 뜻한다는 것을 충분히 의식한 상태에서 일을 처리하게 될 사회적 상태를 뜻한다. 이런 사회주의를 모리스는 '실용적 사회주의'라 칭한다. 노동계급의 혁명운동을 통해 성립하는 계급이 없는 자유해방적libertarian 유토피아 사회를 제시하고, 대중에게 '공산당 선언'을 보여 주며 사회주의에 대한 '꿈'을 심어 주고자 노력했다.

삶을 예술처럼, 세상을 예술처럼

모리스는 삶을 예술처럼, 세상을 예술처럼 만들기 위해 노력했던 사회주의 사상가이다. 자본주의 사회에서 노동은 고통의 상징이 되었지만, 노동이 즐거움이 되고 예술 행위가 될 수 있다면, 인간의 삶은 더욱 아름다워지고 더 이상적으로 변할 것이다. "예술의 창조와 그것에 따르는 일의 즐거움은 회화나 조각 등의 예술작품에만 한정되지 않고, 모든 노동의 일부이며 또한 그렇게 되어야 한다." 공예와 디자인, 건축 분야에서도 자신만의 독특한 이론을 설파하고 작품을 만든 예술가일 뿐만 아니라 저명한 시민이자 소설가다. 그래서 흔히들 그를 '르네상스적 인간'이라고 한다. 그는 자유로운 노동에 기초한 예술을 통해 우리의 삶과 세상을 아름답게 만들기 위해 노력했으며, 자연과 조화를 이루는 생태적인 삶을 이상으로 추구했다. 그는 삶의 환경만이 아니라 우리 삶의 모든 것, 예컨대 사랑이나 교육, 노동 같은 일상생활에서부터 정치와 경제, 사회 등 모든 공적 영역에 이르기까지 우리의 모든 삶을 예술처럼 만들어야 한다고 생각했다. 나아가 인간 사회를 국가나 조직의 강제가 아닌 공동체 단위의 자유로운 자치로 자연스럽게 꾸려 나가야 한다고 생각했고, 이를 위해서는 무엇보다도 삶의 간소함과 아름다움과 품위가 필요하다고 주장했다.

모리스는 자본주의도 사회주의도 아닌 제3의 길, 아름답고 자연스러운 소박한 삶의 길을 모색했던 사상가이다. 그가 자본주의에 반대한 것은 그 삶의 천박함 때문이었다. 그는 자본의 논리를 추종하는 자본주의는 물론이고 국가의 엄격한 통제를 받는 경직된 사회주의 사상도 탐탁스럽지 않았다. 두 가지 모두 반인간적이고 반예술적이며 반자연적이었기에 찬성하지 않았던 것이다. 무엇보다도 그는 인간의 표현 행위인 자연스러운 생활예술을 꽃피우고, 그것을 가능하게 하는 '자치 사회'를 구현하기 위해 평생에 걸쳐 싸웠다. 모리스의 유토피아 프로젝트는 경험으로서 예술에 대한 듀이의 실용주의적 비전과 많이 닮았다. 모리스가 제창한 '실용적 사회주의'는 아름다움을 창조해 내는 예술과 그 자체로 즐거운 노동이 일체가 되는 '품위 있는 삶'을 지향해야 할 목적으로 설정되었다.Freeman-Moir, 2006: 184

미래는 과학기술을 바탕으로 하는 물질문명의 시대가 아니며, 또한 새로운 것을 자꾸만 만들어 내는 발명의 시대도 아니다. 다가올 시대는 동요와 혼란의 시대 뒤에 오는 평온한 '안식의 시대an epoch of rest'다. 이 시대는 안식과 노동이 하나이며, 노동이 자본주의에서처럼 강요된 고역이 아니라 놀이처럼 즐거운 행위가 되는 상태이다. 그런데 노동과 즐거움이 하나인 시대가 거저 온 것은 아니다. 자본주의에서 유토피아로의 이행은 파업과 공장 폐쇄, 무력 충돌 등의 격렬한 갈등을 거치며 이루어지는 것이다. 이것을 가능하게 한 원동력은 사랑에 빠진 사람의 비이성적인 열정을 닮은 자유와 평등에 대한 갈망이다. 자본가계급과의 싸움에서 노동자계급은 오랫동안 좌절하고 실패하며 크나큰 고통을 겪지만 이 과정에서 서로 연합하는 법을 배우고 노동자연맹을 결성한다. 그리고 노동시간 단축이나 최저임금에 대한 요구를 넘어서 천연자원 운영권을 쟁취하고 특권계급을 연금생활자로 강등시키는 혁명을 이룬다.

그러나 이 혁명은 자본가계급에게 전쟁 선포로 받아들여지고, 그 와중에 트래펄가 광장에서 군인들이 비무장 상태의 시위대에 무차별 사격을 가하는 사건이 발생하면서 갈등이 격렬해진다. 혁명 세력과 반-혁명 세력은 평등과 공산주의에 토대를 둔 삶의 체계인가, 특권층을 제외한 모든 사람의 절대적인 노예제인가를 놓고 계급전쟁을 벌이고, 여기에서 혁명 세력이 승리하면서 과거와는 질적으로 다른 품위 있는 삶의 체계가 확립된다. 계급전쟁에서 혁명 세력을 이끈 것은 이 나라에서 용감한 살아 있는 사람들을 제외하고는 모든 것을 일소하자는 근본적 변화에 대한 요구와 새 시대에 대한 희망이었다. 사유제의 폭정이 안식과 행복으로, 노예 노동 같은 고역이 예술 활동인 즐거운 노동으로, 경쟁과 이익만을 추구하는 상업자본주의가 협력과 자유가 보장되는 공동체를 추구하는 공산주의로 대체된 유토피아가 도래한다.

유토피아적 상상력을 불러일으키는 교육

모리스는 유토피아 교육의 본질을 강조한다. 모리스는 19세기의 학교가 개개인의 기질과 재능과는 무관한 교육을 실시함으로써 학생들의 정신적·육체적 성장을 도외시하고, 오히려 그들에게 해를 끼치는 '공장'이었을 뿐이라고 비판한다. 자본의 약탈이 조직적이고 체계적으로 자행되던 당시 영국은 사회 전체로 보면 너무도 빈곤하여 그 누구에게도 제대로 된 교육을 제공할 수 없었으며 기껏해야 상업적 지식을 가르쳤다. 대학은 스스로를 교양인이라 자칭하면서도 사회에 기생하는 계급을 길러 냈을 뿐이다. 이런 맥락에 따르면 19세기의 교육은 잘해야 도구적이고 최악의 경우에는 사회에 해롭다. 반면에 공산주의적 유토피아가 구현된 미래 사회에서 상업적 교육은 진정한 학습, 다시 말해 도구적 효용성이 아니라 지식 그 자체를 위해 육성되는 지식으로 대체되었다. 교육기관으로서의 학교가 없고, 학교를 지칭하는 단어 자체도 없다. 아이들은 집짓기나 도로 보수, 정원 가꾸기 등의 노동을 즐겁게 하는 어른들을 보고 모방하면서 실용적인 기술을 배운다. 책을 통한 교육의 경우에는 원하는 주제와 관련해 읽고 싶은 책을 읽거나 이해하지 못하는 것은 그것에 능통한 사람의 설명을 통해서 배운다. 그에게 '유토피아 교육utopian education'이란 단지 책을 통해 마음과 정신을 함양하는 것이 아니라 개인의 기질과 재능, 취향에 맞는 일을 찾도록 해 주는 교육이다. 이상사회에서는 아이들에게 이런저런 정보를 강제로 주입하는 교육이 없으며, 아이들에게는 성장할 시간이 충분히 주어진다. 교육이 공장에서는 작업의 중심이 되며, 아이들에게는 생활기술에 대한 견습 프로그램을 제공하고, 성인들에게는 평생교육을 제공한다. 교육을 넘어 훈련, 사회화, 지적 발달 등 보다 공식적인 의미에서 공장은 도서관, 학교 교실, 식당 등을 위한 충분한 건물을 갖추고 있어 더욱 편안하게 즐거움을 누릴 수 있다.

　모리스는 유토피아 사회에서 '다양성'이 삶의 묘미라는 견해에 전념한다. 그렇다면 모어의 '노웨어'는 그것이 무엇이든 최종적이거나 완성된 유토피아가 아니라 하나의 가능한 결과일 뿐이다. 훨씬 더 중요한 것은 그것이 실험과 변이를 환영하는 인식틀에 의해 생성된 유토피아이다. 이것은 모리스의 유토피아적 방법에 교육적 구성과 느낌을 부여하는 특성들이다. 전체적으로 최선을 다해 행동하는 습관은 우리 삶과 행복의 기초가 되고, 사람들이 진정한 역량에 대한 감각을 갖도록 교육하는 것이다. 모리스는 우리가 유토피아라고 부르는 세계 만들기 방식으로 자신을 가장 잘 표현할 수 있다고 믿었다.

　모리스의 유토피아 실험은 공동체의 발전을 위해 탈자본주의적 자유의 토대를 제공한다. 그의 유토피아 프로젝트는 노동, 여가, 교육 등 일종의 개별화된 유토피아에 관심을 보이지 않는다. 모리스의 유토피아주의는 역사나 현실에서 도피하여 독자를 낯선 세계로 데려가는 게 아니다. 그것은 현실에 부재하는 것에 대한 비판의식과 더불어 실현 가능한 것에 대한 희망의 산물이기에 소박한 낙관론의 반대이자 그 속에 위험의 범주를 항상 포함하고 있는 '현실적/진짜real' 유토피아주의다. 새로운 인간상과 새로운 가치관을 탐색하는 모리스의 유토피아적 상상력이야말로 그를 독창적인 사회주의 사상가로 만드는 핵심이며, 그만큼 모리스의 작업은 마르크스주의[45]를 잘 보완하고 있다.

유토피아적 꿈을 버리지 않고 있는 사람의 눈에 현실은 절망으로 끝나지 않는다. 그에게 절망의 잔해는 불가능성을 향한 도약의 가능성을 담고 있는 흔적이라고 할 수 있다. 유토피아에 대한 꿈을 포기하지 않는 모리스는 의심과 투쟁의 시대를 마주하며 편견과 불안, 불신으로 여전히 싸여 있으면서도 외부의 시선으로 그 모든 새로운 삶을 정말로 보고 싶어 한다. 그리고 만일 자신이 본 것처럼 다른 사람들도 새로운 세상을 볼 수 있다면, 그것은 꿈이라기보다는 미래에 대한 '이상적 비전'일 것이라고 생각한다. 유토피아에서 가져오는 소식의 핵심은 현실이 불행하고 암울하지만 희망이 아직 있으니 사람들 사이의 지배와 종속 관계가 협력 관계로 전환되는 안식과 행복의 시대를 열기 위해 수고를 아끼지 말고 노력하라는 것이다. 『유토피아에서 온 소식』은 유토피아에 대한 희망을 한 사람이 품으면 그것은 꿈으로 머물러 있을지 모르지만, 여러 사람이 공유하면 미래를 위한 비전이 될 수 있음을 암시한다.

---

45. 마르크스주의는 새로운 사회 건설을 위해서는 역사적 전제 조건으로 주체적 측면뿐 아니라, 물질적 측면도 필요하다고 주장한다. 마르크스주의는 사회주의 체제를 만들려는 가장 포괄적이고 일관적인 시도이다.

7장
헉슬리, 행복에 대한 반란과 도덕적 유토피아

20세기를 대표하는 작가이자 문학비평가 영국의 문학비평가 올더스 헉슬리Aldous Huxley, 1894~1963[46]는 디스토피아를 다룬 소설『멋진 신세계Brave New World』1932[47]를 집필했다. 헉슬리는 과학 발전의 역사를 보고, 약 600년 후 미래에 '멋진 신세계'와 같은 세상이 오리라 생각하고 이때를 배경으로 삼았다. 작품에 묘사된 디스토피아에 훨씬 빠른 속도로 가까워지는 현대 사회 덕분에 마치 고전문학의 예언서 취급을 받게 되면서 SF 소설의 바이블에 올랐다.

『멋진 신세계』는 주로 과학 발전의 위험성을 경고하는 데 초점이 맞추어져 있다. 그는『1984』1949[48]의 저자 조지 오웰1903~1950의 프랑스어 교사였다. 오웰은 헉슬리를 훌륭한 자질을 갖춘 사람이라고 평가했다. 헉슬리

---

46. 헉슬리는 광범위한 지식뿐 아니라 뛰어나고도 예리한 지성과 우아한 문체에 때로는 오만하고 냉소적인 유머 감각으로 유명하다. 그는 영국의 이튼스쿨을 졸업하고 옥스퍼드대학교에서 영문학을 공부했다. 소설가로서 더 널리 알려지기는 했으나, 수필, 전기, 희곡, 시 등 많은 작품을 남겼다.
47. 디스토피아 소설이라고 할 수 있는『멋진 신세계』의 제목은 셰익스피어의 희곡『템페스트』의 한 구절에서 따왔다.『멋진 신세계』는 20세기 문명이 어디로 치닫고 있는가를 회화적으로 묘사하여 그것이 지닌 위험을 경고한 미래 소설로서 금세기에 미래를 가장 깊이 있고 날카롭게 파헤쳤다.
48.『1984』는 조지 오웰의 디스토피아 소설이다. 이 책의 제목은 작품을 탈고한 1948년의 뒷자리 연도를 뒤집은 것이다. 1984년을 전체주의가 극도화된 사회로 상정하고 쓴 미래 소설이다.

는 제국주의자를 양성하는 이튼스쿨의 풍조에 적응하지 못해서 학생들에게도 경멸당하는 어설픈 선생으로 여겨졌다. 정작 오웰은 헉슬리를 좋은 자질을 갖춘 사람으로 평가했다. 오웰은 『멋진 신세계』에서 헉슬리가 의미 있는 일과 노력의 기회를 제거함으로써 이미 온전한 인간적 삶을 불가능하게 했던 진보의 사기성을 꿰뚫어 봤다고 주장했다.

오웰의 『1984』가 그리는 디스토피아는 공포와 기만이 지배하는 세계이며, 헉슬리가 그리는 디스토피아는 욕망과 말초적인 자극이 지배하는 세계이다. 이런 사고 흐름은 문화의 상품화 구조를 이론화한 아도르노와 호르크하이머의 문화산업 논의로 발전된다. 역사관과 문명관의 핵심을 이루는 '희생이 뒤따르지 않는 진보는 불가능하다'라는 헉슬리의 주장은 기계문명 발달에 도취한 현대인을 통렬히 비판한다.

또한 이 작품의 풍자적인 과장은 오늘날 우리가 마주한 현대문명의 심각한 위기를 실감하게 하고 척연히 성찰하게 한다. 그는 대중들의 부상과 함께 인구 폭발로 인한 두려움으로 평생 괴로워했다. 그리하여 헉슬리는 인간의 이상들이 이와 연관된 유토피아 사회를 구상하고 실천했다.

헉슬리는 종종 절친한 친구 D. H. 로렌스1885~1930[49]와 연관되곤 하는데, 그는 『멋진 신세계』가 쓰이기 1년 전에 사망했고 헉슬리가 그의 편지를 편집했다. 헉슬리는 인간을 비인간화하는 현대 문명과 산업주의를 비판한 로렌스의 천재성을 칭송했다. 헉슬리는 소설의 결함이란 야만인에게 세계국가의 '광기'와 개인적 신경증의 '정신이상' 사이에서 다른 선택지를 주지 못한 데 있다고 지적했다. 그는 광기와 정신이상 사이의 교착 상태가 우화의 저자이자, '흥미로운' 회의론적 미학자였던 자신의 젊은 자아에게 매력적으로 다가왔다고 한다.

---

49. 로렌스는 영국의 소설가, 시인, 극작가, 수필가, 문학비평가, 화가이다. 그는 인간을 비인간화하는 현대 문명과 산업주의를 비판하고 정서적인 건강과 활력, 본능, 자발성 등을 중요시했다. 그는 평생에 걸쳐 개인적인 고상한 철학을 계속해서 발전시켰다. 비록 이러한 견해는 당대에 대중과 공공기관으로부터 많은 비난을 받았지만, 시간이 흐르면서 앞서 간 시대정신과 진정한 인간관계의 활력 있는 균형이론으로 재평가를 받았다.

디스토피아에 대한 경고, 『멋진 신세계』

『멋진 신세계』는 포드 자동차가 출시된 해인 1908년을 인류의 새 기원으로 삼은 가상의 미래 세계를 다룬다. 『멋진 신세계』의 배경은 포드 기원 632년(서기 2540년)의 영국이다. 소설 속의 세계는 하나의 통일된 정부의 통제하에 있으며 모든 것이 포드주의에 따라 자동 생산된다. 심지어 사람도 컨베이어 시스템에 실려 수정되고 길러져 병 속에서 제조되고 태어난다. 포드는 소설 속의 세계에서 거의 신격화되어 있다. 그는 자신의 이름을 딴 자동차 회사의 창설자이자 컨베이어 벨트를 이용한 최초의 대량생산 방식을 고안한 사람이다. 당시의 컨베이어 벨트 시스템은 제조업에 그야말로 혁신을 불러왔으며, 아예 대량생산 시스템을 포드의 이름을 따 '포디즘Fordism'이라고 불렀다. 즉 멋진 신세계의 배경은 포디즘이 종교처럼 취급받는 곳이다.

헉슬리는 포드 자동차 모델 T형이라는 상품에서 미래의 인류 진화의 모습을 보여 주는 단초를 발견하는 것에서 논의를 시작한다. 모델 T는 고도로 분업화된 노동이 낳은 현대식 대량생산의 대명사였다. 헉슬리는 대량생산, 대량소비 사회로의 변천을 의미하는 포드식 자본주의 정신에 당대 유럽의 정치적 파시즘을 접목시킨 600년 후의 역설적 이상사회를 '멋진 신세계'라 일컬었다. 이러한 이상사회가 역설적인 것은 바로 생산관계에 따라 분화되는 부르주아계급과 프롤레타리아계급의 극단적 양극화 상태인 미래 사회의 모습을 매서운 반어적 풍자로 되받아치는 헉슬리식 사회비판의 통렬함에 기인한다.김상욱, 2017: 72

『멋진 신세계』는 과학이 최고도로 발달해 사회의 모든 면을 관리·지배하고, 인간의 출생과 자유까지 통제하는 미래 문명 세계를 그렸다. 헉슬리는 현대인이 당연시하며 자부하는 기계문명이 극한까지 발달하고 인간이 발명한 과학의 성과 앞에 스스로 노예로 전락해 인간이 계급에 따라 공장에서 제품처럼 생산되는 세계로 변해 마침내 모든 인간 가치와 존엄을 상실할 지경에 이르는 비극을 예고한다. 『멋진 신세계』는 모든 인간의 존엄성을 상실한 미래 과학문명의 세계를 신랄하게 풍자하며, 극도로 발전한 기계문명이 철저히 통제하는 계급사회를 묘사했다. 기계문명의 극한적인 발달과 인간 스스로가 발명한 과학의 성과 앞에 노예로 전락하여 마침내 모든 인간 가치와 존엄성을 상실하는 지경에 도달하는 비극을 말한다.

헉슬리는 기계문명의 발달을 1920년대와 1930년대에 대두한 전체주의와 연결시켜 비인간적 기계문명이 가져올 지옥을 경고했다. 과학문명이 극도로 발달한 미래 세계를 배경으로 하고 있다. 어떻게 보면 전체주의하에 통제된 세속적 인문주의 시대일 수도 있다. 헉슬리는 끊임없는 세뇌를 통한 자기만족과 과학기술을 이용한 육체적·정신적인 쾌락이 과연 인간을 행복하게 만들 수 있는가라는 근본적인 질문을 던진다. 1930년대 초반 선진국이 직면한 위기를 이해하면서 과학과 기술의 통제를 벗어난 발전으로 인해 특히 하층민의 인구가 엄청나게 증가했다. 이로 인해 인간 종의 퇴보가 초래되었다. 이에 대해 헉슬리는 인류의 질을 보존하기 위해 우생학적 제약이 필요하다고 믿었다. 이는 당시 진보적인 지식인들 사이에서 흔한 태도였다.

제1차 세계대전 이후 영국 사회는 참정권이 확대되었지만, 지식인 엘리트들의 눈에는 민주주의가 훨씬 더 위태로워 보였다. 특히 대중이 독재자와 선동가들에 의해 조종될 수 있다는 두려움 때문에 더 그러하였다. 소련의 볼셰비키 혁명과 이탈리아 파시즘의 등장 또한 이런 추세를 낳을 거라는 것을 이미 예고한 것이라고 할 수 있다. 동시에 헉슬리는 현대 심리학(특히 파블로프와 프로이트)의 발명으로 인해 대중을 조종하는 것이 그 어느 때보다 쉽게 되고, 잠재적으로 더 효율적으로 만들고, 특히 새롭게 발명된 대중매체의 덕택으로 더욱 그렇게 되었다고 생각했다. 대중문화와 오락이 주조해 내는 어리석은 조작으로 인해 문명 자체에 위협이 되고 있다고 보았다.

해체된 가족의 역설

『멋진 신세계』에서 헉슬리는 자본주의적 계급관계와 생산관계에 적합하도록 감정이 조건화된 인간 군상들의 모습을 보여 준다. 포드식 대량생산 자본주의에 대한 풍자는 미래의 신계급사회를 역설적으로 구시대의 유물인 카스트적 신분사회로 설정한 것에서 드러난다. 맨 상층에 알파 계급이 있고, 맨 하층에 입실론 계급이 있다. 책과 자연에 감응을 보이는 입실론 계급 출신 아이들은 그러한 감응이 일어날 때마다 전기 충격을 받음으로써 책과 자연에 대해 본능적 혐오감을 갖도록 조건화된다. 이는 그들이 성인이 되어 공장노동자가 되었을 때 육체적 노동에만 전념하도록 사회화시키는 과정이다. 때문에 이 완벽한 유토피아에서는 누구나 다 행복하다.

『멋진 신세계』에는 대조적인 사회인 '문명사회'와 '야만사회'가 등장한다. '문명사회'로 대표되는 미래인 런던은 고도의 과학기술과 자본주의 사회가 결합된 사회로 인간의 본성을 무시하는 곳이다. 이곳에서는 합리적이고 효율적으로 인간을 생산하고 양육하는 것이 중요하다. 인간은 필요한 숫자만큼 양육장에서 만들어진다. 문명사회의 반대인 '야만사회'는 자연과 더불어 사는 사회로 불안정한 곳으로 묘사된다. 이 소설은 야만인 존이 표상하는 원시주의를 폄하함으로써 과학기술의 유용성에 대한 양비론적 입장을 취한다. 즉, 주인공 무스타파가 지향하는 공동체 의식, 단일성, 사회적 안정성 그리고 무엇보다도 사회 구성원 전체의 행복 등의 가치와 존과 헬름홀츠, 버나드가 옹호하는 가치, 예컨대, 자유, 인간의 존엄성, 순결, 로맨스 혹은 전통적인 가족관 등의 가치관은 상호 시험하고 시험을 당한다.

그러한 공리주의적 가치와 원시주의적 가치의 쌍방향 해체는 과학기술에 관한 논쟁은 물론 문명과 자연 사이의 갈등과 화해와 같은 보다 큰 주제에 관한 다양한 담론을 야기한다. 헉슬리는 이 소설에서 대안적 삶의 방식을 제시하고 있지 않지만, 오히려 그러한 한계성 때문에 이 소설은 과학과 문명의 문제뿐만 아니라 심지어 보편주의적인 인생관에 이르기까지 매우 다양하고 풍요로운 논쟁과 담론을 생산하는 효과를 자아낸다. 이 소설에서 강조하는 헉슬리의 '해체적 서사'는 과학기술의 위험성을 경고하면서 동시에 우리의 인문주의적 가치를 되돌아보게 한다.

『멋진 신세계』에서는 가족이라는 유대가 사라진 세계, 죽음까지도 익숙해지도록 길들이기 훈련을 받는 세상에서 인간은 최소한의 존엄성과 인간적 가치, 그리고 스스로 생각할 자유마저 박탈당한다. 이곳 사람들은 태어날 때부터 다섯 계급으로 나뉘어, 인류를 '맞춤형'으로 대량 생산한다. 하나의 난자에서 수십 명의 일란성 쌍둥이들이 태어나고, 이들은 끝없이 반복되는 수면 학습과 세뇌를 통해 어떠한 의문도 갖지 않고 정해진 운명에 순응한다. 노화도 겪지 않고, 책임도 도덕도 없이 문란한 성관계를 맺고, 정신적인 외로움도 느끼지 않는다. 그들에게는 오로지 쾌락과 만족감뿐이다. 정해진 노동 시간 이외에는 단순한 자극으로만 이루어진 오락들로 꽉 짜여 있으며, 혹 나쁜 기분이 들거나 고통스러운 일을 겪으면 항상 소마soma라는 가상의 약을 통해 즉각적인 쾌감을 경험한다. 마약과도 같은 소마는 사람들의 정신을 지배하고, 사고할 능력을 빼앗는다. 그 때문에 이 완벽한 유토피아에서는 누구나 다 행복하다.

거꾸로 본 행복의 법칙

헉슬리의 민주적 대중문화에 대한 태도는 분명히 세계를 과밀화시키고 세계의 안정을 위협하는 대중의 요구에 부응해야 한다는 정치적 명령으로 인해 귀족들의 더욱 격렬해진 하나의 분노이다. '불필요한 소수'에 속했던 헉슬리는 그 구성원들도 '행복한 소수'가 될 운명이라고 설명하는 데 어려움을 겪기도 한다. 왜냐하면 행복의 본질이 '한계와 수확의 체감'⁵⁰ 법칙에 기초하고 있기 때문이다.

헉슬리는 『멋진 신세계』와 거의 동시에 쓴 『유토피아의 경계』라는 글에서 인간이 누리는 모든 권리는 번영의 확장에 달려 있으며, 이는 단지 평범함의 확장일 뿐이라고 주장한다.

자유, 권리, 민주주의, 교육, 여가는 모두 제로섬 게임이거나 수확체감의 법칙이 적용되는 것이다. 우리의 우상으로 떠오른 여행은 경험하고자 하는 문화의 차이를 훼손하고, 이로 인해 '세계의 표준화'로 이어진다. 자연에 대한 사랑이 너무 널리 퍼지면, 자연을 우아하게 만드는 때 묻지 않은 순수한 아름다움을 파괴하고 만다. 우리가 누리는 모든 권리는 다른 사람들을 희생시켜 얻게 된 것이며, 일정한 시점을 넘어서면 번영의 증가로 행복감은 오히려 꾸준히 감소한다.

영국인 헉슬리에게 비친 미국 사회는 행복에 대한 유토피아적이고 민주적인 개념을 넌지시 알려 주는 '진짜' 적이었던 모양이다. 미국의 미래가 세계의 미래라고 믿었으나, 특히 1920년대 이후 공허하고 지치게 만드는 미국의 대중오락 축제는 거의 영구적 거주지로 정한 끔찍한 기쁨의 도시, 로스앤젤레스에서 그러한 모습을 볼 수 있듯이, 그에게 경각심을 불러일으켰다. 헉슬리는 캘리포니아를 '순수한 라벨레Pure Rabelais'⁵¹이자 지구상에 지금까지 본 유토피아에 가장 가까운 곳이라고 관찰했지만, 24시간 온종일 그곳에 머물다 보면, 도스토옙스키의 상트페테르부르크 빈민가

---

50. '수확 체감의 법칙' 또는 '한계생산 감소(diminishing returns)'의 법칙은 경제학 용어로서 생산에 필요한 요소를 투입할 때 생산량이 줄어드는 현상을 말한다. 즉 일정 크기의 토지에 노동력을 추가로 투입할 때, 수확량의 증가가 노동력의 증가를 따라가지 못하는 현상을 말한다.
51. 프랑수아 라블레(1483~1553)는 르네상스 시대 프랑스의 인문주의 풍자작가이며 기독교 인문주의자이다. 어린 나이에 수도회에 들어가 수도사가 되었지만, 매우 자유로운 성격을 가진 작가이다. 그는 몽펠리에 대학에서 의학을 전공하고 의사가 되었으며 작가와 번역가로 활동했다. 중세 스콜라주의를 비판했고 강력한 군주와 교황의 학대를 조롱했다. 개신교 신학자 장 칼뱅과 가톨릭교회의 위계에서 모두 반대에 부딪혔다. 라블레는 에라스무스를 존경했고, 그의 문학적 유산은 '극악무도한 건장한 유머, 과장된 희화(戲畵, caricature), 또는 대담한 자연주의가 특징인'이라는 형용사를 뜻하는 '라블레식'이라는 단어를 탄생시켰다.

가 그리워졌다. 영국의 크리스털 궁전보다 더 웅장한 시리아의 바알 신전을 목격한 헉슬리는 오히려 즐거움보다 지하에 틀어박힌 인간과 같은 역설적 상황에 처해 있는 듯했다.

그래서 헉슬리는 삶의 모든 변덕스러움을 극복하고, 사람들이 보편적으로 자신의 처지에 만족하게 하는 조건화 체제를 고려할 때, '멋진 신세계'가 '세계국가World State'와 같은 유토피아와 대조를 이룰 수 있는 포인트는 무엇인가? 여기에서 헉슬리는 등장인물들이 모두 세계국가에 반란할 잠재적 후보이기는 하지만, 결국 이는 모두 실망스러운 모습을 보게 될 것이라고 한다. 일단 그가 세계국가의 비인간적인 조건을 접하면, '야만인의 교육'은 그 성격에 대한 영웅적인 비판을 표현함으로써 궁극적으로 풍자적인 인물의 역할을 하게 될 것이다. 헉슬리는 이따금 정신분석을 꺼리면서도, 그것에 매료되어 자신의 생각에 적용하기도 했다.

도덕적 유토피아의 교육적 의미

도덕적 유토피아는 비도덕적 수단을 통해 결코 달성할 수 없기에, 유토피아를 향해 나아가는 과정에서 사람들이 다양한 수준에서 일하고, 다양한 수단을 활용해야 한다고 주장한다. 마찬가지로 사람들은 인내심을 가져야 하고 일한다. 왜냐하면 유토피아는 빨리 달성될 수 없기 때문이다. 그것은 결국 억압과 전체주의로 이어질 것이며 도덕적 사회로 이어질 수는 없을 것이다. 헉슬리는 정치, 경제, 교육 등 다양한 분야에서 해결 방법을 찾는다. 그는 자유와 책임에 대한 교육을 표방했지만, 규율·복종·종속도 강조했다.

헉슬리가 마리아 몬테소리1870~1952[52]의 교육 제안에 열광했다는 사실은 놀랍지 않다. 그는 애착을 넘어선non-attachment 교육에 대한 구체적인 제안을 하는데, 이는 동시에 '예속'을 거부하는 교육이기도 하다.Ruyter,

2006: 171 헉슬리는 인간의 이상들이 이와 연관된 이상적 사회를 건설할 수 있다고 믿었지만, 도덕적 유토피아는 비도덕적 수단을 통해 결코 달성할 수 없다고 보았기 때문에 유토피아를 향해 나아가는 과정에서 사람들이 다양한 수준에서 일하고 다양한 수단을 활용해야 한다고 생각했다.

로렌스가 1930년대 초 세계가 직면한 상황에 흥미를 느끼지 못했던 것과 마찬가지의 문제였다. 그에게 문제는 유토피아적 딜레마 상황, 즉 관리되는 행복과 인간의 존엄성 사이에 끼어 있는 선택지이다.『멋진 신세계』 작업을 훌륭하게 마무리한 헉슬리가 또다시 마주한 난관은 어떤 실용적인 해결책보다 분권화된 '헨리 조지 경제학'[53]과 나중에 선택지로 구상했던 '크로포트킨 협동조합' 정치가 포함되어 있다. 크로포트킨은 미하일 바쿠닌 이후, 19세기 아나키즘 운동을 대표했던 인물로, 당시 서유럽에서 널리 인정받던 허버트 스펜서의 적자생존론에 반기를 들고 "모든 만물은 서로 돕는다"는 상호부조론을 발표해 크게 주목을 받았다. 헉슬리는 크로포트킨의 아나키즘적 코뮤니즘을 옹호하면서 정치적으로는 정부가 없

---

52. 이탈리아의 사회개혁자인 몬테소리는 1922년에는 이탈리아의 교육부 장관이 되었으며, 몬테소리의 학교 및 교육 방법은 무솔리니 정권의 지원을 받았다. 그러나 평화와 어린이 교육을 강조하는 등 몬테소리의 교육 방식은 무솔리니의 파시즘 정권과 부딪히는 부분이 많아 사임했다. 교사들의 권위주의적 교육에 강력히 반대하고, 어린이의 권리 존중을 주장하며, 어린이의 신체 및 정신의 발달을 북돋우는 자유로운 교육과 어린이 하나하나의 활동 리듬에 알맞은 개성의 발전 교육을 역설했다. 아이와 어른의 관계는 일종의 교육의 악순환에 빠져 있다. 몬테소리는 불완전한 현재의 사회를 개선하기 위해 학교를 아이들을 준비시키는 수단으로 보았다. 그녀는 '삶을 돕는 교육'을 강조하였다. 삶을 돕는 교육은 강의 요강에 의해 이루어지는 것이 아니라, 인간 삶에 관한 지식에 근거해야 한다. 출생하는 순간부터 '비폭력적인 혁명'이 이루어질 수 있는 치료교육학을 주창했다. 타인의 설교는 아무 쓸모가 없다. 성장은 활동을 통해서 이루어지는 것이다. 이러한 교육혁명은 인류에게 빛을 던지는 새로운 희망이고, 아이의 사회적 해방과 아이의 중요한 노동 결실을 인정함으로써 사회의 중심 문제를 해결하는 길을 찾고자 전통적인 교육의 폭력적 구조들을 비판함으로써 개입하는 평화교육을 주창했다. 새로운 교육을 통해 전쟁의 야만성에 빠져들지 않을 만큼 강인한 인성을 가진 세대를 길러 인간성을 재건하고자 하는 교육학적 인간학을 주창했다.
53. 헨리 조지(Henry George, 1839~1897)는 미국의 재야 정치경제학자이고 용기있는 도덕적 경제학자로 불린다. 조지에게 영향을 준 사상가는 허버트 스펜서이다. 그는 단일세(single tax)라고도 불리는 '토지가치세'의 주창자였으며, '조지주의(Georgism)'라고 불리는 경제학파의 형성에 영향을 끼쳤다. 조지는 19세기 후반에 마르크스와의 논쟁에서 자본과 토지를 구분하지 않는 마르크스주의를 비판했다.

는 사회, 그리고 경제적으로는 임금 체제의 완전한 부정과 생산 수단의 공동소유권을 주장한다. 모든 사람은 자신의 능력을 최대한 발휘하여 공동의 안녕을 위해 기여하고, 그 결과로 사회 구성원으로서 누구나 최대한의 필요를 누릴 수 있다. 이처럼 아나키즘 사회는 두 가지 근본 축인 경제적 평등과 정치적 자유의 결합으로 가능해진다. 이는 정치와 경제를 결합해야 하는 시대적 과제로서 풀기가 매우 어려운 과제인데, 헉슬리의 구상을 골치 아프게 한 주제이기도 하다.

8장
오웰, 유토피아적 상상력과 디스토피아적 사회주의자

작가이자 언론인인 영국의 조지 오웰George Orwell, 1903~1950은 사회주의자였지만, 스탈린 공산주의를 비판했고, 미래에 닥칠지 모르는 과도한 전체주의의 폭력을 경고한 『1984』는 자신의 목숨을 걸고 쓴 작품이다. 그의 작품은 오늘날에도 정치와 대중문화에 영향을 미쳤다. 오웰이 창안한 신조어인 빅 브라더, 사상경찰, 정신분열증, 이중사고doublethink[54]와 같은 언어와 그가 예견한 냉전 체제 등의 개념은 영향력을 미치고 있다. 우화 형식으로 당대의 정치적 현실을 날카롭게 묘사한 『동물농장』과 『1984』는 조지 오웰이 짧은 작가 생활 동안에 남긴 영국 문학의 위대한 결실이다. 혹자는 오웰을 반파시스트적 아나키스트로 규정하는데, 권위주의에 대한 그의 반대에도 불구하고 국가의 중요성을 강조하는 태도를 감안하면, 아나키스트로 분류할 수는 없다. 오웰은 직접 참전한 스페인 내전에서 공산주의자들의 비인간성을 목격했다. 강력한 민주주의자로서 그는 마르크스주의로 대표되었던 당대 주류 공산주의에 반대했으며, 동시에 자본주의에 대해서도 반대의 입장을 표방했다. 명료한 문체로 사회의 부조리

---

54. '이중적 사고'는 알면서도 모르는 척하는 것, 진실을 훤히 알면서도 교묘하게 꾸민 거짓말을 하는 것, 철회된 두 가지 견해를 동시에 지지하고 서로 모순되는 줄 알면서 그 두 가지를 동시에 믿는 것, 논리를 사용하여 논리에 맞서는 것, 도덕을 주장하면서 도덕에 맞서는 것을 거부하는 것을 말한다.

를 고발하고, 전체주의 국가에 대한 비판과 민주적 사회주의democratic socialism에 대한 지지를 표명했다. 오웰은 당시 지나치게 수동성을 보이는 사회주의적 쾌락주의socialist hedonism를 비판하는 것을 보면, '디스토피아적 사회주의자dystopian socialist'로 평가될 수 있다.Farrell, 2023

과거의 상실에 대한 두려움 못지않게 미래의 상실에 두려움 또한 지니고 있는 것은 유토피아적 충동의 표현이라 할 수 있다. 『1984』는 유토피아의 불가능성을 말하는 반-유토피아 소설이 아니라 부정적 유토피아의 다른 형태인 '비판적 디스토피아critical dystopia'로 분류할 수 있다.전소영, 2017: 182 비판적 유토피아는 말 그대로 디스토피아적 세계의 재현으로 현실을 비판하고 위험을 경고하므로 근본적으로는 유토피아를 소망한다. 오웰은 권력을 향한 끊임없는 욕망 같은 인간의 부정적 본성을 강조하지 않고, 오히려 현실적 상황이 힘든 디스토피아라 하더라도 노동계급이 깨어나면 희망이 있다는 점을 주장하려 했다.

애국심과 민족주의의 구분

행복의 추구가 정답이 아니라면, 종교적 태도가 사적 동기뿐만 아니라, 파시즘에 대한 저항을 위해 필요한 것이라면 세속적 관점에서 어떻게 보존할 수 있을까? 오웰이 마지막으로 호소한 것은 자연에 대한 사랑과 기본적인 인간적 품위에 대한 믿음이 깃든 형제애에 대한 희망이다. 전시 상황에서 요구된 영국을 수호하기 위한 애국심은 좌파 지식인들에게 반감을 불러일으켰으며, 오웰 자신은 이를 '선천적 감정atavistic emotion'이라고 딱지 붙였다.

오웰은 집단의 편견에 대한 개인적 방어로서 자신의 감정을 인정하고 그 감정이 무시하게 만드는 사실을 파악하는 데 필요한 특별한 도덕적 노력에 대한 훌륭한 설명을 제공한다. 오웰은 도덕적 비판의 힘을 인정했지만, 근본적인 정치적 대안을 마련하기 위해서는 도덕적 마음의 변화가 필요하다고 생각하지 않았다. 특히 좌파의 소외, 자본주의의 이기심, 파시스트의 폭력이라는 세 가지 위협을 극복하기 위해서는 더욱이 그럴 필요가 없었다고 할 수 있다.

오웰에게 골머리를 아프게 한 문제로, 긍정적인 유형의 애국심과 민족주의 및 그에 따른 익숙한 공포를 어떻게 구별할 수 있는가? 그의 통찰력 있는 글인 「민족주의에 대한 고찰」에서 '민족주의'라는 용어의 지나친 협소함을 비판하며, 민족주의의 '비합리성'을 모든 종류의 집단적 감정을 지배하는 '집단적 사고'로 처리했다.Farrell, 2023: 178 민족주의는 자기기만에 의해 완화된 권력에 대한 욕망이라고 할 수 있다. 영국의 일반 국민 사이에서 가장 지배적인 형태는 '구식'의 영국적 애국주의jingoism이다. 지식인들 사이에서는 정치적 가톨릭주의, 스코틀랜드 민족주의, 시오니즘, 반유대주의, 공산주의, 트로츠키주의가 두루 섞여 있다. 이러한 사고방식을 가진 사람들은 자신들의 충성심에 갇혀 있고 불안정하며, 심지어 미적 판단에서도 편향되어 있지만, 오웰은 어떤 대의에 대한 헌신이 주변 현실에 얼마나 둔감한지를 인상적으로 관찰하여 보고한다. "집단에 대한 충성심이나 증오심 때문에, 어떤 의미에서는 사실로 알려져 있지만, 특정 사실은 받아들여질 수 없다." 오웰은 암울하지만 설득력 있는 설명을 통해 영국을 자본주의의 탐욕이나 좌익의 무책임함으로부터 구출하기 위해 애국심과 민족주의를 구분하기란 쉽지 않았다. 애국심patriotism은 세상에서 가장 좋다고 믿는 특정한 장소와 특정한 삶의 방식에 대한 헌신이지만, 다른 사람들에게 강요하고 싶지는 않다. '애국심'은 본질적으로 군사적으로나 문화적으로 방어적 성격을 지니고 있다. 반면 '민족주의nationalism'는 권력에 대한 욕망과 뗄 수 없는 관계에 있다. 모든 민족주의자의 기본적인 목적은 자신을 위해서가 아니라, 자신의 개체성을 가라앉히며 선택한 국가나 다른 단위를 위해 더 많은 권력과 명예를 확보하는 것이다.Farrell, 2023: 179

1940년대 초반의 위협 속에서 오웰은 '신화적'이라고 부를 수 있는 두 가지 원천에 미래에 대한 자신의 희망을 걸었다. 하나는 완전히 표현되거나 구체화될 수 없고 또 그렇게 되어서도 안 되는 사회주의적 사랑의 꿈이고, 다른 하나는 합리적이지 않거나 무의식적이지만 깊이 결속된 사회생활의 구조에 기반한 '국가적 일치감'이다. 당시에는 악에 대한 애국적 저항의 영웅적 기조는 계급적 연대와 형제애의 기조보다 더 시급히 필요했고, 그 이유를 알아내는 것은 어렵지 않다. 좌파적 평화주의에 의해 조장된 파시즘은 자본주의보다 훨씬 더 강력한 위협이 되었다.

동시에 히틀러를 물리치기 위한 집단적 노력에는 산업의 국유화와 오웰이 갈망했던 사회주의 혁명이 필요할 것이라는 희망도 있었다. 결국, 히틀러가 프랑스에서 승리한 것은 이미 자본주의가 지닌 '폭로적' 역할을 한 셈이다. 나치의 침략 하의 당시 상황에서 전쟁으로 인한 불행으로 말미암아 오웰이 부분적으로 사회주의적 성격의 진정한 모습이라고 여겼던 '희생적 평등equality of sacrifice'이라는 혁명적 전망을 사라지게 한 것이다.Farrell, 2023: 180-181

인간 존엄성에 호소하다

오웰은 1943년 크리스마스에 세계가 마주한 끔찍한 상황에 직면했을 때, 세상이 없으면 더 나아질 것이라고 말하기 쉬웠지만, 언제나 그렇듯이 긍정적인 대처 방안은 찾기 어려웠다. 세상은 희미하게 존재할 수 있다는 것을 알고 있지만, 정확하게 정의할 수 없는 무언가를 원한다.

여기서 그는 한 가지 제안을 한다. 세상의 무의식적인 욕망이란 고통이 좀 없고, 노력이 필요 없는 유토피아는 아니지만, 행복이란 아마도 인간 노력의 '부산물'에 불과할 수도 있지만, 사회주의의 진정한 목표는 '인간적 형제애'라고 주장한다. "사람들이 가슴 아픈 정치적 투쟁에 목숨을 걸거나 내전에서 목숨을 잃거나 게슈타포의 비밀감옥에서 고문을 당하는 것은 어느 정도 중앙집권적이고 에어컨이 설치되어 있다. 불빛이 밝은 낙원을 건설하기 위해서가 아니라, 사람들이 서로를 사기 치고 살해하지 않고 서로 사랑하는 세상을 원하기 때문이다. 이는 너무나 확실한 일이다. 이를 세부적으로 예상하려는 시도는 문제를 더욱 혼란스럽게 할 뿐이다."

오웰이 더 쉽게 도달할 수 있는 대상(이를테면 정의)을 목표로 삼을 수 있는데, 사기나 살인의 대안으로서 '사랑'을 호소하는 것으로 나아가고, 개인의 자유와 민주주의를 뒷받침하는 인간의 존엄성을 존중하는 데 목표를 둔 것은 놀라운 일이다. 오웰은 자신의 사회주의 브랜드 가치가 종교성이 박탈되어 있는 일종의 신비주의와 결합하면 인간 정신은 더욱 불행하게도 훼손된다고 판단했다. 오웰은 신에 대한 믿음과 영혼이 없는 것 사이의 그 무언가를 찾았다.

'비극적 영웅주의'와 불완전한 사랑을 하다

오웰은 민족주의나 경쟁적 명예에 기반을 두지 않은 애국심의 자리를 찾으면서 '권력의 본능'이 제거될 수 있는 세상을 구상하기 위해 고군분투했다. 그 본능에 대한 그의 최종적 비전은 단순한 지위 경쟁이 아니라, 개인이 더 큰 사회적 유기체로 합쳐지는 것인데, 그러한 유기체가 사랑만큼이나 증오에도 쉽게 몰입할 수 있다는 것을 알고 있었다. 그것은 우리가 이전에 본 역설이다. 즉 공공선을 위해 희생할 수 있는 인간의 능력을, 삶의 필수품을 형제처럼 나누는 데 있는 것이 아니라 전쟁이라는 '영웅적 폭력'에서 가장 잘 드러나는 역설을 확인하면서 고군분투했다.Farrell, 2023: 188

디스토피아적 사회주의를 주장한 오웰은 '영웅적 정신heroic spirit'과 같은 표현을 거부했다. 그가 말하는 '영웅적 정신'이란 귀족주의, 카스트,

계급적 특권, 경제적 불평등, 민족주의, 군사주의, 파시즘 등이다. 그가 생각하기에 영국은 속물과 특권의 땅이, 주로 늙고 어리석은 사람들이 통치하는 곳이다.Farrell, 2023: 173 억압받는 사람들과의 동일시와 특권에 대한 경멸은 그의 관점과 동기에 근본적인 것이었는데, 이는 학교 시절과 버마에서 식민지 생활을 했던 젊은 시절의 경험에서 시작되었다. 민주적 평등 원칙에 대한 그의 헌신은 수년간 가난한 사람들을 돌아다니고 연구하면서 더욱 깊어졌다.

오웰은 어린 시절 안락하게 보낸 중산층의 삶을 의식적으로 거부했으며, 여타 사람들을 비하하면서 살아가는 수백만 명의 특권을 가진 인간들과 함께 지냈다. 그는 자신이 소유한 것을 힘들게 포기했다. 자신의 계급적 지위가 거의 순전히 이론적인 수준에 불과하다는 것을 알고 있었다. 그는 외모 유지에 전체 수입이 들어가는 허름한 상류계층, 하위 중상류계층에 속해 있다는 사실을 알고 있었다. 오웰이 스페인의 반파시스트 동지들 사이에서 발견한 평등주의 정신은 계급 장벽을 넘어서는 형제애의 가능성에 대한 그의 신념에 불을 붙였다.

오웰은 하층계급의 난폭한 번식에 대한 헉슬리의 맬서스적 불안을 전혀 느끼지 못했다. 대신 그는 영국의 출산율 감소와 그것이 초래할 수 있는 발생할 수 있는 세대 간 불균형을 걱정했다. 공산주의에 대한 그의 핵심적 통찰은 자본주의 못지않게 공산주의도 착취적인 엘리트가 국민의 이익을 빙자하여 통치를 수립하는 방법이 될 수 있다고 꼬집었다. 오웰의 사회주의와 민주주의에 대한 헌신에는 유토피아적 열정이 있었고, 이는 동료 좌파 지식인들에 대한 실망이 아무리 크더라도 그들의 열정을 꺾을 수 없었다.

오웰은 많은 이웃 사회를 불만족스럽거나 비인간적인 유형으로 보았으며, 그들의 유행과 기이함이 사회주의를 그가 알고자 했던 일반 대중에게 본질적으로 배신감을 주어 운동에 해를 끼치는 입맛에 맞지 않는 괴짜들로 여겼다. 그는 노동계층이 좌파 지식인들의 괴팍한 사고방식에 당황

하고 사회주의 이미지를 프로파간다 하는 단점에 대해 매우 해롭다고 여겼다. 『위건 부두로 가는 길』에는 영국의 모든 과일 주스 마시는 사람, 누드주의자, 샌들을 신는 사람, 섹스광, 퀘이커, 자연요법 엉터리 의사, 평화주의자, 페미니스트와 연관된 '사회주의'와 '공산주의'라는 말을 반대하는 유보 조항이 곳곳에 산재해 있다.

오웰은 또한 사회주의가 자본주의보다 더 기계의 지배와 연관되어 있고, 사회주의가 어리석은 세상을 약속하는 것처럼 보이며, '아무것도 잘못되어 있지 않은' 세상은 에너지 표현이 거의 필요 없어 인간의 노력과 창조에 대한 욕구를 좌절시키며, 이는 약간의 두려움을 주는 인간 이하로 부드러움과 무력감의 심연으로 빠지는 것을 유감스럽게 생각했다. 오웰은 역겨울 정도로 부드러워지리라고 예측한 사회주의의 전망으로부터 정신적 반동을 초래할까 봐 걱정했다. 그는 진보라는 개념 자체에도 엄청난 모순이 있음을 감지할 수 있었다. 그는 유토피아가 용기를 발휘하려고 인위적인 위험을 초래할 것이라고 우려했다.

그리고 오웰은 기계 세계의 역겨운 부드러움에서 벗어나야 한다는 필요성이 모든 삶을 예술의 '노동을 위한 노동'의 영역으로 밀어내는 것처럼 보였지만, 현재의 사회주의는 전통에 대한 존중을 보수적인 것으로, 진정한 예술을 부르주아적인 것으로 비난했다. 사회주의자들은 기계 세계를 포기하지 않고 영구적 반대자의 역할을 해야 한다고 보았다. 아직 좌파에 헌신하지 않은 사람들이 사회주의에 대해 정신적으로 반발할 것을 피하기 위해, 오웰은 사회주의 선전이 기계의 물질적 유토피아가 아니라 혁명의 순수한 도덕적 기초(정의, 자유, 실업자의 곤경)를 강조해야 한다고 주장한다. 사회주의가 제공해야 하는 것은 절대적인 행복 상태가 아니라 지배계급과 상대적으로 평등한 상태이다.

오웰은 제2차 세계대전이 발발하면서 좌파의 쾌락주의적 관점이 인간의 노동과 투쟁에 대한 필요성을 제대로 이해하지 못하고 있으며, 정치와 전쟁의 요구에 부응하기에는 더욱 불충분하다고 우려를 표명했다. 실제로 세상을 형성하는 에너지는 감정(인종 자만, 지도자 숭배, 종교적 신념, 전쟁광)에서 나왔는데, 자유주의 지식인들은 이를 기계적으로 시대착오적이라 일축하며 항상 감정의 힘을 너무도 철저히 파괴해서 행동의 모든 힘을 잃어버렸다.

오웰은 나치즘의 위협에 직면해서 이러한 '영웅적 자원'을 버리는 것은 위험하다고 생각했다. 이 문제의 두드러진 예로, 히틀러와 스탈린이 초래하는 위협을 이해할 수 없었던 사람들을 대표하는데, 그들은 영웅적 투쟁과 지적인 거리를 두었기 때문이다. 오웰은 사회정의에도 헌신했지만, 파시스트가 투쟁을 즐기고 심지어 잔인함에 매료된다는 사실을 충분히 알고 있었기 때문에 억압의 세력을 이해할 수 있었다. 오웰은 오랫동안 좌파의 위선과 불일치를 폭로하고자 했고, 좌파의 '충성스러운 반대자' 역할을 하려고 노력했지만, 마르크스주의 지식인들에게는 받아들여지지 않았다. 오웰이 자주 반복해서 불평하는 내용은 평화주의 좌파 전체에 부합한다.

히틀러 같은 미치광이가 오웰의 민주주의 이념을 공유하는 사람들보다 인간에게 더 능숙하게 동기를 부여할 수 있다는 사실은 그에게 충격적이었다. 오웰은 히틀러의 『나의 투쟁』 신판에 대해 리뷰를 쓰면서, 그는 '유토피아적 쾌락주의utopian hedonism'의 약점을 잘 알고 있었다고 말했다.Farrell, 2023: 175 "히틀러는 인간이 편안함, 안전, 짧은 근무 시간, 위생, 피임, 그리고 일반적으로 상식만을 원하는 것이 아니라는 것을 알고 있었다. 인간은 또한 적어도 간헐적으로 드럼, 깃발, 충성 퍼레이드는 말할 것도 없고, 투쟁과 자기희생을 원한다. 그러나 경제 이론으로서 파시즘과 나치즘은 삶의 어떤 쾌락주의적인 개념보다 심리적으로 훨씬 더 타당할 수 있다. 스탈린의 군사화된 사회주의 버전도 마찬가지일 것이다."

오웰은 이러한 심리적 통찰의 증거를 히틀러가 독일 국가의 경제적 자원을 따뜻한 국민을 위해 사용하는 데서 누린 실제적 성공에서 찾았지만, 반면에 자국의 낭비적인 자본가들은 여전히 집사들에게 서비스를 받고 있었다. 유명한 독재자 세 사람, 즉 히틀러, 스탈린, 무솔리니는 모두 국민에게 견딜 수 없는 부담을 지게 해 권력을 강화했다. 사회주의, 심지어 자본주의조차도 마지못해 국민들에게 '나는 당신들에게 즐거운 시간을 제공합니다'라고 말한 반면, 히틀러는 국민들에게 '당신들에게 투쟁, 위험, 죽음을 제공합니다'라고 말했고, 그 결과 온 국민이 그의 발 앞에 몸을 던졌다. 오웰은 이상향을 향한 완전성이 인간에게 부여한 인간성을 대체로 존중하는 것보다는 고통으로부터 답을 찾는 '비극적 영웅주의'와 불완전한 사랑을 하는 것에 초점을 더 두었다.

유토피아적 완전성을 향한 투쟁

『동물농장』은 우화를 통해 사회비판을 담은 기념비적 소설이다. 이 작품은 오웰이 정치적 목적과 예술적 목적을 하나로 융합해 보고자 쓴 오웰의 첫 소설이다. 영국에서 제2차 세계대전이 갓 끝난 1945년에 출간되었다. 소련과 사회주의에 민감하던 세계의 정치적 분위기에서 이 작품은 처음엔 거의 모든 출판사에서 거절할 정도로 홀대받았다. 사실상 전시나 다름없던 때에 『동물농장』은 출간되자마자 초판 4,500부가 매진되고 쇄를 거듭한 끝에 영국과 미국 모두에서 베스트셀러가 되었다. 70여 년이 훌쩍 지난 지금까지 『동물농장』의 판매량은 세계적으로 1,000만 부가 넘은 것으로 알려져 있다.

"모든 동물은 평등하다. 그러나 어떤 동물은 다른 동물들보다 더 평등하다." 『동물농장』에서 주요한 비판의 대상은 소련의 공산주의였지만, 그가 러시아 제국은 물론 미국의 자본주의 진영에 대해서도 무척이나 비판적이었다. 조지 오웰은 『동물농장』에서 인간의 속박에서 벗어나 혁명을 이루고 이상사회를 건설한 동물 공동체가 변질되는 모습을 통해 구소련의 역사를 재현하며 스탈린 독재 체제를 강도 높게 비판한다.

작중 여러 등장인물 중 인간 주인인 존즈는 러시아 황제 니콜라스 2세를, 혁명을 호소하는 늙은 메이저는 마르크스를, 독재자 나폴레옹은 스탈린을, 나폴레옹에게 축출당하는 스노볼은 트로츠키를 상징한다. 또한 이야기 속에 등장하는 '동물학살'과 '외양간 전투' 역시 각기 스탈린 시대의 대숙청과 연합군 침공 등으로 연결된다. 혁명이 성공한 후에 어떻게 변질되고, 권력을 잡은 지도자들이 어떻게 국민을 속이고 핍박하는지를 면밀히 그린 이 우화는 특정한 시대에만 한정되어 읽히지 않는다. 이 작품은 인류가 사회를 이루고 살 때부터 벌어진 '독재'를 함축적인 등장인물과 사건을 통해 그려 내어 지금까지도 유효한 풍자를 담고 있으며, 조지 오웰이 지닌 사회비판적 문학의 역량이 여실히 드러나는 작품이다.

오늘날의 관점에서 보았을 때, 오웰은 매우 이질적인 태도를 취하고 있다. 『동물농장』의 어휘로 말하면, '네 발은 선하고, 두 발은 악하다'는 뜻이다. 이는 그의 특유한 정치적 성향 때문이라고 할 수 있는데, 당대의 정치신학 관점에서 본다면, 이러한 특이한 행동들은 어쩌면 당연한 것으로 보인다. 오웰은 기독교적이고 형제적 단결을 위해서 반국가적 프롤레타리아 독재로부터 민주주의를 수호하고자 했고, 부가 구별을 낳는 '위계적 사회'를 거부했다.

그러면서도 당대의 영국이나 미국의 민주주의가 소수의 부르주아 계급에 의해 이용되고 있으며, 지배계급의 이익을 위해 제도가 악용되고 있음을 비판했다. 당시의 영국 노동당은 노동자 계급의 이익을 대변하지 못하며 지나치게 관료적으로 변했다고 평가했다. 이러한 점을 미루어 볼 때, 오웰이 추구한 정치사상은 노동계급을 대변하려고 하였고 국제주의적 관점을 견지하면서도, 과학적 사회주의를 포함하여 수정주의도 반대하는 '비-마르크스주의적 사회주의'에 가까운 노선을 보였다.

"과거를 지배하는 자는 미래를 지배한다. 현재를 지배하는 자는 과거를 지배한다." 이것이 전체주의의 비이성적 측면(인간 희생, 잔인함, 그 자체로 목적, 신성한 속성으로 인정받는 지도자에 대한 숭배)을 직관적으로 이해할 수 있다. 오웰의 전체주의에 대한 비전은 순전히 반-유토피아적이며, 의도적으로 잔인하고 증오스러운 형제애에 대한 비전은 친절하고 행복하다. 전체주의는 지위에 대한 갈망보다 더 절대적인 것에 의해 움직인다. 아무리 '비열한 복종'이라도, 그것을 만족시키지 못할 것이다. 전체주의는 '완전주의적' 경향을 보이는데, 세속적 관점에서는 합리적일 수 없는 방식이라고 할 수 있다. 오웰의 전 생애는 유토피아적 완전성utopian perfection을 향한 강렬한 투쟁이었으며, 행복에서 형제애로, 완전함에서 세상을 더 나은 곳으로 만드는 것으로 사회주의적 목표를 조정하고자 했다.Farrell, 2023: 188 오웰은 영웅적 의무의 비이성적이고 비인간적인 요구에 아무리 반대하더라도, 위대한 성인의 완전주의perfectionism는 영웅의 인격에 애착을 보이면서 외부에서 인간의 연대를 침범한 것으로 간주한다.

보이지 않는 빅 브라더의 힘

오웰의 대표작 『1984』[55]는 1949년에 발표된 디스토피아 소설로 공산전체주의의 위험성을 경고한다. 강력한 감시와 사상 통제, 역사 조작을 통해 권력층이 권력을 유지하는 과정을 그리고 있다. 『1984』는 스탈린주의뿐만 아니라 사회주의의 모든 형태 및 음영에 대한 암울한 환멸을 담은 기록이다. '빅 브라더Big Brother'라는 가상의 인물을 통해 독재정치 체제를 보여 주며, 사상 교육 및 감시를 통해 인간의 사고와 언어를 억압하는 모습을 묘사한다. 이러한 통제는 인간의 의식을 제한하고, 그들의 기억과 생각을 지배하려는 시도를 보여 준다. 사회심리학자 에리히 프롬이 『1984』를 스탈린주의의 잔학함에 대한 것으로만 묘사한 것으로 해석하면서 그것이 서구 사회에 의미하는 바를 알지 못한다면, 정말 불행한 일일

---

55. 오웰은 『1984』를 1946년에 쓰기 시작해 1948년에 완성했다. '1984'라는 제목은 '48'을 뒤바꾼 것이다.

것이라고 말했다.

오웰은 '빅 브라더'라는 인물의 독재 체제를 유지하기 위해 TV 스크린 telescreen이라는 장치를 이용한다. TV 스크린은 수신과 송신을 동시에 행하여 어떠한 소리나 동작도 낱낱이 포착할 수 있게끔 만들어져 있다. 사상경찰은 TV 스크린을 통해 개개인을 감시하며, 사람들은 오랜 세월 그렇게 지내다 보니 그런 삶에 익숙해져 버린다. 작품의 주인공 윈스턴 스미스도 하루 종일 TV 스크린의 감시를 받으며 생활한다. 이런 상황은 조지 오웰이 작품을 썼을 당시에는 단지 미래에 대한 공상이었을 뿐이다.

오웰은 사회주의적 인간성과 전체주의가 한때 가톨릭교회가 차지했던 초유기체super-organism의 역할을 놓고 서로 경쟁하고 있다고 보았다. 1940년, 전시의 연대성은 사회적 진보에 대한 오웰의 낙관주의를 불러일으켰다. 1945년에 진정한 사회주의는 결코 시도한 적이 없고 권력의 본능을 근절하기 위한 진지한 노력이 없었다는 '공산주의'에 적용할 때, 오웰은 자주 조롱했던 주장을 바탕으로 인간의 형제애가 이루어질 수 있다고 여전히 믿었다. 그런 권력적 본능의 '근절'을 통해 어떤 형태로 이루어질 수 있을지를 상상하기란 쉽지 않을 것이다. 인류라는 위대한 유기체는 '빅 브라더'에 대한 사회주의적 대안이 되어야 했다. 오웰 또한 그런 형제애를 여전히 바랐지만, 집단주의적 본능이 얼마나 쉽게 전체주의적 본능으로 왜곡될 수 있는지도 보았다.

『1984』의 지속가능한 힘은 그것이 다루는 이슈의 영원한 성격, 즉 진실과 충성심의 정치, 개인의 자유와 국가의 통제 사이의 갈등, 그리고 현재와 과거의 관계에 부분적으로 의존한다. 오웰은 현대 정치의 반역을 밝히기 위해 뛰어난 풍자적 어휘를 고안해 냈다. 하지만 그가 핵심 이슈를 제시하는 강도 및 극단성, 미친 절대적 악에 대한 그의 비전은 평범한 인간의 연약함에 의해서만 반대되는데, 이는 정치적 동기가 궁극적으로 종교적 성격을 지니고 있고, 가장 넓은 지평에서 가장 극명한 도덕적 대조를 이룬다는 그의 비전에서 비롯된다. 오웰은 인간의 종교를 열망했지만 유토피아적 완전주의가 종교적 절대주의와 가학성으로 이어질 수 있다는 것을 두려워했다.

『1984』는 오웰이 일반인에 대해 영원한 신뢰가 여전히 존재한다는 사실을 간과했다는 평가를 받고 있다. 궁극적으로 현실과 동떨어져 있다는 사실에도 낙관주의적 분위기가 깔려 있다. 절망이 아니라 오웰의 경력 전체를 활력화한 것은 투지와 반대의 영웅적 정신이었다. 오웰은 사회주의적 연맹의 적대보다는 희망적 망상을 더 두려워했으며, 유토피아적 딜레마의 반대편에서 혁명의 필요성을 깨달았다. 프롬이 언급했던 것처럼 오웰은 단순히 암울한 미래상을 예언하려 했던 것은 아니다.

『1984』는 명백히 정치적이다. 오웰은 거대한 지배 체제하에서 저항을 기도하지만 결국 체제의 벽을 넘지 못하고 파멸해 가는 한 인간의 모습을 통해 세계가 어떤 방향으로 나아가야 하는가에 대해 자신의 사상을 탁월하게 형상화하면서 독자들의 비판적 의식을 일깨운다. 21세기 고도의 정보화 사회에 던지는 오웰의 경고, 거대한 지배 체제 아래에 놓인 개인이 어떻게 저항하고, 어떻게 시스템에 의해 파멸되는지, 그리고 세계가 나아갈 방향을 제시하는 탁월한 통찰력을 나타낸다.

유토피아의 상상력이 필요하다!

오웰은 세상에 대한 합리적 태도를 보이는 것에 대해 위협을 받았는데, 여타 사회주의자들이 보여 준 '유토피아적 상상력'이 매우 빈곤함을 지적했다. 유토피아는 부정적 상태를 말할 뿐 아니라, 모든 악으로부터의 자유로운 상태라고 할 수 있다. 오웰은 유토피아의 꿈이 구체적 형태로 실현될 때, 모든 활력을 잃는다는 문제를 인정한다. 너무 합리적이고 편안한 세상을 피하려는 욕망은 실제 파시즘의 원동력을 제공해 주고 있다. 파시즘에 맞서 싸우는 사람들을 고무시키는 삶의 영웅적 측면에서 벗어날 수 있는 안도감을 찾으려는 유토피아적 지평이 아니라, 음란한 엽서에 담긴 유머 등 단순한 쾌락을 찾는 경향이 있다.Farrell, 2023: 175

오웰은 인간이 지닌 동기의 중심을 쾌락보다 '고통'에 두었다. "사람은 삶의 목표가 오직 행복이라고 생각하지 않을 때라야 더 행복해질 수 있다." 몽테스키외가 표현한 고전적 통찰력으로 돌아가 생각하면, 우리 자신의 고통을 실제로 제거하고, 다른 사람에게 고통을 강요하는 것은 타인보다 더 행복해지는 것보다 덜 중요할 수 있다는 생각에 더 신뢰를 보낸다. 애덤 스미스가 말했듯, 우리가 가진 행복의 수단이 약속한 행복을 직접적으로 가져다주지 않더라도, 다른 사람들보다 더 많은, 소위 행복의 수단을 갖는 것보다 더 많이 향유한다고 할 수 있다. 오웰은 풍요의 역설을 극도로 역설적으로 표현했다. "부자들은 부로 인해 많은 것을 잃고, 가난한 사람들은 가난으로 인해 많은 것을 잃는다." 대체로 오웰은 개인 심리에 대한 반-쾌락주의적 태도가 암시하는 디스토피아적 의미를 추구하지 않았으며, 오히려 사회적 상상력의 요소를 매우 중시했다. 『1984』의 결말은 비록 비극적이지만 오웰은 주인공이 자신과의 투쟁에서 승리했다고 말함으로써 그의 유토피아적 충동을 잘 그려 내고 있다.

9장
스키너, 조작이 가능한 이상사회와 영웅 없는 세계

영국의 소설가 조지 오웰이 1984년 악몽의 미래를 바라보았다면, 미국 행동주의 심리학자 B. F. 스키너Burrhus Frederic Skinner, 1904~1990[56]는 미국의 낙관주의와 진보에 대한 신뢰를 표명한 미래 공상과학소설 『월든 투 Walden Two』1948[57]를 구상했다. 『월든 투』를 집필했을 때는 1948년이었다.

스키너의 일관된 주장은 자유와 존엄을 바라보는 전통적인 관점을 분석하면서 논의를 시작한다. 자유와 존엄을 누리는 인간 내면의 자율적인 존재가 인간행동을 일으키는 것이 아니라, 환경이 긍정적 및 부정적 강화 요인을 통해 인간행동을 다듬어나간다는 사실이다. 따라서 인류가 안고 있는 문제들을 해결하는 열쇠도 인간의 성격보다는 인간의 행동을 개선하는 데 있다고 주장한다.

---

56. 스키너는 20세기의 가장 영향력 있으며 동시대 가장 위대한 심리학자이다. 하버드대학교 심리학과 교수였다. 인간과 환경의 상호작용과 그에 따른 행동을 주로 연구했으며, 동물행동을 연구하는 실험기구 '스키너상자', 학습 기계 '티칭머신'의 고안으로 심리학과 교육에 엄청난 영향을 미쳤다.
57. '월든 투'는 명칭부터가 흔하지 않다. 미국의 이상주의자이며 자연주의자였던 소로와 오랜 친교를 나누던 시인 에머슨이 즐기던 월든 호수를 본뜬 이상향의 명칭이다. 『월든 투』는 '월든' 그 자체가 아니라 시인이나 철학자의 이상향이 아닌, 심리학자의 과학적인 공동체를 의미하기 위해 '월든 투'로 작품명을 잡았다.

조작이 가능한 이상사회

『월든 투』는 소로의 고립된 은둔 생활보다는 19세기 중반의 유토피아적 사회주의utopian socialist 계획을 꿈꾼다. '월든 투'는 미국식 민주주의를 '경건한 사기'라고 주장하는 주인공 프레이저Frazier가 설계한 이상적 공동사회이다. 스키너가 그렸던 '월든 투'는 원래 일천여 명 남짓의 사람들이 모여 사는 '집단공동체'이다. 그는 인간에 대한 조작이 가능한 이상사회를 잘 그려 낸다.

'보람 있는 사회'란 사람들에게 휴식과 여가를 즐길 수 있게 만드는 사회인데, 구성원들에게 예술, 체육 등 다양한 여가 활동을 제공한다. 사람들은 점점 행복 그 이상의 것은 생각지도 원하지도 않게 된다. 여기에서 누구든지 현실에서 벗어나 더욱 나은 삶을 원하고 좀 더 행복한 세상을 꿈꾼다. 특히, 요즘 급변하는 사회에서 세계는 자원고갈, 환경오염, 인구과잉 및 핵무기에 의한 대량 학살 문제 등 점차 새로운 규모의 문제들과 대응할 희망을 지니게 된다.

『월든 투』의 작동 원리

스키너는 다음과 같이 강조한다. "오늘날 세계의 중요한 문제들은 모두가 글로벌하다. 인구과잉, 자원고갈, 환경오염, 핵 홀로코스트의 가능성 등, 이 모든 것들은 현재의 행동양식 때문에 그리 멀지 않은 미래에 일어날 수도 있는 결과들이다. 그러나 예상 결과를 지적하는 것만으로는 충분하지 않다. 그런 예상 결과들이 행동에 영향을 미칠 수 있도록 조치를 취해야 한다." 스키너는 자유와 존엄을 옹호하는 전통적 관점이 인간행동에 대한 이해를 가로막았고, 지금도 가로막고 있기 때문에 인류가 현안을 제대로 해결하지 못한다고 지적한다.

『월든 투』에서 주장하는 골자는 인간행동이 인류 문화의 생존을 돕는 쪽으로 다시 설계되어야 한다는 것이다. 스키너는 '월든 투' 공동체를 통해 요람에서 무덤까지 긍정적 강화를 통해 주민들의 행동을 제어하도록 설계된 방식을 상세히 설명한다. 그는 유토피아의 행복이 자유, 자율성, 영웅주의, 존엄성, 민주주의와 같은 인간의 괴로운 환상을 희생할 만한 가치가 있으며, 이러한 모든 가치를 수호함으로써 그 유혹을 막아낼 수 있다고 본다.

『월든 투』의 많은 특징은 자극과 반응이라는 조건반사적 행동주의 behaviourist 원칙보다는, 인간에게 바람직한 결과물을 제시함으로써 그들이 그 결과물을 얻는 행동을 지속적으로 하도록 유도하는 '강화' 원리와 행위자의 '자유의지'를 중시하는 행동공학 behaviour engineering[58] 이론에 더 가깝다. 일부는 설계의 단순한 효율성과 비교적 적당한 규모의 공동체에 의해 가능해진 조정에 의해 움직인다. 오히려 스키너는 눈을 떠 활용하려는 움직임이 보이며 차츰 현실세계에서 벗어나 이상적 공동사회인 '월든 투'의 특징적 모습을 보여 준다. '월든 투'의 정책 중 일부는 일자리의 보편화, 은행, 보험회사, 광고 등의 불필요한 기관과 관행의 근절과 같은 유토피아적 사회주의 utopian socialism의 기준을 준수한다.Farrell, 2023: 196

월든의 주민들에게는 잘못 관리된 사회로 인한 피로와 지루함을 해소하기 위해 약물이나 칵테일이 필요하지 않다. 노동은 크레딧 시스템을 통해 분배되며, 업무의 부담은 작업 시간을 단축함으로써 상쇄된다. 공동체의 행복을 위한 핵심은 창의성이지 않고 재미없는 일을 피하는 것이다. '좋은 삶'을 살려면 다른 사람에게 부담을 주지 않으면서 최소한의 내켜 하지 않는 일만 하면 되고, 월든은 노동에 강요가 없기 때문에 윌리엄 모리스의 꿈을 이루는 데 성공한 셈이다. 스키너의 '월든 투'는 모리스의 '노

---

58. '행동공학'의 원리는 개인이 조작을 선택하느냐 안 하느냐는 선택을 중시하는데, 그것은 자유의지의 결과이며, 인간의 자유의지란 행동공학의 이론대로 그 안에 짜여 있는 것이다.

웨어'에서처럼 주민들이 실제 일을 하고 싶어 한다. 하지만 일반 사람들은 하루에 4시간만 일하고, 그 이상은 일하고 싶어 하지 않는다.

'좋은 삶'은 휴식과 이완과 함께 스포츠, 취미, 예술과 공예를 의미한다. '월든 투'에서는 구성원들에게 예술, 체육 등 다양한 여가 활동을 제공한다. 그렇게 되면 사람들은 점점 행복 그 이상의 것은 생각하지도 바라지 않게 된다. 무엇보다 중요한 것은 세상에 대한 관심을 표현하는 가장 깊은 의미의 '과학'이다. '사회적 관리자social manager'는 사람들이 지배와 비판의 태도 없이, 많은 독창적인 장치를 사용하여 전반적인 관용과 애정의 정신으로 함께 어울릴 수 있도록 도와준다.

인간의 행동을 통제하는, 서로가 갈등하지 않는 '행복한 사회'를 만들어 내는 것은 필수적인 요소로서 불필요한 일을 줄이는 사회이다. 지금처럼 8시간의 노동에서 벗어나 네 시간 정도만 일해도 충분히 의식주가 해결되고 욕구가 충족되는 사회가 바로 '월든 투'가 그리는 행복한 사회이기에 '보람 있는 사회'를 꿈꾸는 현실사회여야 한다. 보람 있는 사회는 자신의 재능과 능력을 발휘할 기회를 주는 사회이기에 그 누구라도 자기 적성에 맞는 일을 스스로 선택할 수 있다.

인간의 자유의지에 대한 회의

스키너는 인간의 자유의지나 인간의 자유, 그 자체를 인정하지 않는다. 인간은 주어진 조건과 환경에 따라 행동하는 비-의지적인 동물일 뿐이다. 인간이란 다른 동물과 다를 것이 거의 없다. 이런 인간이라는 동물을 움직이려면 '행동공학'만이 필요하다. 짐승에게는 먹이가 필요하지만 인간에겐 행동공학이 필요하다. 행동공학의 원리에 따라 요구되는 개인이 '조작'을 선택하느냐 안 하느냐는 전적으로 행위자의 '자유의지' 문제이다. 행동공학에서 가장 중요한 원리가 '조작'이다. 조작은 조건의 형성을 위한 것이다. 인간은 그들의 행동을 조절할 수 있는 조작과 그것이 가능한 조건이 형성되면 움직인다. 자유 때문에 선택하는 것이 아니라 조작되었기에 움직인다.

설령 인간의 자유의지 문제를 논한다고 해도 그것은 행동공학 이론에서는 이론적으로 무의미할 뿐이다. 행동공학의 이론 구성상 인간의 자유의지는 이미 짜여 있는 구성 요소일 뿐이다. 선택을 해도 그것은 자유의지의 결과이고, 하지 않아도 그것은 인간의 자유의지가 행동공학의 이론대로 그 안에 짜여 있는 것이기 때문이다. 행동공학은 원리적으로 인간의 자유를 침해하고 있는 것이 아니다. 아예 인간의 자유의지를 논하는 그 자체가 행동공학의 원리를 모르는 소리라고 넌지시 일깨워 준다.

행동공학은 인간에게 '바람직한 결과물'을 제시함으로써 그들이 그 결과물을 얻는 행동을 지속적으로 하도록 유도하는 '강화reinforcement'의 원리이다. '월든 투'의 '강화 계획'은 완전한 평온함의 배경 속에서 점차적으로 증가하는 성가심과 좌절감을 유발하는 시스템을 실험적으로 개발하여 이를 통해 각 어린이가 최대한의 자제력을 개발할 수 있도록 한다.Farrell, 2023: 195 우리는 자신이 중요하다고 느끼는 것에서 큰 만족을 얻을 수는 없다. '월든 투'의 핵심 원리는 그들이 행동을 전적으로 '긍정적 강화positive reinforcement'를 통해 형성하도록 설계된 환경에서 자랐기 때문에 행복하고 자유롭다고 느끼는 반면, 전 세계의 정부와 종교는 모두 '부정적 강화negative reinforcement'에 의존해 왔다는 점이다. 스키너는 '혐오적 자극aversive stimuli'[59]을 피하려는 시도와 함께, 폭군을 반대하는 데

---

59. '혐오자극법' 혹은 '혐오요법'은 환자가 부정적인 행동을 할 때 혐오자극을 줌으로써 그 행동 자체에 불쾌감을 유발함으로써 결과적으로 그 문제행동을 하지 않도록 유도하는 치료 방법이다. 그런데 혐오자극을 주어 행동을 치료한다는 것은 의도적으로 불쾌한 자극(주로 환자에게 고통을 수반하는)을 준다는 점에서 윤리적인 문제가 야기된다. 혐오자극이 정말 행동을 치료하는 데 긍정적인 영향을 미치는지에 대해서도 의견이 분분한데, 치료받은 당시에는 '혐오적 자극'이 문제행동을 줄이는 데 도움이 될 수 있지만, 치료가 끝난 후 사회로 복귀했을 때 혐오자극을 줄 사람이 없어지면 그 효과가 지속될 확률은 극히 낮다는 것이다.

서 어떤 가치를 발견하는데, 자유가 하는 일이 세계의 폭군을 대체할 수 있는 통제의 원천으로 대체하는 것뿐이라는 사실을 인식하지 못했다고 비판한다.

스키너의 교육원리

'월든 투'의 사회는 평화롭다. 얼핏 봐도 정말 살고 싶은 사회다. 각 분야의 전문가들이 다스리고, 능력에 대한 남녀의 차별 또한 없다. 아이들은 가정보다 더 좋은 환경에서 집단 양육되며 부모들은 아이에게서 해방될 수 있다. 사람들은 스스로가 계획한 일정에 따라 자유롭게 노동과 여가시간을 조절할 수 있다. 노동시간은 점수로 바뀌고 일정 점수를 넘기만 하면 된다.

스키너는 한 가지 점에서만큼은 우리를 끊임없이 세뇌시키고 있다. 사람들에게 행복의 조건만 만들어 준다면, 그들은 행복해진다. 행복하게 느끼도록 그들의 행동을 조작하기만 하면 그들은 서로에 대한 넘치는 애정을 갖는다. 그것이 교육에 적용되면 행동공학의 '공동 부양'이 된다. 공동 양육과 공동 교육이 바로 행복을 보장하는 행동공학의 원리이다. '월든 투'의 아이들은 출생하면 곧 집단적으로 양육되기 시작한다. 공동 부양이 이상향을 실현하기 위해 절대적이기 때문이다. 그 어떤 아이든 자신의 정서, 재능에 맞지 않는 부모에 의해 양육되면 그것은 불행의 시작이다. 잘못된 부모의 영향력으로 생긴 아이들의 부정적 성행을 제거하기 어렵기 때문이다. 기술과 가치를 일방적으로 주입할 필요도 없다. 정규 교육과정으로 아이들을 가르칠 필요 역시 없다. 아이들은 누구의 강제도 없이 자신이 좋아하는 일을 직업으로 삼을 수 있기 때문이다. '월든 투'에서는 자기 스스로 배우고 선택할 수 있는 교육이 실행되기 때문이다. 행동공학의 공동 부양이 그 일을 맡게 되는데, 아이들은 공동양육으로 건강한 인간으로 성장하게 된다. 모두가 자기 몫을 행하며 행복하게 살아간다.

　사람들에게 행복의 조건만 만들어 준다면 그들은 행복해진다. 행복하게 느끼도록 그들의 행동을 조작하기만 하면 그들은 서로에 대한 넘치는 애정을 갖는다. 그것이 교육에 적용되면 행동공학의 '공동 부양'이 된다. 공동양육과 공동교육이 바로 행복을 보장하는 교육의 행동공학 원리이다. '월든 투'의 아이들은 출생하면, 곧 집단적으로 양육되기 시작한다. 공동의 부양이 이상향을 실현하기 위해 절대적이기 때문이다. 그 어떤 아이든 자신의 정서, 재능에 맞지 않는 부모에 의해 양육되면 그것은 불행의 시작이다. 잘못된 부모의 영향력으로 생긴 아이들의 부정적 성행을 제거하기 어렵기 때문이다. 기술과 가치를 일방적으로 주입할 필요도 없다. 정규 교육과정으로 아이들을 가르칠 필요 역시 없다. 아이들은 누구의 강제도 없이 자신이 좋아하는 일을 직업으로 삼을 수 있기 때문이다. '월든 투'에서는 자기 스스로 배우고 선택할 수 있는 교육이 실행되기 때문이다. 행동공학의 '공동 부양'이 그 일을 맡게 되는데, 아이들은 공동 양육으로 건강한 인간으로 성장하게 된다. 모두가 자기 몫을 행하며 행복하게 살아간다.

　『월든 투』에 나타난 사회조직의 원리와 교육의 구조를 분석하여 그려 낸 미래 사회에서의 교육 모습은 장차 우리 교육이 변화되어 갈 방향에 대한 풍부한 상상력을 제공하고, 동시에 현재 우리 교육이 안고 있는 과제를 탐색한다. 스키너가 그린 미래 사회에서의 교육론은 사회적인 불평등을 개선하여 더 평등하고 행복한 사회를 만드는 데 무엇보다도 중요한 것은 교육이며, 교육을 통해 현실을 변화시켜 가야 한다는 점을 강조한다. 스키너는 미래 사회에서의 교육은 일찍부터 사회적인 미덕을 형성하는 영·유아교육과 학교교육을 기초로 하여 학습기술을 익히고 사회적인 노동시간의 단축을 통해 생활 속에서 이루어지는 자발적인 학습을 중시하는 평생교육의 이념을 잘 보여 준다.

　'월든 투'에서는 아이들이 여섯 살이 되면, 이미 그의 '윤리적 훈련'은 완료된다! 유아들은 편안하고, 주의 깊게 통제된 환경에서 함께 자란다. 그들은 질투나 분노와 같은 사소한 감정을 가질 이유가 없으며, 그러한 유혹이 있을 때 스스로를 통제하도록 가르친다. 그들은 예수께서 우연히 발견하신 기술-'너의 적을 사랑하라'-을 배우게 된다. 즉 '반대 감정을 연습하라'는 것이다. 사랑으로 응답하면 분노, 좌절, 원망의 고통으로부터 자유로워지고, 예수께서 '더 잘 알려진' 마음의 평화로 약속하신 '지상천국'으로 인도된다. '월든 투'에서는 처벌에 대한 언급이 없지만, 인위적인 상황은 두려움, 분노, 또는 격노를 불러일으키는 상황에 맞춰져 있다. 어떤 시나리오에는 배고픈 아이들이 수프를 먹기 전에 5분 정도 참아야 하는데, 이는 그들이 질투심을 이겨 낼 수 있도록 돕기 위해서이며, 어떤 아이들은 추첨을 통해 선택되어 다른 아이들보다 먼저 수프를 먹는다.

공동체community가 가족을 대체하며 자녀 양육을 떠맡는다. 과학적 관리와 조건화에 대한 묘사에서 '공동체 생활communal life'의 문제를 해결하기에 매우 불충분하다고 생각하는 경향이 있었다.Farrell, 2023: 201-202 공동체의 구성원은 원할 경우 계획자들과 월든 코드에 대해 논의할 수 있지만, 그들끼리 논의하는 것은 금지되어 있다. 개인적 책임감이 형성되는 것을 막기 위해 구성원들은 공동체의 관리 시스템에 대해 잘 알지 못하도록 하며, 그것이 어떻게 시작되었는지에 대한 역사를 배우는 것도 금지되어 있다. '월든 투'를 설립함으로써 그것에 참여한 누구도 공개적으로 호출될 수 없다. 연공서열의 구별은 인정되지 않으며, 모든 개인적 기여는 완전히 억제되거나 익명으로 처리된다.

부모와 자녀의 유대감이 약해지고, 고전적 유토피아적 방식대로 공동체 자체가 가족의 변형된 버전이 되어 공동체의 사랑이 어머니 사랑을 대체하게 된다. 따라서 헉슬리식 방식으로 프로이트 방식의 '가족 로망스family romance'[60]를 피한다. 게다가 부모들은 자신의 자녀를 위해 특별한 호의를 베풀거나, 재능이 떨어지는 자녀와 부당하게 비교하도록 부추기는 것은 '나쁜 취향'이라고 배운다. 우월감과 경멸의 감정은 신중하게 억제된다. '월든 투'에서는 자신에 대한 승리가 유일하다. 그다음의 이점은 사람들이 자녀가 없다는 이유로 낙인을 느끼지 않고, 모두가 부모로서의 감정을 표출할 방법을 갖고 있으며, 여성들은 전통적인 역할의 '노예 상태'에서 해방된다는 것이다.

영웅들이 없는 세상

1930년대부터 60년대까지 미국 심리학계를 휩쓴 행동주의 심리학의 기본 입장은 생각하고, 분석하고, 비교하고, 기억하는 정신활동은 직접적으로 관찰이 불가능하다는 것이었다. 그래서 행동주의 심리학자들은 환경의 자극에 사람들이 어떤 식으로 반응하는지에 관심을 집중했다. 그런 그들에게 인간의 행동은 인간으로서 진화의 과정을 통해 받은 유전적 자질과 그 개인이 외부 환경과 조우한 결과에 따른 것으로 받아들여졌다. 인간이 원래부터 목적적이고 자율적이라는 전통적 인간관은 허튼소리에 불과했다.

여하튼 사물에 대한 비전을 고려할 때, '월든 투'는 부적절한 정부 시스템으로 인해 발생한 혼돈의 존재라고 할 수 있는 '영웅들이 없는 세상'이라는 것은 말할 필요도 없다. 이제 영웅에 속했던 힘이 '사회society'로 이전되었다. '영웅들이 없는 사회', 즉 '구분distinction'이 없는 사회는 엄청난

---

60. '가족 로망스'는 지그문트 프로이트가 1909년에 쓴 '가족 로망스'라는 제목의 에세이에서 밝힌 심리적 복합체이다. '가족 로망스'는 아버지에 반항하는 소년이나 청년의 이야기로서 그 내용은 프로이트의 '오이디푸스 이론'에 근거를 두고 있다. 부모가 전적으로 감정적으로 이용 가능하지 않다는 사실에 직면해야 하는 어린이가 경험하는 다양한 단계를 설명한다. 프로이트의 '가족 로망스'는 단지 가족의 이야기가 아니라, 중요한 사회적·정치적 의미를 지니고 있다. 프로이트의 정식화에 따르면 '가족 로망스'는 개인의 심리 속에 잡고 있으며, 특히 소년들 개개인이 사회질서 속에서 자신에게 주어지는 어떤 위치에 대해 환상을 품는 방식이다. 따라서 개인의 심리는 가족의 이미지들과 가족 내부의 갈등을 통해 사회질서와 연결시킨다.

힘을 지니고 있다.Farrell, 2023: 196-197 외부 세계에서 '의사'와 같은 직함을 얻은 사람조차도 '월든 투'에서는 그 직함을 사용할 수 없다. 사소한 일도 모두 똑같이 공유한다. 부의 차이가 없기에 명예나 재산과 같은 동기는 사라진다. 경쟁의식이나 특별한 칭찬도 없다. 경쟁 스포츠와 팀 게임은 금지되어 있다. 개인의 신용과 인정은 눈살을 찌푸리게 하고, 주민들 사이의 감사조차 억제하며, 개인의 개별적 기여는 감춰진다. 공동체에 대한 일반적 감사만이 있을 뿐이다. '월든 투'에서는 감사의 표현조차 금지되는 데까지 나아간다.

스키너는 자신의 프로젝트의 '영웅적' 차원을 '반영웅적'이고 '반인간적' 의미와 어떻게 조화시킬 것인지 문제를 골똘히 해결해 냈다.Farrell, 2023: 201 작은 나라의 한 심리학자, 스키너가 학문의 경지를 넓히고 자신을 학문의 주체자로서 성장시키는 당당함을 보인다. 지금까지 설명한 유토피아의 모습이란 철학자나 소설가들의 머리에서 나온 것과는 달리, '월든 투'는 철저히 과학자의 머리에서 나온 것이다. 그 때문에 더 기계적이고 피상적으로 보일 수 있다. 하지만 그렇기에 스키너의 '월든 투'가 세상의 '트윈 옥스Twin Oaks'[61]로 존재할 수 있다. '월든 투'의 과학적 실험은 점점 개선될 수 있는 유토피아로 진화할 수도 있다.

『자유와 존엄성을 넘어』에 대한 논란

『월든 투』가 발간된 지 23년 후에 나온 『자유와 존엄성을 넘어』에서는 책임과 성취를 환경으로 전가하고, 자유주의적 개인주의liberal individualism에 의해 창조된 축소인간homunculus이라고 할 수 있는 '자율적 인간'을 소멸시키려는 스키너의 프로젝트를 두 배로 강화하는 실험을 한다. 그런데 스키너는 『자유와 존엄성을 넘어』에서 어떤 구원救援, redeeming의 요소를 찾지 못했다. 그것은 '긍정적 강화'에 터한 설명에 대한 반감을 불러일으켰다. 스키너는 『자유와 존엄성을 넘어』를 통해 명성을 얻었지만, 지식인들의 반응은 냉랭했다. 많은 저명한 비평가들(노암 촘스키, 칼 포퍼, 칼 로저스 등)은 스키너를 자유의 적으로 비난했다.^{Farrell, 2023: 202}

스키너가 인간에게 적용한 행동공학에 대한 주장은 과학적으로 공허하고 좋지 않게 축소되었다. 촘스키는 행동주의 심리학과 스키너를 전체주의 옹호자라고 공격했다. '자유와 존엄을 넘어서'라는 제목부터 탐탁지 않았던 보수주의자들은 책장을 넘기면서 인간행동의 원인을 순전히 환경으로만 돌리는 접근에 놀라움을 금치 못했다. 촘스키는 스키너를 '비둘기'와 '시인'을 구별하지 못하는 행동과학자 중 한 명으로 평가 절하했다. 이와 달리 스키너 연구자들 사이의 대체적 평가는 그의 공로를 인정하는 측면이 강하다. 아무리 스키너의 관점이 문제가 되더라도, 그의 아이디어가 지닌 함의가 움츠러든 것은 아니었다.

스키너의 관점을 일관되게 따를 경우, 그가 강조한 자유, 존엄성, 책임, 감사와 같은 소중한 개념을 내버리려 하는 결과를 초래한다는 점을 분명히 했다. 그런 입장을 취함으로써 오래된 지혜와 상식을 대체할 수 있는

---

61. 미국 버지니아주에 위치한 '트윈 옥스'는 재정과 자원을 공유하는 공동체로 지금까지도 약 100명이 생활하고 있으며 방문신청을 통해 체험해 볼 수도 있다. '트윈 옥스'는 스키너의 소설 『월든 투』에 영향을 받은 사람들이 작품에 나오는 공동체를 실험하기 위해 1967년 살기 시작한 곳이다. '정치는 세상을 좋은 방향으로 변화시키는 데 한계가 있고, 자급자족적인 공동체 생활이 하나의 대안이 될 수 있다'는 생각에 동의한 사람들이 버지니아주 루이자의 숲에서 함께 살기 시작한 것이다. 지금은 아이들을 포함해서 1백여 명의 사람들이 경제 활동과 발일을 포함한 공동체 노동을 함께 나누고 있다. 1960년대는 전통적 이념 대립에 반기를 든 젊은이들이 활발히 새로운 사회운동을 벌이던 때이다. 유럽에서는 68세대가, 미국에서는 히피들이 주류 사회질서에 반대하는 실천 운동에 참여했고, 요즘 세계의 젊은이들이 하고 있는 것처럼 미국의 베트남 전쟁 중단을 강력히 촉구했다. 그들의 운동은 많은 결실을 맺었지만 그들에게는 그만큼 자신들이 속한 사회의 체제와 문화에 대한 실망과 상실감도 컸다. 이후 미국에서는 거리 반전 시위대에 섰던 많은 히피들이 세상에 염증을 느끼고 숲으로 떠났다. 어떤 이들은 그냥 숲에 은둔하며 자유롭게 사는 것에 만족했지만, 트윈 옥스에 살기 시작한 이들처럼 평등과 평화를 위한 '의도적 모둠살이' 또는 '이상적 사회'를 실현해보려는 사람들도 있었다. 물론 지금의 '트윈 옥스'가 스키너의 '월든 투'를 그대로 닮았다고 볼 순 없지만, 스키너가 구상한 삶의 원리들이 '트윈 옥스' 여기저기에 물들어 있다.

특별한 행동과학의 결실을 거두었다. 유토피아 혁명가로서 스키너는 자신의 영웅적 정체성이 일반적 사고방식을 완전히 뒤집기를 바랐다. 그는 어떤 유토피아 사상가들보다도 대담하고 '영웅적 정신'을 철저히 거부함으로써 미래의 사회질서를 상상하게 하고, 영웅적 결정을 한 자신의 위치를 설명하는 데 곤욕을 치렀다.

'유토피아'란 총체적으로 말하면 일종의 '사회적 환경'이라고 할 수 있는데, 그가 생각하는 모든 사회에 맞는 설명 틀이라고 주장했다. 하지만 그 환경을 설계한 사람은 누구이며 그 사람의 자유는 어디서 오는가? 그 사람이 통제할 수 있는 특권은 어디서 오는가? '월든 투'에는 모든 규칙이 예외라고 할 수 있으며, 견인차인 주인공 프레이저의 위치는 숨겨져 있다. 스키너는 공동체의 기원에 대한 플라톤의 '고상한 거짓말'에 의존하지 않았지만, 루소의 입법자 같은 '은밀한 행위자'를 열망한다. 따라서 그는 한때 사회의 모든 문제에 대한 숨겨진 해결책이자, 바로 그 문제들 중 가장 명백하고 노골적인 사례이며, 그를 유토피아적 딜레마의 전형으로 여기게 했다.

하지만 '월든 투' 공동체에 철저하게 '조작된' 사회가 될 위험이 있음은 부인할 수 없다. 행동주의 심리학의 대표 주자였던 스키너의 '이상적 사회'처럼 아이들은 어려서부터 자율성 없이 '조작' 당할 수 있기 때문이다. 어쩌면 '월든 투'라는 사회가 하나의 큰 실험용 '스키너 박스'라고 할 정도로 실험에 실험을 거듭하는 통제된 전체주의 사회로 치달을 수 있기 때문이다. 인간 및 인간의 사회가 '심리학적 이상사회'에서처럼 통제되지 않을지 의문이며, 설령 그것이 가능하더라도 그런 '공동사회'에서는 인간이 과연 행복할 수 있을지도 의문이다. 아마도 많은 사람이 결코 '월든 투'와 같은 사회조직에 참여하지 않을 것이다. 그리되면 개인의 자율성도 없고 '인격 없는 괴물'이 출현할 수도 있다. 이런 무서운 결과는 스키너가 원래 '바라지 않는 사회'일 수 있음도 경계해야 한다. 하지만 오늘날 문제투성이고 엉망진창인 현대 사회에서 인간이 어떻게 살아가야 할지에 관한 지대한 관심을 갖도록 과학자의 관점에서 과학적인 시각으로 해부하는 문제의식은 높이 평가할 만하다.

10장
마르쿠제, 유토피아로서 '억압 없는 문명'과 미학적 상상력

프랑크푸르트학파는 마르크스주의에서 상실된 유토피아적 차원을 회복시키기 위해 실증주의와 역사주의, 경제 결정론에 대한 비판적 작업을 수행했다. 호르크하이머는 "이 세계와는 전혀 다른 세계에 호소하는 것은 우선적으로 사회철학적인 힘이 된다"라고 했다. 이것은 과학주의나 실증주의에 대해 비판적 태도를 취하는 프랑크푸르트학파의 유토피아적 차원을 단적으로 보여 준다.

유토피아주의에 대한 프랑크푸르트학파의 이러한 소극적 태도는 그들의 비관주의와 연관되어 있다. 그 대안으로 하버마스의 '의사소통적 자율성communicative autonomy' 개념이 제안되어 '자기결정'의 전망뿐만 아니라 '자아실현'의 전망을 갖춤으로써 유토피아의 변혁적 힘을 확보했으나, 그것에서 구체적으로 유토피아주의를 개진하지는 않았다. 기존 현실에 대한 분석과 비판이나 경험과학의 합리성의 토대를 해명하기 위한 형식적 조건의 탐구에 심혈을 기울인 나머지 적극적으로 유토피아적 미래상에 대해 언급을 하지 않았다.[62] 프랑크푸르트학파 등 대부분의 비판이론가들은 변혁운동의 쇠퇴라는 시대 상황을 맞이하여, 그리고 이로 인해 비롯된 비관주의적 태도로 말미암아 소극적인 유토피아론을 전개하는 데 그쳤다. 하지만 비판이론가인 마르쿠제는 마르크스의 초기 저작에 나타난

철학적 인간학의 가능성에서 비판적이고 혁명적인 유토피아적 차원을 적극적으로 복원한다.

비판이론가인 마르쿠제는 마르크스의 초기 저작에 나타난 철학적 인간학의 가능성에서 비판적이고 혁명적인 유토피아적 차원을 적극적으로 복원한다. 마르쿠제는 물질적 조건의 변혁과 이를 토대로 한 인간의 행복을 추구하는 것을 비판이론critical theory의 목표로 내세우면서 기존 현실을 초월하는 유토피아 차원을 적극적으로 옹호한다. 마르쿠제는 비판이론의 추진력이 잘못된 현실을 공격하면서 그것을 더 나은 가능성으로 대치하려는 힘에서 나왔다고 주장한다. 즉 비판이론이 단순한 부정만을 목표로 삼는 것이 아니라, 더 나아가 초월적인 이상적 목표를 제시하려고 한다는 것이다. 마르쿠제의 유토피아적 요소는 오랫동안 철학에서, 즉 이상국가, 최고의 쾌락, 완전한 행복, 영구평화 등을 구상하는 과정에서 보여 준 유일한 진보적 요소라고 할 수 있다.손철성, 2003: 177

비판이론의 적극적 대안 모색

그동안 사회조직에 대한 유토피아적 사고와 실험적 접근 방식은 지난 수십 년 동안의 계획과 정치에서 드물었다. 그래서 좌파적 사고가 사회 변혁을 위한 광범위한 비전을 옹호하는 것이 그 어느 때보다 중요해졌다. 그런데 비판이론의 영향력 있는 흐름은 이러한 정치적 필연성을 간과하고 있다. 프랑크푸르트학파의 비판이론가 대부분은 유토피아적 옳은 사회나 대안에 대해 미리 규정할 수 없다고 보았다. 왜냐하면 이들은 단지

---

62. 하버마스는 미드의 관점에서 칸트적 목적의 왕국을 재정식화하면서 두 가지 유토피아적 기획을 보았다. 하나는 자기결정(self-determination)의 전망으로서 보편적 원리를 향한 자율적 행위가 이루어지는 상태이고, 다른 하나는 자아실현(self-actualization)의 전망으로서 각자의 고유한 개성을 전개할 능력을 갖춘 상태이다. 하지만 하버마스는 자아실현의 전망을 주제화하여 제대로 다루지 않았다.

현재 사회의 나쁜 것에 대해서만 말할 수 있고, 나쁜 것을 예상하고 폭로하는 것을 통해서만 더 나은 사회를 만드는 데 기여할 수 있다고 생각했기 때문이다. 즉 이들은 '부정'을 통해서만 제대로 된 학문이 가능하다고 보았다. 그래서 프랑크푸르트학파는 유토피아적 청사진을 제시한 칼 마르크스를 비판했었다.

비판이론가들은 이론적 작업을 통해 유토피아적 차원을 복원시키기 위한 기반을 마련했지만, 마르쿠제나 벤야민 등을 제외한 호르크하이머나 아도르노, 하버마스와 같은 대부분의 비판이론가들은 적극적인 유토피아 이론을 전개하지는 않았다. 호르크하이머는 플라톤 이래로 철학자들이 이성적 사회를 위한 이상주의나 유토피아를 모색해 왔다는 점을 부인하고 있지는 않지만, 오늘날 이러한 이상이나 이념을 지구상에 실현시키기 위한 조건을 인식하는 것이 중요하기에 '유토피아'가 더 이상 사회 문제를 다루기 위한 적절한 철학적 형식은 아니라는 것이다.

마르크스주의는 '반유토피아적' 경향으로 말미암아, 유토피아의 기능과 힘을 적절히 활용하지 못하도록 했다. 마르크스는 초기에 소외론과 인간론을 토대로 유적 본질의 실현으로서의 공산주의에 대해 언급하는 등 어느 정도 유토피아적 요소를 갖고 있었지만, 후기에는 과학적 사회과학의 흐름 속에서 실증주의와 역사주의 그리고 경제결정론의 태도를 취함으로써 인간학이나 가치 판단을 비과학적인 것으로 간주함으로써 배제하거나 사회주의적 미래상을 적극적으로 제시하는 것을 꺼리는 등 유토피아적 가능성을 현저히 약화시켰다. 마르크스는 후기에 이르러 실증주의, 과학주의의 경향을 강하게 띠면서 이렇게 인간학적, 도덕적 관점에서 공산주의를 정당화하는 작업을 비과학적인 것으로 간주함으로써 기존 방식의 정당화를 꺼렸으며, 그 결과 공산주의에 대한 가치 평가적인 정당화 작업을 제대로 수행하지 못하였다. 이로 인해 마르크스 사상의 유토피아적 차원은 크게 약화되었다.

현실 문제를 해결하기 위해서는 역사의 발전에 따른 일정한 사회적 조건이 요구되므로 우리의 삶을 개선시킬 수 있는 구체적 상황이나 경향들을 과학적으로 기술하는 일이 더 중요하다는 것이다. 그래서 비판은 정치경제학에 대한 변증법적 비판이 핵심이 되어야 한다는 것이다. 비판이론은 이론적으로는 근본적 변혁을 지향했음에도 불구하고 정치적 실천과의 연결 고리를 찾을 수 없게 되면서 비관주의에 빠져들었던 것이다. 바로 이러한 비관주의적 태도 때문에 그들은 긍정적인 유토피아적 미래상을 적극적으로 제시하기보다는 현실의 모순에 대한 비판과 부정에 머물렀다. 이처럼 프랑크푸르트학파의 이론가 대부분은 기존 사회의 사회적, 물질적 조건에 대한 현실적인 분석과 비판에 주안점을 두고 있었기 때문에 유토피아적 미래를 기획하는 작업에 소극적인 태도를 보였다.

마르쿠제는 호르크하이머, 아도르노와 같은 다른 비판이론가들과 다르게 결코 유토피아적 '타자Other'가 파악하기 어려운 무형적인 것이라고 강조한 적이 없으며, 상당히 적극적으로 유토피아적 요소를 수용하고 있다. 그는 정치적 이론과 행동을 산출하기 위해서는 해방의 목표들, 즉 대안적 사회에 대한 유토피아적 전망을 적극적으로 제시할 필요가 있다고 믿었으며, 그래서 새로운 사회와 해방된 인류라는 목표는 그의 사상에서 중심적인 위치를 차지하고 있다. 마르쿠제는 유토피아와 같은 미래적 요소가 비판이론에서 중요하다고 본다. 기존 질서를 비판하고 부정하면서 새로운 이성적 질서를 모색하는 일은 더 이상 이성의 과제로 여겨지지 않고 비합리적인 일로 간주되었다. 이성적 질서나 더 좋은 사회와 같은 가치 판단과 관련된 일은 이성적, 합리적 논의 대상에서 배제되었다. 따라서 이러한 사회적 상태에서 유토피아에 대한 논의도 비합리적인 공상으로 여겨지게 되었다. 실증주의적 태도와 관료제적 조직화, 매스컴에 의한 대중 조작에 의해서 1차원성은 더욱 심화되고 비판성과 부정적 의식은 자리 잡을 곳이 없게 되었다. 따라서 비판성을 토대로 현실을 초월하는 이상 사회를 추구하는 유토피아적 의식은 약화되었다. 호르크하이머와 아도르노가 비관주의에 빠진 것도 바로 이러한 상황에서 기인한다. 사회 전반에 퍼진 1차원성으로 인해 비판성과 혁명성을 찾을 수 없었던 것이다.

프로이트 이론의 수용과 변형

마르쿠제는 대다수 비판이론가가 취했던 비관주의적인 소극적 유토피아 사상과 달리 낙관주의적 경향을 토대로 적극적 유토피아 이론을 전개하였다. 물론 마르쿠제 자신도 낙관주의와 비관주의를 오고 가는 굴곡 속에서, 이에 대해 애매한 태도를 보이는 측면이 있기만 말이다. 그렇다면 마르쿠제는 유토피아적 의식의 존재 가능성을 어디에서 찾고 있는가? 이러한 시도 중 하나가 프로이트 이론의 수용과 재해석을 통한 유토피아 사상의 구성이다. 마르쿠제는 프로이트의 정신분석학을 수용하고 재해석하여 억압되지 않은 의식 속에 내재되어 있는 상상력을 바탕으로 문명의 성과를 활용하는 유토피아의 가능성을 보여 주려고 하였다.

마르쿠제는 프로이트 이론의 수용과 변형 그리고 미학적 이론의 활용을 통해서 상당히 적극적으로 유토피아 이론을 펼쳤다. 마르쿠제는 무의식 속에 내재하는 행복했던 과거의 기억이나 환상 또는 상상력을 통해 유토피아로서 '억압 없는 문명'의 가능성을 전망하고 또 유토피아적 의식의 원천으로서 미학적 상상력의 역할을 강조하는 등 유토피아적 차원을 복원시키기 위해 적극적인 이론적 노력을 기울였다. 이러한 적극적 유토피아 이론은 마르쿠제가 마르크스의 초기 저작에 나타난 인간론을 수용하여 인간 본성의 자유로운 실현의 관점에서 자신의 유토피아론을 전개한 것과 연관시켰다. 마르쿠제는 마르크스의 초기 사상에서 보여 준 '자아실현self-actualization' 윤리에서 유토피아적 측면이나 요소를 찾아 연결시킨다. 프로이트 이론을 수용하고 변형하면서 미학적 이론의 활용을 통해 적극적으로 유토피아주의를 개진한다.

마르쿠제는 다른 비판이론들과 달리 1960년대 가장 영향력 있는 유토피아주의자였다. 그는 프로이트 이론의 수용과 변형을 통해 '긍정의 유토피아' 이론을 전개한다. 마르쿠제는 비판이론의 추진력이 잘못된 현실을 공격하면서 그것을 더 '좋은 것'으로 대체하려는 힘에서 나왔다고 보았다. 그러므로 비판이론은 단순한 비판이나 부정에만 그쳐서는 안 되며, 현실 초월적인 이상적 목표를 제시해야 한다고 보았다. 따라서 유토피아의 제시는 정치적 이론과 실천을 위해서라도 꼭 필요하다는 게 마르쿠제의 주장이었다. 주류 프랑크푸르트학파는 유토피아를 제시하는 마르쿠제를 배척할 수밖에 없었다. 유토피아를 추구하는 순간, 그것은 더 이상 '비판이론'이라고 말할 수 없기 때문이다.

이러한 점은 마르쿠제와 프랑크푸르트학파 사이의 이론적 갈등을 점점 더 첨예하게 만들었고, 그들이 갈라서게 된 계기가 되었다. 마르크스주의에 대한 마르쿠제의 견해는 마르크스주의에 대한 수정과 혁신 과정이자 현대 사회를 분석하고 변혁시키기 위한 '급진적 유토피아'의 기획이었다. 따라서 마르쿠제가 프랑크푸르트학파와 많은 점을 공유하더라도, 그 학파의 대다수 구성원은 그러한 마르크스주의적 요소를 폐기하거나 약화시켰다는 점에서 마르쿠제와는 상당히 다르다.

유토피아로서 '억압 없는 문명'과 미학적 상상력

유토피아는 이데올로기적으로 왜곡되지 않은 인간적인 희망의 내용에 대한 전망을 제시해 줌으로써 미래 사회상을 선취하여 보여 주는 예언적 기능, 기존 현실에 대한 비판적 기능, 새로운 사회를 지향하는 역동성과 변혁적 의식을 고취하는 변혁적 기능을 담당한다. 따라서 기존 현실을 비판하면서 더 좋은 새로운 사회를 추구하는 비판적 사회 이론에서 유토피아가 차지하는 의의와 역할은 매우 중요하다고 할 수 있다.

마르쿠제는 물질적 조건의 변혁과 이를 토대로 한 인간의 행복을 추구하는 것을 비판이론의 목표로 내세우면서 기존 현실을 초월하는 유토피아적 차원을 적극적으로 옹호한다. 마르쿠제는 비판이론의 추진력이 잘못된 현실을 공격하면서 그것을 더 나은 가능성으로 대치하려는 힘에서 나왔다고 주장한다. 즉 비판이론이 단순한 부정만을 목표로 삼는 것이 아니라 거기에서 더 나아가 초월적인 이상적 목표를 제시하려고 한다는 것이다.

마르쿠제는 유토피아적 의식의 원천으로서 미학적 상상력의 역할을 강조하는 등 유토피아적 차원을 복원시키기 위해 적극적인 이론적 노력을 기울였고, 강한 유토피아적 충동을 지니고 있었다. 마르쿠제는 비판적인 개인은 사회의 합리성과 비합리성을 판단할 수 있는 관점을 가질 수 있다고 보면서, 베버가 자본주의적 합리화 과정의 불가피성을 받아들여 비극적 비관주의나 체념에 빠진 것과는 달리 이에 굴복하지 않고 적극적으로 해방에 대한 전망을 제시하려고 했다. 마르쿠제는 유토피아적인 미래적 요소를 이끌어 내는 데에서 아리스토텔레스나 칸트가 언급한 공상 phantasy이나 상상력이 중요한 역할을 한다고 말한다. "이성적 현실과 현재의 현실 사이의 커다란 간격은 개념적 사유에 의해서 메워질 수 없다. 현재 안에서 아직 현재가 아닌 것을 목표로 삼기 위해서는 상상력이 요구된다." 상상력은 비이성적 현실에서 이성적인 미래적 요소를 이끌어 내어 이러한 미래를 미리 보여 주는 중요한 역할을 담당한다. 미래가 현실적 가능성이 되어 있는 상황에서 상상력은 끊임없이 이러한 목표를 눈앞에 설정하는 데 중요한 도구가 되는 것이다. 과거와 현재를 미래와 연결시켜 주는 역할을 하는 것이 바로 상상력이다. 그래서 "비판이론은 새로운 질서를 비난할 때 사용하는 유토피아라는 말을 두려워하지 않는다"라고 하면서 유토피아적 요소가 철학에서 진보적 역할을 담당할 수 있다고 주장한다.

그렇다면 상상력을 토대로 형성된 유토피아적 의식은 어디에 존재하는가? 유토피아적 의식은 현실의 제반 영역에서 발견될 수 있는가? 마르쿠제가 『1차원적 인간』에서 밝히고 있듯이, 기술적·도구적 합리성이 지배하고 있는 선진자본주의 사회에서는 대부분의 영역에서 비판의식이 상실되고 단지 효율성의 논리만이 지배하게 된다. 목적의 설정이나 목적의 정당성에 대한 논의 대신에 오직 주어진 목적을 효율적으로 달성하기 위한 계산적 사고만이 중시된다. 이러한 상태가 바로 '1차원적 사고'이자 '실증주의적 태도'이다. 이성이나 합리성은 기존 질서에 대한 비판보다는 기존 질서를 옹호하는 역할을 담당하게 된다. 이렇게 이성이 단지 기존 질서를 분석하고 기술하는 역할만을 담당하게 되면서 이성은 기술적·도구적 이성으로 전락하게 된다.

마르쿠제에서 유토피아로서의 '억압 없는 문명non-repressive civilization'은 현실 원칙과 쾌락 원칙이 통합된 상태로서 본능에 대한 억압이 없는 상태이자 본능적 욕구가 보편적으로 충족된 상태이다. 마르쿠제는 무의식 속에 내재하는 행복했던 과거의 기억이나 환상 또는 상상력을 통해 유토피아로서 '억압 없는 문명'의 가능성을 전망하고, 또 이러한 적극적 유토피아 사상은 마르쿠제가 마르크스의 초기 저작에 나타난 인간론을 수용하여 인간 본성의 자유로운 실현의 관점에서 자신의 유토피아 사상을 전개한 것과 연관되어 있다. 여기서는 '놀이적 노동'을 통해 노동 소외가 극복되면서 인간이 자신의 본질적 능력을 전면적으로 발휘할 수 있다. 마르쿠제는 초기 마르크스처럼 인간학을 바탕으로 인간 능력의 전면적 실현이라는 자아실현 관점에서 유토피아적 미래상의 실질적 합리성을 평가하면서 이에 대해 가치 평가적인 정당화를 하고 있는 것이다. 여기서 볼 수 있듯이 새로운 대안적 체제의 실질적 합리성에 대한 평가를 통해 이에 대한 가치 평가적인 정당화를 시도하는 유토피아적 기획에서 이러한 자아실현 관점은 중요한 이론적 틀이 될 수 있다.

마르쿠제는 프로이트의 정신분석학을 수용하고 재해석하여, 억압되지 않은 의식 속에 내재된 상상력을 바탕으로 문명의 성과를 활용하는 유토피아의 가능성을 보여 주려고 했다. 그는 이러한 작업을 통해 프롬이 신화로 돌려버렸던 '혁명적 프로이트', 호르크하이머와 아도르노가 어둠 속의 예언자로 바꿔 놓은 프로이트를 되살리려고 했다. 마르쿠제가 『에로스와 문명』에서 밝히고 있듯이 그는 정신분석의 은폐된 경향을 집중적으로 탐구하면서 프로이트 이론이 억압적 문명에 대한 비판뿐만 아니라, '억압 없는 문명'의 가능성을 함축하고 있다고 말한다. 프로이트가 문명이 인간의 본능에 대한 영원한 억압에 기초하고 있다고 본 데 대해, 마르쿠제는 동의하지 않은 것이다. 마르쿠제는 바로 이러한 '억압 없는 문명'의 가능성에서 유토피아적 전망의 토대를 마련하게 된다.

마르쿠제는 억압과 과잉-억압, 현실 원칙과 수행 원칙을 구분한다. 문명에서 인류의 영속을 위해 현실 원칙에 따라서 본능을 억압하는 것을 '기본 억압repression'이라고 한다면, 특정한 역사적 단계에서 지배 체제를 유지하기 위해서 기본 억압 위에 추가로 부가되는 억압을 '과잉 억압surplus repression'이라고 한다. 예를 들면 일부일처의 가부장적 가족 제도의 영구화, 노동의 위계적 구분, 개인에 대한 공적 통제 등이 이에 해당한다. 과잉 억압은 특정한 사회적·역사적 조건의 결과로서 지배계급의 특수한 이익을 위해서 유지되는 것이다. 그리고 여기에 통용되는 원칙은 '수행 원칙performance principle'으로서 이것은 현실 원칙의 특정한 한 형태에 불과하다. 수행 원칙은 '현실 원칙reality principle' 자체와 동일한 것은 아니다. 따라서 현실 원칙과 수행 원칙을 동일시하여 현실 원칙이 쾌락 원칙과 본질적인 갈등 관계에 있다고 보는 프로이트의 주장은 옳지 않다. 과잉 억압적인 수행 원칙이 폐기된다면 현실 원칙은 쾌락 원칙과 통합될 수도 있다. 이러한 역할을 담당하는 것이 바로 문명의 본능적 원천인 '에로스적 충동'이다.

마르쿠제는 이러한 현실 원칙과 쾌락 원칙의 통합은 문명이 성숙한 조건에서 리비도가 억압 없이 발전할 수 있으면 가능하다고 본다. 수행 원칙에 따르는 과잉 억압의 제거는 노동을 제거하는 것이 아니라, 인간 존재를 노동의 수단으로 전락시키는 조직을 제거하는 것이다. 그래서 새로운 조직 관계를 정립하는 것이다. 여기서는 더 이상 생산성이 가치의 기준이 되지 않는다. 해방의 기준은 단순한 물질적 풍요에 있는 것이 아니라 본능의 보편적 충족이며, 내면적 또는 외면적 죄와 공포로부터 이성적·본능적 자유이다. 과잉 억압에 따른 인간 소외가 사라지고 노동이 놀이로 변형된다. 노동이 놀이처럼 즐거움과 쾌락을 가져다주는 에로스적 노동으로 전환된다. 성욕은 에로스로 변형되고 에로스는 지속적으로 리비도적인 작업 관계로 확장된다. 에로스에 의해 쾌락 원칙과 현실 원칙이 통합되는 것이다.

이것은 모든 기본적 욕구가 최소의 시간에 최소의 육체적·정신적 힘의 지출로써 충족되는 문명이 고도로 성숙된 상태에서만 가능하게 된다. 거대한 산업 기구, 전문화된 사회적 분업, 파괴적인 에너지의 합리적 재조직, 광범위한 대중의 협력 등이 그러한 전제를 이룬다. 물질적 생산의 합리적 조직은 자유로운 놀이를 위한 시간과 정력을 해방시키며, 전체적인 자동화는 자유의 최적 조건이 된다. 따라서 이것은 과거로의 단순한 퇴행이 아니라, 현재의 성숙한 문명의 성과를 토대로 한 것으로서 진보라고 할 수 있다. 이처럼 에로스는 높은 수준의 생산력을 바탕으로 사회 제도를 개선함으로써 현실 원칙과 쾌락 원칙이 통합된 '억압 없는 문명'이라는 유토피아를 가능하게 해 준다. 그래서 마르쿠제는 '억압 없는 문명'의 가능성으로 인해 어두운 비관론에 빠지지 않고, 여기서 유토피아적 전망의 토대를 마련하게 된다.

그렇다면 이러한 억압 없는 문명의 가능성이 어떻게 인식될 수 있는가? 현실을 과잉 억압적으로 지배하고 있는 수행 원칙을 거부할 힘의 원천을 어디에서 찾을 수 있는가? 계급 억압적인 현실을 비판하고 더 나아가 유토피아를 향한 변혁을 추구하는 의식을 어느 곳에서 확보할 수 있는가? 문명의 발달과 함께 쾌락 원칙은 현실 원칙에 의해서 대체되지만, 무의식에는 현실 원칙의 지배에서 벗어난 쾌락의 충동이 내재되어 있다. 이러한 쾌락의 충동과 과거의 기억이 상상력을 자극하여 유토피아적 의식을 지향하게 한다. 무의식은 완전한 만족이 획득되었던 개인의 과거의 발전 단계에 대한 기억을 보존하고 있다. 그리고 그 과거는 계속해서 미래를 요구한다. 즉 과거는 문명의 성과에 기초하여 낙원이 다시 창조되어야 한다는 소망을 불러일으킨다. 여기서 볼 수 있듯이 마르쿠제는 프로이트처럼 기억을 단지 치료의 수단으로서가 아니라, 그것을 넘어서는 가치를 지닌 것으로 간주하여 기억을 유토피아적 의식의 근원으로 격상시킨다. 기억이 치료적 역할을 하는 것은 기억이 '진리 가치'를 담지하고 있기 때문이다. 비록 이러한 기억의 진리 가치는 성숙하고 문명화된 개인에 의해서 배반당하고 효력을 상실했지만, 그러나 과거의 한때에 충족되었던 만족의 희미한 기억을 결코 잊을 수 없게끔 해주면서 만족에 대한 약속과 가능성을 보존하는 기능을 담당한다.

기억의 정신분석학적 해방은 억압된 개인의 문명화된 합리화를 파괴하면서 유년의 억제된 심상과 충동을 떠올리게 하여 이성이 거부한 진실을 이야기해 준다. 과거의 기억으로의 퇴행은 오히려 진보적 기능을 떠맡는다. 다시 찾은 과거는 현재에 의해서 금기된 비판의 기준을 산출하고, 기억의 회복은 상상력의 인식적 기능을 회복시켜 준다. 현재의 억압에 대항하는 과거로의 방향 설정은 미래에 대한 방향 설정으로 향하게 된다. 이처럼 마르쿠제에서 유토피아적 의식의 근거는 무의식에 보존된 과거의 행복했던 기억이다. 마르쿠제는 프로이트의 이론을 변형하여 무의식에 보존된 기억을 치료적 기능을 넘어서 유토피아적 의식의 근원으로 돌아가 고양시켜 준다.

마르쿠제는 『1차원적 사회』에서 기존 현실을 비판하면서 미래를 예기하는 유토피아적 성향을 고양시키는 상상력이 보존되어 그 기능을 발휘하는 영역은 예술이라고 보면서 미학적 상상력을 유토피아의 원천으로서 중시하고 있다. 현재 안에서 아직 현재가 아닌 것을 목표로 삼기 위해서는 상상력이 요구된다. 예술은 비판적이고 인식적인 기능, 즉 여전히 초월적인 진리를 표현하고, 자유를 부정하는 현실에 대항해서 자유의 이미지를 보존하는 기능을 갖고 있다. 마르쿠제는 예술이 기존 사회를 비판하면서 기존 질서와는 다른 사회의 모습을 드러내기에 정치적·해방적 힘을 가질 수 있다고 보았다. 예술이 해방적·정치적 힘을 가질 수 있는 것은 미학적 상상력 때문이다.손철성, 2003: 189

예술의 해방적 측면은 기존 현실로부터 예술의 자율성에 있으며, 이러한 자율성은 미적 형식에서 기인한다는 것이다. 마르쿠제는 예술의 비판성을 이러한 미적 형식에서 찾고 있다. 예술은 현실 원리에 의해 억압되지 않은 본능적인 쾌락 원리를 드러냄으로써 현실 비판적인 급진성과 해방의 이미지를 보여 준다는 것이다. 이러한 미학적 상상력의 자유로움과 창조력은 아름다움과 에로스를 결합하여 과잉 억압적인 기존 질서와 인간 소외를 비판하면서 '억압 없는 문명'이라는 유토피아적 전망을 제시하여 이것을 향한 급진적 변혁을 고취시킨다. 이처럼 마르쿠제의 유토피아 이론은 사회이론과 사회 변혁에서 유토피아적 차원이 차지하고 있는 역할과 그 중요성을 인식하여 인간 본성의 자유로운 실현의 관점에서 미학적 상상력을 바탕으로 적극적 유토피아 이론을 전개한 점은 긍정적으로 평가될 수 있다. 마르쿠제의 비판이론은 새로운 질서를 비난할 때 사용되는 유토피아라는 말을 두려워하지 않았다.

혁명적 생태교육학의 선구자

신좌파의 대부로 추앙받고 있는 마르쿠제는 오늘날 벌어지고 있는 거대한 생태 위기에 대처하는 저항운동의 맥락에서 다시 호출되고 있다.Kahn, 2010 1960년대와 1970년대 변혁적 교육의 촉매자 역할을 했던 마르쿠제는 사회적 정의와 생태적 정의 사이의 비판적 대화를 모색하던 지구해방전선ELF과 동물해방전선ALF에 이론적 영감을 불어넣었다. 그는 범람하는 비관주의를 극복하기 위해 선봉자적 엘리트주의와 종속적 허무주의의 늪에 빠진 사회에 대한 급진적 비판을 '적극적 유토피아주의positive utopianism'와 결합했다. 그리하여 정치적 교육political education과 교육적 정치educational politics로서의 생태교육학eco-pedagogy으로 발전시켰다.Kahn, 2010: 137-140

마르쿠제의 '친-생명pro-life' 정치는 인간적 동물과 비인간적 동물 사이, 그리고 문화와 자연 사이의 역사적 투쟁과 이분법을 극복하기 위해 충분히 활용되지 않은 이론인 '교육paideia' 정치와 '인간성humanitas'의 혁명적 개념을 제공했다.Kahn, 2010: 128 마르쿠제는 지구의 폭력적 파괴에 '반대'를 표명한 혁명적 생태교육학의 창시적 인물이며, 새로운 생명 감수성에 근거한 비판적 포스트휴머니즘post-humanism을 구현하고자 노력함으로써 널리 알려진 지배와 억압을 대체하고 종식시킬 유토피아적 '긍정'의 신호를 보낸 인물이다. 그리하여 오늘날 마르쿠제의 생태적 급진주의 철학에 대한 깊은 탐구는 정치적, 문화적, 교육적 함의를 갖는다고 할 수 있다.

11장
리쾨르의 이데올로기 비판과 유토피아 사상

오늘날까지 모든 사회의 역사는 이데올로기 투쟁의 역사였다고 해도 과언이 아니다. 달리 말해 역사에서는 관념과 이데올로기가 중요하다. 계급투쟁과 달리 이데올로기 투쟁은 인식과 경험의 분유, 타자에 대한 존중, 숙의와 민주주의에 기초한다. 사회적 위치가 제아무리 중요해도, 이것만으로 정의로운 사회에 대한 이론, 소유에 대한 이론, 경계에 대한 이론, 세금·교육·임금·민주주의에 대한 이론을 벼리기에는 충분치 않다. 그런데 이 복잡한 문제들에 대한 명확한 답이 없다면, 그리고 정치적 실험과 사회적 학습을 통한 명료한 전략이 없다면, 투쟁은 잘 정의된 정치적 돌파구를 갖지 못한다. 그럴 때는 권력을 장악한 뒤, 전복시키려 했던 것보다 외려 더 억압적인 이데올로기적·정치적 구성물로 이어질 수도 있다.피케티, 2020: 1086

'이데올로기'는 사회의 바람직한 또는 이상적인 조직화에 관한 극도로 광범위한 일군의 질문에 답하려는 다소간 일관된 시도라고 할 수 있는데, 그것은 사람들에게 강렬한 반응을 불러일으키는 모호하고 애매한 용어로 비치기도 하고, 일부 사람들에게는 이데올로기를 대체로 부정적인 용어로 간주되기도 한다. 제기되는 질문들의 복잡성을 감안하면, 어떤 이데올로기는 당연히 모두로부터 충분하고 전적인 지지는 받지 못할 것이다. 갈등과 이데올로기적 불일치는 이데올로기 자체에 내재한다. 그렇다고 해도 어느 사회나 이 질문들에 대해 때로는 자신의 고유한 역사적 경험에 기반하여, 때로는 다른 사회들의 경험에 입각하여 답하려 노력해야 하는 것 말고는 다른 선택의 여지가 없다. 대체로 어느 개인이든 역시 이들 근본적이고 현실적인 질문들에 대해 비록 부정확하고 불만족스러운 것일망정 여하간 하나의 의견이 있어야 한다고 느낀다.피케티, 2020: 15 모든 이데올로기에는 약점이 있지만, 아울러 인간 사회는 자신의 불평등에 의미를 부여해 줄 이데올로기가 없다면, 살아갈 수 없다.피케티, 2020: 1084 미래에도, 특히 초민족적 차원에서도 사정은 마찬가지일 것이다.

여기에서 특히 중요한 점은 정치체제와 소유체제 문제와 연루되어 있다는 사실이다. 어느 사회든, 어떤 불평등 체제든, 정치체제 문제와 소유체제 문제에 대한 어느 정도 일관되고 지속되는 일군의 답변들로 특징지어진다. 이 두 계열에 관한 답변과 담론은 자주 서로 긴밀하게 연결되는데, 이 두 계열 모두 사회적 불평등과 여러 반목하는 사회집단 사이의 격차와 관련한 하나의 이론에서 유래하기 때문이다. 이 두 계열 사이에는 일반적으로 또 다른 여러 지적·제도적 기구가 포함되는데, 특히 교육 제도와 조세재정 제도가 연계되어 있다. 그렇다고는 해도 이 상이한 차원들에 주어진 질문들에 대한 답변은 엄청나게 가변적일 수 있다. 정치체제 문제와 관련해서는 일치된 답을 하면서도 소유체제 문제에 관해서는 그렇지 않을 수도 있다든가, 또는 조세재정이나 교육 문제의 어떤 측면에서는 그렇지 않을 수 있다든가 하는 식으로 말이다. 단순화하자면, 어느 불평등 체제든 어느 불평등 이데올로기는 경계 이론과 소유 이론에 입각해 있다고 할 수 있다. 한편으로는 경계 문제(국가 공동체 성원 여부)에 답해야 하고, 다른 한편으로는 소유 문제(소유자와 비소유자 관계)에 답해야 한다. 불평등은 경제적인 문제만도 기술공학적인 문제만도 아닌 이데올로기적이고 정치적인 문제다. 이런 것들은 사람들이 배치하고자 선택한 법·조세·교육·정치와 관련된 체제와 사람들이 스스로 속하고자 하는 범주들에 전적으로 의존하는 '사회역사적 구성물'이다. 이 선택과 무엇보다도 관련되는 '표상들'은 영원히 굳어 있는 게 아니라 역사적이고 정치적으로 구성된다는 점이다. 어느 사회든 사회정의와 정의로운 경제에 대해 서로 대치하는 상이한 집단과 담론 사이의 '정치적·이데올로기적 세력 균형'에 대해 저마다 갖게 되는 그런 표상들이다. 여기에서 중요한 점은 이 세력 균형이 물질적인 것만은 아니라는 것이다. 세력 균형 역시 특히 지적이고 이데올로기적이다.

  다시 말해 역사에서는 사상들과 이데올로기들이 중요하다. 새로운 세계와 다른 사회를 상상하고 구조화하는 것을 언제나 가능케 해 주는 것이 바로 사상과 이데올로기다. 얼마든지 다양한 도정이 있을 수 있다. 본질적으로는 이상적 정치체제와 바람직한 소유체제와 공정한 법률·조세·교육 제도에 대한 상이한 비전들은 민족적/국가적 경험을 바탕으로 다듬어지며, 다른 나라들의 경험은 거의 완벽하게 무시되기도 한다. 대체로 사회의 이데올로기는 무엇보다도 그 사회의 고유한 역사적 경험에 따라 진화해 간다. 경제력과 생산관계의 상태가 한 사회의 이데올로기적 '상부구조'를 거의 기계적으로 규정한다고 주장(마르크스주의)되기도 하지만, 관념의 영역, 즉 정치적·이데올로기적 영역에 진정한 '상대적 자율성'이 존재한다는 사실을 부인할 수 없다. 그러기에 이데올로기들과 제도들 그리고 가능한 궤도들의 다양성은 사회적 차원, 경제적 차원, 정치적 차원 등 여러 문제를 안고 있다. 그리고 이데올로기적 갈등은 거의 언제나 다차원적이기도 하다. 물론 근원적인 중요성을 띤 어떤 중심축이 적어도 한동안은 존재하기도 한다. 이런 것이 다수의 합의라는 미망을 가져다줄 수도 있고, 때로는 광범위한 집단동원과 광대한 규모의 역사적 전환을 가능케 할 수도 있다. 보수주의, 자유주의, 마르크스주의, 사회민주주의, 식민주의 등 특정 이데올로기(이념)에 강하게 헌신할 가능성도 있다. 그리고 국가의 교육정책은 많은 경우 이데올로기(이념)의 연장선에 있다고 할 수 있다. 여기에서 이데올로기 기능을 넘어 유토피아를 제창하는 리쾨르의 관점이 우리의 관심을 끈다.

이데올로기 비판

칼 만하임이 지적했듯이 "유토피아의 포기와 더불어 우리는 역사를 창조하려는 의지를 잃게 될 것이며, 그와 함께 역사를 이해하는 능력마저 잃어버리게 될 것"이다. 만하임은 이념의 혼란을 피하기 위해 유토피아와 이데올로기를 구분한다. 기존 질서에 대한 파괴와 기여, 그리고 실현 가능성이 기준으로 삼는다. '유토피아utopia'는 기존의 질서를 파괴하는 방향으로 작용하는 데 비해, '이데올로기ideology'는 기존의 체계를 재생산하는 하는 쪽으로 작용한다. 이데올로기는 물질적 이익의 중요한 측면들과 결합될 때 더 강력하다. 물론 이데올로기가 현실과 일치하지 않지만, 유토피아는 이데올로기의 이런 측면을 공유한다. 이데올로기와 유토피아는 다소 과학적으로 이해된 현실을 왜곡한 것이라고 할 수 있다. 이데올로기가 현실에서 벗어난 것처럼 느껴진다면, 유토피아는 아마 돌을 던질 것이다.

만하힘의 생각을 이어받은 폴 리쾨르Paul Ricœur, 1913~2005에 따르면, 이데올로기[63]가 체제 유지를 위한 장치라면, 유토피아[64]는 탈이데올로기를 목적으로 하는 상상적 실천이다. 유토피아와 이데올로기는 대립적인 것이 아니라 표현이 다를 뿐, 둘 다 사회적 상상의 산물로서 일정한 사회적 기능을 수행할 뿐 아니라, 애초에 실천과 상상은 분리될 수 없기에 이 두 개념을 함께 다루어야 한다. 리쾨르의 철학은 사회적 세계를 해석하는 문제에 대한 해답을 제공한다. 그는 사회적 존재가 해석의 망에 의해 매개되므로 현실에 대한 투명한 그림이 불가능하다고 믿는다. 예를 들어, 그는

---

63. '이데올로기'는 정치, 사회, 경제, 문화 그리고 교육 등 집단의 정체성과 의미를 창출하는 공유된 집단의 신념 체제(이념과 가치)이다. '이데올로기'는 사람들에게 강렬한 반응을 불러일으키는 모호하고 애매한 용어이다. 일부 사람들은 이데올로기를 일반적으로 부정적인 용어로 간주하지만, 또 다른 일부 사람들은 보수주의, 자유주의, 마르크스주의 등 특정 이념에 강하게 헌신할 가능성이 크다. 국가의 교육정책은 이데올로기(이념)의 연속선에 있다고 할 수 있다.
64. '유토피아'는 미래에 사물이 어떻게 되어야 하는지에 대한 자신의 비전을 기반으로 사회를 만들고자 노력하는 이데올로기다.

이데올로기가 실제 실천에 대한 왜곡된 의미의 층을 제공하는 것으로 여겨지는 마르크스주의 철학을 암시한다. 마르크스주의 철학은 이데올로기의 제거와 실천과학으로의 복귀를 촉진하는 경향이 있다. 하지만 리쾨르는 이데올로기가 공동체적 정체성의 발전에 필수적인 역할을 하며, 유토피아라는 형태의 사회적 허구에 의해 균형을 이루기만 하면 된다고 본다. 허구의 세계와 실천의 세계를 결합함으로써 이데올로기의 왜곡된 효과를 극복할 수 있다는 것이다.

리쾨르의 유토피아 이론은 이데올로기 비판으로 시작한다. 이데올로기는 집단이나 국가의 정체성을 결정하는 이미지, 신념 및 규범의 집합이다. 그것은 사회가 가치와 목표를 어떻게 해석하고 주변 세계와의 관계를 확립한다. 이데올로기는 공통된 가치와 규범, 근본적인 것으로 취급되는 기본 원칙, 미래에 대한 공동 목표의 형태를 취할 수 있다. 전반적으로 이데올로기는 집단이 다른 집단과 차별화되는 점과 집단의 응집력을 확립하는 점을 결정하는 일반적인 방식을 반영한다. 역사와 사회적 존재에 대한 연구에 유용함에도 불구하고, 이 이론은 실용적인 목적을 위해 충분히 발전되지 않았다. 이러한 단점은 리쾨르의 후기 이데올로기 작업과 텍스트에 대한 초기 작업 간의 관계를 자세히 살펴보면 해결할 수 있다. '유토피아'는 사회의 현재 이데올로기에 대한 텍스트적 거울로 볼 수 있으며, 이데올로기를 비교하고 비판할 수 있는 허구적 참조를 제공할 수 있다. 리쾨르의 유토피아 이론을 이데올로기 비판으로 그의 초기 텍스트 작업과 연관시킴으로써 우리는 사회생활의 거짓된 유대감을 해소하는 데 더 적절하게 대처할 수 있다.Steeves, 2000: 221-235

이데올로기의 기능

리쾨르는 사회적 응집력의 발전에 필수적인 이데올로기의 두 가지 기능을 설명한다. 이러한 기능 중 하나는 전체 집단의 이익을 충족시키는 정체성을 제공하는 것이다. 사회의 각 구성원은 서로 다른 이익과 목표를 가지고 있기 때문에 이러한 차이점을 추상화하고 공통적으로 유지되는 가치에 초점을 맞추지 않고는 공동의 가치를 확립하는 것이 불가능하다. 이데올로기는 개인 간의 차이점을 모호하게 하거나 '왜곡'하여 모든 사람이 수용할 규범과 목표로 만든다. 이러한 모호함이 없다면 개인은 자신의 차이점에 너무 집중하고 어떤 가치와 목표를 공통적으로 유지해야 하는지에 대해 끊임없이 의견이 일치하지 않을 것이다. 결과적으로 공동체는 내전 상태에 머물 것이다.

리쾨르는 이데올로기의 근본적인 통합 기능은 논쟁적 요소를 파괴적인 지점, 즉 내전으로 몰고 가는 것을 막아 준다고 강조한다. 이데올로기는 개인이 자신의 가치를 다른 사람의 가치와 모호하게 만들어 공통된 가치 집합을 확립하고 공동체가 "모두가 모두에 대한 전쟁"으로 붕괴되는 것을 피할 수 있도록 한다. 이데올로기의 또 다른 사회적 기능은 권위의 정당화이다. 사회는 구성원의 조직과 그 조직을 지지하는 권위 없이는 존재할 수 없다. 그러나 권력을 유지하기 위해 권위는 개인이 주고 싶어 하는 것보다 구성원에게 더 많은 존경과 순응을 요구해야 한다. 어떤 권위도 공동체의 다양한 구성원의 모든 요구를 충족시킬 수 없으므로 대중의 지지를 얻기 위해 설득적인 방법을 사용해야 한다.

리쾨르는 이데올로기적 비판의 근거에 대한 만하임의 우려에 함께 공감한다. 그는 어떤 과학도 인간의 해석과 독립적으로 존재하는 현실의 의미 있는 구조에 호소할 수 없다고 주장한다. 이데올로기는 현실에 대한 이차적 반성을 제공하지 않지만, 사람들이 스스로를 식별하는 수단 그 자체이다. 사회집단이 스스로 형성하는 이미지가 사회적 유대감의 구성에 직접적으로 속하는 해석이라면, 다시 말해 사회적 유대감 자체가 상징적이라면, 현실, 실제 활동, 실제 삶의 과정, 이차적 반성과 메아리가 있을 그 이전의 어떤 것에서 이미지를 도출하려는 것은 절대적으로 무의미하다. 따라서 이데올로기 비판이 호소할 수 있는 이차적 반성이나 사회적 현실에 대한 과학은 없다. 오히려 왜곡된 이데올로기에 대한 해독제는 사회가 스스로를 이해하는 상징적 매체에서 찾아야 한다. 리쾨르는 '정치적 유토피아'에서 해독제를 찾는다. '실현 가능성' 측면에서 '절대적 유토피아'는 실현 가능성이 없는 데 반해, '상대적 유토피아'는 현재 실현하기 어려울 뿐 실현 가능성은 있다고 볼 수 있다. 이렇게 유토피아주의는 '불가능한 가능성impossible possibility'을 바라보는 역설적 시각에 의해 파악된다.

이데올로기와 유토피아의 균형

이데올로기가 사회적 응집에 필수적이며, 현실에 대한 잠재적으로 왜곡된 해석의 영역에서 벗어날 방법이 없다면, 이데올로기 비판은 특정 사회 내의 개인이 자신을 집단으로 이해하는 상징적 매체 속에서 발견되어야 한다. 리쾨르는 상징적 매체를 확장하여 잠재적으로 왜곡된 이념뿐만 아니라, 계몽적인 유토피아도 포함함으로써 그러한 비판을 찾는다. 사회가 사회적 통합의 대안적 형태에 대한 환상적인 이야기에 접근할 수 있도록 함으로써, 사회과학자는 그러한 대안이 왜곡될 가능성을 완전히 넘어선다는 것을 보여 줄 필요 없이 현재의 이데올로기를 비판할 수 있다. 왜곡의 문제는 외적 현실과의 관계가 아니라 이데올로기와 유토피아 사이의 매우 역동적인 관계에서 극복된다.

유토피아는 전통적으로 미래 사회에 대한 환상적인 묘사를 포함하는 문학 장르로 이해된다. 토머스 모어와 쥘 베른과 같은 작가들은 상상력이 현대적 가치의 한계에서 자유롭게 날아오를 수 있는 '장소 없는' 유토피아를 구축했다. 그러나 유토피아는 단순히 현실에서 벗어나는 것이어야 할 필요는 없다. 리쾨르는 유토피아가 당시의 이데올로기가 뒷받침하는 것보다 사회적 응집을 위한 더 나은 대안을 제공할 수 있다고 믿는다.

유토피아는 또한 그러한 가치와 목표를 과장하여 사회가 그에 따라 계속 발전한다면, 어떤 사회가 될 것인지 보여 줌으로써 현대 사회의 가치와 목표를 반영할 수도 있다. 따라서 유토피아는 더 광범위하게 현재 존재하는 사회의 대안을 구성하는 이미지, 규범 및 목표의 집합으로 정의되어야 한다. 대안으로서 유토피아는 단순한 공상적인 문학 장르가 아닌 억압받는 사람들의 목소리가 될 수 있다.

리쾨르는 "유토피아는 공중에 떠다니는 일종의 문학 작품이 아니라 집단의 담론이다"라고 주장한다. 유토피아의 중요한 기능은 주어진 사회의 "주요한 인간관계의 제도화 해제"로 새로운 가치를 재-제정할 수 있도록 하는 것이다. 유토피아의 이상주의적 논조는 특정 이념에 대한 대중의 헌신을 해소하고, 대중을 대안적 가치와 목표에 노출시킬 수 있다. 문제의 이념이 유토피아가 제시한 대안보다 일반 대중에게 덜 바람직하다면, 그 이념은 가능한 최상의 대안을 위해 거부되어야 한다. 은유적 왜곡은 더 큰 통찰력과 인식 증가의 원천이 될 수 있다. 마찬가지로 유토피아는 이데올로기의 응집력을 빼앗아 집단을 새로운 형태의 응집력에 노출시킬 수 있다. 이데올로기와 유토피아가 합쳐지면 '사회적 상상력'이라고 부르는 것이 구성된다. 개인이 상상력을 사용하여 자신에 대한 이미지를 확립하고 탐구하는 것처럼, 사회는 '집단적' 상상력을 통해 집단적으로 자신에 대한 이미지를 수용하고 탐구한다.

이러한 상상력은 두 가지 극단을 가진 변증법의 형태를 띤다. 하나는 주어진 사회의 이미지와 목표를 확립하는 '이데올로기'이고, 다른 하나는 사회를 새로운 유토피아와 이미지, 이상의 열린 지평에 노출시키는 '유토피아'이다. 리쾨르는 비판적 사회과학의 목표는 이 두 극 사이의 균형을 찾는 것이라고 주장한다. 유토피아가 없다면 이데올로기는 특정한 가치에 집착하게 된다. 이데올로기가 없다면 유토피아는 실현 불가능한 백일몽이 된다. 이데올로기와 유토피아는 함께 성장과 개선에 열려 있는 동시에 공동체의 삶에 필요한 응집력과 정당화를 제공한다. 이데올로기와 유토피아의 변증법에서 후자가 중요한 역할을 한다. 우리는 이미 유토피아가 대안적 가치와 목표를 제공하거나 현대적 가치와 목표를 과장하여 사회적 관계의 발전에 미치는 장기적인 영향을 보여 줌으로써 이데올로기에 대한 비판을 제공할 방법에 대해 논의했다.

유토피아 사상의 목표는 이데올로기를 새로운 자기 이해로 대체하는 것이 아니라 이데올로기를 더 광범위하고 개방적인 사회적 개념으로 확장하는 것이다. 리쾨르는 이 과정을 이데올로기와 유토피아의 변증법을 나선형으로 발전시키는 것으로 설명하는데, 여기서 두 극단은 서로를 보완하는 순간으로 보존된다. 이데올로기와 유토피아의 건설적 나선형은 다음과 같이 설명할 수 있다. 한편, 대부분의 유토피아는 현실에서 벗어나는 환상적인 방법만 제공하므로 현재 이념을 모니터링하는 비판적 도구로는 쓸모가 없다. 반면에 생시몽의 유토피아와 같은 일부 유토피아는 단지 현재 이념을 강화할 뿐이다. 따라서 주어진 사회의 유토피아가 현재 이념에 최소한 반영되고 대안과 비교될 수 있는 지점까지 도전한다면, 이데올로기와 유토피아의 변증법에서 나선형이 발생할 것이다.

리쾨르가 이데올로기와 유토피아의 변증법에서 나선형을 제안한 것은 왜곡된 이데올로기에 대한 충분한 보호 장치가 되지 못한다. 이데올로기와 유토피아를 이해하기 위한 모델로서의 강점에도 불구하고, 이 모델이 사회 현상에 어떻게 적용될 수 있는지 말하기는 어렵다. 이데올로기는 변화에 개방적이어야 하고 유토피아는 적용에 개방적이어야 한다고 말하는 것만으로는 충분하지 않다. 예를 들어, 19세기 마르크스주의가 과학이 지배하는 사회의 종말을 제안한 것은 그 세기의 이데올로기에 도전하기보다는 오히려 지지하는 유토피아였다고 주장할 수 있다. 계급의 평등을 위한 기술 관료제의 유토피아는 기술로 인해 발생한 문제를 은폐하면서 마르크스주의를 촉진하고 그 실현을 용이하게 할 수 있다. 계급 없는 사회를 위한 유토피아가 제국주의 러시아에 변화를 가져왔다는 사실만으로는 러시아의 사회적 상상력이 나선형을 이루고 있는지 여부를 판단하기에 충분하지 않다. 유토피아는 단순히 오래된 이데올로기를 새로운 이데올로기로 대체하는 것일 수 있기 때문이다.

유토피아의 긍정적 기능

은유적 담론으로 간주되는 유토피아는 새로운 사회적·정치적 현실을 재묘사하고 창안하는 기능을 하며, 권력에 대한 새로운 담론일 수도 있다. 따라서 사회적 차원에서 유토피아는 가능성을 탐구하는 이러한 은유적 특성, 즉 담론의 새로운 지평을 창출하고 현실을 행위로서 드러내는 특성을 지닌다. 만약 유토피아가 또 다른 가능한 담론, 심지어 사회적 해방의 재창조에 열려 있는 것이라면, 그것은 기존 사회 담론, 다시 말해 이념적 담론의 은유적 변형에 있다. 이러한 관점에서 은유적 담론은 존재론적 기능을 가지며, 유토피아적 담론은 잠재적으로 존재론적이라고 할 수 있다. 상상력의 유토피아적 속성은 우리를 구성된 현실에서 구성되는 현실로 이끈다. 사실, 유토피아에 대한 관념의 기초는 '무無의 부분nulle parte'에서 비롯된다. 다시 말해, 유토피아는 외재화되는 공간, 즉 존재하는 현실을 엿볼 수 있는 장소의 부재에서 비롯된다. 유토피아가 의미하는 바는 존재하는 현실에 대한 비판적 이해를 가능하게 하고 현재 현실을 초월하는 새로운 가능성을 제공한다는 것이다. "존재하지 않는 장소를 상상하는 것은 가능성의 영역을 열어 두는 것이다."Ricoeur, 1986 이러한 관점에서 유토피아는 존재하는 사회제도의 현실을 재고할 수 있는 흥미로운 가능성이다. 리쾨르는 "유토피아의 가장 중요한 기능을 정의하는 것은 바로 이러한 새로운 가능한 관점의 발전"이라고 덧붙인다. 유토피아는 역사에서 '특정한 장소'가 아닌 외재화 가능한 사회에 대한 환상을 나타내며, 이는 존재하는 가장 강력한 거부 중 하나로 작용한다. 사실, 이러한 급진적인 수준의 유토피아는 또 다른 상징적 사회 행위의 구성이며, 사회적 통합의 수준에서 고려되는 이데올로기 개념에 반대한다. 게다가 이데올로기가 권력과 권위의 정당성의 한 형태라면, 유토피아는 그 나름대로 권력, 그 신뢰성, 그리고 권력에 복종하는 제도의 신뢰성에 대한 성찰을 의도한다.

리쾨르는 유토피아의 긍정적 의미에서 반드시 배타적이지 않은 두 가지 측면을 발전시킨다. 첫째, 그것은 기존 현실에 대한 상상적 변형으로 작용하고, 둘째, 그것은 기존 현실을 '산산이 부수고' 따라서 재구성할 수 있다. 리쾨르 자신은 유토피아의 이 두 가지 의미를 엄격하게 구분하지 않았지만, 상상적 변형은 인간 가능성의 영역을 열어 주지만 가설적인 반면, 산산이 조각내는 유토피아는 사회적 존재에 새로운 현실을 도입할 수 있다. 산산이 조각나는 유토피아에서 사회적 상상력은 사회생활을 구성할 수 있다. '이데올로기ideology'가 체제 유지를 위한 장치라면, '유토피아utopia'는 탈이데올로기를 목적으로 하는 상상적 실천이다. 리쾨르에 따르면, 유토피아와 이데올로기는 대립적인 것이 아니라 표현이 다를 뿐, 둘 다 사회적 상상의 산물로서 일정한 사회적 기능을 수행할 뿐 아니라 애초에 실천과 상상은 분리될 수 없으므로 이 두 개념을 함께 다루어야 한다고 주장한다. 리쾨르의 입장에서 좀 더 나아가 유토피아와 이데올로기의 담론을 정신분석을 통해 재해석할 수 있다. 사실, 이데올로기와 유토피아는 서로 연결되어 있으며, 사회적·문화적 상상력의 필수적인 부분이다.Ricoeur, 1989 한편으로 이데올로기는 특정 공동체가 전통과 결속력, 그리고 "서사적 정체성"에 대한 열망에 집착하는 것을 나타낼 수 있다. 한 사람이나 사회 집단이 자신의 존재를 표현하는 것은 항상 이데올로기를 통해서이지만, 그러한 표현은 종종 신비화될 수 있다. 다른 한편으로 유토피아는 현재의 사회 질서에 대한 비판적 정신, 그리고 포괄적으로 현재를 넘어, 기존 질서가 아닌 다른 질서에 대한 투사의 필요성을 나타낸다. 현실의 역동성과 인간 행동을 통한 변형 가능성을 고찰하는 것은 현실을 넘어서는 투사와 현실과의 비판적 거리를 유지하는 것을 의미한다. 유토피아는 "항상 상상계와 현실계의 분리이며, 이러한 분리는 현실의 안정성과 영속성을 위협한다".Ricoeur, 1986 따라서 유토피아는 현재 현실과 관련된 대안적 관점과 변화의 관점에서 분석되어야 한다.

유토피아는 또한 왜곡된 이념에 의해 흐려지는 사회의 근본적인 권력구조를 폭로하는 데 사용될 수 있다. 이러한 폭로는 주어진 사회적 정체성이나 이념뿐만 아니라, 사회생활의 근원에 있는 긴장에 대한 비판적 분석을 가능하게 한다. 이런 식으로 유토피아는 사회적 존재의 텍스트에 대한 '독해'와 과거 이념이 사회적 현실을 어떻게 해석했는지에 대한 비판을 제공한다.Steeves, 2000: 221-235 리쾨르는 자아와 세계에 대한 우리의 해석에서 모든 왜곡을 제거하는 것은 불가능하다고 믿는다. 우리는 항상 엇갈린 이해와 반쪽 진실의 황혼 속에서 다른 사람들과 얽힐 것이다. 하지만 우리의 해석을 허구의 가능성으로 취급하고 그들의 분석적 잠재력을 탐구함으로써 우리는 대안에 열려 있고 무의식적인 관심사에 경각심을 가질 수 있다. 이데올로기를 유토피아의 비판적 영역에 노출시킴으로써 우리는 단순히 이데올로기의 그물에서 빠져나올 방법을 찾는 것 이상의 일을 한다. 우리는 자아와 세계에 대한 얽힌 해석을 풀어내는 프로젝트를 계속하고 이러한 해석적 실마리를 재구성하여 사회적 상상력의 비판적 힘에 더 잘 노출되도록 한다.

리쾨르는 하버마스로부터 이데올로기란 체계적으로 왜곡된 의사소통이고, 굴드너A. Gouldner로부터는 이데올로기의 유토피아라는 것은 행동에 대한 호소이며 자신의 신념에 대한 충실한 고수라는 것을 상기시킨다. 그것은 특별한 이기심이 없음, 즉 집단의 의지의 이익을 위해 자기 이익을 희생하는 '정상을 넘어선 이타주의abnormal altruism'를 필요로 한다. 하버마스가 이데올로기가 합리적인 의사소통을 억제하는데 반해, 굴드너는 이데올로기가 현대적 담론을 촉진한다고 본다. 비판의 근거가 되는 정치적 프로젝트도 마찬가지로 중요하다. 그러기에 굴드너가 권능을 지나치게 일반화시킨 이데올로기 이론은 정치적 프로젝트 대신에 합리적 담론을 강조하기 때문에 '개량적' 프로젝트와 '변혁적' 프로젝트를 명확하게 구별할 수 없는 것이다.

이데올로기와 유토피아 사이의 교육적 과제

그다지 변증법적이지는 않지만 갈등의 맥락에서 보면, 이데올로기와 유토피아라는 주제가 교육 시스템과 교육의 영역에서 적절성을 지닌다. 이데올로기는 한편으로는 관계 체계와 현존하는 사회적 상관관계를 재생산하고 영속화하는 반면, 다른 한편으로는 사회적 응집력을 형성하는 요소이다. 유토피아는 그 자체로 현재에 대한 공격(도전)이다. 현재를 변혁하고자 하는 목적을 가진 비판적 분리이지만, 동시에 그 취약성으로 인해 전체주의 체제를 만들어 내는 병적인 담론이 될 수도 있다. 이러한 의미에서 이데올로기와 유토피아는 상반된 왜곡으로 나타날 수 있지만 더 깊은 차원에서 보면, 상호 보완적인 구성 기능을 한다. 이데올로기와 유토피아는 이처럼 사회와 역사 속의 현재에서 유사한 연결의 구성에 기여하는 요소들이지만, 동시에 그러한 기능을 흐리게 만드는 고유한 병리학적 특징을 지니고 있다. 따라서 이데올로기와 유토피아를 비판하는 것이 필요하며, 이러한 비판은 실천 이성에 의해 효력을 발휘한다. 이는 현존하는 사회적 현실과 분리되지 않는 이유에서 비롯된다. 칼 만하임의 부조화 개념에 비추어 볼 때, 이데올로기의 통합적이고 재구성된 기능과 유토피아의 전복적이고 재구성된 기능의 구성이 가능하다. 만하임은 이데올로기와 유토피아의 문제들을 공통된 틀 속에 위치시키려 했다. 즉, 그것들을 현실과의 관계에서 일탈하는 태도로 간주하려 했다. 리쾨르는 『이데올로기와 유토피아』에서 이데올로기와 유토피아의 기능을 문학적·의미적 표현에서 탐구하여 이후 두 개념 간의 상관관계를 확립해야 한다고 주장한다. 따라서 만하임의 부조화 개념에서 이데올로기와 유토피아 사이, 문자적 의미와 은유적 의미 사이에 교육과 관련된 상호보완적 과제가 자리하고 있다. 이데올로기와 유토피아의 문제를 긍정적 측면과 부정적 측면, 더 나아가 양자 사이에 존재하는 양극성과 관련하여 충분히 명확히 하고 있다.

리쾨르의 입장에서 이데올로기와 유토피아에 대한 생각은 인간 존재의 본질적 위치와 실천적 이성의 맥락에 부여되는 강조점의 계획에 포함되어야 하며, 한편으로는 철학적 전통의 유산에 대한 '비판적 요약'을, 다른 한편으로는 개인이 '공정한 제도'의 품 안에서 더 자유로워진다는 사회의 구상을 항상 염두에 두어야 한다. 새로운 세대의 형성은 바로 이러한 측면에서, 어느 정도 적절하게 제기되고 있다.[Tavares, 2016] 이데올로기와 유토피아의 문제를 폭로하면서 리쾨르는 이중적인 논의에 직면하게 된다. 즉 알튀세르의 이데올로기 테제와는 상반되면서도, 가다머와 하버마스에 대한 접근(왜곡되지 않는 의사소통적 행위 영역)은 수용되고 있다. 대안 사회에 대한 제안은 실존에 대한 근본적인 의문 제기에서 비롯되며, 다른 존재 방식과 존재 방식을 생각해 내는 상상력의 발휘에 대한 해답이다. 희망을 생생하게 유지하는 것이 유토피아의 해방적 기능이며, 희망이 다시 태어나는 것도 학교이다. 이데올로기가 현실을 보존하고 유지하는 반면, 유토피아는 현실에 의문을 제기하고 사회생활의 모든 측면과 관련된 사회집단의 비판적 역량을 드러낸다. 이데올로기 통합의 긍정적 기능은 새로운 삶의 형태, 통치 형태, 그리고 경제적 생산 형태를 상상하며 대안적 사회를 제시하는 유토피아적 기능에 상응할 수 있다. 이데올로기가 제시하는 사회질서의 정당성을 제시하지만, 유토피아는 현존하는 모든 사회체제의 권위주의적 허울을 폭로한다. 이러한 관점에서 유토피아는 권력과 사회조직에 대한 상상의 대안을 제공하는 여러 정치권력 형태를 전복하는 기능을 한다. 따라서 유토피아는 항상 현존하는 권력에 대한 비판이다. 이런 의미에서 인간의 이상으로 여겨지는 유토피아는 변혁을 허용하는 성격을 지니며, 기존 사회구조에 대한 비판이기 때문에 "성취에 대한 가장 큰 재확인"을 나타낸다. 따라서 유토피아는 현재의 모습과는 반대로, 마땅히 그래야 할 모습이며, "이미 성취된 종말론이 되기를 원한다". 이렇게 리쾨르는 엘리트주의 담론에 맞서 모든 연령대의 시민의 형성 formation 및 시민교육의 책임을 가정하는 것은 의심할 여지 없이 있을 수 있는 관점을 취한다. 이 관점은 여전히 유토피아의 맥락에 관철된다. 교육 정치가 항상 교육 공동체의 일부로 이데올로기를 이해하려면, 유토피아 차원에서는 교육 공동체의 일원인 모든 사람이 누려야 할 의무의 일부라는 점을 유념해야 한다.

오늘의 세기에 모든 사람이 교육을 받아야 하는 양도할 수 없는 권리, 양질의 교육 및 형성, 그리고 꿈에 의해 뒷받침되어야 하고, 낙담을 거부하는 새로운 교육이 박탈되지 않도록 한다는 의미에서 대항적 이데올로기와 함께 유토피아를 새로이 만들어 내는 것은 윤리적 요구라고 할 수 있다.Tavares, 2016: 739-773 따라서 해방을 위한 공간, 아이디어를 논의하는 공간, 소통을 위한 공간, 형성을 위한 공간, 정체성과 차이를 긍정하는 공간이자 장소는 유토피아 건설을 위한 희망의 지평이라고 할 수 있다.

리쾨르는 베버Weber, 1946와 같이, 인간이 만약 불가능을 향해 연거푸 손을 뻗지 않았다면, 가능한 것을 얻을 수 없었을 것이라고 역설한다. 그것이 정말 내일의 진실은 아닐지는 몰라도, 오늘의 희망임은 부정하기 어려울 것이다. 아마도 유토피아의 본질은 그것이 선사하는 영감과 희망의 메시지에 있을 듯하다. 역사적 사실의 정확성과는 관계없이 인간에게 유토피아는 현실을 지탱하는 힘이면서 동시에 비판을 구하는 준거이며, 나아가 대안을 찾는 상상력의 원천이라고 할 수 있다. 현대에 필요한 유토피아는 모든 인간이 현재를 초월하고, 자신을 향상시키며, 더 자유롭고 연대를 보여 주는 미래에 건설적으로 기여할 의무이자 능력이다.

오늘날 필요한 유토피아는 인간의 내적 화해와 타인과의 화해, 그리고 자유와 인간 존중의 체계 구축에 대한 욕구와 더욱 밀접하게 연결된다. 1985년 노벨 평화상 수상자인 버나드 룬이 단언했듯이, "보이지 않는 것을 보는 자만이 불가능한 것을 이룰 수 있다". 오늘날 중요한 것은 유토피아의 정신이 사라지지 않고, 상상력이 승리한다는 것이다. 상상력은 모든 발명 과정의 원동력이기 때문이다.

유토피아는 다시 한번, 그 안에 함축된 사회적 측면과 삶의 질을 염두에 두고 새로운 형태의 도시 계획을 구상할 수 있는 창의적인 역량을 갖춰야 한다. 유토피아는 생태적으로 지속가능하고 인간적인 탈산업 사회를 고려해야 한다. 또한 새로운 노동 관계를 구상하고, 사회적 기회의 평등을 고려하여 시민들을 위한 교육 및 양성 과제를 개발해야 한다.Tavares, 2016 시민들은 갈등이 자연스럽게 발생하는 윤리적 질서와 정치적 질서의 일부이다. 민주 사회는 그러한 갈등이 발생할 수 있는 특권적인 공적 공간이며, 시민들 사이의 다양한 차이가 드러날 수 있는 곳이 바로 민주 사회라는 점을 고려해야 한다. 민주 사회에 속한다는 것을 의미하는 개인적 책임 외에도, 집단적 책임은 제도의 기능을 위한 도덕적 기반을 구성한다.

리쾨르는 집단적 책임의 문제가 정치교육자의 과제 중 하나라고 생각한다. 리쾨르는 집단적 책임의 도구, 제도, 그리고 가치에 대한 성찰로 시작하여 정치교육자의 임무와 책임은 도구의 차원에서 시작된다고 단언한다. 현대 사회가 이러한 도구들의 성장에 책임이 있기 때문이다. 이는 우리의 관점에서 볼 때, 합리적인 계획과 미래에 대한 집단적 선택을 전제로 한다. 미래의 세계는 경제적, 사회적, 또는 정치적 측면에서 끊임없이 집단적 결정의 무대가 될 것이다. 기존 교육 패러다임의 쇠퇴로 인해 그 반대, 즉 엘리트주의적이고 비포용적인 교육 모델로의 회귀를 제안해서는 안 된다. 교육에 제기되는 과제는 점점 더 지식과 정보의 사회로 변모하는 사회, 그리고 세계화 현상과 다양한 문화의 교차로 인해 새롭게 부상하는 문화적 현실에 적응해야 할 필요성과 연결되어 있다. 한편, 학습이 인지적 영역을 넘어서고 모든 시민에게 평생학습이라는 과제가 주어진다면, 학교는 그 목표를 달성하기 위해 이미 교육받은 다른 학자와 다른 대중을 포용해야 할 것이다. 따라서 교육과 관련된 과제는 이념과 유토피아 사이, 문자 그대로의 현실과 은유 사이에 위치한다. 엘리트주의적 담론에 맞서 교육과 모든 연령대의 시민을 양성하는 책임을 떠맡는 것은 의심할 여지 없이 가능한 관점이지만, 여전히 유토피아라는 맥락 속에 새겨져 있다. 언제나 교육정치를 구성하는 이데올로기들(이념)을 아는 것은 교육공동체에 속한 모든 이들의 의무론의 일부이다. 오늘의 세기가 모든 사람이 교육받을 수 있는 양도할 수 없는 권리, 즉 양질의 교육과 형성, 그리고 희망에 의해 뒷받침되고 낙담을 거부하는 새로운 교육을 받을 권리가 소멸되지 않도록 기여한다는 의미에서 대항적 이데올로기와 유토피아를 만들어 내는 것은 윤리적 요구이다. 해방, 사상적 담론, 소통, 형성, 그리고 정체성과 차이의 긍정을 위한 공간이자 장소로서의 학교는 희망의 공간이며 지평이라고 할 수 있다.

12장
동학이 지향한 이상사회: 空·公·共

　유토피아라는 개념은 서구의 문화적 환경에서 유래되었지만, 이러한 상상 속의 연구가 서구 사상에만 국한하는 것은 아니다. 유토피아 사상은 동양 사회에도 존재한다. 한국 사회의 경우 대동사회나 개벽사상에서 유토피아 사상을 잘 보여 준다. 동학에 대한 대중들의 관심이 크게 끓어오르는 시대 환경에 더하여, 130년 전의 동학농민혁명 시기와 같은 '혁명적 상황'이 연출되는 한반도의 격동의 시기에 이러한 '동학과 서학의 만남'을 새삼스럽게 시도하고 그 의미를 살필 필요가 있다.

　특히 동학은 오늘 한국 현대사에서 여러 차례의 고비를 넘어선 촛불과 빛의 혁명 대중에 의한 '직접민주주의' 행동의 역사적 원천이며 원점이라는 점에서 자못 의의가 크다. 동학에 대한 서학적 관점의 수립과 점검 과정은 동학을 새롭게 이해하면서, 나아가 서학(기독교) 자신에 대한 새로운 이해이기도 하다는 인식이 바탕에 깔려 있다. 인식의 전환, 관점의 변환은 단지 사변적인 데에 머물지 않고 동학(천도교)과 서학(기독교) 자체의 존재론적 변신을 가져올 수 있다. 그리고 사람이 곧 하늘이고, 아이들을 하늘처럼 섬기라는 사인여천과 인내천사상은 현대적 아동해방운동의 원천이 되고 있다.

백성들의 유토피아, 동학

동학을 탄생시킨 '개벽開闢' 사상은 중국적 세계관을 상징하는 성리학의 붕괴, 세계정세를 읽지 못한 조정의 무능, 민족 개념을 넘어선 천주학의 유입, 민중 수탈로 인한 숱한 봉기를 비롯하여 중국의 몰락과 일본의 침략 야욕 등 정세적 요인과 함께 문화적 요인이 동시에 작동한 결과였다. 서세동점의 현실을 문화적·종교적 차원에서 해석하여 재구성한 결과가 개벽사상을 낳은 배경이다. 따라서 최제우의 동학이 출현하는 1800년대의 시대적 동기는 세 가지로 압축할 수 있다. 첫째, 조선의 보수적 체제 유학사상에 대항해서 사회를 개혁할 수 있는 새로운 신념 체계를 제시하고, 둘째, 밀려오는 서양의 종교인 천주교에 대항할 수 있는 신앙 단체를 형성하고, 셋째 군사력에 힘입어 조선사회의 존망을 위협하는 오랑캐攘夷와 특히 일본에 대항해서 보국안민輔國安民을 주장하는 것이라고 할 수 있다.윤이흠, 1987: 183

동학은 중국을 무너뜨린 서구 제국주의와 그 아류인 일본의 욕망을 확실하게 목도하고, 이를 묵인하고 추동한 서학(서교)을 '각자위심'의 사상이자 종교로 보며, 이에 '오심즉여심'의 문화적·종교적 자각으로 맞서고자 한다. 당시 한반도에서 사상적으로 충돌한 것은 유교(성리학)와 근대화(개화)라는 동서양의 근간이 되는 두 개의 이데아만이 아니었다. 농민들의 유토피아로서 '동학운동'[65]이 있었다. 청일전쟁1894, 러일전쟁1904을 겪으면서 더욱 위기에 빠져드는 나라를 구하고자 조선 유자들은 다방면으로 구국의 길을 찾아 나서면서 더는 어떤 기성적 철학이나 학으로는 안 되고, 인간정신의 개조와 사회의 근본적 개조가 동시에 절실함을 목도한다.이은선, 2023: 152 동학사상의 창도자 최제우는 서세동점의 시기, '다시 개벽'[66]을 내걸고 나라와 민중을 구하고자 했다. 19세기 말 나라를 지키

---

65. 동학은 교조신원운동(1892~1893)과 혹독한 동학농민혁명(1894~1895)을 겪은 후 '천도교(1905)'로 거듭났다.

려는 '수구(유교)'와 '개화(기독교)' 양편만 있었던 것이 아니라, 이를 함께 비판했던 자생적 근대화론, 소위 '개벽사상(동학)'이 존재했다는 것이다. 이는 동도서기東道西器란 어정쩡한 입장과 달랐고, 동양의 도道를 통해 '서학', 즉 개화의 병폐를 적시했으며 극복한 사상이었다.[67]

유교의 민중화로 불릴 만큼 민중 친화적(탈계급적)이거나 서구 기독교 문명의 병폐와 모순에 저항했고, 종교해방의 길 또한 제시했다. 제국주의 침략에 일조하는 기독교, 자기 이익만 취하는 종교(인)의 현실을 여실히 경험한 결과였다. 이에 대비하는 새로운 시대인 '다시 개벽' 혹은 후천개벽 시대에는 낡은 혼란이 사라지고 새로운 유토피아가 열린다고 하면서 피지배계급의 새로운 세상에 대한 열망을 파고들었다.장순욱, 2016, 141-143 수운 최제우의 깨달음은 동서고금을 관통하는 영원한 이데아인 동시에 임박한 현실의 개벽이었다.김용옥, 2021가: 76 수운이 창도한 무극대도無極大道[68]는 선천의 질서에 의해 만들어진 문명이 시대의 흐름을 따르지 못하고, 사회의 모순이 극대화한 전환기를 맞이한 '다시개벽'의 시기를 이끌어 나갈 '후천의 질서'였다. '다시개벽'은 수운의 보국안민 의식과 관련된 그의 삶의 체험이 명령하는 당위성이고, 이 다시개벽의 외침이 동학혁명의 사상적 기저가 되었다.이찬석, 2025: 311 수운과 해월은 이러한 사상을 발전시켜 지금까지의 시대는 반드시 무너지는 모순에 찬 낡은 시대로서 각자위심의 시대, 악질의 시대, 서양세력의 시대였지만, 후천개혁 시대는 인류 문명 자체의 근원적 변화의 시대라고 전망한다.박맹수, 2014: 130-131 그러면서도 현실세계를 고정된 물질들의 세계로 보지 않고 신령이 실현되는 영적 세계로 간주함으로써 후천개벽의 시운時運과 조화造化[69]에 터해 사회혁명을

---

66. '다시 개벽'은 수운 사상의 핵심이다. 중국(유교) 문명의 몰락에 충격을 받으며 시천주 체험을 통해 보국안민의 길을 제시한 선언이다.
67. 2024년은 한반도의 자생적 종교인 동학(東學)을 창명한 수운 최제우(水雲 崔濟愚, 1824-1864) 선생의 탄생 200주년이 되는 해다. 이에 동학과 인연 깊은 서학(기독교) 신학자, 연구자들이 동학과의 대화를 시도하는 모임이 활발히 이루어지고 있다.
68. '무극(無極)'은 대립을 넘어서 경계가 없는 조화의 지극한 극치를 의미한다. '무극대도'는 우주 만유의 무궁무진한 조화를 부리는 끝없이 훌륭한 진리(大道)를 말한다.

완수하려 한 것이다.한자경, 2008: 390

그러나 말세未世[70]는 곧 새로운 시대의 시작이다. 말세이기에 새 시대가 새로 시작될 수밖에 없는 순간, 그 새로 시작됨을 수운은 '후천개벽'이라고 했다.[71] 말세 속에 영이 새롭게 깨어나고 인간과 하늘이 하나라는 메시지가 이 땅에 알려짐으로써 후천개벽은 이미 시작되었다. 동학의 '개벽 Great Opening'은 기독교의 '신국'과 마찬가지로 한 번에 이루어지는 것이 아니며, 비인간 존재들과 선한 관계를 맺는 지속적인 노력의 과정을 통해 이루어진다. 희망과 십자가를 정치신학적으로 해석하는 위르겐 몰트만의 종말론과 시천주-수심정기-무극대도의 과정을 통하여 저세상이 아니라 이 세상 안에서 성취함을 지향하는 수운의 종말론에서 공통으로 돋보이는 점은 내세 중심적이라기보다는 이 세상 중심적이고 이 세계의 변혁을 추구한다는 점이다.이찬석, 2025: 315 몰트만의 종말론은 파국적인 종말론이 아니라 하느님 '오심'으로서 해석되는 '이 세상 중심적'인 것으로,[72] 이것은

---

69. '造化'는 인위적 행위 없이 자연적으로 변화되는 것(無爲而化)이다. '조화'의 기본적인 의미는 세상을 죽이고 발육·변화시키는 자연의 힘과 재주, 대자연의 이치, 즉 모든 물건을 만들어 기르는 사람의 힘으로는 어찌할 수 없이 신통한 섭리를 뜻한다.
70. 1894년 공주 전투 이후 민중은 물론이고 양반유생들 사이에서도 말세의식과 난리의식이 더욱 만연하였고, 이로 말미암아 종교부흥의 시대라 해도 좋은 정도로 각종 종교들이 부흥했다. 산중에는 중창불사와 염불 소리가 가득했고, 도시에는 교회와 성당이 성업을 이루었는데, 동학을 비롯하여 강증산, 김일부, 소태산 등에 의해 각종 민중종교들이 등장한 것도 1894년 사건 이후였다. 우리 사회에 적국/적군과 아국/아군처럼 좌파와 우파, 진보와 보수 등을 가리는 이분법적인 정치문화가 널리 확산된 것도 말세의 단면을 보여 주는 것이다.
71. 동학이 '말세'를 인정하는 것은 동학이 서학의 종말론적 말세관이나 불교적 말세사상과 상통하는 면이 있는 것처럼 보이게 하지만, 실제로는 근본적인 차이가 있다. 즉 말세라고 할지라도, 서학에서처럼 신적인 심판이 있다거나 불교에서처럼 미륵의 하생(下生, 당쟁과 전란 등으로 사회적 갈등과 혼란이 심화되고 있던 시기에 기존의 신념체계가 흔들릴 때 주로 메시아를 기대하는 미륵하생신앙이 유행)이 있다고 주장하지 않는다. 선천(先天)에서 후천(後天)으로의 이행은 인간 자신의 각성, 자신의 내면의 한울의 자각에 있을 뿐이다. 그리고 말세도 이 지상의 삶이 완전 종결되는 것이 아니라, 새로운 삶의 이상세계로 이어지게 되며, 나아가 말세를 끝내고 펼쳐질 이상사회도 서학의 천당이나 불교의 극락처럼 이 세상 너머의 피안에 다른 존재질서로서 설정되는 것이 아니다. 현실세계와 이상세계의 대립은 차안의 지상과 피안의 신국처럼 공간적 이원성이 아니라, 오히려 선천과 후천, 즉 한울의 자각이 있기 이전까지의 과거(선천)와 한울의 자각에 입각해 한울을 실현해 가는 현재(후천)라는 시간적 이원성이 된다. 이렇게 해서 자신들의 현재를 후천개벽의 시기로 보는 동학도들은 평등한 이상세계를 바로 이 땅 위에서 실현해야 한다고 여기게 된 것이다.

수운의 동학의 '모심'의 종말론이 이 세계 안에서 무극대도의 실현을 추구하는 것과 유사하다. 이러한 측면에서 '오심-모심의 종말론'은 오심이 모심이 되는 것을 넘어서 모심은 오심이 되어야 한다.이찬석, 2025: 315-326 몰트만의 '오심의 종말론'에서 수운과 동학의 '모심의 종말론'을 읽어가면, 시천주侍天主/하늘님을 자각한 인간의 마음이 미래(종말)를 결정하여 새로움의 근원이 인간의 마음과 역사와 우주 안에 있다고 할 수 있다. 그렇다면 '오심의 종말론'은 '모심의 종말론'이 되어야 한다. 종말은 이 세상의 '끝'이 아니라 변혁을 지향하면서 그 변혁은 현재의 역사와 우주와 연속성과 불연속성을 동시에 지녔기 때문이다.

그리고 해월의 후천개벽사상은 인간의 실천에 의한 지상천국 건설을 추구하는 사상으로, 농민군의 사회개혁, 즉 동학농민혁명의 사상적 근거이기도 하다. 역사란 운명적으로 정해진 길을 가거나 초월적인 힘에 의해 좌우되는 것이 아니라, 꿈을 가진 인간, 즉 현숙한 모든 군자가 만들어가는 과정이라고 보기 때문이다. 후천개벽사상은 살아 있는 생명들을 천시하고 내세극락을 지향하는 저승 중심의 종교가 아니라, 현세의 지상천국을 지향하고 있다. 이리하여 수운은 '다시 개벽'의 새로운 세상이 오고 있음을 설파했다. 그럼으로써 위기의식으로 가득 찬 민중들을 위로하는 민중의 구세주 역할을 하였다. 여태까지 각자 안의 하늘이 자각되지 않은 상태에서 그것을 외화하고 대상화하고 미래화하여 극락이나 천국을 지상 너머 피안 세계의 일로 간주했다면, 수운은 자신의 깨달음을 계기로 하늘이 이 땅에 실현되는 그런 지상천국이 가능하다고 본 것이다.한자경, 2008: 350-351 깨달음 이전의 역사가 '선천의 역사'였다면, 그 깨달음을 계기로 이후의 역사인 '후천개벽의 시대'가 열린다는 것이다. 이는 누구나 동학의

---

72. 종교적으로 하나님의 미래는 '존재의 미래'가 아니라, '오심의 미래'이다. 이 미래는 역사에 있어서 하나님의 존재 방식이다. 예수의 부활은 모든 실재의 종말론적 미래를 내포하고 있다. 몰트만은 '십자가'를 이 세계의 타락한 상태의 상징으로서, 그리고 '부활'을 새로운 창조가 일어나는 모든 실재의 종말론적 미래의 상징으로 읽어가면서 예수 그리스도의 십자가와 부활을 그가 오시는 종말론적 규범으로 삼는다.

도道를 따름으로써 자신 속의 하늘을 발견한다고 보기 때문이다.

해월은 하늘이 사람에게만 내재해 있는 것이 아니라 모든 존재에 내재해 있다는 것을 중시한다. 그래서 천지도 하늘이고, 만물도 하늘이고, 핍박받던 며느리와 천덕꾸러기 아이도 모두 하늘이다. 그래서 그 씨앗을 잘 기르는 공부, 즉 '양천養天'이 필요하다. 이러한 양천의 가장 구체적인 모습은 바로 뱃속의 태아를 기르는 것이다. 아이에 대한 존중은 생명이 잉태되는 순간부터로 소급된다.[73] 사인여천은 인간 모두의 '평등성'을 의미한다.한자경, 2008: 372 귀천이나 적서뿐 아니라, 장유나 남녀의 차이도 그것이 각인의 평등성을 손상하는 차별적 대우로 이어져서는 안 된다는 것을 강조한다. 어린아이를 성인의 관점에서 미성숙한 잘 간주할 것이 아니라, 어린아이 그 자체로서 이미 독립적 인격이며 하늘이라고 생각하고 대하라는 것이다. 어린아이를 부모의 소유로 생각하여 함부로 대해서는 안 된다는 것, 구타 등의 폭력을 해서는 안 된다는 것을 말한다. "가장 천대받던 사람, 어린이를 하늘로 모시라는 가르침은 태아를 하늘처럼 공경하라는 데서 더욱 철저하게 그 '혁명성'을 암시하고 있다."윤노빈, 2003: 341 일체의 차별은 인위적이며 '하늘의 뜻天意'을 어기는 것이므로 차별대우를 받고 있는 당사자들이 단결하여 그 차별에 맞서야 할 필요가 있음을 설파한다. 이는 곧 '반-봉건주의'의 선포다.한자경, 2008: 381

동학사상은 서로 안의 하늘을 실현시키는 지상낙원을 세우고자 하며, 그것을 현실세계를 실제 변혁하고자 하는 혁명의식을 고취해 혁명운동으로 나아가게 했다. 이러한 지상천국과 후천개벽 사상이 종교와 정치를 하나로 묶는 역할을 한다. 내적 마음공부와 외적 행위를 연관 짓는 것이다. 바로 이 점에서 동학의 종교성은 곧 혁명성을 띠게 되며, 후일 동학혁명의 사상적 기반이 될 수 있었다.[74] 지상 위의 하늘의 실현, 지상천국 실

---

73. 동학에서는 포태(胞胎)야말로 한울님을 실제로 모시고 기르는 가장 직접적인 체험이다. '포태'는 사람의 수태에서부터 입묘까지의 일생을 12단계로 구분하고 배치하여 모든 점술에 대응하여 길흉을 판단하던 도교의식이다. '장생법'이라고도 한다.

현이라는 동학적 이상이 실천적 사회운동으로서의 혁명을 불러일으킨 것이다.

따라서 수운의 시천주는 신분제 질서에 저항하는 '반체제적 활동'이라고 할 수 있다. 동학은 내적 자각의 종교이며, 동시에 전국적으로 일어난 동학혁명이기도 하다. 내적 깨달음과 외적 사회운동이 하나로 통합된 것이라고 할 수 있다. 그러기에 동학은 종교이면서 동시에 사회혁명이라고 할 수 있다. 내면과 외면, 개인과 사회, 도덕과 법의 통합을 이상에서뿐 아니라 현실에 구현하고자 한 것이다. 이러한 종교성과 혁명성의 통합은 이상사회의 실현을 위한 혁명 자체가 동학의 본질적인 종교성의 발현이기에 가능한 것이었다.한자경, 2008: 357 동학의 내적 깨달음인 '종교성'과 외적 사회운동인 '혁명성'은 전자가 수행자나 구도자의 길로 이끌고, 후자는 정치가나 사회운동가의 길로 이끈다. 유교는 자신의 내면을 닦는 '내성內聖'과 외적 세계를 의롭게 하는 '외왕外王'을 함께 이루는 사상이며, 불교 역시 내적 깨달음에 이르는 상구보리上求菩提와 뭇 중생을 구제하는 하화중생下化衆生을 동시에 지향하는 사상이다. 그럼에도 불구하고 현실에서는 마치 그 두 길이 상반되는 이율배반처럼 등장하는데, 그것이 한쪽으로 치달으면 다른 한쪽이 결핍되는 양상을 보인다. 하지만 동학은 양자를 동시에 추구하고자 사상체계를 갖고 있다.

철저한 인간 평등의 의식이 일체 차별의 철폐를 요구하는 혁명의 원동력이 되었다. 동학의 이상사회는 자신 안의 신령을 자각한 인간인 군자들이 모여 사는 세계, 신령이 기화하여 이룩된 세계, 한마디로 한울이 실현되는 사회다. 양천주는 시천주에 입각해서 한울을 사회와 자연 안에서 실현하려는 것이다. 우주 안에 인간만이 존귀한 존재가 아니라, 동물이나 식물 나아가 무생물까지도 모두 한울이 깃든 신령한 존재로 여겨야 한다는 것이다. 인간 본질을 한울로 간주하는 시천주 사상에 따르면 인간은

---

74. 이런 의미에서 종교의 층위를 유교 → 서학 → 무교 → 불교 → 동학의 순으로 설정해 볼 수 있다.

누구나 평등하다. 그 사상에 따라 만인과 만물을 한울로 섬기는 양천주의 사화가 동학인들이 꿈꾼 이상사회다.

그러나 이것은 동학이 실현하고자 하는 이상사회의 모습일 뿐, 동학이 파악한 현실의 모습은 이와 달랐다. 1860년대 조선 사회는 그런 이상사회와는 반대로 극히 혼란한 시기였다. 평등 대신에 차별이, 그리고 민족의 자주성 대신에 그것을 위협하는 외세의 침투가 일반 민중의 삶을 처절한 궁핍과 좌절로 몰아가고 있었다. 동학은 인간의 신성한 평등성과 자주성을 저버린 그러한 사회정치 상황에 분개하며, 그런 현실을 변혁시켜 만인의 평등과 민족의 자주성을 회복하고자 했다. 현실은 오히려 이상사회로부터 거리가 멀기에 그 차별적 현실을 개탄하며 그것을 만인이 평등한 이상사회로 이끌어 가고자 하는 염원이 동학도의 의식 안에 혁명성을 고취시켰다.한자경, 2008: 375, 380 종교로서의 동학사상이 혁명성을 띠게 된 것은 하늘사상이 만인의 평등성과 민족의 자주성을 핵심으로 삼고 있었기 때문이다.

동학의 개벽사상, 空·公·共

동학의 '다시 개벽'에서 문화적 요인과 함께 정세적 판단의 역할을 찾는 '개벽신학'[75]을 주창하는 이정배 교수는 동학이 발아시킨 개벽사상을 공(空·公·共) 개념으로 압축한다.이정배, 2024; 이정배, 2025 첫 번째 '공(空, emptiness)' 개념은 '있음有'만 강조하는 서구의 개념과 변별되는 동양적 사상으로서 동학의 무위이화無爲而化의 관점에서 재-서술되어 언표될 수

---

[75] 이정배의 '개벽신학'은 사람이 하늘이고 하늘이 다시 사람임을 의심 없이 믿고 가르친다. 즉 모심이 곧 돌봄이다. 개벽신학은 종래의 서구 신학이나 기존 토착화론과 변별된 토발적 차원의 신학 서술로서 3개의 공-空·公·共 개념을 근본 토대로 삼고 있다. 서구 기독교는 '空'을 몰랐고, 경제(자본주의)는 '公'을 독점했으며, 정치(민주주의)는 '共'을 파괴했다는 것이다. 따라서 '空'을 알고 '公'을 회복시켜 '더불어共' 사는 세상을 이루어야 한다는 것이 개벽신학의 존재이유다.

있다. '비어 있음'을 뜻하는 '空' 사상은 노자의 '무위' 개념과도 짝할 수 있다. '空'은 본래 유무상통有無相通의 개념이다. 성리학에서는 '있음이 없음太極而無極'[76]이라고 표현했고, 동학은 '생성 및 변화'에 역점을 두고, 힘들이지 않아도 저절로 변하여 잘 이루어지는 '무이이화無爲而化'라 고쳐 불렀다. 기후 붕괴에 대처하는 생태학적 토대로서 무엇보다 공유경제 시대에 이른 지금 모두를 위한 '公' 개념의 회복을 위해 '空' 사상은 아주 중요하다. '空' 사상은 생태 붕괴 및 문명 위기에 처한 인류세·자본세를 치유할 최적의 처방책이다. 최시형은 기독교적 서구가 인간內有神靈만 알았고 우주外有氣化를 몰랐으며, 성리학은 인간의 신적 측면을 놓쳤다고 비판했다. 그랬기에 서구는 허공虛空을 잃었으며, 성리학은 영적 주체성과 그에 따른 평등한 개인을 상실한 것이다. '空'을 통해 종교학적으로 '잃어버린' 하느님을, 철학적으로는 존재자의 존재로서의 '없음'을, 동학의 언어로는 '무위이화'를, 다석 유영모의 말로는 '없이 계신 하느님' 개념을 상상할 수 있다. 지금껏 '있음有'만을 추구해 온 서구가 놓친 개념으로서 민중, 종교, 문명해방을 위해 개벽신학은 이의 복귀를 선결 과제로 삼아야 옳다.

두 번째 '공(公)' 개념은 앞의 '空' 개념을 전제하지만, 공적인 것을 사사화私事化, privatization[77] 하는 자본주의 체제 비판과 연계시킬 수 있는 사상이다. 모든 종교 또는 교육 속에 미래를 위해 남겨진 씨앗, 즉 '석과불식碩果不食(큰 과실을 다 먹지 아니하고 남김)'은 곧 끝까지 존속해야 할 희망의 씨앗이 될 것이다. 그렇기에 그 씨앗은 모두를 위해 '공평한公' 것이어야 한다. '空'을 망각한 결과가 '모두의 것公', 즉 공평의 상실을 초래할 수

---

76. '태극(太極)'은 '무극(無極)'과 같아서 혼돈, 즉 무의 상태이기 때문에 만물이 시작되는 곳이다. 음양으로 분리된 것은 '태극'이고, 분리된 음양이 결합한 것은 '무극'이다. '極'이란 지극함(extremity)이며 극한(limitation)이며 한계(boundary)이고 유한(finitude)이다. 極은 '경계'이기에 유한할 수밖에 없다. 태극은 커서 밖이 없기에 어떠한 사물도 그 속에 포괄된다. '큰 끝'은 '끝이 없다'는 것이다.
77. '사사화(privatization)'는 사적인 경제 영역이 공적 영역을 지배하고 시민들의 자유로운 삶의 잠재성이 고양되지 못하는 사회에서 시민들이 소극적 자유를 찾아 친밀성의 내면적 영역으로 도피하는 경향을 강조하는 한나 아렌트의 용어이다.

있다. 따라서 허공을 독점할 수 없는 것과 같이 '空emptiness'은 '公public'의 근거이자 토대이고, 그리고 '公public'은 '空emptiness'의 육화이다. 그래서 '없음, 無, nothingness'이 '있음, 有, being'의 존재 근거란 사실을 놓치면 자본주의 이후의 세상은 요원할 수밖에 없다. 이렇게 첫 '空'의 전제 속에서 두 번째 '公'이 이루어지는 것이다. '有'로부터 '無' 혹은 '空'으로 전회를 말했듯 '私private'로부터 '公public'으로의 전환이라고 할 수 있다. 토대로서의 '公'을 시천주의 '모심侍', 그리고 '각자가 깨닫고 마음에 새기어 변함이 없는' 각지불이各知不移와 '하늘이 하늘을 먹는' 이천식천以天食天의 시각에서 찾을 수 있다. '각지불이'는 하늘이 곧 나이고 우주가 곧 개체 속에 있기에 이런 관계를 파고들고 빼앗는 일을 그치라는 뜻이다. 개체에서 전체를 보고 전체에서 개체를 보라는 '생태적 영성'과도 통한다. 우주의 기운과 내 속의 영이 다르지 않기 때문이다. 아울러 이천식천도 '公' 없이는 생각할 수 없다. 남의 생명 없이 자기 생명을 지킬 수 없다. 생명은 나뉠 수 없는 '전체至氣'로서 '公'의 다른 말이다. 공을 나누는 일이 생명과 평화의 삶일 것이다. '公'을 나누는 일이 허공이자 변화 자체인 하늘님을 사랑하는 길이자 은혜恩惠(자연이나 남에게서 받는 고마운 혜택)[78]이다. 그럴수록 공의 사사화와 독점은 철저히 부정되어야 마땅하다. 수심정기守心正氣에 근거한 동학의 삼경三敬(경천·경인·경물) 사상 역시 이런 방책의 일환일 것이다. '公'의 존재근거인 '空'을 일체의 생성을 낳는 '변화'로 볼 때, 경물敬物은 '은혜'라고 할 수 있다. 경물은 퇴계의 격물格物(사물의 이치를 연구)로 이해할 수 있다. 이러기에 사람은 누구든지 자신의 위치와 자리를 올바로 자각해야 한다. 스스로든 강요에 의해서든 잊지도, 잃지도, 빼앗겨서도 아닐 될 것이다. 각지불이의 자각을 통해 오롯이 하늘(생명)을 공유할 수 있는 '이천식천'의 진리 및 권리 회복이 더욱 절실하

---

78. 자연도 인간처럼 행위할 수 있다며 '물질의 행위성'을 강조하는 '신-유물론'에서 '은혜'를 논하고 사람과 자연 사이의 감응 및 응답을 통해 정치적 입장을 표명하고 있다. 후기-마르크스주의 역시 자연의 생산력만이 아니라 그의 생명력에 관심을 보인다.

다. 개벽신학은 이천식천의 개념으로 사적인 것을 공적인 것으로 돌리고자 한다.

그런데 홀로세[79]를 망가트린 인류는 지표권 정치학[80]을 통해 공적 영역을 거듭 축소시켜 버렸다. 하늘과 바다는 물론 전자파, 종자에 이르는 지구 공유지를 소유·파괴시킨 것이다. 자본의 공유지 약탈은 근원적으로 '公'의 부재 혹은 망각의 결과이다. 공유지의 상실은 본래 '사이 존재'를 뜻하는 시간, 공간, 인간, 그리고 문명 전체를 파괴하는 독소이다. 이에 대한 위험성은 코로나 사태를 겪으며 더욱 증폭되고 있다. 탈-성장, 기본소득, 공유경제, 돌봄 가치 등 자본주의에 반하는 개념들이 죽순처럼 자라고 있기에 공의 회복이 절실하다. 여기서 동학의 개벽 사유의 일환으로서 공유경제를 논의할 수 있는 사상적 토대가 구축될 수 있다. 하지만 공유경제가 '외유기화'의 차원을 결핍한 듯 보인다. '空'의 감각 없이 정치경제적 차원으로서 '公'을 강조할 때 그것의 '개벽적 가치'는 실종될 수 있다. 인류 모두에게 속한 지구 차원의 자연적 공유자산의 수익, 지식, 그리고 빅데이터, 네트워크 등과 같은 인공적 공유자산의 수익이 옳게 배분되어야 한다. 공공재公共財가 많아지면 소득에 대한 압력이 줄 것이고 자연 파괴의 감소 또한 기대할 수 있을 것이다. 기후 붕괴시기에 코비드19를 겪으면서 시작된 '공유화commoning'[81] 운동은 이 시대가 요구하는 '다시 개벽' 차원에서 살필 일이다. '공유화'는 역사적 개념이자 실천적 활동을 가리

---

79. 홀로세(Holocene)는 약 1만년 전부터 현재까지의 지질 시대를 말한다. 플라이스토세 빙하가 물러나면서부터 시작된 시기로, 신생대 제4기의 2번째 시기이다. 마지막 빙기가 끝나는 약 1만년 전부터 가까운 미래도 포함하여 현재까지이다.
80. 지구의 공유지를 점령했던 지표권 정치학에 반대 제레미 리프킨은 공유지의 확장과 회복을 통한 '생명권 정치학'을 주장했다.
81. 공유화(commoning), 공유지(common), 공유자(commoner)는 모두 '공동체(commune)' 개념에서 유래되었으며, 일반적이거나 보편적이거나 함께 쓰고 있는 어떤 것을 의미한다. 영어의 'commons공유지'는 라틴어의 '함께(cum/com)'라는 말과 '의무를 진다(munis/munus)'라는 말의 합성어이다. 이반 일리치는 '공유지로서의 환경(사람들의 생계를 위한 것)'은 '자원으로서의 환경(상품 생산을 위한 것)'과 구별되어야 한다고 역설하였다. 공유지에서 박탈된 사람들, 즉 '현대의 공유자'를 '프리카리아트(precariat), 즉 불안정한 사람들(이전 세대의 사람들보다 삶이 더 큰 불안전, 불확실성, 부채, 굴욕에 의해 점점 더 지배당하고 있는 사람들)'이라고 부른다.

키는 '공유지'에서 벌어지는 참여적·집단적 활동을 의미한다. 이것은 공동체를 규정하는 것이다. 공유지와 공유화가 없다면 공동체는 없다. 공동체가 없다면 공유지는 존재할 수 없다.스탠딩, 2021: 60 공유지는 사회 속에서 우리의 집단적 유산이며, 우리 공동의 부이고, 우리 공동의 지식이자 우리가 공유하고 있는 전통이다.스탠딩, 2021: 425 공유sharing 및 돌봄caring 행위라고 할 수 있는 '공유화'는 고삐 풀린 개인주의와 개인적 성공이라는 소비 추동적 관념의 시대에 대한 대안적 이념으로 등장하였다.스탠딩, 2021: 7 공유지는 공유자원 및 이에 대한 관리의 차원을 넘어선 삶의 방식이 된다.스탠딩, 2021: 470 이런 점에서 새로운 사회의 맹아적 형태가 되는 공유지는 새로운 패러다임이라고 말할 수 있다. 그러기에 여기서 '公' 사상은 자본주의뿐 아니라 반공주의와도 관계를 끊어야 한다.

세 번째 '공(共)' 개념은 '公'을 '公'되게 하는 '公'을 실천하는 정치적 동력으로서 '더불어' 또는 '함께' '합치는' 사상이다. 합치는 '共togetherness' 사상은 최소한의 물질로 더불어 사는 삶을 목적으로 하는 공생共生·공빈共貧의 길이다. 개벽신학은 '共'을 시민사회의 정치적 책무와 관계된 것으로 적시한다. 동학의 경우 신神·인人의 관계 역시 '상호의존성'을 파악했다. 신을 탈각시켜 자연物에 귀속시켰으며, '약한 인간 중심주의'조차 부정한 신유물론과 달리 동학의 경천, 즉 하늘을 위하는 일을 사람 사이의 상호성 그리고 자연 사이의 감응성과 동전의 양면처럼 생각한 것이다. 수운에게 현시한 '노이무공勞而無功'의 하늘님을 이유가 여기에 있다. 수운이 세상을 위해 애썼으나 하늘님은 자신의 적공積功이 부족했음을 토로했다. 노이무공의 존재인 하늘님이 인간을 통해 일하고 사물과의 감응을 통해 우주를 펼치는 존재이다. 동시에 그가 인간의 일(노동)과 떠날 수 없는 거룩한 존재인 것 또한 명백하다. 세계 초월자가 아니라 세상 안에서 일하는 하늘님인 이유이다. 무위이화의 신, 노이무공한 존재를 신·인·자연이 관계하는 '공共'의 실상이다. 수운이 성리학과 달리 수심정기를 강조했고, 성聖·경敬·신信 순서를 바꿔 '신信'을 강조한 사실도 이런 선상에서 이해할 수 있다. 동학은 서구적 근대로부터 탈주가 목표였다. 근대성이 다수를 대변한다는 명목 아래 오히려 공평해야 할 '公'을 버렸고, 편을 갈랐으며, 소수 이익을 지지했고, 공무원의 관료주의가 팽배했다. '公'을 약탈하는 자본에 힘이 실린 결과였다. 그럴수록 시민적 공화주의와 시민적 사회주의 등장, 직접적 민주제에 대한 열망이 커졌다. 그리고 남남갈등으로 통일 논의가 연목구어가 된 현실도 반성해야 한다. 대의민주제조차 소수 특권 정치로 타락했기에 시민의 자발적 자치 운동이 더없이 요구된다. 이를 위해 인간의 의식 변화가 중요한데, 이는 신관의 변화와 필시 동행할 수밖에 없다.

空·公·共의 교육사상적 의의

오늘날 볼 수 있는 교육 '산업'의 상업화는 교육이라고 간주되던 것의 많은 부분을 '상품'으로 바꾸어 버렸다. 지적 공유지의 약탈은 또한 교육 공유지의 침식에도 기여했다. 그리고 '교육 공유지educational commons'는 누구나 학습할 수 있도록 돕는 물리적 시설, 제도적 구조, 사람 등이다. 교사는 공동체에 통합되어 시공간의 지혜를 계승해야 한다. 공유지 기반 교육은 태곳적부터 만들어진 지역 관습의 맥락 속에서 우리가 살고 있는 공동체에서 생존하고 번성하는 방법을 학습하는 것이며, 공감과 이해를 획득하는 것이다.스탠딩, 2021: 355

이런 차원에서 교육이란 자연적인 공공재이며 공유재라고 할 수 있다. 따라서 힘을 '합쳐共' 다시 '하나公'를 이루는 힘의 근거로서 '공空'으로 돌아가야 한다. '共' 사상은 최근 유네스코가 〈함께 그려 보는 우리의 미래: 교육을 위한 새로운 사회계약〉2021에서 강조한 '공동재common good'와 연동될 수 있다. 유네스코는 교육이 모두의 소유이며, 모두가 이용 가능하고, 모두가 함께 관리·통제하는 자원이고 자산임을 강조하기 때문이다.

개벽신학의 토대로서 세 개의 '공'-空·公·共을 강조한 것이정배, 2025: 337
은 '없음空'을 지켜야 '모두의 것公'이 회복되고 그로써 '일상共'이 거룩하게
되는바 하늘님侍天主의 '모심侍'에서 이 모든 것을 본 것은 교육사상사 측
면에서 중요한 의미를 지닌다. 세 개의 '공'은 종교개혁의 과제로서 내건
세 개의 '탈脫', 즉 탈성장·탈성직·탈성별 개념과 상호 엮어서 보완될 수
있다. 오늘의 개벽파는 '토발적 근대土發的 近代'[82]를 선호하면서 동학의 개
벽사상을 근대 이후post-modern 차원에서 조망·수용하려는 흐름도 생겨
났다. 과거 우리의 전통 속에서 보여 준 민주적 공론과 공감의 장으로서
'두레 공동체'와 '민회'의 출현을 예상할 수 있다.[83] 이런 정치 전환을 '共'
의 개벽적 차원이라고 말할 수 있다. 이를 위해 '共'의 공간인 '마을 공동
체'를 복원하는 운동이 활발히 일어나고 있다. 최근 부상하고 있는 '마을
교육공동체운동'[84]은 이런 시대정신에 부응하는 것이다. 자치가 실현되는
마을공동체가 회복되면 아이와 노인 모두가 함께 살 수 있다. 이 일이 탄
생부터 죽음에 이르기까지 관계를 잃고 처리/관리의 대상이 된 인간을
구원하는 길이다. 이는 과도한 성장을 추구한 나머지 공公을 상실했기에
비롯된 것이라고 할 수 있다.

세 개의 空·公·共은 서로 엮여 있는 것으로 각기 우주의 본성에 따른
인간의 내면적 각성, 자본주의 이후의 체제, 그리고 시민사회의 정치적
삶의 윤리·문화ethos 회복을 강조한다. 만물은 모두 터-사이(空間), 때-사

---

82. '토착적 근대(土着的 近代)'가 서구식 유입된 것을 이 땅에서 뿌리내리는 근대화라면, '토
발적 근대(土發的 近代)'는 내적 시공간에서 자생적으로 생기한 근대로서 보편화될 가능
성이 있음을 함축한다.
83. 이런 흐름은 앞서 동학군의 공주전투에서 보여 준 도회(都會)·의거(義擧)
(assembly·occupy, A/O) 문화투쟁에서 나타난다.
84. '마을교육공동체'는 '마을'을 기반으로 하여 교육공동체가 형성된 것이다. 마을교육공동
체는 학생을 주요 교육 대상으로 하고, 나아가 성인까지를 포함하고 있다. 그리고 마을교
육공동체는 '마을학공동체'와 마찬가지로 교육의 주 대상을 아동과 청소년들로 잡고 있
다. 또한 마을교육공동체는 비형식교육과 무형식교육을 중요한 교육활동으로 본다. 오늘
날 '마을교육공동체운동'을 하는 이들은 마을교육공동체의 목표를 그 지역의 학생들에게
그 지역에 대한 다양한 내용을 실천적 방법으로 배우게 하여 그들의 학습 역량과 정의적
발달을 도모하여 그 결과가 다시 지역사회로 환원되는 선-순환적 구조의 지역공동체를
형성하는 데 두고 있다.

이(時間)에 있고, 사람 또한 사이 존재이기에 누구도, 무엇도 '사이(間)'를 독점할 수 없다. 사이 없이는 '터'도, '때'도, '사람'도 존재할 수 없다. 여기서 사이는 '空'의 다른 말이다. '空'이 종교적 과제라면, '公'은 국가적 소임이며, '共'은 민주시민사회의 정치적 책무라 할 수 있다.이정배, 2024: 57 서구의 근대사상은 '空비움'을 놓쳤고, 자본주의와 신자유주의는 '公공평'을 빼앗았으며, 오늘의 정치는 '共공생'을 망각했다. 그러기에 있음有에서 없음無 혹은 비움空으로, 사私/邪(各自爲心)에서 '공公, public'과 '공共, common'으로 전환해야 한다. 그러기에 교육의 목적과 활동은 '공空·公·共적인 것이어야 한다. '함께 존재하는 공존共存'의 교육은 '비움의 존재空存'로부터 출발해야 한다. 사람과 사람의 사이의 관계를 중시하는 '소아적小我 교육'을 넘어 사람과 자연이 공존하는 '대아적大我 교육', 즉 空·公·共이어야 한다.

교육은 인간이 오래된 고향을 보존하고, 그 위에 미래의 새로운 터전들을 개척해 나가는 일이다.우정길, 2020: ii 그런데 오늘날 목격되는 교육 '산업'의 상업화는 교육이라고 간주되던 것의 많은 부분을 '상품'으로 바꾸어 버렸다. 지적 공유지의 약탈은 또한 교육 공유지의 침식에도 기여했다. 그래서 사회의 대전환과 함께 교육의 대전환을 필요로 한다. 특히 디지털 시대의 포스트휴먼post-human[85] 시대를 맞이하여 AI의 기술을 사용하면서도, 그것의 노예 또는 괴물이 되지 않도록 해야 한다.

---

85. '포스트(post)'는 단절적 의미가 아니라 연속적인 '이후(after)' 의미로 이해되어야 하며, 과도기의 미래 완료형이라고 할 수 있다. '포스트휴먼'의 핵심은 현존 인간에 머무는 것이 아니라, '인간 이후의 인간'으로 진화해야 한다는 것이다. 포스트휴먼은 인간에 대한 회의와 인간을 길들이는 휴머니즘에 대한 불신을 표명하면서 초월적 능력이라는 기능으로 환원된 미래적 양상의 인간 혹은 포스트-인간이라고 할 수 있다(우정길, 2020). 현재적 인간을 초월하는 다면적 능력을 지닐 것을 강조하면서 인간과 자연의 화해를 요청한다. 교육의 유토피아를 과도하게 지향하면서 도구주의에 지나치게 경도되는 교육을 경계한다.

13장
민주공화국의 탄생과 부활

　민주공화국民主共和國에서 '민주'는 '인민이 주인'이라는 뜻이며, '공화'는 '여럿이 더불어 한다'는 뜻이다. '공화res publica'는 공적인 행위 영역이자 생활 영역으로서 통치가 어느 한 사람의 관심사나 비밀 사안이 되어서도 안 된다는 말이다. 'republic공화국'은 'public things(공적인 일)'를 뜻하는 라틴어 'res publica' 또는 '인민의 일'을 뜻하는 라틴어 'res populi/populus'에서 유래한다. 'res'[86]가 '관심을 끌고 있는 것' 내지 '논란이 일어난 것'이라면, 'publica'는 '공적 시민' 또는 '공중'이다. 'publica/publicus는 그리스어 'koinos(공적 삶)'에 뿌리를 두고 있다. 'koinos/koinon(공적 삶)'은 모두에게 공통된 일, 공동체와 관련된 사안을 뜻하고, 'idion(사적 삶)'과 구분되는 공적 사안임을 말한다. 국가 형태라는 맥락에서 보면 국가가 왕실 또는 특권층의 사적 소유가 아니라 국민 모두의 것이라는 얘기다. 즉 'res publica'는 모두가 관심을 가지고 있거나 논란이 되고 있는 것에 대한 합의와 결속을 뜻한다.

　그리고 '공화주의'는 공적 삶에 대한 무지와 무감동을 비판하면서 시장적 개인주의에 의해 상실된 공동체정신과 연대정신의 회복을 주창하고,

---

86. 라틴어 'res'가 인간에게 와 닿은 것, 관련된 것, 논란이 되는 것 등을 가리킨다. 로마 공화국의 '주권자'라고 할 수 있는 'populus'는 국민이 아니라 공적 시민이다.

시민적 참여 윤리와 공동체의 공동선에 대한 헌신, 적극적 시민성으로서 학교의 민주적 참여와 지역사회에서의 실천적 경험과 봉사활동을 강조한다.Liebel, 2012

공화주의가 지향하는 공화국 정신

공화주의[87]가 지향하는 공화국은 누구의 소유물이 될 수 없는 것, 곧 공화국은 개인의 소유물도 아니고 집단의 소유물도 아니다. 공화국은 사유의 대상도 아니고 공유의 대상도 아닌 시민이 공동의 삶을 위해 서로 부담을 나누어 가지면서 공동의 것을 만들어 가는 '연대의 산물'이라고 할 수 있다. 공화국은 관련된 구성원의 공유물을 가리키는 '공동체 communitas'와도 다르다. '공동체'는 역사와 문화, 경제를 포함한 대부분의 것을 공유하는 도덕체계에 가까운 반면, '공화국'은 공동의 문제와 관심사를 사회적 연대를 기초로 처리하는 정치체계이자 법체계라고 할 수 있다.박구용, 2024: 466

우리말의 '공公'이란 '지배 권력'의 의미를 넘어 '더불어', '함께', '공동의', '공공성'의 의미로 개념적 발전을 해 왔다.이승환, 2004 '공화정'은 국가를 군주나 일부 권력자가 독점하는 게 아니라, 전체 구성원, 즉 국민이 공유하는 체제를 말한다. 다양한 집단의 이해관계가 다른데 공공의 합의가 쉽지는 않지만, 토론과 협상, 나아가 투표를 통해 공공이 지향하는 가치를 정하고, 그것이 헌법[88]에 반영되는 것이다. '공적인 일', 즉 공화정치를 하는

---

87. '공화주의'는 자유롭고 평등한 사람들이 법치와 참여를 통해서 조화와 화합 속에서 공동의 이익을 추구하는 것이다 '공화주의'는 시민이 공동의 삶을 구성하고 조율하는 데에서 중요한 문제를 스스로 논의하고 합의해 시행하는 정치체제를 가리킨다. 로마는 이러한 시민을 단순한 집단이나 군집을 가리키는 'coetus/group'가 아니라, 정의에 대한 합의와 공유된 이익을 통해 형성된 결속을 가리키는 'societus/society'를 뜻한다.
88. '헌법'은 그 사회가 지향하는 가치를 표현하며, 자유로운 개인들이 어떤 나라를 만들지에 대한 일종의 계약이라고 할 수 있다.

'공화국共和國'은 주권[89]을 가진 국민이 직접 또는 간접 선거에 의하여 일정한 임기를 가진 국가 원수를 뽑는 국가 형태로 그 나라의 주권이 군주나 특정한 통치자나 소수의 귀족들이 아닌 일반 시민 다수에게 있는 정치체제인 '공화정'을 도입한 나라를 말한다. '공화국'이란 국민들이 선택한 통치 집단이 국가를 운영하는 정치조직의 한 형태라고 할 수 있다.

민주공화정의 탄생

한국 사회는 20024년 12·3 친위 쿠데타로 공동성common[90]과 공적인 것public[91]을 종합한 '공공성'[92]이 크게 훼손되거나 완전히 무너질 상황을 맞이하였다. 만약 그리되면 민주공화, 특히 공화共和의 부재로 이어져 승자, 강자, 다수의 독점과 패자, 약자, 소수의 배제로 구체화할 것이

---

89. '주권'을 뜻하는 sovereign의 사전적 의미는 '최고의 정치적 권력 또는 주권을 소유하거나 보유하고 있는 사람'을 가리키거나 혹은 '우월한 자, 통치자, 주인, 다른 사람보다 우월하거나 권력을 가진 사람'을 가리킨다. 인류사에서는 오랫동안 위의 두 가지 요소를 모두 가진 인격체를 가리켜 '주권자(sovereign)'로 불렸고, 이 주권자는 대개 황제나 제왕, 곧 군주였다. 유럽사에서 sovereign은 16세기까지도 군주의 권력을 지칭하는 용어였다. 군주만이 주권자였다. 그리고 주권 권력은 실릴 능력은 없지만 죽일 수는 있는 힘, 곧 폭력의 사용 권력이었다. 이때까지 subject(신하)는 '주체'가 아니었다. subject는 '다른 사람의 통치 또는 지배를 받는 사람', 특히 '정부나 통치자에게 충성을 빚지는 사람'이며, 이는 곧 '하인'을 가리키는 servant에 가까운 말이었다. 시민이 주권자가 된 것을 '민주주의'라고 한다. '시민'은 가장이자 자유인으로서 공공의 업무에 복무하지 않는 사람, 곧 정치에 참여하는 사람을 가리키는 말이었다. 세계 민주주의의 역사는 모든 사람이 시민이 되는 과정이면서 동시에 이 시민이 세계의 주체가 되고, 이 주체가 하인이 아니라 주권자가 되는 과정이었다. 주권자가 군주나 양반만이 아니라 모든 백성이라는 자유의식·주권의식의 확장이 민주주의 역사이다. 우리의 경우 민주주의 역사가 동학의 주권혁명에서 시작된 까닭이다. 그리고 동학 이후 우리의 주권자들은 민주주의와 법치주의의 아름다운 조화를 이루어 왔다(박구용, 2025: 181-182).
90. 'common'의 명사는 'community(공동체)' 또는 '공통성(commonality)'이다.
91. 'public'은 라틴어 'pubes'에서 시작되었는데, 이는 본래 타인에 대한 배려와 성숙을 뜻한다. 곧 나의 행동이 타인에게 미치는 영향을 이해할 수 있는 능력이나 자신의 입장에서 벗어나 전체를 볼 수 있는 능력을 의미한다. 하버마스는 '공공성'의 어원을 폴리스에서 찾는다. 공공성을 국가의 활동과 동일시하던 전통적 시각 이후로 현대 사회에서는 공동성을 시민사회와 동일시하는 입장이 존재한다.)
92. '공공성(publicity)'은 당대의 중대한 현안들에 관한 공적 심의를 뒷받침한 사회적·정치적 삶을 공유하는 것을 의미한다.

다. 조선 왕조 때 공화는 화평, 안정, 단합을 함축한 말로 쓰이며 '대동 大同'[93]과 같은 의미였다. 또 누군가와 무엇인가를 함께 하려 하는 경우를 묘사하는 문장에 등장하는 말이었다. 신문물이 밀려온 개항 이후에는 'republic'을 '공화국' 또는 '공화정'으로 번역했다. 동학농민군이 집강소를 설치한 때는 개항한 조선에 자본주의 세계질서가 문명화라는 이름으로 물밀듯 밀려오던 때였다. 그 밀물 속에 '공화共和'라는 말도 섞여 있었다. 물론 조선에서도 지배층이 정체政體나 제도의 맥락을 설명할 때 안정, 화평, 화합의 의미에서 '공화'를 드물게 사용했다. 민주공화국의 뿌리는 1880대 이후 독립협회와 만민공동회로부터 나타나기 시작하였다. 독립협회는 '입헌공화국'의 수립을 주창했고, 신민회[94]는 국권 회복과 동시에 입헌공화국의 수립을 운동의 목표로 설정했다.

개항 이후 번역어로서 공화라는 말은 세계의 정치체제를 소개할 때 등장하였다. 유길준은 다섯 개의 정체 가운데 하나로 '국인國人의 공화하는 정체', 곧 '합중정체合衆政體'를 들었다. 『서유견문』 '국인國人의 공화하는 정체'의 대표 국가로 미국을 꼽았고, 그래서 공화정체를 합중정체라고도 말했다.신주백, 2024가 개항 직후인 1883년 한성순보는 창간호에서 미국의 정치를 '합중공화'라고 언급하였다. 이즈음부터 사람들 사이에 공화는 곧 민주국 미국의 정체를 가리켰다. 당시 소개된 글에 따르면, 미국은 전 국민이 합동으로 협의하여 정치를 하고 세습 군주를 세우지 않으며 관민의 기강이 엄하지 않았다. 전 국민 공동으로 선출한 4년 임기의 대통령이 여러 정무를 총괄하였다. 대통령은 국민이 선거로 뽑은 상·하원 의원과 함께 국정

---

93. '대동한 여론'이 공론(公論)으로 인정받으며 정당한 권위를 지닌다. 그래서 대동은 '공동의 여론', 즉 '공론'으로서 단합 및 안정, 화평이란 맥락과 연결되며 사용되었다. 이때의 대동은 왕과 관료층 사이에서 주로 유통된 언어였다. 반면에 대동한 여론이 비판자들 주장에 당위성을 부여하기도 했다. 그들에게 대동은 나라에서 금지하더라도 공론을 형성해 자신의 주장대로 밀어붙일 수 있는 언어였다. 동학농민군이 봉기한 이유와 집강소의 설치가 그러한 경우였다.
94. 물론 신민회의 비전이 군주제를 부정한 민주공화제가 아니라 '군민공치의 입헌군주제'였다는 점은 중대한 한계를 가진다.

을 논의하고 법제를 결정하였다. 의회와 정부는 잘못이 있을 때 서로를 견제하였다.

당시 사람들에게 미국은 '대동한 여론', 곧 공론이 정치체제에 어떻게 반영되고 운영되는가를 확실히 보여 주는 존재였다. 그렇다고 누구도 군주를 공개적으로 부정하지 않았다. 국민이 국가의 주인이라고 말하는 사람조차 1910년 8월까지 그랬다. '민주', '민주주의democracy'[95]라는 말은 거의 유통되지 않았다. 민주공화라는 말도 유통되지 않았다. 확인할 수 있는 예외적인 경우라면, 한국병합 1개월 전인 7월 23일 자 《대한매일신보》에 '민주공화'를 소개한 글이다. 여기에서 민주공화란 "인민이 그 나라의 군주를 공천하여 세우며 법률과 재정과 무릇 큰 정령을 인민이 일체 의정하여 시행하는 나라"였다. 주권인민론에 입각해 정치를 펼치는 나라를 '민주공화'라 한 것이다.신주백, 2024나

1909년 〈서북학회보〉에서는 전제군주나 귀족공화정에 반대되는 '민주공화제'를 사용하였다. 민주와 공화의 본격적인 결합 내지는 대동과 공화의 본격적인 삼투 작용은 1910년 주권을 상실한 이후부터라고 할 수 있다. 첫 깃발은 1911년 미국 리버사이드에서 열린 제3차 대한인국민회 북미총회 때 제시된 무형의 임시정부론이었다. 이어 1917년 주권이 민民에게 있는 '신한新韓'을 세우겠다는 '대동단결선언'이 나왔다. 결국 '국민주권론'[96]을 중심으로 민주, 공화, 대동의 결합이 이루어진 결과물이 1919년 4

---

95. 'democracy'의 번역어로서 '백성이 주권을 갖는다'는 뜻을 가진 '민주'가 처음 등장한 것은 1864년 출간된 중국의 『민국공법』에 나온 것을 우리나라가 수입하였다. 1927년 임시약헌의 제1조에서 "대한민국은 민주공화국이라 국권은 인민에게 있음"이라고 하였다. 1944년 임시정부의 마지막 임시헌도 제1조에서 "대한민국은 민주공화국임", 제4조에서 "대한민국의 주권은 인민 전체에 있음"이라 하였다. 1948년 제헌헌법은 임시정부의 임시헌장을 계승하여 제1조에 "대한민국은 민주공화국이다", 제2조에 "대한민국의 주권은 국민에게 있고, 모든 권력은 국민으로 나온다"라는 문구를 삽입하였다. '국민주권' 조항이 정식으로 헌법에 들어온 것이다. 그리고 민주주의에 기반한 민주공화국의 운영에서 가장 중요한 전제는 '주권재민'이라는 것을 분명하게 선언하였다. 그런데 북한이 '인민'을 사용하자 남한은 '국민'으로 대체하였다. 이후 이어진 이승만, 박정희, 전두환의 독재로 인하여 '국민주권' 조항은 사실상 사문화되었다. 이 조항이 다시 살아난 것은 1987년 6월항쟁으로 국민의 자유를 되찾고 참정권(대통령 직선제)도 되찾아 국민이 비로소 주권을 행사하게 되었다.

월 상하이 임시정부의 '임시헌장'이다. 임시정부가 제1조에서 밝힌 '민주공화제'[97]는 남녀, 귀천, 빈부에 관계 없이 인민 모두가 사회경제적으로 평등하고, 선거권과 피선거권을 가져 정치적으로 평등한 국가였다. 또 민족, 국가, 인류가 평등한 관계를 유지하는 국가였다. 임시헌장 제정에도 관여한 조소앙은 이래야 우리의 독립과 건국이 인류를 포용하고 '대동평화를 선전'하며 '평균 천하의 공도公道'를 진행할 수 있다고 보았다.

그런데 이때의 평등은 마르크스-레닌주의에서 말하는 사회적 소유만을 인정하고 사적 소유를 부정하는 뜻이 아니었다. 1941년 대한민국 임시정부가 발표한 '건국강령'에서 이를 확인할 수 있다. 임시정부가 전국의 토지와 대(大)생산기관을 국유화하여 국가에서 경제정책을 주도하려는 구상이었다. 요즈음 잣대로 보아도 매우 진보 강령이지만, 농민에게 토지의 경작권을 고루 분배하며, 중소자본이 기업을 경영할 수 있게 한다는 구상이므로 사적 소유를 부정했다고 볼 수 없다. 또한 무상교육을 시행해 국민의 삶의 질을 높이며, 무제한 보통선거권으로 정치의 균등을 보장하여 대동한 여론을 형성한다는 구상이었다. '건국강령'은 한마디로 특권을 철폐하고 차별을 방지하며 소수인의 다수인 수탈을 막아 정치·경제·교육의 실질적 균형, 곧 균등을 국가가 주도하여 도모하겠다는 구상이다. 그래서 임시정부는 자신들이 지향하는 민주주의를 자본주의 데모크라시도 아니고 사회주의 데모크라시도 아닌, 모든 한국 국민을 단위로

---

96. 군주국이었던 대한제국기에 '국민주권'이란 말은 불온한 말로 금기시되었다. 한국사에서 이 말이 본격적으로 쓰이기 시작한 것은 1919년 대한민국 임시정부가 수립되면서부터였다.
97. '민주공화제'의 어원은 1948년 프랑스 제2공화국에서 주창된 '민주적 공화국(republique-democratique/Democratische Republik/democratic republic)'은 인민주권과 참여를 강조하는 정치적 지표인 '민주주의'와 군주정에 대립되는 '공화정체'를 결합한 국가를 지칭한다. 1980년대 후반~1990년대 초반에 서구 철학에서 '시민적 공화주의' 사상이 부흥하는 것을 목격했다. 일반적으로 시민공화주의 전통은 고대 아리스토텔레스와 키케로의 저술에서 시작하여 마키아벨리, 헤링턴, 루소, 메디슨을 포함한 당대의 정치사상가의 저술에서 발전한 것을 특징으로 한다. 현대의 시민공화주의자들은 올드필드, 샌델, 페팃, 메이너, 바버 등이다. 시민적 공화주의는 자유, 공동선, 시민적 덕성, 그리고 자치정부에 대한 시민의 적극적 참여 등 가치의 클러스터를 옹호한다(Dodsworth & Honohan, 2023: 3).

한 '전민적全民的 데모크라시'라고 밝혔다. 그러나 해방 후 적대적 분단체제가 공고화하며 전민적 데모크라시의 이상은 우리의 뇌리에서조차 사라진 상태다. 경제성장을 이룩하고 정치의 민주화 과정에서 민주공화국이라는 말은 헌법에 겨우 복원되었지만, 그것은 여전히 수사적 표현에서 벗어나지 못하고 있다. 식민을 청산하는 원동력으로 분단을 극복할 여지를 확보하는 데 필요한 독립정신의 진정한 구현은 아직 요원한 것이다.

그런데 합중정체에서 말하는 공화는 조선 왕조 때의 함의와 근본에서 다른 점이 있었다. 군주 대신에 대통령이 권력의 정점에 있으면서도 일정한 기한이 있고, 모든 일을 군민이 공치共治하는 '공화共和'였다. 국민주권에 입각한 선거제와 권력기관을 견제하는 의회제에 주목함으로써 문화·윤리ethos의 측면보다 정부형태 또는 정치체제로서 공화에 더 주목했다. 그랬기에 1910년 8월 이전까지만 해도 공화정체는 '반역'의 정치체제였다. 1910년 한국병합으로 황제의 절대주권이 소멸하자, 독립운동 세력은 국민주권을 전면화했다. 그들은 '대동단결 선언'을 통해 8월 29일이야말로 '황제권이 소멸하고 민권이 발생한 때'라고 창조적으로 의미를 규정하면서 '구한국 최종의' 날이자 '신한新韓 최초의' 날로 간주했다. 그러면서 융희 황제가 주권을 포기하고 '우리 국민 동지'에게 암묵적으로 주권을 넘겨주었으므로 독립운동 세력이 '대통大統을 상속할 의무'가 있다고 능동적으로 보았다.

1919년 3월 대혁명으로 해서 그해 4월 11일 대한민국 임시정부가 수립되고 임시헌장이 발표되었다. 임시헌장 제1조에서 "대한민국은 민주공화제로 한다"라고 명시했다. 국호는 '대한제국'에서 '대한민국'으로 전환되고, 정치체제는 군주제에서 국민주권의 '민주공화제'임을 천명하였다.신주백, 2024가 만세 시위에서 표출된 정치적 의지는 대한민국임시정부 결성으로 이어졌다. 임시정부는 3·1운동 때 조선이 독립국이고 조선인이 자유민임을 선언했고 인류 평등의 대의를 매우 분명히 했다고 밝혔다. 독립·자유·평등의 정신은 임시정부 헌법의 씨앗인 1919년 임시헌장에서 '대한민국을 민주공화제로 한다'는 규정으로 압축되었다. 공화와 민주를 융합한 민주공화국은 국민이 기본적인 자유를 향유하고 선거권과 피선거권을 보장받는 국가였다. 남녀의 차이와 신분의 귀천, 빈부의 격차가 없는 '평등'한 국가였다.

이후 임시정부는 헌법을 다섯 차례 개정했다. 그러면서도 자유·평등·민주주의를 헌법의 기본정신으로 일관되게 고수했다. 그렇다고 개인의 자유를 절대적으로 보장해야 한다는 입장이 아니었다. 임시정부가 말하는 자유는 개인의 정치적 의사 표현과 경제적 활동을 보장하기 위해 국가의 행위를 억제하고 제한하는 자유주의와 달랐다. 선량한 풍속을 해치고 죄악을 선동하거나 치안을 방해하며 공공의 이익에 손해를 입히는 언행을 국가가 나서서 간섭할 수 있는 자유였다. 임시정부는 자유를 제한해야 하는 이유를 평등의 원칙에 어긋난다는 데서 찾았다. 임시정부의 헌법은 평등권을 자유권보다 우위에 두었던 것이다.

임시정부 헌법에서 말하는 평등은 당시의 소련식 사회주의, 곧 계급차별에 기초한 직능별 대표제로 운영되던 국가의 평등이 아니었다. 임시정부의 헌법은 개인의 사적인 소유를 부정하고 사회적 소유와 국가의 통제를 원칙으로 하며 결과적 평등을 추구한 소련식 민주주의와 확연히 달랐다. 보통선거는 참정권의 평등화라는 측면에서 기회의 평등을 중시하는 경향에 딱 들어맞는 민주주의 원칙이었다. 공화와 민주를 융합해서 민주공화라는 말로 헌법에 조문화하고 정치적 주장으로 제기한 이유의 하나도 여기에 있었다.

이러한 사상적 흐름이 민주공화국의 헌법을 탄생시킨 것이다. 이렇게 해서 국민 개개인의 민권을 중시하는 '민주주의'[98]가 여러 사람의 권력체인 '공화정'과 접목하고, 평등으로서 대동大同과 만나며 '민주공화제民主共

---

98. '민주(民主)'는 국민이 주인으로서 스스로를 다스린다는 뜻이다. 국민 스스로 다스리는 '자치'의 원칙 아래 그 구성원이 동의하는 계약(법)에 따라 개인의 자유를 제한하는 것을 의미한다. 그러나 모든 국민이 직접 정치에 참여하는 것은 현실적으로 불가능하기 때문에 국민이 대표를 선출하고 대표가 대신하여 다스리는 것, 즉 '통치'하는 것이다.

和制'로 제도화했다. 따라서 '민주'는 국민이 대표를 선출해 통치하는 것이고, '공화'는 권력의 독점이 아닌 국민이 공유하는 것을 의미한다. 남녀노소와 빈부귀천을 구분하지 않으면서 누구나 똑같이 주권을 가진 존재로 존중받고 선거권과 피선거권으로 지배자를 견제하는 세상이 사회의 대동이었다. 서로 화평하고 단합해 똑같은 권리로 정사政事를 협의하는 움직임이 정치의 대동이었다. 1919년 4월 상해임시의정원은 '임시헌장'에서 이러한 공화와 대동을 선거제와 의회제라는 장치의 설정으로 방향성을 명확히 제시했다. 민족 내부를 향해서만 말하지 않고 민족의 평등과 인류의 평등을 구현하겠다고 '정강'에서 밝혔다.

반장선거와 같은 경험도 없었던 독립운동 세력이 민주공화를 자신들이 실현할 미래 세계이자 독립운동의 지향점으로 신속하게 상정할 수 있었던 데는 우리만의 독자적인 경험과 내적 사유思惟가 있었기 때문이다. 대동법과 같은 공동선을 지향한 정책이나 정여립의 대동계와 동학농민군의 집강소처럼 공동체에서의 누적된 경험이 바로 그것이다. 대동사상은 이러한 정책과 저항 경험의 바탕이었다. 망국 이후 독립운동 세력은 대동사상에 서구의 근대 관념을 접목시키며 유교 민본주의를 극복해 갔다. 가령 그들은 배타적 주권론에 그치지 않고 주권의 평등성까지 제기했다. 세계 각국은 선거권과 피선거권 자격에서 경제력과 성性이 여전히 중요한 요건이었지만, 1919년 시점에 대한민국 임시정부는 이 요건을 부정했다.

그럼에도 민주공화 이념은 한국인이 직접 실천하는 과정에서 획득한 기본원리가 아니었고, 일제강점이란 상황에서 제대로 실험 한번 해본 경험이 없었기 때문에 강고한 실천원리로 작용하지 못했다. 서구에서처럼 자유·평등·민주주의를 획득하기 위한 시민혁명의 과정을 거친 결과물이 아니었던 것이다. 더구나 독립운동 세력도 가치의 측면에서 '정체政體, regime/polity'의 내용을 풍부하게 하는 데 노력을 기울이기보다 문구 수준의 '정체'에 관해서만 특별히 주목했다. 그래서 정치사상과 일상의 뿌리가 약할 수밖에 없었다.신주백, 2024가

해방 이후 현대사에서도 허약한 뿌리를 튼실하게 만들 기회가 없었다. 신탁통치 문제를 둘러싸고 좌우가 격렬하게 갈등했고, 한국전쟁이 일어나며 분단체제가 고착화했다. 이에 민주공화보다 반공이 우위를 점하는 이념이 되었다. 항일투쟁과 전혀 관계없던 부일협력자들은 민주공화를 상상해 본 적도 없으면서 대한민국의 주도권을 장악하고 '반공'에 기생했다. 그들은 이승만과 박정희의 장기 독재에도 편승했다. 이에 비해 독재를 반대하는 세력은 반독재 민주화에만 온 신경을 모았다. 다른 방향에서 접근할 여력이 없었다. 더구나 북측은 '조선민주주의인민공화국'이란 국호를 내세웠다. 박정희 독재를 뒷받침한 '민주공화당'도 18년 가까이 있었다. 독립운동 세력의 '공화'와 전혀 다른 보수적이고 부정적인 이미지의 공화가 한국 현대사에서 유통된 것이다.

민주공화국의 부활과 내란 이후의 과제

1980년대 들어서며 변화의 조짐이 나타났다. 민주화운동 세력이 정치운동의 영역에서 벗어나 대중의 다양한 사회·경제 이해를 대변하는 움직임을 본격화했다. 1987년 6·10민주화운동은 그러한 움직임을 결정적으로 폭발시켰다. 대중운동의 공개 영역에 대동세상, 대동세계라는 말이 다시 등장했다. 한국 사회에서 군인이 더 이상 정치에 개입할 수 없는 세상도 되었다. 6월 항쟁의 산물인 대통령직선제, 헌법재판소 설치, 국정감사의 부활 등 제도 면에서 많은 진전을 보였다. '대한민국은 민주공화제로 한다'는 임시헌장의 제1조가 68년 만에 부활하여 다시 헌법이 제정되고, 선거를 통해 처음으로 평화적 정권교체가 구현되었다. 민주공화제의 일부가 부활한 것이다.

그런데 그동안 '87년 체제'가 만든 대의제 민주주의는 국민의 주권을 항상 왜곡해 왔다. 지금까지 소수 주권으로 승리를 독식하고, 이와 다른

다수의 주권을 짓눌러 권력을 독점하는 현상이 반복되어 온 것이다. 그래서 사람들은 '공화'가 '민주' 뒤에 붙이는 접미어에 불과하며, '민주공화'도 민주주의의 다른 말로 간주했다. 결국 87년 체제는 공화를 사장死藏시킴으로써 주권과 권력 과점寡占의 격차를 조장했다. 임시헌장의 제1조가 말하는 민주공화에 대해 설명한 교과서가 지금까지 없었을 정도로 한국 사회는 민주와 공화의 관계에 주목하지 않고 방치해 왔다고 할 수 있다.신주백, 2024 민주공화국이 삼권분립에 기초한 비-군주 국가체제라는 해석(특히 유진오)이던 것이 2000년 전후로 시민참여와 공공성을 중시하는 '이념적 공화주의'로의 전환이 모색되었다.장상호, 2020: 151 특히 코로나19 사태 이후 공공성公共性, publicness/publicity[99]을 강조하는 '공화주의republicanism'에 논의가 확산되었다. 새롭게 부각된 공공성은 국가 자체나 정부 기구들에 의해 수행되는 활동을 의미하는 것이 아니라, 국가 존립의 첫 번째 목적이 공동체의 공동선과 공동이익을 위한 것임을 깨닫게 되었다.장상호, 2020: 152 코로나19 사태를 계기로 방역·의료 체제의 공공성을 경험하면서 '이런 게 국가다'라는 국민적 공감대가 형성되었고, 이는 그간 국가나 정부에 대한 불신으로 각자도생의 처세법을 추구할 수밖에 없었던 한국 국민에게 국가의 존재를 신뢰하는 매우 귀중한 경험을 하는 기회가 되었다. 이러한 정신과 운동의 연속성을 보여 준 것은 1980년 광주항쟁과 1987년의 6월항쟁으로부터 시작된 시민적 정체성의 결정적 전환을 이룬 역사적 사건이 있었기 때문이다. 두 사건은 헌법 속에서 잠자고 있던 공화주의를 재현한 주체들, 즉 적극적이고 민주적인 공화국 시민을 창출했다. 시민 개념의 정치적 규정이라고 할 수 있는 민주시민이자 애국시민으로서의 집단적 정체성이 형성될 수 있었던 것이다. 각 개인은 사인 차원을 넘어 '공적 시민'으로 전환했음을 의미하는 것이었고, 시민의식의

---

99. '공공성'은 '공식적인 것(officialness, 국가 또는 정부의 범위 내에서 이뤄지는 권력과 권위의 공식적 행사와 관련된 활동)'과 '공적인 것(publicness, 공동체적 삶에서 가장 궁극적이고 최종적인 권위의 원천으로서 기능과 책임)'을 의미한다.

급격한 발전을 가져왔다. 그것은 한편으로 나라의 평등한 구성원이자 주권자들로 구성된 '정치공동체'를, 다른 한편으로는 민주공화국이라는 정치적 비전을 공유하는 '가치공동체'를 뜻했다.신진욱, 2011

광장 어디에서든 '대한민국은 민주공화국이다'라는 헌법 제1조의 구호와 노래가 울려 퍼졌다. 평소에 안면도 없던 집회 참여자들이 공공의 문제에 대해 자신들의 의사를 적극적으로 표시하고 요구하는 모습에서 그리고 정치적으로 동등한 시민으로서 동료애를 느꼈다는 점에서 민주공화국의 실질적 체험을 한 것이다. 격정의 1980년대와 촛불 및 탄핵의 2000년대를 거치면서 '민주'란 시민들의 적극적인 참여와 자기결정이라는 한층 진전된 의미가 부각되었다. 최근에는 '시민적 공화주의civic republicanism'[100]나 '민주적 공화주의democratic republicanism' 또는 '심의적 공화주의deliberative republicanism'를 한국 사회의 대안적 이념이나 모델로 제시하는 논의들이 늘고 있다.[101]

하지만 '87년 체제'의 폐단은 12·3 내란 정국에서 확연히 드러났다.

---

[100]. '시민적 공화주의'는 공공선에 대한 헌신, 공적 결정에 대한 적극적인 참여와 모든 시민이 공동체로부터 배제되지 않고 권리와 혜택을 누리는 시민권의 원리, 시민적 덕에 대한 강조를 핵심 내용을 한다. 즉 그것은 적극적 시민으로서 정치에 대한 참여와 선출된 공직자의 시민에 대한 사회적·도덕적 책임성의 윤리를 함축하고 있다. 시민들의 자유와 참여, 헌신성과 애국심이 최대로 신장·발휘될 수 있고, 다양한 세력이 자유롭고 평등하게 공존할 수 있는 비지배적 상호성이나 공동체의 평등한 시민권을 의미하는 'isonomia'(equality before the law/possession of equal rights/equal distribution of rights and privileges)라는 개념으로 집약할 수 있다. 민중의 '지배'를 의미하는 'demokrati'의 대안으로 등장한 '이소노미아'는 모든 사람이 법 앞에서 평등한 권리를 가진다는 원칙 아래 '배제'와 '지배'의 논리를 지양하고, '참여'와 '공존'의 이념을 함축하는 것이었다. 고대 아테네 정치공동체가 겪은 역사적 경험 속에서 공동체 일부의 권력 독점과 전횡을 비판하고, 다양한 공동체 구성원의 참여와 그들의 자유 및 평등을 보장하고자 하는 '공화민주주의'의 시원이리고 할 수 있다. 폭정에 반대하는 입헌성무를 지칭하기도 하는 '이소노미아'는 계급적 적대감에 의해 주도되지 않는 평등주의 사회를 실천에 옮길 수 있는 모델로서 소크라테스의 지적 상속자들의 작업을 통해 '이소노미아'의 유토피아적 잠재력을 실천하려는 마지막 철학적 정립을 시도하였다.

[101]. 공화주의 정신에 입각하여 독립선언서를 기초한 미국의 3대 대통령 제퍼슨은 "시민이 없으면 공화국도 없고, 교육이 없다면 시민도 없을 것이다"라고 역설했다. 교육은 공화주의 정치의 실현과 유지를 위한 핵심적인 필요조건이라고 보았다. '새로운' 공화주의의 주창은 '민주주의'가 결여된 박정희 시대의 '민족적 공화주의자'나 '공화적 민족주의자' 논의와는 다른 모습을 보여 준다고 할 수 있다.

12·3 친위 쿠데타와 그 우두머리의 언행은 새삼 말할 필요도 없다. 대통령의 권한대행도 국회가 의결해 통과시킨 특검안에 대해 다시 여야 합의를 종용하며 결정을 포기했다. 비선출 권력에 대한 입법부의 견제와 '법의 지배'를 부정함으로써 공화의 작동을 가로막은 것이다. 위기에서는 부작위의 위험 부담이 작위의 위험 부담을 압도하는데도, 두 사람(한덕수, 최상목)은 기회주의 보신으로 민주적 리더십을 포기했다. 두 사람에게서는 민주적 리더십에서 요구하는 역사관, 곧 독립운동과 민주화를 향한 희생과 노력의 과정에서 다 같이 쌓아 온 민주공화의 역사를 소중히 하고 깊게 새기는 역사관을 발견할 수 없게 된 것이다.

오늘날 민주주의를 지키는 현장에서는 여전히 '대동세상'이라는 꿈이 회자한다. 우리는 그 꿈을 광주의 5월항쟁 기간 중 평화로운 자치를 실현하며 5일간 맛봤다. 대동한 여론의 힘을 선거로 집약한 적도 있고, 최근 '촛불' 혁명과 '빛'의 혁명을 직접 경험하였다. 대동을 구체화하는 힘은 여전히 우리 내면에 흐르고 있다. 공공성을 강화하는 방향에서 이것을 밖으로 끄집어낼 수 있는 자 또한 민주공화정을 구현하려는 사람들이라고 할 수 있다.

우리 헌법 제1조 제1항은 '대한민국은 민주공화국'이라고 규정한다. '민주'와 '공화'가 한데 묶인 것이다. 독재에 맞섰던 긴 세월 동안 우리는 민주를 간절히 추구했다. 하지만 공화의 의미에 대해선 깊이 고민하지 못했다. 그 숙제를 더 이상 미룰 수 없다. 그리고 헌법 제1조 제2항은 주권이 국민에게 있다고 선언한다. 주권 행사는 다양한 개인으로 이뤄진 공동체의 결정에 참여하는 일이며, 이는 개인과 개인 사이에서 상충하는 권리와 의무를 조율하는 주역이 된다는 뜻이다. 따라서 우리는 권리 행사의 주체인 동시에 주권자로서 의무와 책임을 짊어진 존재다. 학교 역시 마찬가지다. 교육 주체들이 저마다의 요구를 그저 밀어붙이기만 한다면 결국 모두가 피해를 본다. 공화정신은 더불어 함께 사는 공동체를 민주적으로 구현하는 것이다.

12·3내란 사태는 한국 민주주의의 성과와 한계를 동시에 드러낸 사건이라고 할 수 있다. 사상 최초로 대통령의 계엄 시도를 막아낸 것이 성과이고, 이후 둘로 쪼개진 광장은 지금 우리가 마주한 한계이다. 이러한 성과 위에서 국가의 여러 구조와 요소들이 민주주의와 공화주의의 후퇴를 튼튼하게 방어해 내야 한다.심용환, 2025 민주적 과정에 입각해 내란 사태를 극복함으로써 다른 자유주의 국가들에게 신뢰를 주면서도 국익을 유지할 수 있는 단단한 민주공화국의 정체성을 확보해야 한다. 보수적 공화주의와 진보적 공화주의가 각축하고 있는데, 우리의 경우 민주주의의 확장을 통한 진보적 공화주의를 지향하고 있다. 이런 지향성은 곧 7공화국의 질을 결정할 것이다. 계엄과 탄핵 그리고 내란으로 이어진 작금의 시국은 위기이자 기회이기도 하다. 고통스러운 과정이지만 새로운 시민을 탄생시키는 고등 정치학습이 이루어지는 경험을 하였다. 그리고 새로이 출범한 이재명 정부는 우선 내란의 주체 세력과 비호 세력을 말끔히 청산해야 하는 과제를 안고 있다. 새로운 민주공화국은 또 한 번의 정권 교체만으로 이뤄지지는 않는다. 동시에 힘써야 할 것은 시민사회에서 민주주의의 뿌리를 굳건히 하는 일이다. 이를 위해서는 학생, 일반인, 공무원, 군인 등 각계각층의 민주주의 교육을 강화해야 한다. 그래야 민주공화정을 지켜내기 위한 시민들의 투쟁과 연대, 승리의 기억은 역사의 물결을 타고 다음 세대 그리고 그다음 세대에게 그대로 전해질 것이다. 한강이 말한 대로 과거가 미래를 살릴 것이며, 죽은 자가 산 자를 구할 것이다.

2부

학교의 유토피아와 교육이상국가의 건설

14장
디스토피아 환경으로 변해 가는 학교

오늘의 한국 사회와 우리 교육의 현실을 가장 쉽게 표현한 말이 "병든 사회, 아픈 교육"이다. 병든 사회는 아픈 교육을 낳는다. 교육의 아픔은 다시 사회의 병을 심화시키고, 이 두 가지는 서로 악순환의 관계를 형성한다. 한국 사회가 바로 이런 상황에 놓여 있다. 그래서 교육의 아픔과 사회의 병 사이의 악순환을 끊어내는 대전환이 절실하다. 나아가 과잉경쟁은 서로 간의 관계를 적대적으로 만들고 이는 사회 구성원들의 내면성을 파괴하는 수준에까지 이르고 있다. 이것은 초·중등교육에서 더욱 여실히 나타난다. 다른 학생을 공동체의 또 다른 구성원으로 보기보다는 '적대적 경쟁자'로 간주하는 체제하에서 나타나는 왜곡 현상에 학생 자살과 학교폭력도 위치하고 있다. 그러기에 자기파괴적인 소모적인 과잉경쟁 교육은 그만두어야 한다. 이를 위해 대증요법을 벗어나 구조적 전환을 통해 교육을 변혁해야 하고, 더 근원적 대안 사회를 향해 나아가야 한다.

우리가 이런 '병든 사회 아픈 교육'의 구조와 시스템을 고쳐 보려고 무던히 노력해 온 것도 사실이나, '학벌사회' 구조와 '입시 위주 교육' 시스템 속에서 우리가 바라던 '교육개혁'의 성과는 끝내 내지 못했다. 끝없이 탐욕을 부추기는 '승자독식 사회', '과잉경쟁 교육'이 우리를 서서히 괴물로 만들어 가고 있다는 사실을 망각했던 것이다. 그래서 다시 '교육 유토피아', '교육혁명'을 상상한다.

세계교육개혁의 동향

복지병 치유를 내세우며 등장한 영국의 마거릿 대처 총리는 1979년 선거에서 승리한 후 세금을 줄이고 복지예산 등 공공 지출을 삭감하고, 국영기업을 민영화하는 등 이전 노동당 정부의 각종 정책을 폐기하기 시작한다. 케인스 경제학의 적폐를 해소하는 한편, 자유방임적 원칙을 더욱 확산시킨 '신자유주의neo-liberalism'[102] 시대가 도래한 것이다. 이사야 벌린은 "늑대를 위한 자유는 흔히 양에게 죽음을 의미한다"고 하였다. 여기서 자유는 규제를 포함한 정부 개입이 없는 '자유'를 의미한다. 민영화, 탈규제 등을 중시하는 신자유주의의 승리는 사회주의의 붕괴로 정점을 찍었다. 미국에서는 1980년대 레이건 대통령이 등장하면서 신자유주의적 정책으로 경제를 회생시키며 일본에 밀리던 미국의 자부심을 다시 세운다. 이에 체제 경쟁을 하던 구소련은 궁지에 몰리고, 결국 자본주의를 받아들이는 항복 선언을 한다. 신자유주의는 승리했고, 미국의 시스템을 모든 나라가 따라가는 시대가 도래했다. 많은 국가가 경쟁적으로 규제를 완화하는 등의 정책을 도입하면서 신자유주의 시대가 열린 것이다. 신자유주의 경제학은 국가 교육정책에도 영향을 미쳐 교육의 시장화/민영화 정

---

102. '신자유주의'는 1970년대 후반과 1980년대 초반에 대처와 레이건에 의해 본격적으로 추진되기 시작하여 구공산권 붕괴 이후 세계적으로 파급되었다. 그 기본 이념은 첫째, 자원 배분자의 역할을 시장에 배타적으로 부여하는 정책 기조, 둘째 수요가 아닌 공급을 중시하는 경제 운영 방식, 셋째 공적인 삶과 공공재마저 상품화하는 극단적 시장주의 논리이다. 한국의 경우 신자유주의로의 이행은 1997년 외환위기 이후 본격화되었다. 이는 정부의 개입에 대한 반대, 민영화, 규제 완화, 누진세 철폐, 노조 무력화 정책들로 구현됐다. 그 부정적 여파로서 노동시장의 유연화, 대량 실업과 대량 해고, 비정규직 고용 증가, 소득 불평등 심화와 양극화, 신-빈곤계층 등장 같은 현실이 발생했다. '신자유주의적' 교육개혁의 언어는 시험만능주의, 표준화된 교육과정, 기대치와 결과 중시, 일자리 축소, 지식 전달, 민주주의 교육활동 금지, 학생과 교사에 대한 학업성취기준 달성 압박 등 다양한 통제의 일방적 기제가 사용된다.

책이 추진되었다.

세계교육개혁의 동향 또한 시장 기반 개혁 정책을 지속할 것인지, 아니면 공공성에 입각한 공적 투자 전략으로 새로운 교육체제로 이행할 것인지의 불가피한 선택을 강요받았다.달링-해먼드 외, 2017 그동안 세계화[103]의 흐름과 함께 신자유주의적인 시장 기반 교육정책이 대세를 형성했지만, 지금은 그 역효과가 심화되어 공교육 체제가 최대 위기에 봉착했다. 세계적으로 신자유주의 사조가 팽배해지면서 정치적·경제적·사회적 체제에 대한 대안을 마련하자는 비판적 연구와 사회운동이 커졌다. 신자유주의가 주도하는 세계교육개혁운동Global Education Reformation Movement이 점차 공교육의 민영화, 즉 '세균GERM'[104]에 감염되었다고 혹평했다.살베리, 2017 [105]

능력주의 비판과 과잉경쟁 교육

20세기 내내 한국의 학교는 교육의 장을 표방하면서도 실제로는 입시경쟁의 치열한 각축장이었고, 21세기 들어서는 입시경쟁의 주도권마저 사교육 시장에 완전히 내어주었다. 그리하여 학교에서 교육되는 민주주의는 이제 사회가 실제로 돌아가는 질서를 도저히 설명할 수 없게 되었다. 민주주의의 가치를 말하지만 일상 속에서는 엘리트주의에 찌들어 있을 때, 민주주의가 품은 진보적 가치들을 약육강식과 각자도생의 현실에 눈감은

---

103. '세계화'는 본질적으로 세상 사람들의 증가하는 상호의존에 관계된다.
104. 'GERM'의 탄생은 오스트리아 경제학자 아이에크가 제안한 시장 자유주의, 즉 '신'자유주의이 첫 번째 반복 시기에 고전직 자유주의와 숭앙 계획적 경제 사이의 '중간 길'로서 1930년대의 '신자유주의 1.0'을 제안했다. 이후 밀턴 프리드먼은 1970년대와 1980년대 국가의 주요한 정책 동인으로 민영화와 탈규제를 강조한 신자유주의 2.0을 제안했다. 'GERM'이란 학교 선택 및 학교 사이의 경쟁, 표준화된 학습(시험 기반 책무성/고부담 시험), 문해력과 수리력에 집중, 교육과정 협소화 등의 정책을 포함한다. 미국의 차터스쿨, 영국의 아카데미, 스웨덴의 프리스쿨, 우리나라의 자사고가 이에 해당한다.
105. 세균으로부터 '면역력'을 갖게 된 나라들은 PISA 테스트에서 우수한 성적을 거둔 핀란드 등 북유럽 국가들이다. 핀란드 교육 모델은 학교 간 협업, 개별 맞춤식 학습, 전인적 아동 발달에 집중, 신뢰 기반 책임, 교육 결과의 공평성 등에 초점을 두었다.

'공자님 말씀'이거나 능력주의(능력·자질·장점에 의한 지배) 경쟁에서 승리한 이의 교양을 부각하는 장식품으로 전락시켰다.박권일, 2025: 34-35

'능력주의meritocracy'는 신분·지위 및 토지·재산이 세습되는 봉건시대 유습을 대체하고 개인의 능력과 성과에 따라 사회경제적으로 보상한다는 점에서 진일보한 것이 사실이지만, 봉건시대와는 다른 새로운 형태의 불평등 체제를 고착화한다는 비판을 받고 있다.조돈문, 2024: 206 국내의 능력주의 비판론은 피케티와 샌델의 논리를 공유하면서 한국 사회도 미국처럼 능력주의 사회라고 주장하며 능력주의의 폐해를 지적한다. 능력주의 비판론은 능력주의가 이미 한국 사회의 법 제도 및 보상 체계에 내장되어 구조화되었을 뿐만 아니라, 지배계급의 '공정성' 담론으로 확산되며 지배 이데올로기가 되었다고 주장한다. 조선시대 과거제도에서부터 현대의 고시제도, 대학입시, 입사시험에 이르기까지 각종 시험제도는 능력주의가 절차적 공정성으로 정당화되는 근거로 제시된다. 이런 '닫힌' 능력주의를 신봉하는 공정성 담론은 소모적 경쟁을 부추기면서 불평등 체제에 대한 저항조차 무력화시켰다.

알피 콘은 『경쟁에 반대한다』에서 경쟁을 넘어서야 미래교육이 보인다고 했다.콘, 2019 흔히 경쟁이 경쟁력을 길러 준다고 여기지만, 경쟁은 개인의 생명력을 갉아먹을뿐더러, 사회 전체에도 인간적 에너지를 낭비하도록 함으로써 오히려 경쟁력을 떨어트린다. 지나친 경쟁은 사람들이 말을 잘 듣도록 통제하는 손쉬운 방편일 뿐이다. 굳이 하지 않아도 될 경쟁, 모두를 피폐하게 만드는 경쟁을 사회구조적으로 방치하는 것은 국가나 개인 모두에게 소모적이다. 그런 방식으로 우리 교육은 엘리트라는 괴물을 양산해 왔고, 우리의 구조와 시스템은 괴물들에게 영양분을 공급해 왔다. 우리나라 엘리트 교육은 공동체의 자원을 특정 소수에게 몰아 준 결과다. 엘리트의 특권의식은 반지성주의와 결합한 끔찍한 혼종이다. 윤석열은 한국식 엘리트 양성의 실패를 상징하는 인물이다. 한덕수와 최상목 역시 엘리트 교육과 관료사회가 얼마나 인간을 체제 순응적으로 만드는지를 잘 보여 준다. 공공의 이익을 위해 사회적 자원을 영민한 소수에게 물려준 한국식 엘리트주의는 점차 그 정당성을 잃고 있다. 검찰·사법 엘리트 그리고 의료 엘리트가 그렇다. 무한경쟁과 1등주의를 조장하고 묵인해 왔던 우리의 자화상이 오늘의 현실을 낳았다. 의사, 판사, 검사 되는 것이 최고의 길이라며 은연중에 '탐욕'을 투사하여 길러 낸 엘리트들이 한국 사회의 파탄을 초래했다. 우리의 꿈과 희망이었던 자랑스러운 1등들이 그같은 괴물을 낳았다.

학교는 어떤 종류의 사회를 필요로 하는가?

우리나라 학교교육의 역사는 기술의 근대성과 해방의 근대성을 가져왔으나, 다른 한편으로 제국화와 식민화 현상을 초래했다. 이 지점에서 '시험능력주의'[106]는 학교교육이 해방적 기능보다 식민적 기능을 가중시켰고, 한국 사회의 시험능력주의가 불평등을 재생산하여 참교육과 학교혁신을 어렵게 했다. 중등교육을 대학에, 대학교육을 노동시장에, 학교를 사회의 이익집단들에 종속시키는 '학벌주의'가 입시 위주의 공교육에 균열을 내고자 하는 '대안학교'와 '혁신학교' 교육활동의 발목을 잡고 있다.

혁신교육 10년에도 불구하고, 경쟁 현실은 더욱 참혹하다. 명문대 입학

---

106. '시험능력주의'는 성적 순위를 매기는 시험이 학력이나 능력을 제대로 평가할 수 있는 가장 객관적 지표라고 보는 능력주의(meritocracy, 능력/실력에 의한 지배=지능+노력)를 말한다. 시험은 두 단계로 사회를 제어한다. 수능시험이 1차 선별, 주요 입사시험이 2차 선별로 작동하되, 소수의 합격자(시험 능력자)와 대다수의 탈락자(시험 무능력자)를 구분 짓고 결과에 지복시키는 이데올로기이자 엄연한 지배질서로 작용한다. 1차 선별은 양가적이다. 2차 선별까지 좌우하는 '누적효과'가 크기에 교육이 입시 수단으로 전락해 고용이 불안정하고 값싼 '노동자'가 되지 않기 위한 전쟁을 학교에서부터 치르게 한다. 동시에 2차 선별로부터 무력화될 가능성 또한 없지 않아 자기가 속한 집단이 모두 차지하지 못하지 않을까 하는 두려움, 즉 지위 상실의 불안을 야기하고 급기야 그 밖의 무리를 차별하고 배척하게 한다. 시험의 보편적 본질이라고 할 수 있는 '시험능력주의'가 프랑스-일본-한국 사회로 이식되는 경로, 그러면서도 외환위기 신자유주의로 '괴물'이 된 한국적 특수성으로 나타나고 있다. 이렇게 능력주의를 무력화시키면서 '비능력적 요인'이 크게 영향력을 발휘하는 또 다른 형태의 귀족주의 사회로 회귀하도록 한다.

을 위한 수억 원대 입시 코디 성행 등 경쟁 교육은 여전하다. 경쟁 성장 → 빈부 격차 → 교육 격차 → 불평등의 대물림 등 성장의 역설이 발생하고 있다. 희망의 교육이 아니라 절망의 교육으로 치닫고 있다. 경쟁에서 탈락한 사람들은 학업을 포기하고, 내면성이 파괴되고 있다.

우리 사회는 현재 '개천에서 용 나기'가 어려운 구조이고, 중입·고입 배정에서 계급·계층적 갈등과 민원이 발생하고, 중산층 학부모가 사는 임대 아파트가 늘어나고, 저소득층 학생과의 분리 욕구가 강화되고, 교육이 계급·계층적 불평등의 상쇄 요인에서 계급·계층적 분리의 도구로 이용되고 있다. 교육의 탈국경화는 이러한 분리를 촉진하고, 그리고 저소득층 인재에 대한 교육복지는 통합적·종합적 지원이 아닌 파편적 지원에 지나지 않는 것이 현실이다. 따라서 교육을 통해 양극화와 계급·계층적 불평등을 극복하기란 원천적으로 어렵다. 교육개혁은 사회개혁과 함께 이루어져야 하는 일이다.

특히 대학은 단지 교육 불평등 차원을 훨씬 뛰어넘어 한국 사회의 모든 경제적, 사회적, 문화적 자원을 빨아들이고 자원 배분의 흐름을 왜곡시키는 블랙홀로 작용하고 있다. 한국 교육의 가장 큰 고질병 중 하나가 된 과도한 입시경쟁[107]과 대학서열체제는 초·중등교육의 본질과 내용을 종속 또는 굴절시키고, '계급 재생산'을 위한 거대한 기제로 작용한다. 이런 견고한 대학서열체제는 '서열 상위권' 대학 입학을 위한 입시경쟁 교육을 조장한다. 이러한 요인은 첫째, 대학서열체제가 중등교육을 황폐화하는 주범이기 때문이다. 둘째, 대학서열체제가 대학교육과 학문 경쟁력을 약화시키는 주범이기 때문이다. 셋째, 대학서열체제가 학벌주의를 재생산하는 결정적 기제이기 때문이다. 넷째, 대학서열체제가 사교육비를 확대

---

107. 김누리 교수는 '우울한 나라' 대한민국의 원인에는 극단적인 경쟁, 특히 '경쟁 교육'이 있다고 진단한다. 한국의 교육은 소수의 승자와 다수의 패자를 만드는 교육이다. 승자는 모든 것을 독식하고 패자는 모든 것을 잃는 구조이다. 그러니 교실이 전쟁터가 되는 것은 당연하다. 이러한 전쟁터에서 승자는 오만함을, 패자는 열등감을 내면화한다. 이것이 '오만과 모멸'의 구조로서 사회적 심리의 바탕을 이룬다. 현재 한국 사회가 안고 있는 문제는 근본적으로 전쟁터와 다름없는 우리의 교육 현실에서 배태된 것이다.

해 서민들의 생계를 압박하는 주범이기 때문이다. 다섯째, 대학서열체제가 지역 불균형을 재생산하는 중요한 기제이기 때문이다.

우리 사회는 지금 SKY 중심, 서울 중심의 대학병목체제, 즉 학벌체제의 공고화로 인해 초·중등학교 현장의 인간화와 민주화, 그리고 공동체화와 생태화 등 아래로부터 올라오는 상향적 운동을 짓누르고 있다. 이미 서울 집중과 지방 소외를 심화시키는 촉진 요인으로 작용하고 있다. 대학의 서울 중심, 학벌 중심, 시험 중심의 병목은 청년들의 미래에 대한 희망을 떨어뜨리는 요인으로 작용하고 있다. '단 한 번의 시험', 즉 '수능시험' 한 번으로 인생 전체가 결정되는 병목사회bottleneck society[108]의 늪에 빠져들었다. 기회구조로서의 '대학병목체제'는 분석적으로 대학병목, 공간병목, 시험병목, 계급병목, 직업병목으로 나뉠 수 있다.[109] 한국 교육의 병목체제는 '교육지옥'을 낳았다.

초·중등교육이 대학입시와 학벌체제에 종속된 상황에서 고등교육의 개혁 없이는 초·중등교육의 정상화는 요원한 기대일 수밖에 없다. 서열화된 대학체제 아래에서 좋은 대학에 들어가기 위한 과도한 경쟁이 '블랙홀'

---

108. 조지프 피시킨의 『병목사회』(2016)에서 '병목사회' 현상은 '단 한 번'의 결정적 시험에서 모든 것이 결판나는 판돈이 높은 시험, 즉 고부담 시험 체제를 말한다. 능력주의와 절차적 공정성에만 매몰되면 '병목사회'의 틀 안에서 '신-신분제 사회'로 귀결될 가능성이 있다. 우리는 공정과 정의라는 개념에 대한 감수성이 그리 예민하지 못하다. 공정과 정의는 상당히 다른 차원의 개념이다. 사실상 동일 선상의 가치를 가진 개념이 아니다. '공정(fairness)'은 규칙이고, '정의(justice)'는 원칙이다. 공정은 상식이고, 정의는 철학이다. 공정은 수단이고, 정의는 목적이다. 무엇보다도 공정은 시장의 논리이고, 정의는 사회의 논리이다. 어찌 보면 공정은 경쟁을 더 치열하게 관리하겠다는 논리이다. 공정은 경쟁을 더 합리적으로, 더 가열하게, 더 빈틈없이, 더 숨 막히게 하는 사회를 만들겠다는 선언이자, 경쟁의 패자는 더욱 죽음으로 내몰겠다는 결의이다. 공정경쟁, 공정거래가 이 최악의 불평등 국가를 개혁할 수단이 될 수 있는지 의문이다. 그것은 불평등을 더욱 심화시키고 정당화하는 방편이 될 가능성이 크다.
109. '대학병목'은 엘리트 대학들의 지위권력의 독점으로 인해서 생긴다. '공간병목'은 엘리트 대학이 특정한 도시 또는 지역에 몰려 있는지 또는 엘리트 대학을 들어가기 위한 고등학교나 사교육이 특정 도시 또는 지역에 몰려 있는지의 문제이다. '시험병목'은 시험제도 자체가 대학 진학이라는 기회로 가기 위한 어느 정도의 병목으로 작용하는지의 문제이다. 한국의 상대평가 내신은 극심한 시험병목을 유발한다. '계급병목'은 부모의 사회경제적 지위(또는 계급)가 자녀의 대학입시와 대학 진학에 얼마나 불평등하게 나타나느냐의 문제이다. '직업병목'은 정규직 고임금을 받는 노동시장과 학위의 관계를 밝히는 것이다.

대학병목체제의 구조

병목의 종류	병목의 문제점	설명
대학병목	지위권력의 독점	엘리트 대학의 집중 정도: 대학체제의 독점화(한국식), 다원화(미국식), 평준화(유럽식)
공간병목	공간권력의 독점	엘리트 대학의 지리적 집중
시험병목	평가권력의 독점	줄 세우기 교육: 상대평가 기반의 내신, 표준성취시험(수능)
계급병목	계급권력의 독점	대학병목을 통과하기 위한 수단으로서의 돈 (사교육비와 대학등록금)
직업병목	직업권력의 독점	정규직, 고임금을 받기 위한 노동시장과 학위의 관계

김종영, 『서울대 10개 만들기』, 2021

처럼 초·중등교육에 악영향을 미치고 있으며, 어떠한 좋은 정책이라도 이것이 왜곡된 효과를 지속적으로 만들어 내고 있다. 따라서 초·중등 공교육의 정상화를 위해서는 대학체제 개혁이라는 근원적 계기가 필요하다. 이런 관점에서 학교교육이 학문교육(인문계)과 직업교육(실업계)으로 지나치게 분리되어서는 안 된다. 특성화고와 전문대가 대학 준비를 위한 엘리트 중심 교육체제에서 밀려난 낙오자들의 훈련기관으로 전락해서도 안 된다.

한국의 강고한 대학서열체제는 고착된 제도(관료 카르텔 혹은 배후의 총자본), 상징과 상식(학부모), 시장(사교육)과 대결하는 문제는 '전면전' 양상을 보인다. '입시전쟁'은 가히 '계급전쟁'이라고 할 만하다. 과도한 입시경쟁과 대학서열체제는 일종의 '복잡계' 속에 놓여서 그 해결 또한 매우 어렵고 긴 일상의 전쟁을 벌여야 하는 대상이 되고 있다. 대학은 한국 사회의 불평등을 재생산하는 가장 중요한 사회 기제일 뿐만 아니라 사회적 관계를 왜곡시키는 요인으로 작용하고 있다. 대학은 국가사회는 물론 가정에서도 사교육비 과다 지출로 인한 가정경제, 가족문화, 정서의 흐름을 교란하는 요인으로 작용한다. 그래서 해방 후 한국인들은 교육의 양적 성공을 이루었으나 자신의 삶을 파탄의 지경으로 내몰았다.

상상력과 전인적 인성 그리고 비판적 시민성이 미래 인재의 핵심 요소로 인식되고 있는 지금, 대학입시로 인해 우리 교육에 만연된 점수 경쟁, 국·영·수 중심의 교육과정 운영, 문제풀이식 교육 등 고교교육이 파행되고, 대학입시가 학교 간의 과열 경쟁을 낳고 그것이 사교육 팽창으로 사회 문제가 되고 있다. 소수 엘리트만이 대학에 진학하던 때와 달리 높은 대학진학률에서도 알 수 있는 것처럼, 과열 입시경쟁과 사교육 팽창은 전 국민의 문제가 되어 있다.이형빈·송경원, 2025 그런 점에서 사교육의 완화를 위해서도 대학체제의 개혁이 필요하다. 대학체제 개편은 교육 분야만의 쟁점이 아니라 다양한 사회 의제와 긴밀하게 연관되어 있다. 수도권을 중심으로 한 대학서열화는 지방대학의 붕괴와 지역공동체의 해체로 이어지고 있으며, 서울과 수도권 부동산 가격 상승의 주된 배경이 되고 있다. 대한민국에서 대학서열화는 공고하나, 대학 교육의 질은 높지 않다. 대학서열화가 초·중등교육에 끼치는 폐단은 크고, 이로 인해 우리 학생들은 치열한 입시경쟁에 내몰리고 있으며, 서열화에 따른 '학벌주의'는 우리 사회를 병들게 한다. 이에 우리는 새로운 시대정신에 조응하며, 과도한 입시경쟁에서 벗어난 초·중등교육 정상화를 위해, 그리고 고등교육의 질을 높이고 공공성을 강화하기 위해, 대학의 수도권 집중화를 분산하고 지역 간 균형발전을 촉진하기 위한 대학체제의 개편이 시급하다.

과도한 입시경쟁과 대학서열체제 해소를 위해서는 제도·구조·가치 차원의 근본적 개혁을 해야 한다. '제도개혁'으로는 1차적 선별 장치의 누적 효과를 줄이고 협소한 '병목'을 확대해야 한다. '구조개혁'으로 저류에 속한 오랜 '노동배제'를 불식해야 한다. 그리고 '가치개혁'을 통해 사회 전반의 '의식/세계관 변화'가 이루어져야 한다. 이렇게 동시적 개혁을 해야 어느 정도 효과를 볼 수 있다.

이들 문제를 해결하기 위해 무엇보다 불평등의 세 가지 측면, 즉 경제적 불평등, 정치적 불평등, 사회적 불평등을 동시에 해소해야 한다. 지금 우리를 둘러싼 세계화와 능력주의, 불평등한 기본재 접근권, 기울어진 정치

제도개혁	• 시험능력보다는 실적(능력)주의 강화, 평가의 다양화와 패자부활 제도화 • 대학서열 구조 완화, 대학 공공성 확대, 수도권 분산 • 입시, 고시 외의 다른 지위 획득이나 지위 이동의 통로 확보
구조개혁	• 정치계급, 전문직, 관료집단의 지위 독점, 지위 폐쇄 극복, 위로부터의 이동 유인 축소 • 노동 존중, 노동권 확대를 통한 상승 압박 완화 • 단계적 숙련 축적 체계 마련을 통한 노동자의 삶의 안정성 보장 • 임금 불평등 극복, 사회적 연대
가치개혁	• 가치 기준의 단일성 극복, 성공지상주의·물질주의 가치관의 극복 • 능력주의의 이데올로기성 비판과 극복

김동춘, 『시험능력주의』, 2022

참여, 사라진 노동의 존엄성 등 다양한 문제를 함께 해결해야 한다.피케티 & 샌델, 2025 대학체제 개편은 의료를 포함한 기본재에 대한 더욱 포괄적인 투자, 더 높은 세율을 과세하는 누진 세제, 시장의 과도한 확장 억제 등의 여러 가지 대안적 조치를 동시에 취해야 성공할 수 있다.

비정상이 정상으로 둔갑하는 위기의 시대일수록 우리는 위기 속에서도 위기 이후의 새로운 미래에 대한 유토피아 꿈을 꾸어야 한다. 오랫동안 초·중등교육에 종사해 온 교육자들은 '혁신교육'을 표방하며 '공교육의 정상화'를 위해 노력했지만, 모든 노력과 헌신을 원점으로 돌리는 하나의 블랙홀이 있으니, 바로 그것이 대입과 대학서열체제다. 일류 대학에 들어가기 위한 과도한 경쟁은 입시제도를 어떻게 바꾸건, 그 변화를 공포 마케팅의 계기로 활용하는 사교육 산업을 팽창시키고, 학부모는 학원비 대고 학생들은 적응하느라 죽어난다. 교육입국敎育立國을 표방하며 교육을 통해 나라를 건설하고 발전시켰는데, 이제 교육 때문에 나라가 망하게 생겼다는 탄식이 그래서 나온 것이다. 그리하여 유토피아 교육에 대한 염원이 더욱 커지고 있다.

15장
유토피아와 디스토피아, 그리고 에듀토피아

인간은 이기적 존재라는 이념으로 무장한 자본주의가 과학기술 만능주의와 결합하면서 그 믿음이 굳어졌고, 이기적인 것이 합리적이자 이성적인 것이라는 공식을 낳았다. 신자유주의로 무장한 자본주의는 모든 사람을 만족시키는 이상사회를 추구하지만, 더 이상 모두가 만족할 수 없는 '디스토피아dystopia/bad place'를 안겨 주었다. 오늘날 인류는 이기주의와 무한경쟁으로 병들어 가고, 경제침체와 불평등이 지속되는 양극화만 더욱 가속되었다. 게다가 인간을 교육시키면 무지몽매함에서 벗어나 훌륭한 이성적 존재로 거듭난다고 믿었던 근대의 공교육은 자기생각·자기교육·자기실현을 강조하는 개인주의를 세계 전역으로 확대하였지만, 지나치게 파편화된 개인을 양성해 인간소외와 공동체의 붕괴를 낳았다.고재석, 2013: 106

세계화의 이데올로기 기반이 된 신자유주의 사조가 미래 사회의 대안적 질서를 위한 청사진으로서 상상된 '유토피아utopia/good place'의 도래로 인간 사회를 이끌 것이라는 야심 찬 꿈은 점차 소수만이 공유하는 희망이 되고 말았으며, 그 결과 유토피아로 가는 길이 가로막혀 있음을 목격하게 된다. 또한 몰인정과 무력함에 반감을 갖고 시간과 공간의 추를 정반대의 극단으로 흔들리게 할 수 있다.

절망, 공포, 불안, 불확실성 등이 가득 찬 분위기, 즉 '디스토피아'의 범람에도 불구하고, 역설적으로 변화와 개선 그리고 미래를 향한 염원은 더욱 커져 더 나은 시대가 오기를 고대한다. 그리고 이는 학교를 통해 오늘날에도 계속 전달되고 있으며, 때로는 다른 형태로 표현되기를 기대한다.Grinberg & Machado, 2024: 60 『민주주의와 교육』1916, 『경험과 교육』1938의 저자 존 듀이와 『능력주의의 부상』1961의 저자 마이클 영은 청소년의 심리적 박탈, 억압, 테러, 따돌림, 10대 자살, 성폭력, 총기 난사, 소모적 경쟁, 학업 실패, 아동 행동의 순치, 강압적 길들임, 능력주의의 팽배, 목적 없는 자유의 범람 등 극단적으로 참혹한 교육 사태를 '디스토피아'로 묘사하면서Heybach & Sheffield, 2013 유토피아의 꿈이 가득한 학교를 구상하였다. 이러한 상황에서 서머힐학교, 발도르프학교, 프레네학교, 헬레나렝에학교 등 다양한 대안학교가 탄생한 것이다. 이상적 교육은 내재적으로 유토피아와 연결되어 있다. 만약 학교, 가정 그리고 일(노동) 사이의 전통적 공간이 붕괴될 경우 서로 간 새로운 상호관계가 성립하기에 공적인 것과 사적인 것 사이의 기존 이분법을 재정의해야 한다.Peters & Freeman-Moir, 2006: 8

더욱이 작금의 시대 상황은 통치의 핵심적 도구로 전락한 학교사회임을 드러내고 있다. 수용소나 다름없는 '영혼의 통치'가 이루어지는 학교환경 속에서 '대안'을 찾아야 하는 상황을 마주하고 있다. 그래서 오늘날 중요해진 유토피아 교육의 과제는 대안의 길을 함께 걸어가는 것이며, 다름을 실천하는 행위이다. 다시 말해 이미 주어진 관행을 넘어, 그리고 그것의 바깥에서 생각을 현실과 경험으로 변환하는 것이다. 아이들을 교육한다고 자처하는 학교에서는 당연히 교육의 본질을 잊지 않는 유토피아 교육, 즉 '대안적 교육alternative education'을 향해 나아가야 한다.

유토피아 사상과 교육의 미래

현대 교육의 미래로서 상상된 유토피아는 그것의 범위와 방향에서 제한적일 수밖에 없다. 특히 '미래future'가 공식적인 정책적 서사로 활용될 때 더욱 그럴 것이다. 따라서 지배적 미래에 대한 유토피아적 대안을 논의하고 제시하는 것이 중요하다. 우리 사회와 교육이 어떤 모습이 될 수 있는지에 대한 대안적 비전을 탐구함으로써 가능한 대안이 존재할 수 있으며, 이러한 대안이 우리의 현실만큼이나 현실적일 수 있음을 보여줄 수 있어야 한다. 미래에 대한 유토피아적 이미지가 여전히 사회 변화의 주체가 될 잠재력을 가지고 있는 것은 바로 이러한 역량 때문일 것이다.Milojevic, 2006: 40

미래를 준비한다는 것은 유토피아와 디스토피아의 의미를 모두 내포하는 일이다. 미래를 준비하는 교육을 표방하면서도 현재의 가능성을 경시한다면, 그런 교육체제는 아주 광범위한 처벌 체제에 의존하고 있는 것이나 다름없다. 그래서 시대정신에 조응하는 교육은 디스토피아를 극복하기 위해 대안적 미래를 준비하는 일이어야 한다.

교육개혁가들이 더 나은 인간 존재를 향상시키는 개선된 길을 약속하는 교육 시스템, 실행 및 절차를 혁신하는 새로운 모델을 제안할 때, 교육과 유토피아의 관계는 더욱 구체적인 상황에서 다시 드러난다. 여기서 교육을 통해 개선될 수 있는 잠재력에 대한 일반적인 신념은 특정한 비전이나 약속과 결합되어 있다. 교육사상 역시 유토피아주의와 직접적으로 연결되며, 더 폭넓은 사회 이론에서와 마찬가지로 유토피아는 교육 분야에서 개념적으로 부활하고 있다.Murphy, 2024: 7

유토피아 사상의 관점으로 보아 교육이란 인간 삶의 궁극적 희망과 관련되어 있다는 점에서 유토피아와 내재적으로 연결되어 있고, 대부분의 교육 실천 안에서 유토피아주의가 다양하게 구현될 수 있다. '유토피아'는 어떤 관점에서 보면 '있는 그대로의 것들'과 '있어야 할 것들' 사이의 구분을 뜻한다. 이런 의미에서 인간의 '숙의적 노력'을 통해 창출된 '이상적 사회'를 지향한다.Olssen, 2006: 99 이러한 정의는 일반적으로 집단의 이상적인 존재에 대한 비전을 포함한다. 유토피아주의란 교육이 의존하는 개념이라고 할 수 있으며, 실행 가능하고 옹호 가능한 이론과 실천을 모색하는 데 필수적인 개념이다. 엄격한 의미에서 유토피아는 아직 실현되지는 않았지만 생각과 행동을 이끄는 어떤 상태에 대한 투사라고 할 수 있다.Leonardom 2006: 79 유토피아란 구체적으로는 인식할 수 없는 '아무 데도 없는 장소nowhere'라고 할 수 있다. 현실에 대해 비판을 가하는 유토피아적 사고는 적극적 의미로 현실을 비트는 것이기도 하다. 비트는 형태의 하나인 유토피아적 사고는 현실을 그 자체보다 더 나은 것으로 나아가게 하려는 표현이고, 현실의 긴장과 모순을 조화시키려고 시도하는 것이다.Leonardom 2006: 79

실천적 유토피아 교육 실험

디스토피아 현실을 극복하기 위해 역사적으로, 특히 오웬, 닐 등은 아이들을 위한 유토피아 교육 실험을 시도했다. 더욱이 오늘날에도 세계의 교육 상황이 매우 절망적인 상태, 즉 '디스토피아dystopia, bad place/society'로 빠져들면서, 역설적으로 '유토피아주의'에 대한 관심을 더욱 증대시켰다.Halpin, 2003 유토피아주의는 현대 사회에서 이미 진행 중인 진보적 힘을 토대로 실현 가능하다고 여겨지는 것을 기반으로, 미래에 대해 궁극적으로 바라는 것을 가능하도록 하는 경계를 확장하는 실행 계획으로 옮겨질 수 있는 일종의 '유토피아적 현실주의utopian realism'라고 할 수 있다.Halpin, 2003: 60-61

미래를 준비하는 현재의 가장 좋은 교육이란 우리가 사는 현재의 세상을 벗어나는 데 있다. 이는 '우리 아이들이 우리의 미래다'라는 오랜 상투적인 표현에서 자주 회자된다. 그리고 대부분의 유토피아 계획은 공식적·비공식적 의미에서 교육에 대해 많은 것을 말해 준다. 실제로 유토피아주의는 특정 종류의 습관·성향·태도의 발달을 촉진하기 위해 명시적으로 고안된 삶(도시와 농촌의 계획 방식)의 '설계'라는 의미에서 근본적으로 '교육적'이라고 생각할 수 있다.Peters & Freeman-Moir, 2006: 3 유토피아주의는 삶이 이루어지는 '공간적' 차원과 학습이 이루어지는 '시간적' 차원을 연결하며, 그런 의미에서 모든 유토피아적 방법론이란 교육을 '상상의 사회imagined society'의 일상적인 구조와 문화에 기반을 둔다고 할 수 있다.Peters & Freeman-Moir, 2006: 3

유토피아주의는 기존 교육체제에 대한 비판 수준을 넘어 현재의 교육 문제를 해결하고자 할 때 교육개혁과 혁신의 포괄적인 목록과 청사진을 제공한다. 교육의 효과적인 변화는 개혁(Reforms, 거시적 수준과 시스템 수준에서 정부가 제안하고 수행하는 정책)과 혁신(Innovation, 일선 학교가 지역사회 연계와 NGO 제휴)의 융합을 통한 사회운동의 차원에서 이루어진 결실이라고 할 수 있다.성어, 2024: 276 이렇게 제안된 요지는 교육의 규제를 줄이고 강제적 요소를 제거하고, 학생과 학부모에게 교육 경험의 본질과 관련하여 의미 있는 선택을 할 수 있는 자유를 부여하고 실천적 방안을 제시한다.

우리는 역사에서 새롭게 도래하는 보다 바람직하고, 보다 나은 미래적 삶에 관한 고유한 형상들 내지는 모사들을 이해하도록 사고하고 기록하는 작업을 시도한다. 이것은 억압과 강제 노동이 없는 사회를 어떻게 창조할 것인가 하는 거시적 의미에서의 철학적·정치경제학적·신학적 문제와 연관이 있다.박설호, 2011 이러한 문제들은 기존 사회주의 사회가 사라졌다고 해서 완전히 해결된 것이 아니다. 이는 현대 사회에서 여러 가지 복잡한 형태로 다양한 모습을 드러내고 있지만, 궁극적으로 '어떻게 하면 징지직·경세적 억압과 강제노동 내지는 소외된 삶이 해결될 수 있을지' 하는 핵심적 문제에 복속되는 문제이다. 당면한 문제와 부딪칠 때 견지해야 할 사항이 저항의 지조라면, 미래의 먼 목표를 설정할 때 견지해야 할 사항은 꿈의 정서와 연관된다. 그래서 '경멸당하는 사람들'과 '모욕당하는 사람들'은 저항을 통해 존재하지 않는 구체적 현실을 처음부터 구성적으로 제시한다.[110] 어떤 사건의 연쇄가 과거에 항상 일어났다면 그것이 미래에도 일어날 것이라는 가정이 귀납법을 타당하게 만드는 토대가 된다. 과거의 역사적 산물이 미래에 도움이 되는 한, 그것을 활용하는 것은 지혜 있는 사람의 당연한 역할이다. 이는 이전 경험에서 얻어진 결과이기 때문에 그것이 미래 경험에 대해 지니게 되는 가치는 한없이 크다.

유토피아주의가 '선호하는 미래'는 현재 산업사회의 소비적 실행을 넘어서는 대안적 좋은 사회라고 할 수 있다. 인간의 질병을 종식시키고 정의롭고 공평한 사회를 열고자 하는 유토피아에 대한 염원은 인간 상상력의 표면 아래에 있다.Hicks, 2002: 120-121 인간의 상상력은 인간의 갈등과 고통 문제에 대한 장기적인 해결책을 깊이 염원한다는 점에서 천년왕국의 전통에 참여하는 것이다.Kumar, 1991 지역사회, 조직, 집단 또는 개인을 위해 더 나은 미래를 상상하는 현재의 관심은 종종 무의식적으로 그러한 욕망이 솟구치는 것을 나타낸다. 어떤 사람들은 새로운 세기의 시작에 관심이 번성하는 것이 놀랍다고 말할 것이다. 그래서 우리가 원하는 '유토피아적 미래utopian future'는 현재의 굴레(제약)에 의한 신자유주의적 상황을 극복하여 미래 변화의 가능성을 인식하고, 그 식민화에 저항하는 미래 지향의 가능성을 열어 준다.

이러한 염원의 응답인 '교육적 유토피아educational utopia' 또는 '유토피안 교육utopian education' 또는 유토피아 교육학utopian pedagogy은 더 나은 세상과 미래를 구상하면서 교육 실천을 더욱 고무하는 '실험적 사고'를 시도한다. 유토피안 사고와 상상력은 현상유지를 비판적으로 평가할 수 있는 수단을 제고하며, 대안적 교육 방식은 물론이고 대안적인 사회적-정치적 질서를 구상하고 평가할 수 있는 수단을 제공함으로써 허무주의에 빠지지 않도록 한다.Forde, 2007: 10 그리고 미래와 유토피아는 평행적

---

110. 블로흐 유토피아 철학의 특징으로 '반역'과 '저항'을 들 수 있는데, 주어진 기존 질서를 거부하고 이를 파기시키려는 강인한 의지는 블로흐가 파악한 마르크스의 구상과 관련이 있다. 그는 유토피아 개념을 마르크스주의(소외와 착취)와 기독교주의(메시아적 희망)의 접목을 통해 이끌어 냈다.

으로 발전하기 때문에 '지배적 담론'[111]에 질문을 준비하는 사람이 많을수록, 그리고 진정한 유토피아를 건설하기 위해 어려운 일에 헌신하려는 사람이 많을수록, 전망은 더 좋아질 것이다.모스, 2021: 336

아동의 상상력이 어른의 유토피아 상상력으로

교육받은 사람들의 증가는 결혼, 이혼, 청혼과 같은 가족제도에 대해 영향력을 행사하고, 부모 역할과 아동기childhood도 교육혁명에 의해 큰 변화를 겪었다.베이커, 2018: 322 인간의 기원인 어린이는 어떤 존재이고, 아동기란 무엇인가? 어린이와 아동기의 형상화figuration는 어린이와 우리의 교육적인 마주침을 생각하고 느끼고 집행하는 것이다. 이런 공동의 이미지들은 우리의 가르침과 연구 실제를 형성하며, 역사적·사회적·문화적 담론들과 실제들은 신체에 물질적 감응과 결과를 낳는다. 따라서 어린이에 대한 이런 얽혀 있는 형상화를 적으로 설명하고, 우리의 신체정신에 남긴 흔적들을 지도화하는 것은 생기적인 작업이다. 이 작업은 항상 발현적이며, 언어와 과거의 개념에 의해 속박되며 새로운 것은 오직 현재의 배경에 기대어 나타난다.무리스, 2021: 222

교육적 변화를 위한 핵심적인 요소는 우리의 집단적인 상상 속에 가지고 있는 어린이에 대한 다양한 이미지들을 교사들과 함께 개념 지도로 만드는 일이다. 어린이 모습에 대한 이미지는 어린이에 대한 특정의 장소와 권력관계로 표현되는 상황이나 환경에 속한, 그리고 체현된 위치 짓기에 대한 사회적·물질적인 지도화라고 할 수 있다. 이런 형상화 또는 재-

---

111. '지배적 담론'이란 자신만이 사유하고 말하고 행동하는 유일한 방법이자 단일한 실재라고 주장함으로써 특정한 주제 분야에서 결정적인 영향력을 가지고 있는 이야기들이다. 지배적 담론이란 푸코의 언어로 설명하면, 우리의 사유와 행위에 권력을 행사하는 '진리 체계'를 강제함으로써 우리가 무엇을 '진실'로 바라볼지, 어떻게 세상을 구성하거나 실재를 엮을지를 관리하고 통치한다.

형상화는 상상하기, 인지적 가설과 신념으로 체현되며, 어린이 자아에 대한 특정의 모습이라고 할 수 있다.무리스, 2021: 198 그리고 말라구치가 강조하는 '유능한 어린이child as rich'라는 형상화는 어린이의 형상화, 즉 아동기는 물질적 빈곤 속에서 가난하게 살아가는 많은 어린이가 있다는 것, 불평등으로 인해 삶과 희망이 황폐해진 많은 어린이들이 있다는 것, 풍요로운 삶에 대한 희망도 없는 조건과 싸워야만 하는 많은 어린이들이 있다는 것을 부정하는 것이 아님을 상기시켜 준다.무리스, 2021: 287 이 말은 어린이를 부족하고 결핍된 존재에서 유능하고 잠재력이 있는 존재로 재구상하는 것이라고 할 수 있다.

어린이 이미지는 발달하는 어린이(성숙/안내), 무지한 어린이(훈련/합리성/경험), 약한 어린이(통제/훈육/설득), 순수한 어린이(보호), 유약한 어린이(회복탄력성/치료/진단/교정), 공동체 어린이(사회적 관계/연장자에 의한 사회화/우분투) 등이 거론되고 있다.무리스, 2021: 198-223 이런 주체의 위치(주체성)는 혼종적이며, 다층적이고, 종종 내면적으로는 모순적이며, 상호연결되어 있는 거미줄과 비슷하다. 어린이와 아동기에 대한 현재의 담론들은 비선형적이며 모순적인 어린이와 아동기의 형상화를 구성하고 있다. 아동기는 교육의 급진적 민주화를 위한 장이 되었고, 교육적 차원에서 리프먼은 프레이리의 아이디어(민주적 대화)와 듀이의 아이디어(탐구로서의 교육)를 결합하여 '탐구 공동체 페다고지'를 제안했다.무리스, 2021: 277

유토피아와 교육의 관계는 다양한 토착적 전통에 따라 서로 다른 기조를 보인다. 이상적 아동기[112]는 기계적 세계를 거부하는 유토피아의 미래적 토대를 제공하는 기회의 영역으로서 이행 시기의 '재구성'과 '재현re-

---

112. '아동기'에 대한 학문적 접근으로서 발달주의 이론, 심리학 이론, 사회학 이론에서 페미니즘, 마르크스주의, 후기구조주의, 사회적 구성주의의 관점에서 아동기 개념의 재구성이 시도되고 있다. '아동기' 개념으로 플라톤·아리스토텔레스 아동(수호자 교육), 청교도 아동(원죄), 자유롭게 각성된 아동(로크, 듀이), 낭만적 아동(본성, 자연), 포스트모던 아동(기든스, 벡, 바우만), 타자적 아동(다양성, 이질성), 시민으로서의 아동(현재적·미래적 시민, 자유주의적·공화주의적 시민성), 포스트휴먼 아동(레지오 에밀리아, 푸코, 들뢰즈, 가타리) 담론이 거론되고 있다.

presentation'을 요청한다.James & Prout, 2015[113] 과도하게 미래에 맞추어진 '지금 여기'의 부재, 사회적 경험의 결손, 대중교육의 확대로 인한 아동기의 학교화schoolification 등을 둘러싸고 행위의 주체agency로서 아동기 개념의 새로운 위치 설정과 재구성이 시도되고 있다.Wyness, 2006 이상적 아동기로 서구 교육사상 전반에 걸쳐 다양한 종류의 '교육 유토피아'의 특별한 관심의 대상이 된 아동기는 그것의 대안적 개념으로서 철학적·정치적·사회적 교육을 요청한다.Kohn, 2012 동시에 '현재의 시민으로서의 아이'와 '미래의 시민으로서의 아이'라는 아동기 정책과 결합된 아래로부터 올라오는 '살아 있는 시민성lived citizenship', 그리고 교실에서의 당파적 정치활동을 금지하며 '정치적 문해력political literacy'을 강조한다.Lyckyer, 2012; Piper, 2012 권리의 담지자로서 '시민으로서의 아이들citizen child/children's citizenship'을 위한 인정투쟁은 아이들의 멤버십, 권리, 책임, 지위의 평등, 존중과 인정, 역량, 독립 등을 요구한다.Lister, 2020 이 주장은 영국 노동당 정부에서 '모든 아이들이 중요하다Every Child Matters'2003라는 공약으로 표명되었다. 이는 우리나라에서 구현된 동학의 인내천과 사인여천 사상과 맥락이 통한다. 이런 교육의 요청은 사회 변화에 따른 시대정신Zietgeist의 반영이라고 할 수 있다.Stables, 2011: 5 아동기의 형성Bildung/formation을 위한 교육의 역할을 사회 변혁의 과제로 삼는 것이다.Kohn, 2012

이상적 아동기는 '상상의 지도imaginary maps'가 풍부하게 형성되는 중요한 시기를 설정하여 그 시기에서 어른들의 '유토피아적 사고'에서 자원

---

113. 이런 교육의 요청은 립맨(M. Lipman) 등 '철학적 탐구 공동체'를 통해 아동기, 철학, 공동체, 교육이 융합되고 민주주의를 '숙의적 탐구'로 이해한 '아이들을 위한 철학(P4C)' 운동에서 추진되고 있다. '탐구 공동체 페다고지'는 참여자의 일상생활에 스며드는 하나의 틀을 주며, 그것은 노력하기 위한 이상으로서 작용한다. 이 페다고지는 소크라테스가 등장하는 플라톤의 대화에서 영감을 받은 것으로 아이들은 '내적 언어', 즉 입말과 글말로 사고를 한다. 이를 비고츠키는 어린이들이 사회에서 함께 생각함으로써 스스로 생각하는 법을 배운다고 가정했다. 교사 또한 지적이고 상상적인 대화의 절차를 통해 '내면화'하려고 한다. 이 운동은 특히 들뢰즈 등 '생성하는 아동(becoming-child)'을 위해 아동기와 철학 사이의 관계를 '재영토화(re-territorialization)'하는 교육적 작업이라고 할 수 있다 (Kohn, 2012).

을 찾는다. 그런데 만약 그것에서 아동기의 상상력이 생성될 가능성이 적다면 성인기adulthood의 유토피아적 상상력이 출현할 가능성은 더욱 희박할 것이다.Peters & Freeman-Moir, 2006: 3 이렇게 상상력과 유토피아 사이의 연관성은 인간 발달에서 두 가지 모두의 토대를 구성하기에 교육이론에서 특히 중요한 의미를 갖는다. 아이들을 길러 낸다는 것은 필연적으로 '교육은 무엇을 위한 것인가?'라는 질문을 제기하게 한다. 또는 모리스William Morris의 잘 알려진 표현을 빌리자면, "그럼 우리는 어떻게 살아야 할까?" 여기서 유토피아주의의 역사를 재연하거나 이를 교육사상의 역사와 직접 연관시킬 수는 없지만, 모든 위대한 교육이론에는 유토피아적 지향을 보여 주는 요소들이 내재되어 있다.

 그런데 여기서 우리가 유념할 점이 있다. 현대 정치에서 유토피아주의가 사라졌다는 것은 그것이 수행할 수 있는 역할에 대한 인식조차 실종되었다는 것을 의미하지 않는다는 점이다. 이는 현상유지 상태를 벗어나 미래를 여는 데 필요한 유토피아적 인식을 상실한 것으로 이해해야 한다. 현대의 유토피아주의는 구체적 청사진을 제시하거나 옹호하는 전통을 따르고 있지는 않기 때문에 유토피아의 서사적 의미를 부정하면서 유토피아 사상의 근본적 가치가 상실될 위험성을 보일 수 있다. 따라서 미래에 필히 수반될 '종말'을 구체적으로 예고하는 유토피아주의를 탈피하여 레비타스Levitas가 제안했듯이 '발견하는heuristic' 유토피아 사상으로 발전해 나가야 한다. 우리는 유토피아를 수사학적 차원에서 이해할 필요가 있으며, 그리고 현재가 부과하는 통념적인 제약으로부터 벗어나 자유로운 지성적 맥락에서 상상하고 꿈꾸며 그 가능성을 논의할 수 있는 '초대invitation'의 관점에서 더 많이 파악할 필요가 있다.Peters & Freeman-Moir, 2006

16장
숙의·결사체 민주주의와 협치 그리고 교육 거버넌스

 직접민주주의가 대의민주주의나 결사체민주주의를 완전히 대체하지는 못한다. 오히려 해방적인 민주적 이상을 실현하려면 이러한 통치 형태들 각각을 더 심층적으로, 그리고 민주적인 방향으로 변혁하고, 또 각 종류의 민주적 참여가 다른 종류의 민주적 참여를 지지하고 강화할 수 있도록 해야 한다.라이트, 2019: 221 그 대안으로 등장한 민주주의가 '숙의민주주의deliberative democracy'다. '숙의熟議 deliberation'는 '깊이 생각하며 충분히 의논함'을 뜻한다. 숙의는 공유된 문제를 해결할 행위 계획에 관한 결정을 내리는 것을 목표로 하는 토의다. 숙의는 민주적 절차에 따라 집단 지성을 발휘하는 과정이고, 그리고 담론적으로 구조화된 정당화 과정으로 기능한다. 거의 모든 숙의 이론은 사회의 중요한 이슈를 대상으로, 광범위한 공동체 내에서 이성을 활용하는 것에 우선순위를 둔다. 심지어 공동체 구성원들이 비공식적인 상황에서 교류할 때 나누게 되는 '일상의 대화'마저도 여론 형성에 기여한다는 점에서 숙의의 의사소통이라 할 수 있다. 집단적 성찰과 평가를 수반하는 상호 의사소통은 숙의의 개념에서 매우 중요하다. 숙의는 소리 지르며 싸우는 것이 아니다. 숙의는 다른 사람들의 생각, 믿음, 관점 그리고 진심으로 씨름하는 '자발성'을 필요로 한다.바튼 & 호, 2023: 124

특정 개인이 의사결정을 독점하거나 다수결의 원리로 모든 문제를 해결하지 않고 충분한 심사숙고의 의견 조율 과정을 거쳐 의사결정을 하는 것이다. 숙의의 독특한 점은 자신의 견해에 대한 이유를 제시하는 데 있지 않고 다른 사람들에게 그들의 견해에 대한 이유를 요청하는 데 더 초점을 둔다는 점이다. 숙의는 공동체를 만들어 내는 수단일 뿐만 아니라 더 나은 결정을 이끌어 내는 수단이라는 점에서도 중요하다. 그리고 숙의가 가진 중요한 장점은 다른 형태의 의사결정에 비해 결과를 더 폭넓게 수용할 수 있게 이끈다는 점(개방성/포용성)이다.바튼 & 호, 2023: 123-126 숙의민주주의는 민주주의의 중심 원리를 대의제 민주주의나 다수결 원칙의 한계를 넘어 실질적 민주주의와 성숙한 단계의 민주주의로 나아가게 한다. 숙의민주주의자들은 계몽된 논쟁, 이성의 공적 사용, 진리의 불편부당한 추구 등을 지지한다. 숙의민주주의자들은 민주주의 과정이나 제도가 정치 참여자들의 현재적·경험적 의사를 중심으로 만들어져야 하는가, 아니면 합리적인 정치적 판단이라 할 수 있는 것을 중심으로 만들어져야 하는가, 하는 문제를 제기했다. 현대 민주주의에 대한 재고가 기존의 직접민주주의나 참여민주주의의 모델로 돌아가는 것은 아니지만, 현대 정치생활의 문제점에 대한 깊은 관심은 숙의민주주의자들의 수많은 상상과 실천을 자극했고, 나아가 숙의민주주의를 실천하는 공간의 확립과 강화를 위해 자발성과 자율성 그리고 연대를 강조하는 '결사체민주주의associative democracy'로 발전해 갔다. 숙의민주주의와 결사체민주주의가 적절히 융합될 때 국가와 시민사회 사이의 협치goverance 체제가 공고하게 구축될 수 있을 것이다.

협치의 조건으로서 숙의민주주의와 결사체민주주의

'시민적 공화주의'는 공공선에 대한 헌신, 공적 결정에 대한 적극적인 참여와 모든 시민이 공동체로부터 배제되지 않고 권리와 혜택을 누리는 시민권의 원리, 시민적 덕에 대한 강조를 핵심 내용으로 한다. 즉 그것은 적극적 시민으로서 정치에 대한 참여와 선출된 공직자의 시민에 대한 사회적·도덕적 책임성의 윤리를 함축하고 있다. 시민적 공화주의자들은 '숙의민주주의'를 강조한다. 숙의민주주의는 기존의 견해를 고수하는 진영들 간의 타협이 아니라 각 진영이 '더 나은 논변'에 따라 결정을 내리는 것에 기반을 두고 있다. 그러나 사실 숙고가 행위자의 추상적인 의지만을 필요로 한다고 가정하는 것처럼 보이지만, 반드시 가르쳐야 하는 적극적인 연습과 습관의 함양을 요구한다. 민주주의의 심화를 위한 '적극적 숙의'는 참여의 전제 조건으로서 합리적 규범을 인정해야 할 뿐만 아니라, 게임에 참여함으로써 반드시 의도적인 부작용의 일종으로 이러한 규범을 생산해야 한다.Pettit, 2012

숙의는 학생들의 미래를 성인 시민에 국한하지 않기에 교육적 가치가 크다. 몇 가지 예비적 요건만 충족된다면, '숙의적 합리성'은 실질적으로 그것에 참여할 수 있는 주체를 길러 낸다. 토론에 참여하기 위해 반드시 합리적인 행위자가 될 필요는 없다. 왜냐하면 토론을 하는 중, 그리고 토론을 통해 하나가 될 수 있기 때문이다. 따라서 학생들의 관련 경험 부족과 성찰적 이성적 사고의 상대적 무능을 크게 염려할 필요가 없다. 자유로운 숙의에 적극적 참여를 허용하면 발전될 수 있기 때문이다. 숙의의 이점으로는 학교공동체의 시민으로서 학생들은 학교에서 지금 자유롭고, 그리고 공화국의 자유를 유지하는 데 크게 기여할 수 있는 훈련된 시민으로서 성인의 세계로 들어갈 수 있는 것이다.

숙의민주주의는 그것을 실천하는 공간의 확립과 강화를 위해 '연합/결사체적 민주주의'로 발전해 간다. '결사체'는 ① 자발성을 가져야 하고, ② 자신의 독특한 필요를 가져야 하며 그 필요 하나만을 실현시키도록 설계되어야 하며, ③ 결사체는 그것에 의해 지배되기보다는 오히려 사람들이 그것을 지배할 수 있을 만큼 소규모여야 한다. 결사체적 민주주의는 시민사회의 집합적 수 결사체들로 하여금 보통 국가 기관 및 기업 결사체들과 함께 다양한 종류의 거버넌스 활동에 참여할 수 있게 하는 광범위한 제도적 장치를 포함한다.라이트, 2019: 198 급진적 변화와 유토피아를 지향하는 많은 결사체주의자들은 결사체적 민주주의를 기존 사회적 관계의 보완재가 아니라 '새로운 사회'의 보완재로 간주한다.Hirst, 1994: 18 한 사회의 모든 성원이 동등한 조건으로 자기 이익을 위해 참여하고, 사회 안에서 여러 형태의 '연합적 삶associative life'이나 '결사체적 민주주의'의 상호작용을 통해 제도를 유연하게 재조정해 나가면, 그것은 그만큼 민주적인 사회라고 할 수 있다. 신공화주의가 지지하는 '결사체적 민주주의'는 가능한 한 많은 사회 문제가 자발적이고 민주적인 자발적 결사체에 의해 관리될 때, 인간의 자유와 복지가 가장 잘 봉사하는 정치사상이다.

숙의적·논쟁적 민주주의를 형성하는 데에서 교육은 결정적으로 중요하다. 헌법과 법률이 작동할 수 있는 규범적 문화를 창조할 때에만 이런 형식의 '민주적 사회democratic society'를 형성할 수 있다. 민주적 사회에서 개인은 사회적 관계 및 통제에 개별적 관심을 가지며, 아울러 무질서를 초래하지 않고 사회 변화를 도모하는 '마음의 습관'듀이, 2024: 152-153과 시민성citizenship의 습관을 지녀야 한다.Pettit, 1997 교육의 목적은 안전을 제공하고 민주주의 역량을 구축하는 사회적으로 확립된 규범적 문화를 건설하도록 돕는 데 있다. 이런 역량에는 토론 기술 및 절차와 정치적 적극주의를 충족하는 법적 논쟁이 포함된다. 덧붙여 법을 뒷받침하고 논쟁 가능성과 숙의에 결부된 제약을 충족하는 데에는 신뢰와 함께 시민성 규범이 필요하다.올슨, 2015: 433 시민적 공화주의자 페티는 시민성의 습관에 자양분을 공급하는 일에 국가 행위가 매우 중요하다고 지적한다.Pettit, 1997 이것은 근본적으로 교육이 만들어 내는 '민주적 역량들democratic capabilities'이다.Pettit, 1997: 434

보수적 담론과 진보적 담론의 민주적 소통이 가능하려면 군중群衆을 공중公衆으로 전환시키는 공론公論의 장을 활성화해야 한다. 시민사회에 공중이 없다면 시민은 노숙자 신세가 되고 말 것이며, 거대한 관료제 정부나 사적 시장에 갇혀 버릴 것이다.바버, 2006: 71 즉 시민 스스로 공동의 가치를 표현할 공간을 상실하는 것이다. '공동의 요소들'은 사라지고, 한때 공적 영역이 서 있던 곳에서는 쇼핑몰이나 테마파크들이 들어설 것이다. 이곳은 더 이상 당신과 나의 사적인 모든 것을 넘어 함께 모일 수 있는 희망을 갖게 하는, '우리'를 환영하는 유일한 장소가 아닌 것이다.

따라서 민주적 공론의 장이 가능하려면 학습과 포럼이 활성화되어야 한다. 인공지능 시대, 코로나 이후 시대 등 사회 및 국가 전략을 제시할 수 있는 담론을 개발하고, 시민사회의 담론을 지도해 나갈 수 있는 리더십을 갖추어야 한다. 그렇게 할 때 합리적이고 민주적인 시민교육이 가능하다. 명백히 숙의민주주의는 집단적 정체성을 가지고 가치를 공유하는 '교양 있는 시민educated citizen'을 전제로 한다.을슨, 2015: 430 비록 민주적 정의의 수용된 가치가 성과를 형성하는 데 중요하지만, 평화와 공동체의 안정과 같은 요인 역시 중요하다. 민주적 실천의 핵심적 원천으로서, 그리고 정당성의 중심적 원천으로서 공감과 성찰을 포함한 정치적 참여를 통한 '숙고적 실천들'에 중심을 두는 시민교육Peterson, 2017, 2011, 2009은 학생들로 하여금 자신의 특별한 관점을 진전시키고 타인의 관점을 경청하는 대화에 참여하기를 기대한다. 시민교육자들은 교육 프로그램을 어떻게 의미 있게 운영할 수 있는지의 차원에서 시민성을 활발하게 논의하고 토의하면서 구성해 간다.

이런 원칙은 공동체가 합의된 성과를 향해 나아갈 수 있고, 해결을 이룰 수 있으며, 선호가 형성되는 '숙의에 기반한' 사회를 지지한다. 정치는 그것이 '정치적인 것'에 대한 비적대적 해결로 여겨지기 때문에 합리적인 분석이 아니라 즉자적인 주장만 난무하는 일이 될 수도 있다. 예외 없는 합의는 가능하지 않기 때문에 종국적으로 조화로운 형식의 민주주의는 가능하지 않을 것이다. 따라서 무페가 언급한 것처럼, 심사숙고가 아니라 반사적인 주장만이 난무할 수 있기 때문에 우리는 민주적 논쟁에 더 많은 힘을 기울여야 하고, 우리의 행위에 대한 책임을 받아들여야 한다. 아울러 모든 한계와 더불어 정치적 행위를 추구할 수 있도록 하는 제도를 형성해야 한다. 오로지 이런 조건 아래에서만 '다원주의적 민주주의plural democracy'가 가능하다.^{Mouffe, 1993}

미국의 아나키스트 북친Murry Bookchin은 아주 작은 규모의 도시 내에서 수행되는 면대면 소통과 시민성에서 유토피아 사회를 발견한다.^{Halpin, 2003: 87-88} 교육 시장의 옹호자들이 선호하는 원자적 결정에 대한 대안으로 더 많은 교육 기회의 평등과 사회적 자본(신뢰, 포용, 협력, 상호작용, 사회적 유대와 성찰)의 가치를 중시하는 교육의 좋은 학교 거버넌스school governance가 제시되고 있다.^{Halpin, 2003: 89-92} 민주적 거버넌스뿐만 아니라 인간의 번영과 그것이 번영할 수 있는 조건을 야기할 수 있는 민주적 참여는 급진적 교육radical education, 유토피아 교육학utopian pedagogy의 중심에 자리한다.^{Fielding & Moss, 2011: 42-43}

숙의민주주의는 유토피아 교육의 핵심에 자리하고 있다. 다수결 민주주의 문화가 팽배한 학교문화의 대안으로서 교육의 본질이라고 할 수 있는 깊은 숙의의 과정을 요구한다. 특히 독재가 분단을 먹고 자라는 동안, 숙의민주주의는 뿌리를 내리기 어려워졌다는 점을 유념해야 할 것이다. 숙의민주주의와 결사체민주주의를 구현할 수 있는 내적 역량을 갖추어야 민주적 협치를 원활하게 할 수 있는 조건이 갖추어진다고 할 수 있다.

통치에서 협치로, 그리고 교육 거버넌스

숙의민주주의의 하나로 정부 중심의 통치를 의미하는 거버먼트 government의 역할과 권력[114], 그리고 권력의 정당화 절차에 대한 회의로부터 시작된 사회과학의 담론이 거버먼트를 보완하거나 대체할 수 있는 구체적 대안으로 거버넌스론을 제시하기 시작했다. 오늘날 개인들과 공공

행정의 관계가 재편되면서 '통치government'라는 개념이 '협치governance'[115]라는 개념으로 대체되는 변화가 일어나고 있는 것이다.Argüden, 2011 그리고 '거버넌스governance'라는 개념은 중요한 지적·제도적 생산을 촉발하고, 다양한 해석을 가능하게 하고, 유토피아 및 철학적 개념과 정치적 프로젝트 사이에 재위치화하여 다시 정의되고 있다. 유토피아를 지향하는 학교의 거버넌스는 듀이가 강조하는 민주주의 사상과 통한다.

넓은 의미에서 거버넌스란 복잡한 상호의존성 속에서도 자율적으로 움직이는 행위자·조직·기능 체계들을 조율하는 메커니즘과 전략을 가리킨다. 통치 방식에서 정부를 포함한 사회의 다원적 주체들 사이의 비위계적이고 협력적인 통치 방식, 즉 '협치協治'를 의미하는 새로운 형태의 사회 운영 방식으로 정의되고 있다. 거버넌스는 국가로부터 권력을 위임받은 행위자들뿐만 아니라 담론 주제와 관련된 모든 이해 당사자가 참여해 자율적으로 규범을 설정하고 수행하는 메커니즘이다. 거버넌스는 전통적 의미의 통치가 아니라 비위계적으로 정형화된 사회적 상호작용이다.유현석, 2005, 협치는 "누가, 무엇을, 어떻게 다스릴 것인가"라는 질문으로 집약할 수 있는데, 이 질문은 민주주의의 정의와도 연관된다.

---

114. '권력'은 사람에 의한 사람의 지배를 가리킨다. 한 사람이 다른 사람을 움직이는 힘이 곧 '권력'이다. 주권자는 민주주의적 절차를 통해 자신들이 형성한 '권력'을 국가에 위임한 것이다. 이 맥락에서 권력이 없는 사람은 생존할 수 없다. 다른 사람을 움직일 수 없다면 인간은 생존하지 못한다. 권력은 생존의 조건이다. 여기서 발달한 것이 권력 감각이고, 이 감각으로 권력을 지향하는 것이 미시적 의미에서 '정치'이다. 아렌트는 권력을 개인의 소유물이 아니라, 사람들이 '공동 행동(action in concert)'하는 과정에서 형성하는 것으로 규정한다. 국가는 권력을 독점적으로 소유할 수 있는 인격체가 아니다. '국가권력'은 국가가 아니라 국민 혹은 시민이 함께 만들어 가는 것이다.
115. '거버넌스'는 어떤 집단이나 조직 전체의 문제를 해결하기 위한 사회적 조정 양식이라고 정의되기도 하고, 조직 공동의 문제 해결을 위한 다양한 참여 주체의 사회적 조정 방식이라고 정의되기도 한다(김용, 2019: 142). 정부(government) 기관·기구의 '운영'과 '작용'의 의미가 강하기에 소프트웨어적 성격이 강하다. 'government(통치)'가 수직적으로 지배하는 권력을 가진 공적 기관·기구의 '배타성'이 강조되는 용어라면, 'governance(협치/공치)'는 기관·기구가 가지는 여타 기관이나 조직과의 '관계성'과 '협력관계'가 강조되는 용어이다. 'governance'는 어떤 집단이나 조직 전체의 문제를 해결하기 위한 사회적 조정 양식으로 정의되기도 하고, 조직 공동의 문제 해결을 위한 다양한 참여 주체의 사회적 조정 방식으로도 정의할 수 있다. 'governance'를 '네트워킹 정치(networking politics)'라고 표현하기도 한다.

오늘날 제기된 '시민사회civil society'의 개념은 통치에서 협치로의 이행에서 가장 효과적인 수단이 될 수 있다. 협치는 국가, 시장, 그리고 시민사회 사이의 복잡한 관계 속에 놓여 있다.Baxter, 2016: 5-9 시민사회와 연계된 '거버넌스' 체제는 주로 다자간의 문제 해결 방식, 즉 '협치'를 의미한다. 국가(제1섹터), 시장(제2섹터), 시민사회(제3섹터) 등 3자가 공적 현안이나 공공정책의 문제를 함께 해결하는 협업 방식을 의미한다고 할 수 있다. 협치를 통한 행정은 어느 한 주체의 일방적 주도와 견인에 의한 것이 아니라 다자간의 탈중심적 연대를 통해 성취되는 것이다. '좋은 협치good governance'는 특히 정부와 통치기관들이 특정 집단들의 이익을 넘어 국민 전체의 이익에 부응해야 할 책임성을 강조한다. 따라서 '좋은 협치'는 상호 신뢰를 바탕으로 하는 공동체가 형성되었을 때 효과를 발휘한다. 최근 협치에서 권위적으로 자원을 배분하고 통제하며 조정하던 정부구조와 그동안 소외되었던 시장이 상호 보완적으로 작용하는 조직 사이의 '자발적 네트워크'가 중시되고 있다. 협치가 효과를 발휘하려면 이미 조직화된 네트워크가 구성되어야 한다는 것이다.

거버넌스 담론은 대상과 주체, 운영 방식 또는 주체에 따라 다양한 방식으로 제안되고 있다. 여성 거버넌스, 사이버 거버넌스, 그린 거버넌스, 인권 거버넌스, 경제 거버넌스, 안보 거버넌스, 정보통신 거버넌스, 다-중심적 거버넌스, NGO 거버넌스, 글로벌 거버넌스, 교육 거버넌스 등이 여기에 속한다. 한 국가 내에서 교육정책을 전적으로 수립·집행·평가하는 것을 넘어, 국가 바깥에 있는 다양한 정책 주체가 지구적 차원에서 교육정책 과정에 개입하는 '전 지구적 교육 거버넌스Global Education Governance'가 구축되면서 각국의 교육정책이 서로 그 안에서 작동하고 있다. 한 국가 또는 국가들 사이의 교육 거버넌스 문제가 아닌 지구적 성격의 문제를 해결하기 위한 대안으로 제시되고 있는 것이다. 글로벌 거버넌스는 사회·정치·경제 분야에서부터 군사안보 분야에 이르기까지 여러 분야에 걸쳐 하나의 개별 국가가 해결할 수 없는 초국가적 딜레마를 해결하기 위해 지구적·지역적·지방적 차원에서의 합의를 조율하려는 노력이다.

무엇보다 세계화와 다원화의 압력이 가속화되면서 글로벌 거버넌스에 대한 담론이 전 지구적으로 확장되고 있다. 시민의 법적 지위와 문화적 귀속성이 내적 결합을 통해 구축된 국민국가의 사회적 연대성과 행위 능력이 세계화와 다원화의 압력 앞에서 이미 그 한계를 드러내고 있다. 내부에서 몰아치는 다원주의의 폭발력과 외부에서 불어오는 세계화의 압력이라는 도전에 직면한 현대 사회는 우리로 하여금 국민국가가 가지고 있었던 사회통합의 능력과 국가적 법체계의 구속성에 대한 등가물을 국내법이나 국제법이 아닌 초국가적 법체계 안에서 찾도록 강제한다. 그런 압력 속에서 법-다원주의와 글로벌 거버넌스로의 패러다임 전환이 강하게 요청되고 있다.박구용, 2024: 463-464

교육 거버넌스의 경우, 통치의 대상이 되는 교육과정, 교원인사, 교육재정 등이 있을 수 있는데, 이것들을 운영하는 주체가 국가일 수도 있고, 전문가인 교사일 수도 있으며, 학부모일 수도 있다. 이에 따른 공교육 체제는 동의와 설득에 바탕을 두고 참여민주주의 이념이 구현되는 협치 구조를 마련해야 한다. 교육 운영의 주체가 누구인지는 국가 통제, 관료 통제, 전문가 통제, 시장 통제 또는 학부모 통치parentocracy 등 민주적 통제와 같이 교육체제 운영의 방식과 매우 밀접하게 연관되어 있다. 따라서 교육 거버넌스를 연계와 협력 체제 구축이라는 수준으로 다소 느슨하게 이해하면, 향후 교육정책을 수립하고 집행하는 과정에서 다양한 층위에서 네트워킹 정치를 할 수 있는 협치 체제를 구축하는 방식이 요구된다.

17장
국가, 시장, 시민사회의 관계와 학교의 시민사회화

민주화 이후 국가, 시장, 시민사회의 관계가 변화되고 있다. '제왕적 대통령제'가 강화되면서 국가권력(관청, 공공)이 침윤하는 '약한 국가'가 되어 가고 있다. 반면 수익을 창출하는 시장(경제)은 독점적 경제력과 정치사회적 영향력이 확대되고 글로벌 경쟁는 더욱 치열해지고 있다. 그리고 연대, 공유, 공동체의 가치가 작동하는 시민사회는 보수와 진보의 다양한 시민사회 집단들 간의 균열이 확대되고 극단주의가 기승을 부리고 있다. 시민사회 내의 개인과 집단의 (최대)이익주의적 경향이 확대되고 있다. 시민사회의 중요한 영역인 교육 분야에서 '내 새끼 지상주의', '우리 집단'의 이익주의 경향은 더욱 강화되고 있다. 교사 및 교사노조의 이익단체적 경향이 그렇다. 모든 개인과 집단의 이익주의가 '권리' 확대의 차원에서 도덕화되고 있는 것이다. 그래서 공동체 및 공화주의적 기반의 균열이 일어나고 있다. 특히 2000년 의약분업 갈등, 2024년 의대 정원 갈등 등이 그런 모습을 보인다. 이익주의의 극단화와 함께 극단주의의 위기가 출현하기 시작한 것이다. 보수적 시민사회는 '동원'에서 '자발적 대중운동'으로 이동하면서 정치적 (극)보수주의와 기독교 (극)보수주의의 결합도 일어나고 있다. 이렇게 오늘날 공적 영역이 심각하게 쇠퇴하며, 거의 문화적 내선이나 다름없는 세계관과 가치관의 충돌이 벌어지고 있다. 또 다양한 사회적 쟁점으로 인한 사회적 논란과 갈등이 끊이지 않고 있다. 그러기에 극단주의를 경계하고, 최소 공동체성을 유지하고, 그리고 다원성을 유지해야 한다.

학교사회 또한 여전히 다양한 형태의 제도적 폭력이 상존하고, 학교현장의 민주주의 실천도 취약하다. 이렇게 된 이유는 우리 사회가 놀랄 만한 압축적 경제성장과 더불어 민주화를 이뤄 냈는데도 아직 성숙한 시민사회를 발전시키지 못했기 때문이다. 산업화 과정에서 시민이 형성될 수 있는 물질적 토대는 마련되었지만, 시민계층은 오직 경제적·사회적 상승 욕구에 가득 차 있고, 그 과정에서 사회를 이끌 행동양식과 정신적 문화적 토대를 구축하지 못했다. 시민적 문화의 취약은 곧 민주주의의 불안정을 초래하고 권위주의로 회귀할 위험을 안고 있다.

우리 사회가 고도의 경제적 성장을 했음에도 불구하고, 문화적 성장이 따라 주지 않아 민주시민으로서 자격을 갖추지 못한 사람을 많이 보게 된다. 민주주의를 위해 투신한 사람이라 하더라도, 일상생활에서의 민주적 생활양식이 내면화되지 않아 관계의 취약을 보이는 사람도 있다. 시민적 예의를 갖추지 못한 사람을 많이 보게 된다. 특히 민주적 학교문화를 경험하지 않은 교사일수록 학생들과의 민주적 관계를 잘 맺지 못할 가능성이 크다. 그러므로 일상생활을 통해 비민주적인 의식과 태도, 행위 그리고 관행을 자각하고, 이를 극복할 수 있는 대책을 세워야 한다. '민주적 전투성'이 흘러넘치는 사회는 권리를 향한 전투성을 중시한다. 이렇게 책임이 약화되고 있는 시대에는 권리와 책임의 재-균형화를 위한 추구가 필요하다. 권리와 권리의 충돌에서 이를 권위주의적으로 억압하지 않고, 모든 정보를 제공하고, 스스로의 선택을 통해 결과에 참여하면서 책임지게 하는 방안이 필요하다.

국가, 시장, 그리고 시민사회의 관계

오늘날 공적 영역이 심각하게 쇠퇴하고 있다. 미디어의 상업화, 교육의 상품화 현상이 대표적이다. 그래서 지금 '시민사회civil society'의 소생, 재출현, 재탄생, 재구성 또는 부흥을 포함하는 담론이 강조되고 있다.코헨 & 아라토, 2013: 121 공적 영역과 사적 영역으로 나뉠 수 있는 '시민사회'는 통상 '제3섹터'나 '비영리센터'로 지칭되며, 이런 의미에서 가정과 국가 사이의 모든 결사체와 네트워크를 망라한다. 시민사회는 자발적 결사체(NGO 등)뿐만 아니라 시민들의 정치적 태도 형성에 중요한 가족, 학교, 대학, 미디어 등을 통해 문화적·이념적 헤게모니를 구축하는 장인 동시에, 정통적인 것에 대한 '반란의 장'이라고도 볼 수 있다.에드워즈, 2018: 12 이 장은 '비강제적이고' '자발적인' 인간 결사의 공간이며, '관계적 네트워크'로 함께 채워져 있다.에드워즈, 2018: 28 시민사회의 영역이란 논쟁과 심의, 결사, 제도적 타협이 이루어지는 장이며, 사회적 차별, 사회문제, 공공정책, 정부의 대책과 공동체의 현안, 문화정체성 등을 계발하고 토론하는 비입법적·초사법적·공적 공간이라고 할 수 있다.

국가-시장-시민사회 삼분 모델은 권력, 돈, 의사소통이라는 상이한 매체들이 작동하는 독자적 영역이다. '시민사회'란 국가[116]와 시장[117] 사이에 존재하는 사회적 작용 영역으로, 무엇보다도 친밀한 영역(특히, 가족), 결사체(특히 자발적 결사체)의 영역, 사회운동, 공적 의사소통의 형태들로 구성된 사회를 말한다. 국가, 경제, 시민사회는 모두 사람들 사이의 넓은 사회적 상호작용, 협동, 갈등의 영역들이며 각각은 특유의 권력 원천들을 가진다.라이트, 2019: 178 특히 시민사회의 '권력power'[118]은 자발적 결사체를 통

---

116. '국가'는 한 영토에 대해 구속력 있는 규칙과 규제를 부과하는, 다소 일관되게 조직된 제도들의 집단이다.
117. '시장(경제)'은 사람들이 상호작용하여 재화와 서비스를 생산하고 분배하는 사회활동 영역이다.
118. '권력'은 행위자들이 세계에서 일을 성취할 수 있는 능력이라고 할 수 있다.

한 집합적 행위 능력에 좌우된다.

'국가'는 정부로서의 국가 또는 '정치사회'라고 할 수 있지만, 특별한 의미에서 국가는 시민사회(헤게모니 영역)와 국가(강제의 영역)를 결합시키는 '통합국가'라고 할 수 있다. '정치사회'는 강요, 독재, 지배의 장이고, 반면 '시민사회'는 동의, 헤게모니, 지도의 장이다. 시민사회는 헤게모니가 행사되는 주요 영역이며, 그 헤게모니는 자발적 동의로 구축되어야 한다. 시민사회는 대중의 의사, 이해관계, 사상 등이 갈등하고 투쟁하는 다툼의 공간이기도 하고, 대중의 다양한 생각과 이해관계가 조율되고 합의를 이끌어 내는 협력의 공간이기도 하다. 이런 시민사회는 다양한 사적 이익을 추구하는 집단의 네트워크로 구성되어 있다.심성보, 2023: 191-192 시민이 다른 사람들과 자유롭게 서로 연합하고, 또 그렇게 하려는 자세를 늘 지니고 있는 사회라면 다소간 자발적으로 '시민사회'라 불리는 제도를 발전시킬 수 있다.원치, 2014: 289 여기서 시민사회란 개인의 차원을 넘어서지만, 그렇다고 국가는 아닌 다양한 사회제도를 말한다.

듀이는 국가의 사안에 참여하는 시민사회의 참여를 정부의 입법기구와 행정기구를 통해 공동체의 삶을 구성하는 원천을 조직화하는 것이라고 설명했다. 시민사회는 모든 사회의 유기적이고 포괄적인 공동체이고, 정부를 비롯한 모든 도덕적·정치적 권위의 근간이다.바버, 2006: 44 시민사회는 비강제적인 인간 결사의 공간이고 가족, 신념, 이해관계, 이데올로기 등을 위해 만들어진 일련의 관계망이 그 공간을 채우고 있다.바버, 2006: 11 여기에서 과도한 국가 개입에 반격하는 시민사회의 제도화된 자원(법적 권리, 결사체, 자율적인 문화제도들)과 문화적 자원(공유된 의미, 연대, 개인적 역량)이 중요해진다.코헨 & 아라토, 2013나: 148 물론 비강제적인 결사체의 공간을 채우고 있는 가족과 신념의 관계망 그 자체가 종종 강제성을 발휘한다는 점은 시민사회의 딜레마라고 할 수 있다.

시민사회는 사람들이 다양한 목적을 위해 상이한 종류의 결사체들을 자발적으로 만드는 사회적 상호작용 영역이다.라이트, 2019: 177 국민이나 민족뿐만 아니라 인민이나 민중, 나아가 대중과도 구별되는 개념으로서 '시민'[119]은 공적 자율성과 사적 자율성을 동시에 갖는 '시민사회의 구성원'으로 규정할 수 있다.박구용, 2024: 665 이때 대중과 시민을 구별하는 가장 중요한 특징이 '공적 자율성' 혹은 '공적 우리의식'의 유무인데, 바로 그것이 듀이가 강조하는 공적 대중, 즉 '공중public'이라고 할 수 있다.

흔히 '시민사회'는 자발적 결사체, 자유로운 공간, 제3의 섹터, 매개적 결사체, 매개하는 구조 등으로 불린다. '시민사회'에 관한 담론은 사회 구성원의 의식, 사회적 신뢰, 사회적 자본이 점점 쇠락하는 현실을 둘러싸고 활발한 논쟁이 이루어진 덕분에 더 많은 관심을 얻고 있다. '시민사회'는 사적 시장과 동의어가 아니라 상업적 이기성과 시장의 야만성에 대한 해독제이다. 시민사회는 민주정부를 시민적 결사체의 최고 형태로 인식한다. 시민사회는 자립이 아닌 상호의존을 통해 종속의 폐해를 치유한다. 우리가 '능동적인 우리'로 함께 뭉침으로써 시민사회는 마침내 당신과 나의 영역이 될 수 있다.

시민사회가 자발적으로 발전하긴 하지만, 그렇다고 해서 국가가 그러한 자유로운 연합이 더욱 쉽게 일어나도록 촉진하는 환경의 조성에 아무런 역할도 하지 않는다는 뜻은 아니다. 시민사회라는 제도는 클럽이나 결사체와 같은 지역 차원에서부터 국가적 범위에 이르는 것, 예를 들어 사업체, 교회, 상업조합에 이르기까지, 또 정치적 정당같이 다소간 국가와 밀접한 관련을 맺고 있는 것에 이르기까지 그 종류가 다양하다. 이와 더불

---

119. '시민'은 자치 권력을 만들고 구성하는 주체이면서 동시에 그것이 통치를 받는 대상이다. 시민은 이런 방식으로 민주주의 권력의 저자이면서 수신자이다. 따라서 진정한 시민자치, 즉 '데모스(demos)의 통치(cratie)' 주체는 언제나 권력기구의 통치 체제뿐만 아니라, 그것의 상징체계인 국가조차도 비판의 대상으로 간주될 수 있다. 이런 맥락에서 '국민'은 민주주의가 가능하기 위한 조건인 자치의 진정한 '서로 주체'일 수 없다(박구용, 2024: 193). 자치단체는 자치의 주체를 시민이 아니라 '주민'으로 규정한다. 주민은 민족처럼 혈통공동체(Ethnos)가 아니라 거주공동체(Demos)의 주체라는 점에서 '시민' 개념과 친화성이 있다. 주민을 시민과 같은 의미에서 사용할 수 있지만, 자치의 주체를 주민으로 규정할 수는 없다. 그럴 경우 마치 자치가 지역의 문제로 제한될 가능성이 있다. 비록 시민자치가 지역에서의 문제 찾기를 시작하는 것이 바람직하지만, 지역에 갇혀 있을 경우에 왜곡될 가능성도 있기 때문이다.

어 몇몇 정치체제polity에서는 국가가 시민사회를 적극적으로 지지하고 나서기도 한다. 건강한 시민사회가 건강한 민주주의와 정치적 논쟁을 지속하는 데 필요한 조건이라고 생각하는 사회에서는 시민사회의 각종 제도가 계속 번영하도록 하려는 조치를 마련하고자 할 것이다.원치, 2014: 289 건강한 시민사회란 구성원들의 '공유된 의미들'[120]을 기반으로 구성원들에 의해 운영되는 사회라고 할 수 있다.

사회권력의 강화는 곧 시민사회 자체를 민주화하는 것을 말한다. 폭이 좁은 결사체와 폭이 넓은 결사체들이 민주평등주의적 원칙들에 따라 조직되고, 이러한 결사체들이 두텁게 형성된 시민사회가 창출되어야 계급구조가 변혁될 것이다.라이트, 2019: 498

시민사회의 유토피아와 학교의 시민사회화

학교는 시민사회에 포함되는가, 아니면 포함되지 않는가? 학교는 단지 정부 정책을 전달하는 이데올로기 기제인가, 아니면 국가에 대항하는 시민사회가 될 수 있는가? 학교는 특정의 이익 정치를 조장하는 민주주의의 위협 요인인가, 아니면 민주주의 체제가 보장하는 다원주의 경험을 통해 개인의 자유를 실현하는 열쇠가 될 수 있는가? 그도 아니면 양자의 혼합물인가?

'시장 유토피아(신자유주의적 유토피아)'와 '계획 유토피아(사회주의적 유토피아)'에 모두 권위주의적 형태가 존재한다는 점이 동시에 지적되고 있나. 국가 및 경제와 구분되는 제3의 영역인 시민사회의 '유토피아적 지형'을 담지하는 학교사회는 국가-경제-시민사회의 경계를 보존하는 것에 기초할 수 있을 것이다.코헨 & 아라토, 2013: 63-66 여기에서 국가와 시장에 대한

---

120. '공유된 의미들'이란 공공 영역 내 의사소통의 구조들을 통해 구성원들이 민주적으로 구축한 것을 뜻한다.

대안적 조정 수단으로서 통치government의 대안으로 '협치governance'가 등장한다.Dale, 2007: 28 협치 기능은 국가와 시민사회의 동시적 민주화가 활성화될 때 적절히 작동될 수 있다. '국가'란 정치사회와 시민사회의 결합이나 다름없다. 국가란 지배계급이 자기의 지배를 유지할 뿐 아니라, 자기들이 지배하는 사람들의 동의를 얻어내는 총체적인 실천적·이론적 복합체이다. 하지만 국가의 전체주의와 함께 연대를 자원으로 하는 '시민사회' 역시 자기모순적이고 자기파괴적일 수 있다. 그러기에 시민사회의 민주화, 그리고 이를 기초로 한 국가와 경제의 민주적 통제와 민주주의의 확대라는 이상, 즉 '유토피아'의 추구는 시민사회가 자기성찰적일 때, 즉 국가, 경제, 시민사회 간의 경계를 보존하고 의사소통적 행위의 조정을 시민사회 자체의 핵심에 한정할 때 가능할 수 있다. 시민사회는 국가의 바탕을 이루는 이데올로기를 유지하는 관점을 창조해 내고 유지하는 역할을 한다. 시민사회는 그 행위자들이 국가나 경제와 적대적 관계에 있는 경우와 대화적 관계에 있을 경우 그 성격을 달리한다. 그러기에 시민사회의 민주화와 함께 국가의 민주화를 더욱 필요로 한다.헬드, 2015: 518, 540

전체주의화하는 혁명적 유토피아가 불신을 받아 온 시대에 우리가 재구성해 온 시민사회 모델은 자기성찰적이고 자기제한적인 시민사회의 유토피아를 주제화할 수 있게 해 줌으로써 '영혼 없는' 개혁주의를 피한다.코헨 & 아라토, 2013나: 173 급진민주주의의 '자기제한적' 유토피아는 '시민사회의 유토피아적 지평'을 열 수 있다. 하버마스의 말을 인용하면, '생활세계의 합리화'는 한편에서 독자적인 하위 체계들의 분화를 가능하게 하면서, 다른 한편으로 시민사회의 유토피아적 지평을 열어 준다는 것이다. 그러한 시민사회 속에서 공식적으로 조직화된 부르주아bürgerlichen/civil의 행위 영역들(경제와 국가상치)은 인간(homme/humanity; 사적 영역)과 시민(citoyen/citizen; 공론장)이라는 탈전통적 생활세계를 위한 토대를 구성한다.코헨 & 아라토, 2013나: 174

이러한 유토피아 모델은 규범적으로 바람직한 대안적 사회 모델을 포함하게 오직 다른 관념, 즉 근대적 생활세계에서 의사소통적 재생산의 잠재력을 완전히 실현할 수 있는 제도를 창조함으로써 비판적 사고, 즉 유토피아적 사고를 '규제'할 수 있다. 특히 탈전통적 문화구조의 발전은 친밀성과 공공성이라는 서로 연결된 제도들을 고안할 수 있게 해 줄 것이다. 이들 제도는 그간 고찰되지 않은 전통적 지배 관계들을 자유로운 자발적 상호작용을 통해 생산되고 재생산되는 구속받지 않는 형태의 연대들로 대체할 수도 있다. 이러한 방식의 유토피아적 관념은 자기성찰적이고 자기제한적 과정을 수반하는 분화 이론과 연계되어 있다.코헨 & 아라토, 2013나: 174-175 유토피아의 자기제한적 측면은 의사소통적 행위 조정을 시민사회 자체의 제도적 핵심에 한정하는 것을 말한다. 스스로 한계를 짓는 유토피아self-limiting utopia는 내재적 비판과 하나의 본질적 관계를 가지고 있다. 따라서 시민사회의 유토피아적 지형은 서로 다른 하위체계들의 경계를 보존하는 것과 생활세계의 재생산 명제에 근거한 규범적 고찰이 공식적으로 조직화된 행위 영역에 영향을 미치는 것에 기초한다. 체계의 명제로부터 해방된 생활세계의 상황은 적절한 시기에 전통적으로 확립된 규범을 의사소통적으로 이룩한 규범으로 대체하는 것, '의사소통적 유토피아communicative uitopia'를 가능하게 해 줄 수 있다.코헨 & 아라토, 2013나: 180 따라서 생활세계의 탈식민화를 위한 민주적 시민사회 프로젝트가 구상하는 유토피아는 초월적 형태의 사회비판과 내재적 형태의 사회비판을 결합해야 하는 것이다.코헨 & 아라토, 2013나: 182

그리고 학교의 시민사회화는 교과를 통한 민주시민교육을 넘어 학교 전체를 민주주의 분위기가 가득하게 만들어야 가능해진다. 학교를 민주적 풍토로 조성하려면 교사가 학급을 민주적으로 운영해야 한다. 이를 위해 교사는 일차적으로 민주주의자가 되어야 하는데 교사가 민주주의자가 되기란 쉽지 않다. 교사가 민주주의자가 되려는 순간 신분의 위협이 따를 수 있는데, 따라서 교사에게는 시민으로서 표현의 자유, 사상의 자유 등 정치적 기본권이 주어져야 한다. 따라서 교사의 정당 가입을 전면 허용하되, 예외적인 경우에만 정치활동을 최소한으로 제한하는 선에서 입법을 개선해야 한다. 그리고 교사는 학교에서도 학생과 함께 그 정치적 권리가 복원되어야 하며, 제도적으로는 교사회를 학생회와 함께 학교의 법정기구로 설치함으로써 교사들이 조직적으로 학교 운영에 참여할 수 있도록 해야 한다. 그뿐만 아니라 지방교육자치의 풀뿌리 네트워크를 형성함으로써 교육정책의 결정에도 참여해야 한다.

학교자치가 모든 학교에 정착할 수 있으려면, 무엇보다 '교사의 정치적 자유'가 보장되어야 한다. 청소년의 선거권 인하를 포함하여, 학교에서는 모든 구성원이 동등한 시민 주체로 존재할 수 있어야 한다. 학교라는 일상의 공간에서 교사 역시 정치적 기본권을 원칙적으로 행사할 수 있어야 한다. 정치는 인간의 고유성을 드러내는 과정이므로 정치적 자유는 정치에 참여하는 모두가 평등한 발화의 주체가 될 때, 즉 '정치적 평등'이 전제될 때 가능하다. 또한 교원의 정치적 자유를 금지하는 방식으로 정치적 중립성을 요구하는 것은 교사를 '사유하는 존재'로 보지 않는 것이다. 학교와 교실이라는 시공간에서 교사와 학생의 관계가 정치적임을 인정하고, 학교에서의 일상 역시 정치적 속성을 띤다는 인식의 토대 위에서 학교민주주의의 온전한 구현이 가능해질 것이다. 다만 보이텔스바흐의 약속처럼 교화적이지 않아야 하며, 사회에서의 논쟁적인 주제를 교실에서 논쟁적으로 가르쳐야 하고, 학습자의 이해와 조건을 충분히 고려해야 한다.

시민사회의 공고화와 시민적 예의교육

'시민적 교양' 또는 '시민적 예의'는 최소한의 시민으로서 배워야 하는 사회적 미덕이며 시민권citizenship의 도덕적 의무라고 할 수 있다. '시민성'은 딜레마와 역설을 많이 불러일으키는 '경합적' 개념이다. 시민성은 공동체 및 국가의 본질이 무엇인가, 포용이냐 배제냐, 어디에 속해 있는가, 정체성(성 정체성, 민족적 정체성, 종교적 정체성 등)을 어디에 두는가에 따라 성격이 달라진다. 시민사회의 조직화를 기반으로 시민사회 본연의 의무인 감사와 견제 기능이 활성화되고 제도화되어야 한다. 이를 위해 반드시 필요한 것이 '시민성'이다. '시민성'은 한 개인의 공식적이고 법적이며 정치적인 지위의 문제이자 소속감이다. 시민성은 또한 개인의 복지에 영향을 끼치는 이슈에 대해 권리를 주장하게 하는 권리와 의무를 수반한다. 시민성으로서 남아공의 '우분투'와 탄자니아의 '우자마' 등 공동체정신이 관심을 끌고 있다. 이 정신은 우리의 전통문화에서 발견되는 '두레'나 '품앗이'에서 찾아볼 수 있다. 시민적 교양은 인간이 갖추어야 할 시민성'의 핵심 요소이자 좋은 시민이 되게 하는 주요한 기제이다. 시민적 교양은 '문명화civilization'와 어원이 같다. 'civility'는 본래 니콜 오렘1323~1382이 아리스토텔레스의 저작 『윤리학』을 번역하면서 쓴 표현인데, 로마제국 시대의 라틴어 '시민citizen'을 뜻하는 'civilitas'는 원래 '정치politeia'의 뜻과 그 정치공동체 구성원으로서 갖춰야 할 '시민성citoyennete' 개념이 분리되지 않았고, 'polis'에서 유래한 'politics정치'도 원래 'polite정중한'의 뜻을 갖고 있었는데, 역사적 과정을 통해 상반된 개념인 것처럼 분리되어 나갔다.[121]

그 결과 후대에 이르러 '공적 윤리'의 뜻은 희석되고 '예의', '공손'의 뜻만 남게 되었다. 이러한 어원사적 개념에 비추어 보면, 규범과 규칙으로

---

[121]. '시민'은 사회와 밀접한 관련이 있는 개념이다. 여기서 '사회'란 재산권과 참정권이 있는 독립된 개인들이 의견과 의지를 모아 형성한 것이다. 재산권을 가진 사람은 citizen, 곧 시민이라 한다. '시민'이란 함께 모여 공동체의 방향에 관한 의사를 형성하고, 그렇게 형성된 의사를 전달하는 '주권자'를 뜻한다. 따라서 시민이란 말에 이미 '동료'라는 뜻이 있다. 그러니 '동료 시민'은 동어반복이면서 시민을 동료가 아닌 집단으로 분리할 위험이 크다. '동료 시민'은 마치 아테네의 '자유 시민'처럼 시민을 나눌 수 있다. 그래서 '동료 시민'은 뿌리도 없고 출처도 없는 말이다. 최근 사람들이 자주 사용하는 '동료 시민'은 단지 같은 국가에 사는 사람들이 아니라, 공동의 가치나 목표를 위해 협력하고 공존하는 사람들 간의 관계를 나타내는 말이다. 이 맥락에서 보면 '동료 시민'은 아리스토텔레스가 말한 '시민적 우정civic friendship'에 가까운 말이다. 국가공동체 안에서 시민들이 상호존중과 공동선을 추구하며 형성된 시민적 우정이 아마도 긍정적 의미의 '동료 시민'의 뜻일 것이다(박구용, 2025: 16-17).

서의 '시민적 예의civility'는 근본적으로 스스로를 다른 사람과 관련시키는 것에 관한 문제이다. 사적 영역 또는 공적 영역 모두에 적용되는 덕목으로서 '시민적 예의'는 그것을 어떻게 표현하고 행동해야 하는가에 관해 공식적·비공식적 사회규범에 충실하게 따르는 것을 의미한다.바튼 & 호, 2023: 304 시민적 우애 등 시민적 예의는 공동선을 위해 자기이익을 자제하고, 전체 사회의 이익을 걱정하고 공동선에 관심을 둔다.Shils, 1997: 4 시민적 예의가 의미하는 바는 매너가 좋다거나 예의가 바르다거나 하는 것 이상이라는 점이다. 인간으로서의 '정중한 예의'와 시민으로서의 '정치적 예의' 또는 '시민적 예의'와 '시민적 무례'의 경계를 설정하기가 매우 어려울 뿐 아니라, 언제 폭발할지 모르는 잠재적 갈등 또한 내포하고 있기에, 결국 다들 엉거주춤한 '불안정한 동거'를 하고 있다.

여기에서 정치생활에 적용되는 시민적 예의의 경우, '정중한' 행동을 요구하는 시민적 예의와 '일상생활'의 시민적 예의를 구분할 수 있다. 따라서 사회적 삶이 효과적으로 기능하고, 불필요한 갈등과 분열을 덜려면 '정중한 예의'와 '정치적 예의'를 동시에 작동시키는 지혜가 요구된다. 정중한 예의와 정치적 예의의 대치를 해결하려면, 다양한 갈등을 평화롭게 처리하는 관점을 취할 수 있다. 양자의 충돌이 생길 때 균형을 이루는 태도를 필요로 한다. 예를 들어 타인에 대한 존중 등 정중한 예의가 시민적 예의를 위해 '필요조건'이기는 하지만, '충분조건'이 될 수는 없다.Weeks, 2011 양자가 공존해야 공동체의 번영이 가능한 것이다. 공과 사를 원활하게 소통시키는 것이 시민사회의 역할이라면, 사적 영역에 속하는 정중한 예의와 공적 영역에 속하는 정치적 예의의 긴장과 갈등에 대처하는 방안을 마련해야 한다. 무례와 예의 또는 폭력과 평화의 도덕적 불일치가 민주적 사회에서 생겨날 수 있다면, 우리는 정치적으로 '부동의 교량'을 놓을 필요가 있다.Terjesen, 2012: 109

시민적 무례가 국가의 폭력 또는 무례함이나 만행으로부터의 자유와 해방을 포함하기 때문이다. 시민적 예의는 대체로 비폭력적 성향이며, 삶의 서로 다른 방식에서 타협, 상호존중, 권한의 공유를 중시한다.Keene, 2003: 13 시민적 예의가 시민사회에 결여되어 있다면, 사회는 무규범 상태로 빠져든다. 정중한 예의는 때때로 민주적인 가치를 경시함으로써 개인 상호 간의 정중함으로 축소되어 이런 태도가 종종 잘못 오도될 수 있다. 개인 상호 간의 정중한 예의의 규범은 사회적 갈등 속에서 분명히 구별해 내는 것이 어려울 수 있다. 주류 집단이 소외된 집단의 권한을 박탈하고자 '시민적 예의'라는 규범을 사용한다면, 그러한 기존의 규범을 흔들어 놓기 위해 '시민적 무례'를 사용하는 사례들이 있을 수 있다. 즉 시민적 무례는 구조적·제도적 부정의에 도전하고, 저항하며, 반대하기 위해, 그리고 궁극적으로 보다 조화로운 사회관계를 이룩하기 위해 전략적으로 사용될 수 있다. 시민적 무례의 행위들은 불의한 사회적 여건을 개선하는 데 필수적일 수 있다. 불평등한 계급 위계나 불의한 국가의 불공정한 행태에 대한 '무례'가 비판의식의 가능성이나 새로운 역사의 변화를 가져온 혁명적 기제의 역할을 할 수도 있다. 이러한 시민적 무례는 시민적 예의로 발전해 갈 수 있는 이행적 과정이라고 할 수 있다.Bob, 2011; Eliasoph, 2011 이 경우 국가와 시민사회의 관계는 시민적 무례와 시민적 예의의 양면적 모습을 동시에 보여 준다.White, 2006 어느 사회에서나 시민적 예의라는 기준은 필수적인 부분이지만, 이 기준을 지켜야 한다는 생각은 사회 변화를 무디게 하는 데 활용될 수 있고, 대안적 형태의 표현을 배제한다.바튼 & 호, 2023: 311, 319 그래서 시민적 무례는 '정의'와 조화를 이룩하기 위한 필수적인 수단으로서 오랫동안 중요하게 인식되어 왔다.

그런데 시민적 예의와 반대되는 '시민적 무례incivility/uncivility'가 늘 나쁜 것은 아니다. 정당화되는 시민적 무례라는 것이 있을 수 있다. 이것은 주류 집단이 자신들의 권력을 오용하고 숙의 과정에서 다른 사람들이 목소리를 내는 것을 지속적으로, 또 임의대로 거부하는 상황에 도전하기 위해 필요할 수 있다.Peterson, 2019: 31 시민적 무례의 행위 중 일부는 비교적 온건한 방식으로 행해지는 전략적 행위이다. 이것은 사람들이 강력하면서도 억압적인 구조와 제도를 알아차리게끔 하는 역할을 한다.^{바튼 & 호,} ^{2023: 314} 즉 청원, 보이콧, 소송, 비협력 전술, 인쇄물이나 소셜 미디어를 통한 비판적 기사나 실용적 저항을 위한 은밀하고도 공공연한 행위가 포함되고, 때로는 공공 시위, 대규모 항거, 단식 투쟁, 파업, 물리적 점거, 공공재산 파괴, 여러 종류의 공개적 논쟁 등도 포함될 수 있다.^{바튼 & 호, 2023: 314}

이런 시민적 무례 행위는 더욱 공개적으로 지배적인 구조와 제도를 위협하기도 한다. 그리고 시민적 예의는 모든 것을 아우르는 규범으로서는 분명한 한계를 가지고 있다. 따라서 시민적 예의와 시민적 무례가 적절하게 사용되는 상황을 고려할 필요가 있다. 이런 점을 감안한다면, 시민적 예의와 시민적 무례가 각각 언제, 그리고 어떻게 활용되어야 숙의를 통해 식견을 갖춘 행위에 가장 제대로 기여할 수 있을 것인지 고심할 수 있도록 해야 한다.^{바튼 & 호, 2023: 319-320} 이 점은 단연코 시민적 무례와 시민적 예의에 대한 실천적 지혜로서 '분별력'을 요구한다. 이런 분별력의 함양을 위해 '시민적 예의교육civility education'이 필요하다.^{심성보, 2018: 561-612} 공적 삶에서 시민적 예의가 지니는 중요성을 감안하여 학교교육, 특히 시민교육 수업에서는 시민적 덕성의 일부로서 시민적 예의를 학생들에게 가르칠 필요가 있다. 학생들은 적절한 때가 언제인지를 판단할 수 있는 능력으로서 분별력을 발휘하는 방법에 대해 배워야 한다. 무례와 예의의 판단 여부는 상황과 조건, 그리고 행동의 정당성 여부, 구성원들의 동의 여부에 달려 있다. 정중하게 행동할 것이냐, 아니면 무례하게 행동할 것이냐는 정치적·역사적 상황과 조건에 좌우될 수 있다. 시민적 무례의 근본적 목표는 '사회정의social justice'의 증진에 두어야 한다.

1987년 민주화 이후 권리의식이 강화되고, 권리에 민감한 시민이 출현했다. 권리에는 억압으로부터 자유로울 수 있는 권리뿐만 아니라 자신의 이익 추구의 권리도 포함된다. 국적, 인종, 종교의 차이가 차별로 인해 이익 방어의 벽에 가로막혔다. 새로운 혐오와 증오가 등장하고 확대되는 경향이 나타나고 있다. 여기에서 조희연은 적대적 진영 정치 속에서 반대세력이나 쿠데타 세력들과 직선적으로 투쟁하는 '돌진적 전투주의'가 아니라, 상대 진영이 정서와 인식을 함께 살피면서 대응 방식을 다양화하는 '역지사지형 전투주의'를 요청한다.조희연, 2025 민주적 전투성이 흘러넘치는 사회와 학교를 넘어서야 한다. 역지사지형 전투주의는 결국 자기성찰을 전제로 한다. 치열한 투쟁 과정이라고 하더라도 상대에 대한 '과잉' 악마화(음모론 등) 이미지 전략을 구사한다면, 승리를 담보해 주지 못한다는 것이다. 때로는 '적'의 시선으로 세상을 바라보면서, 때로는 우리 편의 '과유불급'도 염두에 두면서, 우리 편의 전략을 다면화하고 그러한 시각을 통해 새로운 언어와 프레임을 만들 때 상대 진영의 완고한 태도를 허물고 중도층 획득도 가능할 수 있다. 적에 대한 제압력만으로는 적을 이길 수 없으므로 '초월적 힘'을 발휘해야 한다. 포용과 공존의 교육도 적과 동지의 경계를 유동화하고 재구성하는 행위여야 한다. 시비지심과 측은지심의 배합, 천사와 악마의 배합이 필요하다. 투쟁의 정치를 기조로 하되, 역지사지에 기초한 배합 전략이 요구된다. 민주적 정치/투쟁의 정치에 공화적 정치/공동체 정치가 필요하다. 우리는 아무리 어려운 상황에 놓이더라도 남을 경멸하지 않으며 모욕하거나 호전적 모습을 보이지 않으려 애써야 한다. 니체가 강조하듯 폭력과 싸우면서 나 자신이 폭군이 되어서는 안 된다. 프레이리가 강조하듯 '내 마음의 관료주의'나 '내 안의 파시즘'이 자라서는 안 된다. 싸움을 하면서도 수양을 해야 하는 것이다. 특히 시민교육에서는 자제와 겸손의 미덕을 더욱 필요로 한다.

　마음은 인격의 중심이며, 인간적 정체성과 주체성을 형성하는 핵심이며, 따라서 인간다움의 소재이며 이유이다.문석윤, 2013: 38-39 시민이란 총체적 인격을 대변한다기보다는 인격에서 공적 영역의 제 역할을 담지하는 공적 자아public self라고 할 수 있다.황경식, 2012: 444-445 도덕적으로 책임질 수 있는 존재가 '인격'이고, 인격이 '시민'으로서의 정치적 권리의 기초라고 할 때, 마음의 독립성이 훼손되면 곧 인격과 시민적 권리도 모두 부정될 우려가 있다. 그렇다면 성숙된 인격이란 불의한 환경에 직면하면 비폭력적 방식으로 저항하는 '시민 불복종 정신civil disobedience'을 보여야 진정한 선비정신을 구현하는 것이라고 할 수 있다.

인격적 성숙과 정치적 성숙의 융합을 위한 민주주의 교육을 위해서는 인문학(철학, 문학, 역사학 등)과 사회과학(정치학, 사회학 등)의 통섭을 필요로 한다. 인문학에 토대를 둔 도덕과, 그리고 사회과학에 토대를 둔 사회과의 통섭이 요구된다. 그동안 우리의 사회과학은 사회 현실에 대한 객관적 분석에 치우친 나머지 인간의 본성, 욕망에 대한 관심뿐 아니라, 타락한 환경에 물들지 않은 주체의 형성에 실패했다. 또 우리의 인문학은 자아의 탐색에 치우친 나머지 사회의 힘을 과소평가했을 뿐 아니라, 인간이 살아가야 할 새로운 사회의 전망을 살피고 그 전망을 건설하고자 하는 주체의 형성에 실패했다. 따라서 지금은 양자의 통섭을 절실히 요구한다. 양자는 분리될 수가 없다.

민주주의 교육은 아리스텔레스가 강조하듯 사람의 행복을 위한 윤리학과 사회의 행복을 위한 정치학의 접합을 요구하고 있다. 에리히 프롬이 강조한 인격 구조의 해방(프로이트)와 사회구조의 해방(마르크스)을 동시에 요구하는 것이기도 하다. 인문학과 사회과학의 통섭이 필요하다. 1980년대의 한국 사회가 사회과학의 시대였다면, 1990년대의 한국 사회는 인문학의 시대였다. 사회과학이 '민주화'와 '정치적 성숙(시민다움)'에 기여했다면, 인문학은 '인간화'와 '인간적 성숙(인간다움)'에 기여했다. 사회과학의 시대에는 사회해방을 지나치게 추구한 나머지 인간성의 상실을 초래했고, 인문학의 시대에는 인간의 내면적 행복을 지나치게 탐색한 나머지 사회적 전망을 상실을 초래했다. 사회 속에 살고 있는 인간은 사회의 부조리를 척결해야 하는 정치적 각성을 가져야 하는 동시에, 사회의 부조리 속에 함몰되지 않는 인간적 각성을 모두 필요로 한다.

공적 담론을 활발하게 열어 주는 사회과학과 인문학은 민주적 시민을 길러 내는 데에서 필수적이다. 양자는 인간적 예의와 정치적 예의를 동시에 함양할 수 있어야 한다. 오늘의 비인간적이고 비민주적 교육 현실을 척결하기 위해서는 학교현장에 인문학과 사회과학의 숨결을 불어넣어야 한다. 그렇지 않으면 인간성 상실은 물론이고 민주주의의 쇠퇴를 가져올 것이다. 그렇게 되면 시민정신의 근본 기초가 흔들리게 되고, 궁극적으로 행복한 사회의 건설과 멀어질 수 있다.누스바움, 2016

민주주의 교육의 목표는 인간에서 시민으로 성장해 가는 일련의 과정에 초점을 맞추어야 한다. 사회는 개인을 떠나 존재할 수 없으며, 개인 또한 사회를 떠나 존재할 수 없다. 개인은 사회의 일원으로 자신의 정체성을 탐색해 가며 다른 사람들과의 관계를 맺어야 한다. 때문에 개별자로서 개인의 인격 형성, 즉 인간적 성숙이 필요한 것이고, 나아가 사회와 국가와 연루된 시민성의 형성, 즉 정치적 성숙이 동시에 요구되는 것이다. 이렇게 '인간적 성숙'과 '정치적 성숙'의 융합을 통한 민주주의 교육을 해야 한다. 우리는 '용기'와 '정의'가 일반적으로 좋고 필요한 덕목이지만, 이 덕목이 테러리스트들에게 악용될 위험도 있음을 유념해야 한다. 분명 개인에게는 자신이 생각하는 정의를 위해서는 용기 있게 행동하는 덕목이지만, 폭력의 조장이나 무력 동원에 악용될 수 있는 가능성도 있음을 경계해야 한다. 정직과 정의의 상호관계에 대해 맥락적 이해를 할 필요가 있다.

민주주의 교육에서 이루어지는 사회화의 과정과 주체화의 과정은 때로는 갈등하고 대립하지만, 양면성을 갖는 현상이며, 한 뿌리에서 나왔다고 볼 수 있다. 영원한 보수도 없고, 영원한 진보도 없다. 권력이 교체하고 사회가 변하게 되면 가치가 전도되는 것이다. 사회화(훈육, 체벌 등)과 주체화(의식화, 변혁의식 등)는 때로는 순차적으로, 때로는 동시에, 그리고 때로는 순환적인 흐름으로 이해할 필요가 있다. 민주주의 교육의 접근 방식에서 인성교육과 인권교육이 갈등 관계에 있기도 하지만, 공존 또는 융합의 여지도 있는 것이다. 즉 '시민적 인성교육'도 가능하고, 또 '인권적 시민교육'도 가능한 것이다. 따라서 우리는 각자 서 있는 자리에서 사람으로서 그리고 시민으로서 '성숙한 인간'과 '성숙한 시민'이 되고자 하는 동시적 노력을 기울여야 한다. 그래서 우리는 이제 인간적 성숙과 정치적 성숙이 융합된 시민교육을 절실히 요청한다.

환경(사회구성체)의 혁명적 변화가 '사회혁명'이라면 인간 활동(개인구성체)의 혁명적 변화는 '인간혁명'이기에 양자의 일치만이 온전한 혁명적 실천이라고 할 수 있다. 따라서 사회혁명 없는 인간혁명은 과거의 종교혁명처럼 공허하며, 인간혁명 없는 사회혁명은 20세기 사회주의 혁명들처럼 맹목적일 수 있다.심광현·유진화, 2020: 25-26

민주공화국 이념에서 민주주의로부터 경시된 공화주의[122], 그중에서 특히 '시민적 공화주의civic republicanism'를 복원하자는 주장도 여기에서 비롯된다. '공화주의'는 공적 삶에 대한 무지와 무감동을 비판하면서 시장적 개인주의에 의해 상실된 공동체 정신과 연대 정신의 회복을 주창하고, 시민적 참여 윤리와 공동체의 공동선에 대한 헌신, 적극적 시민성으로서 학교의 민주적 참여와 지역사회에서의 실천적 경험과 봉사활동을 강조한다.Liebel, 2012 동시에 '현재의 시민으로서의 아이'와 '미래의 시민으로서의 아이'[123]라는 청소년 정책과 결합된 아래로부터 올라오는 '살아 있는 시민성lived citizenship', 그리고 당파적 정치활동을 금지하면서 정치적 문해력을 강조한다.Lyckyer, 2012; Piper, 2012

마음 안과 밖의 변증적 융합, 제도와 문화의 원활한 소통을 요구하는 것이다. 많은 사람이 욕망 억제를 민주주의와 무관하다고 생각하는 경향이 있는데, 이는 현대의 개인주의 문화가 만연된 상황에서 '공동의 이익'에 더 큰 비중을 두는 학습과 밀접한 관련이 있다. 자제self-mastery는 연대solidarity, 즉 개인의 시민적 자유가 다른 모든 사람의 시민적 자유에 의존한다는 각성을 만들어 낸다. 이것 역시 공화주의에서 공동선의 중요성

---

122. 대의민주주의에 대한 대안으로서 직접적·참여적 민주주의를 중시하는 공화주의적 시민성의 변종으로서 아나키즘 사상이 부각되고 있다.
123. 권리의 담지자로서 '시민으로서의 아이들(citizen child/children's citizenship)'을 위한 인정투쟁은 아이들의 멤버십, 권리, 책임, 지위의 평등, 존중과 인정, 역량, 독립 등을 요구한다(Lister, 2020). 이 주장은 영국 노동당 정부에서 '모든 아이들이 중요하다(Every Child Matters, 2003)'라는 공약으로 표명되었다.

은 인식하는 것과 함께 한편으로는 장기적인 사적 이익, 다른 한편으로는 일반 이익(공동선) 사이의 관계에 대한 '인지적 이해'에 의존해야 하지만, 그것은 또한 분명히 현장 참여에 달려 있다. 학생들은 자제를 실천하고, 그것의 이점을 경험하고, 그리고 공동선에의 관심을 통해 자신의 이익을 얻을 수 있다는 것을 스스로 들여다볼 필요가 있다.[124] 공동체 구성원의 자유와 권리, 책임과 의무를 조화하면서 공공성으로 연결할 수 있는 시민의 덕성으로서 '시민적 교양'의 내재화를 필요로 한다. 제도개혁을 과도하게 요구하는 사람들에게 특히 요청되는 덕목이라고 할 수 있다.

시민적 공동체성은 억압적이고 동원된 시민이 아니라 내란 이후의 새로운 사회질서를 만들어 낼 수 있는 '능동적 시민성active citizenship'이다. 능동적 시민성이란 지역적이고 생태적이면서 민족적이고 세계적인 시민성이다. 이렇게 국가와 시장을 견제하고 감독하는 시민사회에 영향력을 미치는 '스스로 다스리는 시민', '실천하는 시민'의 출현이 지금 한국 사회에 절실하게 요구되고 있다. 그러기에 광장에 나왔던 시민들의 정치적인 의지와 실천을 민주주의 기반으로 만드는 더욱 넓고 깊은 사회적 토양과 지층을 구축해야 한다. 광범위한 생활정치를 활성화하여 흔들리지 않는 민주주의 기반, 새로운 교육 기반을 만들어 가야 한다. 시민들의 정치적 의지와 실천을 흩트리지 말고 새로운 정치적 비전을 만들어야 한다. 그것이 바로 '생활정치'이다. 생활정치야말로 살아 있는 민주주의 교육이자 삶의

---

124. 시민적 공화주의는 능동적 시민성(active citizenship)'에 대한 교육을 '시민적 자제'와 함께 시민성의 인지적 차원과 실천적 차원을 제시한다(Honohan, 2002; Honohan, 2006). 공화주의 교육의 '인지적' 차원은 책임감 있는 시민을 길러 내기 위해 학생들의 '인식 확장'을 필요로 한다. 즉, 사회의 다양한 상호의존성 파악에 필요한 광범위한 지식을 제공해야 한다. 이는 개인의 자급자족에 대한 전제와 정부의 영향 및 비참여의 영향에 대한 잘못된 인식에 대한 대응을 의미한다. 그러므로 아이들은 특권이 있든 불이익을 받든, 그들이 살고 있는 경제적·사회적·환경적 네트워크에 대해 배울 필요가 있다. 그러한 '정치적 문해력'을 갖춘 학생들은 기존의 정치 체제의 메커니즘뿐만 아니라 국가와 다양한 사회집단의 복잡한 역사를 잘 알고 있을 것이다. 그런데 참여하는 공화적 시민들의 양성은 이론적 지식에만 의존할 수 없다. 그래서 시민적 공화주의 교육의 '실천적 차원'은 '숙의적 관여'라고 부를 수 있는 자율적 판단을 형성하고, 다른 관점을 고려하고, 사회의 구성원으로서 '숙고할 수 있는 능력과 기질'을 강조한다.

방식의 핵심이다. 그것에는 제도정치만으로 부족하다. 반지성주의, 탈진실, 혐오-차별을 이겨 낼 힘은 일상에서 이루어지는 생활정치에서 나올 것이다.

한국 민주주의의 최대 강점은 민주주의에 대한 강력한 합의가 '시민사회' 안에 자리 잡고 있다는 점이다.(윤비, 2025: 234) '시민사회'는 한국 민주주의가 권위주의에 의해 도전을 받을 때마다 강력하게 저항해 왔다. 한국의 시민사회는 정치가 과거로 퇴행하는 모습을 보일 때마다 매우 신속하고 강력하게 대응했다. 다양한 이해관계와 관심, 정치경제·사회적 비전이 공존하며 얽히고 때로는 갈등하는 장인 '시민사회'의 정치적 공간에서 현장의 시민사회적 실천이 매우 중요하다. 따라서 소극적 자유 또는 시민성에 머물지 않고 일상적 생활정치의 장에서 적극적 자유나 시민성(시민적 예의를 포함한)을 표현하는 비판과 실천에 박차를 가해야 한다. 그러지 않으면 권위주의로의 퇴행, 심하게는 내란 사태가 또다시 발생할 것이다. 따라서 국가에 대한 비판과 견제와 함께 결함을 가진 불완전한 민주주의의 완성을 위해 시민사회의 공고화가 무엇보다 중요하다. 더 큰 싸움(대의)을 위해 시민적 예의(경청, 겸손, 자제, 수양)가 더욱 요구되는 것이다.

18장
소통과 담론이 형성되는 공동체 학교

우리는 매우 암울한 시대를 살고 있다. 갈등과 불만이 증대되고 인종 간의 증오심이 증폭되고 빈부 격차가 어느 때보다 심각하다. 물질적 풍요와 쾌적한 환경 사이의 조화가 깨진 지도 오래되었다. 이런 문제 상황이 더욱 악화되면서 인류가 의존해 온 전통적 제도는 점점 한계를 노정하고 있다. 가족제도는 위기에 처해 있고, 종교는 신도를 잃어 간다. 전례 없이 방만해진 도시의 시민들에게 공동체의식은 거의 사라졌으며, 민주국가의 참된 이상 역시 빛을 잃어 가고 있다. 이러한 배경에서 학교가 압박을 받는 건 당연하다. 교육 시스템 안에서 교사들은 약한 고리로 걸려 있다고 할 수 있다. 문제투성이 세상의 학교에서 학생들에게 성공하는 데 필요한 기술을 준비시킨다는 것은 여간 어려운 일이 아니다.

오늘날 우리는 탈전통적 공동체 및 유동적 현대성의 부상, 인공지능의 출현과 함께 전근대와 중첩된 '근대modern'와 '후기 근대post-modern' 사회를 마주하고 있다. 이런 전환기 국면에서 마주한 민주주의의 딜레마는 가족, 이웃, 국가에 이르기까지 모든 지역사회의 도덕적 연관관계가 무너지고 있다는 두려움, 즉 '공동체의 약화' 현상이다. 이에 대한 대안적 이상으로 제시된 '공동체' 사회는 국가와 개인 사이에 존재하는 것으로, 국가주의의 폐해를 완화하는 동시에 개인주의의 한계를 보완하는 효과들을 제공한다. '공동체' 사회는 민주적 자치를 성숙시키고 공공 서비스의 효율성을 증대시키며, 주민들의 친밀성을 증가시켜 행복을 증가시키는 것으로 평가되고 있다. 공동체를 주목하는 이론으로 '공동체주의'가 1980년대에 부상하였다. 공동체주의자들은 개인과 경쟁, 그리고 시장을 핵심으로 하는 자유주의에 맞서 '좋은 사회'를 위한 구상, 자아의 형성에 대한 사회의 역할, 그리고 공민[125]의 덕을 강조해 왔다. 공동체주의는 신자유주의 사조의 팽배로 더욱 관심을 끌었다.

최근 '서이초 사태'를 계기로 그동안 눌려 있던 학교 안팎의 모순과 갈등이 한꺼번에 폭발하고 있다. 아직도 학교는 후유증을 앓고 있고 불신과 갈등은 쉽사리 치유되지 못하고 있다. 산적한 문제들이 해결되지 못한 채, 교단은 불안과 두려움으로 더욱 움츠러들었고, 교사는 살아남기 위해 개인주의로 칩거하거나 아니면 탈출을 시도하고 있으며, 학교공동체는 업무와 직종 간 갈등으로 언제 터질지 모르는 화약고를 방불케 한다.최지윤, 2024: 118

이는 공동체성이 결핍된 우리 사회에서 피로감과 위험을 가장 심각하게 경험하는 곳이 학교임을 방증하는 사태이다. 학교에는 이미 공동체적 성격보다는 조직적 성격이 더 많이 내포되어 있다. 학교에 나-중심주의와 경쟁문화가 팽배하고, 관료적 조직의 특성이 강하게 자리 잡았다. 학교 조직의 이러한 특성은 아이들의 소외감, 협동심 상실, 의미와 목적이 결여된 피상적인 교육으로의 변질을 나타낸다. 이러한 문제의식의 발로로 오늘날 이익사회society/Gesellschaft와 대조적인 이념인 '공동체사회community/Gemeinshaft'에 대한 관심이 더욱 증대되고 있는 것이다. 이러한 연유로 학교를 조직사회가 아닌 '공동체사회'로 보기 시작했다. 산업사회의 대량생산체제가 도입된 이후의 '익명화' 현상과 학교체제의 관료화 그리고 학교의 시장화 모델의 대안으로 학교의 '공동체화' 모델이 등장하였다.

---

125. '공민'은 국가의 정치에 참여할 자격을 가진 국민을 뜻한다.

코뮤니타스와 레스푸블리카의 결합

'공동체'란 다른 사람들을 이해함으로써 함께 변화해 나가는 관계라고 정의할 수 있다. '같은 생각을 가지고 있는 사람들'로 공동체를 규정하고 이질성을 배제하는 경우, 집단적 사고의 문제가 생길 수 있다. 그러므로 신념의 공동체가 아닌 구성원의 상호작용을 통한 변화의 과정이 공동체의 근간을 이루어야 한다. 문화인류학자 하이드Lewis Hyde 2022는 공동체의 어원을 추적하면서, 'common'은 '함께'라는 뜻의 'com'과 '의무를 진다'는 뜻의 'munis/munus'가 어우러진 말임을 밝혔다.

라틴어 명사 '코뮤니타스communitas'에서 '공통적'이라는 뜻의 commun, comun, common, kommun 등은 '고유하지 않은' 것을 가리킨다. '공통적인' 것은 '고유한' 것이 사라지는 곳에서 나타난다. '타자'와 공유하는 것은 더 이상 고유한 것이 아니다. '공통된' 것은 한 사람 이상이나 다수 혹은 모두와 연관되며, '사적인' 것과 반대되는 '공적인' 것, 또는 특별한 것과 반대되는 '일반적'이거나 '집단적'인 것을 가리킨다.에스포지토, 2022: 11-12 코뮤니타스의 구성원들이 공통적으로 지니는 '것'은 과연 무엇인가? 정말 어떤 긍정적인 '것', 어떤 자산, 본질, 이윤 같은 것인가? 코뮤니타스는 고유의 특성이나 소유물이 아니라 어떤 의무사항이나 빚을 공통의 요소로 지녔기 때문에 모인 사람들의 공동체를 가리킨다고 말할 수 있다.에스포지토, 2022: 16 무언가가 '더' 있어서가 아니라 '덜' 있어서, 혹은 어떤 결핍이 계기가 되어 모인 것이다. 다시 말해 코뮤니타스는 무언가가 결핍된 상황에서 벗어났거나 '면제된' 사람들이 아니라, 결핍에 '시달리는' 사람의 입장에서 어떤 책무나 심지어는 결함의 형태로 나타나는 일종의 한계를 공통분모로 지닌 사람들의 집단이다.에스포지토, 2022: 16

마르틴 부버는 공동체를 '사이Beziehung/관계relation'의 영역과 제도의 배열, 즉 '연합association'으로 구분했다. 공동체communitas는 공적인 것res publica과 일치하지 않을 뿐 아니라, 오히려 이 공적인 것이 계속해서 미끄

러져 들어갈 위험이 있는 공백, 또는 공적인 것의 내부와 주변에서 형성되는 붕괴 지점에 더 가까이 이르게 된다. '사회적인 것'을 에워싸며 파고드는 이런 단층 현상은 항상 우리의 '공존' 상태 내부에 상존하는 위험이자 공존 자체를 가능하게 하는 요소로 감지될 수 있다.에스포지토, 2022: 20 코무니타스communitas와 레스푸블리카res publica를 동일시할 때 드러나는 의미론적 불균형의 원인은 한편으로는 '공적publica'이라는 수식어가 지닌 과도한 보편성에서, 그리고 무엇보다 '것res'의 정체성에서 발견된다.에스포지토, 2022: 15 따라서 '공화국'은 관련된 구성원의 공유물을 가리키는 '공동체communitas'와 다르다. '공동체'는 역사와 문화, 경제를 포함한 대부분의 것을 공유하는 도덕체계에 가깝지만, '공화국'은 공동의 문제와 관심사를 사회적 연대를 기초로 처리하는 정치체계이자 법체계라고 할 수 있다.박구용, 2024: 466

　1980년대와 1990년대 핵심적인 화두로 등장한 '공동체주의'의 자유주의 비판에서 볼 수 있듯이, '자유'는 곧 원자주의 혹은 주관주의로 이해되었고, '공화주의'는 이러한 자유의 폐해를 공동체의 이익 또는 연대를 통해서 극복하고자 하는 대안으로 제시되었다. 공동체주의의 어원인 'communitas'는 정치 이전의 전통·문화 공동체를 가리키는 반면, 공화주의의 어원은 '공적인 일' 또는 공공선을 의미하는 'res publica'를 가리킨다. 개인의 자유와 권리에 대해 '공동체주의'는 전통 및 문화 공동체를 확립함으로써 해결하고자 한 반면, '공화주의'는 공공성과 자치의 정치적 공동체인 공화국을 확립함으로써 해결하고자 한다. 양자를 통합한다면, 공화주의는 공동체주의의 헌법적 표현이라고 할 수 있다.Kingdom, 1996: 33

　공화주의와의 연계 속에서 작동하는 '공동체'는 '고유한 것'의 의미에 결속되어 있으며, 공동체의 구성원들은 그 고유한 특성들을 '공통점'으로 소지하고 있다. 이들이 곧 '공통점'의 소우주라고 할 수 있다. 찰스 테일러가 주장하듯 어린이들은 '공동 세계common world' 내에 이미 얽혀 있으며, 이 세계는 물려받은 세계로, 인간과 인간 아닌 타자가 전체 주인으로 함께 살고 있는 세계에 살고 있다.무리스, 2021: 221 하나의 사회가 대내적으로나 대외적으로 자유로운 교류와 경험의 소통을 가로막는 장벽을 설치한다면, 그것은 바람직하지 않은 사회이다. 인간 연합/결사human association의 궁극적 의미는 경험의 질을 향상시키는 데 있기 때문이다.듀이, 2024: 31, 61 어떤 사회집단의 진정한 구성원이 된다는 것은 사물과 행위에 대해서 다른 사람들이 결부시키는 것과 같은 의미를 부여하는 것이기에 이런 것들이 없다면 공동의 이해라든가 공동체 생활이라는 것이 불가능할 것이다.듀이, 2024: 61

공동체는 '육성nurture'되어야 한다. 공동체가 구체적인 형태를 갖추려면 공동체의 존재를 유지하고 표현할 수 있는 공생적 제도가 필요하다. 대화와 관계로 특징지어지는 공동체는 특정 유형의 제도를 필요로 한다. 그러한 제도는 대화적이고 공정해야 하며, 성장과 탐구를 위한 여지를 허용해야 한다. 『유토피아로 가는 길』에서 우리는 부버가 협동조합 및 결사체에 매료되었음을 알 수 있다. 부버의 관점에서 '구조적으로 풍부한' 사회는 지역공동체와 상업공동체로 구성되고, 이 공동체들은 다시 민주적 연합의 일부이다. 그는 목적과 수단의 문제에 특별한 주의를 기울여야 함을 인식했다.

오늘날 공동체의 억압 가능성 때문에 개인의 신성함, 연대의 중심적 가치, 보완적 연합, 권리와 의무로서의 참여 등을 중시하는 '민주적 공동체주의'Bellah, 1988가 강조되고 있다. 공동선과 공동체적 목표를 구현하기 위해 '권위주의적 공동체성'이 아니라 이에 대립하는 '민주적 공동체성'의 실현을 추구해야 한다. 이 민주적 공동체성이 바로 공화의 구현태라고 할 수 있다.

듀이의 공동체주의 관점에서 '민주적 공동체democratic community'의 두 가지 중심적인 특징은 공통적으로 집단의 구성원 사이에 공유된 이해가 존재하며, 다른 집단과 상호 교섭이 활발하다는 점이다. 듀이의 민주적 공동체에 대한 생각은 첫째, 의식적으로 공유되는 이익이 얼마나 많고 다양하며, 둘째, 다른 형태의 모임들과의 상호작용은 얼마나 충만하며 자유로운가? 이 질문은 교육정책에 대한 질문으로 이어질 수 있다. 첫째, 학교 선택은 학생들이 의식적으로 공유하는 이익의 수를 늘릴까, 아니면 줄일까? 둘째, 학교 선택은 다양한 공동체의 학생들 사이의 상호 교섭을 제한할까, 아니면 촉진할까?

듀이의 관점으로 보면, 공동체의 상실은 형제애나 동료의식 같은 공동체적 정서의 상실을 뜻하는 것만이 아니었다. 그것은 자치에 필요한 공동의 정체성과 공유하는 공적 생활의 상실이기도 했다.^{샌델, 2012: 283} 물론 이상적인 사람의 특성이 다른 유토피아와 양립할 가능성도 있지만, 제안된 유토피아와 그 유토피아를 추구하는 데 이상적인 것으로 여겨지는 사람의 유형 사이에는 연관이 있다는 것은 분명하다. 예를 들어 민주적 유토피아와 자유해방적 유토피아 모두에서 이상적인 사람의 특징 중 하나는 독립적이고 비판적인 사상가이다. 물론 이 관계는 이상적인 사람에 대한 개념이 번영할 것이라고 믿는 특정의 유토피아로 이어지는 역순으로도 인식할 수 있다. 그리고 이상적 공동체에 대한 희망의 원형질이 '유토피아'에 녹아 있다고 할 수 있다. 인간의 신체와 욕구가 유사하기 때문에 '이상적 공동체ideal community' 이론으로 상당히 수렴되고 있다. 이상적인 공동체의 원형질은 유토피아 구상에 잘 그려져 있다. 인간의 삶이 무한의 상상 공간에 의해 영향을 받으면서 원심력에 의해 교란될수록 '공동체'의 의미는 더욱 부각된다.^{이종수, 2017: 85-86} 유토피아 구상은 인간이 생래적으로 품은 대안적 설계에 해당하며, 이상적 공동체에 대한 열망이라고 할 수 있다. 어느 시대든 상상력과 감수성이 뛰어난 사람들이 현실의 절망 속에서 꿈꾼 '이상적 공동체'가 존재했다고 할 수 있다.

공동체교육의 다양한 모델

오늘날 공동체의 철학만큼 현실적인 과제로 다가오는 것도 드물다. 공동체 철학에 주목하는 이론으로 '공동체주의communitarianism'가 1980년대에 부상했다. 공동체주의는 신자유주의 사조의 대안적 사상으로 더욱 관심을 끌었다. 역사적으로 제창된 '공동체주의'의 실패가 곧장 새로운 '개인주의'의 병리로 나타났는데, 공동체 고유의 관점을 절실하게 요구하고 주장하며 표명하는 것이 바로 '공동체주의' 철학이다.에스포지토, 2022: 7 공동체주의자들은 국가로부터 자유방임주의를 쟁취하려는 것이 아니라, 국가를 문화적으로 흡수함으로써 문화적 인정을 추구하려고 한다.바버, 2006: 44 공동체주의자들은 개인과 경쟁, 그리고 시장을 핵심으로 하는 자유주의에 맞서 '좋은 사회'를 위한 구상, 자아의 형성에 대한 사회의 역할, 그리고 공민의 덕을 강조해 왔다.

'공동체'는 규정된 특정 가치들에 대해 그 구성원들 간에 공유된 약속을 필요로 하며, 공동체의 구성원들이 반드시 서로를 동료 구성원으로 존중해야만 한다.Dagger, 2009: 331 이 존중은 공동체의 규정된 가치들에 의해서 구조화된 것이다. 통치 또는 지배로부터의 자유는 분명 개인들에 의해서 향유되지만, 이들은 공동체 속의 개인인 것이다.Dagger, 2009: 333 공동체 속의 개인들이 자율성, 통치, 비지배를 누릴 수 있는 조건은 바로 처벌에 의해서 보장되는 법의 지배이다. 그리고 시민이 되는 것은 비록 법 아래에서 살아가지만, 이상적으로는 타인의 지배로부터 자유로워지는 것이다. 법은 개인의 행위를 인도하고 제한하지만, 시민으로서 최소한 법의 내용을 결정하는 과정에 목소리를 낼 수 있는 것이다.Dagger, 2009: 333-334

공동체가 정치적 공동체 혹은 정체polity라면 그 구성원들은 시민이 된다. 개인주의와 시장주의를 극복하고자 하는 공동체주의자들은 일반적으로 인간의 본질과 인간 정체성에 대해 다양한 주장을 편다. 특히 인간은 공동체에 내장되어 있다고 주장한다. 그들은 자아가 공유된 가치, 관심사 또는 실천을 제공하는 공동체를 통해 어느 정도 구성된다고 주장했다. 사람의 개인적 가치는 이러한 공동체의 사회적 맥락에서 형성되며, 종종 공동체적 애착을 통해 추구된다. 공동체주의자들은 사람의 내재적 지위를 강조하며, 따라서 거의 공동체주의자들은 인간이 자신들이 만들고 유지하고 지속하는 문화와 언어 공동체와 통합적으로 관련되어 있다는 개념을 중심으로 단합한다.Arthur, 2000: 7 사실과 가치로 구성된 '공동체' 개념의 현재적 접근은 '인간 집단'으로서 공동체, '특정한 공간'으로서의 공동체, '공유된 사회적 활동'으로서 공동체, '밀접한 사회적 관계'로서의 공동체, '느낌과 감정'으로서의 공동체이다.Clark, 1987: 53-57 이에 근거한 '공동체교육community education'의 모델은 보편주의 모델, 개혁주의 모델, 급진주의 모델로 구현될 수 있다.Martin, 1987 학교와 공동체의 발전에 대한 새로운 접근으로서 합의/동질성(보편주의), 다원성/이질성(개혁주의), 갈등/평등성(급진주의)과 같은 사회적 자본을 골고루 배합하여 학교사회와 지역공동체사회의 관계를 조화시켜야 한다.

학교는 지역사회의 일부분이기에 교육은 지역사회의 책임을 지고 있다. 공동체교육community education은 지역공동체와 함께 작업하는 학교가 학습을 위해 프로그램, 기회 그리고 구조를 제공하는 것이다.West-Burham, Farrar & Otero, 2007: 77 공동체교육은 지역주민과 지역사회기관에 지역사회 문제와 시민의 교육적 요구를 해결하는 데 적극적인 파트너가 될 수 있는 기회를 제공하는 것이다. 학교는 지역사회와의 결속bonding(schooling: 직선·파편성·교육과정·정보·양·결과·통제)을 넘어 교량bridging(educating: 적응·총체성·배움·지식·질·과정·자율성) 역할을 잘 수행해야 한다. 학교가 공동체로서 잘 기능하려면 학교 안의 리더십 역량을 수립하고, 지역공동체와 폭넓고 평등한 참여를 확립하고, 모든 이들로부터 변화의 동력을 이끌어 낼 수 있는 공유된 공동체성을 확보하고, 장래의 일을 위해 협력문화를 만들어 내야 한다.West-Burham, Farrar & Otero, 2007: 15, 41

유토피아를 지향하는 소통하는 학교

유토피아 이론은 '공동체'에 대한 논의로 발전하고 있다. 심리적 인정과 사회적 인정을 동시에 강조하는 인정투쟁 이론가 악셀 호네트는 사회적 장애(병리)를 치유할 수 있는 윤리적 인성의 발달을 촉진할 수 있는 의무(원초적 관계/정서적 배려/돌봄/사랑)와 권리(인지적 존중/법적 관계), 그리고 사회에 대한 독특한 헌신(사회적 정체성/가치공동체/연대)으로 이루어진 '소통적 유토피아communicative utopia'를 주창한다.호네트, 2011 하버마스 이론에는 공동체에 대한 서로 다른 두 가지 모델이 함축되어 있다. 하나는 권리와 권리 부여의 공동체이고, 다른 하나는 욕구와 연대성의 공동체이다. 하버마스의 '이상적 의사소통 공동체'는 자율적 행위의 토대 위에서 자아실현을 할 수 있도록 하는 자아 정체성에 상응한다. 사회는 전승과 소통을 통해 계속 존속된다. 특히 자기 자신의 목적과 성취한 것에 대해 의견의 일치를 이루려면 '소통communication'으로서의 민주주의가 매우 중요하다.듀이, 2024: 25 소통으로서의 민주주의에서 소통은 경험이 공통의 소유가 될 때까지 함께하는 과정으로서 사람들이 무언가를 공통으로 가지게 되는 과정, 즉 '비슷한 마음가짐'을 갖게 하는 것이다. 소통을 통해 공유된 활동이나 연대적 활동 속에 유사한 공동의 마음이나 공동의 의도가 자리할 수 있다. 공통된 이해에 참여할 수 있게 해 주는 소통만이 그런 유사한 지적·정서적 성향들을 공고하게 할 수 있다.듀이, 2024: 24

하버마스가 강조하는 대화對話 dialogueFairfield, 2011[126]와 공적 숙의[127]를 중시하는 집단적 삶의 비전으로서 이상적 소통 공동체인 '소통적 유토피아'는 비판적이고 변혁적인 교육을 요청한다.Papastephanou, 2010 '대화'는 인

---

126. 선동, 조종, 교화, 주입, 순치를 거부하는 '대화'를 통한 교육은 바흐친, 듀이, 가다머, 프레이리, 하버마스, 비고츠키, 비트겐슈타인 등에 의해 강조된다.
127. 집단적 판단을 향상시킬 수 있는 '공적 숙의'는 정보 공유 및 지식의 공동 이용을 통해서 개인들이 이해한 바를 변화시키거나 복잡한 문제에 대한 그들의 이해력을 제고할 수 있고, 일정하게 형성된 선호들이 어떻게 분파적 이해관계와 연계시키면서 이데올로기적 목표를 갖고 있는가를 드러내 보이고, 이해관계의 언어를 이성의 언어로 바꿀 수 있다.

지적 참여뿐만 아니라 정서적 참여를 요구하는 동등한 사람들 간에 '공생의 소통 관계'로 간주한다. 진정한 대화가 성공할 것인지는 참여자들의 인지적 이해만이 아니라 관심, 신뢰, 존중, 감사, 애정과 희망이라는 상호적인 감정에 달려 있다. 또한 오랜 전통을 가진 인간 실천으로서 진정한 대화는 관용[128], 인내, 개방성, 억제와 자발적 경청, 그로 인해 상대방에게 말할 수 있는 권한 강화empowerment를 포함한 일련의 덕을 구현하고 요구한다.버블러스, 2011: 6 [129]

소통하는 숙의민주주의 모델은 참여민주주의를 넘어선다. 민주적 소통 과정을 통해 공동체가 형성되는 것이다. '공통적인 것'은 사적인 것만도 아니고 공적인 것만도 아니다. 다시 말해 공통적인 것은 한편으로 사적 소유의 지배와 신자유주의적 전략들에 대립하며, 다른 한편으로는 공적 소유의 지배, 즉 국가의 통제와 규제에 대립한다. 다중multitude의 민주주의는 우리 모두가 공통적인 것the common[130]을 공유하고 공통적인 것에 참여하기 때문에 상상할 수 있고 실현 가능하다. 이런 과정을 통해 민주주의자로서 듀이가 강조하는 '공중public'이 탄생하는 것이다. 그가 이익사회보다 공동체사회를 더 중시한 것은 당시 학교가 기업주의적, 자본주의적, 관료주의적 이익과 결합되어 있고, 대중이 점점 공공성 및 공중을 상실하는 경향과 연관이 있다.[131] '공동체사회'는 자연적 의지에 의해서 함께 연대[132]되고 일련의 공유된 사상과 이상에 함께 결속된 개인들의 집합

---

128. '관용(tolerance)'은 싫어하거나 동의하지 않는 의견과 형태를 기꺼이 견딜 수 있는 능력이다. 불쾌하거나 성가신 것을 다룰 수 있는 능력, 또는 나쁘거나 어려운 조건인데도 현재 상황을 지속하는 것을 의미한다. 사회과학적으로는 좀 더 온건한 표현으로 포괄하여 동의하는 것, 또는 인정하지는 않지만 자신과 다른 형태나 신념을 기꺼이 수용하는 것을 뜻한다. '중용/온건주의(moderation)'는 '관용' 가치와 긍정적으로 연계되는 개념으로 과도하건 극단적인 경우를 회피하는 개인의 형태나 정치적 성향을 의미한다.
129. 비블러스는 대화의 유형을 '회화(conversation)'(포용적-확산적)로서의 대화, '탐구(inquiry)'(포용적-수렴적)로서의 대화, '토론(debate)'(비판적-확산적)으로서의 대화, '수업(instruction)'(비판적-수렴적)으로서의 대화를 구분하고 있다.
130. 사적인 것과 공적인 것은 많은 측면에서 다르지만, 공히 공통적인 것에 대한 접근을 제한하는 제도와 결정의 독점을 특징으로 한다. '공유지의 비극'은 공통적인 것을 잘 관리하거나 보살피지 않을 때 필연적으로 나타난다.

이다.서지오바니, 2004: 18

인간은 스스로 완전하지 않은 존재로서 생존과 기쁨 그리고 완성에 이르는 통로로 공동체를 중시한다. 공동체는 개인과 사회의 차원에서 강력하고도 긍정적인 효용을 발휘한다. 공동체는 국가나 시장보다 효율적일 수 있다. 공동체는 하나의 도덕적 규범에 해당한다. 더불어 살아가는 모둠 살이, 또는 친밀성을 매개로 하는 공동체를 함께 가꾸고 만들어 나아가야 할 책임이 인간에게는 있다. 현대 사회에서 공동체는 국가-공동체-개인이라는 관계 속에서 국가와 개인의 중간에 존재한다. 국가의 폐해를 완충하고, 고립된 개인의 한계를 보완하며 타인과 타인을 연결시키는 공간이 곧 '공동체'이다.이종수, 2016: 4-11

그러기에 지난 과거의 정체성보다는 더욱 적극적인 의미에서 '공동체'의 가치에 주목할 필요가 있다. 공동체의식이 가장 중요시하는 지표는 '사회적 관계'라고 할 수 있다. 공동체의식은 구성원 간의 우정과 이해, 지역사회를 발전시키는 활동에 기꺼이 참여하려는 의지와 바람이다. 또는 개인이 속한 지역사회에 대한 관여의 감정 및 관심을 의미한다. 그런데 경제개발을 경험한 한국 사회는 '성공의 위기'를 겪고 있다. 표면적인 물질생활의 수준은 대폭 개선되었지만, 인간의 존엄성과 이웃에 대한 배려는 많이 상실했다.

완벽한 균형을 유지하는 '원형arche'과 '목적telos'의 결속에서처럼, 공동체는 그리워해야 할 '기원'이나 예견해야 할 '운명'이다.에스포지토, 2022: 10 어떤 경우에든 공동체는 우리의 가장 '고유한 것'으로 정의된다. 사회주의나

---

131. 시장 중심적 '관료주의'가 확산되면, 첫째, 데이터와 전문지식의 중요성을 과도하게 강조해 정치적 의사결정을 은폐하고 형식적으로 통제하려는 시도가 만연한다. 둘째, 이는 불평등을 재생산하고 시민 참여 공간을 축소하며 민주주의 본질을 훼손한다. 셋째, 이익집단 간 권력 차이를 교정하지 못하고 논쟁을 회피하게 되어 극단적인 불평등 문제를 초래한다(이상윤, 2025: 358).
132. '연대(solidarity)'란 동일한 이해관계, 목표, 기준을 지닌 지역사회를 생성하는, 또는 그런 지역사회를 기반으로 하는 집단이나 계급의 단일성을 의미한다. 집단 구성원 간의 합의나 구성원에 대한 지지를 의미하기도 하고, 자신과 사회를 위해 일함으로써 의미 있는 것을 성취하는 형태로 사람들에게 책임지고 그들을 도와주기 위해 노력하는 것을 뜻한다.

공동체주의처럼 우리에게 '공통된' 것을 '우리만의' 것으로 만들기 위해 노력하든, 소통적 윤리학communicative ethics처럼 우리에게 고유한 것으로 '공유'하기 위해 노력하든, 결과는 바뀌지 않는다. 소통을 위한 시민교육은 다스리고 다스림을 받는 것의 원활한 교대, 다양한 도덕적 신념과 생활양식을 상대하는 일, 통상 당연시하는 것들을 비판적으로 사고하는 것들이다.Gunsteren, 2020: 158 학교는 소통의 센터이고 배움의 공동체로서 지역 공동체와 학교의 긴밀한 관계를 강조한다. 학교에서 가르치고 배우는 모든 행동은 관계 속에서 일어난다. 인간은 특히 아이들은 '관계를 맺는 동물'이다. 학습을 중심으로 한 학교의 '관계성'이란 '소통'이나 '대화'로 설정할 수 있다. 학교란 이질적인 존재들이 모인 '다원적 공동체'로서 우리가 함께 만드는 집, 또는 구성원 사이의 관계의 본질로 결정되는 공동체라고 볼 수 있다.

물론 개인주의나 자유주의의 원리가 온전히 뿌리내리지 못한 한국 사회에서는 공동체에 대한 강조가 구성원 개인의 자율성을 약화시킬 위험성이 있기에 양자의 극단적 배제가 아닌 공존의 지대를 마련해야 한다. 공동체에서는 공동의 목표, 가치, 신념 같은 공통성과 이런 것들을 형성하는 활발한 담론을 대개 공동체의 중요한 기반으로 보기도 하지만, 이런 관점과 달리 공통성commonality보다 차이/다름difference을, 담론discourse[133]보다 성찰reflection[134]을 더 중시하는 '정서적 공동체'를 강조하는 시각도 있다. 그것의 대안적 개념으로 '공동체적 자유주의

---

133. 라틴어 discursus는 '여기저기 뛰어다니다'를 뜻한다. 담론은 어떤 주제에 대한 체계적인 논의로서 세계에 대한 사고방식을 설명하는 개념적 틀이다. 담론은 사회적 공간에 존재하며 의미를 변형시키는 기능을 한다. 그리고 담론은 권력을 지닌 관계와 지식을 포함하고 있다. 그러기에 권력에 상응하는 이데올로기나 신념의 접합이라고 할 수 있다. 많은 담론은 명제적 지식과 방법적 지식으로 구성된 문화적 자본에 의존하고 있다. 담론과 교육은 분리할 수 없다. '담론'이 가진 속성은 첫째, '선택과 배제의 원리'다. 담론을 제한하거나 생산하는 역할을 담당하는 것은 권력이며, 권력에 의해 담론은 선택되거나 배제당한다. 둘째, 담론은 자신들의 입장을 방어하고, 반대의 입장을 공격하는 병기로 작용한다. 셋째, 담론 내부의 드러나지 않는 심층구조에는 태도, 입장, 권력과의 관계, 이데올로기적인 위치가 숨겨져 있다. 이러한 담론의 속성에 주목한다면, 담론의 문제는 언어를 주목해서 보편성을 추출하는 것으로는 해결될 수 없다.

communitarian liberalism' 또는 '시민적 개인주의civic individualism'가 대두되는 것도 이러한 문제의식의 발로라고 할 수 있다.

학교는 교양 있는 공중을 탄생시키는 장소

공동체의 철학만큼 오늘날의 현실적인 과제로 다가오는 것도 드물다. 역사적으로 '공동체주의communitarianism'가 제창되었는데, 그것의 실패가 곧장 새로운 '개인주의'의 병폐로 이어졌고, 그것의 고유한 관점을 절실하게 요구하고 주장하며 표명하는 것이 바로 '공동체community'의 철학이다.에스포지토, 2022: 7

대표적인 공동체주의자라고 할 수 있는 매킨타이어A. MacIntyre는 급진적 학교개혁radical school reform을 위한 철학적 틀로 '교양 있는 공중educated public'이라는 이상을 주창한다. 그의 작업은 급진적 학교개혁이라는 과제에 적합한 철학적 틀을 위한 타당한 기초를 제공한다. 그의 교육적 견해는 '유토피아적'이다. 아리스토텔레스-토마스 관점에서 '이상적 학교ideal schools'가 어떤 모습일지 상상하는 요점은 우리의 실제 공교육public education 시스템의 성공과 실패를 측정하는 척도를 제공한다.Vokey, 2004: 122 물론 학교에 대한 이상화된 그림은 우리가 교육개혁을 위해 지향해야 할 목표를 제공할 수도 있다. 이는 현대 다원주의 사회의 시민들이 생산적인 도덕적 토론에 필요한 전제 조건인 공통의 토대를 만드는 법을 배우는 데 기여할 수 있다. 매킨타이어는 당시 덕 윤리와 도덕적 전통의 합리성을 특성화함으로써 '교양 있는 공중'을 위한 철학적 전제 조건을 복원하려는 노력을 시도했다.Vokey, 2004: 122 교양 있는 공중의 구성원이

---

134. '성찰'은 자기 안의 세계와 자기 밖의 세계, 그리고 둘 사이의 관계를 자각하는 것이다. 자기 자신을 깊이 들여다볼 줄 아는 개인이 공동체에 대해서도 깊이 성찰하게 된다. 끊임없는 성찰이 있기 때문에 참된 공동체는 건강하지 못한 상태에 빠졌다가도 빨리 알아차리고 신속하게 대응할 수 있다.

생산적이고 합리적인 토론에 참여할 수 있는 이유는 무엇보다도 합리적으로 입증될 수 있는 도덕적 논쟁의 기준을 공유하고 있기 때문이다.

그런데 현대의 도덕적 논쟁이 끊임없이 이어지는 이유는 계몽주의 도덕철학의 중심 프로젝트가 공적 담론을 형성하는 합리적 원칙에 대해 전통에 구애받지 않고 정당화하는 데 실패했기 때문이다. 그래서 '교양 있는 공중'이 존재할 가능성을 제공하기 위해 매킨타이어는 도덕적 추론 및 논증이 인간적 성취의 가능성에 호소할 수 있는 아리스토텔레스-토마스의 덕 윤리ethics of virtue를 재구성하는 작업을 했다. 인간 삶의 가장 중요한 선에 대한 공유된 비전은 바로 '덕virtue' 중심의 학교에 필수적이다. 왜냐하면 그러한 관점에서만 어떤 인간적 특성이 진정한 지적 또는 도덕적 미덕인지 식별할 수 있기 때문이다.Vokey, 2004: 123 변증법적 논쟁을 통해서만 구성원이나 다원적 사회가 생산적인 공적 토론에 필요한 합의에 도달할 수 있다. 이상적 학교는 학생들이 서로 다른 도덕적 공동체의 구성원이 공유하는 공통점을 인식하고 확장하는 과정에 참여하는 법을 배우고, 각 관점이 서로의 강점과 한계를 드러내는 것을 고려하도록 한다.[135] 그런데 오늘날 '교양 있는 공중'이 쇠퇴하고 있다. 그 이유는 합리적 탐구를 하는 진보의 결여, 수렴적 작은 공동체에서 파편화된 발산적 거대 공동체로의 전환, 시민적 덕을 침식하는 작은 규모의 지역에 대한 글로벌 시장의 관여, 배제되었던 새로운 사회구조의 출현, 그리고 지식의 통합에 대한 공유된 헌신을 훼손하는 다양하게 전문화된 대중이 등장하고 있기 때문이다.Stolz, 2019: 49

그리하여 매킨타이어는 작금에 벌어지는 교육 사태를 비판하며 '교육'이라 부를 만한 가치가 있는 것은 무엇이든지, 민주적 문화와 비판적 탐구 공동체 내에서, 그리고 그것들을 통해 합리성을 함양하여 특정 유형

---

135. 물론 매킨타이어가 주창하는 덕의 윤리에 터한 목적론적 세계관만으로는 도덕적 상대주의에 대한 만족스러운 대응이 못된다는 주장도 나오고 있다. 그리고 덕의 윤리는 정의(justice)의 윤리에 기반한 사회정치적 개혁을 동반해야 성공할 수 있다.

의 '공동체'의 목적을 위해 사회와 우리 자신을 재구성하는 것과 관련 있어야 한다고 주장한다.Stolz, 2019, viii 그가 제창한 학교개혁 프로젝트의 핵심은 무관심과 순응주의의 사슬을 끊는 이성과 역사 이해를 통한 '인간해방human liberation'에 있었다. 긍정적 자유와 부정적 자유 사이에 가로놓여 있는 것으로부터의 진정한 인간해방은 스스로의 깨달음과 자기활동에 있다. 여기에서 교육을 통한 인간 행위주체자human agency[136]로서 대안적 사고와 행위 가능성을 위한 합리성의 회복 및 이성이 중요한 역할을 한다. 공적으로 공유된 인식 틀의 확립을 통해 열띤 논쟁이 벌어지고, 의견이 불일치되는 영역에서 '교양 있는 공중educated public'이 절실히 필요해진다.Stolz, 2019

학교는 해석과 담론이 교환되는 공론의 장

숙의민주주의자들은 이상적 공동체로서 학교의 이상을 숙의적 소통이 이루어지는 '작은 공론장mini/weak publics'으로 설정한다.Englund, 2010 듀이에게서 '공공성public/publicness'이라는 말은 당대의 커다란 현안들에 관한 '공적 심의'[137]를 뒷받침한 사회적·정치적 삶을 공유한 경험을 뜻한다. 그런 면에서 학교는 미니 공론장으로 기능하도록 한다. 결정을 다툴 권리는 의사결정의 논쟁 토대가 존재하며, 여러 견해가 표현되고 갈등이 해결

---

136. '행위주체자' 접근은 오늘날 직접적으로는 인간의 자유와 발달 및 복리(wellbeing)를 추구하고, 간접적으로는 경제 발전(경제성장)과 사회 변화(사회정의)와 연결되도록 하는 '역량(capability)' 접근으로 연결되어 연구되고 있다(Hart & Bigger & Babic, 2015). 지식보다 중요한 것은 그것을 실생활에 적용하는 '역량(기능할 수 있는 잠재력)'이라고 할 수 있다. 권리를 보장하는 것과 함께 사태를 올바로 인식할 수 있는 조건 마련을 준비하면서도, 그 조건을 넘어서는 초월적 역량도 갖도록 한다. 인간의 복리를 평가할 때 물질적 요소뿐 아니라 비물질적 요소를 모두 고려한. 개인이 갖고 있는 역량의 차이를 인정하면서 불리한 처지에 있는 아이들이 버틸 수 있는 '저항의 공간'을 마련한다(Walker & Unterhalter, 2007).
137. '공적 심의'라는 생각은 오늘날 '심의민주주의' 또는 '숙의민주주의(deliberative democracy)'로 발전되고 있다.

될 수 있는 통로와 매개, 특히 의사소통의 권리가 작동하는 시민사회의 장으로서 '공론장Öffentlichkeit'이 있음을 전제한다.올슨, 2015: 432

'공론의 장/공적 영역Offfenlihikeit/public sphere/publicity'¹³⁸을 주창한 하버마스의 의사소통과 이상적 대화 상황과 맞닿아 있는 공론장의 요건은 사적 이해 관심을 넘어 이성理性의 공적 사용을 활용해 공적 권력에 대항하거나 논쟁을 요구하는 행위로부터 발생하며, 각축을 벌이는 정치적 규범들에 관한 공적 논의에 관련 당사자들 모두가 평등하게 참여한다. 공적인 삶에서는 차이들이 동화되지 않은 채 남아 있지만, 거기에 참여하는 각 집단은 다른 집단의 사람들을 인정하고 이들의 말에 귀를 기울인다.Young, 2017: 507-508 공적인 세계는 이질적이고 다양하다. 공적인 세계에서는 사람들이 공유하지도 않고 완전히 이해하지도 못하는 다양한 표현을 보면서 감상한다. 공적인 세계는 그런 장소여야 한다. 논쟁적 의제에 관여하는 숙의민주주의는 학습자들이 적극적으로 토론하고 비판하고 경청하고 다양한 인식론적 성찰에 열려 있는 방식을 배울 기회가 주어져야 한다.

이런 공론 영역public sphere은 공적 여론, 곧 공적인 의견과 의지가 구성되고 형성되는 곳이다. 그리고 '논쟁'¹³⁹을 많이 불러일으킬 수 있는 주제일수록 주입이나 교화 방식보다는 찬반 논쟁이 가능한 '민주적 공

---

138. Offfenlihikeit의 어원은 'offen'으로 '열려 있다'는 의미다. 정치공동체 구성원의 공적인 일을 가리키는 '공화주의'의 기본적 가치인 '공공성(公共性)'은 '공적인 것(officialness), 즉 국가 또는 정부의 범위 내에서 이뤄지는 권력과 권위의 공식적 행사와 관련된 활동과 '공공적인 것(publicness), 즉 공동체적 삶에서 가장 궁극적이고 최종적인 권위의 원천으로서 기능과 책임을 담당하는 것이다.
139. 공화주의적 개념의 민주주의에서 '논쟁'은 '숙의'에 매우 중요하다. 논쟁 가능성은 공화주의적 이상에서 민주주의의 선결 조건이다. 공적 결정은 관련된 모든 사람이 수용할 수 있는 절차 아래서 갖가지 논쟁을 견뎌낼 수 있는 한에서 정당한 것이라고 여길 수 있다. 공적 의사결정에 대해 논쟁하도록 요청하는 것은 의사결정이 민주적 성격을 충족하도록 주장하는 것이다. 따라서 의사결정 모형은 합의 이전에 논쟁을 전제로 한다. 정부는 사람들이 어떤 결정을 하든 논쟁할 수 있는 정도만큼 민주적일 수 있다. 논쟁을 멈추는 일은 정부의 정당성을 해친다. 푸코가 강조하듯이, 권력에 '진리를 말하는 것(speaking the truth/parrhesia)'이라는 관점 역시 논쟁 가능성이라는 아이디어를 포착한다. 이는 진리를 말할 때의 위험을 각오한 '진실된' '솔직함'을 의미하는 것으로서 아첨을 떠는 것이 아닌 '비판 기능'을 현대 민주주의에 복권시키고자 하는 것이다.

론장'을 열어 놓아야 한다. 유토피아 사회는 작은 규모의 도시에 구현되는 '면대면 소통'과 '민주적 시민성'이 결합된 '숙의민주주의'를 이론적 기반으로 하는데Heybach & Sheffield, 2013: 88-89, 이를 바탕으로 한 '숙의적 교육학deliberative pedagogy'Shaffer, 2017, 또는 '담론적 교육discursive education'Erneling, 2010이 강조된다. 모든 학습은 '담론적' 사업이다. '인지변화'는 항상 그것이 취하는 형태와 그것과 관련된 내용이 문화적·역사적으로 다양하게 나타나는 '사회적 과정'이다. 학습과 인지발달은 학습자를 유아화하는 것이 아니라 길들이는 것을 의미한다. '담론적' 접근 방식이 주장하는 것처럼 학습은 중요한 측면에서 '사회적'이다. 더욱이 학습과 교육은 시간과 장소에 따라 변화하는 복잡한 활동이며, 학교교육에 대한 간단한 해결책은 없다. '담론적 교육'은 주류의 '심리적 질서의 이상'에 대한 대안으로 적어도 잠정적으로나마 정신·지식·학습에 대한 담론적 접근 방식으로 채택되었다. 학습과 지식 성장을 위한 틀은 사적이고 개인에게 숨겨져 있는 것이 아니라 개인을 넘어 타인 그리고 언어, 책, 컴퓨터와 같은 문화적 가공물과의 사회적·담론적 상호작용으로 확장된다. 소통의 숙의적 모델을 주창하는 민주주의자들은 대의민주주의[140] 제도, 자유시장적 개인주의, 집단주의의 부정성을 비판하며, '참여participation'와 '숙의deliberation'를 통한 직접민주주의를 강조한다.Halpin, 2003: 96-99 영국은 제3의 길을 제창한 블레어 정부 시절, 지역사회 참여를 통한 학교 거버넌스의 발전을 위해 '교육투자우선지역EAZ[141]을 설정하여 교육복지사업을 시행했다.

아이들은 공동선을 논의하고 공적 이익을 생각하도록 하기 위한 민주적 소통이 활발한 공론의 장이 요구된다. 피아제, 브루너, 듀이 등은 '교실'을 세상을 이해하기 위해 함께 활동하는 사람들의 모임으로 이루어

---

140. '대의민주주의'는 민주주의 원리를 실현하기 위한 가장 친숙한 제도적 형태이다. 대의민주주의에서 사람들은 보통 지역구 내에서 경쟁적 선거를 통해 선택되는 그들의 대표자들을 통해 지배한다. 대다수 민주주의 국가들에서 대의민주주의는 단연 일반인들이 정치권력의 행사에서 일정한 역할을 하는 가장 중요한 방식이다.

진 '해석 공동체interpretive community'를 요청한다.Mayer, 2012 교실은 교사 주도성이나 학생 주도성을 넘어 인간 이해에 기본적인 '담론 공동체 discursive community'라고 할 수 있다. '대화적 가르침'은 집단적이고, 상호적이며, 지원적이며, 누적적이며, 목적적이다.Alexander, 2006 이러한 이해는 모든 학급 구성원들이 서로의 통찰력과 기여를 이해하려는 노력을 기울이는 것이다. 이를 통해 개별적 지식과 협력적 지식 구성 간의 관계를 강화하여 학생들이 평생 문화적 아이디어, 프로젝트 및 헌신에 참여할 수 있는 토대를 마련할 수 있다. 사회적으로 논쟁적인 주제를 교실에서도 논쟁적으로 가르치는 '보이텔스바흐 정신'을 귀감 삼을 수 있다.심성보 외, 2018 논쟁적이고 복잡한 토론일수록 학습자들이 적극적으로 참여하고, 비판적으로 깨어 있는 시민이 되도록 준비시키며, 그래야 학교 밖의 '산 경험 lived experience'을 보완해 갈 수 있다.

탐구 공동체의 부상

'탐구 공동체'는 공동체와 탐구라는 양면에 기초한 일정한 구조를 가진다. '공동체community'는 협력과 배려, 신뢰와 안전이라는 정신과 공동의 목표에 대한 정신을 불러일으킨다. 주어져 있는 것, 즉 어디서 어떻게 왔는지와 상관없이 아이들이 이미 가지고 있는 신념과 태도, 그리고 반성

---

141. 영국 정부는 취약지구의 교육 수준을 높이기 위하여 보통 15~25개의 학교를 그룹으로 묶어서 Education Action Zone/EAZ을 설립하여 기업체, 학부모, 지역정부, 지역사회가 파트너십을 구축하여 학업성취도 향상 및 교육개혁 정책을 공동으로 추진하였다. 우리나라의 교육복지투자우선지역 지원사업의 모델이 된 EAZ 정책은 블레어 총리의 신노동당 정부가 빈곤의 문제가 단순히 경제적 결핍이 아니라, 노동시장에 접근할 수 있는 정보의 비공식적 연결망, 공공정책을 입안할 기회, 다양한 교육 기회, 주류집단과의 소통 기회 등으로부터의 배제로 인식했다. 이러한 인식을 토대로 영국 정부는 부모-자녀 관계 개선, 학교와 학부모 연계 강화, 학교 간 연계 강화, 지역사회와 학교의 연결망 강화 등을 추진했다. 하지만 정책을 시행하면서 성취도 향상의 요구, 기업의 재정 분담 저조, 경기침체로 인한 고용 불안정, 학생 의견 수렴 미흡, 학교장과 지역청 권한 분산의 어려움 등의 문제를 보이면서 종료되었다.

되지 않은 의견으로부터 시작되는 '탐구inquiry'는 흥미 있고, 문제적이며, 혼란스럽고, 애매하고, 단편적인 것을 참가자들이 만족할 만한 것이 되도록 전체로 모아서 비록 잠정적이라 할지라도 판단을 해 보려는 자기수정의 연습이다.샤프 & 플리터, 2025: 41 물론 두 가지 측면이 분리될 수 있다. 모든 공동체가 탐구에 초점을 맞추는 것은 아니며, 모든 탐구가 공동으로 이루는 것도 아니기 때문이다. 그러나 탐구와 공동체가 함께 만날 때, 그 둘은 깊이 있고 풍부한 하나의 개념을 형성한다. 탐구 공동체는 내재적이면서 동시에 초월적이다. 그것은 참가자들의 일상적 삶에 스며드는 틀을 제공하며, 추구해야 할 이상을 동시에 제공한다. 그것은 특정한 분야에 한정되지 않는다. 미학적·윤리적·인식론적인, 즉 철학적 탐구의 공동체가 되는 것처럼, 과학적·역사적·문학적·환경적 탐구를 위한 공동체가 있다. 이러한 공동체는 한 분야의 학생들이 실천하는 탐구가 다른 분야의 서로 얽히면서 작동한다.

참된 공동체란 진정한 자유와 삶의 의미를 찾고자 노력하는 사람들에게 최고의 희망을 보여 준다. 자기 자신을 '다른 사람 중의 한 사람', 즉 공동체에 속하는 것으로 간주하는 것은 '사람이 된다personhood'는 것의 핵심이다.샤프 & 플리터, 2025: 269, 387 공동체의 구성원들을 위해 배려와 존경을 보여 주는 것은 기본적인 인격적 측면이다.샤프 & 플리터, 2025: 269-270 공동체는 각 개인이 자신이 누구이며 어디로 가고 있는지에 대한 확실한 감각을 제공하는 '도덕적 그물망'이라고 할 수 있다. 공동체는 인간으로서 우리 모두가 필요로 하는 충성심에 대해 구체적이고 살아 있는 초점으로 필요하다. 이러한 초점이 없으면 인간 개인은 길을 잃게 된다. 이러한 공동체 개념이 학교 교실에 적용되면, 교실 전체는 '탐구 공동체community of inquiry'로 전환된다. 이는 구조화된 열린 환경을 제공하며, 모든 아이가 자신의 자연적 호기심과 에너지를 지식과 탐구에 대한 더 나은 이해로 향하게 도와준다. 그리고 그 과정에서 교육과정은 재구성된다. 근본적으로 반성적인 탐구 공동체의 인지적이고 정서적인 구조는 중요하다. 토론, 합리성, 좋은 판단, 배려와 존중을 키우고 각자가 자신의 특정한 관심과 의견(사회적·정치적·문화적)을 초월할 수 있도록 함으로써 탐구 공동체는 복잡하고 문제가 많은 세상에서 생존하고 성장하는 법을 가르쳐 준다. 나아가 탐구 공동체는 교실에서 민주주의를 구현함으로써 아이들이 특정한 사회적·국가적 맥락에서 폭넓은 시민성을 기를 수 있게 한다.샤프 & 플리터, 2025: 391 탐구 공동체는 배려와 믿음, 공동의 목표, 개인과 집단 모두가 반성적 균형과 성취감을 느낄 수 있는 '안전한 공간'에 소속되는 경험을 제공한다.샤프 & 플리터, 2025: 270

탐구가 철학적이기 때문에 '철학적 탐구 공동체philosophical community of inquiry'라고 말할 수 있다.Cam, 1995: 17 나아가 교실이 탐구 공동체의 사고를 강화하는 '철학적 탐구 공동체'로 작동하게 되면, 아이들은 개념(생각과 경험을 분류하거나 정리하는 역할)을 통해 반성적이고 스스로 수정하는 방식으로 지식을 구성하고 적용할 수 있게 된다. 교실 구성원이 사고와 판단 그리고 행위에 필요한 다음과 같은 절차를 스스로 만들 줄 알게 하는 것이다. ① 건전한 추론과 좋은 판단을 위해 필요한 절차들, ② 이해하기 어렵고 설명이 필요한 질문들, ③ 경험에서 나왔지만 자신의 경험을 재구성하고, 그것을 의미 있게 만들어 건전한 판단과 결정을 내릴 수 있도록 준비시키는 개념들이다.샤프 & 플리터, 2025: 388 아이들은 이런 절차를 통해 개념을 배우면서 현재와 미래의 세계 시민으로 자라게 되고, 학교는 물론 사회, 더 크게는 지구 공동체와 관련된 문제 상황을 적절하게 헤쳐 나갈 수 있다. 세상에 존재하는 수많은 인종적·민족적·종교적·환경적 갈등 역시 관련된 사람들이 함께 모여 서로 대화를 나눌 때 해결될 수 있다.

일상적인 대화와 이것이 발전된 구조화된 대화로서의 '토론'은 탐구 공동체 활동의 본질적인 부분으로서 다른 어떤 특징보다도 한 공동체가 탐구 공동체로서 얼마나 성장했는지를 보여 준다. 반성적이고 구조적인 측면의 대화로서 토론을 통한 '의사소통(특히 언어를 이해하고 사용할 수 있는 능력)'은 나와 다른 사람들 사이에 존재하는 상호성과 상호의존성의 필수 요소라고 할 수 있다. 대개 진리에 도달하고자 하는 열망으로 진행되는 탐구 활동에서 학생들은 의사소통이라는 상호작용에 참여하게 되는데, 그 안에서 각자의 아이디어나 생각이 서로 만나고 공유된다. 그들은 자기 생각이 중요한 것-비록 반드시 참은 아니지만-과 마찬가지로, 다른 사람의 생각도 중요하다는 것을 이해한다. 그뿐만 아니라 공동체가 성장하면서 구성원들이 이런 모든 생각들이 다양하게 연결되어 있다는 것을 깨닫게 된다.샤프 & 플리터, 2025: 63 인류가 언어를 공유해 왔다는 가정은 상호협력적인 집단이나 공동체 개념에 내재해 있다. 언어를 통해 상호의존과 상호성 그리고 상호협력의 관계가 만들어지고 유지되었다고 볼 수 있다. 다시 말해 각자의 중요한 욕구와 욕망이 언어를 통해 서로에게 전달된다. 그뿐만 아니라 아이들은 자기 경험의 양극성, 즉 유사성과 차이점, 선과 악, 옳음과 그름, 존재와 비존재, 과거와 미래, 현실과 상상 등을 탐색할 수 있는 것도 언어를 통해서이다. 아이들이 반성하고 소통하는 것도 언어를 통해 가능하다. 언어가 사람과 세계를 연결해 준다. 이런 점에서 언어는 우리가 세상의 일원이 되는데, 나아가 세상과 조화를 이루는 데 핵심적인 역할을 한다.샤프 & 플리터, 2025: 62-63

탐구 공동체를 통해 요구되는 철학은 학생과 교사 모두에게 의미라는 방대한 문제에 '진입'할 수 있는 대화 방법을 제공한다. 철학을 하는 동안에 아이들은 세계를 이해하고 싶어 하는 그들의 욕구에서 나온 수많은 질문이나 문제를 확인하고 구성한다.샤프 & 플리터, 2025: 389 교사는 학생들이 스스로를 아이디어와 발견자, 창조자, 말하자면 '탐구자'로 바라볼 수 있도록 해 준다. 학생들은 스스로 근거와 기준을 찾고, 결과를 검증하고, 스스로 수성하는 사고 등 지적 감각을 훈련한다. 그리고 아이들에게 그들의 삶에 방향성을 주는 개념, 즉 진리, 공정 그리고 자유 등에 대해 주인의식을 지니게 해 준다. 게다가 이러한 발달이 탐구 공동체의 맥락 속에서 이루어지게 되면, 아이들도 그것을 신뢰하고 중요한 것으로 판단한다. 아이들이 철학적 여행을 하면서 만나게 될 문제 및 절차, 그리고 개념들은 일상에 이미 내재해 있는 것들이다. 만약 자신의 이상과 목표를 구성하고 재구성하는 작업이 좋은 삶을 사는 데 필요한 본질적인 요소라면, 교육과정의 핵심에 '철학적 탐구 공동체'가 있어야 함을 강조할 필요가 있다.

그리고 철학하는 아이들은 세계를 새로운 방식으로 바라본다. 아이들은 자신과 다른 방식의 생각과 만나게 되고, 그래서 더 큰 이해와 통찰에 이르는 여러 연결을 만들기 시작한다. 그들은 자신이 어느 정도 통제할 수 있는 기준과 표준에 근거해서 판단을 내린다. 누군가가 이미 대답해 놓은 판단에 의해 세상을 평가하는 대신, 자신들의 생각을 풍성하게 이끄는 매혹적인 사고의 새로운 가능성과 방법들을 자유롭게 심사숙고해 본다. 나아가 아이들은 탐구 공동체에 속해 있으면서 자기-수정적 사고를 훈련해 나가기 때문에 그들 나름의 자아나 가치에 의해 형성된 속박으로부터 스스로 자유로워진다. 아이들이 자기의 뜻과 관계없이 생각한다는 것이 아니라, 철학적 탐구를 이해와 의미를 스스로 세우려 노력한다는 의미이다.〈샤프 & 플리터, 2025: 198〉 오히려 아이들은 독단론이나 탐구 과정에 치명적인 방해가 된다는 것을 이해하게 되면서 친구와 함께 자신들의 견해를 발전시켜 가는 기회를 즐긴다. 아이들은 교실의 탐구 공동체를 조롱의 공포 없이 자기 생각을 말할 수 있고, 친구들과 관심 있는 문제들에 대해 자유롭게 토론할 수 있는 '안정한 장소로 느낄 수 있어야만 한다. 이러한 의미의 자유에는 용기와 인내가 필요하다. 특히 세계에 대한 자신의 견해를 차근차근 형성해 가는 첫 실험적 단계를 밟아 가고 있는 아이들에게는 더욱 그렇다. 공동체 내에서 그런 자유가 존중되고 또 길러지면서 아이들에게 새로운 질문과 답이 생겨나며, 그에 따라 아이들의 생각은 지금까지 알려지지 않은 영역으로 확장될 것이다. 여기에서 우리가 표현하고 있는 지적 자유는 개인적인 것이며, 정치적이지 않다. 자유가 탐구 공동체를 구성하며, 사람들이 자기 생각을 개방적으로 표현하는 것이 민주 사회의 모든 삶에 기본이 된다고 하더라도 말이다.

이런 의미에서 사회는 아이들을 자유롭게 해 줄 준비가 되어 있는가?

더욱더 많은 학교와 교실이 탐구 공동체로 전환됨에 따라 아이들은 당연시한 것들에 대해서도 질문하기 시작할 것이다. 즉 근거를 찾고 친구들도 똑같이 하기를 기대한다. 어른들과 함께 계속 토론하게 될 것이다. 아이들은 자기 나름의 생각을 갖게 되고 그 생각을 표현하게 된다. 그뿐만 아니라 자신이 그 문제에 대해 새로운 생각을 발견할 수 있는 창의적인 사고가라는 사실도 깨닫게 된다.

학교 공동체성 회복의 걸림돌과 실마리

학교는 대한민국의 미래를 길러 내는 온실이다. 학교공동체 내부의 모든 관계와 경험은 학생들이 안전하게 자랄 수 있는 적절한 온도, 습도, 햇빛과 같은 역할을 한다. 학교라는 미래의 온상을 안전하게 보호하는 것은 사회 전체의 의무이다. 학교공동체가 무너지면 대한민국의 미래가 무너지기 때문이다.최지윤, 2024: 120 특히 코로나 팬데믹 상황은 가정과 학교 모두의 위기였다. 코로나19의 장기화로 학습 결손과 학력 격차의 불안이 높아지면서 학부모의 사교육 의존도 역시 높아졌다. 코로나19 장기화로 학생 개인에게는 생활습관 붕괴, 정서적 고립, 학력 저하, 진로 준비 지연이 일어났고, 상호작용 면에서 부모 스트레스 증가, 또래 간 학습 촉진 기회 부족, 온라인 지원 환경, 교사와 접촉 부족 등의 문제가 드러났다. 그리고 이러한 후유증은 코로나19 팬데믹이 종료된 현재까지도 해결되지 않고 교사와 학부모의 과제로 남아 있다.

이미 과도할 정도로 학교 현장에 침투해 들어온 '교육의 사법화' 문제를 해결하는 것도 학교의 공동체성 회복에 중요하다. 최근 '서이초 사태'를 계기로 오랫동안 눌려 있던 학교 안팎의 모순과 갈등이 한꺼번에 폭발하고 있는 현상을 보이는 것은 작은 사회인 학교가 권리 대 권리, 이익 대 이익의 충돌 등 갈등의 지형이 더욱 공고화되고 있다는 방증이다. 또한 서이초 사건과 선생님들의 하소연은 한국 사회가 더 이상 '공화'의 가치를 외면할 수 없다는 사실을 적나라하게 보여 주는 것이다. 따라서 권리를 당당히 행사하되 교육의 주체로서 짊어져야 할 의무와 책임도 마땅히 감당하는, 그리하여 공화의 가치가 살아 있는 학교공동체를 향해 나아갈 때다. 각자 고유성을 가진 학교 구성원들이 '공유자원commoner'으로서 맥락성과 다차원성이라는 과제를 기반으로 '공화'를 구성해 가는 교육의 공유화commoning가 바로 학교의 공동체화다. 물론 공화주의는 민주주의와 공존해야 한다. 그리고 학교가 공동체성을 회복하려면, 수직적이고 불공평한 관계가 아니라 협력적이고 수평적인 관계로 전환해야 한다. 지금도 대다수 교사는 여전히 학생들 곁을 지키고, 수많은 학교 구성원들이 학생의 배움과 성장을 위해 개인과 집단의 이해관계를 내려놓고, 서로 기꺼이 협력하고 헌신하고 있다. 갈등이 부정적인 것만은 아니기에 이론적 논의에 그치지 말고, 학교공동체 구성원들이 대면하면서 적극적 해결을 위해 소통하는 연습을 시작해야 한다. 갈등 해결 과정에서 경청, 공감, 상호존중 태도는 서로의 관계성을 돈독히 하고 교육공동체를 더욱 성장시킬 것이다. 교육공동체 회복을 위한 학교체제의 중요성이 강조되고 있는 시대 상황을 맞이하여 학부모와 교사가 서로를 교육 협력자로, 시민으로, 공유하는 사람으로, 돕는 사람으로 여겨야 할 것이다.

오늘날 장소/공동체 기반 교육과 연동된 우리나라의 '지역사회 기반 교육'은 공교육의 장이 이제는 학교라는 틀을 넘어 지역사회라는 삶의 공간에서 다양하게 학습하고, 학교교육을 마친 이후에도 지속적으로 삶을 배우는 평생학습의 개념으로 확장되고 있다. 전통적인 공교육이 학교 교육과정을 중심으로 교과목을 선정하고 교수자가 학습자를 안내하는 방향으로 진행되었다면, 미래교육을 위해서는 학교교육을 지역사회로 확대하는 지역사회 기반 교육과정으로 전환해야 한다. 교육은 학습이 이루어지는 장소의 문화와 사회적 조건과 밀접하게 연관되어 있기에 지역사회 기반 교육을 통해서 지역공동체의 현안을 해결하고, 공동체 구성원들과 더

불어 살아가기 위한 시민적 역량을 키우는 것에 그 목적을 두어야 한다.

그런데 우리의 학교는 지금 학교 안의 공동체성 상실뿐 아니라 학교 밖의 지역사회로부터 고립된 '이중의 고통' 속에 놓여 있다. 공동체성의 상실은 학교만이 아니라 지역사회도 그렇다. 학교 안으로는 학생과 교사, 학생과 학생, 교사와 교사 간에 강고하게 연결되어야 할 관계의 끈이 끊어져 있고, 밖으로는 학교와 지역사회가 단절된 채 마을과 무관하게 존재하는 것이다. 학교는 학생들의 삶의 터전인 지역사회에 누가 살고 있고, 무슨 일이 일어나는지 관심을 가질 틈이 없다. 지역사회 역시 학교에서 무엇을 가르치고 배우는지 전혀 궁금하지 않다. 학교는 지역에서 고립된 섬으로 존재한다. 학교만 외로운 곳이 아니다. 지역사회도 외롭고 주민들은 갈 곳이 없다. 이렇게 장소성의 부재는 지역사회가 위험하고, 학교가 위험함을 보여 준다. 학교만이 아니라 사회에서도 공동체성이 사라지고 있는 오늘날의 상황을 고려할 때, 학교에서 공동체성을 경험하게 하는 것은 교육의 회복과 사회의 공동체성을 위해서도 꼭 필요한 과제이다.

학교가 교육기관으로서의 역할보다 '관료제적 조직'으로서의 면모를 강하게 드러내고, 협력과 성찰이 아닌 지침과 규제에 의해 움직이며, 의미 있는 교육개혁조차 빠르게 관성화되어 껍데기만 남는 형식적인 정책으로 전락한다면, 이는 교사의 날개를 달아 주기보다는 발목을 잡는 걸림돌이 될 것이다. 따라서 '조직organization'으로서의 학교상이 '공동체성'을 잃지 않으려면 조직을 '팀team'[142]으로 볼 필요가 있다. 학교공동체를 '팀'의 관점에서 보고자 하는 것은 학교 조직을 수직적이고 수평적인 역학 관계를 가진 구조로서 사고한다는 의미이다. 유능한 리더를 발굴하여 그에게 학교공동체를 맡기고자 하는 것이 아니라, 공동체 구성원 모두가 리더가 되어 팀 리더십을 발휘할 수 있는 조직을 만들어야 한다.새로운학교네트워크, 2025

---

142. '팀'이란 두 사람 이상의 다양한 구성원들이 공통된 목표와 과제를 공유하고, 이를 달성하기 위해 구성원 사이에 역동적이며 상호의존적으로 역할과 기능을 수행하는 집단이다. '팀'은 '집단'과 유사한 의미를 지니지만, 집단보다 좀 더 공동의 목표를 중시하고 공동의 상호작용에 초점을 두는 개념이다.

최근 한국 사회는 격차와 위험, 갈등 등이 복합적으로 뒤엉킨 전형적인 '위험사회'로 진입했다. 지역적·계층적 격차가 더욱 확대되고 지역 주민들은 사회적 위험에 개별적으로 대응할 수밖에 없게 되었다. 이에 대처하기 위해 지속가능 의제를 내걸고 마을의 공동체성을 강조하면서 근대적 위험사회를 극복하는 대안으로 '마을공동체'를 제안하여 실천운동을 펼치는 사람들이 나타나기 시작했다. 유토피아 사상의 연장선으로서 공교육의 한계를 넘어서고자 하는 '대안학교운동'과 '혁신학교운동', 지역교육공동체운동으로서의 '마을교육공동체운동'이 확산되고 있다. 마을, 교육, 공동체의 합성어인 '마을교육공동체'의 개념은 '만들어진 것'이 아니라 '만들어 가는 것'으로 서로의 의미를 강화하면서 그 영향력을 확대하고 있다.양병찬·한혜정, 2025: 46-48 이 개념들은 이념형(가치)으로서의 마을교육공동체, 정책(사업)으로서의 마을교육공동체, 주체(실천 단위)로서의 마을교육공동체 등이 서로 얽혀 추진되고 있다. 마을교육공동체 정책과 운동은 입시 중심 경쟁 교육 관행에 맞서기 위해 진보적 교육청에서 발신된 교육개혁운동인 혁신학교 정책에서 한 걸음 더 나아가 학교와 지역사회의 긴밀한 협력으로 마을을 아예 '교육공동체educational community'[143]로 만들고자 한다.강영택, 2017: 18-19 혁신학교운동의 새로운 흐름은 학교교육에 공동체적 성격과 마을의 개념을 통합하고자 한다. 학교를 전문적 학습공동체와 민주적 자치공동체로 전환하고, 나아가 지역사회와 긴밀히 연결하고자 한다. 최근에는 마을공동체와 마을공화국운동으로 나아가고 있다. 정치공동체의 오랜된 미래인 '마을공화국'은 마을연방 민주공화국의 기초

---

143. '교육공동체'는 공동체가 갖는 일반적 특징과 원리가 교육적 공간에서 적용된 것이면서 교육과 관련하여 사람과 사물의 유기적 관계를 나타내기도 한다. 교육공동체는 학교공동체(교육이 일어나는 단위 학교를 강조할 경우), 마을학교공동체(교육이 일어나는 학교를 중심으로 하되 마을에서도 교육이 활발하게 일어날 경우), 마을교육공동체(교육의 중심이 마을로 옮겨가서 마을이 교육공동체가 된 경우)로 구분할 수 있다. 어느 경우이든 학교가 공동체성을 회복하고 마을을 품을 때, 학교가 마을이 되고 마을이 학교가 된다. '마을을 품은 학교', '학교를 품은 마을'이 우리의 미래여야 한다. 마을에 오랫동안 축적된 역사와 문화유산, 그리고 자연환경과 풍부한 경험을 지닌 사람들이 학교교육을 풍요롭고 생기 있게 할 것이다.

공화국과 생태마을 공동체와 같은 민의 완전한 '자치·자율'이 직접민주주의와 공화주의 원리에 의거해 '공존·융합하는 나라'라고 할 수 있다.임진철, 2023 마을공화국 운동은 디스토피아의 나락으로 떨어지는 것을 막으며 새로운 지구마을을 유토피아로 만드는 대안적 지역사회 공동체 운동의 한 형태로 발전하고 있다.

19장
유토피아적 희망으로서의 아나키스트 교육

아나키즘anarchism은 무엇보다도 국가의 폭력과 국가의 권위의 정당성을 회의하라고 착한 대중의 반역을 충동질한다. 오늘날 한국 사회에서 아나키즘은 세기말의 문화적 퇴폐로 인해 부식하는 인간의 사회성을 복원하는 휴머니즘의 기획이며, 그로부터 사회적 역동성을 끌어내는 사회운동의 이념이다. 또한 다양성을 본질로 하는 '가짜 민주주의'를 직접민주주의로, 거대한 공공 부문과 거대한 민간 부문 두 영역의 전체주의적 지배하에 있는 '가짜 민주주의'에서 맞서 개인의 자유를 지키려는 의미 있는 노력이다. 이런 몸부림 속에서 '작은 민주주의'가 사회 곳곳에 뿌리를 내리고, '거대한 인권'이 제 가치를 말하며, 세계의 울타리 안에서 인간과 환경이 제법 숨 쉴 만한 공존의 숲을 이룰 때, 아나키즘이 우리 시대 삶의 지표로 살아 숨 쉬고 있다.구승희 외, 2004: 390

사회가 혼탁하고 나라가 어지러울수록 '유토피아utopia'에 대한 염원과 그것에 대한 연구는 시대정신을 반영하는 강력한 교육적 역할을 한다. 다양한 유토피아 사상은 특정 유토피아의 유형과 내용에 기빈하고 있다. 이론가나 사상가들은 아나키스트 관점에서 '아나키스트 유토피아anarchist utopia'라고 칭하기는 어렵더라도, '유토피아주의utopianism'를 강조한다. '아나키스트 유토피아주의'는 비판적 사상을 자극하고, 기존의 정치적·사회적 현실에 대해 다양한 대안을 제시하는 데 그 가치가 있다.

특히 아나키스트들은 인간의 바람직한 본성과 이상적 사회의 청사진을 추구하며, '아나키스트 유토피아'[144]가 개방적인 성격을 지니고 있음을 보여 준다. 아나키스트 유토피아는 자유해방주의 유토피아적 사고의 근저에 있는 비전뿐만 아니라 아나키즘과 유토피아주의가 서로를 어떻게 풍부하게 하는지를 보여 준다. 또한 더 깊은 의미에서 유토피아는 상상의 나라나 신화적 미래에서 찾을 필요가 없으며, 바로 지금 여기에서 발견하고 창조할 수 있다. 자유로운 사회의 유토피아는 항상 존재하는 가능성이고, 유토피아주의는 현재 시제에 작동한다. 아나키스트 유토피아는 정의, 자유, 평등, 상호부조의 원리에 기반한 대안적 유토피아를 구상하며 실천에 옮기고자 한다.

아나키와 질서 그리고 국가

아나키즘은 모든 지배와 권위, 권력을 거부한다. 즉 아나키즘은 지배가 없는 상태, 권위와 권력이 없는 세계를 지향한다. 인간들이 자유롭게, 자치적으로, 자연과 더불어 사는 사회를 바라는 것이다. 바로 우리들이 다 함께 꿈꾸는 세상이다. 아나키즘은 지배 체제가 아니라 현실적인 사회운동이다. 아나키즘은 이상적인 사회체제를 설명하는 것이 아니라 현실적인 사회운동의 행동 강령이다.

사상, 신념 체계로서의 아나키즘은 다음과 같은 특징이 있다. 첫째, 아나키즘은 인간의 본성은 원래 선한데 사회제도와 같은 인위적인 체계가

---

[144] '아나키스트 유토피아'는 완전한 사회의 폐쇄된 공간이 아니라 다방면의 지배·위계·착취 형태에 맞서 끊임없이 투쟁하는 공간이다. 그것은 더욱 관대하고, 사랑이 넘치고, 자유로운 사회를 적극적으로 창조하는 것이다. 아나키즘이 자유로운 사회라는 비전을 내세우는 데에서는 유토피아적이지만, 기존의 자유해방적 추세를 따르고, 수단이 곧 목적이라는 것을 인식하는 데에서는 현실적이기도 하다.

본성을 악하게 만들었다고 본다. 둘째, 아나키즘은 사회를 계약에 의해 인위적으로 이루어진 것이 아니라 자연적으로 구성된 결사association로 본다는 점에서 자연주의적이다. 셋째, 아나키즘은 개인의 자유의 절대 가치를 강조한다. 그러나 이 자유는 방종이 아니라 자기 규제된 자유이며, 자연 공동체 내에서의 연대의 자유이다. 넷째, 아나키즘은 협동과 공생에 기초한 소규모 자연 공동체를 주장한다. 아나키 공동체에서는 자본주의 체제의 광고와 같은 욕망의 확대 재생산이 없다. 다섯째, 따라서 아나키 공동체는 욕망에서 해방된 사람들이 아니라 강제된 욕망을 억제할 수 있는 사람들로 구성된다.구승희 외, 2004: 386-387

지금까지 아나키스트들은 인간이란 원래부터 착한 존재이기 때문에, 혹은 인간 본성을 사회화하기만 하면 억압 없는 질서는 언제든 가능하다고 믿었다. 그러나 이런 낙관론만으로는 아나키 공동체를 정당화할 수는 없다. 국가 없는 아나키 공동체가 가능하려면, 그 구성원들의 생명과 사유재산의 안전 및 평화와 안정을 지속시키는 질서가 필요하다. 개인은 이기적이어서 질서를 해치는 행동을 자발적으로 자제하지 않는다. 따라서 공공선이 있다는 사실을 자명한 것으로 받아들이지 않으면 안 된다. 그래서 질서는 하나의 공공선이 된다. 아나키즘은 국가권력의 정당성의 기초를 반증함으로써 국가의 권위를 반응함으로써 국가의 권위를 부정하고, 자율성에 기초한 정당한 권위로부터 의사결정이 이루어지는 만장일치의 직접민주주의를 제시한다. 국가의 정당성은 정치적 권위가 도덕적 구속력을 가질 때에만, 즉 국가의 권위와 개인의 자율적 의무가 일치하는 곳에서만 확보된다.

국가의 폭력적 독점이 없이 장기적인 안전과 평화가 가능하려면, 구성원의 자율적인 의무에 기초한 '사회질서'가 유지되어야 한다. 그러므로 질서는 모든 결사체의 제1조건이다. 하지만 인간은 이기적이어서 질서를 해치는 행동을 자발적으로 자제하지 않는다. 그래서 질서를 강제할 권력이 생겨나고, 권력을 유지하는 수단으로 폭력을 독점하고 정당화한다. 어떤 이론이나 신념 체계는 질서유지 체제에 대한 도덕적 정당화가 얼마나 정교한가에 따라 유토피아가 되거나 사회주의처럼 현실적 사회운동 이념이 되거나 혹은 민주주의처럼 체제가 된다. 아나키즘은 국가를 거부하는 것이 아니라, 국가의 '폭력적 독점'과 그것을 행사할 독점적 권리를 가진 '정치적 전문가 집단'을 거부한다.^{구승회 외, 2004: 388-389} 아나키즘은 제도화된 폭력에 의해 수백만, 수천만이 억압·살해당하지는 않는 사회에 대한 비전을 보여 준다.

사회적 아나키스트들의 급진적 교육 실험

아나키스트 교육의 대안적 실천은 중요한 의미에서 전통적 급진적 교육학radical pedagogy에서 발전된 이념과 실천을 따르고 있다.^{Suissa, 2009: 256} 따라서 파울루 프레이리의 변혁적 교육에 뿌리를 둔 비판적 교육학critical pedagogy을 발전시킨 맥라렌McLaren은 전복적이고 해방적 기능을 갖는 '유토피아적 상상력'을 강조한다. 이 상상력은 인간 욕망의 다층적 수준을 추진하고, 동시에 '아직 도래하지 않은' 불분명한 미래의 무의식적인 존재론에서 도출한 결과라고 할 수 있다.^{Suissa, 2009: 256} 정치사상을 가르치는 것이 학생들에게 현재의 정치제도가 특정한 바람직한 정치적 열망을 성취하는 최선이거나 유일한 방법은 아니라는 점을 이해시킨다는 의미에서 파괴적일 수 있으나, 여기서 제안하는 것과 같은 유형의 정치교육은 동시에 사회 변화를 통해 인간의 고통과 불의를 완화할 수 있는 방법이 있다는 것을 함축한다는 점에서 해방적일 수도 있다.^{Suissa, 2009: 256}

교육에 대한 아나키스트 관점의 표명은 교육과정의 관리와 내용, 교실 관리 및 운영과 같은 학교교육의 형식적 측면뿐만 아니라, 모든 교육적 만남의 중심에 자리한 관계적 요소에 의해 창출되는 '교육적 공간'을 중시한다.^{Suissa, 2009: 242} 학교에서 교사와 학생의 관계는 이러한 유형의 만남에서 흔히 볼 수 있는데, 아나키스트들의 관점은 이런 논의의 범위 안에 다른 유형의 교육적 관계를 포함하도록 한다. 즉 19세기 말과 20세기 초 주류적 학교와는 다른 유형의 유럽과 미국의 아나키스트 학교들은 비억압적 교육과 비위계적 조직, 그리고 협력교육co-education을 매우 중시했다.Suissa, 2009: 242

'아나키스트 유토피아주의'는 계속적 탐구를 요구하는 진정으로 개방적이고 강압적이지 않은 교육의 과정을 강조한다. 교육적 탐구는 이상적으로 기존 시스템에 도전하는 다양한 형태의 사회적 참여를 동시에 시도한다. 그것들은 근본적으로 유토피아에 대한 역동적인 사고와 유토피아의 행동화를 포함한 대화적이고 교육적 관계의 맥락에서 수행된다. 아나키스트 교육 실험은 종종 유토피아적 대안 공동체를 만들고, 비판이고 상상력이 풍부한 정치적 참여의 정신으로 아이들을 교육함으로써 유토피아주의를 구현하고자 한다.Suissa, 2009: 256

'급진적 교육 실험radical educational experimentalism'의 사상은 개인의 자유와 상호부조가 번성하도록 불의가 없고, 억압적이고 위계적 사회구조가 없는 사회라고 할 수 있는 '유토피아'라고도 불리는 아나키스트 비전에 대한 신념을 배경으로 하고 있다.Suissa, 2009: 242 아나키스트 교육이론가와 실천자들은 아나키스트 학교가 미래 사회의 맹아이자 자본주의 국가의 권위주의 구조 속에서도 "대안이 가능하다"는 것을 입증하려고 했다. 아나키스트 사회는 현재의 사회적·정치적 현실을 초월한다는 의미에서 유토피아적이지만 도달할 수 없는 것도 아니었다.Suissa, 2009: 243 사회적 아나키스트들social anarchists은 인간의 상호부조, 자선, 연대를 위한 능력이 자본주의 국가 내에서도 존재하는 사회적 관계의 형태로 반영되며, 실질적이지만 비강압적인 교육의 과정을 통해 강화되어 급진적 사회 변화를 창출할 잠재력을 가지고 있다고 생각했다.[145]

아나키즘은 역사적으로 다양하게 존재했지만, 대체로 개인적 아나키즘과 사회적 아나키즘을 분류할 수 있다. 사회를 중시하는 '사회적 아나키스트들'의 교육사상은 자유방임과 경쟁을 중시하는 '개인적 아나키스트'의 그것과는 다른 관점을 취한다.

그런데 사회적 아나키스트들은 이런 방식으로 교육을 구상하며, 그것을 단순한 목적을 달성하기 위한 수단으로 간주하지 않았다. 아나키스트 사상에서 교육과 유토피아 사이의 관계는 플라톤의 『국가』에서의 그것과는 매우 다르다. 듀이가 언급했듯이, 유토피아는 좋은 삶, 국가 그리고 교육에 대한 모든 질문에 대한 최종적 답변으로서 이를 곧바로 현실로 구현하기 위해 건설되는 것이다. 아나키스트 유토피아는 플라톤의 유토피아와 같은 '목적국가' 모델이 아니며, 끊임없는 실험과 변화에 대한 의지가 내장되어 있다. 이런 이유로 아나키스트 사상가들은 일반적으로 청사진을 거부하며 마르크스주의처럼 사회 변화에 대한 과학적 이론을 제시한다고 주장하는 프로그램을 의심해 왔다. 사회 변화의 대안적이고 유기적인 이미지를 옹호하면서 바쿠닌Bakunin, 1814~1876[146]은 마르크스를 공격한 것으로 유명하다. 실제로, 바로 이 지점은 마르크스주의 사회주의자들이 사회적 아나키스트들을 비과학적이며, 혁명 이론이 부족하다고 일축하는 배경이다. 이러한 일축은 '유토피아적'이라는 단어를 경멸적으로 사용하는 데서 잘 포착된다.Suissa, 2009: 243

19세기 후반과 20세기 초의 아나키스트 학교에서 수행된 교육적 접근은 닐A. S. Neill 같은 교육자에 의해 촉구된 측면에서 볼 때, 아이들은 "문화와 같이 도덕에서도 자신의 가치를 스스로 결정할 수 있어야 한다"라는 말로 유명세를 탄 자유해방주의자libertarian가 아니었다. 아나키스트 학교는 학교문화와 교육과정을 통해 사회적 아나키스트 공동체의 기초로 여겨지는 본질적인 가치 및 사회적 미덕-평등, 연대, 상호부조-을 명시

---

145. 사회를 중시하는 '사회적 아나키스트들'의 교육사상은 자유방임과 경쟁을 중시하는 '개인적 아나키스트'의 그것과는 다른 관점을 취한다. 아나키즘은 역사적으로 다양하게 존재했지만, 대체로 개인적 아나키즘과 사회적 아나키즘을 분류할 수 있다.
146. 바쿠닌은 인민의 자발적 의지가 혁명에 매우 중요한 역할을 한다고 강조함으로써 마르크스의 결정론을 강하게 비판했다. "모든 권위를 부정하고, 명령권을 가진 모든 권력에 반역하라. 인간은 반항할 때, 비로소 자유로운 존재가 되고 역사는 진보한다"라고 주장한다.

적으로 권장했다.Suissa, 2009: 244 그러나 이런 가치들은 국가 없이 미리 구상된 사회조직 모델의 정확한 윤곽을 설명하는 것이 아니라, 이러한 모델을 뒷받침하는 태도를 육성함으로써 그 모델의 유기적 발전과 지속적인 재창조를 위한 토대를 마련했다. 이는 미묘한 구분처럼 보일 수 있지만, 주요하게 구별되는 아나키스트 '유토피아주의'의 핵심에 자리한다.

이렇게 아나키스트 사상의 유토피아 측면은 아나키스트 교육의 이념 및 실천이 없다면 올바로 파악할 수 없다. 아나키즘은 불가피하게 국민국가nation state의 존재를 거부한다는 차원에서 유토피아적이라고 여겨지는 일반적 의미 이외에 유토피아주의란 더 깊이 탐구할 필요성이 있는 두 가지 중요한 측면이라고 할 수 있다. 그 하나는 사회 변화에 대한 체계적 프로그램에 참여하는 것을 거부하면서 대안적 정치 현실에 대한 열망과 이 현실을 실현할 수단과 이를 뒷받침하는 도덕적·정치적 가치가 교육적 과정 자체의 일부로서 역동적으로 상호 작용하는 것을 허용하지 않는다. 다른 하나는 대부분의 유토피아 사상가들이 공유하는 관점, 즉 사회적 현실을 본질적으로 '가변적'이라고 보는 관점과 연관된다.Suissa, 2009: 245

대부분의 아나키스트는 자유해방주의 사상가들의 교육적 의제에 크게 공감했지만, 아이들의 도덕적·지적 발전에 대한 계획적이고 직접적 개입을 모두 거부하지 않았다.Suissa, 2009: 242 프랑스의 폴 로빈 학교Paul Robin와 세바스티엔 포르Sebastien Faure의 라 뤼슈La Ruche 학교, 바르셀로나의 페레르Francisco Ferrer의 현대 학교Escuela Moderna, 1904-1907 그리고 그가 사형된 후 설립된 뉴욕과 스텔톤의 현대 학교들Modern Schools, 1911-1953은 아이들에게 형제애와 협동의 가치를 적극적으로 격려했고, 사회정의에 대한 민감성을 계발했으며, 교육과정은 반자본주의, 반국가주의, 반군사주의 메시지를 분명하게 전달하고자 했다.Suissa, 2006: 75-101 1904년에 설립된 포르 학교의 라 뤼슈[147]는 아이들에게 직접적 경험을 통해 혁명적 노동조합주의syndicalism[148] 원리의 가치를 가르치면서 자주적 농업협동조합을 운영했고, 페레르의 현대 학교에서 아이들은 자본주의적 임금체제의 사악함에 대한 배움을 위해 정기적으로 공장을 방문했다. 동시에 프랑스 혁명의 와중에 중요한 성찰을 얻은 샤를 푸리에1772~1837[149]가 처음 이용하고, 이후 러시아 혁명가 크로포트킨1842~1921[150]이 발전시킨 통합교육 integral education은 아나키스트 사상가가 자본주의 사회의 계급적인 직업 구분을 한 기초로서 정신노동과 육체노동 사이의 구별을 타파하는 방법을 명시적으로 적시한 유럽과 미국의 아나키스트 학교의 주요한 특징이라고 할 수 있다.

학교 등 강압적 힘이 쇠퇴하는 가운데 타인의 행위에 대한 길들임을 구조화하는 '통치성governmentality(인간들의 행동을 통솔하는 방식)' 전략에 대한 푸코의 의문은 프루동과 같은 아나키스트 사상과 통한

---

147. '벌집'을 뜻하는 '뤼슈'는 아나키스트 포르가 아나키즘 원칙에 따라 설립한 학교이다. 라 뤼슈는 대안적 실험학교이며 아나키스트 공동체의 근거지였다. 1904년 설립되었고, 1917년 2월 재정적자로 폐쇄되었다. 라 뤼슈는 학교가 보충수입으로 사용했던 땅의 꿀 자원에서 유래했다. 포르는 강의와 서적을 통해 학교에 자금을 지원했다. 그는 농장의 생산물을 사고파는 협동조합을 설립했다. 학교는 직원의 주간총회의 의지에 따라 소비에트로 운영되었다. 이 식민지는 1917년 2월까지 지속되었다. 교사의 임금은 무급이었다. 그들의 필요와 숙박을 위해 공동기금이 제공되었다. 기금 지출에 대한 확인은 없었고, 그러한 조치가 문제가 되었다는 기록도 없다.
148. 'syndicalism/syndicalisme 생디칼리즘'은 노동운동의 혁명적 조류로 생산수단의 소유권과 분배의 통제권을 노동조합에게 이양하려 했던 운동이다. 궁극적으로는 사회적 소유를 통해 생산수단 및 경제 전반에 대한 통제력을 얻는 것이 목표이다.
149. 샤를 푸리에(Charles Fourier, 1772~1837)는 19세기 초 프랑스의 공상적 사회주의자이다. 급진적 자코뱅의 사상을 이어받은 그는 급진적 사회주의 이념과 초기 프랑스 유물론에 근거한 사회주의 이론가이다. 1837년 페미니즘(feminism)이라는 단어를 최초로 사용한 철학자이다. 그는 아동의 잠재성을 관통했던 교육철학자 중 한 명이다. 아동을 '어리석고 시끄럽기만 한 존재'라고 치부했던 근대 문명 교육제도의 선구자들을 비판했으며, 오히려 어린 시기에 들어서는 교육 효과가 성인에 비해 훨씬 높다고 주장했다. 그는 아동들의 흥미를 유도하여 그들의 혼재 속성을 파악하는 교육론을 제시했다. 그는 인간이라는 존재는 천부적으로 자신의 속성을 평화롭고 조화로운 방식으로 추구하고 간직하려는 선함의 특성을 지녔다고 봤으며, 사회의 야만성에 함몰되어 결국 성인에 이르게 되면 대부분이 타락한 인간상이 될 수밖에 없다고 보았다. 그는 혼란과 무질서, 향락성을 절제하면 인간이 더욱더 자신의 천부성을 조화롭게 이어 나갈 수 있다는 관점을 가졌다.
150. 피터 크로포트킨(Peter Kropotkin)은 직접민주주의로 운영되는 공동체인 '자주관리(commune)'를 사회혁명의 이상향으로 제시한 '코뮌주의' 아나키스트이다. 사유제가 개인억압의 원인이라고 보고 이를 타파해야 한다고 주장했다. 당시 서유럽에서 널리 인정받던 허버트 스펜서의 '적자생존론'에 반기를 들고 "모든 것은 모두에게 속한다. 모든 것은 모든 사람을 위한 것이다. 모든 사람이 그것을 필요로 하고, 모든 사람이 그것을 생산하기 위해서 힘닿는 데까지 일했기 때문이다"라는 '상호협력'과 '상호부조론'으로 크게 주목을 받았다.

다.Hargreaves, 2019: 162-164 많은 논평자들이 아나키스트 이론에서 교육이 차지하는 중심적 역할에 적절한 주의를 기울이지 않은 점은 아나키스트들이 제도의 통제 없이 정의롭고 분권화된 사회를 유지할 가능성에 대해 순진한 견해를 가지고 있다는 일반적인 주장에 관한 것이다. 이러한 주장은 종종 아나키즘을 '유토피아적'이라 치부하는 것과 관련이 있으며, 사회적 아나키스트들이 그러한 사회를 지원하기 위해 필요하다고 여겼던 도덕적 기반을 육성하고 유지하는 데에서 교육의 핵심적이고 지속적인 역할들을 간과하는 경향이 있다.Suissa, 2009 사회적 아나키스트들이 명확한 도덕적 원칙에 따라 설계된 본질적이라고 할 수 있는 교육적 과정의 필요성을 인정한 것은 인간의 본성에 대한 상황적 설명과 일맥상통한다. 그래서 '순진한 낙관주의'로 여겨질 수 있는 것으로부터 복잡하고 영감을 주는 사회적 희망으로의 전환을 시도했다. 유토피아 사상가들은 유토피아 연구가 가치가 있음을 주장하면서 유토피아 사고와 실천의 '변혁적transformative' 요소를 강조한다.

교육의 변화와 사회의 변화는 분리되지 않아야

아나키즘에서 교육과 사회 변화 사이의 관계를 둘러싼 복잡한 개념은 수단과 목적을 구분하는 전통적 개념을 넘어선다. 사회 변화에 대한 직선적 이해 그리고 목적과 수단에 대한 이분법적 관점은 아나키즘의 입장을 잘못 나타낼 뿐만 아니라, 실제 교육적 경험의 복잡성을 잘 반영하지 못하는 듯하다. 우리는 종종 교육적 만남을 통해 우리의 열망과 가치가 무엇을 의미하는지 스스로 탐구하고, 그리고 가능한 것과 바람직한 것 사이의 경계들과 함께 어울린다.Suissa, 2009: 248-249 예를 들어, 많은 부모가 자녀의 기질과 성향은 물론 변화하는 일상적 맥락 속에서 상호작용하는 그들의 특성, 욕망, 희망을 알게 될 때까지 그들이 원하는 것이 무엇인지

정확히 파악할 수 없다고 생각한다. 마찬가지로, 그들이 원하는 것에 대한 인식은 가능한 것이 무엇인지에 대한 그들의 이해에 의해 그리고 가능한 것 속에서 자신의 위치에 대한 그들의 개념에 의해 끊임없이 도전을 받는다. 교육의 개념에 대한 이러한 설명은 교육이 어떤 모습이어야 하는지에 대한 규범적 논의로서만 의도된 것이 아니지만, 다른 종류의 교육을 요구하는 주장이기도 하다. 이 생각은 아나키스트 유토피아주의의 입장을 드러내며, 중요하게는 다양한 맥락에서 교육자들의 실제 경험을 잘 포착하고 있다.

  아나키스트 사상의 역할과 성격을 평가하는 것은 아나키즘에 대한 일부 비판을 반박하는 데 유용하고, 아나키즘 유토피아가 무엇을 의미하는지 이해하는 데도 도움이 된다. 아나키스트 유토피아주의에 대한 여러 가지 고려는 우리 교육에 대한 이해를 풍부하게 해 준다. 교육은 여러 방면에서 가능한 것과 바람직한 것 사이의 상호작용에 관한 것이다. 자신을 교육자(교사와 부모, 형식적·비형식적 교육자들 모두)라고 보는 모든 사람은 교육하고 있는 아이들을 위해 바라는 것들의 목표와 비전을 갖고 있다. 이것들은 현재의 현실로부터 이탈한다는 측면에서 보면 '급진적radical'이고, 자신들의 개인적 열망과 희망을 구현한다는 측면에서 보면 불가피하게 '더 보수적'이기도 하다. 여기서 가장 중요한 점은 이러한 열망이 보다 일반적인 사회적·정치적 열망과 완전히 분리될 수 없다는 것이다. 우리가 아이들이 어떤 종류의 교육을 받아야 한다고 생각하는지에 대한 질문은 우리가 어떤 사회에 살고 싶은지에 대한 질문과 명확하게 구분될 수 없다. 따라서 교육적 만남이란 목표, 비전 그리고 가능성 사이의 균형을 맞추어야 하는, 초조하게 하는 복잡한 행위라고 할 수 있다.Suissa, 2009: 248

20장
민주적 실험주의와 실험학교 모델

오늘날 전 세계는 민주주의의 위기를 맞이하고 있다. 민주주의가 전반적으로 빈사 상태이듯이, 교육의 민주적 정치도 쇠퇴하고 있다. 이러한 상태에서 '실험experimentation' 정신이 부상하고 있다. 실험은 민주주의와 밀접한 관련을 맺고 있다. 실험은 모든 가치의 표현이며, 실제로 발명하고, 다르게 생각하고, 상상하고, 다른 방식으로 일을 시도하려는 의지와 욕구를 표현한다. 그것은 생각, 지식, 프로젝트, 서비스 또는 실제 제품이든 새로운 것을 삶에 가져오는 것이다. 그것은 주어진 것, 익숙한 것, 미리 정해진 것, 규범을 넘어서려는 욕구에 의해 움직인다.Fielding & Moss, 2012: 44 실험은 항상 일어나는 과정이다. 실험은 진실의 모습을 대체하고, 실제보다 더 요구되는 새롭고 주목할 만하고 흥미로운 것이다. 실험은 제약이 없고(종결을 피함), 생각이 열려 있고(예측되는 것을 환영), 그리고 마음을 열고(차이를 중시)를 요구한다. 성공이란 것은 희소한 것이고 적다. 희소한 것은 많은 실험정신을 통해 얻어진다.

민주적 실험주의

　실험은 순응과 길들임, 그리고 주입과 강요를 거부한다. 민주적 실험주의의 전진에서 학교보다 중요한 조직은 없다. 사회는 실험을 통해 변화해 가는 것이다. 그런 면에서 학교는 사회를 변화시킬 수 있는 중요한 실험실이라고 할 수 있다. 이러한 풍토의 조성이 실험학교에서 민주적 학습이 이루어질 수 있는 중요한 토양이다. 실험은 급진적 교육radical education의 중요한 가치가 될 수 있다.Fielding & Moss, 2012: 118 실험주의experimentalism는 진리를 구체적인 경험에 입각하여 추구하려는 태도이다. 실제 학교만큼 '민주적 실험주의democratic experimentalism'[151]의 발전에 기여하는 조직은 없다. 민주적 실험주의의 발전은 제도적 변화라는 거시정치와 개인적 관계라는 미시정치 간의 격차를 극복할 포용적인 정치적 실천을 교육한다.웅거, 2017: 323 민주적 실험주의가 주장하는 민주주의자의 우선적 희망은 실천적 진보의 조건과 개인적 해방의 요청 사이에 중첩지대를 발견하는 것이다. 그러한 진보의 조건들과 해방의 요청들 사이에서 중요한 것은 사회의 제도적 형성이다. 실천적 또는 물질적인 진보는 과학적 발전으로 밑받침되는 경제성장과 기술적 또는 의학적 혁신을 포함한다. 진보는 희소성, 질병, 무지라는 제약 조건을 극복하는 인간 역량의 계발이다. 진보

---

151. 오늘날 '예언자적 실용주의'라고 할 수 있는 민주적 실험주의는 시련을 겪고 있다. 웅거는 미래 지향적 사고와 전복적·구성적 실천을 적극적으로 수행하기 위한 정치철학인 '급진화된 실용주의' 위에 급진적 민주주의 이론을 전개한 '민주적 실험주의'를 제창한다. 경제적·사회적·정치적 실험주의는 반드시 권위주의나 기득권에서 해방된 '민주적' 실험이어야 한다. '민주적 실험주의'를 제창한 로베르토 웅거는 교육의 방향과 관련하여 네 가지 원칙을 제시한다. 첫째, 정보의 전달과 숙지보다는 정보를 분석하고 종합하는 능력과 상상력(반-기계로서의 정신)을 중시한다. 둘째, 교육에서 콘텐츠는 필수적이지만, 백과사전적 정보보다는 선별적 심오함을 중시한다. 셋째, 교육현장에서 전통적인 권위주의와 개인주의의 혼합보다는 협력적 교육과 학습을 중시한다. 교사와 학생 간의 학습뿐 아니라 학생들 간의 상호교육도 강조한다. 넷째, 사실의 암송과 암기보다 분석적·종합적 능력을 선호하는 대조적인 관점은 학습이 효과적으로 이루어지도록 하는 변증적 방식을 중시한다. 학교는 국가나 가족의 목소리가 아니라 미래의 목소리가 되어야 한다. 학교는 학생을 혀가 묶인 예언자로 파악해야 한다(웅거, 2021: 153-155). 이를 구현하기 위해 설립된 '해방학교(emancipatory school)'는 '급진적 실험주의' 원리가 민주주의를 심화시키는 과정에서 핵심적 역할을 하도록 한다.

는 세계에 영향을 미치는 인류의 역량을 강화하는 것이다.^{웅거, 2017: 22-23} 사회는 실험을 통해 변화해 가는 것이다. 그런 면에서 학교는 사회를 변화시킬 수 있는 중요한 실험실이라고 할 수 있다. 유토피안 교육운동은 학교의 개혁, 지역사회의 조직화, 시민의 갱생을 추구하는 '민주주의 실험장laboratories of democracy'으로서 교육 실천을 중시한다.^{Shirley, 1997} 민주적 실험학교는 단순한 정보 제공보다 분석적이고 문제 해결 중심의 학습을 더 많이 해야 한다. 그래야 새로운 인간이 탄생할 수 있고, 새로운 사회가 도래할 수 있다.

실험정신과 실험학교

학교는 아동에게 경험적인 것과 예언적인 것을 결합하는 지적 수단을 제공함으로써 진보적인 학교와 심화된 민주주의 사이의 협력 관계라는 목표를 성취하고자 한다.^{웅거, 2017: 333} 사회적·문화적 체제가 아무리 포용적이고 관용적으로 변한다고 하더라도 정신은 체제의 충실한 표현으로 머물지 않듯이, 특수한 제도적 프로그램의 기질이 아무리 실험적이라 하더라도 학교는 어떤 프로그램의 도구가 아니다. 학교는 정치 및 생산의 제도들과 유사한 수준에서 존재한다. 학교, 정치적 질서, 경제적 질서는 서로에 대한 제약 조건을 설정한다. 학교와 질서에 대한 사고는 인성과 사회에 대한 동일한 관념에 의존할 수 있다.^{웅거, 2017: 308}

경험에 의한 검증이라고 할 수 있는 '실험'은 현실의 갈등을 해결할 방법이다. 듀이는 실험으로서의 경험, 실험적 탐구로서 경험, 실험적 지성을 강조했다. 물론 실험은 생각과 연구를 바탕으로 시작해야 한다. 듀이에게 실험은 바로 사물이 우리에게 '하는 일'/'겪는 일'과 그 사물에 변화를 일으키기 위해 우리가 그 사물에게 '할 수 있는 일'/'시도해 보는 것'의 결합에 있다. 실험은 '아는 것(인식, 이론)'과 '하는 것(실제, 행위)' 사이의 간격이 크게 벌어져 있다는 사실에 대한 구체적 대안이라고 할 수 있다.듀이, 2024: 394[152] 실험은 지식(앎)의 세계와의 상호작용, 그리고 경험의 지성적 재구성 활동이라고 할 수 있다. 실험은 이론적(명제적) 지식과 실제적(방법적) 지식이라는 이원론을 피하고자 한다. 발견과 증명을 중시하는 '실험 방법 experimental method'[153]의 발전은 지식을 얻고 또 그 지식이 단순한 의견이 아닌 확실한 지식임을 보장하는 방법으로 지식 이론의 혁신을 가져온 또 하나의 중요한 힘이다.듀이, 2024: 478

학교는 강압적·하향식 방식이 아닌 '민주적 실험주의가 적용되는 공간이 될 수 있다. 민주적 실험주의는 서비스 자체의 질적 제공을 앞당기는 집단적 실천이라고 할 수 있다.모스, 2021: 141 민주적 실험주의는 위로부터 혁신의 기계적인 효율성과 생산성에 대한 현재의 개념으로는 이루어질 수 없다. 이는 아래로부터 집단실험의 실천이 조직화를 통해서만 이루어질 수 있다. 새로운 지식을 창출하기에 위해 열성적인 '실험'의 가치가 새겨진 교육적 실천의 중요한 사례가 있다. 민주주의자이고 실용주의자인 듀이의 교육학 접근 방식은 '본질적으로 실험적'이다. 그는 아이디어를 시험하기 위한 학교, 즉 '실험실학교/실험학교laboratory school'를 설립했다. 그의 교육적 접근 방식에 따르면 지식은 정적인 세계를 반영하는 것이 아니라, 현실에 참여하거나 현실을 경험하면서 나타난다는 생각에 깊이 뿌리를 두고 있다. 그리고 학교를 아이들이 실험과 발견을 통해 직접 배우는 장소로 만드는 것을 목표로 한다. 듀이는 또한 우리가 수단뿐만 아니라 목적과 관련된 실험과 혁신적 실천에 대한 이해와 이미지를 그려야 한다고 주장했다. 이는 할핀Halpin, 2003: 53-54이 '유토피아적 사고 실험'이라고 묘사한 것과 유사하다고 할 수 있다.

---

152. '아는 것'과 '하는 것' 사이의 전통적인 분리, '지적' 교과의 전통적 위세에 대해 가장 직접적인 타격을 가한 것은 '실험과학'의 발전이었다. 인간은 사물에 대해 무언가를 알아내기 위해서는 그 사물에 대해 무언가를 해야 한다. 즉, 조건을 변경해야 한다. 이것이 실험 연구법이 우리에게 주는 교훈이다. 실험실에서 하는 연구는 노동이 단순한 외적 결과를 내는 것이 아님은 물론, 지적 결실을 내도록 하는 조건이 무엇인지를 알려 준다.
153. '실험적 방법'은 오늘날 '과학적 방법'으로 더 많이 불린다.

실험 방법은 학교에서 육성할 수 있는 성찰적·반성적 사고의 핵심적 요소이다. 이에 따른 지식 이론은 지식을 만들어 내는 데 가장 효과를 발휘하는 '실험' 및 '실천'[154]에서 나와야 하며, 이런 지식이론은 그보다 덜 효과적인 방법의 개선에 유용한 결과를 가져올 것이다. '가장 효과적'이라는 말은 우리가 계속해서 질문하고, 우리의 아이디어를 실험하고, 우리가 직면한 곤란과 문제에 대해 잠정적인 해결책을 찾도록 유도하는 '실천practice/praxis' 형태를 의미한다. 이런 의미에서 실천은 '실험적'이다. 어떤 이론이나 가설이 문제 해결을 위해 유용한지 알아보려면, 반드시 실험을 거쳐야 한다. 우리에게 실험이란 이론의 시험이며 그 작용의 검토를 의미한다. 이는 교육의 다른 많은 측면과 마찬가지로 실험이 연구 주제가 될 필요가 있다.

듀이는 사회 자체가 다양한 정책의 '실험장'이라고 생각했다. 실제 교사가 이론적 설계를 실제 아이들이 존재하고 있는 세상에서 시험해 볼 수 있는 '실험실'로 학교를 구상했다. 사회의 변화를 시도해야 하기에 학교는 '실험적' 공간이다. 교육의 실험적 성격은 항상 배워야 할 새로운 것이 있고, 경험할 다른 것들이 있기 때문이다. 실험적 작업은 교육이 개인을 존중하면서도 이기적으로 되지 않게 하며, 그리고 개인의 성공과 행복을 넘어 민주주의 사회의 발전과 진보에 기여하는 공동체의 일원이 되도록 돕는 것이다.

듀이는 이론(교과)과 실제(경험)의 괴리를 극복한 '진보적 사회'나 '민주적 사회'를 염원했고, 그래서 어린이 해방과 사회의 해방을 동시에 구현하고자 했다. 듀이는 소통이 부재하고 민주적 삶의 양식이 없는 반공동체적 교육정책, 시장 지향적 신자유주의 교육정책을 비판하고 그것의 대안적 해결책으로 실험학교를 제안하고 실천에 옮겼다. 듀이는 현대 사회처럼 복잡하고 빠르게 변화하는 상황에서 학교라는 특별한 환경이 필요하

---

154. 듀이가 '실험'과 '실천'을 강조한 것은 인간이 문제 상황에 대해 비판적·성찰적 사고를 할 수 있는 '지성'을 갖고 있다고 믿기 때문이다.

며, 이러한 사회의 변화에 맞추어 학교 역시 철저하게 혁신할 필요가 있다고 보았다. 그는 개인과 개인 사이의 심리학을 넘어 더 넓은 공동체와 사회적 관계를 맺어야 한다고 보았다. 그래서 설립하여 운영된 7년간의 실험학교experimental school[155]는 일종의 '실험 공간'이었다. 그에게 학교는 철학자로서 그리고 교육자로서 자신의 신념을 교육의 실제에 적용하고 실험하는 공간이었다. 듀이의 위대성은 철학을 교육 실제에 적용하여 설명한 이론적 구성 능력과 함께 이를 실험학교에 적용한 '실천성'을 보였다는 점이다.

학교공동체의 이상적 구성은 실험학교를 통해서 가능하다. 이론과 실천의 거리를 좁히는 듀이의 '실험주의'[156]는 근본적으로 '실험 정신'에 바탕을 두고 있다. '실험 정신'은 전체의 의미에 비추어 공동의 좋음을 추구한다. 공동의 좋음은 공유와 참여에서 비롯된다. 우리 앞에 놓인 물적 자원과 장애를 처리할 때, 이전에 사용했던 지식을 더 많이 활용하게 될 것이다. 듀이의 실험학교는 배움과 가르침의 방식, 그리고 사회의 민주적인 성격 사이에 연관성을 중시한다. 실험학교에서의 듀이의 교육 실천은 아동의 정신적 작용의 우위를 주장하는 '심리적' 입장과 조직화된 지식체계의 우위를 주장하는 '논리적' 입장 사이에 존재하는 간격을 좁히고자 한 것이었다. 학교는 아동의 내면에서 부상하는 인격으로 사회적 공동체를 풍요롭게 하는 동시에 사회현실의 요구에 따라 실험되는 장소라고 보았다. 실험학교는 삶 전체의 기본이 되는 활동을 축소하여 재현함으로써 한편으로는 아동이 더 큰 공동체의 구조, 자료, 운영 방식에 점차 익숙해지도록 하고, 다른 한편으로는 이러한 행동 양식을 통해 개별적으로 자신을 표현할 수 있게 하여 자신의 힘을 통제할 수 있도록 했다.

---

155. 실험학교 이념에는 발달주의자, 사회개량주의자, 인문주의자, 헤르바르트주의자의 개념이 혼합되어 있다.
156. 듀이는 절대주의를 대신하여 '실험주의'를 제창하였다. 목적 그 자체의 절대주의를 거부하며, '예견된/예측된/가시적' 목적을 중시한다. 실험주의는 현대적으로 '상호작용적 구성주의'라고 호칭되기도 한다. 듀이의 실천적 경험은 헤겔의 절대주의를 넘어 '실험적 사고'로 전환한 결정적 계기가 되었다.

이런 측면에서 학교가 사회의 완벽한 축소판은 아니지만, 민주주의의 실험실이 될 수 있다. 실험학교는 환경이 어떻게 그리고 어떤 요소로 만들어지는가에 대한 탐구와 실험 작업이 이루어지는 공간이라고 할 수 있다. 민주주의는 제도적 혁신을 위한 또 하나의 토대가 아니라 가장 중요한 토대다. 레지오 에밀리아 운동은 교육적으로 특별한 '아래로부터의 집단 실험적 실천'이라고 할 수 있다.모스, 2021: 141 위로부터 혁신의 기계적인 전달에 의한 효율성과 생산성에 대한 현재의 개념으로는 민주적 실험주의가 이루어질 수 없다. 그것은 '아래로부터' 집단적 실험의 실천의 조직화를 통해서만 가능한 것이다. '민주주의'는 제도적 혁신을 위한 단지 또 하나의 토대가 아닌 가장 중요한 실천적 토대라고 할 수 있다. 이러한 실험을 통해 유토피아 사회를 창출할 수 있다. 민주주의란 학교의 일상과 관통하며, 단순한 서비스의 소비자라는 수동적 위치가 아니라 능동적이고 직접적으로 존재하며 협력하는 가족들과의 관계 속에서 이루어진다. 바로 이 점에서 유토피안 학교는 권위주의적이고 고립된 전통적 학교와 다른 모습을 보여 준다. 따라서 고립되고 폐쇄적인 통제와 제한이 공간이라는 학교의 오랫동안 지속된 부정적인 이미지에서 벗어나, 인간 해방과 참여가 활발히 이루어지는 열린 공간으로 나아가야 한다. 학교가 되찾아야 할 이미지는 수많은 프로젝트와 가능성, 무한한 잠재성, 폭넓고 복합적인 상호 연계에 기초한 공동 구성의 공간으로서의 학교상(모습)을 가져야 한다. 학교는 포럼의 공간이며 제작소이며, 워크숍이며, 영원한 실험실이다.모스, 2021: 164

실험학교란 공공의 기관이자 공적 공간, 즉 시민이 만날 수 있는 장소이며, 하나의 작은 포럼이자 지역의 공적 자원이다. 학교는 지역사회 안에 위치하며 그 일부이며, 따라서 지역사회 구성원들이 학교에 다니는 어린이들에게 열려 있어야 하듯이, 학교도 당연히 학부모를 포함해 어린 자녀가 없는 사람들까지 지역사회의 모든 시민에게 열려 있어야 한다. 모든 어린이와 가족에게 열려 있으며, 학교 안에서뿐만 아니라 학교 간, 그리고 주변의 지역사회와 함께 소속감·연대감·공동체정신을 쌓아 갈 수 있는 공간이다. 가치와 문화가 재생산되는 곳인 동시에 새로운 창조되는 공간이며, 그 영향은 학교를 넘어서 주변의 지역사회로 퍼져 나갈 수 있다.

레지오 에밀리아 운동

'민주적 실험주의'는 이탈리아 도시에서 일어난 레지오 에밀리아 시립학교the Municipal of Reggio Emilia에 영향을 미쳤다. 이 운동은 전 세계적 주목과 찬사를 동시에 받으며 급진적 영·유아교육의 국제적인 현상이 되었다.[157] 이 운동을 이끈 중심적 지도자로 20세기의 위대한 교육사상가이자 실천가인 로리스 말라구치Loris Malguzzi, 1920~1994가 있다. 말라구치는 20세기 영·유아교육에서 가장 중요한 인물이다. 그의 교육적 아이디어와 레지오 에밀리아에서 어린이를 위한 시립학교를 만든 그의 역할로 전 세계적으로 인정을 받았으며, 이는 진보적이고 민주적이며 공교육의 가장 성공적인 사례이다. 말라구치는 민주적이고 진보적인 운동에 참여했으며, 듀이, 프레네, 피아제, 비고츠키, 브루너 등 사회적 구성주의자 그리고 심리학, 사이버네틱스, 신경과학 등을 통해 다양한 협력교육의 영향을 받았다. 레지오 에밀리아 학교는 파시스트 경험을 통한 역사적 맥락은 물론 활발한 좌파 정치 및 강력한 협력운동, 그리고 민주주의를 향한 확고한 헌신이 있는 지역의 정치적 맥락에서 등장했다. 시민들은 순치되고 순종하는 사람들이 위험하다는 것을 배웠으며, 새로운 사회를 건설할 때 그러

---

157. 레지오 에밀리아는 이탈리아 북부의 번영하고 진보적인 에밀리아 로마냐 지역에 있는 인구 13만 명의 도시이다. 이곳의 시립 유아교육 시스템은 세계 최고의 교육 시스템 중 하나로 인정받고 찬사를 받았다. 지난 50년 동안 이 시스템은 독특하고 혁신적인 철학적 가정, 커리큘럼 및 교육법, 학교조직 방법, 디자인 환경을 발전시켜 왔으며, 이를 통합된 전체로 간주하면 레지오 에밀리아 접근법이라고 한다. 이 접근법은 상징적 표현에 체계적으로 초점을 맞추어 어린이의 지적 발달을 촉진하며, 어린이가 주변 환경을 탐험하고 단어, 움직임, 그림, 페인팅, 놀이 및 기타 자연스러운 표현 방식을 통해 자신을 표현하도록 격려한다.

한 교훈은 보존되고 전달되어야 하고, 스스로를 위해 생각하고 행동할 수 있는 아이들을 양육하고 그것을 유지하는 것이 중요하다는 것을 배웠다.

말라구치의 영·유아교육운동은 1960년대~1970년대의 아주 특별한 역사적·정치적·문화적·사회적 맥락을 지닌 에밀리아 로마냐 지역의 레지오 에밀리아라는 곳에서 발현되고 있는 '지역문화 프로젝트local cultural project'이고 '시립학교 혁명municipal school revolution'이라고 할 수 있다.모스, 2021: 137-141 권위주의적 파시스트 통치를 받은 20여 년간의 기억이 여전히 남아 있다. 그러기에 이탈리아의 레지오 에밀리아 운동은 민주주의 실험으로서 혁신적인 지역문화 프로젝트로서 유아교육의 '지배 담론'[158]을 열렬히 추종했던 '대안 없는 독재'에 도전한다.모스, 2021: 142 이 운동은 대안의 생존 가능성과 달성 가능성을 보여 준 급진적이고 진보적 민주주의 교육의 실천을 지향하는 '급진적 교육radical education'이라고 할 수 있다.Fielding & Moss, 2011 절망을 희망으로 전환하는 교육이라고 할 수 있다.

레지오 에밀리아 시립학교의 '민주적 실험주의'는 이론을 구축하기(의미형성), 이론에 대한 적극적 경청, 대화와 대면confronto[159]으로 구성된 '경청의 교육학' 접근으로 유명하다.Fielding & Moss, 2012: 119 이것은 아이들에게 '탐구자 공동체community of inquires'의 구성원으로 적극적으로 참여하도록 하는 것이다. 실험정신을 지닌 탐구자 공동체의 구성에는 경청과 근본적 대화가 필요하다. '참다운real' 경청은 말하고 행위하는 교사는 물론이고 다른 아이와 함께 문제를 발견하고 경청하고 협상함으로써 실험과 연구의 과정에서 동반자가 되는 것이다. 이 과정에서 '공동으로 구성하는' 교육자들은 예상치 못한 상황에 자신의 마음을 열고, 지금 이 순간 아이들과 함께 실험한다. 개념, 가설, 이론의 수를 늘리고, 새로운 자료를 제

---

158. '지배 담론'이란 자신만이 사유하고 말하고 행동하는 유일한 방법이자 단일한 실재라고 주장함으로써 특정한 주제 분야에서 결정적인 영향력을 지닌 이야기들(narratives)이다.
159. 영어 'confrontation(대면/직면)'은 적대감, 심지어 공격성까지 함의하는 뜻을 갖고 있는데, 이탈리아어로 'confronto'는 'encounters(만남/마주침)'의 의미에 더 가깝다. 그것은 우리가 다른 사람의 관점을 원하거나, 우리 자신이나 다른 존재 방식이나 행동의 관점에서 우리 자신을 바라보기를 원하기 때문에 사람들을 찾는 것이다.

공하며, 아이들의 좀 더 기술적인 작업을 통해 연결성을 강화함으로써 아이들에게 도전 과제를 제공한다. 다른 아이들과 책임감 있는 관계를 맺기 위해 경청하는 것 외에도, 아이들은 또한 선택의 폭을 보편적인 단순화로 좁히지 않고 서로 협상하여 선택의 폭을 넓힌다.

레지오 에밀리아의 교육자들은 백 가지의 언어로 태어난 유능한 아이, 주인공이자 시민으로서의 아이, 무한한 잠재성을 가진 아이의 이미지를 발견한다. 관계relationship와 경청listening의 교육학에 기초한 배움 및 교육의 이론을 관계성, 상호연결성, 상호의존성에서 찾았다. 관계relationship의 교육학과 경청listening의 교육학에 기초한 급진적 교육을 관계성, 상호연결성과 상호의존성, 주체성, 대화, 성찰, 연대, 다원성, 불확실성, 경계 가로지르기 등에서 찾았다.Fielding & Moss, 2011: 4-13 관계와 경청의 교육으로부터 새롭고 예상치 못한 것이 나타날 수 있고, 환영받을 수 있는 '발현적 배움emergent learning'에 입문할 수 있다.모스, 2021: 153 이렇게 발달과 지식의 생성적 개념을 강조하는 '사회적 구성주의social constructivism'에 기반한 배움은 전수나 재현의 수단에 의해 이루어지지 않는다. 이는 구성의 과정으로 각 개인은 사물들, 다른 것들, 자연, 사건들, 현실, 삶에 대한 근거, 이유, 의미를 스스로 구성해 간다. 배움의 과정은 분명히 개인적이지만, 타자들의 근거·설명·해석·의미가 우리의 지식 구성에 없어서는 안 되기 때문에, 이것은 또한 관계의 과정, 즉 사회적 구성의 과정이다. 따라서 우리는 타자들과의 관계 속에서 개인의 의해 구성하는 과정이 되는 것, 즉 진정한 '공동 구성co-construction' 행위라고 할 수 있다. 배움의 시기와 양식은 개인적이며, 타자들의 것들로 표준화될 수는 없지만, 우리는 우리 사신을 깨닫기 위해서 '타자others'를 필요로 한다.모스, 2021: 146 레비나스가 강조하는 타자의 윤리는 곧 관계와 돌봄의 윤리에 바탕을 두고 있다.Fielding & Moss, 2011: 44-46

배움은 점진적이고 예측 가능한 단계들이 갖는 선형적 경로를 따르지 않는다. 이론들은 각 이론의 구성자를 만족시키거나 설득하는 것 이상이어야 한다. 그것들은 타자들과 함께 검증되어야 한다. 타자들, 즉 다른 아이의 성인들과의 관계 속에서 배움이 일어나며, 그리고 소집단에서 작업하는 교육활동은 집단적이고 사회적이라고 할 수 있다. 오히려 그것은 새로운 연결이 이루어지고 새로운 이론이 타자들과 함께 검증될 때와 같이 차이difference에 따른 마주침encounters[160]으로 일어나는 예측할 수 없는 방식으로 이끌어지는 탈주선을 우연히 만나 갑작스레 예상하지 못한 이탈로 전환될 수도 있다.모스, 2021: 148 한 단계 뒤에 다른 단계가 계열적으로 있는 것이 계단이라기보다는 배움이 구성되는 지식은 꼬여 있는 한 타래의 스파게티에 더 가깝다. 왜냐하면 시작도 끝도 없지만, 항상 그 '사이에' 있을 수도 있고, 많은 다른 방향과 장소를 향해 열려 있기 때문이다. 다시 말해서 지식이란 이전에는 존재하지 않았으며, 더 중요하게는 이전에 존재했던 것에서 상상할 수 없는 새로운 특성, 뭔가 새로운 것의 생성에 관한 것으로 이해된다. 비예측성, 놀라움, 경이로움은 레지오 에밀리아 유아교육에서 중요한 가치로 자리 잡았다.모스, 2021: 148

그리고 관계와 경청의 교육은 더욱 특별한 정치적 선택을 요청하고 요구하는데, 이를 위해서 '교육의 근본적 가치는 무엇인가'로 시작하는 또 다른 정치적 문제에 대답해야 한다.모스, 2021: 150 그것의 가장 근본적인 가치는 민주주의democracy이다. 이는 교사 또는 부모에 의해 선출된 비위계적으로 구성된 교직원 및 관리자 위원회를 통해 학교가 운영·관리되는 방식으로 나타난다. 그런데 이는 학교의 일상생활, 아이와 성인 간의 관계, 듣기와 대화 및 상호존중에 기반한 교육에서도 나타난다. 이 부분은 듀이가 강조하던 사항이기도 하다. 그가 강조하는 민주주의는 주로 일상

---

160. '마주침'의 윤리는 타자의 철학을 제창한 레비나스와 관련이 있다. 마주침의 윤리는 사고와 타자를 동일시를 만드는 앎에의 의지에 도전한다. 마주침의 윤리는 절대적 타자성과 알 수 없는 타자의 미지성에 뿌리를 두고 있다. 이것은 내가 재현할 수도, 하나의 범주로 분류할 수도 없는 '유일한' 타자로, 나의 관점과 생각의 틀 속에 강요한다고 해서 이해될 수도 없는 그런 타자이다. 그러므로 타자와 맺는 관계는 타자를 '나 자신' '나의 생각' '나의 소유'로서 축소 불가능한 '낯선 사람'을 인정하고 절대적 타자성 또는 다름을 향한 존중의 하나가 되어야 한다.

의 문화와 사회적 관계에 내재되어 함께 살아가는 방식이다. 민주주의란 일을 관리하는 방법일 뿐 아니라, 살아가기와 관계 맺기에 대한 접근, 일상생활의 모든 측면에 스며들 수 있고 스며들어야 하는 '관계적 윤리'의 문화이다. 특히 학교에서 존재하는, 즉 타자 및 세상과의 관계 속에서 스스로를 생각하는 방법, 교육활동이 기본적인 교육적 가치이자 형태이다. 민주주의에 대한 이러한 헌신은 독재와 억압의 경험에 대한 강력한 반응이다.모스, 2021: 150-151

레지오 에밀리아 학교는 다양성, 마주침, 그리고 때로는 비판적 대화를 하는 데 자유로운 '공동체'라는 개념으로 가득 차 있다. '인간'으로서 개인 발달의 토대가 되는 기반이라고 할 수 있는 '공동체' 개념은 사물이 아니라 존재 방식으로서 개체성의 관계적이고, 포용적 관점을 취하고 있다.Fielding & Moss, 2011: 11, 51-52 시간이 지나면서 이 프로젝트는 교육적 문서 작성과 경청의 교육학과 같은 작업 방식이 포함된 강력한 공통의 비전을 발전시켜 왔다. 여기서는 다양한 관점·해석·의미의 논쟁 가능성을 가정하고 존중하며, 그리고 특정 관점·해석·의미를 특권화하는 것을 거부한다. 참여는 현실이 객관적이지 않고, 문화는 끊임없이 진화하는 사회의 산물이고, 개인의 지식은 부분적일 뿐이고, 특히 교육적 프로젝트를 구성하기 위해서는 공유된 가치의 틀 내에서 모든 사람의 관점이 다른 사람의 관점과 대화하면서 관련성이 있다는 생각에 기반을 두고 있다.Fielding & Moss, 2012: 158-159 레지오 에밀리아의 '참여'의 관점은 정의(사회의 정의, 정치의 정의), 다원성, 실험에 근거한 민주주의에서 찾을 수 있다.Fielding & Moss, 2012: 43 순종과 복종을 강요하는 전체주의에 대한 대안으로 제기된 민주주의는 어린이와 어른이 함께 살고 서로 관계를 맺는 방식에 국한되지 않고 '조직'의 민주주의를 매우 중시한다.Fielding & Moss, 2011: 13-15 그렇게 하여 대의민주주의 정부의 한계를 극복하고자 한다. 레지오 에밀리아의 '참여'에 대한 생각은 이러한 개념에서 찾을 수 있으며, 민주주의 자체도 마찬가지다.

변혁적 변화를 일으키는 레지오 에밀리아 학교의 교사는 연구자이며 실험가로서 연구와 실험의 가치를 체화하고, 더 나아가 매일매일 하는 일에서, 즉 결코 홀로 하는 활동이 아니라 항상 다른 사람들과 관계 맺으며 하는 일에서 연구와 실험을 실천하는 것이다. 교사, 직원, 가족, 시민이 함께 실현하는 영구적 방법으로서 교육 연구를 바라며, 연구는 사유하고, 삶을 대하고, 협상하고, 기록하는 방식이라고 할 수 있다. 수많은 언어를 가진 어린이, 불확실성, 경이로움, 새로운 지식의 공동 구성으로서의 배움, 관계와 경청의 교육학, 민주주의, 상호 연계성, 연구와 실험을 가치 있게 여기는 것, 정치적인 질문들에 대한 모든 대답은 다시 교사의 이미지가 어떠해야 하는가 하는 질문으로 이어진다. 교사에게 중요한 과업은 어린이와 그 어린이의 배움을 통해 풍부한 기회와 환경, 예상하지 못한 놀라운 일들이 더 자주 일어날 기회와 환경을 창조하는 것이다. 교사는 미리 규정된 지식을 전수하는 자가 아니기에 어린이에게 자신의 생각을 절대 강요하지 않지만, 그렇다고 해서 교사가 그저 수동적으로 지켜보는 '관객'의 역할을 맡는 것은 아니다. 교사는 함께 구성해 가는 배움의 과정에 적극적으로 참여하는 주인공 중 한 명이다. 교육이란 성인 주인공과 어린이 주인공들이 힘을 합하는 과정을 통해 실현되는 것이다. 따라서 이는 어린이가 자신만의 발달 프로그램이 있기에 다른 누구의 관점으로부터 오염되어서는 안 된다고 그릇되게 가정하면서 어린이에게 복종하는 것은 아니어야 한다. 이런 양육 및 교육 방식은 방임이고 방치나 다름없다.

우리가 바라는 유토피안 교사는 경청하며 풍부한 배움의 환경을 조성해 주고, 시간을 제공하며 타자성otherness을 존중한 사람이어야 한다. 동시에 교사는 어린이에게 도전하고 논쟁하고 맞서며 어린이들의 생각에 질문을 제기하고 다른 가능성을 제안하며, 사유하도록 자극해 줄 준비도 되어 있어야 한다. 항상 그저 반응하기만 해야 하는 것도 아니고, 그렇다고 늘 미리 결정된 성취 결과를 향해 가는 것도 아니어야 한다. 한편으로는 불가피한 필연성의 교육학인 타자에 대한 '완벽한 통치성

governability'¹⁶¹을 따르는 것도 아니고, 다른 한편으로 결정론을 따르지 않는 교육학인 '완벽한 비통치성un-governability'을 따르는 것도 아니어야 한다.모스, 2021: 159 따라서 이 양자 사이의 적절한 균형추를 잡아야 한다.

실험학교의 확장과 지역사회의 연계

대안적이고 급진적인 교육의 가능성을 보인 레지오 에밀리아 운동은 미국의 사회학자 에릭 올린 라이트Erik Olin Wright가 바람직함과 실행 가능성 그리고 달성 가능성을 결합시켜 제시한 '현실적 유토피아 프로젝트real utopia project'에 기반하고 있다.모스, 2021: 169-170 이런 유토피아 프로젝트에 기반한 레지오 에밀리아 교육운동은 많은 중요한 역사적 전통을 바탕으로 하면서도, 관리주의, 신자유주의, 실증주의와 관련된 기존의 교육담론과는 크게 다르게 생각하고 행동할 가능성을 보여 준 선명한 정체성을 만들어 냈다. 이런 일이 일어난 것은 적어도 부분적으로는 민주적 실험주의 프로젝트 시작부터 존재했던 민주적 헌신과 실천, 또 어린이, 부모, 교육자, 정치인 및 다른 시민들을 포함하는 깊은 동료애를 형성한 데서 설명될 수 있다.Fielding & Moss, 2012: 163 또 민주주의적 실천을 새롭게 하

---

161. 푸코가 주창한 '통치성'이란 우리가 지배적 담론들을 어떻게 체현하는지를 설명하는 개념으로, 지배 담론의 신념·가설·욕망·실제 등에 따라 우리가 어떻게 통제되는지를 보여 준다. '통치성'은 어느 정도 계산된 활동으로서 다수의 단체나 행위자들에 의해 수행된다. 통치성이 시도하는 것은 다양한 테크닉과 지식을 사용하여 여러 행위자들의 욕망, 열망, 이해, 관심, 믿음을 통해 작용하여 품행(conduct)을 주조하는 것이다. 인간 욕망의 흐름은 다양한 국가장치들과 사회집단들의 통치에 포획되어 특정 방향으로 '지층화'된다. 바꾸어 말하면, 통치성이란 지배 담론 또는 지배적인 서사가 담고 있는 이야기·진리·욕망 등이 어떻게 우리의 이야기·진리·욕망이 되는지를 설명해 준다. 어떤 '바람직한 효과'를 산출하는 바람으로 특정 행동을 형성하려는 야망을 가진 휴먼 테크놀로지들은 예전보다 더 강력하게 작동하고, 동시에 이런 '바람직한 효과'를 위해 우리는 스스로를 규율하게 된다. 인간의 행동을 통솔/통치한다는 것은 기본적으로 권력의 작용이다. 푸코에 의하면 권력은 폭력과 구별된다. 만일 타자의 행동을 특정 방향으로 이끌기 위해 폭력이 사용될 수밖에 없다면, 그것은 통치하는 자가 이미 권력을 결여하고 있다는 사실을 의미한다. 대신 진정으로 효율적인 권력에 기초한 통치는 행위자에게 자발성을 부여하는데, 이 과정에서 '합리성'과 구체적 '테크놀로지들'이 필수적으로 요구된다.

고 실행하는 장소로 '사회적 마주침'을 더욱 풍부하고 정보가 가득한, 개방적이고 민주적인 문화의 살아 있는 중심적 센터 역할을 했기 때문이다.

세상이 표현되어야 하며, 즉 세상을 해석해야 한다는 생각은 세상 자체가 우리에게 어떻게 이해되기를 원하는지, 어떻게 알려지기를 원하는지를 알려 주지 않는다는 관찰에서 비롯되었다. 세상이 '스스로에 대해 침묵'한다는 것은 단순히 세상을 이해하는 것뿐만 아니라 실제로 세상을 이해하는 것이 우리 인간에게 달려 있다는 의미로 받아들여지고 있다. 교육에서는 우리는 이러한 사고방식에 익숙하고 이런 사고방식이 합리적이기는 하지만, 세상의 전체적인 그림은 아닐 가능성이 크다. 이런 '구성주의적 은유constructive metaphor'에는 한계가 있는 것이다. 그래서 이러한 한계가 무엇인지, 어디서 어떻게 이런 한계에 부딪힐 수 있는지를 아는 것은 '세상 속에서', '세상과 함께' 존재한다는 것이 무엇을 의미하는지에 대한 더 완전한 그림을 그리기 위해 중요하다.Biesta, 2022: 92-93 공동 구성의 교육적 과정은 학교와 학교 사이의 협동과 연대, 그리고 지역사회로 확장된다.

넓은 차원의 교육이란 의미를 만들고 자아를 형성하는 인간 해방의 과정이며, 총체적holistic 교육관을 지니고 어린이의 건강과 행복의 모든 측면에 관심을 기울이는 일이다. 학교는 어린이들 사이, 모든 구성원(교사와 직원) 사이, 학부모와 시민들 사이의 협력과 연대의식의 일부이다. 이 모든 것은 지배적 담론에서의 학교 이미지, 즉 개별 학부모-소비자의 편의를 위한 시장경제의 공간에서 미래 정해 놓은 성취 결과를 효과적으로 산출하기 위해서 테크놀로지를 적용하는 폐쇄성의 이미지, 다른 사람들과 경쟁하는 사적인 일로 치부되는 이미지와 상반되는 안티테제라고 할 수 있다.

급진적 사회 변화를 위해 교육이 변해야 하고, 그것도 민주적 실험주의를 통해 학교가 변화되어야 하고, 학교가 미래의 목소리를 내야 한다.Fielding & Moss, 2012: 153 민주적 실험주의를 주창하는 웅거는 급진적 상상력과 일정한 거리를 두어야 한다는 '현실적/진짜 유토피아'를 상상하며 대안을 제시한다. 물론 학교가 어린이를 가족, 계층, 문화, 역사적 시대로부터 구출해 내야 한다는 요구에 변함이 없지만, 학교는 지역사회나 정부 관료주의의 수동적 도구가 되어서는 안 된다.Fielding & Moss, 2012: 146 민주주의와 마찬가지로 실험은 서비스나 지역사회에서 새로운 프로젝트를 결정하고 실행하는 것과 같은 보다 공식적인 측면을 가질 수 있다. 하지만 그것은 또한 어른과 아이 모두가 실험할 수 있는 학교 내의 교육적 관계에서 표현되는 것처럼 삶의 방식 및 관계를 나타낸다. 그것은 새로운 관점과 방법을 도입하여 주제에 대한 새로운 해석이 될 수도 있다. 또는 변화하는 조건이나 새로운 이해로 인해 나타난 새로운 주제에 대한 대응이 될 수도 있다. 학습의 실험은 단순히 학교에서 학습하는 과정의 본질적인 부분으로서의 실험만을 의미하지 않는다. 또한 이러한 과정을 풍부하게 하고 심화시키기 위해 다양한 이론과 실천을 통해 학교에서 실험하는 것도 포함한다. 실험이 반드시 학습에만 한정될 필요는 없다. 그것은 실험학교에서 시작한 프로젝트에서 표현될 수 있으며, 가족과 실제로 전체 지역사회와 협력하여 이루어지는 '지역사회 프로젝트community projects'가 요구된다. 지역사회가 변화에 개입하고 참여하는 것이 민주주의의 필수 요소라는 것을 인식하고, 이를 수행할 지역사회의 힘과 역량을 정부가 개발하는 일에 나서야 한다. 좋은 정부라면 '지역사회 만들기/조직화 community building/organizing' 운동이 확산될 수 있는 여건을 조성해 주어야 한다. 지역사회 조직화 운동은 국가가 탁월한 교육적 성취를 유도해 내는 역량을 갖추는 것, 대규모의 학교 네트워크를 유도해 내는 역량을 갖추는 것, 부진한 지역의 학군을 되살리는 노력과 함께 연동되어 이루어져야 한다.하스리브스 & 셜리, 2015: 130, 156-157

'지역사회 조직화 운동'은 미국의 지역사회 조직가 중 가장 유명한 버락 오바마가 2008년 대통령으로 당선되면서 전국적인 관심을 갖게 되었다. 학교교육의 변화를 위해 기든스의 '제3의 길'을 넘어 '제4의 길'을 제창한 하그리브스와 셜리는 탄력 있는 사회민주주의 체제의 공고화를 위해 지속가능한 리더십, 사회의 포용적 교육의 비전, 전문인의 자질 향상과 연대 및 참여, 교사의 전문적 학습공동체의 활성화, 교직사회에 일정한 의사결정 권한과 책임을 부여하는 것, 심도 있고 수준 높고 사려 깊은 교수학습과 교육과정 개발, 참여 주체의 개별적 목소리 존중과 함께 공적 참여와 지역사회 조직화를 강조했다. 이들 공동체 학교는 '확장된 실험학교extended experimental schools'가 될 수 있고, 학교의 책임감과 모든 관계자가 새로운 것을 시도하고자 하는 열망에서 새로운 프로젝트가 창출될 수 있다. 이 실험에는 다른 여러 목적을 위해서도 성인의 계속학습, 또한 가족 지원, 연대성 구축, 불의와 배제 차단 지원, 문화 존속, 지역경제 창출, 민주주의 강화 등의 전략들이 다양하게 이용될 수 있다.

21장
민주주의를 위한 교육과 자치학교

민주주의는 번거롭거나 위험한 것이 아니다. 민주주의와 같은 용어에 부여된 의미의 다양성은 시민권, 자유, 평등, 참여와 같은 관련 용어에서 잘 드러난다.Terchek & Conte, 2001: xiv 민주주의는 또한 사회정의, 포용, 참여, 품위, 인간성을 지향하는 끝없는 과정이다.카 & 테제, 2023: 8 특히 학교는 민주주의 가치를 실행하는 중요한 장소이다.애플 & 빈, 2015: 28 항상 만들어지고 있는 민주주의 사회에서 아이들을 민주적 시민으로 형성시키는 학교의 역할은 중차대하다.Thayer-Bacon, 2013: 121-138 학교는 더 넓은 공동체를 믿고 협력하고 연대하며 민주시민을 길러 내는 유일한 곳이기도 하다. 교사와 학생이 함께 작업하고 성장하는 조건을 결정하는 데 관여할 수 있다면, 민주주의가 학교에서 발전함에 따라 민주주의에 필연적으로 참여하는 것이라고 말할 수 있다.Trafford, 2008: 411 학교의 민주주의는 단순히 권력의 분담이 아니라 생각을 자유롭게 교환할 수 있는 것이어야 한다. 그러한 열린 지속적 논의가 없다면, 권력의 분담은 무의미하다. 그러므로 민주주의적 관점은 권력이 어디에 혹은 누구에게 있는지를 결정하는 것보다는 모든 관련자가 진정으로 참여할 수 있는 분위기를 만드는 데 있다.

그리고 오늘날 위기에 빠져 있는 시민사회의 민주적 결함을 논의할 때, 복고주의적 향수에 빠지지 않도록 주의하면서 '공화주의적 시민사회'를 주창하는 토크빌의 강력한 규범적인 이상에 주목할 필요가 있다. 오늘날 민주주의의 위기는 민주주의가 이미 확립된 것은 물론이고, 여전히 민주주의를 쟁취하기 위한 투쟁이 벌어지고 있는 곳에서도 발생하고 있기 때문에 민주주의를 위한 교육과 자치교육이 더욱 중요하게 부각되고 있다.

따라서 '교육자치'의 방향을 '무엇으로부터'의 자치를 중시하기보다는 '무엇을 향한', '무엇을 위한' 자치인가를 좀 더 명확하게 정리할 필요가 있다. 이는 교육자치의 비전과 철학, 그리고 방향을 잘 설정해야 한다는 점을 뜻한다.김성천, 2024: 361 자치의 본뜻이나 지향이 무엇인지에 대한 깊이 있는 검토나 정리 없이 사용될 때, 무정부 상황을 초래하거나 중구난방이 될 위험도 있기 때문이다. 자칫 민주주의를 가장한 '편의주의' 방식으로 흘러가거나 자유주의를 지나치게 강조함으로써 '각자도생'하는 조직으로 변하면 더욱 위험해질 수 있다. 따라서 요즘과 같은 시기에 공화주의 가치가 더욱 강조되고 있으며, 그리고 자치를 강조하는 아나키즘 사상과 운동의 취지와 결합하여 올바로 파악할 필요가 있다.

민주주의를 위한 교육

민주주의를 위한 교육은 모든 존재의 자유와 평등, 존재로서의 존엄과 권리에 대해 책임을 지는 삶의 교육이다. 그것은 성숙한 방식으로 세계 속에서 존재할 수 있도록 자신의 욕망이 바람직한지 질문하고 그에 답하는 과정을 통해서 가능해진다. 이러한 과정이 학교교육에서 이루어질 필요가 있으며, 그것은 민주주의의 성숙으로 이어질 수 있다. 따라서 학교교육의 경험 속에서 단지 권리의 주장이 아니라 함께 살고자 하는 욕망의 실천으로 민주주의를 경험하는 것은 매우 중요하다.Biesta, 2019 따라서 학교민주주의의 경험은 학교를 넘어 우리가 살고 있는 지구 생태계에서 성숙하게 존재하려는 의지와 실천으로 이어질 수 있다. 삶의 원리로서 민주주의란 나의 욕망(욕구, 권리, 이해)이 다른 존재와 함께 잘 살아가는 데 방해가 되는지 항상 질문하면서 세계 속에서 세계와 함께 성숙한 방식으로 존재하는 것이다.Biesta, 2019 민주주의의 본질은 각자의 개별적 욕망을 공적으로, 세계 속에서 성숙한 방식으로 재배치하는 것이다.

학교는 민주적 권리와 평등한 기회에 관해서 알고 관심을 가지며, 경제적·사회적·정치적 사회생활 속에 충분히 참여할 수 있는 시민을 길러 낼 책임이 있다. 학교교육의 민주적 기능은 민주주의적 참여, 사회적 평등, 사회적 이동, 문화적 발전, 교육관료제도로서의 독립성 등이다.카노이 & 레빈, 1991: 167-174 첫째, 학교 운영의 의사결정 과정, 교사와 학생의 표현의 자유 등 '민주주의적 참여'는 학교가 젊은이에게 민주주의 정치에의 참여를 준비시켜야 하기 때문에, 학생들은 교육제도 안에서 노동의 상황에서는 찾아볼 수 없는 상당한 권리를 누리게 된다. 둘째, 일터의 이데올로기와는 반대로 학교교육의 이데올로기는 '사회적 평등'에 대해서 크게 강조해 왔다. 역사적으로 획일적인 의무교육 제도의 실시는 그 자체가 교육 기회의 평등을 제공하는 것이라고 가정되었지만, 최근에는 교육 평등에 대한 해석은 동등한 자원과 동등한 교육의 과정, 그리고 동등한 교육의 결과를 요구하는 방향으로 나아가고 있다. 셋째, 사회적 지위 향상, 직업 기회의 개선, 소득의 향상 등 '사회적 이동'은 학교교육에서 사회적 평등을 추구하는 것과 관련된 학교교육의 민주적 측면으로서 학교교육을 통한 요구를 들 수 있다. 넷째, '문화적 발전'은 학교교육의 기능에 대한 일반인들의 견해는 젊은이들에게 직업적 준비는 물론이고, 문화적 준비도 마련해 준다는 것이다. 이런 견해는 인문·교양 학과를 강조하는 고전적인 교육의 개념에서 나온 것이다. 다섯째, '교육관료제도로서의 독립성(상대적 자율성)'은 학교의 내재적인 역동으로부터 발생하는 모순의 원천인 교육관료제가 자본주의적 기업들의 직접적인 통제로부터 상대적 자율성을 확보하는 것을 말한다.

따라서 민주주의를 위한 교육에서는 민주주의가 무엇인지, 교육을 통해 어떻게 발전해야 하는지, 사회가 어떻게 더 사회적으로 정의로워질 수 있는지에 대한 충분한 고려가 이루어져야 한다. 민주주의 교육은 매우 다양한 형태의 공동체가 각기 다른 시대에 '민주적'이라고 일컬어졌다.슈츠, 2025: 136 민주적 교실환경은 학습자들을 민주적으로 육성하는 교육문화가 형성되는 조건이며, 이러한 교실 환경에서 학습자들은 권한을 부여하는 역사의 주체로서, 그리고 자신들의 교실과 공동체 안에서 풍부한 정보를 가진 적극적인 시민으로서 개별적이면서도 집단적인 존재라고 스스로 인식하게 된다.카 & 테제, 2023: 19

민주주의를 위한 교육 모델은 민주주의와 민주적 참여에 관해 개인, 학교, 지역사회가 생각하고 경험하는 것을 지도화mapping하는 데 도움이 된다. 학교는 교육 영역에서 발생하는 것의 맥락, 내용, 경험 및 결과를 기록할 수 있다. 따라서 이론적 차원에서 복합적으로 정렬된 '민주주의를 위한 교육education for democracy' 접근은 실증주의 모델, 해석주의 모델, 사회비판적 모델, 생태주의적 모델로 나뉠 수 있다. 첫째, 단-학문적 차원에서 과학적 방식으로 사실을 알고자 하는 행동주의 접근을 선호하는 '실증주의 모델'은 규범적·애국적 시민성을 강조한다. 둘째, 다-학제성 차원에서 다차원적으로 사실을 이해하고자 하는 집합주의적·상대주의적 접근을 하는 '해석주의 모델'은 비판적 사고와 진보적 시민성을 선호한다. 셋째, 간-학제성 차원에서 다양한 이해관계자에 따라 사실의 탈-구축화를 시도하는 정치적 접근을 하는 '사회비판적 모델'은 사회정의와 연대를 중시한다. 초-학제성 차원에서 민주적 토양을 마련하고자 하는 사실의 재-구축을 시도하는 총체적 접근을 하는 '생태적 유토피아 모델'[162]은 세계시민성을 강조한다.카 &테제, 2023: 84-86

민주 사회를 위한 교육에 대해 듀이가 이해하는 '민주주의와 교육'의 관계는 민주주의란 고정된 상태가 아닌 재발견하는 것으로서 민주주의를 '배우는learning' 교육과 민주주의를 '살리는living' 교육으로 구체화할 수 있다. 민주주의를 '배우는' 교육은 주로 지식, 분별력, 실천적 능력으로서 교실활동과 대화적 방식의 프로젝트로 이루어질 수 있다. 그리고 민주주의를 '살리는' 교육은 학교환경 속에서 삶의 방식으로서 민주주의를 경험하게 하고, 사회적 활동 방식으로 경험하게 하는 민주적 제도로서의 학교 즉 민주주의로서의 학교와 지역사회에서의 학교 즉 민주주의 속에서의 학교 활동을 하도록 하여 더 넓은 공동체에서 유익한 참여를 하도록 하는 것이다.Wegmarshaus, 2007: 108-110

학교민주주의는 결국 학생을 중심으로, 그러나 모든 구성원이 자기 삶의 자치를 배워 가는 과정이다. 학교민주주의 경험은 삶의 원리로서 민주주의와 자치의 경험이며, 그것은 학교 안에서만 작동하는 원리가 아니라 존재를 둘러싼 세계로 확장될 수 있다. 교원, 학생, 학부모, 직원 등 모든 학교 구성원이 학교라는 시공간 안에서 자기 삶의 주체로 학교에서의 시민으로 연대할 수 있어야 하며, 그럴 때 학교민주주의가 실현될 수 있다.남미자, 2021: 200-210 그런 점에서 학교민주주의는 단지 학교 안의 민주주의만을 의미하지 않으며 학교를 둘러싼 삶을 토대로 한 민주적인 공동체의 실현을 목적으로 한다. 따라서 학교민주주의의 장은 삶의 그 어떤 공간보다 인권적이며 민주주의적인 실천의 장으로서 다양한 상상력과 사고실험이 가능한 자유로운 공적 공간이어야 한다. 그리고 학교민주주의란 각자 고유성을 가진 학교 구성원들이 '공유자원commoner'으로서 맥락성과 다차원성이라는 과제를 기반으로 '공화'를 구성해 가는 교육의 공유화 commoning라고 할 수 있다.안순억 등, 2019

---

162. 환경적 유토피아 사고로서 탐구되는 '에코토피아(Ecotopia)' 또는 '그린토피아(Greentopia)'는 사회와 비인간적 사인 사이의 미래석 연결을 상상하는 새로운 방법을 제공하고, 평화로운 공존의 가능성에 초점을 맞춘다. 그린토피아는 환경파괴와 생태적 재앙에 대한 애도를 넘어서는 사고방식이다. 지속가능한 사회는 현재 사회의 틀 안에서 작은 단계를 거쳐 창조된 것으로 여겨진다. 여기로부터 출발한 비판적 교육학(critical pedagogy)의 전통으로서 지속가능성의 정치와 연계된 우주론적 '생태교육학(Ecopedagogy)'이 도출될 수 있다(Kahn, 2010). 생태교육학은 본질적으로 프레이리의 민중교육과 함께하면서 환경적 폭력이라는 인간 행위를 독해하는 '문해교육(literacy education)'이다. 생태교육학은 비판적 사고와 변혁 가능성에 기초를 두고 있으며, 궁극적 목표는 사회적·환경적 정의가 강화된 학습을 구축하는 것이다(Misiaszek, 2021).

학교사회에 신뢰의 시민성이 구현되도록 하려면, 규칙과 법에 의존하기보다 '포괄적인 민주주의' 원칙을 우선해야 한다.올슨, 2015: 435 듀이가 거의 100여 년 전에 주장한 것처럼 '민주주의를 위한 교육'은 '교육의 민주주의'를 필요로 한다. 민주주의 원칙을 깊이 이해하도록 교육받은 교사들이 있을 때만 민주적 교육개혁을 이끌 수 있는 토론 속에서 넓은 공동체와 관련을 맺는 일이 가능해질 것이다. 이것은 교육의 민주적 변화와 사회의 민주적 변화 사이에 상호적 관계가 있어야 함을 의미한다.올슨, 2015: 436 카와 하넷은 다음과 같이 말한다.

> 민주주의 교육이론의 핵심 과정은 사회의 민주적 발전을 이루지 않고서는 민주적인 체제를 발전시킬 수 없고, 민주적인 교육체제를 수립하지 않는다면, 또한 사회의 민주적 발전도 기대할 수 없다는 사실을 인정하는 교육 개념을 정연하게 하는 것이다.Carr & Hartnett, 1996

민주적 시민성의 재구성에서 교육의 역할은 핵심적인 동력이 될 수 있다. 앤서니 기든스는 교육이 "경제적 효율성과 함께 시민의 응집성을 형성할 수 있는 주요한 공적 투자"Giddens, 2000임을 강조했다. 그는 교육이 개인들이 살아가면서 발전시킬 수 있는 역량에 집중하도록 새롭게 디자인될 필요가 있다고 주장한다. 교육은 신뢰와 책임 규범을 내면화하도록 해 시민사회에 안정성을 부여할 수 있다. 이런 규범의 내재화(내면화) 없이는 시장은 번영할 수 없고 민주주의도 생존할 수 없다.올슨, 2015: 436 이 말은 기업문화에서 흔히 보이는 경쟁적 개인주의와는 다른 교육 목적을 설정하는 것을 뜻한다.[163]

---

[163]. 영국 시민교육의 교본으로 여겨지는 '시민성 교육과 학교에서 민주주의 가르치기'라는 제목의 〈크릭 보고서〉는 적극적 시민성을 위한 교육의 3요소로 사회적·도덕적 책임, 공동체에 대한 헌신, 정치적 문해력을 제시한다.

따라서 만약 민주주의를 위한 교육이 효과적이고자 한다면, 학교문화를 변혁하는 일과 관련되어야 한다.올슨, 2015: 439 제도개혁과 문화개혁은 동시적이어야 한다. 민주주의를 위한 교육은 지배받는 자들과 지배하는 자들이 분리될 수 없는 것으로 이해되는 세상을 구성하려고 학생들을 준비시키기 위해 교사와 학생, 학교와 지역사회, 그리고 이론과 실천 사이에 만들어진 이데올로기적 모순과 이분법을 깨뜨리는 구체적인 책무를 담고 있다.

민주주의에서 자치란 무엇인가?

아리스토텔레스의 폴리스 이래로 공화주의 전통은 '자치'를 특정한 장소와 거기에서 구현되는 생활방식을 충실히 지키는 시민들에 의해 수행되는 활동, 특정한 장소에 뿌리를 둔 활동으로 보았다. 민주공화국의 핵심에 있는 자치 사상은 사람들과 그들의 대표자들에게 많은 책임과 의무를 부여한다. 건강하고 기능하는 자치 공화국은 시민들이 공익을 위한 정의로운 법률을 만들기 위해 심의하고 토론하는 동안 시민적 대화에 참여해야 한다. 서로의 말을 경청하고 그러한 대화에 참여하는 것은 자치 공동체 운영에 매우 중요하다. 특히 헌법주의 공화국에서의 자치는 국민의 동의에 기초를 두고 있다. 나아가 오늘날의 자치는 지역사회에서 국가, 세계에 이르는 다양한 무대에서 활동을 펼치는 정치를 요구한다.샌델, 2012: 462 그런데 오늘날 민주주의의 딜레마는 특히 우리가 개인과 집단 차원 모두에서 현재 삶을 지배하는 힘들에 대한 통제력을 잃어 가고 있다는 두려움, 즉 '자치의 상실'을 마주하고 있다는 점이다. 사실 '자치self-government'는 통치government의 대안 개념으로 등장했다. '자치'는 '스스로 다스리는self-governing'이란 뜻이 있다.Geissel, 2023 즉 자치는 바로 '자기 지배' 형식이다. 자치란 인간이 의식적으로 판단할 수 있는 능력, 그리고 자기성찰적이며 자기결정적일 수 있는 능력을 의미한다. 자치의 원칙은 현대 민주주의 사상의 모든 전통에서 필수적인 전제 요건으로 간주되어야 한다. 자치야말로 민주적인 공동체의 핵심 가치다. 자치가 있어야 민주주의가 이루어지고 공동체가 형성된다. 이러한 사상은 19세기의 아나키즘 전통에 기원을 두고 있으며, 또 현재까지도 다양한 아나키스트 '자치주의' 사조로 계승되고 있다.라이트, 2019: 445-446 자치주의는 아나키스트 전통의 일부로서 만민평등주의적 협동의 자발적 형성을 강조한다.

여기서 무엇을 '민'에 의한 '통치/다스림'으로 간주될 것인가를 둘러싼 논변은 다양하게 주장되고 있다. ① 모든 사람이 다스려야 한다. 즉, 입법, 정책결정, 법의 적용, 정부행정에 모두가 관여해야 한다. ② 모든 사람은 중요한 의사결정, 즉 법률 일반과 정책 일반을 결정하는 데 직접 관여해야 한다. ③ 다스리는 자는 다스림을 받는 자에게 책임을 져야 한다. 달리 말하면, 다스리는 자는 다스림을 받는 자에게 자신의 행위를 정당화할 의무를 지며, 다스림을 받는 자에 의해 해임될 수 있어야 한다. ④ 다스리는 자는 다스림을 받는 자의 대표자들에게 책임을 져야 한다. ⑤ 다스리는 자는 다스림을 받는 자에 의해 선택되어야 한다. ⑥ 다스리는 자는 다스림을 받는 자의 대표들에 의해 선택되어야 한다. ⑦ 다스리는 자는 다스림을 받는 자의 이익을 위해 행동해야 한다.

위의 내용을 한마디로 정리하면 '자치'란 항시적으로 서로 교체되는 시민demos이 다스리는 자(통치자)이면서 다스림을 받는 자(피치자)가 되는 체제라고 할 수 있다. 자치란 자신들이 지켜야 할 규범이나 원칙을 만들고, 스스로 이 규범에 구속을 받는 역설적인 체제라고 할 수 있다.이수광, 2021: vi '자치'는 타인의 행동에 수동적으로 묵종하는 것이 아니라 자치정부에 적극적으로 참여하는 것을 의미한다. 그것은 사적·공적 생활에서 여러 행동 방침에 대해 숙고·판단하고 선택하여 실행할 수 있는 능력을 의미한다.헬드, 2015: 496 [164] 그러기에 자치란 개인의 속성이라기보다는 '사회적 성취'로 이해될 수 있다. 이러한 사회적 흐름은 선출된 대표자에 의해 행사되는 대의민주주의representative democracy의 역기능에 대한 반성의 산물이기도 하고, 기존 민주주의에 대한 도전이기도 하다. 대의민주주의의 한계를 극복하고자 하는 자치의 원리는 '이중의 민주화', 즉 국가의 민주화와 함께 시민사회의 민주화. 즉 양자의 상호의존적 변화가 필수적임을 인정함으로써 구현될 수 있다. 그런 과정은 다음 두 원리의 수용을 그 전제로 해야만 한다. 즉, 국가와 시민사회의 분리가 민주적 삶의 핵심적 특징이 되어야 한다는 원리, 그리고 의사결정권은 자본을 비롯한 자원의 사적 움직임이 부과하는 정당하지 못한 제약으로부터 자유로워야 한다는 원리가 그것이다. 물론 이 두 입장의 중요성을 인정한다는 것은 그것의 전통적 의미를 근본적으로 재구성할 필요성을 인정한다는 것이다. 이중의 민주화 과정을 통해 실현되는 자치의 원칙은 국가 행위의 방식과 한계, 그리고 시민사회의 형태와 한계에 대한 재고가 요구된다.헬드, 2015: 518, 540 이 같은 흐름은 민주주의를 진정한 시민 주도의 통치 방식으로 이해하며, 직접민주주의의 강화로서 자치와 함께 학교의 자치도 동시에 강조되고 있다는 말이다. 학교자치와 학교민주주의는 서로 독립적으로 존재하는 것이 아니라 밀접하게 연계되어 있다고 할 수 있기 때문이다.

그런데 오늘날 민주주의의 딜레마는 특히 우리가 개인과 집단 차원 모두에서 현재 삶을 지배하는 힘들에 대한 통제력을 잃어 가고 있다는 두려움, 즉 '자치의 상실'을 마주하고 있다는 사실이다.

민주공화국의 핵심에 있는 자치 사상은 사람들과 그들의 대표자들에게 많은 책임과 의무를 부여한다. 건강하고 기능하는 자치 공화국은 시민들이 공익을 위한 정의로운 법률을 만들기 위해 심의하고 토론하는 동안 시민적 대화에 참여해야 한다. 서로의 말을 경청하고 그러한 대화에 참여하는 것은 자치 공동체 운영에서 매우 중요하다. 특히 헌법주의 공화국에

---

164. 중세적 세계관에 보듯이 정치적 권리의 의무가 소유권이나 종교적 전통에 얽매여 있는 한, '자율적 인간'이라는 개념이 발전하는 것은 불가능했다. 사람들의 정치적 정체성이 그들의 사회적 범주(남·여, 흑·백, 내국인·외국인)나 지위(주인·노예, 자산소유자·무산노동자)에 의해 결정되는 한, '자율적 인간'이라는 개념은 또한 발전할 수 없다.

서의 자치는 국민의 동의에 기초를 두고 있다. 민주적 유토피아 프로젝트는 듀이가 역설하듯이 정부 형태를 넘어 '삶의 양식life of life'의 변화를 통해 디스토피아적 현실을 극복할 수 있는 민주적 마음과 자치 능력을 가진 개인을 탄생시키는 것이다.[Baez, 2013: 32-35] '민주적 삶의 양식'이란 함께 모여 살아가는 삶의 양식이고, 또 함께 참여하고 연대하면서 의미를 나누는 경험의 방식이라고 할 수 있다.[듀이, 2024: 138]

시민적 공화주의가 주창하는 자치

신-로마 공화주의는 '강한' 공화주의(고전적 공화주의)가 현대 사회에 적용될 때의 난점을 극복하기 위해 '약한' 공화주의가 새롭게 대두되면서 '시민적 공화주의'로 진화·발전하면서 공화주의적 자치를 강조하는 목소리가 커지고 있다.[Murphy, 2024] 시민적 공화주의 이념에 바탕을 둔 교육체제는 학교공동체 전체를 '자치 공화국'으로 재탄생시킬 때 가능하다. 그리고 오늘날 시민적 공화주의는 인간 사이의 자유에 한정하지 않고 '생태적 한계ecological limits'로 확장된 '공화주의적 녹색정치republican green politics'가 거론되고 있다.[Dodsworth & Honohan, 2023] '시민적 공화주의'에서 '시민적'이란 민주주의의 본질이라고 할 수 있는 정치 갈등이 전개되는 과정에서 타인을 고려하고 관용을 베푼다는 뜻을 함축하고 있다.[바버, 2006: 172][165] 이 말 자체가 정념을 내포하면서도 궁극적으로는 어떤 내용으로도 채울 수 있는 은유라고 할 수 있다. 대체로 모든 시민이 공적 생활과 국가 문제에 능동적으로 참여할 의무를 강조한다. 시민적 공화주의자들은 시민이 공적 영역에 참여하도록 함으로써 획득되는 적극적 자유와 함께 질서와 제도의 유지자로서 국가의 적극적 역할을 중시한다.

샌델은 아리스토텔레스의 '정치적 동물' 논제를 자신의 공동체주의와 결합시킨 '시민공화주의civic republicanism'를 내세움으로써 자유주의에 맞서고 있다. 이에 따라 시민성/시민권citizenship 주창도 달라진다. 시민공화주의자들은 시민성을 지위뿐 아니라 활동이나 실천이라고 주장한다.Oldfield, 1990 따라서 실천에 참여하지 않으면 시민이 될 수 없다. 이 분야의 중요한 교육적 함의는 시민공화주의 관점을 가진 시민들이 시민성을 실천하는 데 지원이 필요하다는 것이다. 따라서 시민공화주의자들은 시민들이 정치공동체의 구성원으로서 의무를 다하는 것을 포함하여 시민성 실천에 기여할 수 있고 또 기여하도록 보장하는 데 관심을 둔다.Gilbert, 1996: 47

인간은 정치공동체의 일원으로서 정치공동체에서 일어나는 일들을 좌우하는 결정에 참여할 수 있을 경우에야 진정으로 '자유롭다'고 할 수 있다. 따라서 공화주의가 바라보는 최우선 과제는 자유주의처럼 시민을 공정하고 평등하게 존중하는 것이 아니라 자치에 필요한 시민적 덕을 육성하는 것이다. 자유를 과도하게 강조하는 자유주의liberalism는 '자치'를 민주주의에 대립하는 것으로 매우 제한적 용어로 정의하는 데 반해, 공화주의republicanism는 자유freedom를 '자치self-government'의 결과로 본다. 숙의 또는 공적 추론(참여형 토의와 공적 의사 결정을 결합한)에 기초한 결정은 '자치'의 기초이자 투표(거수를 묵묵히 헤아리는 것)에 대한 중대한 보완물이다.바튼 & 호, 2022: 123 시민성으로서 자유에 대한 공화주의적 관점이라고 언급한 공화주의적 전통 속에는 시민적 자치를 통한 자유라는 의

---

165. '시민적 공화주의'에서 '시민적'이란 민주주의의 본질이라고 할 수 있는 정치 갈등이 전개되는 과정에서 타인을 고려하고 관용을 베푼다는 뜻을 함축하고 있다. 모든 시민이 공적 생활과 국가 문제에 능동적으로 참여할 의무를 강조한다. 시민적 공화주의자들은 시민이 공적 영역에 참여하도록 함으로써 획득되는 적극적 자유와 함께 질서와 제도의 유지자로서 국가의 적극적 역할을 중시한다. 시민공화주의자들은 시민사회가 민주적 덕목을 보유하고, 민주적 삶의 관습과 관행을 장려하며, 공공성과 자유, 평등주의와 자발주의에 의해 규정된다고 본다. 이것이 바로 이상적인 민주적 시민사회의 모델이다(바버, 2006: 59). 민주적 시민은 집단이나 공동체의 적극적이고 책임감 있는 구성원이다. 상충하는 가치와 이익 갈등이 발생하게 되면, 공동의 토대를 찾아내고, 공공의 업무를 수행하고, 공동의 관계를 추구함으로써 그러한 차이를 조정하기 위해 노력을 기울이는 존재이다. 강고한 민주적 시민사회에서 맺어지는 사회관계는 생산과 소비를 통해 이루어지는 경제적 상호작용이나 시장에서 제공하는 것보다 뿌리가 깊고 단단하지는 않을 것이다.

미가 강하다.Dagger, 2009: 334

시민적 공화주의의 핵심에는 민주주의에서 가장 중시하는 '자치'의 가치가 자리하고 있다. 모든 정치적 기획에서 중심이 되는 원리는 '자치'가 핵심이다.Held, 2015: 501 이런 관점은 본질적으로 민주주의의 이상을 '자치self-rule'에 두고 있다는 말이다. 모든 정치적 기획에서 중심이 되는 원리는 '자치'가 핵심이다.Held, 2015: 501 시민적 공화주의자들이 중시하는 '자치'의 개념은 단순히 간섭의 배제가 아니라 시민으로서 향유해야 할 최소 조건으로서 주종 관계에 있는 예속dominazione/domination으로부터의 자유, 즉 '지배하지 않는 자유non-domination freedom'를 현대적으로 복원시킨 것이다. 자유에 반대되는 것은 간섭intervention이 아니라 지배domination 혹은 예속servitude이라고 본다. 지배받지 않는 자유는 자신의 이익과 목표에 대한 '자의적인 지배의 부재'로 이해될 수 있다. 모든 사람이 비지배적 자유를 향유하는 체제와 일치하는 '자치로서의 자유'를 강조한다고 할 수 있다. 자치는 자유(타인에 의한 지배의 부재)의 결과라고 할 수 있으며, 자치의 목표는 사회정의를 지향한다. 시민적 공화주의는 모든 '지배(다른 누군가의 삶에 자의적으로 간섭할 힘)의 철폐'를 시도하는 비지배적 자유freedom as non-domination를 추구한다. 비지배로서의 자유는 공동재common good이다. 이는 개인이든 집단이든 특정 이익관계의 취약성을 감소시키면서 그것을 이념적으로 제거하는 작용을 한다는 것을 의미한다.Schuppert, 2015: 440-455 그래서 마이클 샌델은 '자치 공화정'의 자치에 필요한 시민적 덕성이 요구되기에 억압적인 강제를 삼갈 것을 주문한다. 시민공화주의자들은 다양한 입장을 표명할 뿐만 아니라 경청하고, 그리고 공통의 문제에 대한 공동의 해결책을 찾는 데 열린 마음을 가진 시민의 출현을 기대한다.Terchek & Conte, 2001: xv

교육자치의 최종적 목표는 '학교자치'

미국 시민교육센터가 발행한 『CIVITAS: 시민교육을 위한 하나의 틀』은 시민공화주의적 함의를 분명하게 담고 있는 시민교육의 이론적 근거를 확립했다.

민주주의에서 시민교육은 '자치의 교육'이다. 자치는 타인의 행동에 수동적으로 묵묵히 따르는 것이 아니라 자치정부에 적극적으로 참여하는 것을 의미한다. 정치공동체의 모든 구성원이 정부에 적극적으로 참여할 때 민주주의의 이상을 가장 완벽하게 실현할 수 있다. 입헌민주주의에서 시민교육의 근본 이유는 정치체제의 건강이 공동선 및 개인 권리 보호와 일치하는 가장 광범위한 시민 참여를 요구한다는 사실이다.

자치란 미시적 수준(개인 차원의 개별적 자율성과 자기결정)에서 인간이 의식적으로 판단할 수 있는 능력, 그리고 자기성찰적이며 자기결정적일 수 있는 능력을 의미한다. 나아가 자치는 거시적 수준(전체 학교 차원의 집단적 결정에 참여)에서 민주적 공동체적 결정을 내리는 집단적 자치를 지향한다.Hope, 2019: 82 모든 자치는 젊은이를 고립된 개인이 아니라 맥락과 관계 속의 사람, 더 구체적으로 말하면 삶을 구체적 경험과 실제의 시민성, 즉 사회적·경제적·문화적 그리고 정치적 조건 속의 존재로부터 학습하는 것이다. 자치의 원칙은 학교민주주의의 실천적 요소로서 대의적 요소, 참여적 요소, 숙의적 요소가 중요하다. 이 모두 연합적/결사체적 민주주의associational democracy의 특성을 반영하는 것이다. 여기에 필수적이고 균형 잡힌 세 기둥, 즉 학교 의사결정기구에 학생대표성 부여, 학생이 운영하는 조직구조, 교과과정 및 교실 내의 참여적 접근 방식을 들 수 있다. 모든 민주주의 국가는 다양한 차원에서 다양한 방법과 수단을 통해 민주적 학교 체계를 갖춰야 한다.

자치는 학교생활 속에서 구체적으로 실현되어야 한다. 교육자치의 최종적 목표는 학교민주주의 구현, 즉 학교자치[166]이며, 그리고 학교민주주의는 곧 공교육의 지향인 시민성 함양으로 연결될 것이라고 할 수 있다. 남미자, 2021 학교민주주의school democracy란 주체로서의 경험이며, 정치적 주체로서 의사결정의 참여 경험은 자신의 정치적 행동이 의사결정에 영향을 미칠 수 있다는 효능감을 높인다. 이는 자치 역량의 강화로 연결될 수 있다.남미자, 2021: 192 나아가 아이들의 자치 능력의 배양으로 이어질 것이며, 시민으로 성장할 것이다.

민주적 자치의 원칙은 정통성 있는 권력을 구별해 내기 위한 새로운 원칙이다. 즉, 그것은 민주적 동의의 기초를 명확히 하려는 관심을 나타낸다. 게다가 하향식 관료주의 행정에 대한 대안으로 제시된 사회적 거버넌스 체제로서 '결사체주의associationalism'는 자발성과 자율성을 강조하면서 국가의 민주화와 함께 시민사회에 힘을 부여하는 자치공동체self-governing communities를 중시한다.Hirst, 1994 자치의 원리는 철학적 개념일 뿐만 아니라 실용적인 개념이기도 하다. 자치는 물리력이나 강요에 의해 다스려지는 통치가 아니다. '자치'는 관리, 리더십, 거버넌스 분야에서 중요한 개념으로서 개인적·조직적 목표를 달성하는 주요한 해결자로 여겨지고 있다. 그리고 자치는 자기-조직, 자기-조절, 자기-통제, 자기-관리, 자기-리더십 같은 다양한 형태로 표현된다. 국가와 시민사회 간의 협치는 자치가 잘 이루어질 때 활성화될 수 있다.

최근 '협력하여 다스리는' 협치는 '스스로 다스리는' 자치의 성장과 '함께 다스리는' 공치共治가 병존되어야 한다는 생각도 생기고 있다. 자치라

---

166. '교육자치'는 지방 분권, 자주성 존중, 주민 통제, 전문적 관리의 네 원리가 교육현장에서 구체화되는 것이다. 교육자치는 '학교자치'로 구현된다고 해도 과언이 아니다. 따라서 교육자치가 '교육의 지방분권화'에 머물러서는 안 된다. 학교자치는 1995년 학교운영위원회의 도입을 그 시작으로 한다. 기존의 교원 중심으로 이루어진 학교 운영을 교원, 학부모, 지역인사 등이 참여하는 방향으로 전환한 것 사례라는 점에서 학교운영위원회를 학교자치의 시작점이라고 할 수 있다.

고 하여 마음대로 하는 무정부주의로 치달아서는 안 될 일이다. '지배받지 않는 자유'로서의 '자치'에 스스로를 억제하는 '자제'의 능력을 경시해서는 안 된다. 그래서 '자치'와 '자제'의 동시적 공존을 필요로 하는 시민적 교양civility으로서 '시민적 자제civic self-restraint'의 가치가 강조된다. 소극적 자유의 확대로 인해 약화된 공동체, 공적 영역, 민주주의를 강화시키기 위해 자치에 기반을 두고 시민의 적극적 참여나 시민적 교양이 강조되는 것이다.

그리고 오늘날 국가주의 시대에서 지역주의 시대로의 전환이 시도되고 있다. 최근에는 마을교육을 위해 일반자치(지역자치단체)와 교육자치(교육청)의 협력적 거버넌스가 시행되고 있고, 학교와 지역사회가 협치를 통한 공동체적 노력을 기하고 있으며, 지역교육자원을 개발하고 이들을 연결시키고자 하는 교육공동체운동이 등장하고 있다. 지역과 학교의 협력을 바탕으로 한 혁신적인 교육 실천은 기존의 신자유주의적 교육체제를 극복할 수 있는 대안이라는 인식이 확대되고 있다. 민주적 지방자치를 위한 '마을회의 정부Town-meeting government'와 같이 지역교육의 이해를 대변할 수 있는 대표들의 모임인 '교육민회' 혹은 '마을교육자치회'[167]는 지역교육 현안에 관한 의사결정기구일 뿐 아니라, 복잡한 교육공동체의 문제와 이를 해결하는 과정을 통해 주민을 시민으로 성장시키는 장이기도 하다.김용련, 2025 마을교육자치를 통해서 그동안 지자체와 교육청 그리고 학교가 주도해 왔던 교육적 논의 구조에 지역사회가 참여할 수 있게 되며, 주민들의 참여가 부수적·보조적 수준을 넘어 주체적 역할을 수행할 때, 비로소 명실상부한 교육 거버넌스 체계가 갖추어지게 된다. 이러한 흐름은 그동안 교육의 변방에 위치해 있던 일반자치와 지역사회가 이제는 엄

---

167. '교육자치'를 위한 주민들의 참여를 공식화·체계화하기 위해서는 주민자치회(마을민회)와 같은 '마을민회'를 설치하여 운영될 필요가 있다. 교육민회는 지역교육에 대한 주민들을 주체화하기 위한 사회적 장치이며, 지역의 교육적 현안을 논의하고, 이를 의제화하여 문제를 해결하기 위한 공식적 절차와 과정을 진행하는 출발점 역할을 하는 '주민자치적 공동체'이다.

연한 교육의 주체로서 교육혁신을 주도하고, 교육 거버넌스 실현을 가속화하고 있다. 교육자치가 실제적으로 작동하기 위해서는 교육지원청의 자치, 교육지원청과 개별 학교의 유기적 관계가 중요하다. 그렇다면 지역사회가 지역교육에 대한 결정권을 갖고 지역의 교육력으로 시민성을 제공해야 그 지역은 소멸하지 않고 건강해질 수 있다. 아이들이 태어나고, 교육받고, 성장하고, 시민이 되어 다시 그 지역을 살리는 선순환 구조가 만들어져야 한다. 이를 위해서는 지금의 교육자치 제도의 개선이 필요하다. 이러한 차원에서 교육자치 영역도 광역 단위에서 기초 단위로의 권력 이양과 역할 재분배가 필요한 시점이다.[168]

스스로 다스리는 자치학교 모델

자치학교는 혁신적/대안적/진보적/민주적/공동체적 교육운동/학교운동과 맞물려 있다. 자치학교는 신자유주의를 거부하는 급진자유학교운동radical free schools movement을 지향하고 있다.Hope, 2019 자치학교는 '자치' 활동을 통해 사회의 변화 과정에 전략적 방향을 제시하고, 내부 정책, 실천, 관계 및 문화의 혁신, 그리고 학교가 그것의 환경에 연결하는 방법 그리고 교수법의 발전 및 교육과정의 개발에 전략적 방향을 제공하려고 한다.

공화적 자유republican freedom는 칼 로저스가 강조하는 '책임지는 자유'이고 '타협되는 자유'라고 할 수 있으며, 비에스타가 강조하는 '관계적 자유'라고 할 수 있다. 미시적 수준(개인)이면서 동시에 거시적 수준(전체 학

---

168. 현장성과 실천성이 떨어지는 광역 단위의 교육정책과 사업 문제를 해결하기 위해 대안으로 제시된 '기초 수준'의 교육 거버넌스는 실질적이고 실효적인 자치형 교육 거버넌스 체제가 작동하는 단위이다. '기초 수준'의 교육 거버넌스 체제는 기존의 관 주도형의 종속적 교육 거버넌스 구조에서 탈피해 지역사회가 자율적·자립적으로 당면한 교육 문제를 해결해 나가는 민·관·학 협업의 '자치형 교육 거버넌스'로 바꿔 나가야 한다. 기초 단위의 '자치형 교육 거버넌스'의 제도화를 위해 '교육장 직선'이나 '교육장 선출제'가 제안되고 있다.

교)의 자유라고 할 수 있다. 학교에서의 자유는 자율성, 선택, 자기결정, 민주주의와 결합된 개념인데, 2010년 이후의 자유학교는 다양한 정체성 인정, 사랑과 돌봄, 연대와 결합된 사회정의의 엔진으로서 역할을 하도록 하고 있다. 그러기에 정의는 당연히 배분과 인정을 필요로 한다.Hope, 2019 동전의 양면과 같은 소극적·적극적 자유를 중시하는 특별한 사회적·정치적 맥락에서 출발한 자유학교Freedom School는 신자유주의 정부가 추진하는 협소한 의미를 갖는 스웨덴의 자유학교Free School, 미국의 차터스쿨, 영국의 아카데미와는 차원이 다르다.

많은 시민적 공화주의자와 아나키스트들은 '자치학교self-governing school'를 제창한다. 학교는 자치가 이루어지는 '폴리스polis'[169]가 되어야 한다. 학교가 민주공화국, 즉 '폴리스'가 되려면, 학교 전체가 실제 '민주적 공동체'로 운영되어야 한다. 학교 거버넌스 체제를 엄격한 권위주의 관리 방식으로 운영하지 않는다. 자치학교에서는 학생의 자치활동을 매우 중시한다. 학교에서 자치를 한다는 것은 말 그대로 학생들 스스로의 의사와 책임으로 학생문화를 만들어 갈 수 있도록 자유를 허용한다는 것이다. 학생들이 법정, 의회, 여러 위원회에 접근할 수 없으므로 시뮬레이션 활동을 통해서 그런 경험을 대신하게 할 수 있다.

학교교육 체제에 자치학교를 도입하는 것은 학교에서 민주적 시민성을 실천하고, 학생들에게 민주적 삶이 무엇인지 체험하게 하는 실험학교 성격을 갖는다. 학교는 민주적인 공적 생활에 참여하도록 어린이를 준비시키는 사회의 축소판인 동시에 사회의 확장판이고 아이들의 서식지이기도

---

169. 'polis(나라)'는 원래 도시국가를 가리키는 말이지만, 보다 좁혀서 보면 경제공동체로서 '가족공동체'를 가리키는 오이코스(Oikos, 가계/가문)와 대비되는 '정치공동체'를 가리킨다. 사적 영과 엄격하게 분리된 공적 영역으로서 폴리스 역시 현대적 의미의 국가는 아니며, 오히려 자유시민의 좋은 삶을 지향하는 공동체였다. 정치공동체로서 폴리스의 가장 중요한 역할은 두 가지다. 하나는 대내외적 치안과 질서 유지, 그리고 법을 집행하는 것이다. 폴리스의 이 역할을 중심으로 형성된 국가를 가리켜 헤겔은 '비상국가'라고 불렀다. 다른 말로 하면 치안국가 또는 경찰국가라고 부를 수 있다. 폴리스의 두 번째 역할은 '정의를 실현(플라톤)'하거나 '공동체의 선(common good)을 추구하는 활동(아리스토텔레스)' 이다.

하다. 학교는 '축소된 사회', '맹아적 사회'이기 때문에 아이들이 장차 민주시민으로 살아갈 수 있는 역량을 기르고 훈련하도록 지원한다.듀이, 2024: 506-507 시민의 역량을 길러 내고 훈련시킬 수 있는 곳은 학교뿐이기 때문이다. 집과 일의 세계 사이에 위치한 중간지대로서 '학교'는 시민성[170]을 형성하는 중요한 장소라고 할 수 있다.Biesta, 2019

자치학교는 학생 또는 기타 이해관계자가 학교를 관리할 수 있는 일정 수준의 권한을 가지고 있는 학교이다. 자치학교를 특징지을 수 있는 핵심 가치는 협력, 상호존중, 자율성, 정의, 다양성과 평등에 대한 약속 등이다.Trafford, 2008: 414 자치학교가 강조하는 자유는 외적 강제가 없는 소극적 자유(~로부터의 자유)가 아니라, 자기 삶을 스스로 결정을 할 수 있는 적극적 자유(~로의 자유)로서 자율성과 자기의지와 연계되어 있다. 적극적 자유는 교육에서 불평등과 대결하고 사회정의를 발전시키는 자유에 대한 헌신을 중시한다. 후자는 '진정한 자유real freedom'로서 자율성을 가진 행위주체성agency 또는 기회를 가진 자유이다. 자율성autonomy은 'autos(self/자신)+nomos(rule/law/다스림)'로서 개인이나 조직 등 개별 주체가 독립적으로 스스로 다스리는 권리, 또는 타자에게 통제받지 않고 스스로 결정할 수 있는 능력을 뜻한다. 찰스 테일러는 자신만의 이성, 동기, 가치, 바람에 따라 '스스로 통치self-governance'하거나 삶을 주도할 수 있는 상태나 조건으로 정의한다. 칸트는 자율성을 오직 스스로 세운 규칙에 복종하는 '자기입법self-legislation'이라고 정의한다. 학교의 자

---

170. '시민성'은 사람의 형식적·법적·정치적 지위나 소속을 묻는 것이며, 또한 사람의 잘삶에 영향을 미치는 이유와 관련된 권리를 요청할 수 있는 권리는 물론이고, 동시에 책임을 수반하는 것이라고 할 수 있다. '시민성'은 기본적으로 한 개인이 국가나 어떤 종류의 정치적 공동체의 성원이 되는 참여, 헌법으로 보장되는 권리나 자격의 체제이며, 그리고 그 성원이 지녀야 할 법적·도덕적 권리와 의무를 지는 것으로 정의할 수 있다. 시민성은 한 개인의 공식적이고 법적이며 정치적인 지위의 문제이자 소속감이다. 시민성은 또한 개인의 복지에 영향을 끼치는 이슈에 대하여 권리를 주장하게 하는 권리와 의무를 수반한다. 시민성은 사람의 법적·정치적 지위 및 소속감이며 또한 사람의 잘살기에 영향을 미치는 이슈와 관련된 정의 요청을 할 수 있는 권리뿐만 아니라 책임을 포괄한다. 시민적 자격을 지닌 시민은 민주주의의 가치와 태도를 실현시킬 수 있는 참여의식을 가지고 보다 나은 집합적 결정이 무엇인가를 끊임없이 고민하고 적극적으로 의견을 개진할 수 있다.

치는 학생들이 학교 활동에 참여하도록 하여 '자율성autonomy'을 기르도록 한다.

교육의 진보주의적progressive 또는 아동중심적child-centred 접근에서 '자유'의 개념은 복잡하고 경합적이기 때문에 교육적, 문화적, 그리고 심지어 심리적 가치의 희생을 무릅쓰면서 자유의 가치를 지나치게 강조하는 것은 사회적 불평등을 해소하고자 하는 자유의 가치와 불가피하게 갈등을 초래할 수 있다.Hope, 2019: 87 그래서 시민적 공화주의는 이 점을 신중하게 접근한다. 자율성의 지나친 강조는 권위/전통의 실종과 반-지식과 관련된 무정부 상황을 초래할 수 있기 때문이다. 이것은 한나 아렌트가 우려했던 이슈이기도 하다. 아렌트는 '교화'가 '정치교육'의 성격을 갖는 것이라며 반대한다. 폭력을 사용하지는 않지만, 세뇌를 통해 강제하는 것은 교육이 아닌 교화식 방식으로서 오히려 인간의 정치적 행동을 방해할 뿐이라고 단언한다. 교화(세뇌)를 반대하는 듀이와 나딩스의 관점이라고 할 수 있다.

공화적 시민으로 행동하는 학생들은 스스로 '입법'하거나 교육적 또는 경영적 결정을 내릴 필요가 없지만, 불공정해 보이는 모든 결정이나 정책에 대해 경각심을 갖고 도전할 준비가 되어 있어야 한다.Peterson, 2020 모든 학생의 권리가 확인되고 준수된다. 관심과 기회의 평등은 실천된다. 시민성의 평등은 개방성, 참여성 및 응답성이 전체적으로 발생하고, 민주적 가치가 학교 내에서 준수되도록 보장한다. 성별, 민족(종족), 능력, 사회적 배경 또는 교육비 지불 능력을 포함하여 어떤 이유로도 학생을 차별하거나 유리하게 해서는 안 된다. 정의의 원칙을 지키고 교육에 관련된 모든 사람이 자신이 누리는 권리와 교육에 대한 헌신으로부터 비롯되는 책임을 행사하도록 장려할 의무를 적극적으로 인정한다. 시민적 공화주의자들은 특정 형태의 학교교육과 직접적으로 연계되는 형태를 제시하고 있지 않지만, 정의로운 공동체 학교 모델, 에프터스콜레 모델, 프레네 학교, 서머힐학교 등이 시민적 공화주의 이념에 부합하는 좋은 대안적 모델이 될 수 있다.

교육자치의 유토피아, 서머힐학교

오늘날 국가주의의 억압성과 자치의 미성숙이 풍미한 시대를 맞이하여 자치학교의 대표적 모델인 닐A. S. Neill, 1883~1973이 1921년 설립한 서머힐학교Summerhill School가 새로운 관심을 끌고 있다. 서머힐학교는 자치공동체self-governing community' 정신에 바탕을 두고 있다. 서머힐학교의 교육 이념은 진보주의자progressives, 아나키스트anarchists와 리버테리언libertarians의 영향을 가장 많이 받았다.Bailey, 2014: 81; Mueller, 2012: 21-23 서머힐학교는 개인적으로 다스리고 민주적으로 다스리는 학교이다.Apple, 2003 서머힐은 설립한 지 100여 년이 된 지금까지 민주주의와 자율성을 통한 전인교육을 옹호해 왔다. 서머힐은 '가장 오래된 어린이 민주자치'로 전 세계 아동중심주의적 민주교육의 모태가 되었다.하태욱, 2023

서머힐학교의 정신을 이어받은 실험적 성격을 띤 대안학교가 1987년에 설립된 '샌즈스쿨Sands School'이다. 샌즈스쿨은 영국의 공립학교 시스템에 회의를 느낀 교사와 학생들이 기존의 학교를 떠나 만들어진 학교이다. 서머힐학교는 '자기 조직self/auto organization' 개념을 중시하는 프레네 정신을 이어받아 1981년 설립된 프랑스의 생나제르 자주 고등학교Lycée Autogéré de Saint Nazaire 철학과 많이 닮아 있다.심성보, 2021가

서머힐학교를 지탱하는 두 가지 기둥은 자유와 민주주의이다. 서머힐은 개인의 자유에 기반한 민주주의를 실천할 기능적 구조를 갖추고 운영되고 있다. 그 대표적인 기구가 '학교회의school meeting'이다. 학교의 모든 구성원은 어른과 아이로 구성된 학교회의에 참여하여 스스로 규칙과 결정을 한다. 학생들은 교사와 똑같이 한 표의 동등한 투표권을 가지며, 동등한 의견을 제시할 권리가 있다. 학생들이 갑자기 자치권을 갖게 되

면, 그들이 정착하고 삶을 성공적으로 관리하기 어려울 수 있기에 효과적인 의사결정자가 되는 방법을 배우도록 한다. 이런 경험 없이 자치 능력이 자연히 이루어지지 않는다. 학생 때 자치 능력을 배워 실천의 경험이 쌓여야 사회에 나가 직업인으로 성인이 되었을 때 자치 능력을 발휘할 수 있는 것이다.

학교에 들어오는 모든 어린이는 자발적으로 각종의 '학교위원회school council' 또는 학생위원회student council에 가입하여 처음부터 민주주의와 의사결정 과정을 배우기 시작한다. 이를 통해 무법 상태나 무정부 상태가 아닌, 어른과 아이가 모두 다스리는 안전하고 체계적인 환경을 보장한다. 서머힐학교는 현존하는 가장 오래된 어린이들의 민주학교라고 할 수 있으며, 세계적으로 가장 영감을 많이 주는 학교 중 하나로 자리 잡았다. 서머힐학교의 설립자 닐은 자유와 평등, 열린 놀이, 자기 규제, 사회정서적 웰빙, 그리고 강제성의 제거를 통해 건강하고 충만한 어린 시절을 보내는 것이 교육과 양육에서 최우선의 초점이 되어야 한다고 강조했다. 서머힐학교는 방종의 학교가 아니라 자치학교나 민주학교라고 할 수 있다. 서머힐학교는 역사·철학·민주주의의 이해와 실천을 가르치고 배우며, 그리고 이웃, 국가, 그리고 글로벌 차원에서 민주적 행동을 지지하는 방식으로 행동하도록 한다.

서머힐학교는 오랫동안 '자유학교free school' 또는 '실험학교experimental school' 모델로 여겨져 왔다. 서머힐학교는 '교육 유토피아educational utopia'로서 목적 국가 모델, 아나키스트 모델, 과정적 모델로 설명할 수 있다.Forde, 2007: 5 첫째, 목적 국가end-state 모델은 유토피아 장르를 사용하여 운영 조건의 원칙에서 비롯된 대안적인 형태의 교육에 의해 만들어진 결과적인 '좋은 사회'를 상상하게 하는 스키너의 『월든 투』1976에서 빌려온 것이다. 이 공상 소설은 행동공학의 사회적 결과를 탐구한다. "사회의 변화를 위해 필요한 것은 새로운 정치 지도자나 새로운 유형의 정부가 아니라, 인간의 행동에 대한 더 많은 지식과 그 지식을 적용하는 새로운 방법이다." 의식적으로 이루어지는 교육적 과정을 통해 인간 본성을 형성할 수 있는 실험적 방법을 통해 자기 충족적 공동체의 비전을 제시한다. 사람들이 모든 습관과 관습을 가능한 개선의 눈으로 보도록 권장한다.

좋은 사회의 조작적 조건화operant conditioning를 통해 조화롭고 생산적인 공동체를 보장하는 행동을 하는 개인을 만들 수 있다. 어린이의 유·초등 교육과정에서 이루어지는 '교육과정curriculum'에는 자제력을 키우고 동기를 유발하도록 설계된 통제 과제가 포함된다. 이것들은 단순하고 일상적인 상황이지만, 이 공동체를 지탱하는 이상에 부합하는 특정의 행동을 강화하기 위해 의도적으로 구성된 것이다. 스키너의 관점에서 행동주의 behaviorism 원리에 터한 교육적 과정의 통해 좋은 사회를 계발시킬 수 있다. 다만 '목적국가'의 이상을 유지하는 것을 가장 중요하게 여기는 공동체의 생각을 달성하는 모든 수단은 합법적인 것으로 간주되고, 나아가 모든 변화는 '타락한' 것으로 여기는 절대주의만은 어떤 희생을 치르더라도 삼가야 한다.Forde, 2007: 5

둘째, 닐의 실험학교인 서머힐학교는 교육적 유토피아에 대한 아나키스트 모델anarchist model로 설명될 수 있다. 교육은 더 이상 국가에 의해 공식화된 권위를 가진 교육체제로 구성되지 않고, 그 대신 학습자가 관리하는 공동체적이고 참여적인 교육과정으로 구상된다. 서머힐학교는 기본적으로 민주적 운영을 원칙으로 한다. 여기에는 가치·신념·습관에 대한 급진적 변화가 있으며, 특히 학습이 전통적으로 교사에게만 국한되지 않고 어린이에게 집중되는 경우가 많다. 이렇게 확립된 교육의 형태는 삶의 물질적 조건의 변화뿐만 아니라 가치·신념·습관의 변화를 통해 나타나는 전망의 변화, 즉 '가치의 전환trans-valuation'을 필요로 한다.Forde, 2007: 5-6 이러한 관점에서 교육의 재구성은 권위에 기반을 둔 것이 아니고, 특정 분야에서 개인의 능력이나 전문성 측면에서 정의되는 것이 아니며, 오히려 교육적 과정의 기본 전제가 되는 공동의 토론과 논쟁을 통해 정의된다. 서머힐학교는 '공동체 토론communal discussion'이 핵심이며, 모든 결정은 그 과정에 모든 학생과 교사가 참여할 수 있는 학교회의에서 내려진다.

서머힐학교는 자유의 중요성과 행복의 발전에 기반하고 있다. 사회가 엄청난 사회적 병폐에 직면해 있지만, 사회의 변화와 개선에 저항해 온 그 병폐를 치유해야 한다고 주장한다. 닐은 현재의 사회정치적 질서 속에서 교사로서 우리의 임무는 모든 사람이 동일하다고 생각하는 군중심리학mass psychology에 맞서 싸워야 한다고 덧붙였다.Forde, 2007: 6 나쁜 사회가 나쁜 가정이나 나쁜 학교를 만들기 때문이다. "활동적인 아이들이 대부분 책상에 앉아 거의 쓸모없는 과목을 공부하게 하는 학교는 나쁜 학교이다. 이런 학교는 창조적이지 못한 시민들에게만 좋은 학교이다. 이런 학교는 성공의 기준이 돈인 문명에 맞는 순종적이고 창의적이지 않은 어린이를 원하는 창의적이지 못한 시민들만을 위한 학교이다." 닐의 '교육적 유토피아'는 인간 본성에 대한 전문적 견해(심리학)에 기초하고 있으며, 인간은 본질적으로 선하거나 악하지도 않다. 따라서 교육적 과정의 핵심은 교육받은 아이가 자유롭게 활동할 수 있도록 하는 데 있다.Forde, 2007: 6

셋째, 서머힐학교는 민주주의 유형에 기반한 듀이의 '과정적 유토피아 모델process model of utopia'로 설명할 수 있다. 이상사회를 실현하는 것은 주된 목표가 아니라 '사회적 실험social experimentation'에 적극적으로 참여하는 과제이다. 이를 위해서는 '비판적 지성'을 필요로 하고, 동시에 '적극적 시민들active citizens'을 필요로 한다.Forde, 2007: 6 그래서 교육이 중요한 역할을 한다. 과정적 유토피아 모델의 한 측면은 비판적이고 실험적 성격을 가진다. 서머힐학교의 비판적이고 실험적인 특징은 19세기 초 오웬 1771~1857이 영국에서 의도적으로 유토피아적 공동체를 개발한 데서 분명히 드러난 바 있다. 오웬과 그의 추종자들은 사회주의와 공동체주의 정치를 결합하여 영국 스코틀랜드의 '뉴래너크'와 미국 인디애나의 '뉴하모니' 같은 '대안적 공동체'를 건설했다. 이러한 사회적 실험은 당대의 '공동체주의 운동communitarisn movement'의 반영이라고 할 수 있다.Forde, 2007: 16[171]

이들 세 가지 서로 다른 유형의 유토피아는 유토피아적 사고와 대안적 교육 구성체의 관계 사이를 설명한다. 교육정책 및 실천을 포함한 사회적·정치적 정책, 다른 가능성의 창출에 도움이 되는 유토피아적 사고의 잠재력이 오늘날 인식되고 있다.

서머힐학교는 지배 담론을 중립화시켜 더 많은 사각지대, 담론談論 discourse[172]과 함께 주체를 구성하는 사각지대, 즉 '헤테로-토피아 Heterotopias(다른-장소들)'[173]다.클라우스, 2024: 68-69 푸코는 현실에 존재하는 유토피아를 '헤테로토피아'로 불렀다. 헤테로토피아는 다른 모든 장소와 관계를 맺는 기이한 특성의 존재로서 중립화하거나 새로운 발명을 하는 방식의 공간이 될 수 있다. 헤테로토피아는 대립적 담론 혹은 대항적 내러티브의 장소이며, 모든 공간의 밖에 있다. 헤테로토피아는 상호작용, 의사소통, 연결, 참여와 권력관계의 새로운 모델이 존재하는 실험 공간으로, 사회질서의 새로운 의미와 대안적 방식에 대한 실험실로 발전할 수 있다. 그런 면에서 헤테로토피아는 유토피아적 대안들의 전개를 수반한다. 따라서 학교에 더 많은 '헤테로토피아'를 만들어 더 많은 존재 방식과 생성 방식을 허용하도록 해야 한다. 들뢰즈가 강조하듯, 여러 감정의 어조가 교차하는 정동情動 affect[174]이 존재하는 공간으로서 '근본적 만남'이 이루어지는 곳이다. 레비나스가 강조하는 이질성/다름이 허용되는 '타자들의

---

171. 유럽과 미국에서 '과학적 사회주의'를 선호한 마르크스와 엥겔스에 의해 거부된 '유토피안 사회주의'가 푸리, 생시몽 등에 의해 부활했다.
172. '담론'은 무엇인가를 주장하는 기호의 집합이다. 이것은 사회의 권력구조와 밀접한 관련이 있다.
173. 헤테로-토피아(hétéro-topies)는 부조리한 텍스트 공간 또는 사회적 공간이다. 헤테로토피아는 인간의 욕망과 충동을 상상 속에서 채워 주던 유토피아가 현실의 중력에 의해 끌어당겨졌을 때 드러나는 그 균열과 틈새를 직시하게 해 준다. 이를 통해 우리는 '바깥' 공간을 다시 바라보게 되며, 여기서 새로운 상상, 현실의 지평이 열린다. 헤테로토피아는 사물들이 몹시 상이한 자리에 '머물러' 있고 '놓여' 있고 '배치되어' 있어 사물들을 위한 수용 공간을 찾아내거나 이런저런 자리들 아래에서 공통의 장소를 규명하는 것이 불가능하여 언어를 은밀히 전복하고, 말과 사물을 함께 붙어 있게 하는 통사법을 무너뜨린다고 이야기된다.

공동체'라고도 할 수 있다.

이렇게 보면 우리나라에서도 실험 중인 '혁신학교'[175]는 '자치학교 self-governing school' 모델에 바탕을 두고 있다고 볼 수 있다. 학교 구성원의 학교 운영 참여를 보장하고, 그들을 학교의 주체로 자리매김하는 데서 시작된다. 그러기에 학교자치와 지역자치가 분리되어서는 안 된다. 민주주의를 위한 교육은 교과교육뿐만 아니라, 근본적으로 학교공동체 school community[176] 전체를 시민적 공화주의 이념에 바탕을 둔 '자치 공화국'을 출현시킬 때 가능하다. 진정한 교육자치는 구조와 제도의 변화, 그리고 제도의 변화와 함께 그것을 넘어서는 문화적 활동을 동시에 실천하는 주체들의 열정과 각오가 동시에 필요하기에 모두가 일구어 가야 하는 종합적 과제라고 할 수 있다.

---

174. '정동'은 무수한 관계와 만남을 통해 항상 일정한 운동을 하는 몸의 상태를 결정하는 것이다. 정동은 몸의 활동력 증가 또는 감소, 도움을 받거나 제한되는 몸의 변형이다. 몸과 정신은 하나이기 때문에 생각의 힘이 변형하는 것에 관해서도 마찬가지다. 정동은 감정의 어조 혹은 사랑 대 증오에 대한 질문이다.
175. 대학입시 경쟁 교육과 그 과정에서 도구화된 학교교육을 변화시키려는 노력으로 탄생한 '혁신학교'는 2009년 제1대 민선 교육감 선거에서 김상곤 교육감의 핵심 공약으로 등장한 이래 시행되어 왔다. 혁신학교의 명칭은 지역 진보 교육감의 공약에 따라 달리 불렸다. 혁신학교운동은 학교교육 패러다임의 전환을 위한 노력이라고 할 수 있다. 혁신학교의 4대 핵심어는 배움, 돌봄, 책임교육, 공동체이다.
176. '학교공동체'는 공동의 의식, 소통, 포용성, 성찰 등 공동체의 원리를 학교에 적용한 것이다. 즉 학교가 공동체로 작용하기 위해서는 구성원들이 공유하는 교육 목표가 있어야 하고, 그 목표를 달성하는 방안을 찾기 위해 상호 간의 소통이 활발해야 한다. 소통하는 가운데 발견되는 가치와 생각의 차이는 충분히 토의되고 수용되어야 한다. 그러면서 학교가 표방하는 정신과 구성원 개인이 추구하는 가치가 사회적 맥락에서 바르게 구현되는지에 대해 끊임없이 성찰과 반성이 일어나야 한다. 학교공동체에 관심과 연구는 교사들의 전문적 공동체, 학생들의 학습공동체, 학교에서 학생들이 경험하는 공동체의식, 사회정의를 포함한 민주적 공동체, 다양성의 공동체 등으로 나타나고 있다(Furman, 2002).

22장
정의로운 학교와 품위 있는 학교의 공존

고대적 실천철학이 '좋은 삶good life', 즉 '행복'의 문제에 관심을 가졌다면, 근대 실천철학은 '옳고 그름', 즉 '정의justice' 문제에 관심을 가졌다. 그러나 정의의 문제와 좋은 삶의 문제가 이렇게 분리된 것은 옳지 않고, 이 양자가 합쳐져야 한다. 즉 정의(공정성) 문제와 유토피아(좋은 삶) 문제의 통합을 추구해야 한다. '좋은 사회'와 '정의로운 사회'의 공존을 추구한다. 실천적 담론은 욕구 해석 및 가치 평가적 방향에 영향을 주는 문화적 전통 속에 들어 있어 '정의로운 삶'은 '좋은 삶'과 관련된 욕구 및 문화적 전통으로부터 영향을 받기에 '정의로운 삶'의 문제와 '좋은 삶'의 문제가 통합되어야 '이상적 사회'/'유토피아'를 구현할 수 있다.

정의로운 교육체제의 수립

오늘날까지 모든 사회의 역사는 정의 추구의 역사였다고 해도 과언이 아니다. 정의로운 소유, 정의로운 경계, 정의로운 민주주의, 정의로운 세금, 정의로운 교육, 그리고 정의로운 사회에 대한 이데올로기 투쟁은 역사적 경험과 개인적 경험의 면밀한 대조와 가장 광범위한 숙의를 통해서만 사회의 진보를 이뤄 나갈 수 있다. 『21세기 자본』2013과 『자본과 이데올로기』2019로 세계적으로 유명세를 떨친 경제학자 피케티는 '정의로운 사회just society'란 사회 구성원 전체가 가능한 한 가장 광범위한 기본 재화에 접근할 수 있는 사회로 정의한다. 이러한 기본 재화에 해당하는 것에는 특히 교육·보건·투표권이 있고, 더 일반적으로는 사회적·문화적·경제적·시민적·정치적 삶의 다양한 모든 형태에 대한 완전한 참여가 있다.

'정의로운 사회'는 가난한 사회 구성원이 가능한 한 가장 높은 생활조건을 누릴 수 있도록 사회경제적 관계, 소유관계, 소득 및 자산 분배를 조직한다. 정의로운 사회는 절대적 획일성이나 절대적 평등을 전제로 하지 않는다. 소득 및 소유의 불평등이 다양한 열망과 서로 다른 삶의 선택에서 나온 귀결인 한에서, 그 불평등을 통해 생활조건이 개선되고 가난한 이들에게 허용된 기회 범위가 증대되는 한에서, 그 불평등은 정당화될 수 있는 것이다. 물론 정의로운 사회에 대한 이러한 불완전한 정의正義 justice가 모든 문제를 해결해 주진 못한다. 어림도 없다. 역사적이고 개인적인 경험의 토대, 그리고 모든 사회 구성원의 참여라는 토대 위에서 오직 집단적 숙의만이 보다 멀리 나아갈 수 있게 해 줄 것이다.피케티, 2020: 1023-1024 정의로운 소유와 정의로운 교육 그리고 정의로운 경계의 조건(이상적인 협력의 길)에 다가갈 수 있게 해 주는 제도적 장치들을 마련해야 한다. 협력적이고 이상적인 시나리오는 폭넓은 초민족적 민주주의를 구심점으로 삼아, 마침내 정의로운 공동 조세의 확립, 보편적 교육권의 출현, 자본의 지원, 자유로운 이동의 전면화, 국경의 실질적 폐지로 나아가야 한다.피케티, 2020: 1080-1081 지식의 확산 및 교육을 통한 해방은 정의로운 사회와 특히 국제주의적 참여사회주의에 대한 모든 기회의 핵심에 있어야 한다. 역사적으로 경제 발전과 인간의 진보를 가능케 했던 것은 불평등 및 소유의 신성화(불가침)가 아니라 '교육의 진보'였다.피케티, 2020: 1059

교육 불평등과 능력주의 담론의 위선은 서로 다른 양상을 띠긴 하나, 평등하다고 자처하는 주로 공적인 체계로 운영되는 국가들에게도 해당된다. 따라서 '교육정의'를 위해서는 낮은 교육투자 수준을 다시 끌어올리고, 교육 지출 배분을 더 평등하고 더 정의롭게 만들어야 한다. 그리하여 '교육정의educational justice'의 새로운 표준을 세울 필요가 있다. 만약 납득할 만한 교육정의의 표준을 바란다면, 자원 배분에서 훨씬 더 큰 투명성을 장려하는 일은 필수다. 특히 초등학교와 중등학교에 대한 조기 투자는 다양한 사회 출신 학생들 사이의 학업성취 불평등을 잘 교정할 수 있을 것이다. 수도권을 중심으로 한 SKY 대학과 지방대학의 자원 및 지원의 '불평등'을 방치한다면, '정의로운 교육just education'으로 나아가는 시나리오는 불가능할 것이다.

그러기에 '사회정의social justice'를 촉진하고자 하는 교육과 학교의 역할은 공정하고 정의로운 사회를 건설하기 위한 사회적 이동성, 경제적 성장, 그리고 사회정의의 실현에 두어야 한다. 그런데 사회정의가 일정 수준 이상으로 실현되지 않는 상황에서 '입시제도'를 아무리 바꾸어도 정의로운 결과를 얻기 어려운 것이 우리의 교육 현실이다. 절차(시험, 테스트)의 공정성만 추구하면, 능력주의 기제만으로는 사회정의를 증진할 수 없다. 사회구조적 불평등을 고려하지 않고 시험(절차)의 공정성에만 집중하는 것은 사실상 진짜 공정성을 추구할 기회를 포기하고, 허울뿐인 공정성으로 현실의 불평등을 감추는 결과만 가져올 뿐이다. 특히 신자유주의와 결합하는 능력주의 이데올로기는 인정정의와 분배정의를 훼손함으로써 교육의 정의를 훼손시킬 수 있기 때문이다.

그러므로 우리 사회를 지배하는 왜곡된 능력주의의 함정을 넘어서면서 동시에 자신의 능력/잠재력이 진정으로 존중되는 사회로 진입하기 위해서는 다음의 조치가 요구된다. 첫째, 최소-수혜자의 처지가 능력 개발과 학업의 기회에 돌이킬 수 없는 손상을 일으키지 않도록 필요한 수준의 최대 수혜를 지속적으로 제공해야 한다. 둘째, 사회적 우연성이나 천부적 운의 작용이 감소하고 배제되도록 대입전형을 개선해야 한다. 셋째, 교육의 정의justice를 증진하는 노력과 아울러 능력에 따른 보상 체계를 변혁

하여 분배정의와 인정정의를 개선해야 한다.심성보, 2025: 259

교육의 정의는 교육 참여에 관련된 인정정의와 분배정의를 확대함으로써 학생들이 평등하고 자유로운 시민으로 성장하도록 제도화되어야 한다. 교육에서의 정의 실현은 개인의 정체성을 형성하고 인정하는 사회적 관계를 구성하면서(인정정의), 사회적 기본재로서의 교육 기회를 공정하게 분배하여(분배정의), 자율적이고 합리적으로 인생 계획을 수립하는 것이다. 자신의 노력을 합당하게 인정받고, 자신의 존재를 긍정적으로 인식하는 통로를 넓혀야 한다. 그렇게 해야 경제적 정의, 문화적 정의, 정치적 정의, 생태적 정의, 세계적 정의 차원에서 교육의 정의는 완성될 것이다.

그런데 설상가상으로 최근 세계적으로 전염된 코로나 팬데믹 사태는 '능력주의적 신자유주의 국가'Bradbury, 2021: 25-27 또는 '신자유주의적 엘리트주의'Hughes, 2021: 169-191를 부상시켜 부-정의, 즉 사회적 불평등(계급 격차)을 더욱 강화하고 있다. 따라서 신자유주의적인 능력주의 학교교육을 극복하려면 경주 레일의 바깥과 주변을 넓게 보아야 한다. 우리는 기울어진 운동장이 아니라 운동장 자체를 문제 삼아야 한다. 학교가 낙인찍기 기능을 하는 양성소 역할을 멈추어야 한다. 따라서 평등은 각기 쟁취하는 것이 아니라 현재의 운동장을 해체하고 재구성하는 것이 되어야 한다. 모든 개인적 성취는 순수한 의미의 개인적 성취가 아니며, 기득권 계층이 확보한 '그들의 몫'에는 개인적 노력과 재능만으로 설명되지 않는 '구조적 기여'가 분명히 작동하고 있다.김정희원, 2022: 76 '능력 대비 보상'이라는 저울은 이미 기울어져 있으며, 따라서 우리는 보상 시스템의 보완과 재조정을 기획해야 한다. 교육이 민주주의의 시민으로서의 역량을 기르는 과정이 되고, 자유롭고 정의로운 사회에서 책임 있는 공동체적 삶을 영위하도록 준비하는 것을 목적으로 삼게 만들려면, '탈능력주의' 교육으로 전환되어야 한다. 기울어진 운동장에서 누군가가 이미 벼랑 끝에 있다면 그들을 붙잡아서 올려주는 것, 불평등을 해소하기 위해 사회가 반드시 책임을 지게 하는 것, 기계적인 절차적 공정에 대한 요구를 넘어서서 적극적으로 저울을 재조정하는 것 등이 포함된다. 우리 사회를 좀 더 평등하고, 좀 더 능력이 중시되고, 좀 더 공정한 곳으로 만들려면 교육을 포함한 사회구조적 불평등, 특히 '부와 권력의 불평등'이 줄어들어야 한다. 모든 일이 그러하듯 평등도 저절로 오지 않기에 불평등한 세상에서 '선량한 차별주의자'가 되지 않기 위해서는 우리에게 익숙한 기존 질서 너머의 새로운 세상을 상상하고 추구해야 한다.김지혜, 2019

그리고 한국 사회의 미래를 어둡게 하는 '시험능력주의'가 불평등을 재생산하는 기제가 되고 있고, 참교육과 학교혁신을 더욱 어렵게 하기에 그것들의 원인을 제공하는 근원적 구조를 타파해야 한다.김동춘, 2022 따라서 이상적인 공교육public education 체제는 '정의'에 기반을 두어야 한다. 교육의 문제는 경제적 정의, 문화적 정의, 정치적 정의, 생태적 정의, 그리고 세계적 정의를 모두 포괄하기 때문이다. 모든 정의 이론은 교육이 그 자체로 불평등과 불의의 원천이 되기보다는 사회정의를 촉진하도록 교육체제를 구성하고 자원을 분배하는 방법에 대한 문제를 다루어야 한다.Snir & Eylon, 2017 정의론적 교육 프로젝트는 불이익의 영향을 완화하고 비판적 사회 인식을 촉진하는 것을 목표로 하는 실천을 포함한 총체적 제도 수립이라는 차원의 접근이 필요하다.Thompson, 2019: 8 거시적 변혁(구도)과 미시적 실천(현장)을 이분화하지 않고 통합적으로 접근해야 한다. 사회와 교육의 동시적 변혁이 필요하다. 자유롭고 평등한 시민의 사회를 형성하는 데 중요한 역할을 하는 것으로 이해되는 사회의 '기본 구조'-근본적인 권리와 의무를 분배하는 방식, 그리고 사회적 협력에서 나오는 이득을 어떻게 나눌 것인지를 결정하는 방식-로서의 교육체제를 설정해야 한다.Stein, 2016: 72 즉, 응분의 능력과 공정한 공평이 조화된 '정의로운 교육체제'를 준비해야 한다. 정의로운 교육제도의 원리는 첫째, 사회의 모든 구성원에게 권리로서 일정량의 교육을 제공해야 하는 교육의 기본이 되는 재화/가치는 사회를 지배하는 정의의 원칙에 따라 결정되어야 한다. 둘째, 모두에게 공정한 기회의 평등을 보장하기 위해 만들어진 제도의 체제로서 공정한 기회를 위한 교육체제는 본질적 요소로 기획되어야 한다. 셋째, 자아실현을 위한 교육체제는 복잡한 인지, 성숙된 사회적-정서적 삶, 그리고 소외되지 않는 노동에 참여하고, 자아가 실현되는 개인의 발전을 촉진해야 한다.Stein, 2016: 29

한국의 역사를 살펴보면, 앞서 논의된 정의와 사회정의 교육 개념은 경제 균등, 문화 균등, 정치 균등, 교육 균등과 공존하며 융합될 수 있다. 조소앙은 정치·경제·교육의 균등을, 안창호는 '민족평등', '정치평등', '경제평등', '교육평등'을 기초로 하여 민주공화국의 건설을 주창했다. 이들 모두에게 평등은 정의이며 '평등교육'은 곧 '정의교육'이라고 할 수 있다. 이러한 정신 아래 불평등이 심화하는 시대에 더욱 정의로운 사회와 모두에게 정의로운 교육을 위해 새로운 정의 개념을 도출해야 한다.

정의로운 교육체제의 수립을 위해 지금처럼 수직 서열화되어 있는 대학 체제를 '수평적 다양성' 체제로 개혁해야 한다. 최근 김종영 교수의 '서울대 10개 만들기'라는 제안이 많은 사람의 공감을 받았다. 이런 제안들의 핵심 내용은 두 가지다. 하나는 9개 지역거점대학에 대한 대대적인 재정적 투자를 통해 창조적 지식을 창출할 수 있는 수준으로 '상향평준화'를 하자는 것이다. 다른 하나는 그와 함께 서울대를 포함해 10개 대학이 '연합' 체제를 만들어 대학 서열을 완화하고 '공유성장형 대학연합체제'를 구축하자는 것이다. 김종영은 '서울대 10개 만들기'와 연동된 '서울대병원 10개 만들기'를 주창한다. '서울대병원 10개 만들기'는 지역 의료격차를 해소할 수 있는 최상의 정책이다. 그는 교육, 의료, 일자리의 창조를 위해 지방민들이 정치적으로 적극적으로 나서야 한다고 주장한다. 박종훈 경남교육감은 '서울대 10개 만들기'보다는 한국의 고른 교육 발전을 위한 바람으로 '한국대 10개 만들기'를 제안한다.

대학서열체제 해소 방안은 초·중등교육 정상화라는 의미를 넘어, 급속한 인공지능AI 기술 격변 시대를 맞아 글로벌 연구경쟁력을 강화하는 의미를 갖는다. 조희연 전 서울시교육감은 한 발짝 더 나아간 제안을 한다.

거점국립대학 지원, 서울대 10개 만들기를 지역균형발전의 국가전략과 연계해 더 큰 국가발전 그림을 그리자는 것이다. 현재 국가균형발전 전략 구상에서 5대 '광역경제권'(수도권·충청권·호남권·동남권·대경권)이라는 거의 합의된 목표가 있다. 일류 대학이 수도권에 집중되고, 서울대병원 등 최고의 의료기관이 서울에 몰려 있으며, 청년 직장들이 수도권에 몰려 있는 현실 속에서 나타난 불행한 결과이다. 그런 점에서 이 5대 광역경제권이 '교육·의료·산업 클러스터의 자립적 생활권'이 되도록, 여러 국가정책을 상호 연계하고 결합하자는 것이다. 그런 점에서 5대 광역경제권이 교육·의료·청년 직장 문제에서 일정하게 자립적인 '지역 순환 생활구조'를 갖도록 하자는 것이다. 이를 위해, 한국대 10개 만들기와 연계해 5대 광역경제권별로 '서울대병원 수준의 한국병원 10개 만들기', 그리고 판교 수준의 첨단 산업 클러스터 5개 만들기와 결합할 수 있다.

거점국립대학의 특성화 영역과 국책연구기관이 결합하면, 지역의 장점을 최대한 살리는 산업 클러스터를 국내·국제적으로도 최고 수준으로 발전시키는 것이 가능할 것이다. 여기에 대학·지자체·산업의 동반성장을 촉진하고자 했던 기존의 산학연 클러스터 지원 정책 등을 연결하고 고도화시킬 수 있을 것이다. 나아가 이런 지역회생 메가 프로젝트가 성공한다면, 이것을 기본 축으로 해 지역국립대학 및 지역사립대학들과 공생과 공유의 협력 연계체제를 만들어 갈 수 있을 것이다. 글로벌 경제침체와 무역전쟁 속에서 한국 경제의 어려움과 재정위기가 심각할 수 있지만, 미래를 향해 나아가야 한다. 이런 자립적 생활권을 만들어 가는 개혁 과정이, 궁극적으로는 지방자치가 일부 허용된 현재의 '전일적 단일국가'에서 미래의 '연방형 단일국가'로의 변화로 이어질 수 있다. 다만 서울대 10개 만들기 또는 한국대 10개 만들기 정책이 엘리트 대학으로 변질되지 않도록 해야 한다. 이 정책은 서열적인 대학병목체제의 해소를 통해 학문의 본래 모습을 찾게 하여 생산력 발전과 함께 생산관계의 변화를 인식할 수 있는 정의로운 지식을 창출케 하여 이상사회 출현의 밑거름이 되도록 해야 한다.

정의로운 공화국의 공교육

정치공동체의 모든 구성원이 정부에 적극적으로 참여할 때 민주주의의 이상을 가장 완벽하게 실현할 수 있다. 민주공화국 건설에서 학교의 자치와 마을의 자치는 필수적이다. 개인은 오직 '정의로운 공화국just republic' 안에서 타인의 의지에 굴종하지 않고 자유롭게 살아갈 수 있다. 정의의 모델을 위한 설명하는 논의에서 '정의로운 공화국'이 충족해야 하는 요건은 사회에 있는 아이들에게 필수적인 기술을 제공하고, 그들의 특별한 재능을 결실로 맺게 하며, 시민성의 권리와 책임에 대한 감각을 갖게 하고, 그리고 그들이 지배에 시달리는 것이 얼마나 나쁜지를 알게 하는 데 필요한 종류의 교육에 대한 접근이다.

실제로 민주적 통제가 정부의 변화하는 의지에 의존하지 않도록 하기 위해 페팃이 필요하다고 제시한 원칙은 학교공동체에도 적용 가능할 것이다. 이것들은 혼합헌법(혼합정)과 쟁론적 시민성이다.Pettit, 1999, 2012, 2000 첫째, 정부는 헌법상의 제약 때문에 임시법령이 아니라, 공공적·일반적, 그리고 전망적 규정을 통해 적법 절차에 따라 다스려져야 한다. 혼합적 제약은 그러한 법치를 지지하도록 설계된 무언가를 필요로 한다. 서로 다른 정부 권력이 서로 다른 손에 쥐어져야 한다. '헌법'이 현대 학교에서 흔히 볼 수 있는 반면, 학교 당국을 분리하라는 요구는 권한을 교장 손에 집중시키는 현재의 추세와 배치된다. 이러한 경향은 신자유주의적 접근 방식과 밀접한 관련이 있다. 학교를 일종의 효율적인 금융회사로 바꾸려는 시도의 일부다. 사회정의에 대한 질문은 제쳐두고, 이 위계적 모델은 학교에서 일어나는 일을 통제하려는 학생(그리고 교사들)의 필요성을 분명히 무시한다. 그러나 이러한 필요성을 고려한다면, 신자유주의 정신보다는 공화주의적 입장에서 행정, 교직원, 상담 직원으로 권한을 나누면 쉽게 권력 분립이 학교에 적용될 수 있다. 이 배열의 정확한 성격은 논의의 여지가 있지만, 이 원칙을 준수하는 것은 모든 학자가 인정하는 교육

요건과 일치하며, 학생들이 어느 정도 통제할 수 있도록 하는 데 필요하다. 둘째, 정부에 대한 대중의 통제를 유지하기 위해 요구되는 논쟁적 시민성contestable citizenship은 학교에도 적용된다. 논쟁적 시민성은 권리에 기반한 자유주의 시민권 개념과는 크게 다르며, 또한 입법의회에서 사심이 없는 회원을 기반으로 하는 루소의 시민권[177]과도 다르다. 쟁론적 시민성 모델에 따르면, 적절히 지원되지 않고 그러한 정책에 반대하여 조직된 제안이나 조치를 경계해야 한다. 정부 활동에 대한 일치되고 지속적인 감독이 있을 때만, 즉 시민의 경계가 있을 때만 정부가 대중의 입력에 반응해야 한다는 확신을 갖는다.

'정의'는 지배(개인들의 '자기결정'을 막는 제도적인 제약)[178]와 억압(개인들의 '자기발전'을 막는 제도적인 제약)[179]을 최소화시키는 것, 즉 '자기결정'과 '자기발전'을 최대한 보장하는 것이다.Young, 2017: 98-99 억압은 지배, 즉 타인이 수립한 규칙을 준수하는 피억압자들에게 가해지는 제약을 포함하거나 당연히 함축하게 마련이다. 따라서 부-정의는 지배와 억압의 범주라는 측면에서 이해되어야 한다. 지배와 억압이라는 구조적·제도적 불의를 인식하는 것은 분배의 문제를 포괄할 뿐 아니라, 분배의 논리로는 포착하기 어려운 의사결정 절차, 노동 분업, 문화 착취의 문제까지 들여다볼 수 있게 해 준다. 이 문제들은 교육 문제와 모두 맞물려 있다. 우리는 정의로

---

177. 루소는 아리스토텔레스와 로마의 전통과의 연속성을 보여 주는 많은 공화주의 사상을 발전시킨다. 그는 '국가가 커질수록 자유는 더욱 줄어든다'고 정치공동체를 묘사하면서 소규모 공동체를 중심으로 구성된 이상적 정치체제에 직접적으로 참여하는 형태를 공약했다. 그는 정치공동체에 대한 시민의 의무에 관한 시민적 공화주의의 핵심적인 아이디어를 소환하면서 시민과 국가의 관계에서 시민이 수동적 역할을 수행하면 '국가'가 주인이 되고, 적극적인 역할을 수행하면 시민이 '주권자'가 된다.
178. '지배'란 사람들이 어떤 행위를 할지 결정할 때 참여하지 못하게 금지하거나 막는, 또는 행위조건들을 결정하는 데 참여하지 못하게 금지하거나 막는 제도적 조건들을 말한다. '자기결정(self-determination, 개인을 인간으로서 완전히 존중하는 유일한 방식)'을 가로막는 것은 '지배'이다.
179. '억압'이란 사회 구성원의 일부가 사회적으로 인정된 환경에서 좋은 기술들을 익히고 사용하는 것을 막는 제도적 과정 체계이다. 또한 '억압'이란 일부 사람들이 타인과 함께 여가를 즐기고 소통하지 못하게 금지하거나 타인이 경청할 수 있는 상황 속에서 사회생활에 관한 자신의 체험, 감정, 관점을 표현하는 것을 금지하는 제도화된 사회화 과정이다.

운 교육 질서(체제/세상)를 도출하기 위해 '시민적 공화주의'를 필요로 한다. 교육의 정의 구현은 개인적 차원과 사회적 차원, 국가적이고 세계적 차원이 동시에 작동되어야 한다. 그리고 교육의 정의는 수직적(위계적) 관계를 넘어 수평적/사회적(물질적·문화적) 관계에서 온전히 이루어질 수 있다. 비지배적 자유(자치)가 민주주의 정치 및 교육에서 매우 중요하다. 시민적 공화주의 접근은 모든 개입을 자유에 대한 침해로 간주하여 학교(적어도 공적 기준의 형태)를 필연적으로 비자유의 현장으로 보는 자유주의적 접근과는 달리, 학생들의 삶에 대한 관여가 자의적이지 않은지, 그리고 학교 '정부'에 대한 합당한 수준의 통제를 지니고 있는지 등 자유의 현장으로서 학교를 상정한다.Snir & Eylon, 2017: 585-600 시민적 공화주의는 학교에서 자유, 자치, 그리고 학생들의 자력화empowerment에 대한 개념에 크게 관심을 두고 있다.Hinchliffe, 2014

그리하여 공화주의적 민주주의와 사회정의 사이의 관계를 적절하게 규명할 필요가 제기되었다. 민주주의democracy와 정의justice에 대한 개념의 사회적 함의는 공화주의적 교육체제를 형성하기 위한 것이다. 페팃은 정의를 시민과 국가 사이의 지배 관계에 관한 민주주의를 넘어 시민들 사이의 지배 관계에 관한 것으로 이해한다. 민주주의는 정의의 요소이자 조건이다. 민주주의와 사회적 정부, 그리고 그러한 통제가 효과적으로 이루어지기 위해서는 시민들이 정치적 문제에 지속적으로 관여하고 일반이익을 추구할 준비가 되어 있어야 한다. 사회정의에 대한 공화주의 이론은 개인 대 개인, 집단 대 집단, 또는 집단 대 개인이든 관계없이 사람들이 서로의 관계에서 '비지배적 자유'를 향유한다.

공화적 사회정의가 구성되는 것은 공화적 참여민주주의와 내재적으로 연결된 것으로 보는 해석이 가능하다. 시민적 공화주의의 핵심 이론가인 페팃은 『정의로운 자유』2014에서 새로운 이해의 핵심은 정의가 무엇을 의미하고 그것이 특정 사회의 맥락에서 요구하는 '정의의 표준 접근'과는 다른 '자유의 이념'을 제시한다. 페팃이 '정의는 자유, 자유는 정의'라고 분명히 밝힌 것처럼 지배받지 않는 자유는 '정의로운 자유 just freedom'[180]이다. 공화적 정의는 교육 정의의 다른 사례를 탐구하는 데 유용한 프리즘을 제공할 수 있다. 이것은 정의의 요건으로서 어떤 사회적 배열이 비지배적 자유의 향유를 가장 잘 촉진시킬 수 있는지에 대한 탐색에 의해 결정되도록 한다.

공화적 정의는 사회적 정의뿐 아니라 정치적·세계적 정의와의 관계로 확대된다. 정의에 대한 공화주의의 접근을 이해하기 위해 해야 할 중요한 사항은 시민적 공화주의가 '분배적 측면'에서 '사회정의'로 포괄적으로 이해하는 것을 넘어 여러 형태의 정의에 관심을 두고 있다. 페팃은 사회적, 정치적, 세계적 정의의 세 가지 주요 형태를 설정한다. 이러한 정의의 각 형태에 대한 핵심 주장은 각각의 정의를 정의하는 것이 특정 집단이 지배되지 않도록 보장하는 조직 형태(제도, 프로세스, 가치 등)를 정의하는 문제이다. 세 가지 유형의 정의는 각각 고유한 특징이 있다. 공화주의적 정의는 '개인을 개인으로', '집단을 집단으로', 또는 '집단을 개인으로' 그 무엇이든 서로 간의 관계에서 비-자유를 누려야 한다. 도미니움적[181] 사회 정의는 오직 시민들이 서로 가지고 있는 '수평적 관계' 또는 '사회적 관계'에서만 정의를 의미한다는 자신의 의도를 분명히 한다. 이러한 의미에서 정의는 보통 '사회적 정의'로 간주되며, '정치적 정의'와 '세계적 정의 global justice'와 대비된다. 공화주의적 정의를 통해 물질적 부의 격차 감소: 물질적·문화적 재산이 많은 사람은 가난한 사람에 비해 부의 힘을 유리하게 사용하기 때문에 현행 제도는 '지위의 평등'을 허용하지 않는다.

페팃은 시민들이 완전하게 관여하는 삶에 필요한 노하우를 가진 채 자

---

180. 정의의 문제는 분명히 국가와 분리되지 않는다. 국가는 여러 가지 면에서 시민들 사이의 관계를 형성하는 법적 질서를 시행하기 때문이다. 따라서 이 질서가 정의를 촉진하는지 또는 방해하는지를 물어봐야 한다. 거의 모든 정의 이론들은 정의가 어떤 평등의식을 만족시켜야 한다.
181. '임페리움(imperium)'과 '도미넘(dominium)'의 구별에 유념해야 한다. '임페리움(제국)'은 본질적으로 수직적이고, 국가에 의한 시민의 지배를 의미하며, 반면에 '도미니움'은 본질적으로 수평적이며, 한 시민 또는 시민 집단이 다른 시민에 대한 지배와 관련이 있다.

신이 속한 사회와 정치에 대해 제대로 알고 이해하는 비지배를 폭넓게 향유하려면 교육이 필수적이라고 주장했다. 따라서 현대 공화주의 국가는 비지배의 실체와 형태 그리고 그것에 수반되는 필수적인 가치와 덕에 관해 시민들을 교육함으로써 공교육의 내용에서 적극적인 역할을 수행해야 한다.피터슨, 2020: 58 '공교육'은 기본적으로 공동체의 합의된 가치를 반영하며 '시민성'을 기르는 것을 목표로 한다. '시민성'은 자연인이 자신의 고독한 인간성을 보호하기 위해 신중하게 채택하는 인위적인 역할이다. 개인은 특정한 목적으로, 그리고 특정한 시간에 시민성의 영역으로 들어가며, 자신이 원할 때는 언제나 사생활과 시장 영역으로 자유롭게 다시 돌아갈 수 있다.

비지배적 역할을 중시하는 공화주의의 자유는 공교육 내 불평등에 대한 논쟁을 볼 수 있는 특정한 프리즘을 제공할 수 있는 범위이다. 실제로 교육이 장점인 점을 감안할 때, 공교육 내 지배는 공화주의적인 의미에서 사회정의에 대한 관심의 더욱 적절한 사례를 제공한다. 경제적 용어로 어떤 수준의 소비가 물질적 복지에 좌우되지 않도록 국가는 가치재로서 교육을 제공한다. 공화주의적 사회정의가 완전한 물질적 평등을 요구하지 않는 않지만, 특정 이익의 자의적 지배를 허용하는 범위 내에서 물질적 부의 차이를 줄이는 것을 추구한다. 시민적 공화주의는 부와 권력의 차이를 허용하면서 다른 사람들에 대한 지배에 기여하기 위해 그러한 물질적·문화적 자본을 사용하는 것에 반대한다. 따라서 국가가 비지배로서 동등한 자유를 증진하려고 한다면, 즉 자유로운 시민권의 지위를 모든 사람이 이용할 수 있도록 하기 위해 사람들의 자원과 보호에서 물질적 불평능을 줄이기 위해 체계적으로 프로그램화되어야 한다.

인의국가의 공교육

공자는 인仁과 의義를 둘 다 중시하되, 인을 바탕으로 양자를 통합한 도를 '대도大道' 또는 '지도至道'라 했다. 공자는 이 '대도'가 행해져 인정仁政과 의정義政이 둘 다 행해지던 요순시대의 '대동사회大同社會'를 회고하며 되찾아야 할 이상사회로 제시했다. 이 대동국가 또는 대도국가는 인과 의를 통합·실행하는 점에서 곧 '인의국가仁義國家'였다.황태연, 2025상: 4

플라톤부터 스미스와 마르크스를 거쳐 롤스와 페팃에 이르기까지 장구한 세월 동안 일단의 서양철학자들은 '정의'만이 국가의 과업이라고 주장하는 정의지상주의적 또는 정의제일주의적 '정의국가론'을 강변해 왔다. 그러면서 국가철학에서 '사랑仁'을 몰각하거나(플라톤), '초의무적 덕성'으로 배제하거나(스미스·스펜서·쇼펜하우어·롤스·페팃), 먼 미래의 공산주의 사회단계(마르크스)로 미루었다. 반면 공맹을 위시한 극동의 유학자들은 태고대로부터 인정과 의정을 겸행하되 인정을 의정에 앞세우는 '대동'의 국가, 즉 '인의국가benevolent-just State'를 오래된 유토피아로 꿈꾸어 왔다.황태연, 2025상: 22 '대동'을 이제 '유토피아'가 아니라 당면의 '현실'로 만들 새로운 국가 유형으로서 '인의국가'를 요청하고 있는 것이다.

정의義는 쟁취하는 자의 것이고, 사랑仁은 배푸는 자의 것이다. 정의의 도덕은 정의를 싸워서 얻어야 하므로 유혈이 낭자하다. 반면 정의보다 사랑을 더 중시하는 인의 도덕은 평화를 촉진한다. 사랑을 정의에 앞세우고 인정仁政과 의정義政을 겸행하는 인의국가는 정치에서 사랑을 추방하는 것이 아니라, 사랑을 정책으로 베풀고 이 정책을 정의로 고르고, 분배적 정의도 투쟁이 아니라 사랑으로 시행할 것이다. 말하자면 지도국가=대공국가=인의국가는 인정仁政을 정의로 조절하고 불평등을 균제하는 거시적 의정義政을 인애로 집행할 것이다.황태연, 2025하: 1099 소크라테스·플라톤의 '카스트 분업적 정의론'과 사랑 없는 '군사적 정의국가' 이념에서 유래하는 서양의 '정의제일주의 도덕론'과 '정의국가론'은 오랜 세월 근현대 도덕철학과 정치사상에서 주류 사조로 군림해 왔다.황태연, 2025하: 1066 사랑 없는 정의의 복지welfare는 결코 '잘 먹고 잘 사는 것fare well'이 아니라, 늘 인간과 자연에 대한 전쟁warfare이었다. 정의국가론 시대에서의 인류는 '인간사랑'을 잊거나, 먼 미래로, 또는 종교 속으로 추방해 버렸다.황태연, 2025하: 1073 그리고 '정의 없는 인애'는 '인애 없는 정의'와 다름없이 사회적 적대를 산출한다. 따라서 새로운 국가는 인애를 선차적 도덕 가치로 삼아 '인애의 정치'와 '정의의 정치'를 결합한 국가여야 한다.황태연, 2025하: 1083 그리고 가르침에는 차별이 없다는 공맹의 '만민평등교육론'은 고대 그리스의 소크라테스·플라톤·아리스토텔레스의 '천재·여가schole 교육론', 즉 '유한계급론'과 대립적이었다.황태연, 2025상: 134

그리하여 이제 공자와 맹자의 '인의도덕론'과 '인의국가론'을 도덕과 국가의 일반이론으로 재건할 절호의 역사적 기회가 도래한 것이다. 공맹의 인의윤리학과 인의국가론은 현대과학에 의해 뒷받침된다면, 적대적·투쟁적 정의복지국가 모델을 화목강신和睦降神의 연대적·평화적 인의국가 모델로 대체하는 새로운 패러다임의 '국가의 일반이론'으로 충분히 과학적으로 재건될 수 있을 것이다.황태연, 2025하: 1091 인의국가로서의 새로운 국가 패러다임은 공자가 2500년 전 대동大同의 이념으로 꿈꾸었던 '가장 오래된 유토피아'라고 할 수 있다.황태연, 2025하: 1091 오늘날의 시대정신 또한 인의국가를 단지 멀리 존재하는 유토피아가 아니라 '현실'로 만드는 새로운 국가론을 요청하고 있다.

정의와 품위를 아우르는 학교

시민적 공화주의 중시하는 정의의 가치는 '정의로운 자유'로서 '품위 있는 삶'을 이루는 조건이기도 하다. 사람이 무엇을 할 수 있고 무엇이 될 수 있는지는 사회가 사람의 기본적 품위decency나 정의justice를 지켜 주는지에 대한 물음이다. 정의와 품위가 따로 떨어져 있으면 온전히 존재할 수 없다. 이 같은 요청은 '정의의 윤리justice ethics'를 강조한 콜버그와 이를 넘어 '배려의 윤리care ethics'를 강조한 길리건의 조합이라고 할 수 있다. 정의론과 덕론의 조합 또는 시비지심과 측은지심의 결합이라고도 할 수 있다. 이런 생각의 바탕 위에서 '정의로운 공화국'과 '품위 있는 공화국'이 공존할 수 있다.[182] 이는 앞서 제창한 '인의국가仁義國家 benevolent-just State' 모델이라고 할 수 있다.

'좋은 사회good society'는 선택과 자유를 중요하게 생각하고, 기회와 실질적 자유를 증진하는 사회이다. 사람을 목적으로 보고, 선택의 자유를 중요하게 생각하고, 기회와 실질적 자유를 증진하는 사회가 '좋은 사회'이다. 시민에게 인간 존엄성에 걸맞은 삶의 조건을 제공하지 못하는 사회는 '정의로운 사회'가 아니다. '품위 있는 사회decent society'란 연약한 인간성을 부정하지 않고, 개인이 지닌 역량이 발현될 수 있는 촉진적 환경을 제공하는 사회라고 할 수 있다. '좋은 사회'는 품위와 정의가 결합된 사회이다. 품위와 정의는 때로 갈등하지만 기본적으로 인간 존엄성을 위해 공존해야 한다. 정의로운 사회와 품위 있는 사회는 분리될 수 없다. '정의로운 사회just society'는 각자가 기여한 바에 따라 서로 급이 다를 수밖에 없는 그런 사회적 영예의 분배와 관련이 있으며, '품위 있는 사회'는 등급을 매길 수 없는 그런 영예의 훼손이 없는 사회라고 할 수 있다. '정의로운 사회'가 문제 삼는 사회적 영예는 한 사회의 가치평가의 잣대에 따라 성원들에게 그들의 서로 다른 기여나 공헌에 따라 차등적으로 배분되지만, '품위 있는 사회'에서는 모든 성원에게 그가 단지 사람이라는 이유만으로

---

182. '정의'와 '품위'를 동시에 향유하고자 하는 인간성 함양(cultivation of humanity)의 필수적 요소를 누스바움은 다음 세 가지 가치로 압축한다. 첫째, 인간성 함양으로 이끌기 위해 필요한 역량으로서 스스로 검토하는 삶(자기 자신과 자신의 전통을 비판적으로 사고하는 역량), 둘째, 세계적 시민성(자신을 단순히 소속 지역이나 집단의 시민으로 바라보는 것을 넘어 인정과 관심이라는 유대로 다른 모든 인간과 묶여 있는 인간으로 바라보는 역량), 셋째, 서사적 상상력(다른 사람의 입장을 지적으로 읽어 내고 감정이입하는 역량)을 든다(Nussbaum, 2016: 29-31).

똑같은 정도로 인간으로서의 존엄성이 보장된다. 인간의 존엄성을 보장하기 위한 '품위 있는 사회'의 기획은 모든 사람에 대한 평등한 존중의 요구에서 출발하는 '정의로운 사회'의 기획을 내적으로 필요로 한다. 따라서 양자를 지나치게 대립시키기보다 공존시키는 대안적 논의가 필요하다.

국가와 시민을 감시하고 견제하는 자발적 결사체, 이들 결사체가 내장한 사회적 신뢰, 비폭력, 협동과 같은 적극적 사회적 규범이 작동하는 '예의와 품격이 있는 사회', 그리고 빈곤, 불평등, 차별을 해결하는 거시적 차원의 성취를 설정한 '품위 있는 사회'와 '정의로운 사회'를 동시에 작동시켜야 한다.Edward, 2014 이를 현실적으로 운영하는 '정의롭고 품격 있는 공화국'의 출현을 요청한다. 여기에서 특히 시민사회의 규범인 시민적 자제가 작동되지 않으면 무례사회uncivil society가 출현할 수 있다. 따라서 시민운동도 시민의 권리주창운동뿐이 아니라 시민의 의무와 책임을 다하는 시민적 덕성(시민다움), 시민적 가치와 태도, 품위 있는 처신의 윤리, 그리고 신뢰의 가치 등 사회적 자본[183]을 겸비해야 한다.Gunsteren, 2020: 158

정의로운 사회상과 품위 있는 사회상의 조화를 학교 모형에 적용하면 정의로운 학교와 품위 있는 학교의 조화로 전환할 수 있다. 학교를 원칙과 규칙에 따라 공정하게 운영하는 정의로운 공동체를 유지하면서도 너그럽고 따뜻한 인간애가 싹트는 돌봄 공동체가 공존하는 학교 형태를 지향할 수 있어야 한다. 생활지도부와 상담실의 조합이라고 할 수 있다. 정의와 품위가 융합된 '좋은 학교good school'의 비전은 좋은 사회good society의 구상 속에서 이루어질 것이다. 이러한 구상 속에서 설계된 학교 체제는 사회정치적 준거를 넘어 교육적 준거와 관련하여 구성되어야 한다.Ungoed-Thomas, 1997 교육적 준거는 기존의 사회정치적 질서를 변화시키는 데 두어야 한다. 존중, 진리, 정의, 책임의 가치는 사회정치적 질서의

---

183. '사회적 자본(social capital)'이란 개인들 사이의 연계, 그리고 이로부터 발생하는 사회적 네트워크, 호혜성과 신뢰의 규범을 가리키는 말이다. 사회 구성원들이 힘을 합쳐 공동의 목표를 효율적으로 추구할 수 있도록 해주는 사회적 조직의 '시민적 품성(civic virtue)'이라고 할 수 있다.

규범을 견인하는 도덕적 요소들이다. 모든 인간은 사회에서 가치 있는 존재로 존중되어야 한다. 여기에서 가치 있는 사람이 되는 것이 무엇을 의미하는지에 대한 교육적 이상과 목표가 논의될 것이다.

좋은 사회와 좋은 교육을 향한 서로 겹쳐 있는 유토피아와 이상을 추구하고, 더 나아가 구현해야 할 '민주적 유토피아'를 건설하려면 '이상적 인간'의 형성을 위한 교육이 필요하다. 그것이 유토피아 교육이 도달해야 할 목적이고 목표이며, 교육적 과정의 결과일 것이다. 억압적이지 않고 전체주의적이지 않은 민주적 유토피아의 구현은 이상적 인간의 형성을 가능하게 하는 교육을 통해 이루어질 수밖에 없다.Ruyer, 2006 인간이 가질 수 있는 다양한 이상과 아이들에게 제공할 수 있는 다양한 이상은 주로 유토피아와 관련된 이상적 인간의 특징과 그러한 인간이 열망하는 이상에 초점을 맞출 수밖에 없을 것이다.Ruyer, 2006: 16

23장
유토피아 전망과 미래교육의 향방

지금 우리는 역사상 가장 큰 위기 속에 있다. 모든 인프라, 자연을 대하는 방식, 과학을 다루는 방식, 아이들을 교육하는 방식, 경제를 움직이는 방식, 정부를 움직이는 방식, 우리의 삶의 방향성 등 모두 바뀌고 있다. 역사상 이보다 더 큰 위기도, 더 큰 기회도 없었다. 그래서 미래에 대한 예측과 이를 준비하는 미래교육이 중요해지고 있다. 이렇게 미래교육으로의 전환이 절실한 이유는 미래 사회의 복합적 문제와도 직결된다. 코로나19와 같은 전염병 대유행, 세계적 금융위기 등 사회경제적 위험이 증대하고, 4차 산업혁명은 전통적 직업관의 붕괴와 노동시장의 불안정을 가속화하고 있다. 또한 저출산 고령화에 따른 인구구조 변화, 한부모가정과 다문화가정 증가 등 사회적 다양성이 확대되고 있다. 특히 환경 측면에서는 대량생산과 소비로 인한 탄소배출 증가가 지구온난화와 환경재난을 초래하며, AI와 메타버스 등 디지털 기술의 일상화는 소통 방식의 근본적 변화를 가져오고 있다. 이런 변화 속에서 노동시장의 불평등 심화, 지방소멸 위기, 교육격차 등 사회적 양극화 현상이 악순환의 고리를 만들고 있다.

학교는 미래를 준비하는 곳이다. 학교는 미래의 시민으로 학생들이 준비된 삶을 만들어 갈 힘을 지니게 도와주어야 할 책무가 있다. 모든 조직이 현재를 기반으로 미래의 더 나은 모습을 위해 나아가고 있지만, 학교

만큼 미래가 현재의 삶에서 중요한 의미를 띠는 곳도 없을 것이다. 그런데 학교가 가진 가장 큰 어려움은 어떤 미래가 올 것인지, 그러한 미래에 대비하는 삶의 힘이란 무엇인지가 불확실하고 매우 유동적이라는 것이다. 그럼에도 불구하고 학교는 어떤 지향을 가져야 하고, 그 지향을 향해 '교육의 힘'을 모아야 한다. 예측하기 어려운 미래를 함께 상상하며 최선의 방책을 찾아 지도를 만드는 일, 그것을 우리는 '비전vision'을 만드는 과정이라 부른다.새로운학교네트워크, 2025: 75 비전을 수립하는 과정에서 가장 먼저 하게 되는 것은 '미래'를 예측하는 것이다. 미래 예측은 결국 학교가 어떻게 대응할 것인가에 대한 답이기 때문이다.

'비전'은 개인과 조직이 미래에 도달하고자 하는 목표나 상태를 의미한다. 비전은 개인과 조직의 성공과 발전을 위한 필수 요소다. 이는 단순한 목표 설정을 넘어, 장기적인 방향성과 목적을 제시하는 중요한 요소다. 비전은 구성원들에게 동기를 부여하고, 일관된 방향으로 나아갈 수 있도록 안내하는 중요한 역할을 한다. 개인(학생)의 비전은 삶의 방향을 설정하고, 목표를 달성하기 위한 동기를 제공한다. 이는 학생이 살아가는 동안 삶의 목표가 되어 다양한 선택의 상황에서 생각의 방향이 되고 행동의 판단 기준이 된다. 이런 비전은 학교에서도 매우 중요한 역할을 한다. 학교의 비전은 구성원에게 학교교육의 방향성을 제시하고, 일관된 목표를 향해 협력할 수 있도록 작동한다. 명확하고(구성원들이 쉽게 이해하고 공감할 수 있도록), 도전적이며(구성원들이 더 높은 목표를 향해 노력하게 만들어 성취감을 느낄 수 있도록), 현실적인(비전이 실현 가능하다는 믿음을 주어 구성원들이 실제로 행동에 옮길 수 있도록) 비전은 구성원들에게 동기를 부여하고, 일관된 방향으로 나아갈 수 있도록 안내한다. 따라서 비전을 설정하고 공유하는 과정은 매우 중요하며, 이를 통해 개인(학생)과 조직(학교)은 더욱 발전할 수 있다. 학교의 비전을 공유하고 실천하기 위해서는 학교의 규범과 약속을 명확히 하고, 이를 구성원들과 함께 논의하는 과정이 필요하다. 또한 학생들을 비전 설정 과정에 참여시켜 그들의 의견을 반영하는 것이 매우 중요하다. 이를 통해 학생들은 학교의 비전에 대한 이해와 공감을 높일 수 있으며, 스스로 역할과 책임을 자각하게 한다. 결국 비전을 만드는 것은 구성원이 조직 안에서 무엇을 해야 하는지, 무엇을 하고자 하는지, 무엇을 할 수 있는지에 대한 이야기다. 비전은 학교 차원에서 공유되어 문화로 자리 잡아야 하고 그래야 비로소 실현 가능한 것으로 구체화될 수 있다.

공동체가 함께 수립한 '비전'이 문서에서만 작동되는 한낱 구호가 되지 않으려면 비전을 실현하는 교육과정이 일관성 있게 설계되어야 한다. 비전을 공유한다는 것은 비전이 담고 있는 핵심 가치와 우리가 가고자 했던 길을 묻는 것이지만, 그렇게 실천하고 살아내었는지를 되묻는 시간이기도 하다. 비전의 공유는 말을 통해서 잠정적으로 그려지고 실천 과정을 통해 실제로 이루어진다. 비전을 중심으로 한 해를 돌아보는 성찰의 과정은 한 해 동안 우리가 실천했던 학교교육과정의 궁극적 목적에 응답하는 시간이다.새로운학교네트워크, 2025: 248-249

우리의 미래는 명확하게 정해져 있지 않다. 오늘날 미래의 이미지는 불투명하고 불안한 모습을 드러내고 있다. 과거는 현재와 미래를 어느 정도 구속하지만, 전부를 결정짓지는 않는다. 현재의 행위자가 만드는 역동이 현재와 미래를 결정짓는 데 적잖은 영향을 미친다. 위기를 인지한 시점에 어떤 미래를 그리고 구체적인 노력을 시작하느냐, 그리고 그러한 노력을 어느 정도의 힘으로 지속하는가에 따라 미래의 모습은 달라질 수 있다.

기술적 진보와 도덕적 진보의 괴리

'진보progress'의 구현에는 개인적 진보와 사회적 진보가 가능하다. 진보는 누구나가 모두 관여했던 개인의 '발달' 속에서 필연적 발전의 법칙이다. 문제는 '좀 더 나아지는' 방향으로의 발달이 청년기의 학습과 생물학적 성숙의 도달을 넘어서까지 계속되는가이다. 이 점에서 윤리학은 인간이 죽음에 이르기까지 지식이나 능력, 윤리적 성격에서 지속적으로 발달해야만 한다는 입장을 취한다. 좀 더 완벽한 것, 그리고 이룰 수 있는 것은 아직도 이제껏 이룬 것의 저편에 있기 때문에, '자기-교육'으로서 교육은 육체적 성숙을 넘어서서 지속되어야만 하며 지속될 수도 있다는 뜻이다.요나스, 1994: 275 여기서 '진보'의 이념은 개념으로서나 이상으로서 위치를 차지하고 있으며, 더욱이 '개인적 유토피아'라는 말을 할 수 있다. 이 모든 것은 개개인에 관한 것이며, 그의 심리적·육체적 개인 및 영혼의 문제와 연관이 있다.

그리고 '집단적 유토피아'에서도 진보를 이룰 수 있다. 진보라는 말을 들으면 개인적인 삶의 길이 아니라, 사회와 역사를 떠올리게 된다. '문명civilization'에서도 진보를 이룰 수 있으며, 그 외의 모든 종류의 인간적 기능에서도 진보가 있고, 그것이 개체의 생명을 넘어서서 증식되어 전승될 수도 있으며, 보편적 공유가 될 수 있다는 사실은 분명하다. 즉 학문과 기술, 사회적·경제적·정치적 제도, 삶의 안전과 쾌적함, 욕망의 처리, 문화적으로 산출된 목표와 향락의 종류와 다양함, 그것을 향유할 수 있는 계층의 확대, 법적 상태, 개인적 존엄성의 공적 존중은 물론이고 도덕에서도 거칠 수도 세련될 수도 있고, 엄할 수도 관대할 수도, 격렬할 수도 평화로울 수도 있는 공동생활의 외적·내적 습관에서도 해당한다. 이 모든 것에서 '좀 더 나은' 것으로, 적어도 '더 바람직한' 것으로 진보할 수 있다.

이 점에서 전체적으로는 인류가 이제까지 '향상'되었다고 말할 수 있고, 마찬가지로 미래에도 향상의 가능성이 있다고 말할 수 있다. 그럼에도 우리는 오늘날 충분히 인식하고 있듯이, 그 대가를 치르고 있다. 문명이 거둔 모든 이익과 함께 소중한 것도 사라지며, 문명의 인간적인 그리고 동물적인 비용이 너무 크다는 점, 또한 그것은 진보와 함께 더욱 커지리라는 데 대해서 더 이상 부연할 필요도 없을 것이다. 원자폭탄 등 이루

말할 수 없는 기술과 과학의 진보가 끼친 해악들이 반인간적이고 반문명적임을 잘 보여 준다. 그동안 도덕적 진보는 지적인 진보, 다시 말하면 학문적·기술적 진보와 보조를 맞추지 못했던 것이다.요나스, 1994: 274 지적 진보에도 인간, 사회, 역사에 대한 지식은 자연에 대한 지식에 못 미치고 있는 듯하다. 인간, 사회, 역사에 대한 지식이 자연의 가치중립적인 기술적 지식과 별 무리 없이 결합하면서 전자의 지식 자체는 후자의 지식과 큰 간극을 벌이고 있는 까닭에 이를 메꾸는 데 전혀 기여하지 못하는 현실에 직면하고 있다.

기술을 통한 생활조건과 생활습관의 장기적 개조가 생물 중에서도 가장 유연한 '인간'의 유형적 변화를 초래했다면, 이러한 변화는 결코 도덕적·유토피아적 이상의 방향으로 가지는 않았다고 할 수 있다. 기술적 축복에 조응하는 도덕적 사명을 망각하였다고 할 수 있다. 이것이 인류의 재앙을 낳은 것이다.

이러한 유토피아의 극단적 가능성들을 전망해 볼 때, 유토피아적 비판론은 이미 그 자체 속에 기술에 대한 비판을 동반하고 있다. 따라서 기술문명의 무한 질주를 멈추게 해야 한다. 기술의 진보는 도덕적 진보와 동시적으로 발전해야 한다는 것이다. 이제 기술 시대에 대처하는 희망의 원리에 터한 '책임의 윤리'가 요구된다.요나스, 1994: 369-371 희망은 모든 행위의 조건이다. 왜냐하면 행위는 무엇인가를 실행할 수 있다는 것을 전제하고, 그것을 이 경우에 행하겠다고 의도하기 때문이다. 희망의 결과가 항상 불확실하다는 점을 고려할 때, 바로 행위 책임의 조건이 된다. 여기에서 시대의 위기를 마주하며 요청되는 '책임에 대한 용기'를 절실히 필요로 한다.

기술의 미래는 유토피아인가, 디스토피아인가?

기업의 광고에선 테크놀로지와 유토피아의 합성어인 '테크노피아

technopia'란 신조어가 자주 등장한다. 기술 발전을 통해 유토피아에 도달할 수 있다는 것이다. 정보기술 기업들이 좋은 이미지를 만들기 위해 테크노피아란 단어를 애용한다. 한때 대한민국의 광풍을 몰고 왔던 황우석 박사 역시 젓가락 기술을 이용한 생명공학을 통해 영생이 가능해지는 테크노피아의 꿈을 전파했다. 테크노피아가 계몽주의 유토피아와 다른 점은 기술이 핵심에 있다는 점이다. 순수과학이 현실 이면에 숨은 이데아를 찾아 나섰다면, 테크노피아는 과학을 응용한 기술 발전이 유토피아로 연결되는 것이고, 기업의 이기적 이윤추구가 보이지 않는 손에 의해 테크노피아란 이타적 결과를 가져오는 것이다. 스티브 잡스의 스마트폰, 황우석의 생명공학, 도요타의 로봇 기술 등이 기업의 개인적 부와 명예를 가져올 뿐 아니라 인류를 유토피아로 한 발 더 다가서게 한다는 것이다.[184]

그러나 모든 기술은 반작용에서 벗어나지 못한다. 스마트폰은 어디에서나 전화와 인터넷을 할 수 있는 편리함을 주었으나, 여러 문제를 동시에 선사했다. 예컨대 인터넷 뱅킹은 직접 점포에 가지 않고 집에서 은행거래를 할 수 있도록 했지만, 보이스피싱 등 새로운 문제를 야기했다. 로봇이 구질구질한 일을 대신한다면, 인류는 정말 불편한 노동에서 해방될 수 있다는 생각을 하게 된다. 청소나 빨래를 포함해 모든 자질구레한 일을 로봇이 한다면, 인간은 문화적 유희만을 즐기면 되는 것이다. 귀족과 노예란 계급사회에서 인간-로봇이란 계급사회가 되는 것이다.

그런데 그 과정은 누군가의 일자리가 사라지는 것이기도 하다. 예컨대

---

184. 최근 기술적 유토피아주의로 '테크노-유토피아주의' 또는 '디지털 유토피아주의'는 과학과 기술의 발전이 결국 유토피아를 가져오거나 적어도 하나 이상의 유토피아적 이상을 실현하는 데 도움이 될 것이라는 믿음에 기반한 모든 이념을 말한다. 카를 마르크스는 과학과 민주주의가 필연의 영역에서 자유의 영역으로의 이동이라고 부르는 것의 오른손과 왼손이라고 믿었다. 그는 과학의 발전이 왕의 통치와 기독교 교회의 권력, 그리고 다른 신권 정치의 정통성 박탈에 도움이 되었다고 주장했다. 19세기 사회주의자, 페미니스트, 공화주의자는 일반적으로 이성과 과학을 옹호했다. 기술-유토피아주의, 무신론, 합리주의는 지난 200년 동안 대부분 민주주의, 혁명적, 유토피아적 좌파와 연관되어 있다.

현대자동차 생산라인에 로봇이 투입되면서 숙련공이 사라지고 있다. 자동차 공장에서 비정규직이 늘어나는 근본 이유 중 하나가 여기에 있다. 만일 집마다 한 대씩 로봇이 있을 정도의 나라가 되면 맥도날드에서 햄버거 주문을 받고 포장해 주거나, 은행 창구에서 고객을 응대하거나 나아가 콜센터에서 민원을 상담하는 일도 전부 로봇이 할 것이다. 이는 곧 많은 일자리가 줄어든다는 것이다. 로봇의 등장으로 구질구질한 일에서 벗어난다는 것은 곧 많은 인간이 실업자가 된다는 뜻이 된다. 아울러 새로운 기술이 주는 감흥이나 효용도 시간이 지날수록 줄어들 것이다. 빠른 변화의 속도에 적응하지 못하고 어려움을 겪고 현기증을 느끼는 사람도 늘어나고 있다. 분명한 사실 하나는 획기적 기술 개발이 될 때마다, 인류는 테크노피아를 상상했으나, 시간이 흐를수록 그것이 기쁨만이 아닌 같은 크기의 고통도 가져온다는 것을 깨달아 가고 있다는 점이다. 그래서 기술의 발전은 단순한 행복의 증가로 이어지지 않는 것이다.

물론 기술이 인간의 삶에 미치는 영향력을 고려하면, 인류의 역사는 곧 기술 진보의 역사라고 할 수 있다. 그만큼 인간의 삶에서 기술은 중요한 부분을 차지한다. IT 기술 없는 인간의 삶은 상상조차 하기 힘들 정도로, 기술은 인간에게 있어 필수 불가결한 것으로 되었다. 게다가 통상 4차 산업혁명으로 불리는 인공지능AI 시대의 기술은 기존의 기술과는 전적으로 다른 존재론적 위상을 얻게 되었다. 지금까지의 기술이 인간을 보조하는 도구의 성격이었던 것과 달리 인공지능 기술은 인간과 독립적인 방식의 자존적인 존재, 즉 인공지능'을' 활용하는 것을 넘어서 인공지능'이' 주도할 것으로 예상된다. 인공지능 기술도 근본적으로는 인간을 위한 기술이지만, 동시에 인간에 의해서 완벽히 통제될 수 없을지도 모른다는 불안감 때문에 인공지능 기술을 바라보는 입장은 분명하게 나뉘고 있다.

사회적·문화적·환경적 변화와 함께 디지털 기술과 미디어의 확산은 많은 아이의 삶에 엄청난 변혁을 가져올 것이다. 디지털화(자동화, 데이터화, 기술적 감시, 온라인 학습과 훈련, 크라우드 컴퓨터화, E-산업, 사회적 네트워크 등)의 다양한 측면Uskov, 2022; Pachaur & Pachauri, 2024은 형식적·비형식적 학습에서 행위주체자의 변화와 함께 아이들의 문화, 구조 그리고 이동성을 크게 변화시킬 것이다.Kumpulainen, 2022 그런데 여기에서 우리가 유념할 점은 기술공포증techno-phobia과 기술애호증techno-philia은 서로 무관하지 않다는 점이다. '테크노포비아'는 첨단기술이 인류를 지배하는 암울한 세상으로 이에 대한 과도한 적대감을 포함한다. 첨단기술에 대한 과도한 예찬을 중시하는 '테크노필리아'는 학교와 사회의 신자유주의적 재구조화와 맞물려 있다.Anderson, 2023: 125 양자는 기술에 대한 두려움은 기술에 대한 친화성의 반작용 표현이라고 할 수 있다. 그래서 비판적 교육학critical pedagogy은 디스토피아적 관점을 통해 공교육의 기술적 재구조화 시도를 폭로하며, 학교에서의 기술애호 문화의 비인간화에 저항한다.Anderson, 2023

여기에서 디지털 시대의 '비판적 문해력'을 요청한다. 왜냐하면 기술에 대한 의존도가 더욱 커질 것은 분명하며, 그 선두에 인공지능 기술이 있다는 것도 의심할 수 없는 사실 때문이다. 우리나라가 인공지능 접근성이 높고 디지털 인프라가 잘 갖추어져 있다면, 인공지능의 긍정적인 측면과 부정적인 측면 모두 다른 나라보다 더 선명하게 나타날 수도 있다. 따라서 교육은 앞으로 인공지능과 공진화할 수 있는 인간지능의 새로운 역량 모델을 찾아야 한다. 지금까지 학교가 생산한 인간 역량은 인간의 고립적 사고력에만 한정돼 있었지만, 유토피아적 미래교육은 인간을 넘어 인간·인공지능 공동체를 동시에 고려하면서 '무엇을 배워야 할 것인가'라는 문제에 대한 교육과정의 근본적인 재검토를 요청한다.

AI 디지털 교과서의 효과성 논란

근대 산업혁명에서 디지털/AI 산업기술혁명(SNS, 플랫폼 등 소통기술 체제의 변화)으로 이동하고 있다. 이러한 시대에 2023년 6월 교육부가 내놓은 '모두를 위한 맞춤교육' 실현을 위한 〈인공지능 디지털 교과서 추진 방향〉[185]을 둘러싸고 논란이 뜨겁다. '디지털 교과서'는 교과서를 그대로 PDF로 변환한 전자 저작물이라고 할 수 있다. AI 디지털 교과서란 AI가 개별 학생의 학습을 도와주는 맞춤형 콘텐츠를 제공하고, 대시보드를 통해 학생에 대한 정보를 제공하여 교사가 적절한 학습전략을 선택할 수 있도록 도와주는 도구이다. AI 디지털 교과서를 도입함으로써 평상시 학생을 관찰한 교사 자료와 학생 개개인을 분석한 AI 디지털 교과서 자료를 토대로, 교사가 최적의 콘텐츠나 학습 경로를 재구성하여 수업을 설계하고 학생 맞춤교육을 실현할 수 있다는 장점을 든다. 이와는 반대로 기계일 뿐인 AI는 명시적이고 계량적인 단서에 맹목적으로 의존할 수밖에 없기에 디지털 교과서가 이끄는 맞춤형 학습이란 오히려 교육을 편협하게 쪼그라뜨릴 것이라고 비판한다.

우리나라가 AI 디지털 교과서를 선진적으로 도입하려는 정책은 인공지능 시대에 새로운 교육 방식의 모델을 제공할 수도 있지만, 인공지능을 광범위하게 도입하기 이전에 그 문제점에 관해 충분한 논의를 해야 한다. 기존 교육 방식을 혁신하고 미래교육으로 나아가기 위한 새로운 동력으로 AI 디지털 교과서를 도입하고자 한다면, 그 역할과 의미에 대한 사회학적이고 인문학적 논의를 해야 한다. 특히 AI 발달에 수반되는 인간 소외 현상에 대처해야 한다. 인간의 일을 기계가 대신하면서 사람 간의 교류와 소통이 약화되기 때문이다.이광형, 2024: 510 AI는 사회 곳곳과 인간의 내면까지 전-방위적으로 도전을 가져올 것이기에 제도, 기술, 문화, 교육 등 종합적 대책을 마련해야 한다. 그래야 AI에 대한 공포심은 줄어들고 그것의 이점을 살릴 수 있을 것이다. 인간에게 해가 되는 AI 프로그램 모듈을 검출할 기술을 개발하여 사회 바깥으로 배출되지 못하도록 해야 하

---

185. 2025년부터 수학, 영어, 정보, 국어를 우선 도입하고, 이후 2028년까지 국가, 사회, 과학 등 단계적으로 전 과목 도입을 목표로 하고 있다.

고, 그것에 지배받지 않기 위한 사회문화적 노력을 해야 한다.이광형, 2024: 510-512 그리고 인간만의 고유한 영역으로 여겨지던 예술에서도 인공지능 기술이 폭넓게 활용해야 하지만, 기계에 대한 노예, 즉 '괴물'이 출현하도록 해서는 안 된다. 이러한 문제의식 속에서 STEM(과학, 기술, 공학, 수학)에서 STEAM(과학, 기술, 공학, 인문학, 수학)으로 전환되고 있는 교육사조의 변혁적 흐름이 나타났다. 과학기술교육 강화가 인문교양교육, 문화예술교육의 약화로 이어져서는 안 된다는 말이다.

미래적 사고의 중요성

미래未來 futures[186]의 이미지는 사회의 미래 이미지가 긍정적이고 이상주의적인지, 아니면 부정적이고 비관적인지에 따라 달라질 수 있다.Bell, 2002: xii. 통념적으로 미래는 '아직 오지 않은 시점'이다. 아직 오지 않은, 앞으로 다가올 '미래'는 급속한 변화에 따라 지금까지와는 비교할 수 없을 정도로 빠르게 변화하고 확연히 다른 모습으로 나타난다. 각각의 현재 속에 내재된 잠재태/가능태는 완전히 망가지고 완전히 더럽혀진 것들의 형태로 깊이 감춰져 있다. 그러나 실제는 현재 실현되었다는 의미에서의 사실이 아니라 '아직 실현되지 않은 미래'로서의 사실이다.

그런데 미래는 아직 오지 않았기 때문에 어떤 모습으로 다가올지 우리는 알지 못한다. 이렇듯 '오지 않은 것'이란 뜻의 한자 '未來'에 담긴 의미와 달리, 라틴어 '푸투룸futurum'에서 유래한 영어 단어 'future에는 '미래에 될 어떤 것'이라는 의미가 담겨 있다. 인간은 항상 늘 미래에 정향되어 있기에 현재에서 과거를 만난다. 미래는 직선상의 위치에서 직선

---

[186]. 형용사로서 'future'는 14세기 후반, '아직 오지 않았지만, 현재보다 뒤의 시간에 속하는 것'을 의미한다. 프랑스어 'futur'는 13세기에 '미래의' '다가올'에서 유래하였으며, 라틴어 'futurus'는 '될 것', '아직 되지 않은'을 뜻한다. 명사로서의 'future'는 '미래'라는 뜻으로 불규칙한 미래분사형으로서 'esse=to be(있을)'에서 도출되었다.

의 진행 방향의 앞에 놓인 점으로 표시될 수 있다. 그런데 희망의 정치신학자 몰트만은 미래에 대한 표현으로서 라틴어 'futurum'[187]과 구분되는 'adventus'[188]의 개념을 제시하며 미래의 의미를 더 명료하게 표현한다. 'futurum'은 '되는 것'으로 과거와 현재가 미래의 '됨'의 잠재성을 그들 자신 안에 지니고 있어서 새로운 것을 가져올 수가 없다. 미래의 우위가 없으며 새로움의 범주도 없고 희망이 원리도 사실상 없다. 그러나 'adventus'는 모든 것들을 전적으로 다르고 새롭게 변혁하는 실재의 도래를 의미한다. 여기에서 몰트만이 강조하는 '종말'의 개념은 단순히 현재로부터 요청되거나 비롯되는 '단순한 미래futurum'가 아니라, 오히려 현재를 초월하면서 동시에 현재를 가능하게 하는 '도래하는 미래adventus'의 의미를 담고 있다.[이찬석, 2025: 297] 결국 몰트만은 종말론의 출발점으로 '새로움'의 범주를 주창한다. 미래의 존재는 미래(종말)로부터 현재로 뜻밖에 다가오는 것이므로 현재와 미래의 불연속성을 담으면서 전적인 '새로움'의 의미를 품고 있다.[이찬석, 2025: 321]

미래는 사람들이 '바람직한' 미래와 '대안적' 미래를 판단하고, '좋은 사회'에 대한 개념을 정의하는 인간의 가치와 목표를 이해하는 능력에 달려 있다. 무엇이 가능하고 가능성이 있는지 아는 것은 우리의 행동을 안내하는 데 도움이 되지만, 우리는 더 많은 것을 알아야 한다.[Bell, 2002: xiii.] 우리는 또한 무엇이 바람직한지 알아야 한다. 다시 말해, 우리는 어떤 종류의 미래를 원하는지 물어야 한다. 우리가 선호하는 미래의 기본선baseline은 녹색, 공공적 교통, 공생, 평화, 공평, 정의, 공동체, 모든 사람을 위한 교육, 소모가 적은 에너지, 공유된 노동, 건강과 장수, 유기농 음식 등의

---

187. 영어 'future'는 '아직 오지 않았지만 현재보다 뒤의 시간에 속하는 것'을 의미한다. 이 단어는 프랑스어 'futur(미래의, 다가올)', 라틴어 'futurum/futurus(될 것, 아직 되지 않은)'에서 유래하였다.
188. 라틴어 'adventus(arrival)'는 'ad(to)'와 'venire(come)'를 합성한 것으로, 상징적으로는 진정한 지도자를 기다리는 의미에서 '대망'을 의미하기도 한다. 크리스마스 전 4주간 예수의 성탄과 구세주의 재림을 기다리는 기간인 대강절의 영어 advent(도래)는 'adventus'에서 유래했다.

가치를 지향하고 있다.Hicks, 2002: 65 가능한, 개연성 있는, 선호하는 미래[189]에 대한 것들은 미래적 사고의 중요한 요소 중 하나이다.Bell, 2002: xiii. 이것들은 우리가 미래를 창조하기 위한 효과적인 행동을 설계하기 위해 알아야 할 것들이다. 미래적 사고 없이는 행동할지 말지에 대한 의식적인 결정을 내릴 수 없다. 왜냐하면 고려된 행동이나 불행동의 결과는 미래에 발생하기 때문이다. 사람들이 미래의 비전과 미래를 위한 행동을 포함하여 미래에 대한 사고의 과제를 얼마나 잘 수행하는지에 따라 그들이 가질 미래의 종류가 크게 달라질 것이다. 효능적으로 수행된 '미래적 사고future thinking'(미래에 관점, 페미니스트 관점, 세대 간 정의, 미래에 대한 구상, 지속가능한 미래. 유토피아적 전통 등)는 효능성이 있는 결과를 낳는 경향이 있는 반면, 효능성이 없는 미래적 사고는 바람직하지 않은 미래를 낳는 경향이 있다. 가능성, 개연성, 선호도의 상호작용은 예측 과정을 복잡하게 만든다. 사람들이 자신의 예측에 따라 행동할 때, 그들은 사건에 영향을 미쳐 예측이 스스로 바뀌거나 또는 스스로 실현되거나 스스로 부정될 수 있기 때문이다. 따라서 많은 유용한 예측은 이루어질 당시에는 사실로 추정되지만, 예측 시점이 다가오면 말 그대로 완전히 거짓으로 판명되는데, 이는 예측이 적절한 행동으로 이어져 예측 결과가 바뀌었기 때문이다.Bell, 2002: xiii-xiv 예를 들어, 의사는 흡연을 중단하지 않으면 폐암에 걸릴 가능성이 크다고 말한다. 우리는 그의 진단을 받고 폐암에 걸리지 않기를 바란다. 그래서 담배를 끊는다. 그 결과, 우리는 병에 걸리지 않고 살아갈 수 있다.

---

[189] '선호하는 미래(preferred futures)'는 두려움과 공포 없는 자유롭고 안전한 분위기, 소통하고 환대하는 지역사회와 사람들, 녹색·하늘·수목·열린학교 등 환경, 대체에너지·수력 등 테크놀로지, 채식, 소음 없는 운송 등으로 구현될 수 있다.

미래 연구와 미래의 교육 그리고 미래 학교

 사회가 변화되려면 현재의 반복보다는 인간의 창조력에 대한 도전으로서 미래에 대한 연구가 필요하다. 현재 전 세계적으로 수백 개의 미래학 과목이 개설되어 있다. 교육기관은 이제 역사를 연구함으로써 과거를 회복하고 보존하는 데 많은 자원을 투자하고 있지만, 미래를 연구하는 데는 상대적으로 적은 자원을 투자하고 있다. 이러한 불균형은 우리가 점점 더 빠르게 변화하는 세기에 접어들면서 점점 더 위험해지고 있다. 우리가 차세대를 준비시켜 미래를 다루게 하고, 그들에게 자신과 사회 모두를 위해 바람직한 미래를 창조할 수 있는 지적 도구를 제공하고자 한다면, 우리는 학교에서 미래에 대한 체계적인 연구(지적·지성적 차원, 정서적·정동적 차원, 실존적 차원, 권한 부여의 차원, 행동적·실천적 차원)를 확립·확장해야 한다.
 유토피아적 미래를 성공적으로 만드는 것은 그것의 위험성(디스토피아)과 또 다른 미래 비전의 불가능성과 무관하지 않음을 확신시키는 데 있다는 점이다. 예를 들어, 세계화되고 기술화된 교육의 불가피성에 대한 담론과 그에 따르는 다섯 가지 유토피아적 담론을 대조해 보면, 첫째 페미니즘 담론, 둘째 토착성 담론, 셋째 영성 담론, 넷째 평화교육 담론, 다섯째 생태 담론으로 나타나고 있다.Milojevic, 2006: 37-39
 미래 연구futures studies는 있었던 세계, 그리고 있는 세계에 대한 비판과 통찰을 통해 있어야 할 세계를 전망하고 모색하는 것이고, 미래교육futures education[190]은 기술공학적 미래가 아니라, 대안적 미래alternative futures를 구체적으로 준비하는 일이다. 사실 미래가 존재하고 있지는 않기에 미래 자체를 연구할 수는 없고, 미래에 대한 생각과 이미지를 연구할 뿐이다. 미래를 예단할 수는 없으며 선호할 뿐이다. 미래는 목격자의 증언

---

190. '미래교육'은 글로벌교육, 환경교육, 다문화교육 등에서도 논의되고 있다.

도 없고, 직접적인 증거도 없기에 매우 불확실하며, 미래 탐구에는 항상 규범적인 노력이 필요하다.Hicks, 2002: 124 그리고 미래교육은 글로벌·국가적·지역적 차원과 함께 시간적·공간적 차원에서 논의되고 있다.

그래서 디스토피아를 극복하는 미래를 준비하는 일로서의 교육은 사회적 예지력(실용적 예지력, 진보적 예지력, 문명적 예지력)을 길러 주는 문명적 촉매재로서 미래교육적 성격을 띤다.Slaughter, 2004 미래교육의 특별한 목적은 첫째, 교사와 학생이 자신의 삶과 더 넓은 세계의 사건에 대해 보다 '미래 지향적' 관점을 개발하도록 돕는다. 둘째, 교사와 학생들이 정의롭고 지속가능한 '대안적 미래'를 식별하고 구상하도록 돕는다. 셋째, 교사와 학생들이 '비판적 사고 능력'과 '창의적 상상력'을 보다 효과적으로 행사하도록 돕는다. 넷째, 교사와 학생들이 현재에 대한 더욱 사려 깊고 정보에 입각한 '의사결정'에 참여하도록 돕는다. 다섯째, 교사와 학생들이 지역사회, 국가사회 및 세계사회에서 그리고 현재와 미래 세대를 대신하여 적극적이고 '책임감 있는 시민활동'에 참여하도록 돕는다.Hicks, 2002: 17

이러한 목표는 영어, 수학, 과학, 기술, 지리, 역사, 현대 언어, 경영학, 종교교육과 같은 과목과 관련된 다양한 교육자들에게 관심이 있다. 또한 평등한 기회, 다문화교육 및 환경교육, 시민권, 개인적·사회적 교육과 같은 교과 간 주제와도 특히 관련이 있다. '우리는 지금 어디에 있는가?'(상황: 미래에 대한 사고, 예상되는 미래), '우리는 어디로 가고 싶은가?'(비전: 선호하는 미래, 유토피아 전통), '우리는 거기에 도달할 수 있는가?'(행위: 변화를 위한 프로젝트, 적극적 시민성) 등 일부 주제는 교육과정의 미래적 차원에 기여할 수 있다.Hicks, 2002: 18

흔히 미래교육을 얘기할 때 '교육의 디지털 전환'을 그 방향으로 제시하곤 한다. 미래 사회를 살아갈 학생들을 고도화된 기술 환경에 적응시키는 동시에 정보기술을 활용하여 각기 다른 개인의 요구와 성장 속도에 맞추어 언제, 어디서든 가능한 교육을 제공하자는 것이다. 이러한 미래교육의 방향이 전적으로 잘못된 것이라고 할 수는 없으나, 현재의 교육 현실을 규정한 중요한 요인이라고 할 수 없다. 따라서 미래교육을 일면적·기술적으로만 보지 말고 다면적·총체적으로 봐야 한다.

오늘날 미래교육의 주요한 관심사는 교육과정의 미래적 차원에 대한 교육적 논리(정당화), 미래에 대한 젊은 사람들의 관심, 지역적·세계적 공동체를 위한 선호되는 미래에 대한 구상, 미래에 대한 글로벌 이슈, 격동의 시대를 마주하는 희망과 열망의 원천, 변화하는 시대에 대한 성찰 등을 맞추어져 있다.Hicks, 2002: 123 여기서 우리는 자아와 사회를 모두 변화시키는 것의 중요성을 인식하는 사회적으로 비판적인 학습 접근 방식으로 시작해야 한다. 이를 위해서는 현재 세상의 고통을 인정하고 감내할 용기가 필요하지만, 동시에 더 나은 미래에 대한 비전을 꾸준히 주시할 용기가 필요하다.

미래를 꿈꾼다는 것이 척박한 현실을 잊어버리는 마취제로 작용해서는 안 된다. 유토피아적 미래의 확실한 주요 기능은 역사를 긍정적인 방향으로 전개하도록 돕는 것이다.키릴로 & 보이드, 2021 미래는 새롭고 다양한 차원과 측면을 보여 준다. 한편으로는 다양한 두려움을 불러일으키고, 다른 한편으로 인간은 앞으로 다가올 일에 대해 생각하지 않을 수 없는 상징적인 존재이기 때문에 의미 있고 흥미로운 기대, 희망, 유토피아, 심지어 디스토피아를 수반하기도 한다. 미래에 대한 서사에서 우리는 현재에 뿌리를 두는 동시에 또 다른 미래를 상상할 수 있는 이중적 작업을 통해 앞으로 다가올 일을 바라보는 안목인 미래의 계획으로서 교육을 파악하고 구상하는 강력한 방법을 발견해야 한다.

포스트 코로나 시대를 맞이하여 OECD는 교육 형태의 변화에 따른 미래 학교에 대한 네 가지 시나리오를 제시한다. 첫째, 학교교육에 참여하는 학습자가 계속해서 증가하는 '학교교육의 확대' 시나리오, 둘째 전통적인 학교교육을 대신한 새로운 학습시장인 '외부 위탁된 교육' 시나리오, 셋째 학교의 벽을 허물고 다양성과 실험정신을 강조하는 지역사회와 연계된 '학교 허브로서의 학교' 시나리오, 넷째 형식교육과 비형식교육의 경계가 더 이상 무의미해지고 교육과 일, 여가 시간 간의 구분이 모호해지고, 교육을 바라보는 관점이 총체적으로 전환되는 '삶의 일부가 되는 학습' 시나리오를 제안한다.임선빈, 2023: 36-38 네 가지 시나리오를 제안하는 것은 미래로 향하는 길이 한 가지가 아닌 여러 가지의 길로 통할 수 있음을 전제하기 때문이다. 이러한 시나리오가 변화하는 사회 속에서 미래 학교의 모습을 만드는 데 유용하게 활용될 수 있을 것이다.

미래의 가능성과 교육의 유토피아

인류는 항상 과거를 되살려 오늘을 살펴보고 내일을 예견한다. 과거는 현재의 거울이고, 교육은 사회의 미래이다. 미래는 아직 펼쳐진 세상은 아니지만 새롭게 '열어 가야 할 세상'이고, '지금까지 여기에' 집중하고 최선을 다할 때 자연스럽게 다가오는 신의 선물이기도 하다. 모든 예술이 그러하듯 가상의 미래(이상세계)를 발현하기 위해 오늘도 꿈을 꾼다.

미래는 끊임없이 일어나는 그 무엇이며, 이렇게 지속적으로 일어난다는 것은 현재를 변화시키는 미래만이 존재한다는 것을 의미한다. 현재를 변화시킴으로써 우리는 미래를 건설할 수 있고, 따라서 역사는 결정주의가 아니라 '가능성'이다.Freire, 『도시의 교육학』, 1984

움직이는 현재에 과거가 들어 있다고 볼 수 있는 것은 오직 과거가 현재의 움직임을 이끄는 데 활용된 경우이다. 과거는 상상력의 큰 자원이며, 삶에 새로운 차원을 열어 주지만, 이 모든 것은 과거가 현재와 단절된 또 하나의 세계가 아니라, '현재의 과거'로 생각될 때로 한정된다. 현재에 일어나고 있는 삶의 행위와 성장의 작용은 언제 어디서나 현재에 나타날 수 있는 일이며, 이것을 소홀히 하는 원리는 그 어떤 것이든 자연스럽게 과거로 눈을 돌릴 수밖에 없게 만든다. 그것이 설정한 미래의 목적은 너무 멀리에 있고 공허하기 때문이다. 준비를 갖추어야 할 미래는 아직 멀리에 있고, 미래가 현재가 되기까지는 많은 시간이 가로놓여 있다. 흔히 미래란 현재와 무관하다고 착각하지만 미래는 언제나 과거와 현재에 뿌리를 두고 있다. 미래는 이미 우리 곁에 와 있다. 다만 골고루 퍼지지 않았을 뿐이다. 따라서 정책결정자들은 '아직 도착하지 않은 미래'에 지나치게 들뜨지 말고 '이미 도착한 미래'에 대한 적응력과 대응력부터 높일 수 있어야 한다.

'유토피아'의 가치는 현재의 실천과의 관계뿐만 아니라 '가능한 미래'와의 관계에 있다.Hicks, 2002: 23 유토피아의 실질적 용도는 당장의 현실을 뛰어넘어 자석처럼 우리를 끌어당기는 명확한 취약성을 묘사하는 것이다. 문학과 실제적 경험으로서의 유토피아적 전통은 변화를 위한 비판적 행동을 끊임없이 고무시켰으며, 오늘날의 창의적 상상력에 풍부한 영양을 제공할 수 있다. 그리고 유토피아가 없다면, 우리는 길을 잃고 어디로 가야할 지 갈피를 잡지 못할 것이다. 더 나은 미래를 구축하겠다는 희망을 품지 않는다면 현재는 황량하다. 유토피아란 미래와 더 나은 세상의 이미지로 표상된다. 현실에 바탕을 두지 않는 이상, 즉 유토피아 추구는 공허하지만, 현실에 바탕을 둔 이상은 그렇지 않을 것이다. 현실에 안주하면 미래가 없다. 유토피아는 현재보다 더 나은 미래를 상정하며 나아간다고 할 수 있다. 유토피아는 인간들에게 미래를 위한 궁극적 희망의 대상이지만 현재에는 없는, 그러한 이상에 대한 염원으로 인해 유토피아 담론이 지속적으로 만들어졌다. 더 나은 미래에 대한 어떤 경쟁적 이미지가 등장하든 예측이나 요구로 여겨진다면, 부분적으로는 우리의 상상력의 한계나 힘의 한계 때문에 필히 '실패'할 수 있다. 하지만 유토피아가 실패한다고 해도, 현재에 대한 비판과 동시에 미래에 대한 재구성을 통해 다시 작동할 수 있다. 유토피아는 미래를 만드는 데에서 중요한 도구로서 끊임없이 재창조되어야 한다.Levitas, 2013: 220

유토피아는 종말론과 마찬가지로 종종 해결책으로 구상되지만, 현대 사회에서 특히 그것에 대해 의심을 하는 데는 여러 가지 이유가 있다. 그 것은 미래의 학교교육에 대한 서사가 젊은이들에게 순진무구하게만 보이 지 않다는 증거이다. 그들은 현실에 발을 딛고 있으며, 손이 닿지 않는 곳 에서는 미래를 전혀 꿈꾸지 않는다. 오히려 그들은 당장 자신의 미래, 학 교, 그리고 이웃에 있을 수 있는 내일을 생각한다. 하지만 앞으로 나아갈 길이 얼마나 어려운지 자각한 뒤에야 그들은 환멸을 느끼며 희망을 품게 될 것이다.

그런데 미래를 위한 준비를 갖추는 데 서둘러야 할 이유가 무엇인가? 게다가 현재는 현재대로 신나는 일을 할 기회가 얼마든지 있고, 그러한 모험을 하도록 하는 초대장을 내밀기 때문에 미래에 대한 준비를 뒤로 미루려는 유혹은 더욱 커진다. 관심과 에너지가 자연히 좋은 기회와 유 혹에 쏠리기 마련이다. 교육은 이와 같이 현재에 몰입한 결과로 자연스레 나타나지만, 이것은 될 수 있는 대로 교육적인 조건을 만들기 위해 최대 의 노력을 기울이는 경우보다도 효과가 덜할 것이다.

또한 인간이 무엇을 하기로 결정하는지는 무엇이 가능한지에 대한 그 들의 믿음에 달려 있다. 미래에 대한 가능성은 실제적이며 현재에 존재한 다. 미래에 대한 대안적 가능성은 사람들이 일상생활을 하면서 종종 보 이지 않거나 무시된다. 결과적으로 그들의 미래는 그들이 가진 많은 실제 적 가능성과 선택권을 찾아내지 못할 수 있다. 사람들은 종종 자신의 미 래를 제한하고, 거의 새롭거나 다르거나 더 나은 것을 시도하지 않는다. 많은 선택권을 닫음으로써 그들은 현재의 한계에 스스로를 내버려 둔다. 그러므로 미래가 어떻게 될지는 부분적으로 사람들이 창의적으로 생각 하고, 미래의 현재 가능성을 찾아내고 가시화하는 능력에 달려 있다.Bell, 2002: xii.

아이가 앞으로 학교를 계속 다녀야 한다는 미래의 상황에 정향하여 그 미래를 현 상황에 개입시키지 않는다면, 그 아기에게 지나간 과정의 사실들은 그의 존재가 실현되고 있는 현재의 상황에 기억의 형태로 스며들며 그 아이의 현재 상황을 구성하지 못할 것이다. 아이들은 좋고 나빴던 기억들을 학교에서 경험한다. 이러한 기억들은 지금을 형성하지만, 이것은 늘 미래에 정향되어 있기 때문에 현재에서 과거를 만난다.심성보, 2019: 413

우리가 항상 자신의 시대에 속해 있고, 역사 속에서 그 시대를 벗어나고자 하는 욕구가 있다면, 그런 의미에서 교육은 이 시대와 씨름하고 그에 대응하는 공간의 가능성을 열어야 한다. 유토피아는 단지 자유로운 상상으로 나오는 것이 아니라, 사회적으로 정의로운 교육체제를 만들겠다는 실천적 사고 실험과 미래를 향한 낙관적 의지로부터 발생하는 것이다. 따라서 유토피아 개념을 통해 세계를 새롭게 구성하려면, 유토피아 교육사상은 현재의 교육체제 안에서 저항하는 핵심적 형태로 위치시켜야 한다. 유토피아는 자유로운 상상으로 나오는 것이며, 사회적으로 정의로운 교육체제를 만들겠다는 구체적인 생각으로부터 나오는 것이다.애플, 2014: 247

과거와 미래의 접점으로서 '현재의 교육학'

현재는 단순히 과거 뒤에 오는 것이 아니고, 더욱이 과거에 의해 만들어지는 것도 아니다. 과거는 상상력의 큰 자원이며 삶에 새로운 차원을 열어 주지만, 이 모든 것은 과거가 현재와 단절된 또 하나의 세계가 아니라 '현재의 과거'로 생각할 때 이루어진다. 요컨대, 현재는 과거에서 해결의 실마리를 찾아야 할 문제를 제기해야 하고, 과거는 현재가 찾은 실마리에 의미를 부여해 주어야 한다. 사람들은 과거가 현재의 미숙한 부분을 숙성시키는 것이 아니라, 현재의 미숙한 세계에서 벗어나 마음속에 그려진 원숙한 세계에서 살려고 할 것이다. 그곳이 우리가 원하는 미래, 즉 '유토피아'이다. 현재는 바로 삶life이며, 과거를 뒤로한 채 살아가는 것이 바로 삶이다. 과거와 그 유산에 대한 지식은 그것이 현재에 들어올 때만 큰

의의가 있으며, 그렇지 않은 한 그것은 의의가 없다.듀이, 2024: 122

오웰은 "과거를 지배하는 사람은 미래를 지배한다. 그리고 현재를 지배하는 사람은 과거를 지배한다"라는 유명한 경고를 남겼다. 사람들이 현재 속에서 또 현재만을 위해 살아가도록 만듦으로써 사람들이 함께 상상하며 만들어 가는 미래를 없애고 모두가 공유해야 할 중요한 과거 역사는 지워 버린다. 우리는 항상 미래와 과거가 아닌 현재를 살고 있다.하그리브스 & 셜리, 2015: 121 그리고 미래를 준비하는 일은 현재의 경험에서 충분한 의미를 발견하는 것뿐이다. 장기적으로 볼 때, 이것이 유일한 준비이다. 생각의 혁명은 과거를 부정하는 것이 아니라, 현재에서 과거와 미래가 펼쳐질 수 있도록 근대성modernity의 급진적인 다시 쓰기를 통해 이루어진다.무리스, 2021: 203

따라서 현재의 가능성을 이루어 내는 장소로 미래를 다루는 새로운 지향점들을 열어야 한다는 '현재의 교육학the pedagogy of the present'은 과거와 미래를 모두 변화시키며 살아 있는 경험들이 결합되고 섞여 새로운 현실이 창조될 수 있게 하고 변화에 대한 희망을 보증하면서 비판적 역량을 창출하고자 한다. 과거와 미래 사이의 먹이가 풍부한 생태적 하구(이행대), 즉 독특한 시간성을 점유하는 '현재의 교육'에서 어른들과 아이들이 마주하는 '교육적 만남'의 가능성을 발견한다.페이서, 2024: 99-108

교육은 사회가 스스로의 미래를 만들어 가는 방법이다. 교육은 미래에 세상이 더 나아질 수 있다고 가정하는 인간 삶의 영역이다.Murphy, 2024: vii-viii 교육을 '회고적으로' 생각할 수도 있고, '전망적으로' 생각할 수도 있다.듀이, 2024: 127 교육이란 미래를 과거에 순응시키는 과정으로 생각될 수도 있고, 과거를 발전하는 미래의 자원으로 활용하는 과정으로 생각될 수도 있다.듀이, 2024: 127[191] 모든 사람과 제도는 역사(과거의 사실)의 산물이

---

191. 듀이는 교육에 있어 과거를 향한 '회고적(retrospective=retro/back+specere/look/view)' 기능과 함께 미래를 향한 '전망적(prospective=pro/forward+specere/look/view)' 기능을 강조하고 있다. 듀이는 과거에 매몰된 '보수적 교육'과 미래에 올인하는 '진보적 교육'의 이분화를 원하지 않았다.

다. 또한 모든 사람들은 현재와 미래에 어떤 선택을 할 때 알게 모르게 역사(과거 사실에 대한 해석)를 아울러 사용한다.타이악 & 큐반, 2011: 31 역사는 이 땅을 살아간 사람들을 대상으로 한 실험이 담긴 창고와 같다. 우리는 고정되고 완성된 세계가 아니라 현재 진행 중인 세계에 살고 있다. 과거를 돌아보는 것은 앞으로 나아갈 방향을 찾는 중요한 침로針路 course이다. 그러기에 교육은 과거와 미래가 분리되어 존재하지 않는다. 교육이란 미래를 과거에 순응시키는 과정으로 생각될 수도 있고, 과거를 발전하는 미래의 자원으로 활용하는 과정으로 생각될 수도 있다. 따라서 지식은 '회고적' 성격을 띠고, 사고는 '전망적' 성격을 띤다. 그래서 듀이는 양자의 균형을 시도한다.

지식의 '내용content'은 '이미' 일어난 일(과거), 이미 끝난 일, 완전히 해결되어 확실하다고 생각되는 것이지만, 지식의 '지시 대상reference'은 아직 오지 않은 '미래', 장차 일어날 전망적인 것에 있다. 지식은 현재 일어나고 있는 일, 앞으로 해야 할 일을 이해하고, 그것에 의미를 부여하는 수단이다. 미래를 예측한다든지 목표물에 따라 현재의 활동에 '방향을 잡는다(지도성)'는 의미가 분명 들어 있다.Dewey, 2023 거기에는 그들을 반응하게 하는 예상되는 예측/예견된 결과가 들어 있다. 세계의 지나간 부분(과거)에 대한 지식이 앞으로 나타날 부분(미래)에 대하여 예측하거나 그것에 의미를 부여하는 데 아무런 도움이 되지 않는 그러한 세계는 상상하기 어렵다. 그리하여 인간은 과거가 아니라 미래를 바라볼 수 있게 되었다.

우리는 교육이 사회를 개선하는 구성적 기관으로 잠재적인 효능을 인식하는 것과 함께 교육이 어린이와 청소년의 발달을 도모하는 일임과 더불어, 그들이 구성원이 될 미래 사회 발전을 도모하는 일임을 충분히 깨닫는 것에서 너무나 멀리 떨어져 있다. 미래 사회의 관점에서 보면, 지역사회 주민들 사이의 친밀한 작은 공동체 속에서 평등과 자치, 그리고 구성원 모두의 행복을 철저하게 지향하고자 한 '유토피아'의 구상 및 실험은 아래로부터의 탄탄한 공공성publicity과 공통성commonality을 만들어 가는 실천이라고 할 수 있다.

미래교육의 향방

미래교육은 불확실한 미래를 준비하는 교육이지만, 미래교육에 대한 전망은 다양하기에 하나로 정리하기가 쉽지 않다. 대체로 우리 사회 일각에서는 IT 첨단 기기 활용 위주의 '기술 중심적 미래교육'은 일반적으로 알파고, ChatGPT로 상징되는 인공지능과 4차 산업혁명이 가져올 새로운 미래, 지금까지와는 전혀 다른 직업세계에 대비할 수 있는 미래 역량을 길러 주는 교육으로 정의된다. 인공지능과 관련된 미래 사회의 예측에 대한 담론은 학교교육부터 평생교육에 이르기까지 미래교육이 지향해야 할 바에 대한 논의를 촉발시키고 있다.

특히 오늘날 불확실성 시대를 맞이하여 학교의 비전 또한 올바로 설정할 수 없다. 이런 '미래교육'의 불확실성은 현재의 교육 위기를 반영하기도 한다. '현재의 교육'은 과거와 미래 사이의 살아 있는 변증적 활동이다. 따라서 미래교육의 과제는 과거를 복원하는 것이 아니라, 현재를 발굴하고 현재 속에서 감춰진 에너지를 해방시키는 일이다. 현재를 깨어 있는 지금, 이 시간으로 경험하도록 하는 교육이 필요하다.[192]

미래교육의 방향은 뒤돌아보고 둘러보고 내다보면서 결정되어야 한다. 학교교육의 미래를 탐색할 때 '미래교육'을 '현재교육'과 매우 다른 것처럼 인식하는 경향이 있는데, 그렇지 않다. 교육은 현재 속의 미래이다. 따라서 미래교육에 성공하기 위해서는 과거교육에서 교훈을 얻고 현재교육과

---

192. 일반적으로 '신자유주의'는 정치 자체에, 더 구체적으로는 민주적 정치에 깊은 불신을 갖고 있으며, 비인격화된 시장과 아마도 열정 없는 관리자들을 통제하고 결정하기를 원한다. 지금 우리 사회는 이미 신자유주의가 내린 정치적 결정들을 실행하는 데 유용한 정확한 인간의 기술을 찾아내고 잘 사용하는 것만을 중시하고 있다.

현재학교가 안고 있는 문제를 잘 해결하는 것에서 출발해야 한다. 미래교육은 과거교육에서 이어진 현재교육의 연장선에 있다. 따라서 미래교육은 현재교육의 과제를 완성해야 하는 동시에 새로 도래할 미래 사회 및 교육의 전망도 준비하지 않으면 안 된다. 다만 미래를 준비하면서 현재의 아이들이 가진 흥미와 발달 단계를 무시하지 말아야 한다.

교육과정학자 마이클 FD 영은 미래적 사고를 강조하는 미래학futurogy이 본질적으로 매우 부정확한 과학이라고 본다. 왜냐하면 미래학은 모든 사실을 결코 가까이에 두지 않기 때문이다. 말하자면, 다음의 두 사항을 필히 동반한다고 것은 아니다. 첫째, 미래가 우리가 다룬 모든 사실을 담고 있지 않다고 하여 우리가 분별하는 추세가 예상할 수 없다는 것을 뜻하는 것은 아니다. 둘째, 더 적절하게 표현하면 우리가 구상하는 시나리오와 예상되는 결과들이 어떤 종말론적 고리를 가지고 있다고 하여 불가피하게 과장되었거나 틀렸다는 뜻은 아니다.Young & Muller, 2016: 79

영은 교육정책이 과거로의 회귀와 미래의 가능성이라는 동시적 형태를 취해야 한다고 주장한다. 과거는 나쁜 것과 동일시하고 미래를 좋은 것과 동일시하는 진보주의자의 수렁에 빠지지 않아야 한다고 주장한다. 이러한 사고는 과거는 좋은 것이고, 미래는 모두 나쁜 것이라고 하는 주장하는 보수주의자에게도 해당한다. 사회는 인간이 만들어 낸 것이고, '세상은 적어도 원칙적으로 언제나 바뀔 수 있다'고 사람들에게 알려 주는 것만으로 자족할 수 없기에 모든 비판은 분명한 '대안'을 제시해야 하기 때문이다. 비판만으로는 체계적인 지식과 학습의 토대를 구축할 수 없기 때문이다. 따라서 구체적인 정책이나 실천을 말하려는 것이 아니라, 정책과 실천의 변화를 유도할 수 있는 대안적 원칙을 수립하는 것이 중요하다.

충남교육청은 최근 4차 산업혁명, 기후위기, 전염병 대유행, 저출산 고령화 등 예측 불가능한 미래 사회에 대응하기 위해 기존 교육체계의 틀을 과감히 깨는 새로운 교육 패러다임을 구축했다. 미래 사회에 대응하기 위한 〈충남미래교육 2030〉은 미래를 살아갈 힘을 키우는 인간·기술·자연이 공존하는 미래형 교육을 천명하고 있다. '미래교육'을 혁신교육의 토대 위에서 교육과정 전환, 공간 전환, 생태 전환, 디지털 전환, 교육협력 전환 등 다섯 가지 핵심 전환과제를 중심으로 구성했다. 충남교육청의 〈충남미래교육 2030〉은 '어떤 사람으로 성장하게 할 것인가'라는 본질적 질문에서 출발했다. 이를 바탕으로 '무엇을 가르치고 무엇을 배울 것인가'와 '어떻게 교육 환경을 갖출 것인가'라는 두 가지 핵심 축으로 미래교육의 방향을 설정했다. 충남교육청의 미래교육 구상은 〈OECD 교육 2030 프로젝트 보고서〉(2018년), 〈유네스코 2050 보고서〉(2021년), 〈한국의 개정 교육과정〉(2022년)과도 궤를 같이한다. 여러 보고서의 공통점은 개인과 사회의 지속가능한 잘삶 추구, 학생의 주체성 강화, 통합적 역량 개발에 대한 강조다. 또 새로운 가치 창조와 책임감 갖기를 아우르는 사회 변화를 향한 변혁적 역량을 강조하면서 학습과 삶의 균형을 강조하고 있다.

24장
변혁적 리더십으로서의 유토피안 리더십

최근 발생한 서이초 사태는 학교의 공동체로서의 기능이 와해되었음을 단적으로 말해 준다. 그런데 이에 대한 해법으로 등장한 '교육의 사법화'-하버마스의 표현으로는 체제에 의한 생활세계의 식민화- 현상이 심화되면서 교육적 차원의 조정과 소통, 타협의 여지는 갈수록 좁아지고 있다. 이런 해결책은 임시미봉책일 뿐 근원적 해결일 수는 없다. 이에 대한 방안으로 여러 가지 리더십 이론들이 제시된다.

지금까지 교육행정이론은 영웅적/자기도취적 리더십, 기능적인 하향식 리더십에서 배분적/분산적 리더십, 포용적 리더십, 맥락적 리더십, 도덕적(윤리적/영적) 리더십, 헌신적(봉사적) 리더십, 문화적 리더십, 주체(학생, 청소년, 부모/가족, 집단, 공동체 등)의 리더십, 현장의 자치 리더십, 집단적 리더십, 다면적 리더십, 전략적 리더십, 그리고 변혁적·유토피안 리더십으로 이동하고 있다. 여기서 변혁적 리더십으로서 유토피안 리더십에 대한 관심이 커지고 있다. 전반적으로 교사의 무관심, 학생들의 퇴각, 사회적 불평등의 억압적 재생산과 같은 여러 가지 교육적 병리 현상은 유토피아적 사고방식의 학교 실천을 통해 치료되리라고 기대한다.Papastephanou, 2009: xxiii 이제 학교현장은 절망에 굴복하지 않고 희망을 찾는 변혁적 리더십으로서 유토피안 리더십에 대한 관심이 커지고 있다.

거래적 리더십에 대한 비판

신자유주의자들이 주창하는 '거래적 리더십transactional leadership'은 지도자가 지시하고 기대하는 바에 하위자가 순응하는 대가로 임금인상이나 특권을 부여받는 식의 리더십 과정을 의미한다. '거래적 리더십'은 목적과 기대를 설정하고, 교직원들이 업무를 성취할 때 인정과 보상을 제공한다. '거래적 리더십'에서 리더와 교직원의 관계는 사회적 거래 관계로 설명된다.

전통적인 리더십과 반대되는 '변혁적 리더십'은 리더와 구성원의 관계에서 타협이나 거래, 그리고 교환적 활동에 기초한 거래적 리더십을 비판하는 데서 대두되었다. 효율성을 요구하는 '거래적 리더십'이 지배하면서 교사의 권위주의 문화와 함께 교육 환경을 지배하는 신자유주의 시대 또는 신보수주의 시대에 맞서는 대안으로 '변혁적 리더십'의 이론과 이론화의 중요한 역할에 대한 혁신적 관점이 요구되고 있다.Countney & NcGinity & Gunter, 2017

지난 40여 년간 '변혁적 리더십' 이론이 교육 리더십 연구 분야를 주도했다. 변혁적 리더십은 리더들에게 무엇을 하도록 제시해 주는 모형이라기보다는 변혁을 하거나 변혁적 상황에서 업무를 수행하는 리더들의 전형적인 특성이 무엇인가에 대한 일반적인 내용을 제공한다. 권력은 중립적이지 않고 민주적이지 않으며, '변혁적 변화transformative change'는 오로지 중대하고 비판적으로 참여할 때만 발생할 수 있다.카 & 테제, 2023: 61-62

사회를 변화시키는 변혁적 리더십

교환 또는 협상의 노력과 관련된 거래적 리더십에 대한 대안으로 등장한 '변혁적 리더십transformative leadership'[193]은 민주적이고 혁신적인 포용의 사회질서를 체계적으로 구축함으로써 국가발전 단계를 한 차원 고양시키는 리더십이다.성경륭 외, 301-306 변혁적 리더십은 구성원들의 욕구와 능력을 인정하고 그들의 잠재력을 일깨워 구성원들을 더 훌륭한 사람으로 향상시키는 리더십이며, 리더십의 과정을 통해 리더와 구성원들이 상대방에게 더 높은 수준의 동기유발과 도덕성을 갖도록 고양시킨다.

변혁적 리더십의 목표는 마음을 바꾸고 시각과 통찰력 및 이해를 확대하고, 영속적인 운동량의 변화를 불러일으킨다. 변혁적 리더십은 사회의 사물이며, 사회적·경제적·정치적으로 구성되었기에 변혁적 리더십은 존재하는 권력구조의 구성 요소라고 할 수 있다. 변혁적 리더십은 변화의 과정을 개선하고, 모든 교직원에게 비전을 제시한다. 변혁적 리더십은 기존 질서의 변화와 인간적 성장을 도모하기 위해 교직원들의 요구에 변화를 도모한다.

변증법적 리더십dialectical leadership이라고 할 수 있는 '변혁적 리더십'은 통제/권력을 넘어서는 전문적 효능감(사람 중심, 학습 초점)으로 전환하는 학교 민주화 차원의 낙관, 존중, 신뢰[194], 지원 등의 사회적 자본[195]에 터한 리더십이라고 할 수 있다.Heybach & Sheffield, 2013: 80-86 변혁적 리더십은 권력을 유지하는 것이 아니라 권력에 맞서는 것을 수반한다.카 & 테제, 2023: 238 변혁적 리더십은 결국 시장, 건강, 교육, 기후, 환경, 시민권 등에서 인권, 역량, 연대의 가치를 포괄한 경계를 넘어서는 세계정의global justice의 실현으로 이어져야 한다.Hicks & Williamson, 2012 복잡한 세상의 대안적 지혜로

---

193. 제임스 다운틴의 『혁명적 리더십』(1973)에서 처음 창안된 '변혁적 리더십'은 공공선과 공동이익 추구의 변화와 혁신을 수용하고 포용하도록 영향력을 미치는 지도력을 일컫는다.
194. '신뢰(trust)'는 어떤 사람이 좋고 정직하여 나에게 해를 끼치지 않을 것이라 믿는 것, 무엇인가가 안전하고 신뢰할 만하다고 믿는 것, 사물이나 사람에 대해 확신을 신뢰할 만하다고 믿는 것, 사물의 신뢰성·진실·능력에 대한 강한 믿음, 증거나 조사 없이도 어떤 진실을 수용하거나 책임지는 상태를 포괄하기도 한다. 신뢰가 형성되면 이해관계자들은 위험을 감수한 채로 미래를 계획할 수 있고, 신용을 얻어 명성을 높일 수 있으며, 상호의존적인 네트워크를 개발하여 불확실성을 낮출 수 있다.
195. 로버트 퍼트넘은 사회적 자본을 내부 지향적인 '결속형(bonding, 사회적 접착제)' 네트워킹과 외부 지향적인 '연계형(linking, 사회적 윤활유)' 네트워킹으로 구분한다(퍼트넘, 2009).

서 글로벌 리더십이 요청된다.

　근본적 변화를 추구하는 변혁적 리더십은 리더와 구성원들이 서로에게 높은 차원의 동기와 도덕성을 지니게 해 주는 사람들 간의 관계와 연관되어 있다. 변혁적 리더십의 관점은 리더의 도덕적 가치와 가치 있는 활동에 초점을 맞추며, 이러한 것들이 어떻게 다른 사람들에게 나타나게 할 것인지에 초점을 둔다. 변혁적 리더십은 기술과학(technical science, 규칙이 정해져 있는 정적인 것)이라기보다는 도덕적 예술(도덕성에 바탕을 둔 동적인 것)에 가깝다. 변혁적 리더십은 존재 양식being과 앎의 양식knowing 그리고 행동의 양식doing, 즉 품성, 사고, 행동의 종합인 '실천적 지혜pronesis'을 필요로 한다. 변혁적 리더십은 또한 리더십을 위한 에토스(ethos, 헌신·희생·약속)[196]와 로고스(logos, 비전·신념·논리), 파토스(pathos, 열정·감성)가 결합된 미학적 리더십(상황을 아름답게 이끌어 가는 것)이라 할 수 있다.Farrell, 2021 이를 달리 표현하면 리더의 심장(리더의 가치·신념·비전)과 리더의 머리(리더의 심경), 리더의 손(리더의 결정, 행위, 행동)이라 할 수 있다.Sergiovanni, 2008: 27-30

　변혁적 리더십을 발휘하는 '변혁적 리더transformative leader'의 주요한 특징은 ① 자신을 변화 촉진자로 인식하고, ② 용기 있는 사람이고, ③ 아랫사람들을 신뢰하고, ⑤ 가치 지향적이고, ⑦ 평생학습자이고, ⑧ 복잡

---

[196] '에토스'는 널리 퍼져 있는 지배적인 정신과 성격 또는 윤리적 토대를 말한다. 학교 정신이나 문화(상징도 포함)가 에토스에 해당한다. 아리스토텔레스는 세 가지의 수사학(주어진 상황에 개장 적합한 설득 수단을 발견하는 예술) 요소, 즉 로고스, 파토스, 에토스 중에서 '에토스'를 가장 중요시했는데, 논리적이거나 감정적인 내용보다 공동체적 공감과 신뢰를 더 중시한 것이다. 에토스는 도덕적 감정을 갖게 하는 보편적인 도덕성을 말한다. 누가 봐도 믿음직스러운 사람이 이야기하면 그렇지 않은 경우보다 훨씬 신뢰감이 가며 설득이 쉽다는 것이다. 그리고 국가가 잘 운영되기 위하여 무엇이 이익과 정의인지를 잘 파악하고 실행해야 하는데, 그것을 가능하게 해 주는 매개체가 바로 '로고스'이다. 이성적인 논리로 상대방을 설득하려면 설득하려는 내용이 잘 정리되어 있어야 한다. 시민들이 로고스(이성적이며 과학적인 것)를 잘 구사하는 것은 개인이 행복함과 동시에 국가가 효율적이고 정의롭게 운영된다는 것을 의미한다. 로고스와 반대되는 '파토스(감각적이고 신체적인 것, 예술적인 것)'는 열정, 비애감, 고통 등을 의미하는 단어로 청중의 감성에 호소하는 것을 가리킨다. 인간이 이성과 감정을 함께 가진 동물이기 때문에 논리만으론 상대방을 설득하기 어렵다는 인식에서 출발한다. 즉 상대방을 설득하기 위해선 감성에도 호소할 줄 알아야 한다는 것이다.

성, 모호성 그리고 불확실성에 대처할 수 있는 능력이 있고, ⑨ 새로운 비전을 제시할 수 있다. 이를 교육현장에 적용할 경우 '변혁적 리더'는 교직원들이 비전의 변화 기제로 자신들을 설명하면서 중요한 것을 성취하도록, 리더 자신이 윤리적으로 향상되도록 한다.

'변혁적 리더'는 조직의 구조를 관리할 뿐만 아니라 조직의 변화를 위해 의도적으로 조직문화에 영향을 미친다. 또한 변혁적 리더에게는 겸손함이 요구된다. 변혁적 리더가 어떻게 배우고 훈련받고 발전하고 촉진되어 갈 수 있는지는 중요한 내용이다. 변혁적 리더는 사람들을 통제하려고 하기보다는 사람들과 함께 힘을 발휘하려고 하거나 사람을 통해 힘을 발휘하려고 노력한다. 변혁적 리더는 조직 목표 달성을 위한 적절한 상황을 창조한다. 변혁적 리더는 진취적이고 구성원들의 관심사와 이해관계를 파악하고 있으며, 구성원들 본인이 지닌 능력 이상을 발휘할 수 있도록 도와준다. 변혁적 리더는 인습적인 발상에서 벗어나 새로운 관점에서 낡은 관행에 대해 문제를 제기하고, 미래지향적 발전 방향을 제시하고, 교사들에게 도전적인 목표를 부과하며, 새로운 교육이론을 수용하고 혁신적인 수업 방법을 채택하도록 교사들을 독려한다.

변혁적 리더십이 존재하는 학교에서는 교사들의 협동심을 고양시키고, 교사들이 교직에 대한 동기부여를 받으며, 교사들의 자기효능감이 높아진다. 그리고 변혁적 리더십은 학교문화를 개선하는 데 직접적으로 도움을 준다. 변혁적 리더가 학교의 문화를 개선한다는 것은 구체적으로 학교의 규범, 가치, 신념, 그리고 지속적인 전문성 개발의 개선과 변화를 통해서 이룩하는 것이다.[197] 결국 변혁적 리더십의 목표는 학교를 '공동체 community'[198]로 파악하고 그것을 건설하는 것이다. 조직에서 공동체는 함께 일하는 사람들이 공동의 목표를 달성하기 위해 서로 배려하고 협력하

---

197. 학교문화(특정 집단이 공유하고 있는 규범, 가치, 신념, 예식, 의식, 신화 등)에 관심을 기울이는 리더십을 '문화적 리더십(cultural leadership)'이라 부를 수 있다.
198. '공동체'란 개인의 목적과 공동의 목적을 달성하기 위해 구성원들이 공통적인 관심을 가지고 상호작용하는 집단을 말한다.

는 힘이 된다.

이상사회를 준비하는 유토피안 리더십

교육은 세상을 만들고 바꾸어 가는 인간이 가진 가장 핵심적인 장치이다. 그 교육의 길이 곧 미래가 된다. 세상을 바꾸는 힘, 그것이 '교육'이다. 그 교육을 움직이는 존재, 그가 '교사'이다. 단지 사회에서 맡긴 인재를 기르는 역할을 수행하는 수동적인 존재가 아니라 사람을 사람답게 기르는, 세상을 세상답게 만들어가는 큰 그림을 그리는 자가 '교사'이다. 그래서 교육은 '정치'이다.새로운학교네트워크, 2025: 298 교육은 학습이며, 철학이며, 세상을 바꾸는 정치이다. 이를 깨달아 가는 교사란 학습하는 자이며, 철학하는 자이며, 정치하는 자이다.새로운학교네트워크, 2025: 306

안토니오 그람시Antonio Gramsci는 강압보다는 도덕적 설득을 통해 리더십을 발휘할 것을 요청한다. 합리적 호소를 통해 대중을 이끄는 능력을 넘어서고자 하는 유기적 지식인은 해방적 명령, 즉 '유토피아'에 의해 지도된다.Leonardo, 2006: 95 그람시의 헤게모니와 유기적 지식 개념을 통해 신자유주의 국가에 대항하는 대중운동을 필요로 하는 헤게모니[199]의 모든 관계는 교육적 리더십으로서 그것을 통해 변화를 만들어 낼 수 있다.Stevenson, 2024: 11 교육과 정치의 강한 연결고리를 만들어 세상을 변화시키는 교육적 리더십은 상식common sense(통념, 사회의 지배적 이해·가치·신념: 관리적 리더십)을 넘어서는 양식good sense(새로운 대안적 질서)의 형성(관계적 리더십/변혁적 리더십), 즉 환경의 정의와 함께 새로운 세계관의 형성을 통해 세상의 변화를 추구한다.Stevenson, 2024: 3-19 혁명은 기존 질서에 대한 반란인 동시에 제도투쟁이어야 하고, 하부구조의 변혁인 동

---

199. '헤게모니'는 한 집단의 다른 집단에 대한 사회적 통제 및 지배이다.

시에 상부구조의 변혁이어야 한다.

그래서 그람시는 정의로운 변화를 위한 변혁적 리더십의 가장 이상적인 형태로서 '유토피안 리더십utopian leadership'[200]을 요청한다. 학교 리더십에 대한 실험적 사고인 '변혁적 리더십'은 참여[201]와 숙의[202]에 터한 유토피아적 민주주의를 지향한다. 유토피안 리더십과 관련된 비판적인 민주주의 교육은 교육을 민주주의와 연결하고, 지식을 공적 삶에 대한 개입 행위와 연결하는 것에 관한 것이다.카 & 테제, 2023: 218 사회를 변화시키는 변혁적 리더십으로서 '유토피안 리더십'은 대중 의식의 혁신, 참세상의 실천적 혁신, 사회구조의 혁명적 변화를 이끌어 내는 사회운동의 리더십을 요청하는 것이다. 유토피안 리더십은 학교(교육과정, 교수 방법)를 넘어 풀뿌리 운동을 촉구하는 더욱 평등하고 민주적인 사회를 위한 리더십으로서 학교의 혁신적 변화(변혁)를 추동할 수 있다. 그람시는 강제가 아닌 동의를 이끌어 내는 리더십으로 지도력과 함께 자발성을 요청한다. 유토피안 리더십은 제도(구조, 체제)의 변화에 요구되는 개인의 세계관, 정직성, 주도력, 열정의 내장을 필요로 한다. 말하자면 유토피안 리더십을 발휘하는 변혁적 리더에게 필요한 자질로 지성, 지혜, 비전, 정직, 소통, 경청, 겸손, 주도성 등이 요구되는 것이다.

'세상에 없는 곳'이라는 뜻을 지닌 '유토피아'라는 개념이 오래도록, 또 앞으로 계속 사람들의 마음과 생각과 문학작품 속에 회자되고 그려지는

---

200. 변증법적이고 변혁적인 리더십을 '포용적 리더십(inclusive leadership)'으로 호칭하기도 한다. 포용적 리더십은 조직이나 집단의 목표 달성을 위한 방향으로 성과를 창출하는 지도력이다. 포용적 리더십은 혁신, 참여, 공정, 공평, 인정, 권한 부여, 대화, 타협, 수용, 화해, 신뢰, 화합, 겸손, 용기, 책무성 등의 가치를 중시한다.
201. '참여(participation)'는 어떤 일에 개입하거나 역할을 맡는 것, 또는 그런 활동을 의미한다. 범위와 형태가 다양한데, 시위나 집단행동으로 개인적인 의견을 표출하는 것에서 행동은 하지 않지만 정치적·사회적 문제에 관심을 품는 것까지 모두 포함한다. 시민의 참여는 국가와 민간경제의 간극을 메우는 활동이며 사회 구성원들의 자발적 조직의 효과이자 형태다.
202. '숙의'는 개인적 견해의 한계를 극복하고 공적 의사결정의 질을 제고할 수 있다. '숙의'의 목적은 인식론적 동의에 도달하는 것이 아니라 토론 과정에서 표현된 상이한 관점 사이의 공정한 균형을 표현하는 것이며, 심지어 다른 결과를 선호할 수도 있는 사람들이 그 결정을 정당한 것으로 인정할 수 있는 정도까지를 표현하는 최종 결정에 도달하는 것이다.

것은 유토피아를 거울삼아 현실의 문제 상황들을 비추어보고, 유토피아를 향해 행동할 수 있는 힘을 주기 때문이다.새로운학교네트워크, 2025: 309 그러기에 학교가 학생들의 열망과 기대에 부응하여 '유토피아적'이지 않으면, 학생들을 걸러 내거나 진정시키는 재생산 기관으로 전락될 것이다. 행정가들이 대안적 전망을 고려하려 하지 않는다면, 교육 안에서 그리고 교육을 통한 의미 있는 변혁적 변화는 대체로 불가능할 것이다. 신자유주의의 불공평한 권력관계가 가진 헤게모니를 해체하기 위해 학습활동은 교육적이고 정치적인 중요한 초점으로 여겨져야 한다. 교사교육 또한 복잡하고 문제 있는 사회적 맥락에 대응하는 이상적 사회 변화의 유형과 관련되어야 한다.

유토피안 리더십은 지속가능한 리더십

오늘날 세계적으로 대재앙을 발생시키는 기후 위기, 전쟁 위기, 인종 갈등, 불평등과 양극화 심화, 민주주의에의 심각한 위협, 인공지능의 도전, 인구 소멸, 인류의 본질과 생존 가능성 등에 대한 근본적 의문이 제기되며, 그 어느 때보다 지속가능성과 지속가능한 리더십의 필요성과 중요성이 전면적으로 부상하고 있다.하그리브스, 2024: 12; Hargreaves, 2024: 1-4 한마디로 예측 불허의 위기, 즉 '다중적 위기polycrisis' 시대[203]를 맞고 있다. 이런 위기는 마을에서 지구 전체 규모에 이르기까지 수많은 공동체가 붕괴에 대한 불안을 느끼게 한다. 다중적 위기는 공통세계의 위기이며, 파시즘은 위기를 파국으로 빠르게 인도하는 최악의 방식이다.이승원, 2025: 375 공동체 붕괴의 불안, 그리고 이 붕괴 앞에서 더 불안정해지는 자신에 대한

---

203. 오늘날 급변하는 우리 사회 변화의 경향을 두고 변동성(Volatility), 불확실성(Uncertainty), 복잡성(Complexity), 모호성(Ambiguity)으로 가득 차고 빠르게 변화하는 'VUCA 시대'라고도 한다. 미국 군대에서 처음 사용한 용어이다.

불안이라는 이중의 불안은 많은 이에게 기성 질서와 신념, 상식과 법에 대한 불신과 불만을 초래한다.

　이런 어지러운 시대 및 난국에 사회·정치·조직 등의 학문적 논의에서 도출된 풍부하고 생산적인 이론적 렌즈를 통해 전문적 실천으로서의 '교육적 리더십'으로서 변혁적인 '유토피안 리더십'을 이해하는 것이 중요하다. 불안정하고 취약한 학교현장을 극복하고자 하는 유토피안 리더십이 요청되는 것이다. 미국의 경우, 1990년 중반 이후 신자유주의 교육개혁과 표준화 운동이 지속 불가능한 상태에 이르면서 그 요구는 더욱 커지고 있다.Hargreaves, 2024가: 35-41

　유토피안 리더십은 단절적이지 않고 지속가능해야 한다. 지속가능한 발전은 성공적 리더십에 달려 있다. 그러나 리더십을 지속가능하게 만들기는 쉽지 않다. 카리스마 넘치는 리더는 학교를 매우 우수한 수준으로 끌어올릴 수 있지만, 후임자는 그를 따라 하기도 벅차기 마련이다. 훌륭한 리더는 새로운 도전을 위해 다른 곳으로 자리를 옮길 때, 최고의 인재들을 데리고 가고 싶은 유혹에 빠지는데, 이로 인해 기존 학교는 이전에 이루어 놓은 모든 것을 위험에 빠뜨리는 경우도 종종 있다. 영웅적인 리더는 막대한 시간과 에너지를 투입하여 위대한 업적을 달성할 수 있지만, 이러한 에너지는 점차 고갈되고 리더와 그 직원들은 소진을 경험하기 마련이다. 그러기에 법과 제도에만 과잉 의존하면 학교 본연의 기능이 위축될 수 있다. 지금 학교에는 교육활동 침해에서 비롯한 기능 위축 외에도 다양한 위협 요인들이 있다. 학령인구 감소에 따른 교육구조의 변화, 심화하는 교육격차, 전인적 발달을 외면하는 대입 중심의 평가체제, 균형을 잃은 교육재정 투입, 디지털·인공지능 등 에듀테크의 도입, 여전한 투입산출 기반의 교육행정, 사교육의 창궐 등 복잡하게 얽혀 있는 교육 문제는 좀처럼 해결의 조짐이 보이지 않는다. 이러한 교육적 위협에 대한 학교 리더십으로 '지속가능한 리더십sustainable leadership'이 제창되고 있다.하그리브스, 2024 조직의 변화를 위한 '지속가능한 학교 리더십'[204]은 집단이 지향하는 목표를 설정하고, 새로운 행동의 틀을 창조하는 운영구조를 마련하고, 나아가 사람들이 함께 아우르는 오케스트라 문화(규범, 신념, 습관) 형성을 위해 구성원이 자발적으로 집단 활동에 참여하여 목표를 달성하는 능력이다. 학교를 학교답게 복원하고자 하는 노력은 어느 기간 집중해야 할 특별한 조치가 아니라 지속적 관심과 노력, 구체적인 조치에 대한 이행과 함께 이뤄져야 한다.

모든 학생에게 도움이 되고 지속될 수 있는 양질의 교육을 제공하려면, 지속가능한 리더십에 관심을 두어야 한다. 변혁적 변화를 위한 첫 번째 과제는 바람직한 변화인지 확인하는 것이고, 두 번째 과제는 실행 가능한 변화인지 확인하는 것이다. 그리고 이보다 큰 과제는 변화를 지속가능하게 만드는 것이다.하그리브스, 2024: 28 지속가능한 리더십은 건강한 리더십으로 원기 왕성하고 치유하는 리더십이다. 건강한 조직은 자원을 재생하고 재활용하지만, 건강하지 못한 조직은 자원을 소모하고 낭비한다. 건강한 조직은 지구와 우리 자신의 생명 유지 능력의 유한한 측면을 존중하는 개발과 성장을 촉진하지만, 건강하지 못한 조직은 소수의 이익을 위해 자연과 인적 자원을 착취하는 탐욕스러운 조직이다. 의기소침한 리더는 많은 개선을 가져올 수 없다. 그러나 리더가 활기차고 살아 있음을 느끼면 성취할 수 있는 것에는 한계가 거의 없다고 볼 수 있다.

리더십의 개발은 학습에 뿌리를 두고, 도전을 받아들이고, 성찰을 요구하고, 지원이 필요하고, 협력적 작업과 활동에 기반한다. 이러한 교육적 리더십이야말로 '지속가능한 리더십'이라고 할 수 있다. 결속bonding과 교량bridging 사이의 대립적인 경향을 이어 주는 지속가능한 리더십은 학교를 넘어서는 더 넓은 지역사회로 확장된 '교육적 리더십educational leadership'이라고 할 수 있다. 교육적 리더십의 본질이 학교에서 지역사회로, 학문적 성취에 대한 책무성에서 교육적 결과에 대한 책무성으로, 교

---

204. 지속가능한 리더십의 7가지 원칙으로 깊이, 지속, 너비, 정의, 다양성, 풍요로운 자원, 보존 등을 들 수 있다.

직원에 한정된 리더십에서 지역사회를 가로지르는 리더십으로, 시간과 공간에 한정된 리더십에서 시간과 공간의 경계를 넘어서는 리더십으로, 전문가주의professional silos에 한정된 작업에서 행위자를 넘어서는 작업으로, 위계/지위의 리더십에서 넓게 배분된 역량의 리더십으로, 기관의 발전에서 지역사회의 발전으로, 결속적 리더십에서 교량적 리더십으로 초점이 이동되는 것이다.West-Burham, Farrar & Otero, 2007: 123-124

나아가 이러한 리더십은 곧바로 '지역사회 실천community action'으로 나아간다. 지역사회 실천은 사회적 포용을 수립하고, 지역사회 역량을 함양하고, 사회적 자본을 창출하고, 지역사회 봉사를 위해 개별적 준비를 하고, 공적 영역의 개혁에 목소리를 내고, 더 나은 서비스를 함으로써 질을 증진시킨다. 그리고 지역사회 실천은 사회정의, 참여, 공평, 학습 스킬, 협력, 상호성, 네트워크를 통해 더 강한 가치 기반을 갖는다.West-Burham, Farrar & Otero, 2007: 138-139 이렇게 함으로써 복잡한 적응 체제로 작동할 수 있는 학교는 지역사회의 실천을 통해 '지역공동체학교community school'로 변화될 수 있다. 본질적으로 학교들 및 그들이 기여하는 지역사회는 지속적으로 성장하고, 변화하고, 발전하는 상태에 있다. 조직과 공동체의 변화는 참여민주주의에 터한 시민적 참여를 통한 정치적 과정으로 이해될 수 있다.West-Burham, Farrar & Otero, 2007: 163-165

또한 하그리브스Hargreaves, 2024는 새로운 형태의 교육 리더십으로 그것의 핵심·심장·영혼에 속하는 '중도적 리더십leadership from the middle'을 요청한다. 이것은 위로부터의 리더십과 아래로부터의 리더십이 결합된 것이다. 좌/진보와 우/보수의 균형이고 중용 속에서 이루어지는 리더십이라고 할 수 있다. 이것은 장애물을 기회로 여기고, 리더십의 딜레마를 적극적으로 수용하고, 협력적이고 영감을 주며 포용하는 리더십의 발휘로 이루어진다. 지속가능한 리더십에는 운전자가 앞을 볼 수 있는 유리창(미래의 전망/예측)뿐만 아니라 뒤를 볼 수 있는 백미러(과거의 회상/회고)도 필요하다.하그리브스, 2024: 316 이는 듀이가 강조하는 회고적 사고와 전망적 사고가 결합된 교육관과 유사하다. 지속가능한 개발은 과거의 가치 있는 모든 것을 존중하고, 보호하고, 보존하고, 새롭게 하며, 더 나은 미래를 만들기 위해 과거로부터 교훈을 얻는다. 오래된 환경, 멸종 위기에 처한 종, 문화적 전통, 토착적 지식, 집단적 기억은 그 자체로 가치가 있고 학습과 개선의 강력한 원천이기 때문에 보호하고 보존해야 한다. 그리고 이를 가능하게 하려면 교사들에게 비판적으로 해석된 지식(교육 내용)을 가르칠 수 있는 '정치적 기본권'을 보장하여 표현의 자유, 사상의 자유를 향유할 수 있도록 해야 한다. 그래야 새로운 인간과 시민을 탄생시켜 새로운 세상을 여는 주체의 형성이 가능해질 것이다.

작은 학교의 '팀' 리더십

민주주의 사회에서 리더의 문제는 좀 '덜' 중요해지는 것이 옳다. 민주주의는 과거 군주정과는 달리 시민이 시민의 손으로 이끌고 나아가는 정치체제이기 때문이다.윤비, 2025: 242 현대 민주주의 법치국가의 리더는 과거 정치 리더들에 비해 훨씬 '덜' 자유롭고, 훨씬 '덜' 전능하다. 리더가 무슨 생각을 하고, 무엇을 추구하고, 어떤 판단을 내리는가는 여전히 학교의 미래를 결정하는 데 매우 중요한 요인이다. 이를 교장 혼자 짊어질 수 없다.

학교라는 배는 진공 속에 떠다니는 것이 아니라 동시대의 들끓는 현안과 문제들의 바다를 헤쳐가야 하는 것이므로, 때로는 바람을 타기도 하고 돛을 내려 한 군데에 머무르기도 하지만, 순풍을 만나면 나는 듯이 물살을 가르고 나아갈 수 있도록 단단한 공동체를 만들고 스스로 힘을 길러 두는 것이 너무나 필요하다.새로운학교네트워크, 2025: 316-317 여기에서 함께 교육의 방향타를 잡아 가는 '팀 리더십team leadership'이 요구된다. 팀 리더십은 학교 혹은 그와 연관된 자리에서 살아가며 좋은 학교, 더 나은 교육을 꿈꾸는 사람들에게 그와 비슷한 역할을 할 수 있는 희망을 갖게 한다. 이러한 리더십을 구축하는 데는 여러 상황적 맥락들이 요구되고, 정책이나 제도, 사회적 여론이나 지원 체제 등 외부적 요인들이 매우 중요하게 작동한다. 외부의 태풍이 몰아칠 때 학교라는 배의 힘은 나약하게만 느껴지지만, 그렇기 때문에 거기에 대응하는 내적인 힘을 비축해야 한다. 팀 리더십은 학교교육이 시대적 요구를 수용하고 동시에 제어해야 하는 난제를 제대로 수행하려면, 교사 개개인의 전문성 신장이나 소수 리더의 양성에만 의존할 수 없다. 교육적 모순과 난제에는 구조적 대응이 필요하며, 팀이 목표를 달성하기 위해 효율적으로 상호작용을 이끌어가는 역량이라고 할 수 있는 '팀 리더십'을 필요로 한다.

다시 말해 팀 리더십은 특정한 리더 한 사람에게만 필요한 것이 아니라, 모두가 리더로서 팀에 참여하는 주도적 역할을 의미하며, 일종의 '파트너십partnership'이라고 할 수 있다.새로운학교네트워크, 2025: 32 많은 경우 유능한 한 명의 리더가 이끄는 공동체는 오래 지속되기 어렵다. 그의 역능을 다른 이들이 가지기가 어렵기 때문일 것이다. 그가 없는 곳에서 다른 구성원들이 리더로서의 역량을 발휘하지 못한다면 공동체 전체의 활발한 역동을 기대하기 어렵다. 그리고 그가 공동체에서 사라지는 순간 그가 발휘했던 공동체의 힘도 함께 사라져 버리는 경우가 많다. 그래서 '유능한 한 사람'보다는 '리더십이 발휘될 수 있는 체계적인 구조'의 구축이 더 긴요하다. 구심점이 되어 줄 강력한 누군가가 당장 큰 힘을 발휘할 수 있겠지만, 그렇지 않은 상황이라면 그런 마음을 품고 있는 '나', 그리고 비슷한 마음을 가진 '또 다른 한두 사람' 정도가 훌륭한 구심점이 되어 줄 수 있다.새로운학교네트워크, 2025: 310-311 무엇보다 '리더'는 명령하는 지배자가 아니라 기본적으로 미래에 대한 비전을 갖고 타인을 돕고 솔선수범하며 용기 있는 사람이다.

학교의 교육 목표를 달성하기 위해 학교공동체를 하나의 팀으로 인식하고, 서로 간의 상호작용을 효율적으로 수행할 수 있도록 하는 역량을 필요로 한다. 그 역량이 학교에서의 '팀 리더십'이다. 팀 리더십은 갈등의 순환 과정이 적극적으로 일어날 수 있도록 갈등의 포착과 분석, 문제 해결 단계로의 이행, 새로운 모델의 검토와 생성을 지원하는 구조를 만들어 내도록 지원하는 역량이다.새로운학교네트워크, 2025: 44 팀 리더십이 발현될 수 있는 학교공동체를 만들기 위한 핵심 전략은 다음과 같다. ① 환대와 공감으로 관계를 구축하라. ② 비전과 공감으로 관계를 구축하라. ③ 수평적 회의문화와 권한위임 체제를 만들라. ④ 성장을 이끄는 학습 공동체를 구축하라. ⑤ 갈등을 다스려 성장으로 나아가라. ⑥ 학교 조직 문화의 진단과 성찰을 통해 도약하라. ⑦ 합의와 성찰의 교육과정을 함께 만들어라.새로운학교네트워크, 2025: 45-267

학교의 리더십은 양질의 교수·학습과 밀접한 관련이 있다. 학교가 지역을 떠나 고립된 단위로 존재하지 않고, 지역과 함께 호흡하며, 지역사회와 연계하는 것이 '작은 학교small school'의 강점을 극대화하고 단점을 극복할 수 있는 기저가 됨을 알아야 한다. 작은 학교들은 단순히 더 큰 학교들의 작은 유형이 아니다. 작은 학교 리더십의 또 다른 복잡성은 교장 역할의 확대가 야기되는 문제점에 있다. 따라서 교장에게 제기되는 문제는 어떻게 '삶의 균형'을 유지하느냐 하는 것이다. 그리고 학교의 성공 요인 중 하나는 학교를 넘는 지역사회와의 연결이다. 실제로 이를 위해서는 단순히 지역사회에 '거주'하는 것을 넘어 그 안에서 '생활'해야 한다.

듀이가 시도한 학교에서의 민주적 공동체에 대한 실험은 아이들이 자신과 타인, 전체 사회의 성장을 증진하는 방법을 실제로 배우는 '작은 사회'이다. 인간에게 가장 바람직한 사회는 '민주주의 사회'이며, 민주주의 사회를 건설하기 위해서는 학교가 작아야 한다는 것이다. 우리나라의 '작은 학교 운동'도 이런 목표를 가지고 시작했다.

큰 학교에 대한 대안으로 등장한 '작은 학교'의 리더십은 영웅적 지도자로 활약하는 것이 아니라 이상적 리더십을 공유하는 것이다. 이런 '공유적 리더십shared leadership'은 단순히 있다고 좋은 것이 아니라 작은 학교를 이끄는 데 필요한 특성이다.앤더슨 외, 2025: 236-237 작은 학교의 리더십은 장소, 사람, 제도, 그리고 자아에 대한 개념에 초점을 둘 필요가 있다.앤더슨 외, 2025: 22-23 첫째, '장소'는 지리와 기후뿐 아니라 문화에 대한 과제를 말한다. 장소의 문제가 학교와 지역사회 관계의 목적 및 성격의 문화적 차이에 중요하게 영향을 미친다. 문화를 이해한다는 것은 지역의 전통, 역사, 경제, 사회 질서뿐 아니라 더 넓은 지역공동체의 연결을 포함한다. 작은 학교에서 찾은 아름다운 것, 장기간 거주하고 있는 사람들에게 당연하게 여겨지고 있는 문화에 대한 내용을 담을 수 있다. 둘째, '사람'은 학교와 지역사회의 어른들을 대한 과제를 말한다. 아이들과 함께 하는 것에는 능숙하지만, 어른과 함께 일하는 것에 대해서는 경험이나 준비가 거의 없을 수 있다. 교실에서의 실천은 다음 세대의 기억 속에 깊이 자리할 것이기에 공동체의 구성원들과 관계를 맺는 것은 매우 중요하다. 셋째, '제도'는 교장직과 관련된 교육적 권한의 본질과 역할을 대하는 과제를 말한다. 멀리 떨어진 관료조직의 정책적 변화에 뒤처지지 않는 것은 외딴 지역의 교장들의 인식에서 그렇게 중요하지 않을 수도 있지만, 다른 교장들처럼 작은 학교의 교장은 제도적인 정책, 절차, 조례와 직원들 간의 네트워킹, 제도적 필수 사항과 지역적 요구 사이의 균형, 그리고 고립된 작은 학교에 필요한 자원을 확보하는 능력을 개발하는 것의 중요성을 제대로 알고 있어야 한다. 넷째, '자아'는 개인의 회복력을 성장시키는 과제를 말한다. 교장에 대한 다양한 요구를 고려할 때, 전문적인 업무와 사생활 간의 균형을 맞추고, 눈에 잘 띄는 직위의 특성에 잘 대처해야 하며, 관리자이자 행정가일 뿐만 아니라 지도자[205]로서의 자신감을 쌓고, 전문적·물리적인 고립을 다루는 능력이 필요하다.

오늘날과 같은 위기 상황에 요구되는 유토피안 리더십의 핵심은 시대정신 또는 시대의 흐름에 민감하게 반응하면서 이끄는 힘 또는 능력이라

---

205. '지도자(leader)'는 우두머리가 아니다. 우두머리에게 복종하는 것은 그의 권력 때문이다. 지도자를 따르는 것은 그가 당신의 편이라고 믿고, 당신의 이익을 마음에 두고 있다고 믿으며, 당신이 그와 좋은 사회에 대한 전망을 공유하고 있다고 믿기 때문이다.

고 할 수 있다. 위기의 시기에 요구되는 유토피안 리더십은 목표를 명확히 제시해 총력을 결집하게 하며, 목표를 향해 가는 과정에서 제기되는 여러 층위의 다양한 문제들을 회피하지 않고 씨름하며 결단하는 실사구시의 자세를 필요로 한다. 서이초 사태도 학교 리더십이 바닥에 이른 사태로 해석할 수 있다. 학교 구성원(교장과 교사, 교사와 학생)과 학부모 그리고 지역사회 주민 사이의 극단적 대립은 불신에서 시작된다. 서로의 대립과 갈등, 그리고 차단은 문제를 더욱 키울 뿐이다. 따라서 이에 대한 해결책은 공동체의 복원을 도모하는 것이다. 개인의 자유와 권리만 중시하는 자유주의가 아니라 공동체, 공동선, 공공성의 가치를 중시하는 '공화주의'와 결합된 견제와 균형의 공동체를 지향해야 한다. 자유주의 또는 민주주의가 방임과 방종으로, 공화주의가 개인의 억압으로 변질되어서는 안 된다.김성천·서용선, 2024 정책과 제도는 문제 해결의 필요조건이지만 충분조건일 수 없다. 그러기에 국가주의와 시장주의를 넘어선 제3의 길, 이른바 존중, 신뢰, 소통, 경청, 공감, 성찰, 돌봄, 겸손, 자제, 자치, 연대의 가치를 중시하는 '민주적 공동체주의 리더십'이 요구된다. 이런 리더십을 가져야 학교는 사법기관이 아닌 교육기관으로 재탄생할 수 있을 것이다.

25장
낡은 교육체제의 청산과 교육이상국가의 건설

현재 인류는 어떤 모습인가? 현재 우리 사회와 전 세계가 맞닥뜨린 과제는 지구 생태 환경의 위기/기후위기, 디지털/인공지능 산업기술혁명, 정치경제적 양극화, 혐오·증오의 증대, 지구화/지구촌화/세계화(시공간적 압축의 진전, 디지털-AI기술혁명의 제2차 지구화, 젊은 세대의 경우 탈국경화된 소통에 친숙) 등이다. 특히 우리나라의 경우 '87년 체제의 위기, 즉 사회경제적 차원('87년 민주화 체제가 내포한 평등 프로젝트의 고갈, 사회경제적 형해화), 정치적 차원(적대적 진영 정치의 확산), 사회문화적 차원(권리와 이해를 위한 전투적 인식과 행동의 전 국민적 확산, 최대 이익주의적 경향, 하나의 가치를 중심으로 하는 극단성의 확대, 권리와 책임의 연계적 균형의 약화)의 위기는 실패의 위기가 아니라 성공의 위기라고 해석할 수 있다.

체제의 전환기에는 새로운 '시대정신時代精神, Zeitgeist'[206]을 반영하는 담론과 정책이 반드시 창출되어야 한다. 교육체제는 특정한 종류의 학생들, 노동시장, 문화시장을 다루도록 설계되어 있다. 전환기의 교육개혁은 사

---

206. '시대정신'(spirit of the age/spirit of the time)은 그 시대를 움직이는 어떤 정신이나 사회적 상식, 한 시대에 지배적인 지적·정치적·사회적 동향을 나타내는 정신적 경향이다. 괴테는 특정한 역사적 시기에 추구되는 지식인들의 정신이 시대정신이라고 주장하였다. 이후 '시대정신'은 현재 상황을 진단하고 미래 방향을 전망하는 가치의 집약이라는 의미를 갖게 됐다.

회 변화의 조건을 온전히 갖춘 유토피아적 제도의 설계도(청사진)를 필요로 한다.[207] 우리의 유토피아에 도달하려는 고난의 과정은 아직 실현되지 않은 '무엇'이 포함된 세계에 내재되어 있다.Fielding & Moss, 2011: 138-139 이러한 유토피아 사고와 실천은 교육제도/체제 등 사회제도/체제에 대한 지배적 가정과 담론에 파열음을 내는 것이며, 또 다른 잠재력과 새로운 가능성을 상상하면서 현재의 조건에 도전하는 새로운 공간을 만들어 내는 역동적 활동이라고 할 수 있다. 그러기에 이러한 도전적 활동은 끝이 있을 수 없다.

교육을 포함하여 현재의 사회적 조건에 머물러서는 안 된다. 현재의 삶을 극복하여 미래로 나아가야 한다. 유토피아가 그대로 주어지는 것은 아니다. 그러기에 민주적 교육개혁의 가능성과 한계를 끊임없이 시험하면서 새로운 제도를 창조하는 시도와 도전해야 한다. 제도의 구조적 배열을 인간화하고 민주화하는 체제적 도전과 변혁적 가능성을 향한 교육혁명을 요구한다.

사회적 격변과 체제 위기

지금 우리는 그 어느 때보다 세계 대변동의 시기를 맞이하고 있다. 안토니오 그람시Antonio Gramsci는 이에 '포괄적인 사회적인 격변기'[208]라는 말을 사용했다. 지그문트 바우만은 이를 '궐위의 시대'로 규정한다. 인터레그넘interregnum은 위기의 공간이면서 동시에 새로운 정치적 공간이다.

---

207. 유토피아(utopia)는 '좋은 장소'와 '없는 장소'를 동시에 가리킨다. 저 멀리 존재하는 것이 아니라 항상 지금 여기에 존재해야 의미가 있다. 인류의 현실적 잠재력에 기초해 있는 유토피아적 이상은 필요하며, 중간역이 있는 유토피아적 목적지가 필요하다.
208. 1920년대와 1930년대에 이탈리아 투리 교도소에 수감되었던 시절에 쓴 그람시의 『옥중수고』에 의하면, 그가 1929년 월스트리트 금융 붕괴의 결과 심각한 경제 위기가 발생하고 유럽 전역에서 극우 세력이 부상하고 스탈린주의가 등장한 것을 '인터레그넘'의 상태로 보았다.

지금 인류는 최고 권력의 공백 상태, 시대정신의 부재 기간, 다시 말해 궐위의 시간인 '인터레그넘'[209]에 빠져들고 있다. 인터레그넘은 하나의 시대와 다른 시대 사이에 불안정하게 걸쳐 있는 혼돈의 시대를 말한다. 인터레그넘이란 기존의 사회 질서를 유지하게 만들어 주던 법적·제도적 틀이 그 효력을 다했음에도, 이를 대체할 새로운 틀이 없거나 영향력을 제대로 발휘하고 있지 못한 상태이다. 이를테면 고려가 멸망하고 조선이라는 새로운 왕조가 들어서기 전의 시대를 생각하면 이해가 쉽다. 다시 말해 이전의 '시대정신'이 사라졌는데, 새로운 '시대정신'은 아직 출현하지 않은 것이다. 앞으로 어떤 시대정신이 등장할지는 아무도 알 수 없다. 그 누구도 쉽게 예측할 수 없다. 이 맥락에서 보면 "미네르바의 부엉이는 황혼이 깃들 무렵에야 비로소 날갯짓을 시작한다"라는 말은 여전히 유효하다. 시대정신은 결국 그 시대가 어느 정도 숙성한 다음, 곧 저녁 무렵에야 알 수 있을 뿐이다. 시대정신은 주장할 수 없고, 독점할 수 없으며, 예단할 수 없기 때문이다. 굳이 따지자면 시대를 지배하는 최고의 가치가 없다는 것이며, 다른 말로 하자며 춘추전국시대처럼 모든 가치가 경쟁하거나 혹은 모든 가치가 동등하게 인정받는 '다원주의 시대'라고 할 수 있다. 하지만 이 다원주의는 가치의 영역이 아니라 사실의 영역이라고 보아야

---

209. '인터레그넘(an interval between two reigns)'은 '최고 통치자의 부재 기간'을 일컫는다. 신성로마제국의 황제 공석 시대(1254~1273년)와 같이 최고 권력의 궐위/공백 상태를 가리킨다. 처음에는 '과도기 상태', 즉 군주나 종교 지도자가 사망하고 후계자가 취임할 때까지 사람들이 경험하는 '불확실성의 시기'를 지칭하는 데 사용되었다. '궐위'란 로마법에서 최고 권력의 공백 상태 또는 헌정의 중단을 가리키는 말인데, 통치하던 왕이 죽었으나 아직 새로운 왕이 즉위하기 전의 상태, 즉 '왕위 공백기'라고 할 수 있다. 민주주의 시대의 '통치권 공백기'라고도 할 수 있다. 지그문트 바우만은 '인터레그넘'이 안정성을 제공하는 새로운 사회제도가 등장하지 않아 고체 근대적인 사회적·정치적·법적 질서의 안정성이 불확실성에 자리를 내준 상황으로 파악한다. 액체적 근대 세계에서 사람들은 다음에 무슨 일이 일어날지 확신하지 못하는 무지의 상태에 놓여 있으며, 이는 굴욕적인 무력감을 낳는다. 쌍탈 무페(2007)는 그람시가 제시한 '인터레그넘'을 개념을 인용하며 현재 상황을 궐위 상황임을 다양한 사례들을 들어 설명한다. 무페는 지금 도래한 궐위/공백 상황에 '포퓰리즘적 계기'라는 이름을 붙였다. 기존의 질서가 붕괴하고 새로운 질서를 요구하는 여명과도 같은 상황에서, 적과 아군을 나누고 그렇게 나눔으로써 아군을 하나의 집단으로 형성하는 패배자들의 동원 전략으로서의 포퓰리즘이 다양한 정치 집단에 의해 사회 전면에 등장한다. 이 동원 전략은 어느 정치 집단에 의해서든 비슷한 형태로 구성된다.

한다.박구용, 2025: 21

그람시는 옛것의 죽음과 새것의 탄생 사이에 있는 최고 권력 공백 상태의 특징에 관한 '병적 징후들'을 개념화하여 하나의 시대와 다른 시대 사이의 불안정한 혼란의 시대라는 뜻으로 사용했다. 옛 방식이 매우 빨리 노화하고 더 이상 작동되지 않는데, 새로운 활동은 그 방법조차 개발되지 않는 상태라고 할 수 있다. 우리 사회의 낡은 질서는 좀처럼 사라지지 않고 있으며, 아직 새로운 것은 본격적으로 드러나지 않는 궐위의 시대가 길어지고 있는 국면이 전개되고 있다. 신자유주의라는 낡은 이념은 해체되었지만, 그렇다고 그것을 대체할 새로운 이념이 등장하지도 않은 기간이라고 할 수 있다. 그람시는 "위기는 정확히 낡은 것이 죽었는데 새로운 것이 태어나지 않았다는 사실에서 구성된다. 이 인터레그넘 속에 매우 다양한 병적 증상이 나타난다"라고 보았다. 인터레그넘의 위기는 이미 죽은 것이 무덤으로 가지 않고 산 것처럼 활보하고 다닌다는 사실에 있다. 좀비가 된 신자유주의, 곧 좀비-자유주의, 즉 신자유주의가 부활의 가능성을 찾아 떠돈다.[210]

혼돈과 공백의 인터레그넘이 짧을수록 불확실성이 제거되는 속도는 빨라질 수 있다. 반면 '인터레그넘'의 시간이 길어지면 반동 국면이 조성될 가능성이 있다. 그리고 학교의 낡은 체제가 무너지고 새로운 질서로 대체되지 않은 인터레그넘 상황은 한국 교육의 거대한 전환을 예고하는 신호라고 할 수 있다.

이러한 통치의 공백기에 일종의 무규범 상태anomie가 야기되고 반동의 국면이 조성될 수도 있다. 구조화된 학교폭력 상태의 속수무책은 이런 징

---

210. 2008년 금융위기와 함께 1970년대부터 40년 가까이 시대정신의 지위를 누렸던 신자유주의가 뇌사 상태에 빠졌다. 그리고 2020년 코로나바이러스 팬데믹과 함께 시대정신으로서 신자유주의에 대한 사망 선고가 내려졌다. 인간에 의한 자연의 약탈과 파괴, 경제적 불평등과 정치적 양극화, 독점 강화와 성장 둔화를 야기했거나 혹은 기여한 것으로 신자유주의가 지목되었다. 신자유주의 세계화의 물결은 갈수록 사람과 자연, 즉 생명 전반에서 삶의 뿌리를 박탈하려는 경향을 보인다. 하나의 시대정신이 생명을 다한 것이다. 그러나 문제는 새로운 시대정신이 태어난 것도 아니다. 그것이 '인터레그넘'이다.

후의 대표적 사례이다. 새로운 활동 방식은 아직 개발되지 않은 상태이기에 불안은 안개처럼 개인의 삶 곳곳에 스며들어 있다. 어디서부터 달려왔는지는 알지만, 어디로 갈지 그리고 가고 싶은 곳이 어디인지 확실히 알지 못하는 시간대에 있다. 우리는 무엇이 안 좋은지를 알고 제거하고 싶은데, 그에 대한 분명한 인식이 없다. 따라서 우리는 이런 국면에 전개되는 궐위의 시기를 냉철하게 꿰뚫어 보고 대응책을 마련해야 한다. 우리가 미래의 불확실성을 줄여 궐위 시간을 단축하려면, 인간과 인간 사이, 자연과 인간 사이의 긴장을 약화시키면서 새로운 질서의 전망을 세워야 한다. 관계가 뒤죽박죽되어 헝클어진 궐위의 시간은 위기이기도 하지만, 놓쳐 버린 역사를 새롭게 쓸 기회이기도 하다. 우리의 지혜로운 선택과 끊임없는 실천만이 더 나은 교육, 더 나은 세상을 창조할 것이다. 그러기에 허무주의에 빠질 수는 없으며, 나아가 디스토피아를 넘어 유토피아를 추구해야 한다. 상황은 비관적이지만 희망을 포기해서는 안 된다.

지금은 점층적인 변화가 아니라 파괴적 혁신disruptive innovation이 필요하다. 기존의 교수법을 비판적으로 평가하고, 학교는 학습에 모든 학생들이 적극적으로 참여하도록 독려함으로써 학교의 근본적 도덕성을 회복해야 할 때다. 사회와 학교의 변화를 함께 상상하고 현재의 이 전환적 문제들을 넘어설 방법을 강구해야 한다.

틈새적 변혁과 교육혁명

현존하는 제도와의 첨예한 단절을 수반하는 대규모 사회 변화 프로젝트와 관련해 사람들의 물질적 이익은 세 가지 핵심적인 변수에 따라 달라진다. 첫째, '단절이 부재할 때' 사람들의 물질적 복지의 궤도, 둘째 '단절의 시기가 끝나고' 새로운 제도가 완전히 자리 잡아 효과적으로 기능한 후 사람들의 물질적 복지의 궤도, 셋째 단절이 시작되는 시점과 새로운 제도적 균형이 이루어지는 시점 '사이의 시기' 사람들의 이익의 궤도이다. 이 궤도들은 현존하는 경제구조와의 단절이 아주 파괴적인 이행기에 삶의 평균적인 물질적 조건이 저하될 것임은 거의 확실하다.라이트, 2019: 429-430 이 지점은 '이행의 저점transition through'이라고 할 수 있다.

사회 변화의 궤도를 발생시키는 과정들의 이중성은 해방적 변혁 프로젝트에 헌신하는 사람들에게 심각한 문제를 제기할 수 있다. 체제의 적극적 재생산 과정에서 발생하는 '모순'이 증폭되는 궤도를 야기할 수 있다. 모순은 단순히 고충이나 문제점을 넘어 주체, 매개, 대상, 공동체 등으로 이루어진 활동 체계에서 역사적으로 쌓인 '구조적 긴장'이라고 할 수 있다. 이러한 모순은 변화의 원동력이 된다. 모순은 갈등을 낳기도 하지만, 이런 모순의 상황에서 벌어지는 갈등은 성장과 발달을 위한 과정이 되기도 한다. 사회적 재생산하려는 제도의 규칙과 이데올로기, 그리고 물질적 이익의 기제들 사이에는 모순, 한계, 틈이 발생하기 마련이다. 따라서 새로운 교육 질서를 만들어 내는 '틈새적 변혁interstitial transformation'은 기존 제도의 한계를 약화시키면서 새로운 사회적 힘을 강화시키는 대안적 제도를 창조해 내는 데 결정적 역할을 할 수 있다.

틈새적 변혁 과정에서 실천이 전복적이거나 체제의 논리를 완전히 허문다는 것은 아니지만, 단절적 변혁ruptural transformation을 거쳐 발생될 수 있다. 틈새적 전략은 강화된 사회권력을 구현하는 제도들이 밑으로부터 창조되고 심화될 수 있게 한다.라이트, 2019: 502 권위주의적 국가주의에 의해 차단된 틈새적 과정을 열기 위해 단절적 전략이 필요할 수 있다. 국가는 사회적 재생산을 수행하는 기구로만 이해될 것이 아니라, 사회적 재생산을 할 때 틈과 모순을 낳는 기구로 이해되어야 한다.라이트, 2019: 458-460 해방적 변혁의 체제적 단절 전략이 적어도 현존하는 역사적 조건 아래에서 가능하지 않는다고 믿는다면, 유일하게 현실적인 대안은 변혁을 대체로 누적적인 변형metamorphosis 과정으로 보는 전략이다. 그렇다고 해서 변혁이 순탄하고 갈등 없는 과정으로서 적대적인 이익들을 초월한다고 말하는 것은 아니다. 따라서 해방적 변혁은 지배계급 및 엘리트들과의 권력 투쟁과 대결을 수반한다. 그러므로 해방적 변혁을 위해서는 사실 단절적 모델의 몇몇 전략적 요소들이 필요하다. 체제의 기본 구조와 그 재생산 기제의 누적적 수정이 목표이며, 이를 통해 이 체제를 누적적으로 변혁시켜야 한다.

틈새적 과정과 활동은 분명 사회 변화에서 중요한 역할을 하지만, 설득력 있는 틈새적 사회 변혁 전략이 존재하는지는 그리 분명치 않다. 하지만 이 틈새적 변혁 전망은 반자본주의 사상 속에서 오랜 유서 깊은 자리를 차지하고 있다. 이러한 틈새적 실천이 전복적이거나 체제의 논리를 반드시 허문다는 것은 아니지만, 이러한 틈새적 실천이 사회조직의 지배적 권력관계와 지배적 원칙들에 의해 직접적으로 지배되거나 통제되지 않는다는 것뿐이다.

마르틴 부버는 혁명이 심층적으로 평등주의적이고 민주적이며 참여적인 생활방식을 가져오는 것을 '분만하는 힘'[211]에 비유했다.Buber, 1958 틈새적 변혁은 대항 헤게모니 운동을 신뢰성 있고 지속가능한 것을 만드는 데 필요한 물질적 기초의 핵심적 측면들을 변혁시키는 것을 간주될 수 있다.라이트, 2019: 455, 주 11 사실 틈새적 전략이 낳은 체제의 '하이브리화' 과정은 임계점에 도달해 체제 전체의 논리가 바뀌면서 지속적인 사회권력 강화의 가능성을 열 것이다. 해방적 변혁은 한 체제에서 다른 체제로의 이원적 변화로 간주될 것이 아니라, 하나의 하이브리드를 구성하는 권력관계들의 배열에서 일어나는 변화로 간주되어야 한다.라이트, 2019: 497

사회 해방을 위해서는 어떤 식으로든 국가와 맞닥뜨리고 국가를 이용해 해방적 사회권력 강화의 과정을 전진시켜야 한다. 이것이 공생적 변혁의 핵심적인 생각이다. '틈새적 변혁'[212]과 '공생적 변혁symbiotic

---

211. 출산의 은유는 누적적 변형(변혁)이라는 개념을 단절과 결합시킨다. 출산의 순간은 과거와의 단절이다. 삶의 과정에서 '전'과 '후' 사이의 비연속성이 존재한다. 그러나 출산은 미래의 잠재력을 완전한 실현의 직전으로 가져오는 성공적이고 누적적인 임신 후에만 일어날 수 있으며, 출산 후 이 누적적인 과정은 성숙으로 계속된다.

transformation'의 일차적인 차이는 국가와의 관계에 있다. 둘 다 사회권력 강화의 사회적 공간을 점진적으로 확대하는 변화 궤도를 구상하지만, 이 목적을 추구하면서 '틈새적 전략'은 국가를 대체로 우회하는 반면, '공생적 전략'은 국가를 체계적으로 이용해 해방적 사회권력 강화 과정을 전진시키고자 한다.라이트, 2019: 442 이 전략은 상충하는 전략일 필요가 없다. 많은 상황에서 이들은 서로를 보충하며, 실은 서로를 필요로 한다.

그리고 제도정치가 활성화되면 일상의 운동으로서 정치, 삶으로서 정치가 비정치화될 역설도 발생한다. 틈새적 변혁이 꼭 공생적 변혁으로 나아간다는 보장은 없다는 말이다. 공생적 변혁은 민중적 사회권력 강화의 제도적 형태를 확대·심화시키는 동시에, 지배계급과 엘리트들이 직면하는 어떤 실제적 문제들을 해결하는 데 도움이 되는 전략을 수반한다. 공생적 변혁은 모순적인 성격을 가지고 있어서 사회권력을 확대하는 동시에 현존 체제의 여러 측면을 강화하기도 한다.라이트, 2019: 420 공생적 변혁의 핵심적인 생각은 안정적인 적극적 계급타협의 가능성이 일반적으로 노동계급의 단결력과 자본가의 물질적 이익 사이의 관계에 달려 있다고 할 수 있다.라이트, 2019: 463

공생적 전략은 잠재적으로 틈새적 전략의 작동 공간을 더 크게 열 수 있다. 그리고 확대된 사회권력 강화를 중심으로 이렇게 제도를 구축해 가면, 미래의 예상하지 못한 역사적 조건 아래에서 단절적 변혁을 가능하게 하는 누적적 효과를 낼 수도 있을 것이다. 공생적 전략은 잠재적으로 사회권력 강화의 공간을 확대하고, 비교적 안정적인 형태의 긍정적 협력을 낳을 수 있다. 사회적 재생산 과정이 낳는 해방적 변혁의 장애와 기회, 이

---

212. '틈새적'이란 사회이론에서 어떤 지배적인 사회권력 구조 내의 공간과 틈에서 일어나는 다양한 종류의 과정을 묘사하기 위해 사용된다. 한 조직의 틈새, 한 사회의 틈새, 나아가 신자유주의 교육개혁의 틈새가 발생한다. 한 사회 단위는 하나의 시스템/체제로서, 이 안에는 이 시스템/체제를 조직하는 어떤 종류의 지배적 권력구조 혹은 지배적 논리가 존재하지만, 이 체제 안에서 일어나는 모든 활동이 이 지배적 권력관계에 의해 지배될 만큼 이 체제가 응집·통합되어 있지는 않다. '변혁'이란 비교적 작은 변혁들이 누적되어 사회체제의 동학과 논리에 질적인 변화를 낳는 변형(metamorphosis) 과정이다.

과정이 틈, 그리고 미래로 이어지는 의도되지 않은 사회 변화의 불확실한 궤도를 고려할 때, 어떤 집합적 전략의 도움으로 사회적 해방의 방향으로 나아가야 한다. 해방적 변혁의 공생적 전략이 의미하는 것은 사회권력 강화가 효과적인 사회적 문제 해결과 연결되어 엘리트와 지배계급들의 이익에도 봉사할 수 있을 때, 사회적 구조와 제도의 장기적 변혁이 더 쉽게 민주-평등주의적 방향으로 나갈 수 있다.라이트, 2019: 489-490

사회 변혁의 중요한 전환점은 행위자의 역량에 따라서 결정된다. '경로 의존'(기존의 체제가 그대로 유지됨, 인-서울 현상 강화), '경로 진화'(기존의 체제에 새로운 요소가 덧붙여짐), 그리고 '경로 창조'(새로운 제도가 탄생함, 행위자의 정치적 역량이 강해야 이루어질 수 있음, 수도권 초집중에서 탈피하여 지방시대를 구현)로 나아가야 한다.

그런데 근본적 변혁이 일어나려면 조건이 '무르익어야' 한다. 모든 변화에는 세 가지 조건이 필요하다. '객관적 조건의 형성', '주관적 인식의 변화', 그리고 '구체적인 로드맵'이 갖추어져야 한다. 근본적으로 교육의 대전환이 가능하려면 구조적·심리적 환경이 모두 조성되어야 한다. 언제가 사회적 재생산 과정에 모순과 틈이 존재하기에 전략이 유의미한 변혁적 효과를 낳을 수 있는 실질적 기회는 틀림없이 만들어질 것이다. 사회의 근본적 혁명에 참여하는 집합적 행위자들에게 핵심적인 문제는 변혁의 기회가 대체로 그들과 무관한 이유로 일어날 때, '그 때를 장악하는' 것이다.라이트, 2019: 412-414

사회 변화의 과정에서 하나의 혁명적 행위로서 모든 사람들을 대상으로 하는 공교육의 새로운 도전이 요구된다. '교육혁명'은 지난 150년에 걸쳐 인간 사회를 철저히 변화시켜 왔다. 공교육이 소수를 위한 특권교육에서 모든 이들을 위한 의무로 발전해 왔다. 교육혁명은 물질적으로, 또는 정치적으로 영향을 미치고 있지만, 실은 그 이상이라고 할 만큼 문화적인 현상이기도 하다. 교육혁명은 학문적 성취가 생산적이고 능력 있는 인간을 만들어 내는 데에서 매우 중요하다고 믿게 하는 문화를 만들어 냈다.베이커, 2018: 12, 56 우리는 태어날 때부터 이미 형성되어 있는 것이 아니라, 부모와 학교, 우리가 속해 있는 경제·정치·사회 체제를 포함해 우리를 둘러싼 환경에 의해 형성된다. 인간 능력에 대한 교육의 투자는 놀랍게도 많은 방향으로 정치를 확장시켰으며, 교육을 관통하는 문화는 정치에 대한 관념들과 가치들을 변화시켰다. 그리고 교육혁명은 정치적 행동을 감행할 사람들의 능력 신장을 통해 이루어진 새롭고 끝을 알 수 없는 정치체제의 형성에 주된 역할을 수행해 왔다.베이커, 2018: 289

교육혁명의 엄청난 힘, 즉 전통 사회에서 현대 사회로, 다시 후기산업사회 또는 지식정보 사회로 전환되는 과정의 이면에 자리 잡은 토대로서 중대한 역할에 주목해야 한다. 교육혁명은 산업생산, 기술, 과학과 의학, 자본주의, 국민국가의 형성 및 민주정치의 성장, 대규모의 전쟁, 종교적 권위의 쇠퇴, 개인주의 문화, 가족 본질의 약화, 그리고 합리적 관료제의 성장 등과 같이 인간 사회를 형성한 중요한 기관차였다. 교육혁명의 모델로서 공교육 강화 프로젝트는 형식교육, 산업화, 도시화, 민주화, 자본주의, 사회주의와 같은 제도적 촉매를 더욱 확산시켰다. 영·유아교육과 초·중등교육, 대학 및 대학원 교육, 성인교육 및 평생교육 등 대중교육mass education의 팽창과 같은 민주적 학습사회가 도래하면서 교육의 광범위한 개방은 깊이 내재된 사고와 가치들에 의해 뒷받침되면서 사회를 교육의 문화에 녹아들게 했다. 세상은 끊임없이 변화하고 있으며, 예측할 수 없는 방식으로 변화하고 있다. 교육을 받는 인구는 점점 늘어나고, 취업을 위한 단순한 훈련을 넘어선 교육혁명은 교육이 독립적인 사회제도가 되는 세상을 만들어 냈으며, 교육제도는 사회 내에 존재하는 모든 다른 핵심 제도들의 중심부로 파고들었다. 교육적 성취의 보편화로 교육 기회의 평등성이 사회적 정의와 동일시되었다. 교육을 통해 사회제도의 대변혁을 이루어 냈다. 즉 교육은 새로운 사고와 행동, 그리고 가치를 만들어 내는 엄청난 힘을 발휘했다. 교육혁명은 개인의 정치적·시민적 능력에 영향을 주었다. 대학 안에서 확대되는 지식집단, 세련되고 유연한 사회운동, 일상적 삶에서 더 많은 국면들의 정치화가 빚어내는 강력한 공생 관계는 정치적 환경의 커다란 변화를 낳을 것이다.베이커, 2018: 293-294 그리하여 전 세계적으로 확산된 교육혁명은 산업혁명과 민주화혁명만큼이나 중요해졌다. 교육혁명의 중요한 추동자는 계몽적 국민국가nation-state였다.

그런데 학교교육(공교육)의 대중적 확산, 즉 '과잉교육overeducation'이나 '학력 인플레이션qualification inflation' 또는 '졸업장 병'의 대중적 위기는 사회문제가 되어 역설적으로 소외와 비인간화 그리고 불평등을 강화하는 억압과 순치의 기제로 전락하는 부정적 결과를 낳았다. 결국 공교육의 어두운 그림자로서 교육의 물화와 식민화 현상을 초래한 것이다. 따라서 우리는 공교육의 역기능을 극복하면서 그것의 순기능을 회복하는 과제를 안게 되었다. 교육혁명은 '사회적 재생산social reproduction'-특권적 계급이 자신의 계급적 이익을 다음 세대에게 물려주고, 소외계층은 순응과 낮은 노동 지위에 사회화/우민화시키는 역할-을 넘어 교육이 '사회적 생산social production'-아동의 전인적 성장과 정의로운 사회의 건설 그리고 주체화/의식화의 역할-을 직접 수행하는 단계에 진입한 것이다. 그때 비로소 새로운 대안적 저항으로서 사회적 생산이 이루어지기 시작하는 것이다. 이런 사회적 생산에 교육이 중요한 역할을 할 수 있다.

경제학자들은 전통적으로 교육을 단순히 기능을 향상하여 인적 자본을 창출하는 것으로 간주해 왔지만, 유토피안 교육은 그 이상의 역할을 하며 개인을 형성한다.스티클리츠, 2025: 47, 385 교육은 양날의 검, 아니 어쩌면 세 날의 검이라고 할 수 있다. 첫째, 교육은 사회적 강제의 메커니즘으로 사용되어 개인을 사회적으로 순응하도록 가르칠 수 있다. 둘째, 학생들에게 타인을 배려하고 사회에 불필요한 비용을 부과하지 않도록 가르칠 수 있다. 하지만 가장 중요한 것은 셋째, 인문교양교육liberal education이 자유를 증진한다는 점이다. 그것은 사람들이 부모나 지역사회에 의해 주입되었을 수 있는 관점을 넘어 더 폭넓게 문제를 바라볼 수 있게 해 준다. 반면 개인의 자율성과 자율성을 거부하는 자유의 적들이나 열린사회의 적들은 창의성과 독창성 또는 즐거움과 호기심 그리고 공동체의식을 북돋우는 고등교육기관에 매우 비판적이다. 그래서 좋은 인문교양교육은 현행 경제제도의 결함, 즉 고삐 풀린 시장이 왜 해결책이 아니라 문제인지를 파악하고 이해시키고자 한다. 예를 들어 정치적 자유를 억압했던 윤석열 정부가 경제적으로도 시민들의 자유를 억누르는 정책을 폈다는 것을 알게 해 준다.

오늘날의 3·4차 산업혁명 시대에는 이에 맞는 초우량 인재를 공급하기 위해 과감하고 심도 깊은 교육혁명을 필요로 한다. 한국 교육제도의 실태와 여러 문제는 서구 중소 국가들이나 아시아 제국의 교육 실정 및 문제와 비슷한 모습을 보여 준다. 한국이 실행해야 하는 그 해결책도 타국의 해결책들과 유사하다.

무엇보다 교육제도의 낙후성으로 말미암아 한국의 학제는 3·4차 산업혁명의 리듬과 속도를 따라가지 못하고 있다. 한국의 학교는 4차 산업혁명이 요구하는 문제해결형 인재와 디지털 문해력을 갖춘 혁신인력을 배출할 필요충분조건을 갖추지 못하고 있다.황태연, 2025하: 1452 저조한 학력學力(학습력)과 늦은 사회 진출, 너무 비싼 대학·대학원 학비, 인문사회계 대학원의 몰락, 인문사회 학술 출판의 붕괴, 학령인구 급감과 대학의 존폐 위기 등 수많은 문제가 산적해 있다.

민주적 교육국가의 건설

이재명 정부는 내란의 종식과 민주주의의 회복이라는 당면 과제뿐만 아니라 새로운 형태의 국가를 창조해야 하는 무겁고 큰 사명을 지니고 있다. 국가는 사회 전체와 어떠한 관계를 맺느냐에 따라 여러 형태를 띨 수 있다. 국가國家, nation/state란 무엇인가? 국가의 구성 요소는 영토, 국민, 주권, 그리고 담론과 상상이다. '주권'의 네 가지 기둥은 무력(국가는 폭력의 독점체), 법(국가의 영토와 국민의 기본적인 작동 방식), 경제(국가의 물질적 기초/모든 국가는 세금국가 : 자본주의 국가/사회주의 국가), 그리고 지식(국가의 관리/거대한 비전과 창조권력/연구중심대학으로서 지식: 대학이 국가의 운명을 결정하는 가장 지배적인 주권으로서의 방향 이동)이다. 그리고 국가의 역할은 새롭게 떠오른 위협에서 자신들을 보호하기 위해 법적, 재정적, 혹은 다른 수단을 동원해 줄 보루이다.윤비, 2025: 264-265 심지어 인공지능 기술의 발전으로 발생할 수 있는 다양한 문제에 대해서도 국가가 주도적으로 나서서 해결책을 모색하기를 원한다. 한국처럼 저출생 문제로 몸살을 앓는 나라들은 이 사실을 심각하게 고려해야 한다. 한국에서 나타나는 기록적인 저출생은 길어지는 기대수명에도 불구하고, 불확실한 노후대책, 연금제도의 불안정성, 비싼 사교육비에서 비롯되는 높은 교육비, 취업의 어려움과 좋은 일자리 부족, 직업의 불안정성, 비싼 대도시 집값, 여기에 여성의 사회활동을 뒷받침할 복지제도의 미미 등이 복합적으로 얽혀 나타난 결과이다.

    국가는 공통세계共通世界, commonwealth[213]를 흔들고 공공성과 다양성을 위협하는 분리된 주체가 아니라 광활한 우리 공통세계의 일부 그 자체가 되어야 한다.이승원, 2025: 374-376 국가는 통치 수단이나 대의 권력체만이 아니라 인민 주권 아래에서 공동선을 추구하는 공화국republic 본연의 의미, 인민 각각이 함께 향유할 공동의 부와 몫, 복지 그 자체인 '커먼웰스commonwealth'로서의 국가이다. 투기화된 도시는 다시 모두의 도시로 돌려져야 하고, 농촌은 도시의 불균형적 팽창을 제어하고 사회적이고 탈성장적인 삶의 다양성을 보장하는 중요한 거점으로 독립되어야 한다. 국공유지와 공공 서비스는 어느 누구도 배타적으로 소유할 수 없는 것으로

---

213. '공통세계'는 사람과 사람, 사람과 비인간을 연결하기도 분리하기도 한다. 공통세계는 공동의 몫을 함께 만들고, 함께 향유하는 세계다. 공통세계는 어떤 외부의 적도, 어떤 공포스러운 감각도 필요하지 않은 세계다. 공통세계란 나와 타자 사이의 '공공성(公共性, publicness)'이 작동하는 세계다. 이 세계는 나와 타인, 누구나 보고 듣고 함께 경험하는 열린 세계이자, 이 경험을 통해 함께 만드는 세계다.

모두의 몫이 되어야 한다. 이들의 민영화는 파시즘만큼 공통세계를 파괴하는 위험한 시도일 뿐이다. 따라서 국가가 안정을 누리고 발전하려면 시민과의 통합을 잘 유지하는 것이 필요하다.윤비, 2025: 266 이는 앞으로 얼마나 부담과 과실을 공정하게 나눌 수 있는 체제를 만들고 유지하는가에 달려 있다. 만일 그런 공정이 무너진다면 사람들은 국가로부터 등을 돌릴 것이며, 각자도생의 길로 들어갈 것이다.

현대 사회의 국가는 다양한 관심과 의견, 이해를 가진 사람들이 존재한다. 국가의 정치와 행정을 담당하는 사람들은 이런 다양한 목소리에 관심을 기울여야 할 의무가 있다. 그렇지 않으면 국가 공동체는 분열되고, 궁극적으로는 붕괴에 이를 수 있다.윤비, 2025: 157 바로 이런 점에서 국가는 기업 조직과 다르며, 기업처럼 운영될 수 없다. 국가의 성공은 민주주의 발전과 깊은 관계가 있다.윤비, 2025: 211 민주주의는 제대로만 운영되면, 공정한 법과 제도를 바탕으로 시민들 간의 갈등을 최소화하면서 성장의 에너지를 최대로 끌어낼 수 있는 체제이다. 그에 비해 소수가 권력을 독점하거나 권위주의적으로 지배할 경우 국가는 부패와 쇠락의 길로 빠져들 수 있다. 여기에서 '이상적 사회'를 건설하는 중심 대행자로서 '이상적 국가'에 대한 논의가 필요하다. 국가에 대한 상상적 모델은 '이상적 국가'와 '가능한 국가'이다. '이상적 국가'란 실현성을 고려하지 않고, 이념 속에서 최상의, 즉 그 자체로서 인간 행복의 이상에 따라 가장 바람직한 것으로 자유로이 고안해 낼 수 있는 국가이다. 그리고 현실적으로 자연의 한계와 인간의 불완전함-인간은 천사도 아니며 그렇다고 악마도 아니다-을 고려하면서 실제 조건하에서 될 수 있는 최상의 '가능 국가'이다.요나스, 1994: 290 민주주의가 제대로 작동하려면 그것은 형식적인 제도의 틀 그 이상의 것이어야 한다. 현대 국가가 민주주의 정체를 표방하고 있음에도 국가의 정당성에 대한 논란이 사라지지 않는 까닭은 민주주의가 원리대로 작동되지 않기 때문이다. 국가가 끝없는 내전에 휘말리거나 경제 혼란이 극심해지는 상황에 이를 경우, 국가 내부의 정치적 혹은 경제적 체제의 붕괴되어 사실상 마비 상태에 빠지게 된다. 이럴 경우 국가가 번영을 누리는 열쇠는 민주주의적 정치 참여를 보장하는 데 달려 있다.윤비, 2025: 103 민주주의의 성공 조건은 다양성이 보장된 의회제도에 달려 있다. 그리고 민주주의의 성공 열쇠는 생각하는 유권자의 의식에 달려 있다고 할 수 있다. 따라서 민주주의가 사회적 삶을 왜곡하는 전체주의 체제에 대한 바람직한 대안으로 작동하도록 해야 한다.

국가를 국가답게 하는 '공화'의 핵심적 의미는 다 함께 행복하자는 '공공公共', 즉 '공평公'과 '함께共'이다. '공화국共和國, Republic'은 말 그대로 '공동의 것은 공동의 것'으로 돌리는 시민 주권국을 가리킨다. 주권자인 시민이 공공선을 추구하며 만들어 가는 국가가 곧 '공화국'이다. 정치적·사회적 각성과 그에 따른 실천적 시민 활동이 만들어 가는 국가가 공화국이다.[214] '공화국'은 미래적 희망과 기대의 존재를 출발점으로 구성되는데, 이것은 또한 미래의 개인을 위해 '교육' 개념이 구체화되는 지점이기도 하다. 공화국의 창립자들은 공화국을 미래를 위한 급진적인 지성적 행동을 가능하게 하는 체제로 생각했다. 이를 위해 민주적 이상국가는 사회소득과 기본소득을 결합하는 시민소득을 일반화하고, 사회 서비스와 기본 서비스를 결합하는 시민 서비스를 보편화하는 공화주의, 곧 '공동의 것을 공동의 것으로' 돌리는 공화국이어야 한다.박구용, 2025: 183 그리고 국가 교육정책의 출발점이자 사회적 정의가 작동하기 시작하는 가장 어린 시기에서부터 변화는 출발해야 한다. 이 과제 앞에서 정치는 더 이상 침묵해서는 안 된다. 아이 한 명의 삶을 책임지는 교육정책이야말로 국가가 어떤 사회를 지향하는지를 보여 주는 가장 민감한 지표다.

'이상적 국가'는 민주주의의 이상과 현실 간의 간극을 좁히지 못하면 항상적으로 불안정한 상태로 존재할 것이다. 이상적 국가에 조응하는 '이상적 교육국가' 또는 '교육이상국가'의 필요성이 주장되고 있다. 유

---

214. 물론 '공화국'은 국가가 아니다. 공화국은 군주정, 귀족정, 민주정 등 국가의 여러 정치체제들 가운데 하나이다.

토피아 사회상은 사회국가, 복지국가, 생태국가, 문화국가뿐 아니라 '교육이상국가' 등을 상정할 수 있다. 이것은 가족주의 국가나 개인주의 국가를 넘어 억압이 없고 차별이 없는 '민주적 교육국가'라고 할 수 있다.구트만, 1991: 35-73 나아가 민주적인 '교육 공화국Republic of education'의 이상은 미래 세대를 미래의 문명된 세계로 인도하기 위한 국가의 문화정책의 산물이라고 할 수 있다.Öztürk, 2006: 265 새로운 국가나 공동체를 창조하는 목적은 '새로운' 내용에 적합한 문화철학과 교육을 개발함으로써 가능하다. 과잉경쟁 교육과 대학서열화체제 극복도 새로운 '교육이상국가'를 구상하는 과정에서 등장할 것이다. 교육의 대전환 운동은 바로 그러한 교육국가에 대한 비전을 지녀야 한다. 민주공화국의 수립은 국가의 역사적 이정표이며, 문명국가 수준을 따라잡는 유토피아를 사회 변혁 프로젝트social transformation project로 전환하는 길을 여는 것이다.Öztürk, 2006: 265

국가는 법기관, 관료조직, 사회의 공적·사적인 영역을 구성하고 규율하는 공식적·비공식적 규범과 규칙으로 구성된다.카노이 & 레빈, 1991: 55 교육도 국가 기능의 한 부분으로서 사회적 갈등의 장이고, 교육은 모순의 결과인 동시에 새로운 모순의 원천이다. 그것은 자본가의 그들의 헤게모니를 재생산하려고 시도하는 장이기도 하고 지식의 생산, 이데올로기 그리고 고용에 대한 갈등의 장이기도 하다.카노이 & 레빈, 1991: 36, 62 교육 모순의 발전은 사회적 재생산(재생산적 역동)과 사회적 생산(민주적 역동) 사이의 긴장에 의해서 창출된 변증법적 과정이라고 할 수 있다. 만약 국가가 사회 및 경제 체제에서 기인하는 불평등을 보상하기 위해 정의와 공평을 기해야 할 책임지고 있다면, 교육의 역할은 소외된 집단에게 그들의 사회적 지위를 향상시키는 것으로 여겨진다. 학교교육의 실천적 과정은 계급과 사회적 갈등으로부터 결코 분리될 수 없다.

학교교육의 모순은 학교에 대한 민주주의적 압력과 그리고 계급과 노동구조를 재생산하는 학교의 역할 사이에서 발생하는 긴장으로부터 직간접적으로 기인한다. 첫 번째 유형의 모순은 학교교육을 위한 자원에 대한 정치적 투쟁이란 측면에서 명백히 드러난다. 학교교육은 '공적인' 것이기 때문에 하위집단의 사회이동을 증가시키려는 사회운동과 개혁운동의 대상이 되어 왔다. 두 번째 유형의 모순은 '교육의 과정(교육과정, 교수과정, 교육구조)'에 내재한다. 재생산적 역동은 분화된 노동의 위계에 알맞은 숙련된 노동력·태도·가치를 생산하고, 자본주의적 생산관계를 재생산하도록 학교에 압력을 가한다. 동시에 민주주의적 역동은 교육을 통해 기회의 평등과 직업적 이동은 물론 개인의 자유와 민주적 참여를 강조한다. 학생은 권위적이고 위계적인 노동체제에 참여하고, 동시에 평등주의적 민주주의 질서로부터 혜택을 누리며 또한 거기에 기여할 수 있도록 하는 교육을 받아야 하는 것이다. 세 번째 유형의 모순은 '학교와 일터의 상응 관계'를 통해 교육의 과정 안으로 들어오는데, 이런 유형의 모순은 상응 과정 그 자체에서 생긴다. 마치 일터의 특징이 학교 안에 구현되어 있는 것처럼 일터의 모순은 학교교육의 실제에 관통되고 있다. 특히 중요한 것은 자본가와 노동간 사이에 모순이 교육을 통하여 나타난다는 것이다.^{카노이 & 레빈, 1991: 164-165}

국민이 비교적 광범위하게 민족적 정체성을 공유하고 있고, 경제적 부흥과 정치적 민주주의를 실현한 국가에서도 서로 다른 집단 사이의 대립과 갈등을 피할 수 없다. '민주국가'는 이러한 대립과 갈등, 그리고 차이에도 불구하고, 국민 통합의 힘을 구축하지 못하면 주권자로부터 권력을 정당하게 위임받을 수 없는 것이다. 따라서 민주국가는 ① 상징 권력이나 경제 부흥만이 아니라, ② 대립과 갈등을 공정하게 조정하고, ③ 차별과 특권을 규제하면서 동시에 ④ 모든 주권자가 국가권력의 형성 과정에 실제적으로 동등하게 참여할 수 있는 조건을 제공해야만 한다. 현대 사회에서는 ①, ②, ③뿐만 아니라 ④까지 실현한 민주국가만이 세계화와 다원화의 압력을 극복할 수 있는 보편성을 주장할 수 있는 국가, 곧 인권국가와 복지국가가 될 수 있다.^{박구용, 2024: 567-568}

공화국에 대한 유토피아적 비전에는 두 가지 주요한 요소로 '교육'과

'과학'이 자리한다. 이들 각각의 목적은 문명국가civilized state의 발전 수준을 확보하고, 미래에도 이러한 이상의 '질서'를 보존하는 것이다. 전통적인 지적 구조가 제안한 질서의 개념은 '변화의 불변성'과 '진보의 연속성'의 원칙으로 발전했다. '변화'와 '불변'의 개념은 공화주의적 유토피아 republican utopia의 근본적 목표에 따라 원래의 의미를 되찾았다고 할 수 있다.Öztürk, 2006: 266 적어도 그것은 '문명국가'에 대한 이해를 기반으로 형성된 것이다. 문명국가(교양국가)란 미개 상태의 인민을 계몽화/문명화/교화/시민화(예의 바르게, 시민답게 하는 진보) 하려는 정치적 공동체이다. 박근갑, 2020 시민적 해방과 기회균등을 목표로 하는 문명개화를 위한 교육 개혁을 추구하면서 1800년대 초 무렵 근대 대학의 창시자인 독일의 빌헬름 폰 훔볼트1767~1835는 대학이란 교수와 학생으로 이루어진 자유롭고 평등한 학문 공동체로서 "가장 이상적인 유토피아를 선취하는 소우주"라고 주창했다. 훔볼트의 유토피아는 사람들이 모여 서로를 풍요롭게 하는 세상을 구상한 교육사상이었다. 그는 교육이 독립적이고 자기성찰적이며 책임감 있는 시민Bildungsbürger을 양성해야 한다고 믿었다.[215] 독일의 연구중심대학에서 권위 있는 지식의 창출이 어떻게 학자와 학생들을 근대적인 자율적 정신modern autonomous mind을 향하도록 중대한 변환을 가져올 것인지를 고민했다. 훔볼트는 공맹과 중국의 유학적 교육 이념을 신인문주의 교육 이념으로 내세웠다.황태연, 2025상: 803 실제적 생활 목적에 쓸 만한 지식을 전달하고자 한 칸트의 엄숙한 공리주의적 교육학과 달리 훔볼트는 "사람을 단순히 수단으로서만이 아니라 목적으로 대하라"는 칸트의 공리적 목적-수단 관계 도덕률을 배격하고, 목적으로부터도 자유로운 일반적 인간 형성, 곧 아주 유학적인 교양교육을 목표로 내걸었다. 계몽주의적 열정에 따라 공공복리를 지향하는 온갖 정치·교육·문화·과학 활

---

215. 훔볼트의 'Bildung(도야)' 개념은 초기 유토피아적 전통을 가지고 있다. 'Bildung'은 self-cultivation/self-formation을 뜻을 지닌다. 그의 작업에서 '유토피아'는 더 나은 미래 세계에 대한 프로젝트가 아니라, 지식의 패러다임(Denkform), 즉 인간이 스스로를 교육하고 현재에 집중하도록 하는 의도적인 개념으로 여겨진다.

동의 한복판에서 자기의 개성과 인격의 형성을 강조하는 훔볼트는 당대의 나폴레옹 지배체제에 직면해 민족교육, 곧 민족자주를 위한 전 민족의 교육을 제일로 삼았던 피히테의 칸트 추종 노선을 거부하고, 각각의 개체성을 교육과정의 중심에 두는 교육 목적을 천명했다.황태연, 2025상: 804

유토피아 사상에 터한 '교육이상국가'는 교육이상educational ideal의 중심 요소를 무엇으로 설정하는지에 따라, 그리고 국가의 성격을 어떻게 규정하느냐에 따라 달라질 것이다. 교육이상국가의 수립에 대한 대응으로 때때로 '대항-유토피아counter-utopias'가 등장할 것이다. 따라서 변화를 멈추고 주저하고 피한다면, '교육이상국가'라는 개념은 언제나 공상 속의 유토피아로 남게 될 것이다.Öztürk, 2006: 266 특히 민주적 '교육이상국가'는 테러와 재난으로 점점 더 위협받는 민주주의 위기 시대를 맞이하여 민주적 역량을 함양하고 그리고 그 역량을 함양할 수 있는 제도를 가진 '교육국가educative state'의 부흥을 촉구한다.올슨, 2015: 433-440 여기에서 교육제도들의 한계와 모순을 인식하는 것은 사회 변혁을 위해 매우 중요하다. 나아가 이상적 교육국가는 인정국가와 정의국가의 장단점을 취사선택해 통합하고, 이를 통해 두 국가 유형을 초극하는 '인의국가仁義國家 benevolent-just state' 모델로 나아갈 필요가 있다.황태연, 2025하: 1083 이런 국가에 대한 추구와 모색이 빈말로 끝나지 않으려면, 정의제일주의를 약화시키면서 사상의 기본 가치에다 정의를 통합하는 새로운 방향의 도덕적·역사적 흐름이 조성되어야 한다. 공맹이 제창하는 무상의 만민평등교육제도는 계급차별교육을 제거하는 교육·문화의 거시적 균등제도로서 계급적 정의투쟁을 초월하는 화합적 인의국가의 한 주춧돌이라고 할 수 있다.황태연, 2025하: 1467 이렇게 정의국가로부터 인의국가로 도약한다면 계층 간·지역 간·남북 간의 인의적 만민 협화協和의 국민통합이 가능할 것이다.

민주주의 교육과 공화주의 교육의 융합

공화주의[216]와 민주주의[217]는 역사적으로 오랜 세월에 걸쳐 접목되기 어려운 관계였다. 주권, 자유, 경쟁, 직접 참여, 소극적 시민 등의 가치를 핵심에 두는 '민주주의(민주정)'는 기본적으로 '갈등과 적대'까지 권리로서 보장되는 제도이기에 연대, 책임, 균형, 공공성, 적극적 시민 등의 가치를 중심에 두는 '공화주의(공화정)'와 늘 갈등과 긴장이 존재한다. 민주정은 공화정이 부재할 때 위기에 직면할 수 있다. 공화정은 민주정과 반대되는 형성되는 인민demos[218]의 '공통된 관심사'를 대표하는 체제이다. 즉 공화정은 군주정이 아니지만 동시에 모든 시민들이 평등하게 참여하는 민주정(민주주의)과도 다르다.윤비, 2025: 79 따라서 민주공화국에서는 '민주주의'와 '공화주의'를 공존시켜야 한다.Elzar & Rousselière, 2019 국가주의를 넘어

---

216. '공화주의'란 정치적 존재로서의 인민이 시민적 덕성을 발휘하여 자치를 실행하는 정치 공동체로서 국가는 법치를 통하여 공동선에 봉사하고 인민의 자유를 보호하여야 한다는 원리이다. '민주공화제'는 헌정제도나 헌정원리만으로 작동하지 않는다. 민주공화제를 제대로 작동시키기 위한 핵심 요소는 공동체 구성원들의 '시민적 덕성(civic virtue)'이다. 이 무형적 자산이 없이는 아무리 훌륭한 제도나 원리라도 사상누각에 불과하다. 사실 민주공화제를 뒷받침하는 정치철학인 공화주의(republicanism)가 자유주의와 같은 경쟁 관계에 있는 정치철학과 확연히 구별되는 요소가 시민적 덕성이다. 덕 혹은 덕성이란 좋은 것, 즉 선善을 실현하기 위해 보여 주는 탁월한 능력이나 힘을 뜻한다. 공동체를 화두로 삼는 정치철학의 차원에선 공동체 구성원인 시민의 덕, 즉 시민적 덕성이 문제된다. 시민적 덕성이란 시민이 그 자격에서 공동체가 공유하는 좋은 것, 즉 공동선(共同善, common good)을 실현하기 위해 보여 주는 탁월한 능력이다. 공화주의자들이 주장하는 시민적 덕성은 인간이 개인의 지위에서 선을 실현하기 위해 가지는 탁월한 능력과는 구별된다.
217. '민주주의'는 다중이 직접적으로 다스리는 정치였으나, 18세기 후반부터 근대인을 위한 이상으로서 정치제도인 대의적·헌법적 민주주의가 발명되었고, 이차대전 후 가장 인기 있는 정치이념과 체제가 되었다. 그런데 오늘날 민주주의가 위기에 처하자, 공화주의 이론이 우리의 정치적 규범과 제도를 개혁하는 처방책으로 대두했다. 신공화주의적 전환을 시도하는 '시민적 공화주의' 학자들은 고전적 공화주의 전통을 사용하여 자유주의에 대한 대안으로 공공 생활에 대한 비전을 재구성했다.
218. 정치의 기본 단위인 '데모스(demos)'가 통치의 중심에 서는 체제가 구성되고, 이를 가리켜 데모크라시, 곧 민주주의라고 부른다. 지역을 중심으로 정치체제, 즉 지역자치를 처음으로 체계화한 것이 democracy다. democracy는 demos의 지배 체제다. 데모스는 형식적으로는 지역 또는 지역 대표를 지칭한다. 하지만 이전까지 데모스는 통치할 자격, 곧 근본이 없는 자들을 가리켰다. 데모스는 "말하지 않아야 하는데 말하는 자, 몫이 없는 것에 참여하는 몫을 갖는 자다." 정치는 '데모스의 부름에 따름'이어야 한다. 주권혁명, 독립혁명, 시민혁명, 촛불혁명, 그리고 빛의 혁명에서 말하는 자가 곧 데모스이다. 민주주의에서 정치적인 것은 다름 아닌 데모스의 말, '진리를 말하는 자(parrhesia)'이다.

'민주주의의 공화화'나 '공화국의 민주화'를 요청하는 것이다. 중도적 정치사상이라고 볼 수 있는 민주적 공화주의democratic republicanism나 공화적 민주주의republican democracy[219]의 함의와 깊이를 역사 속에서 이해하고, 그 과정에서 시민의 덕성과 연결하려는 시도가 그렇다. 이러한 연장선에서 '공화적 시민교육'이 주창되기도 한다.조희연, 2025

공화주의 전통은 시민의 능력이 타고난 능력을 통해서만 생성되는 것이 아니라 가르치고 형성할 필요성이 있음을 분명히 밝힌다. 공화주의 국가에서 법과 제도는 공적인 사안에 대한 효과적이고 적극적인 시민의 관여를 함양하고 유지하는 데 중요한 형성적 역할을 수행한다.피터슨, 2020: 175-177 공화주의자에게 시민은 시민 생활에 유익하게 참여하는 데 필요한 기술과 성향을 갖춘 상호의존적인 행위자이다. 시민에게 요구되는 능력은 자연적으로 발생하지는 않고, 계발되고 고취되어야 하는 시민의 덕성이다. 현대 공화주의자들은 인간을 종종 다양하고 때로는 상충하는 이해관계를 지닌 복잡한 존재로 파악하기에 시민들은 어느 정도의 지도와 설득이 없이는 공적 생활에 참여할 지식, 기술, 속성을 갖고 있지 않다.피터슨, 2020: 176 시민성 실천에 필요한 욕구와 성품은 인간에게 선천적으로 내재된 것이 아니므로 그것을 고취하여 유지해야만 한다.Oldfield, 1990: 151-153 이렇게 시민적 공화주의자들에게 시민성은 공동체와 애국심을 포용하면서 자유주의적 개인주의와 동반적 관계를 유지한다.Oldfield, 1990: 145-174 공화주의가 국가주의의 기미를 풍기지 않기 위해서다.

그래서 어떤 의미에서 보아 시민들은 전 생애 동안 번데기 상태에 놓여 있는 것이다. 마찬가지로 샌델은 인간이 시민이 되려는 자연적인 성향을 더 이상 상성할 수 없는 형성 상태의 중요성을 강조한다.Sandel, 2012: 18 인간의 정치적 상호작용의 개념을 본질적으로 복잡한 것으로 수용한다면, 많은 공화주의자들이 주장해야만 했던 것처럼 국가가 '형성적formative'

---

219. '시민적 공화주의'가 지향하는 권력의 분권화와 시민적 규범의 함양은 민주적 사회가 공화주의적 용어로 생각할 수 있도록 교육을 하는 고전적 노력을 대표한다.

역할을 채택하는 것은 단순히 바람직한 것이 아니라 필수불가결한 것이다. 시민의 덕을 함양할 '형성적 국가formative state'가 없다면 시민은 공무에 참여하는 것을 선택하지 않을 수도 있다.피터슨, 2020: 177 이러한 선택의 불안정성은 전반적인 공화주의 프로젝트를 훼손할 것이다. 그리고 시민교육이 체계적으로 이루어지지 않으면, 공화국의 문화적·도덕적 토대를 허약하게 하기에 시민공화주의 프로젝트가 심각하게 훼손될 수 있다.

그러므로 대부분의 공화주의자들은 시민에게 시민의 덕을 고취하는 것을 중요하게 여긴다. 민주공화국의 공동체적 덕성이라고 할 수 있는 시민성을 구비하게 하는 '형성적 정치formative politics'를 필요로 한다. 형성적 정치는 시민들 속에 '자치'에 필요한 인격적 성질을 함양시키는 정치를 요구한다.샌델, 2012: 18 이를 통해 국가의 형성적 기반인 '공중public'의 시민적 토대를 공고히 해야 한다. 형성적 정치는 많은 위치에 놓여 있는 자아로서 생각하고 행동할 수 있는 시민들을 필요로 한다. 정치의 '형성적 기획formative project'에 의해 길러지는 좋은 시민성은 '발견되는 것'이 아니라 '만들어지는 것'이다. 공화주의적 시민성의 구성 요소는 지위뿐만 아니라 활동이나 실천이며, 따라서 실천에 참여하지 않으면 시민이 될 수 없다.Oldfield, 1990 학교는 사적 영역에 속한 생명인 아이를 공적(문화적·도덕적) 차원을 갖춘 존재로 생성시키는 '형성적 교육formative education'을 해야 한다. 이를 위한 시민교육은 시민공화주의의 중요한 요소인 시민의 책무, 공동선, 시민의 덕, 공적 생활에서의 숙의/심의라는 네 가지의 광범위한 공화주의 의제를 필요로 한다.피터슨, 2020: 237 이런 의제의 중요한 교육적 함의는 자유주의와 공화주의가 결합된 시민교육을 지지하는 시민공화주의 관점에서 볼 때, 시민들이 시민성을 실천할 때 지지를 받아야 한다는 점이다.Alexander, Pinson & Yonah, 2011: 4-6 우리 시대에 필요한 시민적 덕은 때에 따라서 중첩되거나 상충하는 의무들 가운데서 자신의 길을 찾아 나가는 능력, 그리고 다중적인 충성에서 기인하는 긴장을 안고 살아가는 능력을 필요로 한다.

윤석열 정부가 들어선 것은 사실 문재인 정부의 가장 큰 오류라고 할 수 있지만, '촛불혁명'의 뜻을 이어서 '시민성'을 고취하는 대전환의 계기를 마련하지 못했기 때문이다. 사실 '내란 극복'이라는 것은 윤석열과 그 주변 사람들을 처벌하거나 감옥에 보내는 것은 끝이 아니라 시작에 불과하다. 그 내란을 옹호하고 찬양하는 세력이 정치권은 물론 일반 국민들 사이에 널리 퍼져 있어 영향력(헤게모니)을 행사하는 것이 현실이기 때문이다.

사실 사회 대개혁은 기구와 제도의 개혁을 포함하여 의식의 변화, 즉 시민성의 고취로 이어져야 한다. '시민성'이란 결국은 더불어 살아가는 공감에 바탕하여 이웃들과 더불어 살아가는 존재로서 공간적으로는 지금이 시대의 이웃들, 또 시간적으로 보면 미래 세대의 이웃들에 대해 공감하고 함께 살려고 하는 연대가 바탕이 되는 더 큰 의식의 대전환이라고 할 수 있다. 이런 것들이 없이 어떤 제도만으로 금방 어떤 성과를 거둘 수는 없다. 그러므로 제도와 함께 이런 커다란 의식의 변화를 만들어 내는 것이 우리의 현재적 과제이다. 그런 차원에서 사회의 대개혁이 의식의 대전환에 바탕을 두는 시민성의 큰 발전의 계기가 되어 이 땅에 더불어 사는 공화와 민주, 대동정신과 민주정신이 튼튼히 뿌리를 내리는 그러한 사회 대개혁으로 만들어 나가야 한다.

공동체와 민주주의 그리고 공화국의 결합은 교육의 이론과 실천으로 곧바로 연결될 수 있다. 이런 시각에서 보면 조희연 전 서울시교육감의 제언은 우리의 관심을 끈다. 그는 '민주공화국'으로서 민주주의 가치는 어느 정도 구현했으나, 공화주의 가치는 소홀히 했기에 공화주의를 기조로 한 '공존의 교육'을 되살릴 것을 강조한다. 그동안 '민주'의 가치에 집중(천착)했지만, 민주화 시대에 상정했던 '독재'는 민주시민의 자유로운 권리 추구와 이익 추구, 방어를 억압한 체제였기에 '전투적'이다. 따라서 '공화(자유, 자치, 공동체성, 적극적 시민)'의 가치에 대해서 소홀한 측면이 있다. '공화'란 충돌하는 개인과 집단이 함께 존재하는 단위의 목표와 가치가 무엇인지를 돌아보는 데서 시작한다. 그러기에 민주주의와 공화주의가 대립해서는 안 된다는 말이다. 만약 사람들이 더 지역적 관계를 향한 열정에 사로잡혀 사회의 너른 규범을 인정하지 않게 된다면, '공화국'은 경쟁하는 이익집단의 전쟁터로 전락할 것이다.Pettit, 1997

학교사회 또한 민주주의와 공화주의를 공존시켜야 '공동체 학교'가 출현할 수 있다. 양자는 강조점의 차이는 있지만 양자택일의 문제는 아니다. 민주적 공화정이나 공화적 민주정이라는 노선의 선택은 이율배반적인 공존의 기술이 고도로 발달한 시대가 도래했기 때문이다. '민주주의 교육'과 '공화주의 교육'의 개별적 특성을 기본적으로 고려하면서도, 두 교육 간의 경계는 약화시키면서 교집합에 해당하는 경계 지대 혹은 중첩 지대를 확장해 나갈 필요가 있다. 그러기에 아이들의 욕구에만 맞추는 '어린이 공화국KinderRepublik'이나 교사의 대의가 과잉 대표되는 '교사 공화국teacher republic'이 되어서는 안 된다. 모든 구성원의 '공동체 학교commune school'가 되어야 한다. 교육은 교사의 활동만이 아니라 학부모, 지역사회 및 국가로부터 위임받은 '공적인 일res publica'이기 때문이다.

'공적인 일' 또는 '공동의 관심사를 서로 공유하는 사람들의 모임'을 뜻하는 '공화국republic'의 교육이 그 성격과 형태에서 공교육public education으로 운영되어야 한다는 점은 공화국의 원래 의미를 되새겨 볼 때 의심의 여지가 없다.한기철, 2021: 316 공화국의 국가교육은 곧 공교육과 같은 것을 가리키는 말이 된다. 공화주의자들이 공교육의 형성 프로젝트를 위해 강조하는 두 가지 중요한 기제가 있다. 하나는 공적 생활에서 드러나는 법, 제도, 정치 과정이고, 다른 하나는 공식적인 교육체제다.피터슨, 2020: 177

그러기에 공화국의 공교육은 권위주의적 국가권력의 독점적 지배를 통한 '국가주의 교육'으로 전락할 우려가 있다는 점을 유념해야 한다.한기철, 2021: 318-319 공화국의 공교육이 민주정이나 시민사회를 침식시킬 가능성이 있기 때문이다. 이런 지적은 이성과 합리성 및 공적 입문을 중시하는 '자유주의 교육자'의 지적과 맞물려 있다. 더욱이 사회정의와 공적 참여를 중시하는 '공화주의적 공교육'을 확립하려면 시장의 욕망을 충족시키는 신자유주의의 사사화私事化, privatization 전략에 의해 약화되어서는 안 된다.

기로에 선 민주주의와 교실의 위기

민주주의는 어떻게 무너지는가? 우리는 '민주주의 위기'라는 말을 듣는다. 민주주의 위기는 삶의 위기이다. 일찍이 듀이는 민주주의가 앓는 질환을 치료하기 위해 '더 많은 민주주의more democracy'라는 처방을 내놓았지만, 실제의 상황은 그렇게 녹록지 않다. 가령 직접민주주의, 결사체 민주주의, 강한 민주주의, 숙의 민주주의 등 '민주주의의 원형'을 복원하기 위한 다양한 의견이 제시되지만, 현실에서는 좀처럼 개선될 기미가 보이지 않는다. 내란은 이조차 지킬 수 없는 정치적 위기를 드러냈고, 통치자들이 만들어 낸 규범은 그들 스스로에 의해 무너졌다. 민주주의는 그 원형을 알 수 없을 정도로 흉하게 변해 버렸다. 민주주의 역사는 이렇게 혼란스럽고 복잡하기만 하다. 그리고 존엄하고 평등한 삶을 기대할 수 없는 사회, 모든 생명체가 생명과 안전을 위협받는 사회에서 늘 불안과 공포를 지니고 살아야 한다. 능력주의와 신자유주의의 결합은 승자독식을 정당화했고, 경쟁에서 탈락한 이들의 현재는 비참했으며, 미래는 설계조차 할 수 없다. 혼자라는 고립감은 공동체와 함께 지켜야 할 사회적 규범 같은 걸 잊게 한다.

오늘날 민주주의는 세계적으로 위기를 맞이하고 있다. 이에 따라 민주주의의 근간이 위협받고 있다. '기로에 선 민주주의'White & Openshaw, 2005 라고 할 수 있다. 학교도 예외가 아니다. 그리하여 수많은 교양 없는 인간을 양산하고 있다. 때문에 '민주주의'를 새로이 재건해야 한다. '민주주의란 무엇인가?' 민주주의가 왜 필요한가 하는 질문은 민주주의의 이상을 되묻는 것이다.

민주주의는 시민들의 이해와 권리를 보호하며, 권력이 자의적으로 남용되는 것을 방지하는 제도적 장치 역할을 한다. 민주주의 체제는 권력이 특정 개인이나 집단에 집중하는 것을 막고, 누구도 독재적인 권력을 휘두를 수 없게 만들었다. 권력을 얻으려면 유권자의 지지를 얻어야 한다. 이는 국가가 특정 지도자나 집단에게만 의존하지 않음을 의미한다.윤비, 2025: 95 절대권력을 행사하는 개인이나 집단이 잘못된 결정을 내릴 경우 공동체 전체를 파멸로 이끌 수 있지만, 민주주의 체제에서는 그러한 위험이 상대적으로 줄어들 것이다. 민주주의 체제는 권력의 분산과 상호 견제를 통해 한쪽의 의견이 일방적으로 관철될 위험을 줄이고, 나아가 다양한 의견을 반영하여 더 나은 결정을 내리도록 도울 수 있다. 민주주의 체제에서는 모두가 자기의 생각과 판단을 별 제한 없이 발전시키고 공표할 수 있다. 국가 공동체 안팎에서 무슨 일이 일어나고 있는지, 미래에 어떤 도전이 예상되고 어떻게 대응해야 할 것인지 다양한 의견을 제기할 수 있다. 따라서 민주주의는 중요한 통찰력이 적극적으로 활용되고, 제도적 혁신이 활발하게 이뤄질 수 있는 정치적·사회적·문화적 환경을 제공한다.윤비, 2025: 96-97 문제가 복잡할수록 우리에게 필요한 것은 민주주의다. 개인의 자유와 권리의 존중, 다원성이 중요해진 세계사의 흐름에서 권위주의는 더 이상 통하지 않는 가치이다. 우리에게 필요한 가치는 '민주주의'이다. 우리의 민주주의를 위대하게 만드는 것, 그것밖에 우리에게 다른 선택지는 없다.

따라서 민주주의 교육은 민주적 정치 및 교육적 유토피아와 연동되어야 한다.Torres, 2011 유토피아를 추구하는 행위로서 민주주의 교육이 중요하다.달, 1989 주어진 사회가 민주주의의 조건을 갖추고 있는지 윤리적으로 숙의해 보는 것이 유토피아를 추구하는 일이다. 공교육의 핵심적 목표는 민주주의를 실현하는 일이다. 세상을 괴롭게 하는 절망과 고통으로 얼룩진 질병, 결핍, 파괴적 권력 등을 해결하기 위해서는 사람들을 비판적으로 정의하고 고양시키는 사회적 과정, 운동, 참여, 교육을 통한 해방의 과정을 필요로 한다.카 & 테제, 2023: 8-9 민주주의란 공생·공락을 목적으로 하는 집합적 수준을 나타낸다. 민주주의는 모든 사회 영역을 포함하는 포용적이고 역동적이며, 비판적이고 진화하는 과정을 통해 민주적 가치를 추구하는 것과 연관되어 있다. 정치란 권력을 조직해 나가는 것이다. 민주주의란 이렇게 조직화된 권력이 대중에게 속한다는 개념이다. 민주주의는 우리를 사회의 더 넓은 거시적 초상, 즉 행정가의 개인적인 행동에 필연적으로 영향을 주고, 또한 사회 내 다양한 집단의 관심사와 우선순위에 의해 갖춰지는 모양에 집중시키기 때문이다.카 & 테제, 2023: 48, 212

민주주의는 교육의 관점에서 볼 때, 습득해야 할 '삶의 기술' 중 하나라 할 수 있다. 인간은 누구나 자신의 가치관과 신념에 따라 공동체와 상호작용하며 자신의 주장을 펼칠 수 있다. 이 과정에서 우리는 타인의 주장에 대해 비판적으로 사고하는 동시에, 자신의 주장을 상대화하여 성찰하게 된다. 이는 개인이 일상에서 문제를 해결하는 경험과도 깊이 연결된다. 민주주의는 사회의 다양한 주체들과 대면하며 발생하는 긴장과 갈등을 다루는 기술이기도 하다.맹수용, 2025: 337

사회가 민주주의의 위기를 겪는 것처럼 교사들 또한 교실의 위기를 경험하고 있다.맹수용, 2025: 343 극단적인 인식과 퇴행은 추락하는 교권과 함께 '교실에서 민주주의를 경험하는 것이 가능한가?'라는 질문을 남긴다. 특히 교사가 학생으로부터 공격적인 발화에 응대할 때면, 교육의 불가능성을 떠올리곤 한다. 그렇지만 교실은 구성원이 '학생'이라는 점, 변화 가능성을 고려한 교육활동이 일상에서 시도되는 공간이라는 점에서 사회와 다르다. 교사는 안전과 신뢰 관계가 확보된 교실에서 학생의 인식 변화까지는 아니더라도, 성찰을 시도해 볼 수 있다.

여기에서 경계해야 할 것은 특정한 커뮤니티에 갇혀 조용히 자신의 논리를 구축하는 것이 문제이다. 따라서 이보다 공론장에서의 대화를 교육적 계기로 삼을 필요가 있다. 물론 교사가 극단적인 반응에 일정 정도의 선을 그어야겠지만, 동시에 학생의 발언에 더욱 진지하게 대응할 필요가 있다. 극단적인 인식을 가진 학생들은 교사가 제시하는 교육 내용과 논리에서도 배우지만 경청하는 태도에서 더 많이 배우기 때문이다. 반대로 학생들이 교실에서 평소 가지고 있는 생각을 표현하지 않는다면, 이를 평화로운 상태로만 받아들여서는 안 된다. 이는 학생이 생각이 없어서가 아니라 교사와 동등한 대화의 장에 서 있지 않다고 느끼기 때문일 가능성이 크다. 이 경우 학생은 자신의 사고방식을 조용히 키울 가능성이 크다. 따라서 학생의 사고나 반응을 교육적 텍스트로 삼아야 한다. 경청하고, 검증하며, 왜 그러한 주장이나 인식에 마음이 가는지를 함께 질문해야 한다. 학생에게 무엇에 왜 화가 나 있는지를 물어야 한다. 이는 극단적인 인식을 공감하고 허용해 주자는 의미가 있다. 긴장감을 가진 상태에서 학생의 마음과 인식을 흔들어 보자는 제안이라고 할 수 있다.

그래서 민주주의를 '위한' 교육은 '민주주의 안'의 교육 그리고 '교육 안'의 민주주의에서 이루어지며, 참여, 관여, 사회정의, 정치적 문해력, 숙의 그리고 상호의존적인 의제, 고려 지점, 현실 등을 연결하여 사회 변화를 일으키고 그 일부가 되는 것에 관한 활동을 강조한다.카 & 테제, 2023: 148 학교는 민주주의의 이상적 요소[220]를 상상하고 실험하는 장소이다. 신자유주의를 넘어서는 중심축은 좋은 사회를 향한 열망과 민주주의에 있다. 한국 근현대사의 궤적 속에서 민주주의는 한국인에게 절대선으로 자리를 잡았고, 상식으로 통용되었다. 권력도 개인도 민주주의적 정당성에 기반해 자신을 합리화하려 한다. 그런데 12·3 친위 쿠데타에서도 알 수 있듯이 권력이든 개인이든 독재자는 '의도'로써 민주주의를 앞세운다.. 반면 민주주의자는 과정과 결과로서의 민주주의에 주목한다.김정인, 2015: 418 그리하여 민주주의는 지금도 '발견'되고 '변화'하며 새로운 물줄기를 낼 것이다.

---

220. 민주주의의 이상적 요소는 첫째, 사회의 구성원이 공유된 공동 관심사의 수가 많고 종교가 다양하다는 점뿐만 아니라, 사회 통제의 한 요소로서 상호관심사의 인정을 크게 중시한다는 것을 의미한다. 둘째, 민주주의의 이상적 요소는 사회집단이 서로 더 자유로이 상호작용뿐만 아니라, 사회적 습관에 변화가 일어난다는 것을 의미한다. 다시 말해, 다양한 상호 교류를 통해 새로운 상황에 맞추어 끊임없이 재적응한다는 것을 의미한다. 이 두 가지 특성이 바로 민주적으로 구성된 사회의 특징이다.

민주시민교육에서 민주주의 교육으로

'민주시민교육'은 대체로 '민주주의'를 실현하는 데 필요한 자질과 역량을 기르는 교육이라고 규정할 수 있다. 그것은 민주주의 체제의 구성원이자 주체로서 권리와 의무의 인식만이 아니라, 동료 시민과의 협력과 연대, 비판적 사고를 통한 문제 해결 능력 등을 포함한다. '민주시민교육'의 근본 가치는 당연히 민주주의인데, '인민demos' 스스로의 '지배cratia'를 뜻하는 민주주의의 최소 조건은 존재의 평등, 법 앞에서의 평등이다. 함께 지배하기 위해서는 우선 서로가 평등한 존재여야 한다. 그 평등은 제도적으로 보장되어야 할 뿐만 아니라 문화적으로도 지지되어야 한다. 따라서 다른 구성원에 대한 존중이 무엇보다 중요하다. 이는 달리 말하면 차별과 혐오에 대한 단호한 거부를 뜻한다. 민주시민교육의 과정에는 이러한 가치 규범들이 비교적 충실히 녹아들어 있다.

그런데 문제는 규범과 현실의 괴리다. 물론 규범은 언제나 현실과 떨어져 있기 마련이고, 그렇기에 '다가가야 할' 지향으로서 존재한다. 그러나 한국 사회는 현실이 규범과 괴리된 것이 문제라기보다 교육의 규범으로서 '민주주의'와 지배의 규범으로서 '능력주의'가 일종의 이중 규범 상태로 병존하는 것이 문제다. 더욱이 이 둘은 단순히 괴리된 것을 넘어 격렬하게 상충한다. 교육의 규범으로서 민주주의가 현실의 규범으로서 능력주의와 병존한다고 하지만, 사실 능력주의가 민주주의를 압도하고 있는 것이 현실이다.박권일, 2025: 32-33 학교는 평등과 같은 민주주의의 가치를 가르치지만, 실제 사회는 시험과 경쟁, 서열 중심의 능력주의가 작동한다.

이런 조건에서 민주주의의 가치를 진정으로 가르치려면, 말과 행동을 일치시키기 위해 부단히 노력해야 한다. 이는 곧, 한국 사회의 지배 규범인 능력주의를 근본적으로 문제화하는 과정이 될 수밖에 없다.박권일, 2025: 38 그러기에 '민주시민교육'을 '민주주의 교육'으로 전환해야 한다. 조희연 전 서울시교육감은 과거 '권위주의적 공동체성'에 대립하는 '민주적 공동체성'을 '공화'로 규정하며, 민주시민교육의 확장이고 심화로서 '공존'을 지향하는 '공화적 시민교육'을 주창한다. 시민의 자유와 권리를 보장하는 '민주교육'과 다른 시민들과 만나 대화하고 서로 다른 의견을 조율할 수 있는 '공화교육'을 융합한 시민교육이라고 할 수 있다. 이러한 교육철학에 바탕하여 민주성과 공화성을 체험하는 공간으로서 공동체형 학교를 제안한다.조희연, 2025 능력주의 경쟁이 억압받지 않는 개인과 집단의 권리 추구 행위가 '만인에 의한 만인의 투쟁'으로 가지 않고, '공화적' 단계 혹은 '공동체적 공존'의 단계에 이르도록 해야 한다는 것이다.

이런 측점에서 '혁신교육' 또는 '혁신학교'는 과거의 권위주의적 학교문화를 민주주의적 학교문화로 만들려고 노력해 왔다고 할 수 있다. 이제 학생에게 한정된 '민주시민교육'에서 그들을 넘어선 '민주주의 교육'으로 담론을 이동해야 할 때가 되었다. 학생을 계몽시키는 '민주시민교육'을 넘어 학교 시스템 및 문화의 민주화로 확장시키는 '민주주의 교육'을 해야 한다. 민주주의 교육은 학생에게 머물지 않고 교사, 교장, 학부모, 권력자 모두에게로 확장되어야 한다. 일상생활 속에서 사회 구성원과 함께 민주주의 활동이 이루어져야 민주주의자가 길러지는 것이다.

민주주의의 행위주체자로서 민주주의자가 되게 하려면 교원과 학생, 그리고 학부모(보호자)의 '주체화'를 지향해야 하는데, 이 주체화는 자격화(능력획득)[221]와 사회화(공동체성)를 거쳐야 완성된다. 자격화와 사회화를 거치지 않고 바로 주체화로 도약할 수는 없다. 인간적 성숙과 시민적 성숙을 이룰 수 있는 주체화는 윤리적 주체(인격), 사회적 주체(공동체), 정치적 주체(권력)가 되는 것을 모두 포함한다. 비에스타의 주체화 담론에서 윤리적 주체(인격), 사회적 주체(공동체), 정치적 주체(권력)를 대안적 시민성으로서 '주체적 시민성'에 적용하여 그것을 도덕적 시민성, 사회적

---

221. '자격화'란 주로 직업과 관련하여 무엇인가를 하게끔 이끄는 지식, 기능 그리고 이해를 습득하게 하는 것을 뜻한다. '사회화'란 교육을 통해 특정한 사회·문화·정치 질서의 구성원이 되게 하는 것을 뜻한다. '주체화'란 학생들이 살고 있는 정치·사회·경제적 질서로부터 그들의 독립성과 자율성을 길러 주는 것을 뜻한다.

시민성, 그리고 정치적 시민성의 종합으로 정의했다.

'민주주의자democrat 없는 민주주의'는 언제나 다시 '전체주의'로 전복될 수 있다.박구용, 2024: 183 빈곤한 사회, 그리고 언제든지 빈곤으로 추락할 수 있다는 불안이 지배하는 사회에서 민주주의는 성숙할 수 없다. 비록 법체계와 제도가 민주주의를 내세우고 시민이 이를 명시적으로 인정한다고 할지라도, 시민이 빈곤으로 불안(체념)에 사로잡혀 있는 한, 민주주의는 맹목적 형식으로 남아 있을 뿐이다. 가난한 사람, 가난을 두려워하는 사람도 민주주의를 위한 정치적 참여와 사회적 연대에 앞장설 수 있다. 가난한 사람이나 가난의 위협으로 불안한 사람이 반-민주주의자가 되는 것은 아니다. 그렇지만 그런 사람들이 많은 사회에서 시민의 참여와 연대를 기대하는 것은 관념적일 수 있다.

그래서 오늘날 '시민'의 정의가 다시 쓰이고 있다. 모든 시민을 위한 민주주의라는 건 누구도 모든 시민을 위한 민주주의라는 건 누구도 배제하지 않는 민주주의가 되었고, 광장의 주체는 '국민'이나 '민중'이 아닌 '시민'이었다.레빗, 2025: 405 민주주의자 없이 민주주의는 지속될 수 없으며, 누구도 태어날 때부터 성숙한 민주시민인 사람은 없다. 민주시민은 경험과 함께 학습과 훈련을 통해 길러진다. 대한민국 공교육이 민주시민인 의사, 민주시민인 판검사, 민주시민인 노동자, 민주시민인 소상공인, 민주시민인 연구자, 민주시민인 교수와 교사를 길러 내는 교육이 절실하다.

민주화 이후 민주주의 사회를 통치하는 전문가는 '반-민주주의자'를 가차 없이 추방한다. 민주주의를 반대해서가 아니라 통치자의 숨겨진 의지를 폭로하기 때문이다. 민주주의를 관리하는 전문 통치자는 더 이상 호령과 채찍을 쓰지 않는다. 통치자의 폭력이 실제로 파괴하는 것은 통치 권력이라는 것을 그들은 역사적 경험을 통해 잘 알고 있다. 이제 그들은 시민의 욕망을 억압하고 통제하던 낡은 정치를 버리고 욕망을 적극적으로 조작하고 조종하는 기술을 택한다. 민주화 이후 민주주의 체제에서 시민은 자유를 찾았다고 하지만 이들이 향유하는 자유는 조작된 욕망의 무절제한 소비로 축소된다. 시민은 아직 자유의 발신자가 아니라 수취인일 뿐이다.

우리가 민주주의자로 성장하려면 평생에 걸쳐 언제 어디서든 민주주의 교육이 이루어져야 한다는 것을 유념해야 한다.Parker, 2002 민주적으로 함께 산다는 것은 항상 원하는 것을 가질 수는 없다는 사실도 유념해야 한다. '자기제한self-restraint' 또는 자제(절제)는 자연스럽게 생겨나지 않고 학습되고 내면화되어야 하는데, 이 과정은 때론 고통스럽게 이루어진다는 점이다.Marquand, 2004 자기제한은 자신을 파괴할 정도로 욕망을 억제해서도 안 되고 그 욕망을 과도하게 추구하면서 세계를 파괴해서도 안 된다. 자신의 욕망을 '성숙한 방식'으로, '세계 속에서' 살아가며 조정하도록 교육하는 것이다. 주체로서 존재하려면 우리가 원하는 것이 우리 자신에게뿐만 아니라 다른 사람들과 함께하는 상황에서도 바람직한지에 대한 질문에 관여해야 하고, 이를 통해 주체는 세계 속에서 타자와 더불어 '성숙한 방식'으로 존재할 수 있게 된다. 자신을 세계의 중심에 두지 않고 '세계 속에 존재하기existing in the world'란 사람들이 세계 속에서 행동하고, 어떤 계획을 세계 속으로 입문한다는 뜻이다.Biesta, 2017 학교라는 작은 사회에서도 학생뿐만 아니라 교사도 학부모도 성숙한 방식의 절제를 익혀 체질화해야 한다.

아이들은 가르쳐지는 내용에 의해서도 배우지만, 그들이 참여하고 있는 또 다른 상황에서도 민주주의를 크게 배운다. 학교는 민주주의와 시민성을 가르치는 모범적 교육과정을 가질 수도 있지만, 학교의 내적 조직이 비민주적이라면, 학생의 민주주의에 대한 태도와 성향에 부정적 영향을 미칠 것이다. 시민의 학습은 어느 곳에서나 그리고 계속적으로 일어난다. '시민적 학습civic learning'은 교실에 한정되지 않는다. 어느 때나 어느 곳이든 시민적 학습은 일어난다. 이렇게 본다면 사회 그 자체가 시민성을 위한 학교이다.Biesta, 2011b: 177 시민성교육citizenship education이 미래의 시민을 위한 교육이라면, 매일 이루어지는 '시민적 학습'은 현재의 구체적 시민의 학습으로 볼 수 있다.Biesta, 2011b: 174 공동체 참여와 주권자 권리를 위한 '시민적 학습(정치교육)'은 개인의 기술 향상과 생존 그리고 소득 증진을 위한 '경제적 학습(직업교육)', 그리고 삶의 의미와 자아실현을 위한 '문화적 학습(인문교육)'과 함께 이루어져야 할 것이다. 이것은 '교육'에서 '학습'으로의 전환을 의미하는 '교육의 학습화learnification'을 말하며, '평생학습'으로 이동을 말해 준다.Biesta, 2013 교육의 학습화는 기본적으로 하나의 과정이고 활동이며, 내용과 방향과 관련하여 텅 비어 있는 것은 아니지만 개방되어 있다고 할 수 있다. 학습은 투입이 아니라 학생의 활동에 달려 있다고 보는 것은 교사가 자기 학생들의 학습을 지원함으로써 가장 최상이 될 수 있음을 다시 생각하도록 도와주는 것이다. 교사가 학생의 학습을 촉진한다는 것은 학생이 배워야 하는 것의 세분화와 그것을 학습해야 하는 어떤 목적을 위해 수반되는 것이 아니다.Biesta, 2010: 18-19

이렇게 보면 시민성 형성은 지식의 문제가 아니라, 삶의 양식 문제이고 문화의 문제이다. 따라서 민주시민의 탄생은 민주적 삶의 누적된 산물이라고 할 수 있다. 태어나서 시작하여 학생생활, 지역사회의 삶, 그리고 일생에 걸쳐 이루어진 평생학습 활동이다. 시민적 학습은 학생들이 자원으로서 교육제도 바깥의 삶에서 겪는 정치적 경험을 이용하지 않으면 안 된다.McCowan & Unterhalter, 2013: 144 이 말은 곧 민주주의의 실천과 시민성을 통해 이루어지는 '시민적 학습'은 학교 바깥에서 일어나지 않으면 안 된다는 것을 말해 준다. '시민적 학습'은 기존 사회의 순응을 요구하는 사회화/동일시의 차원의 일이 아니다. 시민적 학습은 좋은 행동의 규범, 가치 그리고 기준을 주입함으로써 좋은 시민이 되게 하는 기존 질서의 재생산을 목표로 하지 않는다. 사회화 과정은 기본적으로 보수적이다. 시민적 학습은 과거의 재생산이 아니라 새로운 시작을 위한 기회를 창조하는 것이다. 사회는 변화 없이 보존되는 것이 아니라, '새로운 인간의 탄생'을 통해 계속해서 갱신되어 간다. 아이들은 앞으로 나아가려는 사람을 뒤에서 잡아당기거나, 혹은 뒤에서는 막 밀지만 앞에서는 막고 있어서 어찌해 볼 수 없는, 즉 '과거와 미래 사이에' 끼여서 나아가지도 물러서지도 못하는 난처한 상황에 처해 있다. 아이는 과거와 미래의 '중간에 낀in-between' 존재, 탄생과 죽음 사이를 채우는 인간 실존의 조건에 놓여 있다.아렌트, 2005: 236-263 인간세계의 새내기인 아이들은 완성된 존재가 아니라 생성 과정의 미완성 존재이기에 교육자가 져야 할 책무는 오래된 세계(과거)와 새로운 세계(미래)의 간격에 다리를 놓는 매개자의 일이다.Gordon, 2001: 5

시민적 학습은 사람들을 길들이는/순치 교육이 아니라 민주적 주체가 될 수 있는 학습이다. 시민적 학습은 사회화를 위한 학습보다 더 좋은 시민의 양성을 위해 '더 많은 민주주의'[222]를 요구하는 '주체화를 위한 학습learning for subjectification'을 필요로 한다. 민주적 실천을 위해서는 기존 질서에 적응시키는 사회화socialization 차원의 학습이 아니라 주체화 subjectification 차원의 학습을 염두에 두면서 중요한 학습 기회를 제공해야 한다.Biesta, 2014: 10 시민성은 개인들의 문제, 그들의 지식·기술·성향 그리고 개인적 책임으로부터 나오는 것이 아니므로, 상호작용하는 개인과 맥락 속에 존재하는 개인, 그리고 그들의 '실제적 시민성 조건'이 민주적 시민성을 학습하고 수행하는 방식에서 중요한 역할을 찾는 데 초점을 둘 필요가 있다.Biesta, 2011: 2

오늘날 민주주의, 정치적 행위자, 민주적 주체가 되는 주체화 개념은 기존 질서를 넘어선 새로운 탄생으로서 민주주의의 실험이나 사건으로서 개입하는 학습에 초점을 맞추고 있다.Vandenbroeck & Peeters, 2014: 162 시민적 학습은 사람들을 길들이는 교육이 아니라 민주적 주체가 될 수 있는 학습으로 나아가야 한다. 교육의 민주주의를 더욱 공고화하기 위해 '민주적 주체성democratic subjectivity'을 강고하게 구축해야 한다.Biesta, 2014: 9 민주적 주체성은 민주적 인간에 대한 개체적/인격적 개념(칸트, 피아제, 콜버그 등), 사회적/공동체적 개념(마가렛 미드, 존 듀이), 정치적/폴리스적 개념

---

222. 교육 민주화뿐만 아니라 기업 민주화, 직장 민주화, 에너지 민주화, 주거 민주화, 사회 민주화, 경제 민주화, 은행의 민주화까지 지금은 정말 자본주의 이후를 생각하며 최대한의 민주주의를 그려 보고 도전해야 할 때다.

(한나 아렌트)을 동시에 구축하는 것이다.Biesta, 2006: 121, 127-135 이렇게 볼 때 학교교육은 아이들이 민주적 인간에 대한 세 가지 속성이 융합된 주체성을 경험하도록 해 주어야 한다. 더 좋은 민주주의를 위해 더 좋은 시민을 필요로 하는 사회화를 위한 학습을 할 것이 아니라, 더 좋은 시민을 위해 더 많은 민주주의와 더 좋은 민주주의가 필요한 '주체화를 위한 학습'을 요구한다.

민주주의의 희망과 활력은 민주주의제도 자체보다는 그것을 떠받쳐 주는 '시민적 학습'에서 나올 것이다. 시민적 학습은 인격적 주체성과 사회적 주체성, 정치적 주체성이 융합된 민주적 주체성을 강조한다.Biesta, 2006: 127-135 민주적 실천을 위해서는 기존 질서에 적응시키는 사회화 socialization 차원의 학습이 아니라, 주체화subjectification/탈동일시 차원의 학습을 염두에 두면서 중요한 학습 기회를 제공해야 한다.Biesta, 2014: 10 물론 주체화는 사회화 과정을 거쳐야 한다. 자율의 실천은 타율의 습관화를 통하지 않으면 달성될 수 없다. 개인과 사회의 균형을 추구하는 것이 제2의 본성인 민주적 인성을 형성하는 것으로서 공동선을 위해 사회화를 주체화하는 것이라고 할 수 있다.Winter, 2014

민주주의 교육을 하려면 학생, 교원, 직원, 학부모(보호자) 모두가 민주주의자가 되도록 민주적 교육 환경을 마련해야 한다. 지금 민주주의 교육의 안착과 함께 학교가 민주주의자를 길러 내는 곳이 되려면, 무엇보다 교사들에게 표현의 자유와 피선거권 등 '정치적 기본권'을 보장해야 하고, 청소년들의 선거권 연령 하향(지금의 18세에서 16세로 하향)이 이루어져야 한다. 민주주의는 교원을 포함한 어른과 아이들, 그리고 국가 운영에 참여하는 권력자들이 민주주의자들이 되도록 함께 노력해야 한다. 민주주의의 성장은 사회 전체가 민주적 공동체로 형성되도록 하는 일과 동반되어야 성공할 수 있다. 이것은 또한 과도한 입시경쟁과 대학서열체제의 해소 없이는 불가능한 일이다. 물론 제도의 억압과 제약 속에서 다소 열린 틈새를 활용하여 문화적 대안 활동이 열릴 여지는 있다. 이 지점에서 대안적 문화 활동을 해야 새로운 제도의 도래를 순조롭게 준비할 수 있다. 그렇지 않으면 퇴행과 반동이 다시 찾아올 것이다.

어른부터 먼저 민주주의자가 되어야

사람들이 민주주의자가 되는 법을 배우며, 전 세계 곳곳에서 비형식적이고 무형식적이며, 은밀하게 이루어지는 수많은 민주주의 실천이 존재하는 곳이다.카 & 테제, 2023: 6 그리고 민주주의가 안정화되려면 지배 질서에 대항하는 주체들이 튼튼하게 구축되어야 한다. 학교현장에 새로운 질서가 들어서야 하고, 그러한 질서를 만들어 내는 주체화가 요구된다. 무페Chantal Mouffe와 랑시에르Ranciere가 역설하듯, 민주정치의 주체화 subjectification 과정은 치안 질서 기능을 하는 '경찰police'을 민주적 질서 기능을 하는 '정치politics/the political'로 치환시키는 것이다. 기본적으로 정치는 갈등을 처리하는 행위로서 적의를 쟁의로 바꾸는 것이라고 할 수 있다. 주류적 논쟁에 도전하는 '쟁의민주주의'는 서로 연관되는 세력과 서로 갈등하는 세력 사이의 쟁론을 중시하고, 모든 사회 영역에 상반되는 정체성과 대화해야 한다.Carter, 2006: 423 이를 위해 이견과 부동의, 그리고 권력에 대한 투쟁에서 민주적 공론을 활성화해야 한다.Ruitenberg, 2011

전체주의와 폭도정치와 대치되는 '과정process'으로서의 민주주의는 '삶의 양식'으로서 불가피하게 갈등을 수반하며, 타인과 상호작용하면서 비폭력과 평화의 문화를 만들고 정의를 생산하는 영원한 과정이다. 이러한 민주주의는 자유와 평등의 가치가 서로 보완된 '시민이 되어 가는 문명화 과정civil and civilizing process'이라고 할 수 있다.Weber, 2005 이를 위한 대화는 결코 끝나지 않을 것이다. 민주주의라는 목표는 우리가 항상 노력해야 할 일이기 때문이다. 그것은 '항상 만들어지고 있으며, 우리는 이룰 수 있기를 바라며 스스로를 밀어붙여야 한다.Thayer-Bacon, 2013: 138 우리에게 민주주의 개념이 중요한 이유는, 민주주의란 단순히 자유나 평등, 정의와 같은 여러 가치 가운데 하나를 대표하기 때문이 아니라 경쟁하는 규범적 관심들을 연계하고 중재할 수 있는 가치이기 때문이다.헬드, 2015: 492 민주주의란 시민들이 다양한 사안들에 대해 각자만의 고유한, 서로 다른 의견을 가질 수 있다는 차원에서 평등하다는 점을 서로 인정하는 정치체제이다. 민주주의란 국가의 주권이 국민에게 있고, 국민을 위하여 정치를 행하는 제도, 또는 그러한 정치를 지향하는 사상을 의미한다.

학생을 대상으로 한 민주시민교육에서 벗어나 어른/교사가 먼저 '민주주의자'가 되도록 하면 동시에 아이들도 자연스럽게 민주주의자가 될 것이다. 그리하여 교육과정이나 교과서 중심의 지식교육에 머문 민주시민교육이 아니라 학교 운영과 문화 활동 전반과 학교 밖의 지역사회 활동과 연계된 민주주의 교육으로 확장되어야 한다. 교육과정curriculum, 학교문화culture, 지역사회community, 즉 3C가 유기적으로 결합해야 한다. 또 일상생활의 현장에서 민주주의 활동이 이루어져야 민주주의자가 만들어질 수 있다. 민주주의 교육을 하려면 학생, 교사, 학부모 모두가 민주주의자가 되도록 민주적 환경을 제공해야 한다. 민주주의의 행위주체자로서 민주주의자가 되게 하려면, 교사와 학생, 그리고 학부모의 '주체화'[223]가 이루어져야 한다. 인간적 성숙과 시민적 성숙을 촉구하는 주체화는 윤리적 주체(인격), 사회적 주체(공동체), 정치적 주체(권력)가 되는 것을 모두 포함한다. 이를 대안적 시민성을 강조하는 '주체적 시민성'에 적용하면 도덕적 시민성, 사회적 시민성, 그리고 정치적 시민성의 종합으로 구현될 수 있다.Biesta, 2019

또한 민주주의는 권리를 위한 요구와 함께 '자기제한/자제self-restraint'를 필요로 한다. 자기 욕망에 제약을 가하는 힘을 기르려면 민주주의 교육이 필요하다. 민주주의는 모든 사람에게 최대의 번영을 가져다줄 뿐만

---

223. 주체화는 자격화와 사회화를 거쳐서 완성된다. 자격화와 사회화를 거치지 않고 바로 주체화로 도약할 수는 없다.

아니라 어느 정도의 제한을 요구하는 것이다. 자기제한력을 키우는 교육적 방법으로 정원 가꾸기, 동물 키우기, 석재와 목재를 다루는 노작교육, 예술적 활동이 적절한 교육 방법일 수 있다. 정원 가꾸기, 동물 키우기를 생태교육으로만 여겨서는 안 된다. 식물을 키우다 보면 그것을 내 마음대로 빨리 자라게 할 수 없다. 열심히 물을 주고 정성을 들여도 식물이 죽기도 한다. 이때 아이들은 엄청난 좌절감을 경험한다. 조각품 돌덩이의 특정 부분을 너무 세게 망치로 두들기면 깨져 버릴 수도 있다. 동료들을 너무 세게 몰아붙이면 관계가 파괴될 수도 있다. 이럴 때 그것을 '세계 파괴' 현상이라고 말할 수 있다. 그렇다고 너무 많이 물러나면 세계 속에 존재할 가능성이 줄어들 위험이 있다. 이를 '자기 파괴'라고 말할 수 있다. 그러므로 '자기 사랑'과 '세계 사랑'의 균형을 잡아야 한다. 양자의 극단적 위험을 피하는 '중간 지대middle ground'가 필요하다. 이렇게 보면 학교란 장소는 집(휴식)과 일터(생산) 사이에 위치한 '중간 지대halfway house'라 할 수 있다.Biesta, 2019

그렇다면 학생들의 경험과 이해를 중시하는 '아동중심주의child-centeredness'와 세계에 대한 이해 및 태도 그리고 상호의존을 중시하는 '세계적 마음 태도world-mindedness'를 동시에 고려해야 한다.Peterson & Warwick, 2015: 18-19 이런 중용의 과정에서 사람들은 자연스럽게 민주주의자가 갖추어야 할 자기제한의 가치를 배우게 될 것이다. 느리게 가는 과정과 속도를 늦추는 과정으로서의 교육이 요구된다. 이는 개입interruption → 지연suspension → 지지sustenance의 과정을 통해 이루어진다.Biesta, 2019 더 깊은 이해에는 어느 정도의 '숙의'가 필요할 수도 있다. 따라서 학교에서 이루어지는 교육의 과정이란 다음 세대가 세계를 만나고 세계와 관련하여 자신을 만나는 데 '느린 시간'을 필요로 하는 장소라고 할 수 있다.

아이들을 왜 시민으로 대우해야 하는가?

아이들의 시민성은 어른들과의 관계 속에서 이루어지는 현재의 일이다. 학생들이 학창 시절 민주주의 경험을 하지 못하면 성인이 되어서도 민주적 삶을 실천할 수가 없다. 그렇게 되면 종국적으로 시민성의 '결손'을 초래할 것이다. 미성숙한 학생이 순식간에 곧바로 성숙한 시민이 될 수는 없다. 아이들의 민주적 시민성을 기르는 데서 제일 중요한 관건은 아이들을 미래의 생산적 시민[224]으로 준비시키는 동시에 현재의 시민으로 대우하는 것이다.Piper, 2012: 148-152 이 말은 또한 아이들을 '시민citizen'으로 대우한다는 뜻이기도 하다.Cockburn, 2013 '시민으로서의 아이들child as citizen/citizen child'은 아이들을 미래의 시민이자 '지금-이곳의 시민'으로 대우하는 것이다. 아이를 권리를 가진 시민, 참여적이고 능동적인 시민, 현재의 시민으로 인정해야 한다.

아이들은 미성숙하고 약자의 처지에 있으며 상처받기 쉬운 취약성 vulnerability이 있기에 더욱 조심스럽게 대해야 한다. 아이들을 시민으로 대우한다는 것은 그들에 대한 특별한 돌봄과 존중이 요구된다는 말이다. 그렇지 않으면 아이들의 악함이 더 자라서 폭력적으로 되기 쉽고, 나아가 민주적 시민으로 자랄 수 없다.

따라서 배우는 과정에 있고 아직 미성숙하다는 이유로 학생을 함부로 대해서는 안 된다. '시민으로서의 아이'가 된다는 것은 권리와 함께 책임을 지는 존재가 되는 것이다. 그동안 아이들은 여성과 노예처럼 시민으로서 자격을 누리지 못했다. '비-시민'인 학생이라는 존재가 순식간에 민주시민이 될 수 없다. 따라서 아이들은 '지금의 시민'이다.Ross, 2012: 41 민주시민은 저절로 만들어지는 것이 아니라 노력과 실천, 때에 따라 투쟁을 통

---

224. 아이들에 대한 '미래의 생산적 시민' 이미지는 앞으로 '되어 가는' 미래의 일꾼으로서 장래 직업을 가진 살아갈 시민이 되기 위해 준비하는 것을 말한다. 학교를 마치고 사회에서 일을 할 수 있는 능력과 자격을 갖추는 것이다.

해 만들어 내는 고통의 산물이다. 시민성은 어려서부터 보고 배우는 지속적이고 의도적인 훈련과 습관의 결과이다. 시민성은 태어날 때부터 그리고 지금부터 시작되는 것이다. 그러기에 아이들이 성숙한 어른으로 자라나게 하려면 그들이 민주적 시민성을 지니도록 필요한 지식과 기술을 체계적으로 학습하게 해야 한다.

아이들의 민주시민성은 또래들 사이 그리고 그들과 관계를 맺고 있는 어른들과의 상호작용 속에서 이루어지는 학습 과정의 결과이다. 아이들의 시민성은 어른과의 관계 속에 만들어진다.Liebel, 2012: 37 따라서 아이들의 시민성은 어른들(부모, 교사)과의 관계 속에서 형성되기에 학생들의 민주시민교육 못지않게 먼저 어른의 민주시민교육이 더욱 긴요해진다. 이러한 학습 과정은 아이들의 능력이 발달해서 일어나는 것이 아니라, 아이들이 필요로 하고 스스로 사회생활에 참여하는 구체적 경험에 의해 일어나고 자신의 중요성을 자각하면서 생기는 것이다. 이러한 학습 과정은 아이들의 자력화와 스스로의 자존감/자신감의 육성을 향한 교육적 프로젝트 또는 아이들 스스로 조직하거나 관리하는 활동—때로는 연대를 통해 행동하는 어른들의 지원에 의한—의 결과라고 보아야 한다. 아이들의 시민성은 아이와 어른의 서로 '주고-받는' 상호의존의 결과이다.Liebel, 2012: 37 그리고 아이들의 시민성은 어른의 세계와 마주하고 있는 '사회적 위치'로부터 시작한다. 기본적으로 어른들의 말을 고분고분 듣는 순종적 태도를 보이는 것도 중요하지만, 때로는 어른의 행위에 도전하고 저항하지 않으면 안 되는 경우도 많이 있다. 이럴 때 어른들에 의해 만들어지지 않은, 아이들 스스로 자신의 정치적 공간을 만들어야 한다. 어른들이 미리 규정한, 이미 만들어 놓은 공간에 한정해서는 안 된다. 이런 의미에서 '아래로부터 시민성'을 구성하는 것이 매우 중요하다.Liebel, 2012: 38-42

그런데 사회적 배제와 주변화가 심화되면 사회적 시민성과 정치적 시민성은 긴장과 모순이 발생할 수 있다. 따라서 '형식적 시민성 formal citizenship'—자격과 지위로 구현된—과 '사실적 시민성de facto citizenship'—실제로 특정 공동체와 사회의 한 구성원이 되는 경험을 통해 구성된—의 괴리는 불가피하다.Roete & Roose, 2014: 182 이상적 시민성과 현실적 시민성은 거리를 보인다. 가난한 시민과 부유한 시민의 계급 분할이 사회적 시민성/참여에서 빈곤 문제를 개인의 문제(가난한 사람들의 일탈 행동)로 돌린다면, 기존의 사회경제적 질서에 순응/동일시하는 사회화 기능을 하게 된다. 민주적 잠재력을 갖게 하는 정치적 시민성은 새로운 정체성을 출현하게 하는 탈동일시 논리를 중시한다. 민주적 시민성은 개인이 그냥 채택한 기존의 정체성/질서에 대한 적응이 아니라, 근본적으로 새로운 존재 방식과 행동 방식 그리고 새로운 정체성을 나타나게 하는 구조 변동을 가져옴으로써 현재의 시민성 경험으로부터 학습되는 개별적 집단적 과정을 함의하고, 미래를 향해 개방적으로 끊임없이 구성되는 민주주의 실험을 하는 것이다.Roete & Roose, 2014: 182-183

아이들의 시민성은 어른들(부모, 교사)과의 관계 속에서 형성되기에 학생들의 시민교육 못지않게 어른의 시민교육이 더욱 긴요하다. 그러기에 시민성 형성은 '가르치는taught' 것이라기보다는 '붙잡히는caught' 것이라고 할 수 있다.Davies, 2012: 37 따라서 시민성은 우연히 스치는 관계가 아니라 '부딪힘의 관계'에서 이루어져야 한다. 말로써 가르치는 교육과정보다 생활 속에서 자연스럽게 이루어지는 학교문화에 의해 가랑비에 옷 젖듯이 조금씩 스며들어야 한다.

시민성은 사람이 나면서부터 저절로 형성되는 것이 아니다. 자율성이 주어지지 않은 사회에서 시민은 태어나지 않는다는 점을 유념해야 한다. 개인이 시민으로 성숙하고 그들이 시민사회를 형성해 가야 할 시기에 식민 치하를 겪은 개인과 사회는 가장 중요한 뇌관인 자율성autonomy을 행사하지 못할 수 있다. 자율성의 성장 여부는 곧 민주적 시민사회의 형성을 좌우한다. 이렇게 개인은 시민으로, 사회는 시민사회를 향해 서서히 발이 엮이고 있지만, '시민적 교양civicness, civility'의 가장 중요한 요소는 자율성이다. 물론 자율성은 사회화를 거치지 않고 발현될 수 없다. 타율heteronomy에서 자율autonomy로, 자율은 다시 공율co-rule로 나아가야 한다.

교육 대전환을 위한 사회적 합의

세계사에서 유례를 찾기 힘든 압축적 성장 과정에서 이룬 산업화는 한국을 중견 국가 반열에 올렸지만, 이로 인해 사회 각 부문의 그늘을 만들었다. 앞만 보고 달리는 기관차처럼 한국은 지금 고도성장의 부작용을 겪고 있다. 그 부작용은 특히 교육 부문에서 두드려졌다.함영기, 2024: 9-10 이 난제를 공동으로 해결하는 방안으로 유네스코의 '교육을 위한 새로운 사회계약'이 우리의 관심을 끈다.

유네스코는 2021년 11월 10일 코로나19 사태를 겪은 후 〈함께 그려 보는 우리의 미래: 교육을 위한 새로운 사회계약〉를 발표하면서 새로운 변혁 주체들의 실천에 의해 2050년에는 지속가능한 미래를 이루어 내자고 호소한다. 이 프로젝트는 교육을 공공의 노력, 공유된 사회적 약속, 그리고 가장 중요한 인권으로 국가와 시민의 가장 중요한 책임임을 선언했다.

디지털 사회로의 진입, 환경파괴로 인한 위험사회risk society의 도래 등으로 산업사회를 받쳐 온 기왕의 사회적 합의들은 무력화되고 있다. 이렇듯 신뢰할 만한 최소한의 근거들이 사라져 각자도생의 정글로 변해 가고, 사람들은 불안과 좌절감에 시달리고 있다. 하지만 지금이야말로 역설적으로 새로운 희망을 만들어 가야 할 시기이며, 사회적 합의 형성을 위한 담론(談論/discourse, 어떤 주제에 대한 체계적인 논의)[225]을 만들어 가야 할 시기라고 할 수 있다.

예컨대 최근의 '서이초 사태'에 대한 담론은 공교육의 근거가 되는 '교

---

225. 여기서 사용하는 '담론' 개념은 탁월한 개인이 지적 작업을 의미하는 게 아니라, 새로운 사회적 합의를 위한 '집단 지성'의 형성을 의미한다.

육권'에 대한 산업화 시대의 사회적 합의가 붕괴되었음을 보여 준다. 사회와 아이들의 성장 환경의 변화에 비추어 국민이 국가의 어느 단위에 자녀교육의 권한을 위임하는 것이 타당한지, 자녀교육의 어느 범위까지를 공교육에 위임하는 것이 타당한지, 대략적으로 어떤 내용과 방식의 교육을 위임하는 것인지, 사회의 분화에 따라 다양해지는 교육적 요구를 공교육이 어떤 방식으로 수용해야 하는지 등에 대한 새로운 사회적 합의가 필요하다.김진경, 2023: 13

'제3의 길 정치Third-Way Politics'를 제창한 앤서니 기든스도 견고한 사회정의의 구축을 위한 새로운 '사회협약social contract'을 요청한다. 아이들이 더욱 개방적인 성찰적 사회에 살도록 하는 비판정신의 함양을 위한 '시민성교육citizenship education'을 요구한다.Giddens, 2000 기든스의 철학을 따른 토니 블레어의 신노동당 정부는 새로운 사회질서의 창출을 위해 '새로운 시민성New Citizenship'을 요청했다. 새로운 사회의 중심에는 '아이들'이 있다. 그래서 '모든 아이들이 중요하다Every Child Matter'는 새로운 사회질서의 창출을 위해 새로운 시민성이 필요하다는 캐치프레이즈를 내걸고 집권에 성공했다. 블레어 정부에서 교육 및 고용 국무장관을 맡았던 블런켓Blunkett은 11~16세 사이의 공립학교에 다니는 모든 학생에게 시민성 교육에 대한 수업을 하는 것을 법제화했다. 이 정책은 소속감, 공유하는 목표, 연대성, 상호성, 민주적 자기결정을 확립하고자 하는 '공동체'에 관한 신노동당 정부의 정책을 뒷받침하는 데 중심적인 역할을 하는 '시민적 공화주의' 원칙을 확인했다. 이 정책은 '시민적 갱신civic renewal' 개념을 중심으로 구축되었다. 이러한 기조는 미국의 오바마 정부 정책으로 이어졌다.피터슨, 2020: 48-57 소비주의와 개인주의에 몰입하도록 하는 신자유주의와 시장화 논리의 극복을 위해 더 넓고 자유롭고 평화로운 구성체로서 가족의 역할, 기다릴 줄 아는 시민citizen in waiting, 정부의 규정과 학교를 통해 매개된 문화적 가치와 열망의 표현, 더 큰 사회적 단합과 지역사회 참여를 위한 시민성 논리의 창출 등을 강조했다. 수동적 시민에 함몰된 개인주의가 아니라, 전인적 어린이whole child와 적극적 시민과 참여하는 시민을 강조하는 '시민적 개인주의civic individualism'[226]를 주창했다.Simon & Ward, 2010: 67-75 '좋은 시민good citizen'이란 개별적으로 그리고 집단적으로 정치적 참여를 적극적으로 하는 시민이다. 사회적 자본으로서 시민적 참여, 정치적 공평, 연대, 신뢰, 관용, 연합/결사와 협동의 사회적 구조를 중시하는 '시민적 공동체성civic community'[227]을 필요로 한다. 이것은 학교에서 이루어지는 '지역사회교육community education'[228]으로서 시민교육, 상황적·맥락적 교육, 봉사학습, 환경교육, 일터교육 등을 강조하는 '장소/공동체 기반 교육place/community-based education'Smith & Sobel, 2010과 맞물려 있다.

유네스코의 교육을 위한 새로운 사회계약

교육의 변화는 사회의 변화에 민감하다. 사회에서 요구하는 인재를 길러 내는 교육의 역할을 고려했을 때, 교육 분야에서 나타나는 트렌드가 사회 변화에 민감한 것은 놀라운 일이 아니다. 이는 세계적으로 관찰되고 있는 교육 관련 트렌드, 즉 경향성을 선형적으로 살펴보는 일을 의미한다. 대전환 시대라는 거대한 역사의 파도 앞에서 교육 패러다임의 대전환을 요청한다. 21세기 현대교육의 패러다임 전환을 주도하고 있는 선진 자본주의 국가 모임인 OECD는 불확실한 미래를 마주하면서 2019년 〈미래의 교육과 기술 2030〉 프로젝트를 제안하며 교육 영역의 대전환을 요청한다. 2019년 제출된 〈OECD 교육 2030 프로젝트〉는 사회를 변

---

226. '시민적 개인주의'는 '시민적 공화주의(civic republicanism)' 사상에 바탕을 두고 있다.
227. '시민적 공동체성'은 일찍이 듀이, 푸트남, 부버 등의 저작에서 크게 강조되었다.
228. 현장 기반 교육, 지속가능성을 위한 교육, 체험학습 등 '지역사회교육'은 학교와 학생들이 지역사회 문제를 해결하는 데 필수적인 역할을 하는 출발점이다. 그 초점은 보통 작은 학교의 경우 시골이지만 그 개념은 다른 환경의 교육에도 사용될 수 있다.

혁하고 미래를 만들어 갈 때 필요한 '변혁적 역량'을 강조한다. 〈미래의 교육과 기술 2030〉 프로젝트는 의사소통 역량과 표준화 시험 등 '핵심 역량'을 강조하는 이전의 DeSeCo보다 진전된 교육의 청사진을 보여 준다. 사회를 변혁하고 미래를 만들어 갈 때 필요한 '변혁적 역량transformative comepetencies'[229]을 요청한다. 기후변화, 테크놀로지의 급변 등 미래 사회의 예측 불가능성은 미래를 살아갈 주체인 학습자의 '변혁적 역량'이 필요하게 된 것이다. 이렇게 시대의 변화에 조응하는 변혁적 역량은 기존 사회의 유지를 위한 재생산이 아니라 새로운 사회의 도래를 위한 실천적 역량으로서 2030년대를 살아갈 학생들이 개인으로서, 그리고 사회의 구성원으로서 '잘삶wellbeing'의 역량을 기르는 데 목표를 두고 있다. 학생들이 세계 발전에 기여하고 번영하기 위해 더 나은 미래를 만들고, 새로운 가치를 창출하고, 그리고 갈등과 딜레마를 조정하고 책임지는 역량과 새로운 가치들, 그리고 학생의 주체성student-agency과 교사의 주체성teacher-agency, 학부모·지역사회와의 상호주체성co-agency을 강조한다.

OECD가 강조하는 '변혁적 학습transformative learning'은 사회를 변혁하기 위해 힘, 즉 '변혁적 역량'의 형성을 핵심 과제로 삼고, 연대와 협력의 교육을 강조하고, 더욱 구체적으로 가치와 인권교육 강화, 교사의 역할과 참여 확대, 사회운동과의 연대 강화, 성인교육의 변혁적 학습 등을 특별히 강조한다. 학교 안과 밖에서 동시에 일어나는 것이다. 변혁적 학습은 형식·비형식 맥락 속 집합적 수준(민주주의)과 개별 수준(세계시민성)의 필연적 교차성에 관한 것이다.카 & 테제, 2023: 48 변혁적 학습은 강요나 주입, 그리고 정치적 교화(선동)를 거부하고, 재생산과 비판의 언어를 거부하고

---

229. '변혁적 역량'은 '성찰'(비판적 관점을 가지고 선택과 결정을 하는 것)로부터 시작하여 '예견'(지금 취한 행동이나 결정이 미래에 어떤 결과를 가져올지 분석하고 예측하는 것), 그리고 '행동'(실행과 실천)으로 이어지는 순환적 경로를 거친다. 〈OECD 학습나침반 2030〉에서 제시하는 '변혁적 학습'은 학생의 흥미를 개입시키고, 수동성을 제어하고, 교훈적 가르침은 낮춘다. 가르침은 말하는 것을 넘어서고, 그리고 학습하는 것은 듣는 것을 넘어선다. 변혁적 학습의 세 가지 요소는 '새로운 가치 만들기', '딜레마 해소하기', '책임감 가지기'이다.

가능성과 희망의 언어로 관심을 돌려 다른 전통과 형식들에서 더욱 포괄적이고 진보적인 교육을 이끌어 낸다. 변혁적 학습은 교육을 사회정의와 연결시키고, 교육이 더 깊고 넓은 민주주의에 복무하는 길을 찾고자 한다. 변혁적 학습은 학습자가 참여적/실천적 시민이 되도록 하고, 그 가능성을 스스로 탐구할 수 있도록 하는 지식과 기법, 그리고 이를 통해 사회적 관계를 맺어가는 정치적·도덕적 실천으로 유도한다.

최근 OECD는 세계교육의 변화를 이끄는 2022년 메가트렌드의 초점을 성장, 생활과 일, 지식과 힘, 정체감과 소속감, 변화하는 본성에서 찾았다.임선빈, 2023: 16-19 첫째, 성장은 '경제성장'에 초점을 둔다. 교육을 통해 한 개인은 경쟁력을 갖추어 경제 활동 참여가 가능하였고, 더 나아가 경제 활동을 통한 계층 간 이동이 가능하게 하는 등 사회가 역동적으로 성장할 수 있도록 하였다. 향후 교육은 사회 전체의 '지속가능한 성장'을 위한 역할을 잘 수행해야 한다. 둘째, 생활과 일은 근로 시간 감축 및 '노동 형태의 변화'(유연근무, 원격근무)에 초점을 둔다. 노동 형태의 변화에 따라 개인의 근로 시간 외의 삶에서 교육이 어떤 역할을 할 수 있을 것인지를 둘러싸고 그 대안으로 '평생학습제도'[230]가 제시된다. 학생을 대상으로 한 학교 안에서의 교육을 넘어 '학교 밖의 교육'에 집중할 시간이 더 중시된다.

셋째, 지식과 힘은 빠른 속도로 발전하는 디지털 기술 발전에 초점을 둔다. 디지털 기술의 발전은 의사결정과 문제 해결을 위해 필요한 정보를 제공함과 동시에 심지어 거짓으로 제공되는 정보를 어떻게 처리해야 하는지에 대한 숙제를 남기고 있다. 그리고 하루가 다르게 발전하는 첨단과학 기술을 어떻게 활용할 것이며, 정보에 대한 접근과 분석 과정에서 교육이 수행해야 하는 역할은 무엇인지가 강조된다. 넷째, 정체감(우리는 누

---

230. 교육-형식 교육(의도적·명시적 가르침)이든 비형식 교육(우연적·암묵적 배움)의 적극적 연계 활동은 공동체 형성에 매우 중요하며, 또한 평생학습의 과정이기도 하다. 평생의 학습활동은 의식적일 뿐만 아니라 무의식적으로도 구체화되고 발전할 수 있는 과정이며, 그리고 지속적이고 총체적이며 평생의 과정이다.

구인가)과 소속감(어디에 속하는가)은 현대 사회에서 전통적인 관점에서 소속감이 약해지고 있음에 초점을 둔다. 가상현실의 발전은 새로운 세계관으로의 확장, 그리고 소속감을 촉진하고 있다. 하지만 여전히 다양한 형태의 사회 분열, 그리고 불평등 및 차별이 존재한다. 따라서 교육을 통해 학습자가 글로벌 역량과 긍정적 정체성을 형성할 수 있도록 도와야 하며, 이를 통해 공동의 잘삶wellbeing을 추구할 수 있도록 고민해야 한다. 다섯째, 변화하는 본성은 인간다운 삶을 위해 복잡하게 얽혀 있는 사회적·환경적 변화에 초점을 둔다. 교육은 개인이나 나 자신, 타인, 그리고 자연환경과의 관계에 있어 번영할 수 있는 발전을 이루도록 촉진해야 하며, 최근에 발생하는 사회적이고 도전적인 문제들에 대해 생각할 수 있도록 도와야 함을 강조한다.

이러한 문제의식은 일찍이 '제3의 길'을 제창한 기든스의 글로벌 시대의 커다란 변화에 대한 대안에서 찾아볼 수 있다.Giddens, 2000 첫째, 새로운 글로벌 전자경제의 출현과 더 통합적인 세계화 현상을 맞이하여 새로운 '협치 구조'를 요구하는 것과 함께 세계를 재형성하는 '지역사회 갱생'을 요청했다. 상향적 권력 운동과 강력한 하향적 압력이 동시에 발생하고 있다. 이런 압력은 민주적 결사체와 지역사회 네트워크의 복원을 희망하는 조건이다. 둘째, IT 기술의 변화는 전통적 노동자 계층의 제조업을 급속하게 침몰시키면서 소통체계의 영향을 미치면서 기술시대의 새로운 대화적 관계에 대응하는 '시민성citizenship'[231]의 출현을 요구했다. 셋째, '일상생활의 변화'는 삶의 근본적 변화를 야기하고 있다. 전통과 관습의 변화는 우리의 삶을 근원적으로 변화시키고 있다. 여성들의 운명과 아이들의 양육 방식이 변하고 있다. 이런 변화는 정치적 영역의 형식적 민주화뿐만 아니라 일상생활의 민주화, 때로는 정서의 민주화를 요구한다.

이러한 문제의식의 연장선에서 최근 발생한 코로나19 팬데믹 사태를

---

231. '시민성'이란 권리/권한+의무/책임의 종합, 지위+소속감+실천의 종합, 권리+의무+정체성의 종합, 성원의식+권리의식+참여의식의 종합 등 다양한 조합으로 이루어질 수 있다.

맞아 유네스코는 '교육을 위한 새로운 사회계약'을 제안했다. 유네스코의 〈함께 그려 보는 우리의 미래〉 프로젝트2021는 교육을 공공재public good 또는 공동재common good로 보며 이를 국제적 약속과 규범으로 하자고 호소한다. '교육을 위한 사회계약'의 출발점은 교육의 공적 목적에 대한 비전을 공유하는 것이다. 점차 복잡성, 불확실성, 불안정성이 커져 가는 세계에서 교육을 어떻게 보아야 하는지를 함께 성찰하고, 다양한 차원에서 정책적 대화와 행동을 이끌어 낼 의제를 제안한다. 이는 사회 불평등의 증가, 기후 위기, 자원 남용, 공동재의 훼손, 민주주의 후퇴, 혼란스러운 기술 자동화, 저출산 심화, 고령화 증대 등 탈-진실 시대의 절박한 위기의식을 드러내고 있다.

지금 세계는 전환점에 놓여 있다. 우리는 지속 불가능한 길을 계속 갈 것인가, 아니면 급격하게 경로를 바꿀 것인가 하는 실존적 선택에 직면해 있다. 인류와 지구가 지속가능성의 위기에 처해 있고, 생존의 차원에서 교육과 사회의 변혁이 요청되는 시대적 상황 때문이다. 우리는 지식과 학습이 재건과 변혁의 기반임을 알고 있다. 현재의 교육 불평등이 점점 더 악화되어 결국 교육과정이 무의해지는 때가 오는 것은 아닌가? 가능할 수도 있는 이런 변화들이 우리의 기본적인 인간성에는 어떤 영향을 미칠 것인가? 하지만 그 어떤 추세도 운명이 되는 것은 아니다. 이와 다른 여러 가지 대안적 미래가 가능하며, 몇 가지 핵심 영역에서 이미 서로 상충하는 전환을 파악할 수 있다.

우리 인류와 지구는 위기에 처해 있다. 코로나19 팬데믹은 우리의 취약성과 상호연결성을 동시에 증명해 주었다. 이 경로를 바꾸고 우리의 미래를 다시 구상하기 위해서는 모두 함께 긴급한 행동에 나서야 한다. 인류는 이중의 도전 과제에 직면하고 있다. 한편으로는 모든 아동, 청소년, 성인들이 질 높은 교육을 받을 권리를 보장하겠다는 미완의 약속을 이행하면서, 다른 한편으로는 모두에게 지속가능한 미래로 가는 경로로서 교육이 갖고 있는 변혁적 잠재력을 완전히 실현해야 한다. 이를 위해서는 정의롭지 못한 부분을 바로잡으면서 미래를 바꿔 놓을 교육을 위한 새로운 사회계약이 필요하다. 새로운 사회계약은 인권에 근간을 두고 차별금지와 사회정의, 생명 존중, 인간 존중 및 문화 다양성에 기초해야 한다. 또한 돌봄의 윤리, 호혜주의, 연대를 포괄해야 하며, 공동의 사회적 노력이자 공동체로서 교육을 강화해야 한다.

유네스코 보고서의 문제의식이 비장하며, 그 내용이 근본적이고 급진적이다. 〈함께 그려 보는 우리의 미래: 교육을 위한 새로운 사회계약〉은 공공의 사회적 노력과 공동재로서의 교육을 강화하고, 지식 공동재를 보호하는 새로운 접근 방식을 제시한다.

〈교육혁신을 위한 제언〉
① 교육(학)은 협력, 협동, 연대의 원칙을 기반으로 조직되어야 한다.
② 교육과정은 생태적, 상호문화적, 학제적 학습에 중점을 두어 학생들이 지식에 접근하고 이를 생산하면서, 동시에 이를 비판하고 적용하는 역량을 기르도록 지원해야 한다.
③ 교수활동은 협력적 행위로 좀 더 전문화되어야 하며, 거기서 교사들의 역할은 지식생산자이자 교육과 사회 변혁의 핵심 주체로 인식되어야 한다.
④ 학교는 포용, 형평성, 개인과 집단의 웰빙을 지원하는 교육 장소로서 보호되어야 하며, 보다 정의롭고 형평성 있고, 지속가능한 미래를 향한 세상의 변혁을 더욱 잘 촉진하도록 다시 그려 보아야 한다.
⑤ 우리는 평생에 걸쳐 그리고 다양한 문화적·사회적 공간에서 펼쳐지는 교육 기회를 향유하고 확대해야 한다.

〈함께 그려 보는 우리의 미래〉 보고서는 전 세계의 정부, 교육기관, 단체, 시민들에게 모두를 위한 평화롭고 정의로우며 지속가능한 미래를 건설할 수 있도록 교육을 위한 새로운 사회계약을 맺는 데 참여할 것을 요청한다.

〈함께 그려 보는 우리의 미래〉는 미래를 '변혁'할 기회라고 보고, 과거의 불의를 고치고자 한다. 교육은 과거의 정의롭지 못한 것을 시정하는 동시에, 수면 위로 떠오르는 환경·기술·사회 변화에 대비하도록 도와야 한다. 미래를 변화시키는 데 도움이 될 수 있는 사회, 인식론, 경제 및 환경 정의의 원칙에서 통찰력을 시급히 함께 구축해야 한다. 교육을 위한 새로운 사회계약은 새로운 사회계약은 차별과 배제, 그리고 소외를 극복해야 한다. 그리고 불확실한 고용의 미래에 대한 유연성이 교육의 미래를 위한 새로운 사회계약에 포함되어야 한다. '교육을 위한 새로운 사회계약'의 수립은 우리의 미래를 함께 그려 보기 위한 중대한 첫걸음이 될 것이다. 이 프로젝트는 수백만이 개인과 집단의 행동, 용기, 리더십, 저항, 창의성, 돌봄의 실천을 통해 교육을 위한 '새로운 사회계약'을 맺을 것을 주창한다.

내란, 광장, 민주주의 그리고 학교

1987년 민주화 이후 우리는 군인들이 정치 무대에 등장하는 일은 다시는 없을 것이라고 당연히 믿어 왔다. 선거로 뽑힌 대통령이 친위 쿠데타를 일으키는 상황은 더욱 상상할 수 없었다. 왜 그걸 그렇게 당연하게 여겼던 것일까? 민주화 이후 한국 민주주의는 최소한 제도적으로는 안정되었다고 믿어졌기 때문이다. 타협적으로 만들어졌던 자유민주주의 질서는 선거를 통해 정권을 교체하는 양당 체제의 안정성과 정당성을 뒷받침하는 것이기도 하기에 최소한 지배 블록 내에서 권력을 분점하고 있는 정치 세력이 그 룰을 깨지는 않을 것이라고도 생각했다.

그런데 2024년 12·3 내란 사태는 그 '민주주의 공고화'라는 신화를 무너뜨렸다.채효정, 2025: 24 계엄령 선포는 여전히 '권위주의'가 우리 주변을 어슬렁거리고 있다는 것을 드러내는 사건이었다.윤비, 2015: 206 12·3 내란이 민주적 규범과 상식 기반을 무너뜨리면서 만든 '파시스트 틈새' 사이로 창궐하는 전체주의화 경향을 봉쇄하고, 그 원인과 조건을 발본색원해야 하는 이유는 그것이 사회의 좌우 스펙트럼 중 어느 한 지점이 아니라, 이 스펙트럼 자체나 사회 자체를 파괴하는 '악'이기 때문이다.이승원, 2025: 370 거짓 뉴스, 탈진실, 사실 왜곡은 파시즘의 필수 조건이다. 그래서 그 주장은 논리적 설득이 아닌 억지일 수밖에 없다. 파시즘은 그 영토를 합리적 신뢰보다 공포를 통해서 확장한다. 특정한 가치와 신념을 신성하고 순수하고 절대적인 것으로 여기는 파시즘은 이를 부정하려는 것은 모두 오염물이자 적으로 간주하고 철저히 제거하려 한다. 파시즘은 그 신성함과 순수함을 내부 논리가 아니라 외부의 적을 끊임없이 생산하는 방식으로 증명하려 한다. 그들의 신성함과 순수함은 원래 없는 허구이지만, 그 허구성을 들키지 않기 위해 신성함과 순수함에 도달하지 못하는 이유를 외부의 적에게서 찾으려 한다. 무엇을 신성함과 순수함의 상징으로 내세우는가에 따라, 파시스트 운동은 사이비 종교, 혐오와 차별 집단, 광적 팬덤, 그리고 배타적 진영론자가 될 수도 있다. 내적 논리도 적을 규정하는 일관된 원칙도 없는 파시스트 운동은 자신들의 진실을 숨기고 그와 다른 가짜를 드러내는 것이 아니다. 그 가짜 자체가 파시스트 운동의 본질 그 자체다. 그래서 그들의 거짓 선동은 전술적 거짓말이 아니라, 그 자체가 진실이며, 그에 따른 행동이 가장 지성적인 것이 된다. 그래서 그들이 외치는 혐오 발언과 거짓 선동을 아무리 비판하고 사실이 아님을 밝혀도 그건 오히려 그들 입장에선 거짓 선동이며 조작된 증거일 뿐이다. 기독교의 언어와 파시즘이 결합하면, 그런 비난은 환란 속 핍박이며, 핍박이 심할수록 구원은 확실하고, 천국(유토피아)이 가까이 오고 있다는 증거가 된다. 적에 대한 유일한 윤리적·정치적 태도는 폭력이며, 적에 대한 감정은 적을 행해서든, 적에 의해서든 공포일 뿐이다. 하지만 결국 파시즘은 공동체 구성원 모두의 공멸을 필연적으로 초래할 수밖에 없다. 상대가 나를 해칠 수 있다는 공포는 모두가 적인 전쟁으로 이어지고, 마지막 남은 한 사람조차 자신이 신성한 이유를 스스로 찾을 수 없기에 자기 자신을 자신의 공포스러운 적으로 여기는 참극에 빠질 수밖에 없다.

시민들이 국회로 달려가 계엄군에 맞서며 쿠데타를 저지하는 모습과 탄핵 심판을 촉구하는 광장 민주주의는 당장 국내외 언론으로부터 '한국 민주주의의 회복력'을 보여 주는 증거로 평가받았다. 그러나 내란과 쿠데타를 지지하는 또 다른 시민들이 등장하고, 전에 볼 수 없던 양상으로 극우 대중운동이 부상하자, 이는 다시 한국 민주주의의 위기와 허약함을 드러내는 증거가 되고 있다. 그래서 지금 우리의 '민주주의 위기'란 이중적인 의미를 내포한다. 하나는 지배 체제로서 민주주의의 위기이고, 다른 하나는 민중에게 닥친 위기이다. 전자가 자유민주주의에 닥친 위기라면, 후자는 자유민주주의가 초래한 위기다. 그런데 지금 말해지는 민주주의 위기와 극복에 대한 담론은 주로 전자에 국한되는데, 민중의 민주주의에 닥친 후자의 위기는 제대로 진단되지 못하고 있는 듯하다. 우리는 이 두 위기를 분별해야 한다. 자유민주주의의 회복이 현재 위기를 해결할 수 없으며, 오히려 그것은 민중의 민주주의 위기를 더욱 심화시키리라 생각하기 때문이다. 그리하여 한국에서 '민주주의 이후의 민주주의'는 '노동 없는 민주주의', '민중 없는 민주주의'로 차츰 귀결되었고, 1990년대 이후 신자유주의의 공세는 미완의 민주주의를 더 허약하게 만들었다.^{채효정, 2025: 24-26} 자본 권력은 강화된 반면, 주권은 자본에 예속되어 점점 약화되었기 때문이다.

그럼에도 우리는 한국의 민주주의가 공고화되었다고 믿어 왔다. 제도적으로 공고화된 민주주의, 제도와 절차에 대한 순응을 의미하는 형식적 민주주의, 정당정치, 의회정치가 축소된 대의민주주의, 오인된 법치주의로서의 사법주의에 굴복하는 민주주의는 민중으로부터 민주적 역량을 지속적으로 박탈하고, 민중을 배반하는 '가짜 민주주의'에 대한 불신은 민주 정치 일반에 대한 근원적 불신을 야기하였다. 이것은 자유민주주의적 정치 질서를 지탱시켰던 근본적 신뢰와 합의의 붕괴를 표현한다. 그런 점에서 지금 드러난 민주주의 정치의 위기는 오랜 위기가 하나의 사건으로 표출되어 가시화되고 있는 것이며, 이것은 정권교체나 제도개혁 정도로 극복할 수 있는 성질의 것이 아니다. 우리는 그것을 자본주의 체제의 기반이 흔들리면서 그와 함께 흔들리는 정치질서의 붕괴 속에서 일어나는 일로 보아야 한다. 자본주의 질서를 유지하기 위해 필수적인 신뢰와 규범의 체계들이 총체적으로 붕괴하고 있는 장면으로 보아야 한다.

지금 우리가 관통하는 시간은 그동안의 정치적 합의, 사회적 계약, 그것에 대한 신뢰, 그것을 따르도록 강제하는 규범과 규칙, 그 위에서 수립된 민주적 자유주의 질서가 해체되면서 거대한 무질서anomie[232]의 시간 속으로 급속히 빨려 들어가는 시간이다. 정치적 아노미 상태는 시장의 아노미 상태와 깊이 관련되어 있다. 공통의 인식과 규범의 체계들이 무너질 때, 사람들은 어떻게 살아가야 하는가? '세상이 이렇게 돌아가는 것이다'라고 가르쳐 왔던 원리들이 현실에서 기각될 때, 진리와 비-진리, 진실과 거짓, 정의와 불의의 경계가 흔들리고 무너져 내릴 때, 사람들은 자신의 판단과 행위의 기준을 어디서 찾을 수 있는가? 이때 불안한 마음에 확신을 주는 주술과 미신, 종교적 광신과 사회적 광기가 출현한다. 공동체가 와해되고 집단적 정체성이 사라질 때 그것을 박탈당한 사람들은 '가상의 공동체'를 만들어 내고 그것을 중심으로 결속하려 하는 경향이 있는데,

---

232. '아노미'란 사회적 혼란으로 인해 규범이 사라지고 가치관이 붕괴되면서 나타나는 사회적·개인적 불안정 상태를 말한다. 아이들 성장 환경의 변화와 공교육에 대한 사회적 합의의 붕괴 조짐도 아노미 상태의 전조라고 말할 수 있다. 기왕의 사회적 합의가 무너짐으로써 나타나는 아노미의 피해는 특히 중산층 지식인 집단에서 심각하다. 의료대란이 단적인 사례이다. 중산층 지식인 집단이 각자도생의 자기 계층적 이해에 매몰되면서 건강한 사회적 합의와 가치를 유지시키는 역할을 하는 게 아니라, 사회를 지속시키기 위한 최소한의 사회적 합의마저 무너트리며 일종의 파시즘에 함몰되어 가는 경향을 보인다. 이에 따라 담론 지형이 황폐화되고 사회 구성원들이 심각한 좌절과 무력감에 빠질 수 있다.

이것은 파시즘의 특징이라고 할 수 있다.

20세기에 소멸한 줄 알았던 파시즘의 등장은 두려움을 자아낸다. 어쩌면 파시즘은 불평등을 심화시켜 온 자본주의 성장의 동체 안에서 내재해 있었을 뿐 한 번도 소멸한 적이 없었다. 파시즘으로 대표되는 전체주의적 국가는 역사 속으로 사라진 것처럼 생각되지만, 실은 이런 전체주의적 사고는 경제 영역에서는 한 번도 중단된 적이 없다. 탄핵 찬반 집회가 대립 양상으로 전개되는 것을 두고 내전 상태로 진입했다고 하지만, 사실 한국 사회는 오래전부터 사회적 내전 상태였다. '내전'의 다른 말이 '경쟁'일 것이다. '내전'은 무시무시하게 들리지만 '경쟁'은 내전을 완곡하게 표현한 것일 뿐이다.채효정, 2025: 34 경쟁주의와 능력주의는 신자유주의 교육체제를 지탱해 온 양대 이념 축이었다. 능력주의는 능력에 따라 우월한 인간과 열등한 인간을 가르고, 무능한 자를 열등한 자로 규정하며, 무능한 자의 도태와 탈락을 마치 자연도태설처럼 정당화했다.

많은 사람이 12·3 비상계엄 사태를 '민주주의 위기'로 인식하는 것은 분명하다. 사태가 종식되고 조기 대선을 치르고 정부가 바뀌면 민주주의는 저절로 다시 돌아오는 것은 아닐 것이다. 우리가 원하는 것은 유보된 민주주의, 거부되었던 민주주의, 아직 오지 않은 민주주의다. 따라서 진정한 민주주의를 위해 지금까지 민주주의인 척했던 것과 새로운 세상과 함께 우리가 만들고 싶은 민주주의를 분별해야 한다. 그러하다면 12·3 친위 쿠데타에 저항하고 민주주의 수호를 위해 모인 우리의 광장은 무엇을 남겨야 하는가? 분명한 것은 12·3 내란 이전과 이후의 한국 사회는 완전히 다른 환경과 조건 위에 놓여 있다는 점이다. 트럼프의 귀환 및 엄중한 동북아 정세와 함께 보수 집권당을 매개로 제도권 정치의 한몫을 요구하는 극우의 준동은 지금까지 한국 사회가 접해 보지 못한 도전이다.

그럼에도 우리는 지금까지 그래 왔듯 광장의 빛나는 순간만 기억하며 광장 이후에 대한 고민은 정권 교체가 모든 것을 해결해 줄 것이라는 탄핵 정국의 블랙홀에 다시금 빠져들곤 한다는 우려를 지울 수 없다. 노무현 정부가 들어서면서 권위주의나 간섭으로부터의 자유, 즉 '소극적 자유negative freedom'는 획득되었지만, 무엇을 향한 '적극적 자유posive freedom'로 나아가지 않아 아노미 상황을 초래하였음을 상기할 필요가 있다. 이런 상황의 초래는 곧 반동 상황(파시즘 체제)의 등장으로 나타날 수밖에 없다. 박근혜를 몰아냈지만 이후 '박근혜 없는 박근혜 체제'가 존속되었듯, 그것은 '내란 우두머리 윤석열의 체제'로 이어졌다. 지금 한국 사회가 '윤석열 없는 윤석열 체제'와 진정 결별하고 있는 중인지 의문을 갖게 한다.강석남, 2025 일각에서는 12·3 내란을 가능케 한 기저의 원인에는 윤석열 개인뿐만 아니라 '윤석열'을 키워 낸 극단적인 능력주의 경쟁 교육이 배경을 이루고 있다고 본다.김누리, 2025 특히 '12·3 내란'을 일으킨 범죄자들의 면면을 보면 수재로 불리며, 대학서열체제의 정점에 있는 대학을 나왔거나 육군사관학교를 우수한 성적으로 입학하거나 졸업했던 자들이다. 이는 낡은 교육체제가 만들어 낸 산물이다. 낡은 교육체제는 시험성적을 곧 '능력'으로 등치시키면서 '괴물들'이 국민들의 삶에 지대한 영향을 미치는 자리에 오를 수 있게 했다. 오웬은 옥스퍼드와 케임브리지대학교로 상징되는 기존의 교육에 대해 '무지한 억압자들'만을 키우는 교육이라고 비판하면서 그저 무지하고 야만적인 성격을 형성할 뿐이라고 질타했다. 정의론으로 유명한 샌델은 좋은 학력을 자랑하는 능력주의 엘리트들의 '오만'과 기술관료적 비전의 '협소함'은 민주시민을 움직이는 도덕적 실종을 야기했다고 질타한 바 있다. 엘리트들의 '오만'과 이에 속하지 않는 계층의 '열등감'을 모두 경계한 것이다. 훈장 같은 성취감은 오만함으로 변질되기 쉽고, 독한 기억은 모멸감으로 나아가기도 하는 것이다.

낡은 교육체제는 청소년들에게 주입식 교육, 문제 풀이 훈련을 강조하면서 비판적 사고능력을 가진 '시민의 탄생'을 봉쇄했다. 그리고 공교육의 본질을 훼손하는 것은 사회의 안정적 운영을 저해한다. 이는 한국 사회를 정치적으로 매우 불안정한 요인으로 만들고 있다. 대학체제개편은 보수 기득권 집단, 보수언론, 엘리트 집단뿐만 아니라 교육열과 학력·학벌 이데올로기에 찌든 시민들의 저항을 불러올 것으로 예상된다. 우리의 낡은 교육체제는 교육을 '상품'으로 취급하며, 경쟁을 내면화시키면서 소통, 협력, 연대하는 인간 본성의 발달을 가로막았다. 이 나라 최고의 엘리트라고 불리던 자들이 내란을 일으키고, 이를 노골적으로 옹호하는 자들이 등장하게 된 것은 낡은 교육체제를 바꾸지 못한 참담한 결과라고 할 수 있다.

12·3 사태로 인해 우리 사회에 누적되어 온 문제점들이 표면화된 한편, 매주 열리는 광장에서는 민주주의를 지켜내야 한다는 다짐이 공명한다. 우리 사회는 지금 반혁명[233]과 혁명[234]이 극적으로 충돌하고 있다. 한편에서는 교육의 실패 또는 성과를 논하는 말들이 넘쳐난다. 나아가 '빛의 혁명'은 87년 체제를 극복하는 제7공화국을 열어야 한다. 제7공화국은 '정의롭고' '품격 있는' 민주주의 공화국이어야 한다.

우리 사회의 시대적 과제로서 내란의 완전한 종식은 결국 사회의 대개혁을 요구한다. 내란이 완전히 종식된 사회는 내란을 자행할 수 있었던 사회와는 확연히 달라진 사회여야 한다. 만연했던 차별과 혐오, 권력기관에게 보장된 무분별한 권력, 시민들의 의사를 무시하는 정치, 민주주의와 인권이 아닌 이윤을 추구하는 정책들, 대학서열화와 입시 중심의 교육체제 등은 언제든지 내란이 일어날 수 있는 사회를 만든 구조적 원인일 수 있다.서채완, 2025: 85-86 그러기에 내란 사태와 이어진 일련의 상황은 전 세계적 정치·경제 위기 맥락 속에서 이해되어야 한다. 이런 사건을 권력자 개인의 문제가 아니라 신자유주의가 파괴한 사회와 공동체, 붕괴된 신뢰 속에서 촉발된 위기와 파시즘의 맥락에서 읽어야 한다. 사회와 학교가 직면

---

233. '반혁명'은 혁명을 통해 재편된 사회의 체계와 질서, 그것에서 비롯된 제도적 성과와 삶의 변화를 저지하여 권위주의 체계로 되돌리려는 움직임이다. 한마디로 과거의 질서를 복원하려는 집단적 반발, 즉 '반동'이라고 할 수 있다. 윤석열 정부의 출현은 그 자체가 촛불혁명에 대한 반혁명의 등장을 의미한다. 촛불혁명이 이루고자 했던 체제 전환에 성공하지 못하면서 거꾸로 반혁명 세력이 집권하게 되었다.
234. '혁명'은 사회·정치·경제·문화의 체계와 질서를 근본적으로 전복하거나 재편성하려는 집단적 저항이고 운동이다. 혁명은 시민들이 새로운 사회의 혁명적 질서를 통해 이미 깨져버린 균형을 다시 잡으려는 저항이고 항쟁이다.

한 현실을 더 폭넓고 깊게 이해할 필요가 있다. 앞으로 광장의 역동과 학교의 현실 사이의 교차와 소통 속에서 민주주의와 교육의 새 길을 만들어 가야 한다. 다양한 사람들이 공존하는 학교에서 힘 있는 사람이 다른 존재를 통제하는 것이 아니라, 인권과 민주주의의 이름으로 권력을 견제하고 개인의 존엄과 인권을 지킬 수 있게 되는 변화가 가능할 것이다.

결국 민주주의가 공고화되려면 평생에 걸쳐 민주주의 학습을 받아 우리 스스로 민주주의자로 성장하는 길밖에 없다. 존 듀이가 이해했듯이, 민주주의의 핵심은 아직 존재하지 않은 현실적인 이상이자 바람직한 미래의 가능성이다. 어쩌면 '아직 오지 않았으나, 이미 온 미래'일지도 모른다. 인류의 역사는 '오지 않을 것 같은 미래를 하나하나 현실로 만들어 온 역사'이기 때문이다. 바라는 미래가 있다면 그 미래를 마음에 품고 구체적인 실천을 해야 한다. 민주주의 제도의 마련, 민주적 마음의 습관 형성과 함께 그것을 뒷받침하는 교육과 학습 그리고 사회적 조건의 형성을 준비해야 한다. 배운다는 것은 꿈을 꾸는 것이고, 가르친다는 것은 희망을 노래하는 것이다. 또한 세상을 바꾼다는 것은 비판하는 것이 아니라 희망을 노래하는 것이다. 더 좋은 사회를 상상하고, 더 좋은 사회가 가능하다고 느낄 때, 대중은 움직인다. 누가 봐도 좋은 일을 많이 하고 또 좋은 비전을 제시해야 한다. 세상을 바꾸고자 하는 운동과 정치의 알파와 오메가는 사랑이다. 자신을 포함한 이웃과 민중 그리고 진리에 대한 사랑을 필요로 한다. 우리가 새로운 사회의 도래를 앞당기는 방법은 우리 스스로 미래 세계를 만들어 내는 것이다. 그 출발은 낡은 교육체제와 단절하는 일로부터 시작될 것이다.

참고문헌

강석남(2025). 「광장은 언제, 어떻게 닫히는가」. 『오늘의 교육』 84. 교육공동체벗.
강영택(2017). 『마을을 품은 학교공동체』. 민들레.
고재석(2013). 「대동을 향한 꿈, 유학의 이상사회」. 최규홍 외. 『유토피아 인문학』. 석탑.
구트만, A., 민준기 옮김(1991). 『민주화와 교육』. 을유문화사.
군스테렌, H. R., 장진범 옮김(2020). 『시민권의 이론: 동시대 민주정들에서 다원성을 조직하기』. 그린비.
김누리(2024). 『경쟁 교육은 야만이다』. 해냄.
김누리(2025). 「문제는 윤석열이 아니다」. 《한겨레》(2025년 1월 21일 자).
김동춘(2022). 『시험능력주의』. 창비.
김상욱(2017). 「해체된 가족의 역설, 유토피아를 향하여: 올더스 헉슬리의 『멋진 신세계』」. 이명회 외. 『유토피아의 귀환』. 경희대학교출판문화원.
김성천(2024). 「교육자치제도와 교육감 선거는 어떻게 변화할 것인가?」. 교육트렌드2025 집필팀. 『대한민국 교육트렌드 2025』. 에듀니티.
김성천·서용선(2024). 「학생인권과 교권, 정말 대립적인가?」. 『모두 아픈 학교, 공동체로 회복하기』. 살림터.
김용(2019). 『학교자율운영 2.0: 학교개혁의 전개와 전망』. 살림터.
김용련(2025). 「더 깊은 민주주의를 위한 교육: 기초단위 교육거버넌스 체제 구축을 위한 제언」. 『지역교육자치 연합 토론회 자료집』(2025년 3월 7일).
김용옥(2021가). 『동경대전 1: 나는 코리안이다』. 통나무.
김정인(2025). 『모두의 민주주의: 한국 현대 민주주의의 계보를 탐구하다』. 책과함께.
김정희원(2022). 『공정 이후의 세계』. 창비.
김종영(2021). 『서울대 10개 만들기』. 살림터.
김지혜(2019). 『선량한 차별주의자』. 창비.
김진경(2023). 「국가와 교육의 아노미 현상과 새로운 사회적 합의」. 교육트렌드2024 집필팀. 『대한민국 교육 트렌드 2024』. 에듀니티.
김홍중(2024). 『서바이벌리스트 모더니티』. 이음.
남미자 외(2020). 『기후위기와 교육체제 전환 방향』. 경기도교육연구원.
남미자(2021). 「삶과 교육의 자치, 그리고 생태적 학교민주주의」. 경기도교육연구원 기획. 『자본과 국가 권력을 넘어 교육자치의 새 길을 찾다』. 학이시습.
네그리, A. & 하트, M., 정남영·윤영관 옮김(2020). 『공통체』. 4월의책.
누스바움, M., 우석영 옮김(2016). 『학교는 시장이 아니다』. 궁리.
대학무상화·대학평준화 추진본부 연구위원회(2021). 『대한민국 대학혁명』. 살림터.
달, R., 김왕식 외 옮김(1999). 『민주주의』. 동명사.
달링-해먼드, L., 심성보 외 옮김(2017). 『세계교육개혁: 민영화 우선인가 공적 투자 강화인가?』. 살림터.
대거. R., 장동진 옮김(2018). 「공동체주의」. W. 킴리카. 『현대 정치철학의 이해』. 동명사.
듀이, J., 심성보 옮김(2024). 『다시 읽는 민주주의와 교육』. 살림터.
라바레, D. F., 유성상 외 옮김(2020). 『교사교육의 딜레마』. 박영story.
라이트, E., 권화연 옮김(2019). 『리얼 유토피아: 좋은 사회를 위한 진지한 대화』. 들녘.
로자, H. 외, 곽노완·한상원 옮김(2010). 『공동체의 이론들』. 라움.

맹수용(2025). 「위기의 민주주의와 교실: 12·3 내란과 민주주의 교육의 가능성」. 『황해문화』 126 봄호. 새얼문화재단.
메르코글리아노. K., 공양희 옮김(2005) 두려움과 배움은 함께 춤 출 수 없다』. 민들레.
모리슨. R., 노상우 외 옮김(2005). 『생태민주주의』. 교육과학사.
모스, P., 이연선 외 옮김(2021). 『유아교육과 대안적 내러티브』. 살림터.
무리스, K., 이연선 외 옮김(2021). 『포스트휴먼 어린이』. 살림터.
문석윤(2013). 『동양적 마음의 탄생』. 글항아리.
민교협(2015). 『입시·사교육 없는 대학 체제』. 한울아카데미.
바버, B., 이선향 옮김(2006). 『강한 시민사회, 강한 민주주의』. 일신사.
바우만, G., 윤태준 옮김(2016). 『사회주의, 생동하는 유토피아』. 오월의봄.
바튼, K. & 호, L. C., 옹진환 외 옮김(2022). 『시민교육은 무엇을 가르쳐야 하는가』. 역사비평사.
박구용(2024). 『자유의 폭력: 자유의 최대화와 폭력의 최소화를 위한 철학적 성찰』. 길.
박구용(2025). 『혁명과 반혁명 사이』. 사월.
박권일(2025). 「한국의 민주시민교육이 실패하는 이유」. 『오늘의 교육』 86. 교육공동체벗.
박근갑(2020). 『문명국가의 기원』. 나남.
박동천(2004). 「플라톤의 이상국가」. 한국정치사상학회 편. 『이상국가론: 동양과 서양』. 연세대학교출판부.
박설호(2011). 『꿈과 저항을 위하여: 에르스트 블로흐 읽기 1』. 울력.
박홍규(2022). 『밀레니엄을 위한 사회적 아나키스트 이야기』. 틈새의 시간.
버블러스, N., 강선보·고미숙 옮김(2011). 『대화와 교육』. 교육과학사.
베르네리, M., 이주명 옮김(2019). 『유토피아 편력』. 필맥.
베스트, S., 박형신 옮김(2024). 『지그문트 바우만의 사회이론』. 한울.
북친, M., 서유석 옮김(2024). 『착취 없는 세계를 위한 생태정치학: 사회적 생태론과 코뮌주의 선언』. 동녘.
블레흐만, R., 안기순 옮김(2017). 『리얼리스트를 위한 유토피아 플랜』. 김영사.
비에스타, G.(2019). 「민주주의, 시민성 그리고 교육: 의제에서 원칙으로」. 『배움을 넘어서: 미래를 위한 민주시민교육』(학교민주시민교육 국제포럼, 2019년 6월 22일, 한겨레신문사/4개교육청).
살베리, P.(2017). 「핀란드의 역설: 경쟁적 시장경제 안에서의 평등한 공교육 구현」. 달링-해먼드 외. 심성보 외 옮김(2017). 『세계교육개혁: 민영화 우선인가 공적 투자 강화인가?』. 살림터.
새로운학교네트워크(2025). 『훌륭한 학교는 어떻게 팀이 되는가』. 에듀니티.
샤프, A. M. & 플리터, L., 김혜숙·박상욱 옮김(2025). 『더 나은 사고를 위한 교육』. 살림터.
서신혜(2017). 「조선인이 꿈꾼 별세계」. 이종수 편저. 『유토피아: 낙원에 대한 기억, 혹은 미래에 대한 희망』. 다산출판사.
서영조(2004). 「맑스와 유토피아」. 한국정치사상학회 편. 『이상국가론: 동양과 서양』. 연세대학교출판부.
서지오바니, T., 주철환 옮김(2004). 『학교 공동체 만들기』. 에듀케어.
서지오바니, T., 주삼환 옮김(2008). 『도덕적 리더십: 학교교육 향상의 길잡이』.
서지오바니, T. & 그린, R. L., 신현석 외 옮김, 『교육현장 리더와 연구자를 위한 교장론: 성찰적 실천의 관점』. 박영story.
서채완(2025). 「내란의 완전한 종식을 위한 사회 대개혁」. 『오늘의 교육』 86. 교육공동체벗.
세네트, R., 조용 옮김(2002). 『신자유주의와 인간성의 파괴』. 문예출판사.
소병철(2016). 「플라톤의 이상국가론과 민주주의 비판의 현대적 함의:『국가·正體』에서의 논의를 중심으로」. 『인문사회과학연구』 vol.17, no.1, pp. 375-402.

손철성(2002). 「탈전통적 개인주의와 자아실현적인 유토피아적 전망: 마르크스, 테일러, 기든스의 논의를 중심으로」. 『哲學』제70집, 봄호, 한국철학회.
손철성(2003). 『유토피아, 희망의 원리』. 철학과현실사.
슈츠, A., 조나영 옮김(2025). 「유토피아에 대한 논쟁: 한나 아렌트와 민주주의 교육에 긴장」. 고든, M. 엮음. 『한나 아렌트와 교육: 우리의 세계에 새로움을 더하다』. 살림터.
스탠딩, G., 안효상 옮김(2021). 『공유지의 약탈: 새로운 공유 시대를 위한 선언』. 창비.
스티글리츠, Z., 이강국 옮김(2025). 『자유의 길: 경제학은 어떻게 좋은 사회를 만들 수 있는가』. 아르테.
신주백(2024가). 「친위 쿠데타 진압으로 민주공화를 재단장하자」. 《경향신문》(신주백의 사연, 2024년 1월 14일 자).
신주백(2024나). 「민주공화, 대동세상의 현재이자 미래」. 《경향신문》(신주백의 사연, 2024년 1월 29일 자).
신진욱(2015). 「불평등과 한국 민주주의의 질」. 『한국사회정책』제22권 제3호.
심광현·유진화(2020). 『인간혁명에서 사회혁명까지: 문명전환을 위한 지식순환의 철학과 일상혁명 스토리텔링』. 희망읽기.
심성보(2019). 「미래교육 담론: 축복인가 재앙인가?」. 이윤미 외. 『비판적 실천을 위한 교육학』. 살림터.
심성보(2021가). 『민주학교의 탄생』. 생각정원.
심성보(2021나). 『코로나 시대, 마을교육공동체운동과 생태적 교육학』. 살림터.
심성보(2022). 『프레이리에게 변혁의 길을 묻다: 파울루 프레이리 교육학의 사상적 뿌리』. 살림터.
심성보(2023). 「안토니오 그람시: 헤게모니, 유기적 지식인, 그리고 변혁적 교육학」. 『교육사상가의 삶과 사상: 서양편 2』. 살림터.
심성보 외(2018). 『보이텔스바흐 합의와 민주시민교육』. 북멘토.
심용환(2025). 『민주공화국의 적은 누구인가』. 사계절.
심지영(2023). 『생태전환교육, 학교에서 어떻게 할까?』. 살림터.
싱어, H., 심성보 외 옮김(2024). 「브라질이 혁신교육운동: 홀리스틱 교육 경험」. 『세계의 대안교육』. 살림터.
아도르노, T., 홍은영 옮김(2021). 『성숙을 위한 교육』. 문음사.
안순억 등(2019). 『커먼즈의 교육개혁 적용 방안 연구』. 경기도 교육연구원.
애플, M., 강희룡 외 옮김(2014). 『교육을 사회를 바꿀 수 있을까』. 247쪽.
애플, M. & 빈, J., 강희룡 옮김(2015). 『마이클 애플의 민주학교』. 살림터.
양병찬·한혜정(2025). 『지속가능한 마을교육공동체 운동: 지방소멸 위기, 어떻게 헤쳐갈 것인가?』. 살림터.
엄기호(2013). 『교사도 학교가 두렵다』. 따비.
에드워즈, M., 서유경 옮김(2018). 『시민사회』제 3판. 명인출판사.
에스포지토, R., 윤병언 옮김(2022). 『코무니타스: 공동체의 기원과 운명』. 크리티카.
앤더슨, M. 외, 권순형 외 옮김(2025). 『공동체의 힘, 작은 학교 만들기』. 살림터.
에드워즈, M., 서유경 옮김(2018). 『시민사회』(제3판). 명인출판사.
영, I. M., 김도균·조국 옮김(2017). 『차이의 정치와 정의』. 모티브북.
올슨, M. 외, 김용 옮김(2015). 『신자유주의 교육정책, 계보와 그 너머: 세계화·시민성·민주주의』. 학이시습.
요나스, H., 이진우 옮김(1994). 『책임의 원칙: 기술 시대의 생태학적 윤리』. 서광사.
우정길(2020). 『포스트휴머니즘과 인간의 교육』. 박영스토리.
웅거, R., 이재승 옮김(2021). 『지식경제의 도래: 경제의 혁신과 사회적 포용을 위하여』. 다른백년.

윈치, K., 이병승 외 옮김(2014).『교육, 자율성 그리고 비판적 사고』. 공감플러스.
윌리암스, I., 이지헌 외 옮김(2013).「플라톤과 교육」.『교육철학 1: 이론과 역사』. 학지사.
윤노빈(2003).『신생철학』. 학민사.
윤비(2025).『위험한 국가의 위대한 민주주의: 국가의 미래, 어떻게 만들 것인가』. 생각정원.
윤이흠(1987).「동학운동의 개벽사상」.『한국문화』 8.
이광형(2024).『미래의 기원』. 인플루엔셜.
이명호(2017가).「유토피아 상상의 귀환과 재구성을 위하여」. 이명회 외.『유토피아의 귀환』. 경희대학교출판문화원.
이명호(2017나).「몫 없는 자들을 위한 공유 사회의 꿈: 토마스 모어의『유토피아』」. 이명회 외.『유토피아의 귀환』. 경희대학교출판문화원.
이상윤(2025).「권위주의적 극우 정치를 넘어 사회 불평등을 극복할 의료정책」.『황해문화』126 봄호. 새얼문화재단.
이수광(2021).「머리말」. 경기도교육연구원 기획.『자본과 국가 권력을 넘어 교육자치의 새 길을 찾다』. 학이시습.
이승환(2004).『유교담론의 지형학』. 푸른숲.
이윤미(2019).「오웬의 유토피아적 공동체와 교육」. 이윤미 외 지음.『비판적 실천을 위한 교육학』. 살림터.
이은선(2023).『한국 페미니스트 신학자의 유교 읽기: 신학에서 신학으로』. 모시는사람들.
이은선(2025).『동학과 서학』. 모시는 사람들.
이정배(2024).『역사유비로서의 개벽신학: 空·公·共』. 신앙과지성사.
이정배(2025).「동학과 개벽신학」. 한국신연구소 기획.『동학과 서학』. 모시는사람들.
이종관(2017).『포스트휴먼이 온다』. 사월의책.
이종수(2016).『공동체: 유토피아에서 만들기까지』. 박영사.
이종수(2017).「유토피아 속의 공동체: 좋은 사회에 대한 모어의 구상」. 이종수 편저.『유토피아: 낙원에 대한 기억, 혹은 미래에 대한 희망』. 다산출판사.
이찬석(2025).「오심과 모심」. 한국 신신연구소 기획. 이은선 외.『동학과 서학: 이해와 관점의 전위와 변신』. 모시는 사람들.
이화용(2004).「토머스 모어의 이상국가론」. 한국정치사상학회 편.『이상국가론: 동양과 서양』. 연세대학교출판부.
이형빈·송경원(2025).『사교육 해방 국민투표』. 살림터.
임선빈(2023).「세계의 교육 트렌드 분석」. 교육트렌드2024 집필팀.『대한민국 교육 트렌드 2024』. 에듀니티.
임진철(2023).『담대한 혁신사회 플랜: 마을공화국 지구연방』. 쇠뜨기.
장순욱(2016).『사라진 유토피아』. 삶과 지식.
장영란(2020).『영혼이란 무엇인가』. 서광사.
정대성(2025).「68혁명과 새로운 대학: 능력주의 시대의 교육개혁을 꿈꾸는 역사」. 한국교육사학회 편.『능력주의 시대, 교육과 공정을 사유하다』. 살림터.
정상초(2020).「헌법 제1조의 기원과 변화로 본 민주공화국으로서 대한민국」.『한국 민주주의 100년, 가치와 문화』. 한울아케데미.
정진상(2004).『대학서열체제 연구: 진단과 대안』. 한울아카데미.
조돈문(2024).『불평등 이데올로기』. 한겨레엔.
조희연(2025. 5. 30). '한국 민주주의의 새로운 도전과 교육의 역할'. 경남대학교 K-민주주의 연구소 2025년 춘계 워크숍〈민주주의와 교육〉.
진보교육연구소 교육과정연구모임(2022).『대전환 시대, 변혁의 교육학』. 살림터.
채송화(2024).『교육공동체 회복의 실마리, 학부모』. 에듀니티.
최지윤(2024).『복잡해진 교육생태계, 학교문화의 현주소』. 에듀니티.

최희경(2019). 『북유럽의 공공가치: 의료정책과 교육정책의 현장에서』. 한길사.
카노이, M. & 레빈, H., 김성열 외 옮김(1991). 『국가와 교육』. 배영사.
카, P. & 테제, G., 이승원 옮김(2023). 『비판적 시민성을 위한 민주주의 교육』. 다봄교육.
코젤렉, R., 황선애 옮김(2010). 『코젤렉의 개념사 사전 2』. 푸른역사.
코헨, J. & 아라토, A., 박형신·이혜경 옮김(2013). 『시민사회와 정치이론』. 한길사.
콘, A., 이영노 옮김(2019). 『경쟁에 반대한다』. 민들레.
클라우스, P.(2024). 「어느 평범한 날: 나의 서머힐 생활」. 심성보 외 옮김(2024). 『세계의 대안교육: 미래를 위한 교육적 대안의 전망과 가능성』. 살림터.
키릴로, K. & 보이드 D., 최종수 옮김(2021). 『파울로 프레이리: 신앙·영성·신학』. 신앙과 지성사.
파코, T., 조성애 옮김(2002). 『유토피아: 폭탄이 장치된 이상향』. 동문선현대신서.
페이서, K.(2024). 「개방성, 희망, 새로움을 위한 공간의 창조」. N. 나딩스 & H. 리즈. 심성보 외 옮김(2024). 『세계의 대안교육: 미래를 위한 교육적 대안의 전망과 가능성』. 살림터.
페이서, K., 심성보 외 옮김(2024). 「개방성, 희망, 새로움을 위한 공간의 창조」. 넬 나딩스·헬렌 리즈 엮음(2024). 『세계의 대안교육: 미래를 위한 교육적 대안의 전망과 가능성』. 살림터.
푸코, M., 이상길 옮김(2024). 『헤테로토피아』. 문학과 지성사.
피터슨, A., 추병완 옮김(2020). 『시민 공화주의와 시민교육』. 하우.
퍼트넘, R. D., 정승현 옮김(2009). 『나 홀로 볼링: 사회적 커뮤니티의 붕괴와 소생』. 페이퍼로드.
피케티, T., 안준범 옮김(2020). 『자본과 이데올로기』. 문학동네.
피케티 & 샌델, 장경덕 옮김(2025). 『기울어진 평등』. 와이즈베리.
하그리브스, A., 정바울 외 옮김(2024). 『지속가능한 리더십』. 살림터.
하태욱(2023). 「알렉산더 닐과 서머힐학교: 자유와 민주주의 기반의 두려움이 없는 교육」. 심성보 외. 『교육사상가의 삶과 사상』. 살림터.
한기철(2021). 「공화주의 교육론을 위하여」. 김상섭 외. 『교육과 정치: 그 오래고 익숙한 관계』. 교육과학사.
한병철(2013). 『시간의 향기』. 문학과지성사.
한자경(2008). 『한국철학의 맥』. 이화여대출판부.
함영기(2024). 「교육트렌드 2025와 함께 하는 대한민국 교육개혁 상상」. 교육트렌드2025 집필팀. 『대한민국 교육트렌드 2025』. 에듀니티.
헬드, D., 박찬표 옮김(2015). 『민주주의의 모델들』. 후마니타스.
호네트, A., 문성훈·이현재 옮김(2011). 『인정투쟁』. 사월의책.
홍기원(2017). 「모어의 최선의 정부형태론: 『유토피아』의 일독해」. 이종수 편저. 『유토피아: 낙원에 대한 기억, 혹은 미래에 대한 희망』. 다산출판사.
홍일립(2021). 『국가의 딜레마: 국가는 정당한가』. 사무사책방.
황경식(2012). 『덕윤리의 현대적 의의』. 아카넷.
황태연(2025상). 『정의국가에서 인의국가로: 국가변동의 일반이론(상)』. 지식산업사.
황태연(2025하). 『정의국가에서 인의국가로: 국가변동의 일반이론(하)』. 지식산업사.
Alexander, H. A., Pinson, H. & Yonah, Y.(Eds.)(2011). *Citizenship, Education and Social Conflict*. Routledge.
Alexander, R.(2006). *Towards Dialogic Teaching*. Dialogos.
Amsler, S. S.(2015). *The Education of Radical Democracy*. Routledge.
Anderson, M.(2023). *Public education in the Digital Age: Neoliberalism, EdTech, and the Future Our Schools*. Routledge.
Apple, W.(2003). *Eutopia: A Manifesto for the Reform of Public Education*. iUniverse.

Argüden. Y.(2011). *Keys to Governance Strategic Leadership for Quality of Life*. Hampshire: Palgrave/Macmillan.
Baez, B.(2013). Merit, Democracy, Governing, J. A. Heybach & E. S. Sheffield(Eds.). *Dystopia & Education*. IAP.
Baxter, K.(2016). *School Governance: Policy, Politics and Practices*. Shorts.
Bell, W.(2002). 'Foreword: Preparing for the Future', D. Hicks, *Lessons for the Future: The Missing Dimension in Education*. Routledge.
Biesta, G.(2006). *Beyond Learning: Democratic Education for a Human Future*. Boulder·London: Paradigm.
Biesta, G.(2010). *Good Education in an Age of Measurement: Ethics, Politics. Democracy*, Paradigm.
Biesta, G.(2011). A School for Citizens: Civic Learning and Democratic Action in the Learning democracy. B. Lingard, J. Nixon, & S. Ranson(Eds.). *Transforming Learning in Schools and Communities: The Remaking of Education for a Cosmopolitan Society*. London: Continuum.
Biesta, G.(2013). *The Beautiful Risk of Education*. Paradigm Publishers.
Biesta, G.(2014). Learning in Public Places: Civic Learning for the Twenty-First Century. G. Biesta, M. Bie & D. Wildemeersch(Eds.). *Civic Learning, Democratic Citizenship and the Public Sphere*. Springer.
Biesta, G.(2017). *The Rediscovery of Teaching*. Routledge.
Biesta, G.(2022). *World-Centered Education: A View for the Present*. Routledge.
Bloch, M.(1959/1986). *The Principle of Hope*. Blackwell.
Bob, C.(2011). Civil and Uncivil Society. M. Edwards(Ed.). *Civil Society*. Oxford University Press.
Buber, M.(1958). *Paths in Utopia*. Beacon Press.
Carr, W. & Hartnett, A.(1996). *Education and the Struggle for Democracy*. Open University Press.
Carter, S.(1998). *Civility: Manners, Morals, Etiquette of Democracy*. Basic Books.
Clark, D.(1987). The Concept of Community Education. G. Allen, et al.(Eds.). *Community Education: An Agenda of Educational Reform*. Open University Press.
Cockburn, T.(2013). Rethinking Children's Citizenship. Palgrave/Macmillan.
Countney, S. & NcGinity, R. & Gunter, H.(Eds.)(2017). *Educational Leadership: Theorising Professional Practice in Neoliberal Times*. Routledge.
Dagger, R.(2009). Individualism and the Claims of Community. T. Christiano & J. P. Christman. *Contemporary Debates in Political Philosophy*. Wiley-Blackwell.
Dale, R.(2007). Globalization and the Rescaling of Educational Governance: A Case of Sociological Ectopia. C. A. Torres & A. Teodoro(Eds.) *Critique and Utopia*, Rowan & Littlefield.
Davies, I.(2012). Perspectives on Citizenship Education. Arthur, J. & Cremin(Ed.). *Debates in Citizenship Education*. Routledge.
Davies, R.(2006). Education, Utopia and the Limits of Enlightenment, M. Peters & J. Freeman-Moir(Eds.). *Edutopias: New Utopian Thinking in Education*. Sense.
Dodsworth, A. & Honohan, I.(2023). *Green Politics and Civic Republicanism*, Routledge.
Edward, N. Zalta. http://plato.stanford.edu/archives/win2014/entries/republi canism/

Elazar, Y. & Rousselière, G.(2019). *Republicanism and the Future of Democracy*. Cambridge.

Eliasoph, N.(2011). Civil Society and Civility. M. Edwards(Ed.). *Civil Society*. Oxford University Press.

Englund, T.(2010). Educational Implications of the Idea of Deliberative Democracy, M. Murphy & T. Fleming(Eds.). *Habermas, Critical Theory and Education*, Routledge.

Erneling, C. E.(2010). *Towards Discursive Education: Philosophy, Technology, and Modern Education*. Cambridge.

Fairfield, P.(2011). *Education, Dialogue and Hermeneutics*. Continuum.

Farrell, A. J.(2021). *Exploring the Affecting Dimensions of Educational Leadership: Psychoanalytic and Arts-based Methods*. Routledge.

Farrell, J.(2023). *The Utopian Dilemma in the Western Political Imagination*. Routledge.

Fielding, M. & Moss, P.(2011). *Radical Education and the Common School: A Democratic Alternative*. Routledge.

Forde, C.(2007). *Feminist Utopianism & Education: Educating for the Good A Society*. Sense.

Furman, G.(2002). *School as Community*. State University of New York Press.

Geissel, B.(2023). *The Future of Self-Governing, Thriving Democracies*. Routledge.

Giddens, A.(2000). Citizenship Education in the Global Era, Nick Pearce & Joe Hallgarton(Eds.). *Tomorrow's Citizens, Critical Debates in Citizenship and Education*. IPPR.

Gilbert, R.(1996). Identity, Culture and Environment: Education for Citizenship for the 21st Century. J. Demaine & Entwistle(Eds.). *Beyond Communitarianism: Citizenship, Politics and Education*. MacMillan Prees.

Giroux, H.(2006). Dystopian Nightmare and Educated Hope, M. Peters & J. Freeman-Moir(Eds.). *Edutopias: New Utopian Thinking in Education*. Sense.

Gordon, M. & Green, M.(Eds.)(2001). *Hannah Arendt and Education*. Colorado: Westview Press.

Grinberg, S. M. & Machado, M. M.(2024). *School in the (im)possibility of future: Utopia and its Territorialities, Education Ills and the (im)possibility of Utopia*. Routledge.

Halpin, D.(2003). *Hope and Education: The Role of the Utopian Imagination*. Institute of Education.

Hargreaves, A.(2024). *Leadership from the Middle: The Beating Heart of Educational Transformation*. Routledge.

Hargreaves, D.(2019). *Beyond Schooling, An Anarchist Challenge*. Routledge.

Harrison, J. F. V.(1969). *Quest for the New Moral World: Robert Owen and the Owenities in Britain and America*. Chares Scriver's Sons.

Hart, C.S. & Bigger, M. & Babic, B.(2015). *Agency and Partication in Childhood and Youth*. Bloomsbury.

Hartas, S.(2008). *The Right to Childhoods: Critical Perspectives on Rights, Difference and Knwolesge in a Transition World*. Continuum.

Heybach, J. & Sheffield, E. C.(Eds.)(2013). *Dystopia & Education: Insight into Theory, Praxis, and Policy in an Age of Utopia-gone-wrong*. IAP.

Hicks, D.(2002). *Lessons for the Future: The Missing Dimension in Education*.

Routledge.
Hicks, D. & Williamson, T.(Eds.)(2012). *Leadership and Global Justice*. Palgrave Macmillan.
Hinchliffe, G.(2014). *Liberty and Education: A Civic Republican Approach*. Routledge.
Hobsbawm, E.(1965). *Primitive Rebels: Studies in Archaic Forms of Social Movement in the 19th and 20th Centries*. Norton.
Honohan, I.(2002). *Civic Republicanism*. London: Routledge.
Honohan, I.(2006). Educating Citizens: Nation-building and its republican limits. I. Honohan & J. Jennings(Eds.). *Republicanism in theory and practice*. Routledge.
Hope, M. A.(2019). *Reclaiming Freedom in Education: Theories and Practices of Radical Free School Education*. Routledge.
Hughes, C.(2021). *Education and Elitism: Challenges and Opportunities*. Routledge.
James, A. & Prout, A.(2015). Re-presenting Childhood: Time and Transition in the Study of Childhood, A. James, & A. Prout(Eds.). *Constructing and Reconstructing Childhood*. Routledge.
Jameson, F.(2007). *Archaeologies of the Future: The Desire Called Utopian and Other Science Fictions*. Verso.
Kahn, R.(2010). *Critical Pedagogy, Ecoliteracy & Planetary Crisis: The Ecopedagogy Movement*. Peter Lang.
Keene, K.(2003). *Global Civil Society*. Cambridge Press.
Kingdom, E.(1996). Gender and Citizenship Rights, J. Demaine & Entwistle(Eds.). *Beyond Communitarianism: Citizenship, Politics and Education*. MacMillan Prees.
Kohn, W. O.(2012). Childhood, Education and Philosophy: Notes on Deterritorialisation, N. Vansieleghen & D. Kennedy, *Philosophy for Children in Transition*. Wiley-Blackwell.
Kumar, K.(1991). *Utopianism*. Open University Press.
Kumpulainen, K.(2022). *Nordic Childhoods in the Digital Age*. Routledge.
Leonardom, Z.(2006). Reality on Trial: Notes Ideology, Education, and Utopia, M. Peters & J. Freeman-Moir(Eds.). *Edutopias: New Utopian Thinking in Education*. Sense.
Levitas, R.(2011). *The Concept of Utopia*. Peter Lang Oxford.
Levitas, R.(2013). *Utopia As Method: The Imaginary Reconstitution of Society*. MyCopy.
Liebel, M.(2012). Citizenship from Below: Children 'Rights and Social Movements, A. Invernizzi & Z. Williams(Eds.). *Children and Citizenship*. Sage.
Lister, R.(2020). Unpacking Children's Citizenship, S. A. Invernizzi & Z. Williams(Eds.). *Children and Citizenship*. Sage.
Lyckyer, A.(2012). Education for Citizenship: Children as Citizens and Political Literacy, A. Invernizzi & Z. Williams(Eds.). *Children and Citizenship*. Sage.
Marquand, D.(2004). *Decline of the Public, The Hollowing-out of Citizenship*. Polity.
Marshall, C. & Oliva, N.(2010). *Leadership for Social Justice: Making Revolutions in Education*. Allyn & Bacon.
Martin, I.(1987). Community Education: Towards a Theoretical Analysis. G. Allen, et al.(Eds.). *Community Education: An Agenda of Educational Reform*. Open

University Press.
Mayer, S. J.(2012). *Classroom Discourse and Democracy: Making Meanings Together*. Peterang.
McCowan, T. & Unterhalter, E.(2013). Education, Citizenship and Deliberative Democracy: Sen's Capability Perspective. R. Hedtke & T. Zimenkova(Eds.). *Education for Civic and Political Participation: a Critical Approach*. New York: Routledge.
Milojevic, I.(2006). Hegemonic and Marginalised and Educational Utopias in the Contemporary Western World, M. Peters & J. Freeman-Moir(Eds.). *Edutopias: New Utopian Thinking in Education*. Sense.
Mouffe, C.(1993). *The Return of the Political*. Verso.
Murphy, M.(2024). *Weak Utopianism in Education: From Political Theory to Pedagogical Practice*. Routledge.
Oldfield, A.(1994). *Citizenship and Community: Civic Republicanism and the Modern World*. Routledge.
Olssen, M.(2006). Totalitarianism and the Repressed utopia of the present: Moving beyond Hayek, Popper abd Foucault, Peters, M. & Freeman-Moir, J.(Eds.)(2006). *Edutopias: New Utopian Thinking in Education*. Sense.
Owen, R. (1842). *The Book of the New Moral World*. Kelley Publishers.
Öztürk, F.(2006). Utopia and Education in the Turkish Enlightenment Process, Peters, M. & Freeman-Moir, J.(Eds.)(2006). *Edutopias: New Utopian Thinking in Education*. Sense.
Pachaur, A. & Pachauri, S.(2024). *AI in Education: Empowering Educators, Inspiring Students*. Coaching Academy.
Parker, W.(1996). Introduction: School as Laboratories of Democracy, Parker, W.(Ed.). *Educating the Democracy*. Suny Press.
Parker, W.(Ed.)(2002). *Education for Democracy*. IAP.
Papastephanou, M.(2009). *Educated Fear and Educated Hope: Dystopia, Utopia and the Plasticity of Humanity*. Sense Publishers.
Papastephanou, M.(2010). Communicative Utopia and Political Re-education, M. Murphy & T. Fleming(Eds.). *Habermas. Critical Theory and Education*.Routledge.
Peters, M. & Freeman-Moir, J.(Eds.)(2006). *Edutopias: New Utopian Thinking in Education*. Sense.
Peterson, A. & Warwick, P.(2015). *Global Learning and Education*. Routledge.
Pettit, P.(1997). *Republicanism: A Theory of Freedom and Government*. Oxford University Press.
Piper, A.(2012). Will Law about Children? Reflections on Youth Matter, A. Invernizzi & Z. Williams(Eds.). *Children and Citizenship*. Sage.
Pizzolato, N. & Holst, J.(2017). *Antonio Gramsci: A Pedagogy to Change the World*. Springer.
Roets, G. & Roose, R.(2014). Theorising Understanding Notion of Citizenship in the Dynamics of Learning in Public Policy Units, G. Biesta, M. Bie & D. Wildemeersch(Eds.). *Civic Learning, Democratic Citizenship and the Public Sphere*. Springer.
Ross, A.(2012). The Citizenship Agenda. P. Cowan & H. Maitles(Eds.). *Teaching Controversial Issues in the Classroom*. Continuum.

Ruitenberg, C.(2011). Education, Conflict and the Political, *Studies in Philosophy and Education*, 30: 97-100.
Ruyter, D.(2006). Whose Utopia? Which Ideas? The Importance of Society and Personal Ideal in Education, M. Peters & J. Freeman-Moir(Eds.), *Edutopias: New Utopian Thinking in Education*. Sense.
Sahlberg, P.(2018). *FinnishED Leadership: Four Big, Inexpensive Ideas to Transform Education*. Corwin.
Sargisson, L.(1996). *Comtemporary Feminist Utopianism*. Routledge.
Schuppert, F.(2015). Non-domination, non-alienation and social equality: towards a republican understanding of equality. *Critical Review of International Social and Political Philosophy* 18(4): 440-455.
Shaffer, T. J.(Eds.)(2017). *Deliberative Pedagogy: Teaching and Learning for Democratic Engagement*. Michigan State University Press.
Shils, E.(1997). *The Virtue of Civility*. Liberty Fund.
Shirley, D.(1997). *Community Organization for Urban School Reform*. University of Texas Press.
Slaughter, R. A.(2004). *Future Beyond Dystopia: Creating Social Foresight*. Routledge.
Smith, G. & Sobel, D.(2010). *Place-and Community-Based Education in School*. Routledge.
Snir, I. & Eylon, Y.(2017). Civic Republicanism and Education: Democracy and Social Justice in School. *Studies in Philosophy and Education*, 36(5): pp. 585-600.
Stables, A.(2011). *Childhood and the Philosophy of Education*. Continuum.
Steeves, J. B.(2000). Utopia and Text: Ricoeur's Critique of Ideology, *Symposium*. IV, 2, pp. 221-235.
Stein, Z.(2016). *Social Justice and Educational Measurement*. Routledge.
Stevenson, H.(2024). *Educational Leadership and Antonio Gramsci: the Organising of Ideas*. Routledge.
Stolz, S.(2019). *Alasdair MacIntyre, Rationality and Education: Against Education of Our Age*. Springer.
Suissa, J.(2006). *Anarchism and Education: A Philosophical Perspective*. Routledge.
Suissa, J.(2009). The Space Now Possible: Anarchist Education as Utopian Hope, L. Davies & R. Kinna(Eds.), *Anarchism and Utopianism*. Manchester University.
Tavares, M.(2016). The educational phenomenon between ideology and utopia, Paul Ricoeur's thought: foundations for an emancipatory education, *Educação e Filosofia*, v. 30, n. 60, pp. 739-773.
Terchek, R. J. & Conte, T. C.(2001). *Theories of Democracy: A Reader*. Rowan & Littlefield.
Terjesen, A.(2012). Civility and Magnanimity, D. S. Mower & L. Robinson(Eds.), *Civility in Politics and Education*. Routledge.
Thayer-Bacon, B.(2013). *Democracies Always in the Making, Historical and Current Philosophical Issues for Education*. Rowan & Littlefield.
Thompson, R.(2019). *Education, Inequality and Social Class: Expanding and Stratification in Educational Opportunity*. Routledge.
Tierney, S.(2021). *Leadership: Being, Knowing, Doing*. John Cott Education LTD.
Torres, C.A.(2011). Education, Power and the State: Dilemmas of Citizenship in the

Multicultural Society, H. A. Alexander, et al.(Eds.). *Citizenship, Education and Social Conflict*. Routledge.

Trafford, B.(2008). Democratic Schools: Towards a Definition, J. Arthur, I. Davies & C. Hahn(Eds.). *Education for Citizenship*. Sage.

Turnbull, S. et al.(2012). *Worldly Leadership: Alternative Wisdoms for a Complex World*, Palgrave Macmillan.

Ungoed-Thomas(1997). *Vision of a School: The Good Society in the Good Society*. Continuum.

Uskov, V. R. J.(2022). *Smart Education and E-Leanring-Smart Pedagogy*. Springer.

Vaid, A.(2022). *Utopianism in Politics*. Notion Press.

Vandenbroeck, M. & Peeters, J.(2014). Democratic Experimentation in Early Childhood Education. Biesta, G. Bie, M. & D. Wildemeersch(Eds.). *Civic Learning, Democratic Citizenship and the Public Sphere*. Leuven: Springer.

Vokey, D.(2004). Pursuing the Idea/l of an Educated Public: Philosophy's Contribution to Radical School Reform, J. Dunne & P. Hogan(Eds.). *Education and Practice Upholding the Integrity of Teaching and Learning*. Blackwell.

Walker, M. & Unterhalter, E.(Ed.).(2007). *Amartya Sen's Capability Approach and Social Justice in Education*. Palgrave/Macmillan.

Weber, J.(2005). Entwined Ideals: Connecting Democracy to Peace, C. White & R. Openshaw(Eds.). *Democracy at the Crossroads*. Lexington Books.

Weeks, K. M(2011). *In Search of Civility: Confronting Imcivility on the College Campus*. Morgan James Pub.

Wegmarshaus, G.-R.(2007). John Dewey's Understanding of Democracy: Inspiring Political Education in Germany, Wegmarshaus, G.-R.(Eds.). *Education for a Democratic Society: Central European Pragmatist Forum*, Vol. Three. Amsterdam/New York: Rodopi.

West-Burham, J. Farrar, M. & Otero, G.(2007). *Schools and Communities: Working Together to Transform Children's Lives*. Continuum.

White, C. & Openshaw, R.(2005). *Democracy at the Crossroads*. Lexington Books.

White, M.(2006). An Ambivalent Civility. *Canadian Journal of Sociology*, 31(4), pp. 445-460.

Winter, M.(2014). Subjecticating Socialization for the Common Good: The Case for a Democratic Offensive in Upbringing and Education. G. Biesta, M. Bie & D. Wildemeersch(Eds.). *Civic Learning, Democratic Citizenship and the Public Sphere*. Leuven: Springer.

Wyness, M.(2006). *Childhood and Society: An Introduction to the Sociology of Childhood*. So, Pakgrave.

Young, M.(2008). *Bring Knowledge Back in: From Social Constructivism to social Realism in the Sociology of Education*. Routledge.

Young, M.(2019). *Knowledge and the Future School: Curriculum and Social Justice*. Bloomsbury.

Young, M. & Muller, J.(2016). *Curriculum, and the Specialization of Knowledge: Studies in the Sociology of Education*. Routledge.

삶의 행복을 꿈꾸는 교육은 어디에서 오는가?

● **교육혁명을 앞당기는 배움책 이야기** 혁신교육의 철학과 잉걸진 미래를 만나다!

한국교육연구네트워크 총서

01	핀란드 교육혁명	한국교육연구네트워크 엮음 | 320쪽 | 값 18,000원
02	일제고사를 넘어서	한국교육연구네트워크 엮음 | 284쪽 | 값 13,000원
03	새로운 사회를 여는 교육혁명	한국교육연구네트워크 엮음 | 380쪽 | 값 17,000원
04	교장제도 혁명	한국교육연구네트워크 엮음 | 268쪽 | 값 14,000원
05	새로운 사회를 여는 교육자치 혁명	한국교육연구네트워크 엮음 | 312쪽 | 값 15,000원
06	혁신학교에 대한 교육학적 성찰	한국교육연구네트워크 엮음 | 308쪽 | 값 15,000원
07	진보주의 교육의 세계적 동향	한국교육연구네트워크 엮음 | 324쪽 | 값 17,000원
08	더 나은 세상을 위한 학교혁명	한국교육연구네트워크 엮음 | 404쪽 | 값 21,000원
09	비판적 실천을 위한 교육학	이윤미 외 지음 | 448쪽 | 값 23,000원
10	마을교육공동체운동: 세계적 동향과 전망	심성보 외 지음 | 376쪽 | 값 18,000원
11	학교 민주시민교육의 세계적 동향과 과제	심성보 외 지음 | 308쪽 | 값 16,000원
12	학교를 민주주의의 정원으로 가꿀 수 있을까?	성열관 외 지음 | 272쪽 | 값 16,000원
13	교육사상가의 삶과 사상 -서양 편 1	심성보 외 지음 | 420쪽 | 값 23,000원
14	교육사상가의 삶과 사상 -서양 편 2	김누리 외 지음 | 432쪽 | 값 25,000원
15	사교육 해방 국민투표	이형빈·송경원 지음 | 260쪽 | 값 17,000원
16	유토피아 교육학	심성보 지음 | 460쪽 | 값 27,000원

한국교육연구네트워크 번역 총서

01	프레이리와 교육	존 엘리아스 지음 | 한국교육연구네트워크 옮김 | 276쪽 | 값 14,000원
02	교육은 사회를 바꿀 수 있을까?	마이클 애플 지음 | 강희룡·김선우·박원순·이형빈 옮김 | 356쪽 | 값 16,000원
03	비판적 페다고지는 세상을 변화시킬 수 있는가?	Seewha Cho 지음 | 심성보·조시화 옮김 | 280쪽 | 값 14,000원
04	마이클 애플의 민주학교	마이클 애플·제임스 빈 엮음 | 강희룡 옮김 | 276쪽 | 값 14,000원
05	21세기 교육과 민주주의	넬 나딩스 지음 | 심성보 옮김 | 392쪽 | 값 18,000원
06	세계교육개혁 민영화 우선인가 공적 투자 강화인가?	린다 달링-해먼드 외 지음 | 심성보 외 옮김 | 408쪽 | 값 25,000원
07	콩도르세, 공교육에 관한 다섯 논문	니콜라 드 콩도르세 지음 | 이주환 옮김 | 300쪽 | 값 16,000원
08	학교를 변론하다	얀 마스켈라인·마틴 시몬스 지음 | 윤선인 옮김 | 252쪽 | 값 15,000원
09	존 듀이와 교육	짐 개리슨 외 지음 | 심성보 외 옮김 | 376쪽 | 값 19,000원
10	진보주의 교육운동사	윌리엄 헤이스 지음 | 심성보 외 옮김 | 324쪽 | 값 18,000원
11	사랑의 교육학	안토니아 다더 지음 | 심성보 외 옮김 | 412쪽 | 값 22,000원
12	다시 읽는 민주주의와 교육	존 듀이 지음 | 심성보 옮김 | 620쪽 | 값 32,000원
13	세계의 대안교육	넬 나딩스·헬렌 리즈 엮음 | 심성보 외 11인 옮김 | 652쪽 | 값 38,000원

미래 100년을 향한 새로운 교육

혁신교육을 실천하는 교사들의 필독서

● 비고츠키 선집 발달과 협력의 교육학 어떻게 읽을 것인가?

01 생각과 말	L.S. 비고츠키 지음	배희철·김용호·D. 켈로그 옮김	690쪽	값 33,000원
02 도구와 기호	비고츠키·루리야 지음	비고츠키 연구회 옮김	336쪽	값 16,000원
03 어린이 자기행동숙달의 역사와 발달 Ⅰ	L.S. 비고츠키 지음	비고츠키 연구회 옮김	564쪽	값 28,000원
04 어린이 자기행동숙달의 역사와 발달 Ⅱ	L.S. 비고츠키 지음	비고츠키 연구회 옮김	552쪽	값 28,000원
05 어린이의 상상과 창조	L.S. 비고츠키 지음	비고츠키 연구회 옮김	280쪽	값 15,000원
06 성장과 분화	L.S. 비고츠키 지음	비고츠키 연구회 옮김	308쪽	값 15,000원
07 연령과 위기	L.S. 비고츠키 지음	비고츠키 연구회 옮김	336쪽	값 17,000원
08 의식과 숙달	L.S 비고츠키	비고츠키 연구회 옮김	348쪽	값 17,000원
09 분열과 사랑	L.S. 비고츠키 지음	비고츠키 연구회 옮김	260쪽	값 16,000원
10 성애와 갈등	L.S. 비고츠키 지음	비고츠키 연구회 옮김	268쪽	값 17,000원
11 흥미와 개념	L.S. 비고츠키 지음	비고츠키 연구회 옮김	408쪽	값 21,000원
12 인격과 세계관	L.S. 비고츠키 지음	비고츠키 연구회 옮김	372쪽	값 22,000원
13 정서 학설 Ⅰ	L.S. 비고츠키 지음	비고츠키 연구회 옮김	584쪽	값 35,000원
14 정서 학설 Ⅱ	L.S. 비고츠키 지음	비고츠키 연구회 옮김	480쪽	값 35,000원
15 심리학 위기의 역사적 의미	L.S. 비고츠키 지음	비고츠키 연구회 옮김	556쪽	값 38,000원
비고츠키와 인지 발달의 비밀	A.R. 루리야 지음	배희철 옮김	280쪽	값 15,000원
비고츠키의 발달교육이란 무엇인가?	비고츠키교육학실천연구모임 지음	412쪽	값 21,000원
비고츠키 철학으로 본 핀란드 교육과정	배희철 지음	456쪽	값 23,000원
비고츠키와 마르크스	앤디 블런던 외 지음	이성우 옮김	388쪽	값 19,000원
수업과 수업 사이	비고츠키 연구회 지음	196쪽	값 12,000원
관계의 교육학, 비고츠키	진보교육연구소 비고츠키교육학실천연구모임 지음	300쪽	값 15,000원
교사와 부모를 위한 발달교육이란 무엇인가?	현광일 지음	380쪽	값 18,000원
비고츠키 생각과 말 쉽게 읽기	진보교육연구소 비고츠키교육학실천연구모임 지음	316쪽	값 15,000원
교사와 부모를 위한 비고츠키 교육학	카르포프 지음	실천교사번역팀 옮김	308쪽	값 15,000원
레프 비고츠키	르네 반 데 비어 지음	배희철 옮김	296쪽	값 21,000원

혁신학교	성열관·이순철 지음 | 224쪽 | 값 12,000원
행복한 혁신학교 만들기	초등교육과정연구모임 지음 | 264쪽 | 값 13,000원
서울형 혁신학교 이야기	이부영 지음 | 320쪽 | 값 15,000원
혁신교육, 철학을 만나다	브렌트 데이비스·데니스 수마라 지음 | 현인철·서용선 옮김 | 304쪽 | 값 15,000
대한민국 교사, 어떻게 가르칠 것인가?	윤성관 지음 | 320쪽 | 값 15,000원
아이들을 어떻게 가르칠 것인가	사토 마나부 지음 | 박찬영 옮김 | 232쪽 | 값 13,000원
모두를 위한 국제이해교육	한국국제이해교육학회 지음 | 364쪽 | 값 16,000원
경쟁을 넘어 발달 교육으로	현광일 지음 | 288쪽 | 값 14,000원
혁신교육 존 듀이에게 묻다	서용선 지음 | 292쪽 | 값 16,000원
다시 읽는 조선교육사	이만규 지음 | 750쪽 | 값 37,000원
교실 속으로 간 이해중심 교육과정(개정판)	온정덕 외 지음 | 216쪽 | 값 15,000원
대한민국 교육혁명	교육혁명공동행동 연구위원회 지음 | 224쪽 | 값 12,000원
포스트 코로나 시대의 교육	성열관 외 지음 | 224쪽 | 값 15,000원
내일 수업 어떻게 하지?	아이함께 지음 | 300쪽 | 값 15,000원
핀란드 교육의 기적	한넬레 니에미 외 엮음 | 장수명 외 옮김 | 456쪽 | 값 23,000원
한국 교육의 현실과 전망	심성보 지음 | 724쪽 | 값 35,000원
독일의 학교교육	정기섭 지음 | 536쪽 | 값 29,000원
교실 속으로 간 이해중심 통합교육과정	온정덕 외 지음 | 224쪽 | 값 15,000원
초등 백워드 교육과정 설계와 실천 이야기	김병일 외 지음 | 352쪽 | 값 19,000원
학습격차 해소를 위한 새로운 도전 보편적 학습설계 수업	조윤정 외 지음 | 240쪽 | 값 15,000원

● 경쟁과 차별을 넘어 평등과 협력으로 미래를 열어가는 교육 대전환! 혁신교육 현장 필독서

학교의 미래, 전문적 학습공동체로 열다	새로운학교네트워크·오윤주 외 지음 | 276쪽 | 값 16,000원
마을교육공동체 생태적 의미와 실천	김용련 지음 | 256쪽 | 값 15,000원
학교폭력, 멈춰!	문재현 외 지음 | 348쪽 | 값 15,000원
학교를 살리는 회복적 생활교육	김민자·이순영·정선영 지음 | 256쪽 | 값 15,000원
삶의 시간을 잇는 문화예술교육	고영직 지음 | 292쪽 | 값 18,000원
미래교육을 디자인하는 학교교육과정	박승열 외 지음 | 348쪽 | 값 18,000원
코로나 시대, 마을교육공동체운동과 생태적 교육학	심성보 지음 | 280쪽 | 값 17,000원
혐오, 교실에 들어오다	이혜정 외 지음 | 232쪽 | 값 15,000원
수업, 슬로리딩과 함께	박경숙 외 지음 | 268쪽 | 값 15,000원

물질과의 새로운 만남	베로니카 파치니-케처바우 외 지음	이연선 외 옮김	218쪽	값 15,000원
그림책으로 만나는 인권교육	강진미 외 지음	272쪽	값 18,000원
수업 고수들 수업·교육과정·평가를 말하다	박현숙 외 지음	368쪽	값 17,000원
아이들의 배움은 어떻게 깊어지는가	이시이 쥰지 지음	방지현·이창희 옮김	200쪽	값 11,000원
미래, 공생교육	김환희 지음	244쪽	값 15,000원
들뢰즈와 가타리를 통해 유아교육 읽기	리세롯 마리엘 올슨 지음	이연선 외 옮김	328쪽	값 17,000원
혁신고등학교, 무엇이 다른가?	김현자 외 지음	344쪽	값 18,000원
시민이 만드는 교육 대전환	심성보·김태정 지음	248쪽	값 15,000원
평화교육 과거, 현재 그리고 미래를 그리다	모니샤 바자즈 외 지음	권순정 외 옮김	268쪽	값 18,000원
마을교육공동체란 무엇인가?	서용선 외 지음	360쪽	값 17,000원
강화도의 기억을 걷다	최보길 지음	276쪽	값 14,000원
체육 교사, 수업을 말하다	전용진 지음	304쪽	값 15,000원
평화의 교육과정 섬김의 리더십	이준원·이형빈 지음	292쪽	값 16,000원
마을로 걸어간 교사들, 마을교육과정을 그리다	백윤애 외 지음	336쪽	값 16,000원
혁신교육지구와 마을교육공동체는 어떻게 만들어지는가?	김태정 지음	376쪽	값 18,000원
서울대 10개 만들기	김종영 지음	348쪽	값 18,000원
선생님, 통일이 뭐예요?	정경호 지음	252쪽	값 13,000원
함께 배움 학생 주도 배움 중심 수업 이렇게 한다	니시카와 준 지음	백경석 옮김	280쪽	값 15,000원
다정한 교실에서 20,000시간	강정희 지음	296쪽	값 16,000원
즐거운 세계사 수업	김은석 지음	328쪽	값 13,000원
학교를 개선하는 교장 지속가능한 학교 혁신을 위한 실천 전략	마이클 풀란 지음	서동연·정효준 옮김	216쪽	값 13,000원
선생님, 민주시민교육이 뭐예요?	염경미 지음	244쪽	값 15,000원
교육혁신의 시대 배움의 공간을 상상하다	함영기 외 지음	264쪽	값 17,000원
도덕 수업, 책으로 묻고 윤리로 답하다	울산도덕교사모임 지음	320쪽	값 15,000원
교육과 민주주의	필라르 오카디즈 외 지음	유성상 옮김	420쪽	값 25,000원
교육회복과 적극적 시민교육	강순원 지음	228쪽	값 15,000원
비판적 미디어 리터러시 가이드	더글러스 켈너·제프 셰어 지음	여은호·원숙경 옮김	252쪽	값 18,000원
지속가능한 마을, 교육, 공동체를 위하여	강영택 지음	328쪽	값 18,000원
대전환 시대 변혁의 교육학	진보교육연구소 교육과정연구모임 지음	400쪽	값 23,000원
교육의 미래와 학교혁신	마크 터커 지음	전국교원양성대학교 총장협의회 옮김	336쪽	값 18,000원
남도 임진의병의 기억을 걷다	김남철 지음	288쪽	값 18,000원
프레이리에게 변혁의 길을 묻다	심성보 지음	672쪽	값 33,000원

제목	저자 정보
다시, 혁신학교!	성기신 외 지음 ǀ 300쪽 ǀ 값 18,000원
백워드로 설계하고 피드백으로 완성하는 성장중심평가	이형빈·김성수 지음 ǀ 356쪽 ǀ 값 19,000원
우리 교육, 거장에게 묻다	표혜빈 외 지음 ǀ 272쪽 ǀ 값 17,000원
교사에게 강요된 침묵	설진성 지음 ǀ 296쪽 ǀ 값 18,000원
왜 체 게바라인가	송필경 지음 ǀ 320쪽 ǀ 값 19,000원
풀무의 삶과 배움	김현자 지음 ǀ 352쪽 ǀ 값 20,000원
비고츠키 아동학과 글쓰기 교육	한희정 지음 ǀ 300쪽 ǀ 값 18,000원
교실을 위한 프레이리	아이러 쇼어 엮음 ǀ 사람대사람 옮김 ǀ 410쪽 ǀ 값 23,000원
마을, 그 깊은 이야기 샘	문재현 외 지음 ǀ 404쪽 ǀ 값 23,000원
비난받는 교사	다이애나 폴레비치 지음 ǀ 유성상 외 옮김 ǀ 404쪽 ǀ 값 23,000원
한국교육운동의 역사와 전망	하성환 지음 ǀ 308쪽 ǀ 값 18,000원
철학이 있는 교실살이	이성우 지음 ǀ 272쪽 ǀ 값 17,000원
왜 지속가능한 디지털 공동체인가	현광일 지음 ǀ 280쪽 ǀ 값 17,000원
선생님, 우리 영화로 세계시민 만나요!	변지윤 외 지음 ǀ 328쪽 ǀ 값 19,000원
아이를 함께 키울 온 마을은 어떻게 만들어야 할까?	차상진 지음 ǀ 288쪽 ǀ 값 17,000원
선생님, 제주 4·3이 뭐예요?	한강범 지음 ǀ 308쪽 ǀ 값 18,000원
마을배움길 학교 이야기	김명신 외 지음 ǀ 300쪽 ǀ 값 18,000원
다시, 남도의 기억을 걷다	노성태 지음 ǀ 332쪽 ǀ 값 19,000원
세계의 혁신 대학을 찾아서	안문석 지음 ǀ 284쪽 ǀ 값 17,000원
소박한 자율의 사상가, 이반 일리치	박홍규 지음 ǀ 328쪽 ǀ 값 19,000원
선생님, 평가 어떻게 하세요?	성열관 외 지음 ǀ 220쪽 ǀ 값 15,000원
남도 한말의병의 기억을 걷다	김남철 지음 ǀ 316쪽 ǀ 값 19,000원
생태전환교육, 학교에서 어떻게 할까?	심지영 지음 ǀ 236쪽 ǀ 값 15,000원
어떻게 어린이를 사랑해야 하는가	야누쉬 코르착 지음 ǀ 송순재·안미현 옮김 ǀ 408쪽 ǀ 값 23,000원
북유럽의 교사와 교직	예스터 에크하트 라르센 외 엮음 ǀ 유성상·김민조 옮김 ǀ 412쪽 ǀ 값 24,000원
산마을 너머 지금 뭐해?	최보길 외 지음 ǀ 260쪽 ǀ 값 17,000원
전문적 학습네트워크	크리스 브라운 외 엮음 ǀ 성기선·문은경 옮김 ǀ 424쪽 ǀ 값 24,000원
초등 개념기반 탐구학습 설계와 실천 이야기	김병일 외 지음 ǀ 380쪽 ǀ 값 27,000원
선생님이 왜 노조 해요?	교사노동조합연맹 기획 ǀ 324쪽 ǀ 값 18,000원
교실을 광장으로 만들기	윤철기 외 지음 ǀ 212쪽 ǀ 값 17,000원
자율성과 전문성을 지닌 교사 되기	린다 달링 해몬드 외 지음 ǀ 전국교원양성대학교총장협의회 옮김 ǀ 412쪽 ǀ 값 25,000원
선생님, 완벽하지 않아도 괜찮아요	유승재 지음 ǀ 264쪽 ǀ 값 17,000원

지속가능한 리더십	앤디 하그리브스 외 지음	정바울 외 옮김	352쪽	값 21,000원
남도 명량의 기억을 걷다	이돈삼 지음	280쪽	값 17,000원
교사가 아프다	송원재 지음	300쪽	값 18,000원
존 듀이의 생명과 경험의 문화적 전환	현광일 지음	272쪽	값 17,000원
왜 읽고 쓰고 걸어야 하는가?	김태정 지음	300쪽	값 18,000원
미래 교직 디자인	캐럴 G. 베이즐 외 지음	정바울 외 옮김	192쪽	값 17,000원
타일러 교육과정과 수업 설계의 기본 원리	랄프 타일러 지음	이형빈 옮김	176쪽	값 15,000원
시로 읽는 교육의 풍경	강영택 지음	212쪽	값 17,000원
부산 교육의 미래 2026	이상철 외 지음	384쪽	값 22,000원
11권의 그림책으로 만나는 평화통일 수업	경기평화교육센터·곽인숙 외 지음	304쪽	값 19,000원
명량 10대 명량 챌린지	강정희 지음	320쪽	값 18,000원
교장이 바뀌면 학교가 바뀐다	홍제남 지음	260쪽	값 16,000원
모두 아픈 학교, 공동체로 회복하기	김성천 외 지음	276쪽	값 17,000원
교육정치학의 이론과 실천	김용일 지음	296쪽	값 18,000원
마오쩌둥의 국제정치사상	정세현 지음	332쪽	값 19,000원
교사, 깊이 있는 학습을 말하다	황철형 외 지음	214쪽	값 15,000원
더 나은 사고를 위한 교육	앤 마가렛 샤프 외 지음	김혜숙·박상욱 옮김	438쪽	값 26,000원
세계의 대안교육	넬 나딩스·헬렌 리즈 지음	심성보 외 11인 옮김	652쪽	값 38,000원
더 좋은 교육과정 더 나은 수업	이형빈 지음	292쪽	값 18,000원
한나 아렌트와 교육	모르데하이 고든 엮음	조나영 옮김	376쪽	값 23,000원
공동체의 힘, 작은학교 만들기	미셸 앤더슨 외 지음	권순형 외 옮김	264쪽	값 18,000원
토대역량과 사회정의	존 알렉산더 지음	유성상·이인영 옮김	324쪽	값 22,000원
마을교육, 다 함께 가치	김미연 외 지음	320쪽	값 19,000원
북한 교육과 평화통일 교육	이병호 지음	336쪽	값 22,000원
나는 어떤 특수교사인가	김동인 지음	268쪽	값 17,000원
능력주의 시대, 교육과 공정을 사유하다	한만중 외 지음	252쪽	값 17,000원
교사와 학부모, 어디로 가는가?	한만중 외 지음	252쪽	값 17,000원
프레네, 일하는 인간의 본성과 교육	셀레스텡 프레네 지음	송순재 엮음	김병호 외 옮김	564쪽	값 33,000원
지속가능한 마을교육공동체 운동	양병찬·한혜정 지음	268쪽	값 18,000원
평생학습으로 두 나라를 잇다	고바야시 분진 지음	양병찬·이정연 편역	220쪽	값 15,000원
정의로운 한국사	김은석 지음	272쪽	값 17,000원
세계의 교사교육	린다 달링-해먼드·앤 리버맨 편저	전국교원양성대학교총장협의회 번역 332쪽	값 21,000원